CRIMINAL PSYCHOLOGY

제 2 판

한국 범죄심리학

황성현 · 이창한 · 이강훈 · 이완희 · 이승현

pnc publishing and culture
피앤씨미디어

제2판

한국 범죄심리학

제2판 저자 서문

범죄심리학은 범죄학의 한 분과 학문이라 할 수 있다. 우리 사회에서 발생하는 수많은 범죄사건에서 범죄자의 심리에 초점을 맞추어 범죄의 원인, 과정, 예방 및 대책 등을 수립하기 위해 범죄자의 개인 심리에 집중하는 학문이다. 범죄자의 심리를 파악하기 위해서는 그 사람이 살아온 환경을 잘 파악해야 한다. 어릴 때의 가정환경, 부모-자녀 관계, 학창시절 친구관계, 성인시절 사회생활 내의 동료관계, 이웃과의 상호작용 등과 같은 미시적, 개인적 관계를 파악하지 못하면 범죄자의 범죄성을 제대로 진단하기 힘들다. 대부분의 범죄는 개인들 간의 사회적 상호작용 과정에서 발생한다. 즉 일반화된 타자나 중요한 타자와의 긴밀한 상호작용의 부정적 결과로 각종 범죄사건이 발생한다. 간혹 우발적으로 발생하는 살인사건조차도 그 살인자의 범죄성을 형성시킨 사회적 상호작용의 부정적 결과를 제대로 파악하지 못한다면 범죄심리학의 사회적 공헌도는 낮다고 볼 수 있다. 그래서 범죄심리학은 인간의 범죄성에 집중하여 범죄의 원인을 밝힌다는 측면에서 지극히 '개인적(personal)'이면서도 동시에 그 범죄자가 평소 긴밀하게 접촉하는 사회구성원들과의 사회적 상호작용을 통해 범죄성이 발현된다는 측면에서 지극히 '사회적(social)'이라고 할 수 있다.

국내에서 출간된 대부분의 범죄심리학 교재는 주로 범죄자의 개인적 특성에 초점을 맞추어 범죄의 원인을 밝히는 데 주력하고 있다. 예를 들면, 잔인한 범죄를 저지른 범죄자의 정신이상적 측면이나 사이코패스적 측면 등을 중점적으로 설명한 결과, 범죄사건의 주체는 일반인들과는 거리가 먼 정신질환자의 소행으로 오해할 수 있는 소지가 있다. 실제로 우리나라 전체 인구 중 일반인의 범죄율은 약 1.20%인 반면, 정신장애인의 범죄율은 0.08%로 정신장애인의 범죄율이 약 15배 정도 낮게 나타나며 이런 비율은 전 세계적으로 공통적으로 나타나는 현상이다. 범죄심리학에서 범죄의 원인을 개인적이고 심리적 측면만 부각시킨다면 범죄심리학을 좁은 틀에 가두는 과오를 범할 수 있다. 범죄발생의 원인은 지극히 개인적이면서 지극히 사회적인 측면을 가지고 있다. 사회적 상호작용이 없으면 범죄는 존재하지 않기 때문이다. 선천적으로 아무리 악한 범죄성을 타고난 범죄자라도 그 사람이 살아가는 사회나 사회적 상호작용이 없으면 범죄는 발생하지 않는다. 이런 의미에서 범죄심리학은 한 개인의 타고난 범죄성뿐만 아니라 후천적인 사회적 상호작용의 결과로 나타나는 범죄성을 동시에 탐구해야 하는 학문이라 할 수 있다.

이 책의 저자들은 기존의 범죄심리학 교재가 범죄자의 개인적 범죄성에 초점을 맞추어 집필되었다는 데 한계를 느껴 범죄의 원인을 개인적이면서도 동시에 개인·사회적 범죄성을 밝혀 보고자 하는 데 공감대가 형성되어 이 책을 집필하게 되었다. 물론 범죄심리학은 범죄학과는 성격이 다른 학문이다. 범죄학은 범죄의 원인을 후천적, 사회적, 거시적, 국가적 차원에서 밝히고자 노력하는 학문이다. 예를 들면, 우리 사회에서 경제위기가 닥쳤을 때 평소 범죄성이 낮은 사회구성원들의 범죄가 증가할 수 있다. 이런 현상은 범죄의 원인이 한 개인의 범죄성에 기인하는 것이 아니라 거시구조인 외부적, 국가적 경제 위기가 한 개인의 범죄성향에 상당한 영향을 미치기 때문이다. 거시적, 사회적 변동 상황이 범죄에 영향을 미치는 부분은 이 교재에서 다루지 않는다. 이는 범죄학의 영역이기 때문이다. 이 교재의 특징 중 하나는 한 개인의 선천적 범죄성에 국한하지 않고, 후천적으로 습득되는 환경의 변화에 따른 범죄성도 함께 다룬다. 예를 들면, 기존 범죄심리학에서 소개된 범죄성인 충동성, 폭력성, 공격성, 원망, 분노, 울분 등의 원인을 개인의 선천적 특성이 아닌 후천적으로 중요한 타자와의 사회적 상호작용을 통해서 발현된 특성으로 설명한다. 이를 위해 범죄의 원인을 밝히는 이론부분에서 기존 범죄학의 개인·환경적 측면의 범죄이론들을 많이 차용하여 특정 범죄자의 범죄원인을 설명하는 데 많은 지면을 할애했다.

2015년에 저자들이 이 책의 초판을 집필한 후 5년의 시간이 흘렀다. 1판이 출판된 이후 우리 사회에서 범죄의 형태와 범죄율에 상당한 변화가 있었다. 간략하게 설명하면 전반적인 범죄율은 감소하는 대신 성관련 범죄, 사이버 범죄 등은 급속하게 증가했다. 이런 변화상을 반영하기 위해 이 교재는 2015년 이후에 발표된 논문들을 중심으로 각종 범죄의 변화유형을 설명하는 데 노력했다. 예를 들면, 범죄자의 심리적 특성과 범죄심리 이론을 설명하는 장(2~6장)의 경험적 연구 부분에서는 주로 2015년 이후에 발표된 논문들을 중심으로 범죄심리 이론들의 경험적 타당성을 설명하는 데 주력했다. 또한 각종 범죄유형을 설명하는 8장 이후의 범죄통계는 최근에 대검찰청에서 발표한 '범죄분석' 자료를 인용하여 지난 10년간 각종 범죄율 변화를 설명했으며, 구체적인 범죄사건을 소개하는 부분에서도 최근 언론에 보도된 범죄사건을 소개하여 범죄자의 심리적 속성을 좀 더 쉽게 이해하는 자료로 사용하였다. 이 책의 초판과 달리 2판에서 크게 달라진 점은 책의 내용을 이해하는 데 도움이 되는 각종 사진과 이미지를 많이 수록하였다. 기존 대학교재들은 주로 그 교재의 내용을 담는 글 위주로 구성되어 있어 독자들이 읽고 이해하기에 힘든 면이 있었다. 이런 단점을 보완하기 위해 2판에서는 이해하기 힘든 내용을 설명하는 부분에 사진을 수록함으로써 추상적인 내용을 좀 더 시각화하는 데 노력하였다.

(1판 서문에서 밝혔듯이) 이 책을 집필한 저자들은 오랜 기간 동안 범죄학과 경찰학 분야에서 서로의 연구영역을 공유하면서 저서, 연구과제, 학술논문 작업을 함께해 왔다. 최근에는 뜻을 같이 모아 사단법인 한국공공안전연구원(이사장: 고순청, 원장: 이창한)을 개원하였다. 공공안전연구원은 공공안전, 범죄예방, 준법지원을 위한 정책과 행정에 관한 학술이론과 기법을 연구, 응용하여 국민의 공공안전 및 준법문화 확산, 과학적인 범죄예방정책 분석 및 개발을 위해 관련 정부기관 및 단체의 활동을 평가하고 그 정책을 분석함으로써 국민의 삶의 질 향상에 기여할 목적으로 설립되었다. 앞으로 저자들은 학술적 연구뿐만 아니라 시민들이 범죄의 두려움 없이 안전하게 생활할 수 있는 각종 정책개발과 평가 등에 관심을 가지고 범죄심리학의 아카데믹한 영역을 넘어 실생활에 활용할 수 있는 범죄심리학 보급에 노력해 나갈 것이다.

끝으로 이 책의 통계자료, 참고문헌을 일목요연하게 정리하는 데 많은 도움을 준 동국대학교 형사사법대학 대학원생 정재훈과 박현민에게 감사의 말을 전하고 싶다. 또한 이 책의 출판을 허락해 주신 피앤씨미디어 박노일 사장님과 편집에 노고를 아끼지 않으신 심성보 이사님께 진심으로 감사의 말을 전한다.

2020년 6월
고려사이버대학교에서
대표저자 황성현

저자 서문

지인들이 평소 저자에게 "대학에서 무엇을 전공하느냐?"고 묻곤 한다. 그 때마다 범죄학을 가르친다고 대답하면 선뜻 범죄학이 무엇을 연구하는 학문인지 감을 잡지 못해, "아~ CSI에 나오는 것과 같은 범죄심리학이요?"라는 반응을 보인다. 이처럼 범죄학이 어떤 학문인지 잘 알지 못해도 범죄심리학은 지인들에게 범죄행위나 범죄자의 심리를 연구하는 학문으로 알려져 있는 것 같다. 일반적으로 우리 사회에서 끔찍한 범죄사건이 발생할 때마다 우리는 그런 범죄를 저지른 범죄자가 처한 개인적, 사회적 환경보다는 그 범죄자의 개인 심리상태에 더 많은 관심을 가진다. 예를 들면, 범죄자의 주위환경, 가정환경, 친구관계 등과 같은 개인적 환경보다는 그 범죄자가 정신질환자인지? 사이코패스인지? 반사회적 인격장애자인지? 등과 같은 개인심리에 더 주목한다. 이런 이유로 범죄심리학이 일반인들에게 더 익숙한 학문으로 자리매김하고 있는 것이 아닌가 생각한다.

하지만 범죄심리학은 아직까지 그 고유한 연구영역을 확보하지 못한 태동기 학문이라 할 수 있다. 어떤 학문이 독자적인 학문영역을 확보했느냐의 판단 기준은 그 학문을 대표하는 고유한 이론이 있느냐로 평가하는 경향이 있다. 아이러니하게도 범죄심리학은 인간의 범죄성을 잘 설명하는 이론을 아직까지 구축하지 못하고 있다. 범죄심리학에서 사용하는 대부분의 이론은 일반심리학에서 인간의 이상성향을 다룬 심리학이론들(정신분석이론, 인지이론, 성격이론, 학습이론, 행동이론 등)을 범죄행위에 적용하거나 범죄학에서 개발된 이론을 주로 사용한다. 그럼에도 불구하고 지인들은 범죄심리학을 상당히 흥미롭게 생각하며 학문적 뿌리가 꽤 깊을 것이라고 생각하는 것 같다. 지인들이 그렇게 생각하는 이유로 인간의 범죄행위는 인류의 역사와 함께했으며, 지구상에 범죄가 없는 사회는 존재하지 않는다는 믿음 때문이라 생각한다. 인류의 조상인 아담은 뱀의 유혹에 빠져 선악과를 먹음으로써 하나님의 명령을 어겼고 그의 아들 카인은 동생 아벨을 죽임으로써 인류 최초의 살인자라는 오명을 덮어 쓰게 되었다. 이런 인간의 범죄성은 지금도 계속되고 있다. 범죄는 사람들 사이에서 부정적인 상호작용의 결과로 발생한다. 그럼 왜 어떤 사람은 범죄를 저지르고, 또 다른 사람은 그들과 동일한 환경하에서도 범죄행위를 하지 않는가? 그 이유는 무엇인가? 인간의 범죄성에 영향을 미치는 요인은 바닷가의 모래알만큼 많다. 지금까지 범죄학과 사회학에서는 인간이 처한 사회적, 환경적 요인에서 그 원인을 찾으려고 노력했으며 일반심리학과 범죄심리학에서는 인간내면의 심리적 요인에 주목해 왔다.

이 책은 인간의 범죄성을 사회환경적 차원이 아닌 개인심리적 차원에서 그 원인을 규명하려는 일환으로 집필되었다. 이 책은 범죄심리학을 처음 접하는 학생들에게 인간의 범죄성에 대한 기본 지식을 제공하고, 범죄유형별 범죄자들의 심리적 특성을 이해하는 데 도움을 주고자 노력하였다. 특히 이전까지 출판된 범죄심리학 교재는 한국의 문화적 특수성과 사회상을 잘 반영하지 못하는 외국 범죄사례나 범죄자에 초점을 맞춘 면이 없지 않아 있다. 이런 점을 감안하여 이 책은 가능한 한국 사회에서 발생하는 범죄현상과 범죄자의 심리적 특성을 설명하는 데 주력하였다. 인간은 각 사회가 공유하는 가치관과 규율에 따라 행동하는 경향이 강하며 범죄자의 심리적 특성 또한 그 사회의 고유한 문화적인 독특성과 사회상을 반영한다. 이 책이 외국사례가 아닌 한국 범죄자에 초점을 맞춘 이유는 범죄의 문화적 특수성과 사회상을 잘 반영하기 위함이다.

이 책은 크게 두 가지 영역으로 구성되어 있다. 전반부(제1장~제7장)는 일반심리학에서 다루는 주제를 중심으로 인간의 범죄성을 분석한다. 예를 들면, 심리학에서 다루는 인간의 보편적 심성을 범죄현장에 적용한 주제인 공격성, 충동성, 불안, 분노 등을 설명한다. 이런 인간의 부정적 감정의 발생 원인을 규명하기 위해 범죄심리학에서 자주 사용되는 이론을 개인적 측면에서의 이론과 개인환경적 측면에서의 이론으로 나누어 설명한다. 그리고 정신장애, 반사회적 인격장애, 사이코패스, 소시오패스 등이 인간의 범죄심리와 어떻게 연결되는지도 설명한다. 이 책의 후반부(제8장~제14장)는 범죄유형별 범죄자의 심리적 특성을 설명한다. 예를 들면, 살인, 성범죄, 방화, 약물남용, 스토킹, 절도범죄 등의 범죄행위를 행한 범죄자의 심리적 특성을 소개한다. 그러나 이 책은 지면의 한계상 폭력범죄(폭행, 상해, 강도 등)나 화이트칼라 범죄자의 심리를 다루지 못했다. 저자들은 이 작업을 차후 개정판에서 다루는 것으로 의견을 도왔다. 이런 결점에도 불구하고 이 책은 다음과 같은 요소들을 탑재하였다. 첫째, 각 장의 서두에서 그 장의 내용을 한눈에 파악할 수 있는 한국과 미국의 구체적인 범죄사례를 소개하였다. 이런 사례를 통해 학생들은 그 장에서 학습할 내용을 미리 입체적으로 파악하는 데 많은 도움을 받을 것이다. 둘째, 사회학, 범죄학, 사회조사방법론에서 자주 거론되는 용어를 각 장 끝의 용어설명 부분에서 상세하게 다루었다. 용어설명은 학생들이 본문의 내용을 좀 더 쉽게 이해하고 해석하는 데 도움이 될 것이다. 셋째, 각 장을 학습하고 난 후에 그 장의 내용을 정리하는 차원에서 몇 가지 연습문제를 제시하였다. 학생들은 연습문제를 통해 현재 우리 사회에서 발생하는 범죄행위의 원인에 대해 좀 더 큰 그림을 그릴 수 있을 것이다. 마지막으로 각 장에서 제시된 경험적 연구결과들, 국내에서 발생한 최근의 범죄사례들, 최근 10년간 발생한 각종 범죄사건의 실태는 가능한 최신 자료를 사용하여 분석하였다.

이 책의 저자들은 오랫동안 범죄학과 경찰학분야에서 서로의 연구영역을 공유하고, 공유된 주제를 저서, 연구보고서, 학술논문을 통해 발표해왔다. 이 책 또한 오래전부터 공동저자들이 구상했던 작업이었지만 서로 차일피일 미루다 저자가 미국으로 안식년을 나오면서 구체화되었다. 저자가 이 책의 대표저자가 된 것은 저자들 중에서 제일 연장자라는 이유가 전부이다. 저자는 단지 저자들의 공동작업을 정리하고 편집하는 작업만 수행하였을 뿐, 이 책 출판의 결실은 전적으로 공동저자들의 노고 덕분이다. 한 학문 영역에서 관심이 비슷한 연구자들이 모여 서로의 생각을 공유하고, 그 생각을 구체화하는 작업에 동참할 수 있었던 것은 저자에겐 크나큰 행복이요 축복이다. 공동저자들과의 이런 공동작업은 앞으로도 계속될 것이라 믿는다. 끝으로, 이 책의 목차와 참고문헌을 일목요연하게 정리하는 데 많은 도움을 준 동국대학교 경찰행정학과 박사과정의 이승현 군에게 감사의 말을 전한다. 또한 이 책의 출판을 흔쾌히 허락해 주신 피앤씨미디어 박노일 사장님과 편집에 노고를 아끼지 않으신 심성보 이사님께 진심으로 감사의 말을 전하고 싶다.

2015년 6월

미국 뉴욕주립대 올바니에서 안식년 동안

대표저자 황성현

Chapter 03 범죄자의 심리적 특성 II

1. 폭력범죄의 실태 ····· 60
(1) 폭행범죄의 실태 · 60 (2) 상해범죄의 실태 · 64

2. 충동성 ····· 66
(1) 충동성척도 · 67 (2) 충동조절장애 · 68
(3) 충동성과 범죄 · 70 (4) 충동성의 경험적 연구 · 72

3. 분노 ····· 73
(1) 분노척도 · 74 (2) 분노조절장애 · 76
(3) 분노와 범죄 · 78 (4) 분노의 경험적 연구 · 79

4. 불안 ····· 82
(1) 불안척도 · 83 (2) 불안장애 · 85
(3) 불안과 범죄 · 87 (4) 불안의 경험적 연구 · 89

연습문제 ····· 91
용어설명 ····· 91
참고문헌 ····· 93

Chapter 04 범죄심리학 이론 I

1. 범죄원인의 설명 ····· 98
(1) 논리적 일관성과 개념의 명확성 · 101
(2) 범위, 간결성과 정확성 · 102
(3) 검증가능성 · 103
(4) 경험적 타당성과 규칙성 · 106
(5) 유용성과 정책적 함의 · 108

2. 정신분석학적 이론 ····· 109
(1) 자아 · 109 (2) 자아발달과정 · 111
(3) 정신분석이론의 평가 · 112

3. 성격이론 ····· 114
(1) 성격이론의 개요 · 114 (2) 성격의 측정도구 · 115
(3) 성격이론의 경험적 연구 · 116 (4) 성격이론의 평가 · 117

4. 인지이론 ····· 118
(1) 인지이론의 개요 · 119 (2) 인지왜곡 · 119
(3) 도덕발달 · 121 (4) 지능 · 124
(5) 정보처리능력 · 126 (6) 공감능력부재 · 130

연습문제 ······ 133
용어설명 ······ 133
참고문헌 ······ 137

Chapter 05 범죄심리학 이론 II

1. 차별접촉이론 ······ 142
(1) 차별접촉이론의 개요 • 142
(2) 중심내용 • 143
(3) 차별접촉이론의 경험적 연구 • 144
(4) 차별접촉이론의 평가 • 145

2. 사회학습이론 ······ 146
(1) 사회학습이론의 개요 • 146
(2) 중심내용 • 147
(3) 사회학습이론의 경험적 연구 • 151
(4) 사회학습이론의 평가 • 153

3. 사회유대이론 ······ 154
(1) 사회유대이론의 개요 • 154
(2) 중심내용 • 155
(3) 사회유대이론의 경험적 연구 • 158
(4) 사회유대이론의 평가 • 159

4. 낙인이론 ······ 162
(1) 탄넨바움의 주장 • 163
(2) 레머트의 주장 • 164
(3) 베커의 주장 • 165
(4) 낙인이론의 경험적 연구 • 166
(5) 낙인이론의 평가 • 168

5. 자기통제이론 ······ 169
(1) 자기통제이론의 개요 • 169
(2) 중심내용 • 170
(3) 자기통제이론의 경험적 연구 • 173
(4) 자기통제이론의 평가 • 175

6. 일반긴장이론 ······ 176
(1) 일반긴장이론의 개요 • 176
(2) 중심내용 • 177
(3) 일반긴장이론의 경험적 연구 • 179
(4) 일반긴장이론의 평가 • 180

연습문제 ······ 182
용어설명 ······ 182
참고문헌 ······ 184

Chapter 06 정신장애와 범죄심리

1. 정상과 비정상의 분류 ······ 192

2. 이상행동의 진단 ······ 195
(1) 법적 책임을 위한 기준 • 196
(2) 정신질환 척도 • 197

3. 범죄와 관련된 정신장애 분류 및 특성 ······ 201
(1) 정신질환(psychosis) • 201
(2) 신경증(neurosis) • 207
(3) 인격장애(personality disorder) • 210
(4) 약물관련 장애(substance related disorder) • 215
(5) 성관련 장애(psychosexual disorder) • 215
4. 범죄를 설명하는 통합모델(정신장애를 포함) ······ 216
연습문제 ······ 218
참고문헌 ······ 218

Chapter 07 성격과 범죄심리

1. 성격의 개념 ······ 224
(1) 성격의 정의 • 224
(2) 아이젠크의 성격이론 • 228
2. 반사회적 성격장애와 범죄 ······ 230
(1) 반사회적 성격장애의 진단 • 230
(2) 반사회적 성격장애자의 특성 • 232
(3) 반사회적 성격장애의 원인 • 233
(4) 반사회적 성격장애와 범죄 • 234
3. 사이코패스와 범죄 ······ 235
(1) 사이코패스의 역사 • 235
(2) 사이코패스의 정의 • 237
(3) 사이코패스의 진단 • 238
(4) 사이코패스의 특성 • 240
(5) 사이코패스의 원인 • 243
(6) 사이코패스와 범죄 • 245
4. 소시오패스 ······ 247
연습문제 ······ 249
용어설명 ······ 250
참고문헌 ······ 250

Chapter 08 살인범죄자의 범죄심리

1. 살인의 형태 ······ 256
(1) 모살(謀殺)과 고살(故殺) • 256
(2) 개인살인과 조직살인 • 258
(3) 일반살인과 다수살인 • 261
(4) 존속살인과 배우자살인 • 264
(5) 동기 없는 살인 • 269
2. 살인범죄의 실태 ······ 271
(1) 발생현황 • 271
(2) 살인범죄자의 특징 • 273
(3) 피해자의 특징 • 275
(4) 범행동기 • 276

3. 살인의 원인 ········ 277
(1) 정신분석학적 이론 • 278
(2) 성격이론 • 279
(3) 인지이론 • 280
(4) 좌절-공격이론 • 280

4. 살인범의 특성 ········ 282
(1) 행위적 특징 • 282
(2) 심리적 특징 • 286

5. 연쇄살인범 ········ 290
(1) 연쇄살인범의 유형 • 290
(2) 연쇄살인범의 특징 • 295

6. 여성살인범 ········ 300
(1) 여성살인범의 특징 • 300
(2) 여성살인범의 동기 • 304

7. 살인의 대책 ········ 307

연습문제 ········ 311
참고문헌 ········ 312

Chapter 09 방화범죄자의 범죄심리

1. 방화의 정의 및 유형 ········ 316
(1) 방화의 정의 • 316
(2) 연쇄방화(범)의 정의 • 319
(3) 방화의 유형 • 320

2. 방화범죄의 실태 ········ 330
(1) 성별 방화범죄의 발생현황 • 330
(2) 범행동기 • 331
(3) 방화범죄자의 특징 • 332
(4) 피해현황 • 333

3. 방화범의 심리적 특성 ········ 333
(1) 방화범의 일반적, 행위적 특성 • 334
(2) 방화범의 심리적 특성 • 336

4. 방화범죄의 대책 ········ 341

연습문제 ········ 344
참고문헌 ········ 344

Chapter 10 성범죄자의 범죄심리

1. 성범죄의 정의 ········ 348

2. 성범죄(성폭력범을 포함한 강간) 실태 ········ 349
(1) 발생현황 • 349
(2) 범죄행위의 특징 • 351

(3) 성범죄자의 특징 • 355 (4) 피해자의 특징 • 358

3. 성범죄의 유형 360

(1) 강간 • 361 (2) 성도착증 • 363

4. 성범죄의 원인 365

(1) 개인적 측면 • 365 (2) 사회구조적 측면 • 366

5. 성범죄자의 심리적 특성 368

6. 성범죄의 피해 371

7. 성범죄의 대책 374

(1) 개인적 차원 • 374 (2) 사회적 차원 • 374
(3) 성범죄자 처우 • 375 (4) 전자감독 • 376
(5) 성충동 약물치료 • 376

연습문제 379
용어설명 379
참고문헌 381

Chapter 11 여성범죄자의 범죄심리

1. 여성과 남성의 차이점 386

2. 여성범죄의 의의와 특징 389

(1) 여성범죄의 의의 • 389 (2) 여성범죄의 특징 • 389

3. 여성범죄의 실태 391

(1) 발생현황 • 391 (2) 여성범죄자의 특징 • 394

4. 여성범죄의 원인 397

(1) 개인적 측면 • 397 (2) 사회학적 측면 • 403

5. 여성범죄자의 심리적 특성 404

6. 여성범죄의 대책 406

(1) 여성범죄 연구의 활성화 • 407 (2) 교정처우적 접근 • 407
(3) 피해자학적 접근 • 410

연습문제 410
참고문헌 411

Chapter 12 스토커의 범죄심리

1. 스토커의 정의 416
   (1) 스토커의 정의 · 416
2. 스토킹범죄 현황 420
3. 스토커의 심리형성에 관한 이론 421
   (1) 사회문화적 접근 · 421 (2) 정신분석학적 접근 · 422
4. 스토커의 심리적 특성 425
   (1) 스토커의 일반적 특성 · 425 (2) 스토커의 심리적 특성 · 427
5. 스토킹 피해자의 특징과 스토커와의 관계 435
   (1) 스토킹 피해자의 특징 · 435 (2) 피해자와 스토커의 행동유형 · 436

연습문제 439
용어설명 439
참고문헌 440

Chapter 13 약물남용자의 범죄심리

1. 약물의 정의와 종류 444
   (1) 약물의 정의 · 444 (2) 약물의 종류 · 446
2. 약물남용의 실태 457
   (1) 마약사범 현황 · 457 (2) 마약관련 범죄현황 · 458
3. 약물남용의 원인 461
   (1) 개인적 요인 · 462 (2) 환경적 요인 · 463
4. 약물남용자들의 특성 472
   (1) 정서적, 심리적 특성 · 473 (2) 사회적 특성 · 475
5. 약물남용의 대책 477
   (1) 공급적 측면 · 477 (2) 수요적 측면 · 478
   (3) 치료전략 · 482

연습문제 484
참고문헌 485

Chapter 14 절도범죄자의 범죄심리

1. 절도범죄의 의의와 유형 ······ 490

(1) 절도범죄의 의의 • 490 (2) 절도범죄의 유형 • 490

2. 절도범죄의 특징 ······ 491

3. 절도범죄의 실태 ······ 493

(1) 범죄행위의 특징 • 493 (2) 범죄자의 특징 • 496
(3) 피해자의 특징 • 497

4. 절도범죄의 원인 ······ 499

(1) 합리적 선택이론 • 499 (2) 생활양식이론 • 500
(3) 일상활동이론 • 500

5. 절도범죄자의 심리적 특성 ······ 501

6. 절도범죄의 대책 ······ 505

(1) 경찰의 순찰 활동 강화 • 505 (2) 방범시설의 보완 및 개선 • 506

연습문제 ······ 508
용어설명 ······ 508
참고문헌 ······ 509

색 인 ······ 510

01

우리는 매일 대중매체를 통해 많은 범죄사건을 접한다. 이런 범죄사건을 접할 때마다 나와는 다른 인간의 속성, 즉 범죄성을 가진 사람들이 대체적으로 여러 유형의 범죄를 저지른다고 생각한다. 과연 그럴까? 인간은 어떠한 좋지 않는 환경하에서도 타인을 배려하고 그들 자신의 고귀한 존엄성과 자존감을 지켜낼 수 있을까? 범죄는 타인과의 사회적 상호작용 과정에서 나타나는 지극히 사회적인 현상이므로 어느 누구도 범죄의 유혹에서 자유로울 수 없다. 인간의 사회적 상호작용에는 부정적인 면과 긍정적인 면이 다 포함되는데 사회구성원들 간에 발생하는 상호작용의 부정적인 면의 결과로 범죄가 발생한다. 그럼 인간은 왜 범죄를 저지르는가? 죄를 범하는 주된 원인은 무엇인가? 어떤 유형의 인간성이 범죄에 취약한가? 어떤 개인적·사회적 환경이 각종 범죄와 깊은 연관성을 가지는가? 동일한 환경 하에서도 대부분의 사람들은 범죄를 저지르지 않는 데 반해 어떤 유형의 인간성을 가진 사람이 범죄의 유혹에 빠지는가? 우리 사회에서 매일 발생하는 범죄사건의 주된 원인은 무엇인가?

이런 물음에 답하기 위해 범죄행동의 원인을 개인적 수준에서 파악하는 것이 옳은지, 사회환경적 수준에서 바라보는 것이 합당한지, 아니면 개인적 요인과 사회환경적 요인의 복합작용으로 파악할 것인지에 대한 범죄연구가들의 주장은 범죄이론만큼 다양하다. 예를 들면, 범죄학의 태동기에는 롬브로조(Lombroso)를 중심으로 한 고전학파들은 범죄행위의 원인을 개인적, 유전적 요인에

Chapter 01

범죄와 범죄심리학

서 찾으려 했으나, 20세기에 범죄학의 중심축이 미국으로 옮겨 오면서 시카고학파의 도시연구를 중심으로 점차 사회적, 환경적 요인이 강조되어왔다. 그러면 범죄행위의 주된 요인을 사회적, 환경적 요인으로만 설명할 수 있는가? 범죄심리학에서는 범죄행위의 원인을 개인적, 유전적, 선천적 측면을 강조하는 반면, 범죄학에서는 그 원인을 사회적, 환경적, 후천적 측면을 강조하는 경향이 있다. 이 장에서는 우선 범죄심리학이 어떤 학문인지를 범죄심리학과 범죄학과의 관계, 범죄심리학과 일반심리학과의 관계를 중심으로 살펴볼 것이다. 그리고 이 책의 구성에 대해서 설명할 것이다. 이 책은 크게 두 부분으로 나누어져 있다. 2장부터 7장까지는 범죄심리학에서 사용되는 기본 주제, 이론, 정신장애, 성격장애 등을 설명하며 8장부터 14장까지는 각 범죄유형별 범죄자의 심리 특성으로 구성되어 있다. 각 범죄유형별 심리특성을 다루는 8장부터 14장까지는 첫째, 그 범죄유형을 어떻게 정의하는지를 살펴보고, 그런 범죄를 저지르는 이유를 범죄학이론을 차용하여 간략하게 설명할 것이다. 둘째, 각 범죄유형별 범죄발생 실태를 대검찰청 범죄분석 자료(2008~2017년)를 중심으로 지난 10년 동안 각 연도별 증감실태를 분석할 것이다. 셋째, 각 범죄유형별 범죄자의 심리적 특성을 살펴본 후 마지막 절에서는 범죄이론에서 범죄의 원인으로 설명한 방법을 중심으로 범죄예방책과 정책적 대안을 제시하면서 각 범죄유형별 논의를 마무리할 것이다.

01 범죄심리학의 정의

범죄심리학(criminal psychology)을 가장 쉽게 이해하는 방법 중 하나는 범죄학과 심리학을 결합한 용어로 간주하면 된다. 예를 들면, 사회과학의 기초 학문인 사회학을 정의할 때, 우리 사회에서 매일 같이 발생하는 사회현상을 연구하고 분석하는 학문으로 이해할 수 있다. 그럼 사회현상은 무엇을 의미하는가? 사회현상은 인간 개개인의 수많은 사회적 상호작용으로 연결되는데 연구의 관점을 인간 개개인에 중심을 둘 때 우리는 이것을 미시(micro) 사회학으로 평가하고 인간 개개인이 아닌 거시적 차원에서 인간행동의 보편성과 다양성에 관한 현상을 연구할 때 우리는 거시(macro) 사회학이라고 칭한다. 이와 비슷하게 범죄심리학은 범죄의 미시적 차원을 연구하는 학문인 반면에 범죄학은 범죄의 거시적 차원을 연구하는 학문으로 평가할 수 있다.

우리가 범죄심리학을 범죄와 범죄자의 심리적, 미시적 차원을 연구하는 학문(Howitt, 2002)으로 쉽게 정의할 수 있지만, 학술적으로는 범죄심리학의 정의를 한마디로 규정하기가 쉽지 않다. 범죄심리학의 학술적 정의가 어려운 이유 중 하나는 이 용어의 영문표현이 다양하기 때문이다. 범죄심리학을 'Criminal Psychology' 혹은 'Psychology of Crime'으로 표기할 수 있지만, 앤드류와 본타(Andrew & Bonta)는 'Psychology of Criminal Conduct'로 칭하면서 범죄의 측면보다는 범죄자의 행위적 측면을 더 강조하는 용어를 사용하였다(Andrew & Bonta, 2016). 즉, 앤드류와 본타는 범죄심리학을 표현하는 용어로 Psychology of Criminal Conduct와 Psychology of Criminal Behavior 중에서 행동(behavior)보다는 행위(conduct)라는 용어를 더 선호한다. 그들은 행위는 행동보다 더 긍정적인 의미를 가지며, 더 중요한 측면으로써 법규위반의 더 심오하고 더 광범위한 의미를 가지고 있기 때문이라고 주장했다. 그들은 범죄심리학을 "범죄행위의 다양성을 합리적이고 경험적으로 탐구하는 학문으로 규정하면서 특히 범죄행위의 개인적 다양성을 합리적이고 경험적으로 연구하는 학문"이라고 주장한다(Andrew & Bonta, 2016). 그들의 주장을 좀 더 설명하면, 범죄행위의 다양성에는 인간의 다양성(human diversity)과 개인의 다양성(individual differences)이 공존하는데 인간의 다양성은 민족성, 성별, 사회계층 등이 포함되고, 개인의 다양성은 가정, 학교, 일과 여가의 측면에서 다양하게 나타나는 개인적, 생물학적, 의식적 측면을 포함한다. 따라서 범죄심리학은 특별히 개인적 다양성에 초점을 맞추고 범죄학은 개인적 다양성뿐만 아니라 인간의 다양성도 폭넓게 연구하는 학문이라 할 수 있다.

한편 바톨 부부(Bartol & Bartol)는 범죄심리학을 법의학적 심리학(forensic psychology)의 하위부분으로 파악했으며, 법의학적 심리학은 경찰심리학, 범죄 및 비행심리학, 교정심리학, 심리학과 법률, 피해자지원, 소년범죄자와 성인범죄자에 대한 개입 프로그램이나 처우프로그램의 실시 및 평가와 같은 분야를 포함한다고 주장하였다(Bartol & Bartol, 2016). 그 외 이상현은 범죄나 비행에 관한 여러 가지 문제 중에서 심리학이 대상으로 하기 쉬운 문제에 관하여 심리학적 이론과 방법을 사용하여 연구하는 인문과학의 한 분야로 정의하였다(이상현 외, 2012). 결론적으로 학자들의 다양한 견해를 종합하면, 범죄심리학은 "범죄의 사회적 현상이 아닌 범죄의 개인적 현상 또는 개인적 측면을 합리적이고, 경험적으로 연구하는 법의학적 심리학의 한 분야"로 정의할 수 있다.

02 범죄심리학과 범죄학과의 관계

범죄심리학과 범죄학과의 관계를 논의하기 전에 범죄학이 어떤 학문인지를 개략적으로 파악하는 작업은 범죄심리학과의 관계 구분을 위해서뿐만 아니라 범죄심리학의 폭넓은 이해를 위해서도 필요한 작업이다. 범죄학(criminology)은 범죄행위를 연구하는 과학적 학문이다. 범죄학에 대한 정의를 한마디로 단언하기는 쉽지 않지만, 상당수의 범죄학자들은 서덜랜드(Sutherland)의 고전적 정의를 범죄학 정의의 전형으로 받아들인다. 서덜랜드에 따르면, "범죄학은 범죄라는 사회현상에 대한 지식체계이다. 그것은 법을 제정하고, 법을 위반하고, 법규위반에 대해 반응하는 과정을 그 영역으로 한다…(중략), 범죄학의 목적은 이런 법, 범죄, 처우의 과정에 대해 일반적으로 입증된 원리와 다른 유형의 지식을 발전시키는 것이다"(Sutherland, 1947). 여기서 서덜랜드의 정의를 좀 더 쉽게 설명하면, 범죄학은 한 사회의 범죄현상에 대응하기 위해 형법을 만들고, 법규위반의 원인에 대해 과학적 방법을 사용하여 설명하는 학문이라 할 수 있다. 즉, 범죄학의 가장 중요한 요소는 범죄발생의 원인을 과학적 방법을 사용하는 밝히는 것이라 할 수 있다(황성현, 2012). 한편 위키 백과사전에 기록된 범죄학의 정의에 따르면, "범죄학은 범죄의 발생과 그 원인, 그리고 대책을 탐구하는 학문분야로서, 사회학, 심리학, 법학, 경찰행정학 등의 다양한 부문에서 접근하는 학제적 분야이다"로 정의하면서(http://ko.wikipedia.org 참조) 미국의 범죄학자 에이커스(Akers)의 범죄학 정의를 인용하고 있다. 에이커스의 정의에 따르면, "범죄학의 분야는 크게 1. 법의 제정과 집행을 연구하는 분야와, 2. 범죄의 원인을 연구하는 분야, 3. 범죄에 대한 대책을 연구하는 분야로 나뉜다. 이 세 가지 중에서 가장 중요한 부분은 두 번째의 범죄의 원인을 연구하는 분야로서, "좁은 의미의 범죄학이라고 할 때 이것을 말한다"고 정의한다(Akers *et al.*, 2016).

범죄학의 정의를 범죄심리학과 연결시켜 설명하면, 범죄심리학은 범죄나 범죄자의 심리적 측면을 이해하려는 학문으로 정의한 바 있다. 즉, 심리학의 분야인 지각, 인지, 학습, 기억, 지능 등의 기초적 영역을 기반으로 하여 범죄자의 행위(conduct)나 행동(behavior)을 규명하려는 학문이다. 또한 범죄심리학은 비교적 최근에 시작된 학문으로 범죄와 관련된 개인의 다양성과 그 개인과 끊임없이 상호작용하는 인간의 다양성에 초점을 둔다. 이런 심리적 접근은 크게 두 가지로 분류된다.

① 범죄행위를 야기하는 개인의 성격특성이나 이상심리 또는 정신병리에 관심을 두는 입장이다. 이런 입장을 설명하는 범죄심리학적 이론으로는 프로이트(Freud)의 '정신분석이론', 범죄자의 과거 학습경험의 자연적인 발전으로 파악하는 '행동이론', 범죄자의 인지발달 정도에 따른 범죄 원인을 밝히고자 하는 '인지이론', 인간의 인격 특성의 차이에서 범죄성을 찾으려는 '인성(성격)이론' 등이 주류를 이루고 있다.

② 범죄행위는 다른 행동과 마찬가지로 개인이 환경과의 사회적 상호작용에서 습득하는 것으로 파악하는 입장이다. 이런 입장을 설명하는 이론으로는 에이커스(Akers)의 사회학습이론, 허쉬(Hirschi)의 사회유대이론, 베커(Becker)의 낙인이론 등이 있다.

03 범죄심리학과 일반심리학과의 관계

일반심리학은 인간의 행동과 심리과정을 이해하는 사회과학의 기초 학문이다. 또 다른 정의로 심리학은 사회적 존재인 인간의 심리와 행동을 과학적으로 이해하려는 학문이다(김상균, 2008). 심리학자들은 인간행동을 이해하기 위해서는 행동에 보편적으로 영향을 미치는 성격적 특성이나 기질을 조사하는 것이 좋다고 생각해 왔다(Bartol & Bartol, 2016). 특성, 인성, 기질 등은 한 인간에게 비교적 안정되고 지속적으로 영향을 미치기 때문에 타인과 쉽게 구별되는 특징을 가지고 있다. 따라서 심리학을 기본적 지식체계로 삼고 있는 범죄심리학자들은 인간의 독특한 성격, 기질, 특질

등이 범죄행위의 원인이므로 이런 심리적 현상들을 연구해야 한다고 주장한다.

심리학은 어떤 행동이 왜 발생했는지? 그 행동을 발생시킨 한 인간의 심리적 특성, 기질, 성격 등에 관심을 갖는다. 이런 맥락에서 범죄행위의 원인을 파악함에 있어서도 한 인간의 성장과정, 중요한 타자(significant others)와의 사회적 상호작용 등과 같은 미시적 환경보다는 각 개인이 가지는 고유한 성격, 태도, 지각 등과 같은 심리적 변화 때문에 특정 범죄를 저지르는 주된 원인으로 파악한다. 그러나 일반심리학적 입장에서 살인자의 특성이나 강간범 또는 절도범의 개인적 기질을 파악하기는 쉽지 않다. 통계적으로 살인자의 일반적 특성은 어떠하다고 규정할 수 있지만, 이런 특성을 기초로 어떤 특정 살인사건의 용의자를 추적하는 것은 결코 쉬운 일이 아니다. 특정 살인용의자의 성장배경, 중요한 타자, 가정환경, 교육수준 등과 같은 미시사회학적 접근을 고려하지 않고 순전히 일반심리학적 입장에서 살인범죄의 원인을 파악하는 것은 무의미하기 때문이다. 이처럼 범죄행위의 원인을 규명하기 위한 심리학의 위치는 그 자체로서는 지지를 잃어가고 있지만, 일련의 프로파일링(profiling) 작업 속에서 그 가치를 인정받고 있다. 예를 들면, 범죄자 프로파일링은 범죄의 심리학적 지식과 경험에 기초한다. 범죄자 프로파일링은 특히 연쇄살인이나 연쇄성범죄에 국한하지 않고 방화, 절도, 강도와 같은 재산범죄에도 적용되고 있다(Bartol & Bartol, 2016). 이런 범죄자프로파일링을 수행하기 위해서는 심리학적 지식과 경험이 풍부하지 않으면 수행할 수 없는 작업이다.

종합하면, 심리학은 인간의 특정 행동과 심리과정을 이해하는 학문이기 때문에 인간의 범죄행위의 원인을 규명하는 데 독자적인 역할을 수행하지는 못했다. 그러나 심리학은 인간의 본성, 자아, 정서, 동기 등이 특정 범죄에서 어떻게 발현되는지에 대한 기초적 지식을 제공해 줌으로써 범죄심리학과의 깊은 연관성을 가지고 있다.

04 이 책의 구성

우리는 좀 전에 범죄심리학을 범죄학과 심리학의 결합학문으로 간단하게 정의했다. 따라서 이 책은 범죄학에서 다루는 범죄유형별(살인, 강도, 성범죄, 방화, 절도범죄, 스토킹 등) 범죄행위의 원인을 범죄학적, 거시적 시각에서가 아니라 심리학적, 미시적 수준에서 파악하고자 한다. 각 범죄유형별 범죄행위의 원인을 살펴보기 전에 범죄행위의 심리적 접근이 우선되어야 한다. 이를 위해 이 책의 전반부(제2장부터 제7장까지)는 심리학에서 다루는 주제나 명제를 중심으로 범죄행위의 원인을 분석할 것이다. 예를 들면, 자아, 공격성, 충동성, 불안, 분노 등이 한 인간의 범죄심리에 어떤 영향을 미치는지에 대해 살펴볼 것이다. 이와 더불어 범죄심리학에서 가장 많이 사용되는 심리이론을 개인심리적 측면에서의 이론과 개인환경적 측면에서의 이론으로 나누어 고찰하고자 한다. 그리고 정신장애, 반사회적 인격장애, 사이코패스, 소시오패스 등이 인간의 범죄심리와 어떻게 연결되어 있는지도 살펴볼 것이다. 이 책의 후반부(제8장부터 제14장)는 범죄유형별 범죄자들의 심리적 특성을 파악할 것이다. 예를 들면, 살인, 성범죄, 방화, 약물남용 등을 범죄학적, 사회학적 시각이 아닌 일반심리학에 기초한 미시적, 개인적 측면에서 그런 범죄를 저지른 각 범죄자의 심리적 특성을 살펴볼 것이다.

이 책은 총 14장으로 구성되어 있다. 제1장은 지금까지 살펴본 바와 같이 범죄심리학의 정의를 범죄심리학이 범죄학과 심리학의 어떤 분야를 차용하고 있는지를 중심으로 살펴보았다. 제2장은 범죄자의 심리적 특성을 자아와 공격성을 중심으로 살펴볼 것이다. 한 인간의 범죄행동을 유발하는 원인은 다양하지만, 일반적으로 범죄자에게 나타나는 공통적인 특징으로 낮은 자아존중감, 낮은 자기통제감, 그리고 공격성을 들 수 있다. 특별히 자아의 개념과 자아존중감, 자기통제감 등을 먼저 살펴보고, 공격성을 유발하는 또 다른 요인인 긴장과 스트레스도 학습할 것이다. 일반적으로 비범죄자는 일상생활에서 항상 발생하는 긴장과 스트레스를 건전한 방식으로 해결하지만 범죄성향이 강한 사람은 내부적으로 쌓인 긴장과 스트레스를 타인을 향한 공격성으로 표출하는 경향이 강하다. 공격성은 모든 범죄행동의 표출적 양식이다. 공격성이 강한 사람이 각종 유형을 범죄를 저지를 가능성이 높다. 특히 공격성은 강력범죄(살인, 강도, 방화, 성범죄 등)와 깊은 관련성을 맺고 있는데, 이런 공격성이 어떤 메커니즘을 통해 범죄행동의 원인이 되는지를 제2장에서 전반적으로 고찰할 것이다. 제3장에서는 범죄자의 심리적 특성 중 제2장에서 다루지 않았던 충동성, 분노, 불안에 대해 살펴볼 것이다. 충동성, 분노, 불안은 공격성과 깊은 연관성을 맺고 있으며 이런 부정적인 정서감정은 각종 범죄행위를 유발하는 직접적인 원인이 되기도 한다. 충동성, 불안, 분노 같은 인간의 부정적인 정서감정은 공격성의 원인이 되기도 하고, 공격성을 매개하지 않고 바로 각종 범죄를 유발하는 직접적인 원인이 되기도 한다. 제3장에서는 부정적인 정서감정을 어떻게 측정하는지를 먼저 살펴보고, 범죄와 어떤 관련성을 갖는지를 학습하고, 마지막으로 이런 심리적 특성을 연구한 경험적 연구결과들을 개관함으로써 실제 우리 사회에서 발생한 범죄행위의 원인을 설명할 것이다.

제4장에서는 범죄심리학이론을 개관할 것이다. 지금까지 범죄행위의 원인을 설명하는 이론은 주로 범죄학에서 개발되고 발전된 이론들을 차용해서 사용해왔다. 아직까지 범죄행위의 원인을 설명하는 범죄심리학이론은 지극히 제한적이다. 학계에서 일반적으로 사용하는 범죄심리학이론의 대부분은 범죄학에서 차용한 것이거나 일부 일반심리학이론에 기원한 이론을 범죄행위에 적용한 사례가 대부분이다. 일반적으로 범죄행위의 원인에 대한 고전적 이론, 사회학적 이론, 생물학적 이론 등은 범죄행위를 설명하기 위한 분명한 목적으로 개발된 것이지만 대부분의 심리학이론은 범죄행위 자체에 특별한 관심을 가지고 체계화된 것은 아니다. 예를 들면, 프로이트의 정신분석이론은 인간의 심리와 정신세계의 이해를 가능하게 한 탁월한 이론이지만 한 개인의 범죄행위를 설명하기 위해 개발되고 발전된 이론은 아니다. 따라서 이 책에서는 범죄학과 일반심리학에서 다루는 이론들 중에서 개인심리와 개인환경적 측면이 범죄행위의 원인이 된다는 이론들만 추출하여 다룰 것이다. 제4장에서는 범죄심리학이론 중에서 일반심리학에 그 뿌리를 둔 이론들(정신분석이론, 인지이론, 인성(성격)이론 등)을 학습할 것이다. 제5장은 범죄학에서 태생된 이론 중에서 개인환경과 미시적 차원의 범죄원인론을 주장하는 이론들을 다룰 것이다. 즉, 범죄심리학이론은 일반심리학적 이론과 범죄학적 이론을 주로 차용하고 있는데 제4장에서는 심리학적 배경의 범죄심리학이론을 다룰 것이고 제5장은 범죄학에 뿌리를 둔 범죄심리학적 이론들 예를 들면, 인간행위의 원인을 사회구성원들 간의 상징적 상호작용을 통해 파악할 수 있다는 상징적 상호작용론에 근간을 둔 사회학습이론, 사회유대이론, 낙인이론, 자기통제이론, 일반긴장이론 등을 중심으로 범죄행위의 원인을 고찰할 것이다.

제6장에서는 정신장애와 범죄심리와의 관계를 학습할 것이다. 우리는 가끔 언론을 통해 끔찍한 범죄사건 소식을 접한다. 그런 소식을 접할 때마다 우리는 인간이 어떻게 저런 잔인한 범죄를 저지를 수 있을까? 분명 저 범죄자는 정상인이 아니거나 정신질환을 가지고 있는 사람일 것이라고 예단한다. 정신질환자 범죄율과 정상인의 범죄율 사이에는 어떤 차이가 있을까? 정신질환이 범죄행위의 주요한 원인일까? 우리는 이런 질문에 답하기 위해 정신질환과 범죄행위 사이의 상관관계를 제6장에서 살펴볼 것이다. 결론적으로 말하면, 정신질환자의 범죄율은 일반인에 비해 지극히 낮은 수준이다. 우리나라 전체 인구 중 비정신장애인의 범죄율은 약 1.20%인 반면 정신장애인의 범죄율은 0.08%로 비정신장애인의 범죄율이 약 15배 정도 높은 셈이다. 즉, 정신질환자의 범죄율은 비정신질환자에 비해 낮은 수준이다. 하지만 일반인의 정서로 쉽게 이해할 수 없는 아주 끔찍한 사건을 접할 때에 이런 범죄를 저지

른 사람을 더 잘 이해하기 위해서는 정신장애와 범죄와의 상관관계에 대한 지식이 큰 도움이 될 것이다. 정신장애를 분류하고 정의하는 대표적인 기준으로는 미국정신의학회(American Psychiatric Association: APA)에서 발간한 정신장애 진단 및 통계 편람(Diagnostic and Statistical Manual of Mental Disorder, Fifth Edition: DSM-5)이 있다. 제6장에서는 정신병력이 있는 범죄자들을 분류해 보고, DSM-5를 통해서 범죄와 정신장애와의 관계를 규명할 것이다. 제7장에서는 정신질환은 아니지만 대표적인 이상성격인 반사회적 인격장애와 범죄심리와의 상관관계를 학습할 것이다. 범죄는 지극히 환경의 영향을 받으며, 사회구성원들 간의 사회적 상호작용을 통해 발생된다. 사회적 상호작용과정에서 발현되는 인간의 성격(인격) 장애는 범죄를 결정하는 요인 중 하나이다. 어떤 성격의 소유자들이 범죄를 저지를 가능성이 높은지를 살펴보는 것은 범죄심리학의 중요한 과제 중 하나이다. 또한, 반사회적 인격장애의 일종인 사이코패스(psychopath)와 소시오패스(sociopath)에 대해서도 살펴볼 것이다. 반사회적 인격장애는 사이코패스, 소시오패스와 어떤 점에서 유사하고 어떤 면에서 상이한 점이 있는지도 고찰할 것이다.

제2장부터 제7장까지는 범죄심리학에서 반드시 다루어야 하는 기본 개념, 주제, 이론 등을 일반심리학적 측면에서 고찰했다면, 제8장부터는 심리학이 아닌 범죄학에서 기본적으로 다루는 각 범죄의 범죄유형별 범죄자의 심리적 특성을 살펴볼 것이다. 범죄학에서 범죄유형별 범죄행위의 원인을 다룰 때 주로 범죄통계치를 바탕으로 한 각 유형별 범죄통계 현황과 범죄학이론에 바탕을 둔 범죄행위의 원인을 밝히는 데 주력한다. 그리고 범죄유형별 범죄예방책이나 정책적 함의를 다루는 것이 일반적이다. 그러나 이 책에서는 비록 범죄유형별 범죄행위의 원인을 각 장별로 살펴보겠지만 주로 범죄유형별 범죄자의 심리적 특성을 중심으로 살펴볼 예정이다. 예를 들면, 성범죄자의 범죄심리를 다룬다면 성범죄자의 유형에는 어떤 것이 있으며, 일반 범죄학에서 거론되는 성범죄의 원인이 무엇인지를 살펴본 후 마지막으로 성범죄자에게 나타나는 공통적인 심리적 특성은 무엇인지를 살펴보는 순서로 논의를 진행할 것이다.

제8장은 살인범죄자의 범죄심리를 다룰 것이다. 살인은 사회구성원들 간의 사회적 상호작용에서 발생할 수 있는 지극히 인간적인 사회현상이라 할 수 있다. 예를 들면, 살인이 가장 빈번하게 발생하는 경우는 가정 내에서의 싸움이나 술자리에서의 언쟁 등이다. 즉 사소한 언쟁, 자아를 손상시키는 모욕적인 언동이나 적의의 누적, 격렬한 몸싸움 등이 살인을 유발하는 주요인이다. 살인은 타인이 한 인간의 생명을 살해함으로써 그 목숨을 앗아가는 범죄이며, 가장 무거운 처벌을 받는 범죄행

위이다. 인간의 생명은 그 어떤 것과도 바꿀 수 없는 존엄한 것이며, 사회조직 내에서 그 어떤 이유로도 한 인간의 생명을 빼앗을 수는 없다. 그러나 살인은 인류 역사와 함께할 정도로 가장 오래된 범죄행위이며 인간의 공격적인 성향과 함께 수많은 살인이 곳곳에서 자행되어왔다. 제8장에서는 공격성을 기반으로 한 가장 극단적인 폭력범죄의 하나인 살인의 형태와 원인을 알아보고, 우리 사회에서 살인이 어느 정도, 어떠한 형태로 발생하는지를 살인범죄의 실태 부분에서 살펴볼 것이다. 그리고 일반살인에 나타나는 살인범의 심리적 특성을 파악하고, 그중에서 가장 위협적인 연쇄살인을 좀 더 상세하게 논의할 것이다. 또한, 생리학적으로, 심리학적으로, 사회문화적으로 남성 살인범과는 다른 형태로 나타나는 여성 살인범의 동기와 특성을 따로 구분해서 학습할 것이다. 마지막으로 살인율을 감소시킬 수 있는 여러 가지 방안에 대해 개인적, 심리적 측면에 초점을 맞추어 고민해 보는 시간을 가질 것이다.

제9장에서는 방화범죄자의 범죄심리에 대해 다룰 것이다. 방화범죄는 다수의 생명과 재산에 막대한 피해를 가져오는 심각한 범죄임에도 불구하고 방화범죄에 대한 관심과 대처는 상대적으로 부족한 편이다. 이러한 관심 부족을 대표적으로 나타내는 것이 방화범죄에 대한 통계구축 미비이다. 다른 범죄유형과는 달리 우리 사회에서 한 해 동안 얼마만큼의 방화로 인한 범죄가 발생하는지에 대한 정확한 실태를 파악하는 것은 쉽지 않다. 이와 함께 방화범죄를 주의어린 눈으로 살펴봐야 하는 이유 중 하나로 방화범죄자의 상당수는 정신적인, 심리적인 문제를 갖는 경우가 많다. 특히 연쇄방화범의 경우 더욱더 그렇다. 예를 들면, 단순방화범은 경제적 이익이나 범죄은폐, 보복 등이 그 주된 원인으로 지목되지만, 연쇄방화범은 심리적 요인, 즉 흥분이나 현실도피 등과 같은 요인에 의해 방화할 가능성이 높다. 외국의 연구에 따르면, 방화범은 심각한 정서적 장애 때문에 방화사건을 저지르는 경향이 있으므로 방화범죄는 범죄행위가 아닌 정신건강의 문제로 파악해야 한다고 주장한다. 이런 논의를 종합하여, 제9장에서는 방화범죄의 유형과 원인을 살펴보고 방화범죄자의 심리적 특성을 고찰할 것이다. 특히 단순방화범과 연쇄방화범의 심리적 특성에는 어떤 유사점과 차이점이 있는지를 상세하게 살펴볼 것이다.

제10장에서는 성범죄자의 범죄심리를 다룰 것이다. 현대사회에서 성범죄는 놀라울 정도로 급속하게 증가하고 있다. 특히 우리나라에서 2018년부터 시작된 "나도 당했다"는 미투(me too)운동은 우리 사회에 만연한 성폭력과 위계에 의한 권력형 성범죄를 공론화하면서 그 피해의 심각성을 각성시켰다. 미투 운동에서 알 수 있듯이 최근 우리나라의 성관련 범죄는 다른 범죄유형(예를 들면, 살인, 절도, 강도, 방화 등)에 비해 발생비율이 다른 나라에 비해 상당히 높은 편이다. 미국을 제외한 다른 주요

선진국에 비해서 성범죄율이 상당히 높은 이유는 무엇인가? 우리나라의 독특한 문화적 풍토(예를 들면, 가부장적 사회구조하에서 여성을 경시하는 사회풍토 등)가 성범죄율과 연관이 있는지? 아니면 잘못된 성교육으로 인한 왜곡된 성관념이 성범죄율을 높이는 주요 요인인지 등에 대해 살펴볼 것이다. 제10장에서는 성폭력범죄의 유형과 원인 등을 살펴볼 것이다. 특히 성폭력범죄 중에서 가장 중죄로 취급되는 강간을 중심으로 성범죄자의 심리적 특성을 학습할 것이다.

제11장은 여성범죄자의 범죄심리에 대해 다룰 것이다. 우리가 범죄를 연상할 때 주로 여성보다는 남성의 폭력범죄를 떠올리게 된다. 왜냐하면, 남성이 여성에 비해 범죄를 저지를 확률이 약 8~9배 높기 때문이다. 또한, 여성은 남성보다 약하고, 정이 많으며, 사교적이며, 범행을 행동으로 옮기는 경우가 많지 않다고 인식하기 때문이다. 그러나 현대사회에서 도시화와 산업화의 결과로 여성과 남성의 성역할 사회화가 모호해지면서 여성범죄가 점차 증가하고 있는 실정이다. 남성은 가정 밖에서 경제적 문제를 해결해야 하는 일차적 책임(breadwinner)이 있고, 여성은 가정 내에서 가정주부(housekeeper)로서의 역할을 다해야 한다는 전통적인 성역할 사회화가 점차 무너지면서 여성이 사회에 진출하는 비율이 급속도로 증가하고 있다. (우리가 이전에 언급한 것처럼) 범죄는 지극히 사회구성원들 간의 사회적 상호작용과정에 발생하는 현상이기 때문에 산업화 이전까지는 가정에 머물렀던 여성의 사회적 진출은 여성범죄율의 증가라는 당연한 결과를 초래했다. 제11장에서는 이런 여성의 범죄행동이 남성과 다른 점을 살펴보고 그 원인을 여성범죄의 원인론에서 찾아볼 예정이다. 이를 위해 남성과 여성의 차이점과 유사점을 살펴보고 그에 따라 나타나는 남녀 범죄행동의 차이점을 파악할 것이다. 마지막으로 그 차이점의 원인을 여성범죄를 설명하는 범죄이론에서 찾아볼 것이다.

제12장에서는 스토커의 범죄심리에 대해 고찰할 것이다. 스토킹은 다른 범죄유형에 비해 범죄피해의 심각성이 낮은 범죄유형으로 알려져 있다. 우리는 스토킹을 남녀관계에서 흔히 발생할 수 있는 일종의 해프닝 정도로 간주하여 별로 대수롭지 않게 여기는 경향이 있다. 또한, 외국과는 달리 우리나라에서는 스토킹에 관한 처벌법이 없어 스토킹의 피해자는 적절한 수준의 법적 보호를 받지 못하고 있는 실정이다. 그러나 스토커는 단순히 상대방을 따라 다니는 정도에 그치는 것이 아니라 심하면 강간이나 살인을 저지르는 경우도 흔히 발생한다. 스토킹 가해자의 대부분은 집착 및 편집증세 같은 전형적인 심리적, 정신적 문제를 안고 있는 경우가 많기 때문에 범죄유발 가능성이 다른 일반인에 비해 높은 편이다. 제12장에서는 스토킹의 개념 및 유형을 살펴보고 스토커의 일반적 특성 및 그들의 심리현상에 대해 고찰할 것

이다.

제13장에서는 약물남용자의 심리에 대해 학습할 것이다. 약물남용(drug abuse)은 대표적인 피해자 없는 범죄(victimless crime)에 속한다. 피해자 없는 범죄는 자신이 직·간접적으로 피해를 보지만, 타인에게는 직접적인 피해를 주지 않는 범죄를 말하는데 도박과 약물남용이 그 대표적인 유형에 속한다. 우리나라 약물남용의 실태로 1995년 이후 증가 추세에 있던 전체 마약류사범이 1999년 처음으로 10,000명 선을 넘어선 뒤 2002년까지 4년 연속 10,000명 선을 상회하였다. 그러나 2002년도에 강력한 단속으로 밀수 등 공급조직 10개파 224명(구속 162명)이 적발되었고, 이로 인한 마약류 공급선 차단 등으로 2003년부터 2006년까지 4년간 7,000명 선으로 감소하였으며, 2007년도부터는 다시 10,000명 선으로 증가하다 2010년도부터 2014년도까지 10,000명 선 아래로 억제되었다. 이후 2015년부터는 마약류 사범이 11,916명 적발되어 다시 10,000명 선을 넘어섰으며, 2016년 14,214명, 2017년도에는 14,123명으로 큰 폭으로 증가하였다(대검찰청, 2017). 이러한 증가는 인터넷·SNS 등을 이용하여 기존 마약 전과가 있는 마약류 사범뿐만 아니라 마약을 접한 경험이 없는 일반인들도 국내외 마약류 공급자들과 쉽게 연락을 주고받으며 마약류를 소비함에 따른 것으로 전문가들은 분석하고 있다. 우리나라는 이제 더 이상 마약안전국이 아니다. 왜냐하면 사법기관에 적발된 약물남용자의 숫자가 매년 만여 명 정도지만 적발되지 않는 숫자를 포함하면 약물남용자의 숫자는 4~5만 명 선으로 추정되기 때문이다. 피해자 없는 범죄의 속성상 약물남용은 직접적으로 타인에게 피해를 주지 않으므로 사법기관에 잘 노출되지 않는 암수범죄(hidden crime)의 성격을 띤다. 즉, 우리 사회에서 약물남용자들은 자신의 범죄행위를 노출시키지 않으며 약물남용 자체로 범법행위를 하기보다는 불법적인 약물을 복용한 상태에서 다른 강력범죄나 기타 범죄를 저지를 가능성이 많다. 제13장에서는 약물남용자의 심리적 특성을 중심으로 약물의 정의 및 종류, 약물남용의 실태, 약물남용의 원인에 대해 살펴보고, 약물남용자의 정서적, 심리적, 사회적 특성을 살펴본 후 우리 사회에서 약물남용 비율을 줄일 수 있는 방법을 주로 개인심리적 차원에서 살펴볼 것이다.

제14장에서는 절도범죄자의 범죄심리에 대해 다룰 것이다. 절도범죄는 과거로부터 오늘날까지 지속적으로 발생해 오고 있는 전통적 범죄유형으로 우리나라에서 빈번하게 발생하고 있는 일상화된 범죄라 할 수 있다. 하지만 그 해악이 눈에 쉽게 띄지 않아 심각한 문제로 여겨지는 경우가 많지 않고 살인, 강도, 강간 등 강력범죄에 가려 상대적으로 소홀히 다루어지고 있는 범죄유형이라 할 수 있다. 그러나 절도범죄의 경우 암수범죄(숨겨진 범죄)가 많고 범죄 발생이 일상적이고 광범위하게 발생한

다는 점에서 그 피해 정도가 얼마인지 확인하기 어렵다. 또한, 그 피해의 심각성이 적지 않다는 점에서 주목해야 할 범죄유형이라 할 수 있다. 절도범죄는 범행을 저지르기 용이한 범죄 중의 하나라는 점, 청소년들이 저지르기 쉬운 범죄라는 점, 범행이 반복되면서 점점 대담해지고 다른 강력범죄로 발전해 갈 가능성이 높다는 점, 범죄 발생 이후 검거가 쉽지 않다는 점 등 그 폐해도 적지 않다는 점에서 절도범죄의 중요성을 인식하고 사전 예방적 대응책을 마련하여 적극적으로 대응해 나가는 것이 요구된다. 제14장에서는 절도범죄의 유형, 절도범죄의 특성에 대해 알아볼 것이다. 그리고 절도범죄의 실태 부분에서는 절도범죄의 발생 현황, 수법, 범죄자, 피해 현황 등에 대해서 살펴볼 것이다. 다음으로 절도범죄자가 범행을 합리적으로 선택한다는 입장에서 절도범죄를 설명하는 이론들을 알아볼 것이다. 그리고 절도범죄자에 대한 심리적 특성을 관련 선행연구와 사례를 통하여 알아볼 것이다. 마지막으로 상황적 범죄예방 측면에서 절도범죄를 예방할 수 있는 방안들에 살펴보고자 한다.

참고문헌

김상균. (2008). 범죄심리학 (제2판). 서울: 청목출판사.
대검찰청. (2017). 마약류범죄백서.
이상현·장석현·곽대경·이완희. (2012). 범죄심리학. 서울: 박영사.
황성현. (2012). 사회학적 관점에서의 범죄학. 한국범죄학, 6(1), 165-207.

Akers, R. L., Sellers, C. S., & Jennings, W. G. (2016). *Criminological Theories: Introduction, Evaluation, and Application*(7th Edition). Oxford University Press, Inc.
Andrews, D. A., & Bonta, J. (2016). *The psychology of Criminal Conduct*(6th Edition). Anderson Publishing.
Bartol, C. R. & Bartol, A. M. (2016). *Criminal Behavior: A Psychological Approach*(11th Edition). Prentice Hall.
Howitt, D. (2002). *Forensic and Criminal Psychology*(paperback). Prentice Hall.
Sutherland, E. H. (1947). *Principles of Criminology*(Fourth Edition). Philadelphia: J. B. Lippincott.

위키백과. (2020). 위키피디아 홈페이지: http://ko.wikipedia.org

02

범죄자의 심리적 특성 I

이 장과 다음 장에서는 범죄자의 심리적 특성을 심리학적 측면에서 고찰하고자 한다. 한 개인의 범죄행동을 유발하는 원인은 다양하다. 어떤 사람은 선천적, 유전적 결함 때문에 범죄성향이 증가하는가 하면, 또 다른 사람은 후천적으로 어릴 때의 좋지 못한 가정환경, 학대가정, 부모의 비일관적인 양육방식, 비행친구와의 차별적 접촉 등으로 범죄를 저지르기도 한다. 이 장과 다음 장에서는 개인의 범죄행동을 유발하는 상당히 많은 선천적, 후천적 환경 중에서 개인의 성격적 변인과 심리적 측면만을 살펴볼 것이다. 우선 이 장에서는 자아의 개념과 자아존중감, 자기통제감 등을 먼저 살펴보고, 그런 자아개념이 잘못 형성되었을 때 발생할 수 있는 긴장과 스트레스를 살펴볼 것이다. 현대 사회에서 긴장과 스트레스는 누구나 다 가지고 있는 자연적인 심리현상이다. 비범죄자들은 이런 긴장과 스트레스를 건전한 방식으로 해결하지만 범죄성향이 강한 사람은 내부적으로 쌓인 긴장과 스트레스를 공격성으로 표출하는 경향이 있다. 이 장의 마지막 절에서는 공격성을 다룰 것이다. 공격성은 모든 범죄행동의 표출적 양식이다. 공격성이 강한 사람이 각종 유형의 범죄를 저지를 가능성이 높다. 특히 공격성은 강력범죄(살인, 강도, 방화, 강간 등)와 깊은 관련성을 가지고 있는데 이런 공격성이 어떻게 범죄행동의 원인이 되는지를 고찰할 것이다.

01 자아

자아(self-concept)는 전통적으로 사회학과 심리학에서 자주 사용하는 기본개념이다. 자아에 대한 명확한 개념정립 없이 사회학, 심리학, 특히 범죄심리학을 이해하기 쉽지 않다. 자아개념에서 파생된 용어로 자아존중감, 자아정체감, 자기통제감 등도 범죄심리학에서 자주 거론된다. 이런 용어들은 자아의 하부개념이므로 자아에 대한 정확한 개념정립이 필요하다. 사회학에서는 전통적으로 **상징적 상호작용론**자들에 의해 자아개념이 정립되었다. 대표적인 **상징적 상호작용론**자인 쿨리(Cooley)의 영상자아이론과 쿨리의 이론을 발전시킨 미드(Mead)의 자아형성(발달)이론은 주체적 자아(I/Ich)와 대상적 자아(Me/Mich)를 구분함으로써 각 개인의 자아가 어떻게 형성되어 사회구성원들과 상호작용하는지를 밝히는 데 지대한 공을 세웠다. 미드는 유아기에 자아가 중요한 타자들과의 역할담당과정을 거쳐 형성되는 준비단계, 놀이(play)단계, 게임(game)단계로 이루어진 자아발달 3단계를 통해 자아의 개념을 설명했다. 한편 심리학에서 자아의 개념은 프로이트(Freud)에 의해 완성된다. 프로이트는 자아를 원초자아(id), 자아(ego), 초자아(superego)로 나누어 설명함으로써 이 3가지 자아가 서로 상호작용하면서 자아가 완성되어 가는 것으로 파악했다. 일반적으로 심리학에서 자아란 과거 경험, 현재 경험에 대한 자신의 평가 그리고 타인들의 평가에 대한 지각으로 형성된 것을 의미한다(홍성열, 2012). 자아는 자신에 대한 주의 사람들의 평가를 자신 스스로 지각한 것으로 모든 개인은 타인에 대한 일종의 호, 불호의 태도를 가지듯이 자기 자신에 대한 호, 불호의 감정을 가진다. 우리는 이것을 자아존중감이라고 칭한다(홍성열, 2012). 범죄심리학에서 자아개념은 다분히 사회학과 심리학에서 그 개념을 차용하여 사용한다. 범죄행위는 타인과의 끊임없는 상호작용을 통해 발생하는데 상호작용을 가능하게끔 촉매작용을 하는 것이 자아개념이다. 그런데 낮은 자아존중감이나 낮은 자기통제감을 가진 사람들은 쉽게 흥분하거나 어떤 상황에서 충동성을 억제하지 못하는 경향이 있다. 이런 낮은 자기통제감, 낮은 자아존중감, 충동성은 바로 공격성으로 이어져 공격적인 범죄행위를 저지를 가능성이 높아진다. 이 장에서는 우선 사회학에서 의미하는 자아의 개념을 우선 설명하고, 둘째 심리학에서 사용되는 자아존중감, 자아정체감을 설명한 후 범죄학에서 자주 사용되는 자기통제감을 설명할 것이다. 마지막으로 이런 자아의 하부개념들이 공격성에 어떻게 연결되는지를 살펴봄으로써 범죄자들의 심리적 특성을 살펴볼 것이다.

CASE in USA

헨리 리 루카스(Henry Lee Lucas)는 1983년, 불법 무기 소지 혐의로 텍사스주 경찰에 체포되었으며 이후 여죄를 추궁하던 중, 17개 주에 걸쳐 600명이 넘는 사람을 살해했다고 주장하면서 미국 전역을 떠들썩하게 만들었다. 하지만 이러한 헨리의 주장은 대부분 극단적인 허언증과 정신박약 상태에서 지어낸 거짓말이었으며, 범죄심리분석관 로버트 레슬러(Robert K. Ressler)는 헨리의 자백 중 1975년 이후 5명에 대한 살해 사건들만이 진실이고 나머지는 '쾌락을 위함, 경찰의 무능함'을 보여주기 위하여 거짓말을 했을 것이라고 주장하였다.

그는 1936년 버지니아주 블랙스버그에서 9명의 형제 중 막내로 태어났으며 어머니는 매춘부였고 아버지는 알코올 중독자이자 장애인이었다. 헨리는 정신질환으로 정신병원에 입원한 적도 많았으며 극심한 허언증을 앓고 있었다. 그 때문에 수사 과정에서 자백을 여러 번 번복하였으며 나중에는 실제로 살해한 것은 자기 어머니뿐이라 증언하기도 했다.

그의 어머니는 헨리를 오랫동안 성적으로 학대하였으며 그에게 이름을 헨리에타라고 붙여 여자처럼 꾸미고 여자옷을 입도록 강요했으며 자신의 성매매 손님과 함께 관계하는 모습을 강제로 보게 했다. 헨리가 이러한 행위에 대하여 조금이라도 반항하면 밥을 굶기거나 매질과 칼질로 학대했다. 이를 견디다 못한 루카스는 1960년 1월 11일 어머니를 살해하여 40년형을 선고받았다. 그는 교도소 내에서 이미 정신질환을 앓고 있어 환각, 환청에 시달렸으며 본인이 임시석방을 거부했음에도 불구하고 교도소에서 억지로 헨리를 1969년에 임시석방했다. 이후 다른 가족에게 얹혀살거나 잡다한 직업을 전전했지만 제대로 자리 잡지 못한 채 떠돌이 삶을 사는 불우한 삶을 살았다. 이후 5건의 살인사건에 대한 증거부족으로 사형이 아닌 무기형을 선고받았으며, 교도소의 재봉사로 일하다 2001년 교도소 독방에서 심장마비로 생을 마감했다.

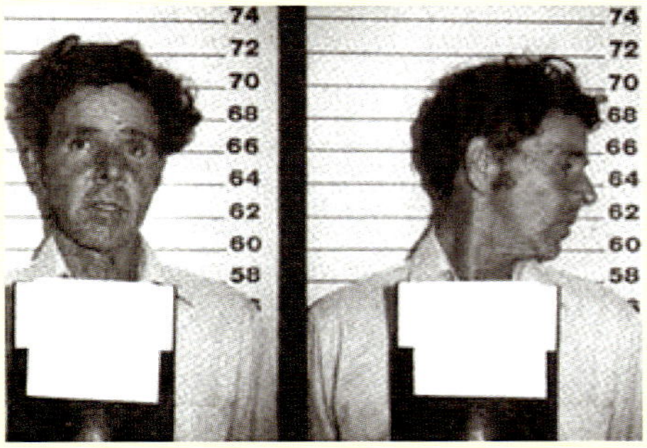

헨리 리 루카스(Henry Lee Lucas)의 머그샷과 교도소 면회 사진

(1) 자아의 형성과정

인간은 한정된 사회조직 내에서 사회구성원들 간의 끊임없는 상호작용을 통하여 자아를 완성시켜 나간다. 자아가 형성되는 과정을 잘 설명한 사회학이론은 **상징적 상호작용론**(symbolic interactionism)이라 할 수 있다. **상징적 상호작용론**에 따르면, 인간의 사고능력은 사회적 상호작용에 의해 형성되며, 사회적 상호작용을 통하여 인간은 고유의 사고능력을 행사하도록 해 주는 의미와 상징을 습득한다. 의미와 상징은 인간으로서 독특한 행위와 상호작용을 수행하도록 해주며 행위와 상호작용이 뒤

CASE in Korea

1982년 3월 외아들로 태어난 최○○. 그는 출생 직후부터 부모의 맞벌이로 할머니에게 맡겨졌다. 그의 어머니는 임신한 동안 임신중독증을 앓았고 그는 태어날 때 미숙아였으며 그의 어머니는 출산 후에도 건강이 좋지 않았다. 그의 부모는 결혼 초부터 거의 매일 싸우면서 불안정한 결혼 생활을 유지했고, 어머니가 그에게 별다른 애착을 보이지 않자 할머니가 도맡아 키우게 되었다. 할머니는 그에 대한 애정이 각별했지만 그의 아버지는 거의 매일 술을 마시고 가족에게 주사를 부렸고 생계에 무관심했고 폭력적이었다.

최○○은 초등학교 시절부터 공부보다 운동에 관심이 많았고 5학년 때부터 야구부원으로 활동하기 시작하여 중학교 때까지 야구를 했으나 경제적 어려움으로 고등학교 진학을 앞두고 야구를 그만두었다. 고등학교 2학년 경 학습 부진으로 학교생활에 적응하지 못해 자퇴를 했고 그 외에는 별다른 문제 행동 없이 지냈다. 그는 22세(2004년)에 공익 요원으로 ○○구청에서 근무하였는데 그때부터 혼이 나간 사람처럼 멍하게 앉아 있거나, 손가락이 담뱃불에 닿아 타들어 가는데도 모르는 등 이상행동을 보이기 시작했다. 공익 근무 중 음주상태에서 타인과 시비가 붙어 폭력을 행사하기도 했다. 군복무를 마치고 부모가 운영하는 분식집에서 일을 돕던 중 26세(2008년)부터 '상세불명의 정신분열' 진단으로 정신과에서 약물 치료를 받기 시작한다. 27세(2009년) 때 이모가 살고 있던 충남 천안으로 내려가 숙부의 소개로 무대세트 설치 아르바이트를 시작했다. 29세(2011년)부터는 조명 일을 시작하여 비교적 꾸준히 일을 했다. 2010년 12월 아버지가 알코올 중독, 당뇨, 폐질환, 영양실조로 사망하고, 15여 일 후 어머니도 간질환으로 사망한다. 부모님 사망 후 그를 보살필 만한 가족이 없는 상태로 지내면서 30세(2012년)부터 환청 증세를 호소하고 자해를 하기도 했다. 그는 중학교 3학년 때 친구들과 함께 집창촌에서 처음으로 성매매를 경험한 후 연 1~2회 정도 성매매를 해 왔다. 부모님이 사망한 후 외로움을 달래기 위해 노래방이나 술집, 여관 성매매를 통해 여성들을 만난 후 이들과 돈을 주고 1~2년간 지속적으로 만나는 형태로 관계를 유지했다. 2006년과 2010년에는 술에 취한 상태에서 타인을 폭행하는 등 술을 마시면 폭력적 성향을 보였다. 그는 정신과 약을 먹지 않으면 신경이 예민해져 머리가 곤두서는 느낌이 들고, 불안, 초조하며 땀이 나고 기운이 빠지거나, 공격적이 되었다고 한다.

2015년 1월 12일 최○○은 2013년 8월부터 한 노래방 도우미와 노래방에서 처음 만나 월 1~2회 정도 대가성 만남을 지속해 왔다. 그 날도 피해자와 함께 자신의 집에서 술을 마셨고, 피해자가 자고 있던 침대에 누워 성관계를 하려했으나 피해자가 잠에서 깨어 짜증을 내자 피해자에게 욕을 하며 나가라고 했다. 피해자가 다시는 만나지 않겠다는 취지로 욕을 하며 나가자 자신에게 욕을 했다는 이유로 격분하여 뒤쫓아 나가 피해자를 때렸고, 계속해서 욕을 하는 피해자를 집 앞 골목까지 뒤쫓아가 칼로 찔러 살해했다. 그는 피해자를 찌른 후에도 화가 가라앉지 않았고 한참 동안 천장을 바라보았다고 한다. 얼마나 시간이 지났는지 모르지만 어느 순간 왼쪽 팔에 피가 묻은 것이 보였고, 화장실에 가서 피를 씻고 피해자가 어떻게 되었을까 잠시 생각을 했으나 화가 나서 그냥 잠을 잤다고 하는 비정상적 행동을 보였다. 그의 폭력성의 끝은 결국 살인이었다.

얽혀 여러 유형의 집단과 사회를 구성한다고 본다. 자아의 형성과정을 가장 잘 설명한 **상징적 상호작용론**으로는 쿨리의 영상자아이론과 미드의 **상징적 상호작용론**이 있으며, 심리학에서는 프로이트의 자아개념이 존재한다.

1) 쿨리의 영상자아이론

초기 **상징적 상호작용론**자인 쿨리(Cooley)는 개인이 사회환경 속의 다른 대상들처럼 자신을 대상으로 보는 과정에서 자아를 형성해 간다고 보았다. 즉, 쿨리의 영상자아

(looking-glass self)이론에 따르면, 우리는 자신의 모습을 다른 사람의 눈에 비춰지는 것으로 보게 된다. 영상자아에는 3가지 과정이 포함되는데, 첫째, 우리가 다른 사람에게 어떻게 보일까 하는 우리의 상상, 둘째, 우리 모습에 대한 다른 사람의 판단을 생각해 보고, 셋째, 우리 자신에 대한 이러한 판단들을 스스로 해석하는 과정을 통하여 자신을 지각하게 된다. 예를 들면, 타인이 나를 보고 예쁘다고 평가하면 나도 내가 예쁘다는 생각을 갖게 되고, 나를 나쁜 사람으로 평가하면, 나도 나쁜 사람인가 보다하는 느낌을 갖게 되어, 타인의 기대에 부응하여 예쁘거나, 나쁜 사람처럼 행동하게 된다는 것이다.

Charles Horton Cooley(1864~1929)

자아의 형성과정은 위의 〈그림 2-1〉처럼 첫째, 자신이 남들에게 어떻

그림 2-1 영상자아개념

게 보일지를 상상하며, 둘째, 내가 생각하는 나의 현재 모습을 다른 사람들이 어떻게 생각할지를 스스로 판단해본다. 마지막으로 내가 생각하기를 내 모습이 호의적이고 그럭저럭 봐줄만하다고 평가하면 나의 자아개념은 향상될 것이고, 내 모습이 호의적이지 않거나 험상궂다고 생각하면 나의 자아개념은 낮아질 것이다. 이처럼 우리의 자아개념은 전적으로 다른 사람의 평가에 달려 있으며 타인이 나를 어떻게 생각할 것인지 스스로 평가하는 것이 바로 자아라고 할 수 있다. 따라서 자아개념은 타인과의 **상징적 상호작용**과정에서 형성되며 그렇게 형성된 자아개념을 스스로 강화함으로써 자신이 타인에게 어떻게 대할 것인지가 결정한다는 것이다. 범죄행위의 원인을 밝히는 작업에서 쿨리의 영상자아개념은 **낙인이론**(labeling theory)에 상당한 영향을 미쳤다. 우리의 자아개념과 행위는 **중요한 타자**(significant others)의 사회적 낙인에 의하여 형성될 수 있다. 낙인이론은 상징적 상호작용 내에서 이러한 낙인과정이 범죄와 비행행위에도 적용된다고 주장한다(Akers *et al.*, 2016). 에이커스(Akers)의 사회학습이론에서 차별적 강화(differential reinforcement) 또한 상징적 상호작용론에 그 뿌리를 두고 있다. 예를 들면, 비행친구와 친하게 지내는 청소년이 술과 담배를 권하는 친구의 권유대로 술을 마시고 담배를 피운다면 옆에 있던 친구들이 진정한 친구관계로 받아들일 것이고, 만약 거부한다면 그 친구들과 멀어질 것이다. 이처럼 범죄행위를 한 후 자신과 가장 친하게 지내는 **중요한 타자**의 평가가 호의적이면 그런 범죄행위를 지속할 것이고 호의적이지 않으면 중요한 타자들과의 관계 유지를 위해 그런 범죄행위를 멈출 것이다. (사회학습이론의 차별적 강화와 낙인이론에 대해서는 제5장에서 구체적으로 논의할 예정이다.)

2) 미드의 상징적 상호작용이론

George Herbert Mead(1863~1931)

미드(Mead)는 쿨리를 비롯한 이전의 상호작용이론들을 집대성하여 **상징적 상호작용론**(symbolic interactionism)을 체계화한 이론가이다. 미드에 따르면, 각 개인의 자아는 'I'와 'me'로 구성되어 있다. 주체적 자아(I)는 **사회화**(socialization)되지 않은 유아이며 자의적인 원망과 욕망의 덩어리로 파악했다. 주체적 자아는 충동적으로 행동하는 자아를 말한다. 반면에 대상적 자아(me)는 사회적 자아(social self)로서 자신의 행위의 결과를 대상화함으로써 생겨난 자아상을 말한다. 따라서 범죄를 자주 저지르는 사람은 자신의 자아 내에서 대상적 자아인 me보다는 주체적 자아인 I 요소가 많은 부분을 차지한다고 볼 수 있다. 반면에 성숙한 인간은 원망과 욕망덩어리인 주체적 자아인 I를 가능한 통제하고 사회적 자아인 me의

그림 2-2 미드의 자아형성과정

속성을 더 많이 표현하는 유형이라고 볼 수 있다.

미드는 이러한 자아가 3가지 단계를 거치면서 발전하게 된다고 주장했는데 〈그림 2-2〉에 미드의 자아형성과정이 잘 나타나 있다.

① 준비단계(preparatory stage: 3세까지)

준비단계는 의미에 대한 이해 없이 타인의 행동이나 말을 단순히 흉내 내고 모방하는 단계이다. 이 시기에 부모는 어린이가 자아개념을 형성하는 데 절대적인 영향을 미치는 **중요한 타자**(significant others)가 된다.

② 놀이단계(play stage: 3~4세)

자아상이 도출될 수 있는 최초의 역할취득단계로서, 다른 사람이 행하는 역할의 의미를 어느 정도 이해하고 있으면서 그 역할을 흉내 내면서 노는 단계이다. 〈그림 2-2〉처럼 어린이가 소꿉장난을 하면서 엄마, 아빠의 역할을 흉내 내거나, 병원놀이를 하면서 의사나 간호사의 역할을 흉내 내는 것은 바로 놀이의 전형적인 방식이다. 이 단계의 한계는 제한된 수의 타자들의 시각만을 생각할 수 있을 뿐이므로 단순히 타자의 역할을 취하는 단계, 즉, 위의 그림에서처럼 의사놀이를 통해 의사의 역할을 취하는 수준에 그친다. 의사의 역할이 무엇을 의미하며, 의사는 환자에게 어떤 일을 하는지에 대한 개념은 아직 정립되지 않은 단계이다.

ⓒ 게임단계(game stage: 5세 이후)

게임단계에 어린이는 역할 간의 관계를 이해하고, 그러한 관계 속에서 자신이 차지하고 있는 부분을 보게 된다. 놀이단계와 게임단계의 차이점은 참여자의 수와 규칙이 존재하는지에 대한 여부에 따라 구별된다. 놀이는 한 어린이와도 할 수 있으며 규칙이 없다. 그러나 게임에서는 규칙이 존재하며, 규칙은 참여자의 수에 따라서 달라진다.

위의 〈그림 2-2〉처럼, 대략 3세 정도까지의 어린이는 자아형성과정 중 준비단계를 거치는데, 그 시기에는 부모가 신문을 보는 것을 옆에서 단순히 흉내 내고 모방하는 단계에 거친다. 신문의 내용이나 글자 등에 대해선 당연히 알지 못하며, 아이는 자신의 주변 세계에서 가장 중요한 역할을 하는 부모의 모습, 행동 등을 흉내 내는 수준에 거친다. 하지만 이 단계에서 아이가 원만하지 못한 가정환경 속에 처해진다면(예를 들면, 잦은 가정불화, 부부간의 싸움, 무관심, 방치 등), 공격적인 자아가 형성될 가능성이 높다. 두 번째 자아형성 단계는 놀이단계로 아이는 병원의 의사놀이에 몰두해 있다. 이 단계에서는 단순히 부모를 모방하는 수준을 벗어나 부모 외 다른 주위 세계나 사람들에 대한 관심을 가지게 되며, 그들의 역할이나 활동에 관심을 가진다. 즉, 의사의 역할이나 활동이 무엇인지 정확하게 알지는 못하지만, 환자를 치료하는 것이 의사의 역할 중 하나라는 정도는 알고 있으므로 의사놀이에 열중한다. 또한, 비슷한 또래의 아이들과 어울리면서 엄마, 아빠, 아이 등의 역할을 흉내 내는 놀이를 수행하기도 한다. 이 놀이단계 또한 아이들에게 여전히 부모는 자신의 가장 **중요한 타자**이므로 원만한 가정환경이 아이의 자아형성에 중요한 역할을 차지한다. 만약 아이들이 엄마, 아빠, 아이 등의 역할놀이를 할 때 원만한 가정환경 속에 자라지 못한 아이들은 폭력적이고, 파괴적인 엄마, 아빠의 역할상을 수행할 가능성이 높다. 왜냐하면 가정에서 가장 **중요한 타자**인 아빠, 엄마의 평소 모습을 그대로 수행하기 때문에 그런 부모의 모습을 당연한 것으로 여기기 때문이다. 세번째 자아형성 단계는 게임단계로 어린 아이는 주위 또래들과 어울리면서 어떤 놀이에서는 어떤 역할들이 있고, 자신이 맡은 역할을 어떻게 수행해야 하는지 이해하는 단계다. 〈그림 2-2〉처럼 축구경기를 할 때 서로 협력해서 상대방 골대에 골을 넣어야 하며, 절대 손을 사용해서는 안 된다는 축구의 기초적인 게임규칙 정도는 인지하고 있다.

이러한 3가지 단계를 거치면서 어린 아이는 역할 체계 내에서 다른 사람들의 구체적인 견해를 배우게 되고, 이러한 역할 체계에 내면화된 규칙을 미드는 '일반화된 타자(generalized others)'라 하였다. 일반화된 타자는 어린이들을 둘러싸고 있는 문화에 포함된 일반적 가치들과 도덕적 규범들을 파악하도록 학습하는 것을 말한다. 자아형성단계에서 아이들에게 가장 중요한 타자는 역시 부모다. 아이들은 부모의 행동을 그대로 모방하고, 부모의 평소 행동이나 말투대로 주위 또래 아이들과 역할놀이를 하며, 그 역할놀이가 확대된 게임단계를 수행하기 때문에 어린 시절 가정에서의 부모역할이 아이의 자아형성에 절대적 영향을 미친다.

범죄학과 범죄심리학에서 상당한 경험적 타당성을 얻고 있는 이론으로 갓프레드슨과 허쉬(Gottfredson & Hirschi)의 자기통제이론(self-control theory)이 있다(자기통제이론에 대해서는 제5장에서 상세하게 다룰 것이다). 이 이론에 따르면, 낮은 자기통제력을 가진 사람은 범죄를 저지를 가능성이 많은데, 낮은 자이통제력은 어릴 때 가정에서의 잘못된 **사회화**과정 때문에 생긴다고 보았다. 취학 전 아이들이 가정에서 부모의 학대, 무관심, 방치 등을 자주 경험할수록 그 아이는 자신을 스스로 통제하는 능력이 낮아지며, 낮은 자기통제력은 범죄행위의 주된 요인이 된다는 것이다. 따라서 어린 시절 가정에서 잘못된 자아형성과 **사회화**과정을 경험하게 되는 것이 범죄행위의 주요인이 되므로 어릴 때 제대로 된 자아형성과 **사회화**과정은 일생동안 한 인간의 삶에서 상당히 중요한 역할을 담당한다.

3) 프로이트의 심리 성적 발달

Sigmund Freud(1856~1939)

19세기 말에 독일 정신분석학자인 프로이트(Freud)는 '정신적인 것은 의식적인 것이다'라는 관념에 반대하면서 정신적인 것들 중에 무의식적인 것이 더 큰 부분을 차지한다고 주장하였다(프로이트의 정신분석이론은 제4장에서 상세하게 설명할 것이다). 프로이트는 **사회화**를 사람들의 개인적인 충동을 억제시키고 공통의 선을 따르도록 하는 과정으로 보고 있다. 이러한 통제가 없다면 사람들은 자신의 이기적인 욕심을 추구하기 때문에 사회의 통합이 어려울 것으로 보았다. 프로이트에 따르면, 인간은 비도덕적이고, 자아 중심적이고, 공격적이며, 쾌락을 추구하는 유아에서 시작한다고 보았다.

프로이트는 인간의 정신 발달을 원초적 자아(id), 자아(ego), 초자아(superego)의 역동적인 상호작용으로 파악하였다. 이드(id)란 욕망(desire), 본능(instincts), 충동(drives) 등과 같은 쾌락추구의 성향을 말하는 것으로 모든 **티비도(Libido)**의 원천이며 자아와 초자아의 바탕을 이루고 있는 것이다. 이드는 쾌락원칙에 따라 움직이는데, 쾌락원칙이란 쾌락만을 추구하며 고통을 회피하려는 경향, 즉 마음이 흥분이나 긴장을 야기한 경험에 직면하였을 때, 일체의 흥분이 축적되는 것을 피하고 가능한 한 흥분이 없는 상태를 유지하고자 하는 경향을 말한다. 에고(ego)는 이드를 의식적으로 통제하고 이를 적절한 방향으로 돌려서 현실적인 충족을 얻을 수 있도록 하는 역할을 한다. 에고는 현실원칙에 따라 움직이는데, 현실원칙이란 현실의 필요성에 따라 쾌락원칙을 다른 변용된 것으로 대치하는 방식을 배움으로써 현실을 고려하여 실질적으로 쾌락을 실현시키고자 하는 경향을 말한다. 슈퍼에고(superego)는 한 사회의 현실을 구성하는 것들 중에는 도덕적, 규범적 내용들이 존재하는데, 이러한 사회 문화적인 규범이나 가치가 내면화된 상태를 의미한다. 슈퍼에고는 이드와 에고가 사회규범에 맞게 활동하도록 규제하는 힘으로서 자아이상, 양심의 기능, 열반의 원리에 의해 지배된다.

인간 내면의 자아 중 이드는 충동욕구에 의해 움직이며, 에고는 현실욕구에 의해 작동되며, 슈퍼에고는 열반욕구에 의해 움직인다. 그러므로 이드가 너무 강한 사람은 본인의 충동욕구를 잘 억제하지 못해 범죄를 저지를 가능성이 높다. 이드를 적당하게 통제하는 것이 에고와 슈퍼에고의 역할이다. 반면에 슈퍼에고가 강한 사람은 자신에 대해 상당히 엄격하고, 높은 수준의 도덕률을 추구하기 때문에 매사에 완벽에 가까운 행동을 하려고 노력한다. 슈퍼에고는 두 가지 면을 포함하는데, 하나는 '자아이상'이며 또 다른 하나는 '양심'이다. 자아이상은 인간이 항상 선을 행하려는 마음가짐과 직결되며, 양심은 악이나 범죄, 부도덕성에 대항하는 수단이다. 인간이 가질 수 있는 최상의 자아인 슈퍼에고는 자아이상과 양심이란 가치판단에 의해 움직이기 때문에 욕망에 의해 움직이는 이드를 충분히 통제할 수 있다. 인간은 원초적 자아인 이드를 억제하기 위해 에고와 슈퍼에고의 역할을 빌리지만, 반면에 슈퍼에고가 너무 강한 사람 또한 이드가 강한 사람만큼 위험한 행위를 할 가능성이 높다. 예를 들면, 슈퍼에고가 강한 사람은 타인에 대해 관대하지 못하며, 매사에 비판적 성향을 나타내는 경향이 있다. 또한, 자신이 어떤 상황 속에서 자신의 자아를 완벽하게 통제하지 못했다는 강한 죄의식이나 수치심 때문에 스스로 목숨을 끊는 극단적인 행동을 취할 가능성도 높다. 따라서 이드를 통제하는 수단으로서 슈퍼에고의 역할은 중요하지만, 너무 강한 슈퍼에고는 제대로 된 자아형성에 장애요인이 된다. 결국 슈퍼에고는 이드를 통제하는 범위 내로 이드를 의식적으로 통제하면서 에고의 현실원칙에 따라 욕구를 충족시키는 것이 바람직하다.

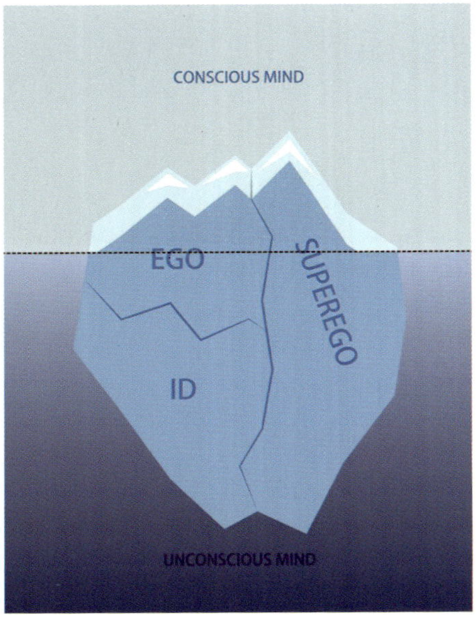

인간의 자아는 의식적 수준보다 무의식적 수준이 훨씬 많은 부분을 차지한다. 이드는 무의식적 수준 속에 잠겨있고 이드와 슈퍼에고는 일상생활에서 우리가 의식적으로 인지할 수 있지만 전체 자아에서 일부분만 차지한다.
출처: https://www.scienceabc.com/social-science/causes-conflict-minds-id-ego-superego.html

자아존중감

02

우리는 **중요한 타자**와의 사회적 상호작용을 통해 우리 자신에 대한 호, 불호의 감정을 가진다. 쿨리의 영상자아이론에서처럼 자신이 남들에게 어떻게 비춰질지를 상상하고, 자신에 대해 좋은 감정을 가지면 타인 또한 자신을 호의적으로 평가하고 나쁜 감정을 가지면 좋지 않은 인상을 심어줄 가능성이 있는 것이다.

(1) 자아존중감의 정의

자신에 대한 호, 불호의 자아개념이 확대된 형태로 사회구성원들 간의 상호작용을 통해 나타나는 것이 자아존중감(self-esteem)이라 할 수 있다. 자아존중감은 자기 자신에 대한 평가의 결과로 나타나는 감정이다. 원래 자아존중감은 윌리엄 제임스(William James, 1890/2005)가 발전시킨 개념으로 로젠버그(Rosenberg, 1965)는 자아존중감이 자신에 대한 긍정적이거나 부정적인 지향성으로 자신의 가치에 대한 총체적인 평가라고 주장하였다. 매슬로우(Maslow, 1970)의 주장에 따르면, 자아존중감이 만족되는 경우에 사람들은 자기확신, 자기가치, 능력에 대한 확신을 갖는다. 쿠퍼스미스(Coopersmith, 1967)는 "자아존중감은 자신을 중요하다고 생각하거나 가치가 있다고 믿는 정도"라고 정의했으며, 거겐(Gergen, 1971)은 인간의 삶은 자아존중감에 의해 지배받는다고 주장했다. 자아존중감과 비슷한 용어로 사용되는 개념으로 자기사랑(self-love), 자기존중(self-respect), 자기수용(self-acceptance), 자기만족(self-satisfaction), 자기가치(self-worth), 자기개념(self-concept) 등이 있는데 이런 유사한 개념 중 가장 보편적으로 사용되는 용어는 자아존중감과 자기개념이다(Wells & Marwell, 1976).

범죄심리학에서 자아존중감을 중요하게 다루는 이유는 자아존중감이 공격성과 연결되기 때문이다. 자아개념에서 살펴본 것처럼 자기 스스로를 긍정적으로 혹은 부정적으로 받아들임에 따라 자신의 행동을 결정하게 되고 이런 결정은 사회적응 및 부적응 행동과 직결된다. 높은 자아존중감은 사회가 요구하는 정당한 행동 및 적응, 그리고 자기통제력과 관련이 있고, 낮은 자아존중감은 부적응 행동 또는 공격성, 충동성, 범죄행위와 상관관계가 있다(황매향·여태철, 2006; 신성철·송희원, 2019). 자아존중감은 특히 공격성과 깊은 연관관계를 가지는데 자기 자신에 대해 부정적인 평가를 내리고 자신의 가치를 낮게 볼수록 공격성이 높아지며(안진아, 2006; 김민주·이동귀, 2018; 이영애, 2018), 낮은 자아존중감을 가질수록 또래친구를 더 많이 괴롭히고 공격하는 경향이 강하며 공격의 가해자가 되는 동시에 피해자가 될 가능성이 높다

(김선미, 2005; 배미희 외, 2016). 반면에 자아존중감이 높은 청소년은 또래 관계나 교사와의 관계에 잘 적응하고 친화적인 행동을 보이는 것으로 나타났다(Graziano *et al*., 1997). 서두의 미국과 한국사례의 헨리 리 루카스와 최모씨는 자아존중감이 상당히 낮을 것으로 판단된다. 그들은 어린 시절부터 깨어진 가정에서 성장하면서 부모로부터 제대로 된 **사회화**과정을 밟지 못했으며, 이에 따라 타인과의 상호작용을 어떻게 해야 하는지를 학습하지 못했다. 부모로부터 보아 온 것은 타인과 자신에게 냉담하고 학대하는 모습이 대부분이었을 것이며 자신의 **리비도**, 욕망, 본능 등을 충족시키기 위해 타인에게 공격적인 행동을 스스럼없이 행사했다. 결국, 그들은 어린 시절부터 가정에서 제대로 된 **사회화**와 자아존중감을 형성하는 방법을 배우지 못했기 때문에 타인들과의 상호작용에서 자신의 내면에 내재된 주체적 자아인 아이(I)나 원초적 자아인 이드(id)를 타인들에게 공격적인 행동으로 표출한 것이다.

(2) 자아존중감의 측정

그럼 자아존중감은 현실 세계에서 어떻게 측정되는가? 자아존중감은 측정하기 힘든 추상적 개념이다. 이런 추상적 개념을 구체적으로 측정하려면 **조작적 정의(operational definition)**를 사용해야 한다. 로젠버그(Rosenberg, 1965)는 **조작적 정의**를 통해 자아존중감 척도를 개발했으며 전병제(1974)가 번역한 Rosenberg Self-Esteem

표 2-1 자아존중감 척도 문항 및 내용

문 항	대체로 그렇지 않다	보통이다	대체로 그렇다	항상 그렇다
1. 나는 내가 다른 사람들처럼 가치 있는 사람이라고 생각한다.	1	2	3	4
2. 나는 좋은 성품을 가졌다고 생각한다.	1	2	3	4
3. 나는 대체적으로 실패한 사람이라는 느낌이 든다.	1	2	3	4
4. 나는 대부분의 다른 사람들과 같이 일을 잘할 수가 있다.	1	2	3	4
5. 나는 자랑할 것이 별로 없다.	1	2	3	4
6. 나는 내 자신에 대하여 긍정적인 태도를 가지고 있다.	1	2	3	4
7. 나는 내 자신에 대하여 대체로 만족한다.	1	2	3	4
8. 나는 내 자신을 좀 더 존경할 수 있으면 좋겠다.	1	2	3	4
9. 나는 가끔 내 자신이 쓸모없는 사람이라는 느낌이 든다.	1	2	3	4
10. 나는 때때로 내가 좋지 않은 사람이라고 생각한다.	1	2	3	4

출처: Rosenberg, 1965; 전병제, 1974

Scale(RSES)을 범죄심리학과 심리학에서 주로 사용하고 있다. 그 내용은 다음과 같다.

위의 각 문항에서 1, 2, 4, 6, 7 문항에서 높은 점수를 받을수록, 3, 5, 8, 9, 10 문항에서 낮은 점수를 받을수록 응답자들의 자아존중감이 높은 것으로 평가되며 그 절대치는 각 문항의 합으로 계산된다.

(3) 자아존중감의 경험적 연구

이렇게 측정된 자아존중감 개념이 비행 및 범죄와는 어떤 관계를 가질까? 자아존중감과 비행 및 범죄와의 관계를 규명한 경험적 연구는 다양하다. 자아존중감이 낮을수록 낮은 자아존중감을 보상받기 위해 비행 및 범죄행동을 유발한다는 외국의 경험적 연구들은 다수 존재한다(Donnellan *et al.*, 2005; Fergusson & Horwood, 2002; Sprott & Doob, 2000; Mier & Ladny, 2018). 또한, 국내연구로 낮은 자아존중감을 가진 청소년은 우울증, 학교생활의 부적응, 폭력 등 여러 가지 심리적, 사회적 부적응을 나타낼 가능성이 높으며(백혜정 외, 2005; 양종국·김충기, 2002; 최은영·최인령, 2002), 낮은 자아존중감은 특히 청소년기의 인터넷중독 및 스마트폰중독과도 깊은 상관관계를 가진다(김종래, 2003; 박영림·최혜림, 2002; 오윤선, 2008; 진미령·신성만, 2016). 구체적으로, 백혜정 외(2005)의 연구에서는 초등학생의 문제행동을 예측할 수 있는 자아 관련 변인들 중에서 낮은 자아존중감이 아동의 비행 및 문제행동과 관련되어 있다는 결과를 얻었으며, 양종국과 김충기(2002)는 소년보호 교육기관에 입원 중인 비행 청소년들을 대상으로 자아존중감이 높을수록 비행을 잘 저지르지 않는 것으로 나타났다. 인터넷중독과 자아존중감과의 관계를 규명한 오윤선(2008)의 연구에서는 자아존중감이 낮을수록 인터넷게임 중독 정도가 심하게 나타났다. 즉, 인터넷 게임중독 수준에 따른 공격성 및 자아존중감과의 관계는 통계적으로 유의미한(의미있는) 차이를 나타냈다. 또 다른 연구에서도 자아존중감이 높은 집단일수록 인터넷중독 성향이 낮게 나타났는데, 이는 오프라인 상에서 자신에 대한 긍정적인 가치와 믿음을 부여하는 경우 온라인보다 덜 몰입하는 경향이 있는 것으로 분석되었다(김종래, 2003). 진미령과 신성만(2016)은 청소년들이 가진 이상과 현실 사이의 괴리에서 비롯된 낮은 자아존중감이 도피경향을 유도하여 스마트폰 중독에 이르게 한다는 연구결과를 도출했다.

선행연구에서처럼 자아존중감은 공격성, 비행, 우울감, 인터넷중독과 높은 상관관계를 가지는데, 낮은 자아존중감을 가진 사람은 불안감과 자기혐오 감정이 강하며 좀 더 자기 의식적이다(Coopersmith, 1967). 또한, 높은 자아존중감을 갖는 사람에 비해 자기 가치에 대한 심한 부족감을 갖는다(Elliot, 1984). 낮은 자아존중감이 폭력

행동의 가장 강력하고 위험한 예측 요인이다. 낮은 자아존중감이 청소년 폭력범죄의 원인이며, 배우자를 구타하고 학대하는 사람들이 대체로 낮은 자아존중감을 갖는다. 낮은 자아존중감은 살인과 강도와도 깊은 관련성이 있다. 낮은 자아존중감이 폭력과 살인의 원인이 되는 이유는 자신의 자아존중감이 낮다는 생각을 가질 때, 이를 보상하는 행동으로 폭력을 휘두르기 때문이다(Toch, 1993). 결론적으로 자아존중감이 낮은 사람은 어려운 상황에 부딪혔을 때, 이를 극복하기 위해서 노력하기보다는 주어진 기회를 피하거나 폭력으로 자아존중감을 높이려 하기 때문에 자신을 더 부적절하게 만들고 그래서 더 낮은 자아존중감을 갖게 되는 악순환이 반복된다(홍성열, 2012). 특히 낮은 자아존중감은 공격성을 증가시키는 주된 요인이 되며, 이렇게 증가한 공격성은 각종 유형의 범죄행위와 밀접한 관련을 가지는 것이다.

03 자기통제감

1990년에 갓프레드슨과 허쉬(Gottfredson & Hirschi)는 범죄의 일반이론(A general theory of crime)을 발표했다(Gottfredson & Hirschi, 1990). '범죄의 일반이론'에서 그들은 낮은 자기통제감(low self-control)이 모든 범죄행위의 중요한 요인이라고 주장했다. 낮은 자기통제감은 어릴 때 가정에서의 잘못된 **사회화**과정 때문에 발생하며, 성인이 된 후에도 쉽게 바뀌지 않으므로 낮은 자기통제감을 가진 사람은 평생 범죄의 유혹에서 벗어날 수 없다고 주장했다. 낮은 자기통제감은 어떻게 형성되며 그것이 의미하는 바가 무엇인지를 살펴볼 필요가 있다.

(1) 자기통제감의 정의

일반적으로 한 인간이 사회공동체 내에서 평생을 살아갈 때 주기별로는 청소년기인 10대 중반부터 10대 후반까지 범죄를 저지를 가능성이 가장 높으며 20대 중후반에 들어서는 점차 범죄성향이 줄어들다가 30대 초중반부터는 거의 범죄를 저지르지 않는다. 그래서 청소년기에는 누구나 다 한두 번쯤은 음주 및 흡연행위, 또래친구들과의 사소한 싸움 등과 같은 가벼운 비행을 저지르기도 한다. 대부분의 청소년은 이런 과도기적 시기를 지나면서 건전한 사회인으로 성장해 가지만 일부 청소년의 범죄성향은 성인기 이후에도 지속되는데, 그 원인은 그들의 낮은 자기통제감 때문이라는 것이 갓프레드슨과 허쉬의 주장이다. 그들의 주장에 따르면, 낮은 자기통제감을 가진 사람은 30대 이후에도 범죄성향이 줄어들지 않고 평생을 지속하는 경향이 있으므로 상습범죄자가 될 가능성이 높다는 것이다. 낮은 자아통제감을 가진 사람들은 "화를 잘 내고, 무신경하고, 육체적이고, 위험한 행동을 선호하고, 근시안적이며, 말보다는 행동으로 스스로를 표현하는 경향"을 가지고 있다(Gottfredson & Hirschi, 1990). 낮은 자기통제감은 어린 시절 가정에서 부모의 잘못된 **사회화**나 훈육 때문에 발생하는데, 부모가 아이들에게 너무 엄격하거나 반대로 너무 무관심하거나, 또는 일관되지 못한 훈육을 시킨다면 아이들이 자신을 스스로 통제하는 능력을 제대로 형성시키지 못한다. 즉 부모가 자녀의 행위를 잘 통제하지 못하고, 자녀의 비행이나 잘못된 행위를 인지하더라도 그에 대한 적당한 처벌을 내리지 않고 관대하게 대함으로써 발생한다. 이렇게 형성된 낮은 자기통제감은 성인이 되어서도 쉽게 바뀌지 않으며 향상시킬 수 있는 방법이 없다고 본다. 따라서 어릴 때 가정에서의 부모훈육이 한 사람의 자기통제감을 형성하는 가장 결정적인 계기가 된다는 것이다. 갓프레드슨과 허쉬는 그들의 저서인 '범죄의 일반이론'에서 낮은 자기통제감이 어떻게 형성되고 어떤 역할을 하는지를 아주 상세하게 설명했지만 그것이 무엇인지를 명확하게 밝히지 않았다. 어떤 이론이나 **가설(hypothesis)**이 과학적 이론으로 인정받기 위해서는 그 이론을 경험적으로 검증할 수 있어야 한다. 경험적 검증 가능성은 **조작적 정의**를 통해 가능해진다. 아쉽게도 갓프레드슨과 허쉬는 '자기통제이론(self-control theory)의 **조작적 정의**를 밝히지 않았다. 대신 1993년에 그래스믹(Grasmick)과 그의 동료들이 자기통제이론의 기본 **가설(hypothesis)**을 검증하였는데 낮은 자아통제력을 측정하는 6가지 중요 요소가 있다고 주장하였다(Grasmick *et al.*, 1993).

(2) 자기통제감의 측정

그래스믹과 그의 동료들은 자기통제감이 낮은 사람들은 첫째, 매사에 충동적이고(impulsivity), 둘째, 그들은 부지런함과 집요함이 부족하여 단순작업을 선호하며(simple tasks), 셋째, 모험적이며 위험을 추구하는 경향이 있으며(risk-seeking), 넷째, 육체적 활동을 좋아하며, 무엇을 장기적으로 추구하는 데 흥미가 없으며(physical activities), 다섯째, 자기중심적이어서 다른 사람들의 어려움에는 무신경하며

범죄일반이론에 따르면, 낮은 자기통제감은 각종 범죄를 저지르는 주된 요인이 되며, 평생 범죄의 굴레에서 벗어날 수 없는 상습범죄자가 될 가능성이 높다.
위 사진은 드라마의 한 장면으로 본문 내용과 상관없음
출처: https://www.insight.co.kr/news/140861

표 2-2 자기통제감의 척도 문항 및 내용

자기통제력	척도문항(조작적 정의)
만족감을 늦추기 힘듦 (impulsivity)	1. 나는 어떤 일에 대해 심사숙고하지 않고 즉흥적으로 행동한다. 2. 나는 나의 장래를 위해 생각과 노력을 많이 할애하지 않는다. 3. 나는 지금 당장 나에게 기쁨이 되는 일이면 어떤 대가를 치르더라도 그 일을 한다. 4. 나는 장기적으로 나에게 발생하는 일보다 단기적으로 발생하는 일에 더 신경쓴다.
단순작업선호 (simple tasks)	1. 나는 어렵다고 생각되는 일은 잘 하지 않는다. 2. 나는 어떤 일이 좀 복잡해지면 그 일을 그만두거나 포기한다. 3. 나는 나의 인생에서 가장 쉽게 할 수 있는 일을 가장 좋아한다. 4. 나는 내 능력으로 할 수 없는 어려운 일을 정말 싫어한다.
위험추구경향 (risk seeking)	1. 나는 좀 위험한 일을 함으로써 가끔 내 자신을 테스트하는 것을 좋아한다. 2. 나는 때때로 즐거움을 위해 위험한 일도 감수한다. 3. 나는 때때로 내가 위험에 빠지는 일을 하는 것이 짜릿하다. 4. 나에게 흥분되는 일과 모범적인 일은 안전한 일보다 더 중요하다.
육체적 활동선호 (physical activities)	1. 만약 나에게 선택할 기회가 주어진다면 나는 정신적인 일보다 육체적인 일을 더 선호할 것이다. 2. 나는 앉아서 곰곰이 생각하는 때보다 밖에 나가 움직일 때 기분이 더 좋아진다. 3. 나는 앉아서 명상하거나 책을 읽는 것보다 밖에 나가 무슨 일이든 하는 것이 더 좋다. 4. 나는 내 또래 아이들보다 더 많은 에너지와 활동력을 가지고 있는 것 같다.
자기중심성 (self-centered)	1. 나는 비록 다른 사람이 위험에 처하더라도 항상 내 자신을 먼저 생각한다. 2. 나는 다른 사람이 위험에 처하더라도 전혀 불쌍하다고 생각하지 않는다. 3. 내가 다른 사람을 화나게 했다면 그것은 그들의 일이지 내 문제는 아니다(즉, 나와는 상관없다.) 4. 나는 어떤 일이 다른 사람에게 손해를 끼친다는 사실을 알고 있는 경우에도 내가 원하는 것을 얻는 방향으로 행동할 것이다.
인내심결핍, 화를 참지 못함 (temper)	1. 나는 자주 화가 나서 어쩔 줄을 모른다. 2. 다른 친구들이 나를 화나게 만들 때 나는 그들에게 왜 내가 화를 내는지 말해주기보다는 그들에게 일단 분풀이(예를 들면, 욕을 하는 것 등)를 먼저 한다. 3. 내가 심하게 화를 낼 때, 주위 사람들은 나를 피하는 경향이 있다. 4. 나는 다른 사람과 심각한 의견 차이가 있을 때, 벌컥 화를 내지 않고 차분하게 이야기하는 것이 힘들다.

출처: Grasmick *et al.*, 1993

(self-centered), 여섯째, 인내심이 부족하며 갈등이 발생했을 때 말로 해결하기보다는 물리적 힘을 사용하는 경향이 있다(temper)고 주장하였다. 그들은 자기통제이론의 6가지 하부개념을 검증하기 위해 각각 4개의 **조작적 정의**, 즉 24가지 **조작적 정의**를 사용하여 갓프레드슨과 허쉬의 자기통제이론을 검증하였다. 그들이 사용한 **조작적 정의**는 다음과 같다.

응답자들은 위의 24가지 질문에 대해 1) 매우 그렇다, 2) 그렇다, 3) 보통이다, 4) 그렇지 않다, 5) 매우 그렇지 않다는 선택지 중 한 가지를 선택하며, 응답자의 자기통제감은 각 문항의 합으로 결정된다. 낮은 자기통제감은 몇 점부터 또는 하위 몇 % 부터 시작한다는 절대적 기준은 없다.

(3) 자기통제감의 경험적 연구

1993년 그래스믹과 그의 동료들이 자기통제이론의 **조작적 정의**를 발표한 이후 서구사회에서 낮은 자기통제감을 경험적으로 검증하는 수많은 연구결과물들이 발표되었다. 즉, 1993년~2000년도 초중반까지 범죄행위의 원인을 연구하는 범죄학, 범죄심리학, 일탈과 범죄사회학분야에서 가장 많이 검증된 이론이 바로 자기통제이론이라고 해도 과언이 아니다. 그런 시도를 한 대부분의 연구들은 낮은 자아통제력이 여러 가지 비행 및 일탈행동의 원인이라는 사실을 밝혀냈다 (Beichler-Robertson *et al.*, 2003; Morris *et al.*, 2006; Stylianou, 2002; Unnever & Cornell, 2003; Chan & Chui, 2017). 구체적으로, 그래스믹과 그의 동료들은 자기통제력을 경험적으로 검증한 결과, 낮은 자기통제력은 사기와 폭력의 원인을 어느 정도 설명하는 것으로 드러났으며(Grasmick *et al.*, 1993), 롱쇼어(Longshore, 1998)는 마약 치료 프로그램에 참가한 심각한 성인범죄자 표본을 대상으로 자기통제이론을 **종단적 연구(longitudinal study)**로 검증한 결과, 낮은 자기통제력이 범죄기회를 잘 설명하는 것으로 드러났다. 바즈소니와 그의 동료들은(Vazsonyi *et al.*, 2001)은 미국과 유럽 3개국의 자료를 분석하여 자기통제력의 측정치가 다양한 자기보고식 일탈행위의 변량을 약 10~16% 정도 설명하고 일탈지수를 전체적으로 평균 20% 정도 설명하여 자기통제이론이 다른 문화권에서도 어느 정도 적용된다는 사실을 발견했다(Akers *et al.*, 2016). 찬과 추이(Chan & Chui, 2017)는 홍콩과 마카오 지역을 대상으로 검증한 결과, 낮은 자기통제력이 폭력적인 일탈행위와 비폭력적인 일탈행위 모두에 유의미한 영향을 미치는 것을 밝혔다.

한편 자기통제이론을 검증한 국내의 연구는 주로 2000년 이후에 이루어졌다. 서구사회에서처럼 제법 많은 연구결과물이 발표되었고 대부분의 연구결과, 자기통제이론이 어느 정도 또는 상당한 수준에서 범죄행위를 설명하는 원인으로 지지되었다(고정자, 2005; 김재엽 외, 2007; 민수홍, 2006; 이성식, 2007; 조유정 외, 2005, 황성현, 2006; 2009; 2010; 이병도 외, 2016). 구체적으로, 청소년패널자료를 활용한 민수홍(2006)의 연구결과, 1차년도에 측정한 자기통제력은 2차년도에 측정한 청소년의 **지위비행**, 범죄, 남 괴롭히기를 설명할 뿐만 아니라 컴퓨터 관련 일탈도 잘 설명하는 것으로 밝혀졌다. 또한 6년간의 청소년패널 **종단자료(longitudinal data)**를 사용하여 청소년 **지위비행**에 영향을 미치는 비행이론을 비교 연구한 황성현의 연구에서도 자기통제이론은 대체적으로 청소년 **지위비행**을 잘 설명하는 것으로 드러났다(황성현, 2010). 특히 이 연구에서 만족감을 늦추기 힘듦 변인과 육체적 활동선호 변인은 청소년 **지위비행**을 통계적으로 유의미하게 잘 설명했다. 즉, 청소년들이 만족감을 늦추기 힘들수록 또는 육체적 활동을 선호할수록 그들은 음주 및 흡연행위와 가출 및 무단결석을 그렇지 않은 청소년들보다 더 많이 하는 것으로 드러났다. 이병도 외(2016)의 연구에 따르면, 청소년의 낮은 자기통제력이 오프라인 비행뿐만 아니라 온라인 비행에까지 유의미한 영향을 미치는 것으로 나타났다. 종합하면, 1990년 이후에 범죄행위의 원인을 가장 잘 설명하는 단일 원인으로 낮은 자기통제감을 지목할 만큼 낮은 자기통제력은 범죄학뿐만 아니라 범죄심리학에서 상당한 영향력을 행사한 요인으로 평가받고 있다.

04 긴장 및 스트레스

현대인들은 다양한 긴장과 스트레스 환경 속에서 일상생활을 유지해 간다. 현대인들은 스트레스 없는 삶을 살 수 없을 정도로 수많은 긴장과 스트레스를 받으면서 살아간다. 긴장(strain)은 스트레스와 유사한 개념으로 사회학과 범죄학에서 자주 사용하는 용어이고, 스트레스(stress)는 심리학에서 흔히 사용하는 용어이다. 같은 의미를 지닌 이 두 개념은 인간의 범죄성을 설명할 때 중요한 범죄행위의 원인으로 지목되어왔다. 사회학과 범죄학에서 긴장은 원래 **머튼(Merton)의 아노미(Anomie)이론**에서 출발한다. 머튼의 주장에 따르면, 사회구성원들이 문화적으로 규정되어 있는 합법적인 수단을 사용하여 문화적 목표를 달성할 수 있을 때 사회는 잘 조직되어 있다고 할 수 있으나 사회란 항상 잘 조직되어 있는 것이 아니라고 보았다(Merton, 1957). 즉, 사회구성원들은 자신이 설정한 인생의 목표를 달성하기 위해 합법화된 수단을 사용해야 하는데, 일부 사람들은 불법적인 수단을 사용하여 목표를 달성하려 한다. 사회구성원들이 목적과 수단 간의 불일치를 경험할 때 범죄가 발생한다고 보았다(Merton, 1938). 예를 들면, 절도범의 목적은 절도를 통해 경제적 이익을 취하는 것이다. 절도범이 합법적인 수단을 사용해서, 즉 노동을 통해 경제적 이익을 취한다면 긴장이 발생하지 않지만, 불법적인 절도라는 수단을 취하여 경제적 이익을 취하려 할 때 절도범의 내면에서 일종의 긴장이 발생한다는 것이다. 이처럼 사회구성원 대부분은 합법적인 목적과 제도화된 수단 간의 불일치를 경험하지 않지만, 일부 범죄자들은 이 둘 간의 불일치로 인해 긴장과 **아노미**가 발생하고 긴장의 결과 범죄행위를 한다는 것이다. **머튼의 아노미이론**은 많은 방법론적 결함을 가지고 있었는데 대표적으로 긴장이 발생하는 개인의 차이를 설명하지 못했다. 즉, 같은 긴장이 발생하는 조건 속에서 왜 일부는 범죄행위를 하고 다른 대부분은 범죄를 저지르지 않는지에 대한 명확한 설명을 하지 못했다. 이런 고전적 의미의 **아노미이론**을 수정 보완한 이론이 애그뉴(Agnew, 1992)의 일반긴장이론(General strain theory)이다(일반긴장이론에 대해서는 제5장에서 상세하게 설명할 것이다). 따라서 우리는 머튼의 **아노미**개념을 수정하여 계승, 발전시킨 애그뉴의 이론에서 긴장의 개념을 살펴볼 필요가 있다.

(1) 긴장의 의미와 발생과정

애그뉴(Agnew)는 1992년에 **머튼의 아노미이론**을 수정 보완한 범죄와 비행의 일반긴장이론을 제시하였다. 그는 범죄발생의 원인으로 첫째, 목표달성의 실패, 둘째, 긍정적 자극의 소멸, 셋째, 부정적 자극의 발생을 제시했다. 애그뉴의 이론에 따르면 스트레스 및 긴장의 유형은 모두 다르지만, 범죄와 비행은 모두 긴장과 스트레스의 결과로 파악한다. 스트레스나 긴장이 발생하면 이를 해소하기 위해 범죄를 저지른다는 것이다. 즉, 인간은 여러 긴장요인으로 화, 우울감, 절망감 등의 부정적 감정을 경험하게 되며, 그러한 부정적 감정을 해소하기 위해 범죄 및 비행을 저지른다는 것이다(Agnew, 1992). 애그뉴의 일반긴장이론에서 긴장이 발생하는 3가지 요인은 다음과 같다.

1) 목표달성의 실패

사람들은 자신이 설정한 목표를 달성하지 못할 가능성이 높거나 못했을 때, 상당한 긴장이나 스트레스를 겪게 된다. 목표달성의 실패는 첫째, 열망과 기대 간의 괴리가 발생하고, 둘째, 기대와 실제 성취 사이의 격차가 그 다음 단계로 발생하며, 마지막으로 공정치 못한 결과로 인해 긴장이 생긴다. 구체적인 예를 들면, 어떤 청소년이 좋은 대학에 가기를 바라나 그렇게 되지 못할 것 같을 때, 첫 번째 단계인 열망과 기대 간의 괴리가 발생한다. 둘째, 자신이 목표했던 대학에 갈 수 있을 것 같았으나 실제로 못 가게 되었을 때, 두 번째 단계인 기대와 실제 성취 사이의 격차가 발생한다. 마지막으로 나보다 공부를 못한 또래 친구들이 원하는 대학에 갔으나 본인은 가지 못할 때 긴장이 발생한다는 것이다. 본인은 공부를 열심히 했으나 그런 노력에 비해 좋은 결과를 가지지 못했을 때, 다른 사람을 비난하거나 제도적 불공정함을 탓하면서 긴장이나 스트레스가 발생한다는 것이다. 이런 긴장이 발생하면 어떠한 형태로든 해소해야 하는데, 이런 긴장을 해소하기 위해 범죄를 저지른다는 것이다.

2) 긍정적 자극의 소멸

긍정적 자극의 소멸은 자신에게 희망을 주거나, 역할모델(role model)이 되며, 삶의 목표에 긍정적으로 작용하는 **중요한 타자**(부모, 친한 친구 등)나 자신의 지위에 맞는 사회적 지위를 잃게 되는 상황을 의미한다. 예를 들면, 자신에게 **중요한 타자**로 작용하는 이성친구와의 결별 또는 실연, 친한 친구나 가족의 사망 등이 긍정적 자극의 소멸에 해당된다. 또한, 지금까지 자신의 삶에 긍정적 역할을 했던 주위 상황들의 급격한 변화도 긍정적 자극의 소멸에 해당된다. 예를 들면, 부모의 이혼, 직장에서의 해고, 학교로부터의 퇴학 등이 또 다른 긴장을 발생시키는 원천이 되는 것이다. 이런 긴장이 발생하면 화, 우울감, 분노, 절망감 등이 생기고 이런 부정적 감정을 해소하기 위해 범죄를 저지른다는 것이다.

3) 부정적 자극의 발생

부정적 자극의 발생은 (긍정적 자극의 발생과는 반대로) 일상생활에서 자신이 통제할 수 없는 부정적 사건들이 발생하는 경우를 말한다. 예를 들면, 부모로부터의 학대, 친구들의 괴롭힘과 집단따돌림, 원치 않은 범죄로부터 피해를 당하게 되는 것, 교사의 폭언이나 체벌 등이 대표적인 부정적 자극의 발생 현상이다. 부정적 자극이 발생하면 이는 다시 분노와 불안, 우울과 절망감 등과 같은 부정적 감정을 낳으며, 이런 부정적 감정을 해소하기 위해 비행 및 범죄를 저지르게 된다. 결론적으로 사람들은 위에서 언급한 세 가지 중 어느 한 가지의 긴장이 발생하면 화, 절망감, 분노 등에 휩싸이고 이런 감정을 해소하기 범죄를 저지른다고 보는 것이 애그뉴의 긴장 및 스트레스에 대한 기본 가정이다.

일반긴장이론에 따르면, 일상생활에서 발생하는 스트레스 및 긴장 등의 부정적 감정은 범죄발생의 원인이 된다.
출처: http://m.k-today.com/news/articleView.html?idxno=2864

(2) 긴장 및 스트레스의 경험적 연구

일반긴장이론을 적용하여 범죄의 원인을 밝힌 외국의 경험적 연구는 제법 존재한다. 그중에서 범죄발생의 주 요인으로 긴장 및 스트레스가 범죄 및 비행의 직접적 원인이 된다는 연구결과물이 대부분이다(Agnew & white, 1992; Hoffman & Cerbone, 1999; Hoffman & Miller, 1998; Mazerolle *et al.*, 2000; Paternoster & Mazerolle, 1994;

Piquero & Sealock, 2000; Cho & Galehan, 2020). 구체적으로, 애그뉴와 화이트(Agnew & White, 1992)는 청소년비행과 약물남용과의 상관관계를 분석하면서 비행은 부정적인 생활사건, 일상의 어려움, 어른들과의 부정적인 관계, 부모의 불화 등과 통계적으로 유의미한 상관관계가 있다고 주장했다. 패터노스터와 마제롤(Paternoster & Mazerolle, 1994)은 청소년비행과의 관계를 통해 지역 무질서, 부정적인 생활사건, 학교에서의 부적응, 친구들과의 갈등, 어른들과의 부정적 관계 등이 긴장과 직접적인 관련이 있다는 사실을 밝혀냈다. 조와 게일한(Cho & Galehan, 2020)은 2006년부터 2012년까지의 한국복지패널조사를 사용한 연구에서 청소년들이 학교폭력피해, 학대, 불량한 신체 상태를 경험함으로써 느끼는 부정적인 감정이 비행에 강한 영향력을 미친다는 사실을 밝혀냈다. 우리나라에서 일반긴장이론을 적용한 비행연구결과 또한 상당한 수준에 이른다(문병욱·신동준, 2008; 송아영 외, 2009; 이성식, 1999; 이순래·이경상, 2010; 이완희, 2014; 이완희·유완석, 2014; 황성현, 2012, 황성현·이강훈, 2013; 김주영·장현석, 2016; 고순청·이창한·이승현, 2019). 송아영 외(2009)는 한국청소년패널조사를 사용한 청소년 **지위비행**에 관한 연구에서 학교긴장요인이 청소년 **지위비행**과 깊은 상관관계를 보인다고 주장했다. 이순례와 이경상(2010)의 한국청소년패널조사 중2패널 3차년도 자료를 활용한 청소년 비행연구에서 부모긴장, 학교긴장, 외모긴장, 분노감정이 통계적으로 유의했으며 이러한 긴장을 겪을수록 비행을 많이 저지르는 경향이 있다고 주장했다.

한편 이완희(2014)는 한국청소년정책연구원이 2009년과 2010년도에 수행한 아동청소년패널조사 1차년도와 2차년도 자료 중 중1과 중2 패널자료를 사용하여 허쉬(Hirschi)의 사회유대이론(social bonding theory), 에이커스(Akers)의 사회학습이론(social learning theory), 애그뉴(Agnew)의 일반긴장이론(general strain theory)을 비교분석한 결과, 사회유대 변인은 청소년 **중비행**의 변량을 1.7%밖에 설명하지 못했지만, 일반긴장 변인과 사회학습 변인은 각각 7.6%와 5.8% 의 청소년 **중비행** 변량을 설명한다고 주장하였다. 또한, 세 가지 독립변인들의 상대적인 영향력을 밝힌 회귀분석에서 일반긴장 변인들이 청소년 **중비행**을 가장 잘 설명하는 것으로 나타났다. 한편 황성현과 이강훈(2013)은 아동청소년패널자료를 사용하여 청소년의 4가지 **지위비행**과 9가지 일반비행의 원인을 동시에 분석한 결과, 사회유대이론은 전체 청소년비행의 2.4%, 일반긴장이론은 7.7%, 사회학습이론은 11.3%를 설명함으로써 일반긴장이론이 청소년 **지위비행**을 어느 정도 잘 설명하는 것으로 드러났다. 일반긴장이론 중에서 특히, 목표달성의 실패, 긍정적 자극의 소멸, 충동성, 친구 긴장변인들은 청소년 **지위비행**과 일반비행을 통계적으로 잘 설명하는 것으로 밝혀졌다. 즉, 한국 청소년들이 집안 경제사정이 어려울수록(목표달성의 실패), 한 가정 자녀일수록(긍정적 자극의 소멸), 매사에 충동성이 강할수록, 친구들로부터 왕따와 폭력 같은 비행피해경험이 많을수록(부정적 자극의 발생), 청소년 자신이 **지위비행**과 일반비행을 저지를 가능성이 높은 것으로 드러났다. 김주영과 장현석(2016)은 청소년이 부모의 폭력적인 부부싸움을 많이 목격할수록 지위비행과 폭력비행 모두에 유의미한 영향이 미치는 것을 밝혀냈다. 고순청, 이창한, 이승현은 한국아동·청소년패널을 사용하여 고등학교 3학년의 음주 및 흡연행위의 원인을 분석한 연구에서도 학교긴장, 부모긴장, 친구긴장요인이 청소년 약물사용에 직접적으로 영향을 줄 뿐만 아니라 약물을 사용하는 친한 친구와의 긴밀한 사귐을 통해 간접적으로 청소년 자신의 음주 및 흡연행위에 영향을 미치는 것으로 드러났다(고순청·이창한·이승현, 2019).

05 공격성

공격성은 낮은 자아존중감, 자기통제감과 직접적인 상관관계를 맺고 있다. 즉 낮은 자아존중감과 자기통제감 때문에 자신을 잘 통제하지 못할 경우, 타인에 대한 때로는 자신에 대한 공격행위(자살)로 나타난다. 공격성은 폭력범죄의 중요한 원인이 된다. 서두의 루카스와 최모씨의 사례처럼 낮은 자아존중감과 자기통제력은 공격성으로 분출되고, 공격성은 루카스의 어머니를 살해하는 요인이 되었으며, 최모씨처럼 평소 알고 지내던 여성을 폭행한 후 살해하는 심각한 살인사건으로 발전하게 된다. 이 절에서는 폭력의 기본 요소가 되는 반사회적 공격성에 대해 살펴보고자 한다.

(1) 공격성의 정의 및 유형

1) 공격성의 정의

공격성을 한마디로 정의하기란 쉽지 않기 때문에 학자들마다 공격성의 핵심요소를 어디에 두느냐에 따라 정의가 달라진다. 올베우스(Olweus)의 주장에 따르면, 공격성은 적의나 증오와 관계가 있는 모든 종류의 파괴적 행동, 특히 육체적인 타격이나 악의를 품은 발언 등으로 상대방에게 손상을 입히려는 행위와 그런 행동을 하려는 강한 욕구라고 정의하였다(Olweus, 1994). 모든 종류의 파괴적 행동에는 신체적, 사회적으로 타인을 해치려는 것과 경우에 따라서는 물건을 파괴하려는 의지 또는 시도 등을 포함한다. 렌토-즈월린스키(Lento-Zwolinski)는 '타인에게 해를 주거나 고통을 주려는 의도를 가진 행동'으로 공격성을 정의하였다(Lento-Zwolinski, 2007). 공격성의 정의가 이처럼 다양한 이유는 공격성에는 심리적, 사회적, 물리적인, 언어적, 정신적인 면 등의 다양한 형태의 공격성이 존재하기 때문이다. 예를 들면, 사소한 시비 끝에 상대방에 폭력을 행사할 경우 물리적, 신체적 공격에 해당되며 폭력범죄인 살인, 강도, 강간 등으로 이어질 수도 있다. 언어적, 심리적 공격은 가정 내에서 자주 발생하는데, 부부간, 부자간에 사소한 일로 상대방에게 심한 욕설이나 모욕 등의 언어적 공격이 자행될 수 있다. 우리 주변에서 자주 발생되는 사회적, 심리적 공격은 학교나 직장에서의 집단따돌림(왕따)이 그 대표적이다. 왕따는 그 자체로 법적인 처벌을 받는 범죄는 아니지만, 심할 경우, 왕따의 피해자는 스스로 목숨을 끊는 경우가 가끔 발생한다.

2) 공격성의 유형

공격성은 그 특성상 다양한 양상으로 나타나기 때문에 학자들마다 공격성을 분류하는 기준과 방법은 다양하다. 대체적으로 공격성은 적대적 공격성과 도구적 공격성, 직접적 공격성과 간접적 공격성, 반사회적 공격성과 친사회적 공격성 등으로 유형화할 수 있다.

① 적대적 공격성과 도구적 공격성

페슈바흐(Feshbach)는 공격성을 적대적(표출적) 공격성과 도구적 공격성으로 분류하였다(Feshbach, 1964). 적대적 공격성은 모욕, 신체적 공격 또는 개인적 실패와 같이

그림 2-3 공격성의 유형

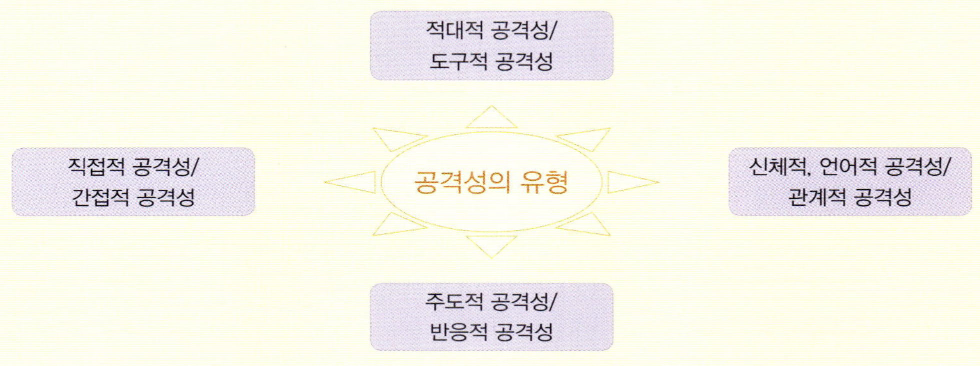

2012년 여의도 흉기난동사건의 현장검증 사진
출처: https://news.joins.com/article/9150011

분노 또는 화를 유발하는 상대에 대한 반응으로 발생한다. 공격의 목표는 상대방을 신체적, 정신적, 물리적으로 괴롭히거나 손실을 입히는 것이다. 직접적으로 피해자에게 타격을 가하는 대부분의 살인, 강간 등과 같은 폭력범죄는 적대적 공격에 의해 발생된다. 적대적 공격성의 대표적인 예로, 2012년 8월 여의도 증권가 대로에서 발생한 사건을 들 수 있다. 한 신용평가사의 채권추심 관련 업무를 맡은 김모씨(30세)는 일부 동료의 험담과 집단따돌림을 견디지 못해 퇴직한 후 전 직장동료들을 살해할 목적으로 여의도 한복판에서 흉기를 휘두른 사건을 저질렀다(내일신문, 2012년 8월 23일).

도구적 공격성은 타인이 가진 물건 또는 지위(보석류, 금전, 토지 등)을 취득할 욕망과 결부되어 있다(Bartol & Bartol, 2010). 공격자는 원하는 물건을 정당한 대가 없이 얻기를 시도하며, 이것은 대개 강도, 절도, 그리고 화이트칼라 범죄의 중요한 요인이 된다. 절도범의 목적은 자신이 원하는 경제적, 금전적 이익을 부당한 방법으로 취득하는 것이다. 절도범은 누군가를 신체적으로 상해하려는 목적은 없다. 하지만 절도행위 과정에서 상대방이 저항하거나 절도범의 목표를 방해한다면 그 상대방을 해칠 수도 있는데 이 때 발생하는 공격성이 전형적인 도구적 공격성이다. 결국 도구적 공격성의 원래 목적은 상대방을 신체적으로 해칠 목적을 갖고 있지 않으나 불법적인 방법으로 금전적 이득을 취득하는 과정에서 의도하지 않게 발생하는 경우를 말한다.

② 직접적 공격성과 간접적 공격성

로버와 스타우트햄머(Loeber & Stouthamer-Loeber)에 따르면, 공격성을 연구하는 학자들은 공격적 행동의 두 가지 특성인 직접적 공격과 간접적 공격을 구별해야 한다고 주장했다(Loeber & Stouthamer-Loeber, 1998). 공격행동이 가해지는 방법이 직접적인지, 제3자를 통해 간접적으로 행해지는 것인지에 따라 직접적인 신체적, 언어적 공격성과 간접적 공격성으로 구분했다. 예를 들면, 직접적인 신체적 공격성은 차기, 때리기와 같은 행위이며, 간접적 공격성은 또래집단에서 특정한 학생을 배척하거나 무시하고, 다른 학생의 소유물을 숨기거나 불쾌한 소문을 퍼뜨리는 비행행위가 여기에 속한다. 로버와 스타우트햄머의 주장에 따르면, 이 두 가지 형태의 공격성은 행동패턴, 정서, 인지, 발달적인 측면에서 다른 형태의 공격성으로 나타난다(Bartol & Bartol, 2010). 첫째, 행동 측면에서 직접적 공격은 보통 피해자와 직접적인 대치 및 신체적 가해를 수반하는 반면, 간접적 공격은 직접적인 대립을 수반하지는 않지만 은폐된 행동, 부정직한 행동 또는 비열한 행동에 의존한다. 둘째, 정서적인 면에서 직접적 공격은 분노가 중요한 요소인 반면, 간접적 공격은 좀 더 중립적인 감정이 특징이다. 예를 들면, 살인, 폭행 등은 분노를 기반으로 하기 때문에 직접적 공격에 해당되며, 사기, 절도, 횡령, 화이트칼라 범죄 등과 같은 재산범죄는 분노가 직접적 원인이 아닌 금전적 취득이 주 목적이기 때문에 간접적 공격으로 나타난다. 셋째, 인지적 측면에서 직접적 공격성과 간접적 공격성 모두 폭력적인 경향을 보이지만, 간접적인 공격의 경우 확연하게 드러나는 적대적인 속성을 보이지 않는다. 그 대신에 계획적으로 행동하며 가끔 재산을 노리는 경우가 있고, 발각되면 도망가려는 계획을 세우는 등의 인지적 노력을 기울인다. 이런 유형의 간접적 공격에는 회사 재산을 훔치거나 정보를 악용하는 것, 소프트웨어 도용과 같은 직업적인 범죄 등이 여기에 속하며, 특히 컴퓨터를 이용한 대부분의 사이버범죄는 간접적인 공격에 해당된다. 넷째, 발달적인 측면에서 직접적 공격은 생애지속형 상습범죄자처럼 어린 시절 가정에서의 잘못된 **사회화**로 인해 낮은 자아존중감과 낮은 자기통제력을 가질 가능성이 많으며 초기 청소년기부터 공격행위를 나타내기 시작한다. 반면에 간접적인 공격성은 생애지속형 범죄자가 아닌 청소년 후기에 일시적인 범죄나 비행을 저지르는 사람들에게 나타나는 경향이 있다.

사이버범죄는 대표적인 간접적 공격성의 결과로 나타난다.
출처: https://www.nkeconomy.com/news/articleView.html?idxno=880

③ 주도적 공격성과 반응적 공격성

닷지와 코이(Dodge & Coie)는 공격성을 주도적(proactive) 공격성과 반응적(reactive) 공격성으로 분류했는데, 주도적 공격성은 특정 목적을 달성하거나, 세력 또는 특권을 얻거나 또래를 협박하여 지배하는 것과 같이 예상되는 이득을 얻기 위한 목표지향적 공격행동을 의미한다(Dodge & Coie, 1987). 반면에 반응적 공격성은 지각된 위협이나 도발에 대한 적대적인 분노반응과 같은 공격성을 의미한다(Dodge & Coie, 1987). 정서적인 면에서 이 두 가지 공격성에는 현저한 차이점이 나타나는데 주도적 공격성을 가진 사람은 죄책감이나 공감능력이 결여되어 있고, 타인을 도구화하며, 학교폭력 및 청소년비행과 높은 관련성을 보이지만(Dodge & Coie, 1987), 또래집단에게 멋지다는 인상을 줄 수도 있으며, 리더십과 유머감각을 가졌다는 허상을 심어주기도 한다. 반면에 반응적 공격성을 가진 사람은 분노감이 높고, 충동적이고, 사회기술 및 정서조절능력이 부족하여 친사회적 관계형성이 미숙하고 대인관계가 원만하지 못해 고독감, 따돌림, 불안 등과 같은 정서적인 문제를 가지고 있을 가능성이 높다(이홍, 2010; Dodge & Coie, 1987; Seah & Ang, 2008).

④ 신체적, 언어적 공격성과 관계적 공격성

몽스(Monks)와 그의 동료들은 공격성이 어떻게 표출되는가에 따라 신체적, 언어적 공격성과 관계적 공격성으로 분류하였다(Monks *et al*., 2002). 신체적 공격성은 물건을 집어던지거나 때림으로써 신체에 직접적인 해를 입히는 것이고, 언어적 공격성은 욕설이나 악의적인 말을 하는 것이다. 반면에 관계적 공격성은 따돌리거나 악의적인 소문을 퍼뜨리는 것과 같은 행위를 말한다. 특히 관계적 공격성을 가진 사람은 외로움, 우울, 소외, 친구 관계의 어려움 등과 같은 문제를 안고 있다(Crick & Bigbee, 1998). 현대 사회에서 관계적 공격성이 다른 시대에 비해 점차 증가하는 현상을 보이는데, 관계적 공격성이 증가하는 이유는 사회공동체 내에서 사회평가불안과 타인의 인정에 대한 과도한 욕망이 자리 잡고 있기 때문이다. 사회평가불안은 자신의 평가에 대한 주위 사람들이나 또래집단의 평가에 두려움의 수준이 높은 것을 의미한다. 선행연구에 따르면, 사회평가불안이 관계적 공격성의 원인이 되며(Loudin *et al*., 2003), 타인의 인정에 대한 과도한 욕망이 사회적 관계를 의식하는 공격성에 영향을 주며, 특히 충동적으로 반응하기보다는 계획적이고 주도적이며 은밀하게 나타나는 경향이 있다(Larsen *et al*., 1976).

(2) 공격성에 영향을 미치는 요인

범죄행위의 원인을 밝히는 일련의 연구들 중에서 공격성이 범죄행위의 직·간접적 원인이라는 결과물들이 상당한 수준에 이른다. 즉, 낮은 자아존중감 및 자기통제력이 공격성을 유발시킨다는 연구결과뿐만 아니라 그 외 다른 요인들이 공격성에 영향을 미친다는 것이다. 부모애착, 부모감독, 부모학대, 부부갈등, 방임 등과 같은 개인환경적 요인, 대중매체의 영향, 그리고 인터넷게임 등이 대표적으로 우리 사회에서 공격성을 증가시키는 요인으로 지목되고 있다.

1) 개인환경적 요인

갓프레드슨과 허쉬는 어릴 때 가정 내에서의 잘못된 **사회화**과정과 훈육 때문에 낮은 자기통제감이 형성되고 이렇게 형성된 낮은 자기통제감은 일생동안 범죄를 반복하는 상습범죄자의 공통적인 특징이라고 주장하였다. 각 개인이 어떤 가정환경 내에서 성장했는가가 공격성에 상당한 영향을 미친다. 즉, 가정환경은 공격성의 환경적 요인 중 가장 중요한 요소가 된다(Laible *et al*., 2000; Olweus, 1980). 부모는 자녀에게 중요한 역할모델이기 때문에 부모가 공격적이면 아이들의 공격성도 증가한다. 또한, 강압적인 가정환경도 공격성에 영향을 준다. 강압적인 가정환경이란 인정과 애정을 표현하기보다는 서로 말다툼을 하고, 대화를 이끌어가는 것이 부족하고, 대화를 할 때도 상냥하게 이야기하기보다는 가족 구성원들을 자극하고 위협하거나 화나게 만드는 경향이 있는 환경을 말한다. 결국 권위적이거나 강압적인 양육방식, 방임적인 양육태도, 가정폭력 등이 자녀의 공격성에 부정적인 영향을 미치는 것으로 알려져 있다.

① 부모애착

부모애착(parental attachment)은 청소년기의 적응 및 발달에 긍정적인 영향을 미치는 중요한 요인이다. (제5장의 범죄심리이론에서 살펴보겠지만) 허쉬(Hirschi, 1969)의 사회유대이론(social bonding theory)에 따르면, 청소년의 비행 및 범죄는 개인의 사회유대가 약화되거나 깨졌을 때 발생한다고 보았다. 사회유대 중에서 부모와의 유대가 가장 중요한데 부모와의 유대가 약화되면 자녀의 공격성은 증가되어 각종 범죄발생의 중요한 요인이 된다는 것이다. 반면에 청소년기에 보다 안정되고 밀착된 부모와의 애착은 가정 내에서 규범적인 **사회화**과정을 증진시키며, 부정적인 행동을 감소시킨다. 중·고등학생을 대상으로 한 레이블(Laible)과 그의 동료들의 연구에 따르면, 부모와의 긍정적인 애착관계가 청소년의 공격성을 감소시키는 결정적 영향을 하였다(Laible *et al*., 2000). 국내연구에서 초등학교 5학년과 6학년을 대상으로 부와 모의 애착이 공격성에 미치는 영향을 검증한 결과에 따르면, 부모와 자녀 간의 애착관계가 약화되면 자녀의 공격성이 증가하는 것으로 나타났다(유혜경·남현우, 2010). 한국청소년패널자료의 **종단자료**를 사용하여 부모와의 애착과 공격성을 밝힌 연구에서도 부모와의 애착이 강하다고 응답한 응답자의 공격성은 낮은 것으로 나타났는데, 이는 5년 동안의 추적조사에서 연속적으로 나타난 결과였다(최정아, 2014).

② 부모감독

청소년기에 부모감독은 청소년 자신의 행동을 적절한 수준에서 통제할 뿐만 아니라 비행또래집단과의 사귐을 억제하는 역할을 한다. 즉, 부모는 자녀가 밖에 있을 때 누구와 함께 있으며, 무엇을 하며, 언제 돌아올지를 잘 알고 있을 경우, 자녀의 공격성에 부정적인 영향을 미친다. 예를 들면, 사회유대이론에서 부모감독은 부모애착과 함께 자녀의 범죄행위를 감소시키는 중요한 역할을 한다. 즉, 자녀가 외박했을

부모감독이 부재할 때 자녀는 집 밖에서 술을 마시거나 비행친구들과 어울려 각종 비행행위를 할 가능성이 높아진다. 사진은 2020년 넷플릭스 영화 '인간수업'의 한 장면
출처: http://www.entermedia.co.kr/news/articleView.html?idxno=10803

때 내 부모는 내가 어디에서 누구와 무엇을 하는지를 잘 알고 있다고 응답하는 경우, 자녀의 범죄성향은 줄어든다(황성현, 2007). 12~18세 청소년과 부모를 대상으로 한 케브레라(Cabrera)와 그의 동료들의 연구결과, 부모감독이 자녀의 공격성을 감소시키는 중요한 역할을 하는 것으로 드러났다(Cabrera *et al.*, 2012). 부모감독과 공격성을 밝힌 국내연구에서도 부모감독은 자녀의 신체적 공격성과 심리적 공격성 모두에 직접적인 영향을 미칠 뿐만 아니라 정서조절을 매개하여 간접적인 영향을 미치는 것으로 드러났다(김선숙, 2007). 고등학교 3학년과 사회초년생들의 음주행위에 영향을 미치는 요인을 분석한 이승현과 황성현의 연구에서도 부모감독은 두 집단 모두에 긍정적인 영향을 미쳤다(이승현·황성현, 2019). 즉, 부모입장에서 자녀가 밖에서 누구와 무엇을 하며, 언제 집에 돌아올지를 잘 알고 있을 경우, 그 자녀가 밖에서 술을 마시고 공격성을 표출할 가능성이 줄어드는 것으로 나타났다.

③ 부모학대

가정 내에서 부모에게 신체적, 정신적 학대를 받고 자라난 청소년은 그렇지 않은 청소년과 비교하여 자신의 공격성이 현저하게 증가한다. 특히 어릴 때부터 폭력적 환경에 노출되면 될수록 자녀의 공격성향은 두드러지게 증가하는 경향이 있다. 올베우스(Olweus, 1980)는 부모가 거부적인 양육행동과 체벌을 많이 사용하는 경우 자녀는 더 많은 공격성을 보였으며, 키나드(Kinard, 1980)도 학대집단과 정상집단의 행동상의 특질을 비교하면서, 학대집단 아동이 더 비행적이며, 특히 친구와의 관계에서 더 공격적인 모습을 보인다고 주장하였다. 일반적으로 부모-자녀 간의 관계에서 자녀에 대한 거부적인 태도, 엄격하고 폭력적인 훈육방법 등은 자녀의 공격성향을 증가시키는 중요한 요인이 된다. 즉, 부모의 육체적, 정신적 학대는 자녀의 공격성을 증가시키며 자녀의 공격성은 그대로 세대 간 전승되어 가족 내에서 공격성향이 반복되는 경향이 있다는 사실은 동서고금을 막론하고 일치된 사회현상이라 할 수 있다.

부모에게 학대 당하는 아이는 그렇지 않은 아이에 비해 공격성이 현저히 증가하는 경향이 있다.
출처: http://m.kmib.co.kr/view.asp?arcid=0923945989

④ 부부갈등

미드(Mead)와 쿨리(Cooley)로 대표되는 상징적 상호작용론자들은 자아형성에 가장 중요한 역할을 하는 **중요한 타자**는 부모이며 특히 어린 시절 부모는 자녀의 중요한 역할모델이 된다고 주장했다. 부모는 자녀의 성격형성과 대인관계의 질을 결정할 뿐만 아니라 자녀의 **사회화**과정에 핵심적인 역할을 한다는 것이다. 그러나 자녀가 부부갈등과 같은 부정적인 가족환경에 지속적으로 노출되면 스트레스, 긴장, 공격성 등과 같은 부정적인 감정을 일으킬 가능성이 높아진다. 부부갈등이 자녀에게 미치는 영향은 직접적으로 자녀의 공격성에 영향력을 미칠 수도 있고, 부모-자녀 간의 어려움을 초래하여 자녀의 심리적 적응에 간접적으로 영향을 미칠 수도 있다. 부부갈등과 자녀의 공격성을 밝힌 연구에서 청소년 자녀가 부부갈등을 높게 자각하고, 자주 목격할수록 자녀의 공격성은 높게 나타났다(이혜수·정옥분, 2004). 즉, 자녀가 인지한 전체적인 부부갈등은 청소년의 흥분성, 전체 공격성, 간접적 공격성과 높은 상관관계를 가지고 있었다. 충남의 한 초등학생들을 대상으로 한 연구결과에 따르면, 부부간의 폭력에 노출된 자녀는 신체적, 언어적, 수동적, 회피적 공격성이 증가하는 것으로 나타났다(채유경, 2005). 즉, 부부간의 갈등이 자녀의 공격성을 가장 잘 설명하는 변인이었는데, 부부갈등은 자녀의 신체적, 언어적, 수동적, 회피적 공격성에 각각 직접적인 영향을 미치고 종교적 영성을 통한 간접적인 영향력도 있는 것으로 드러났다.

부부갈등은 청소년의 흥분성, 전체 공격성, 간접적 공격성과 높은 상관관계를 가지고 있다.
출처: https://www.yna.co.kr/view/AKR20181127123300009

⑤ 방임

방임이란 고의적, 반복적으로 아동양육과 보호를 소홀히 함으로써 정상적인 발달을 저해하는 모든 행위를 의미한다(보건복지부, 2006). 특히 어린 시절의 방임은 한 인간의 사회심리적 적응에 심각한 문제를 초래할 수 있다. 따라서 부모와의 적절한 애착관계 형성이 어렵고 타인에 대한 불신과 소원함으로 인해 공격성이 증가할 수 있다. 예를 들면, 어릴 때 부모로부터 적절한 돌봄과 수용을 받지 못한 아동은 일생동안 배척받는 느낌을 가지게 되며(윤미원, 1999), 인성발달에 심각한 손상을 미쳐 행동장애, 충동문제, 불안, 우울, 타인과의 관계형성의 애로사항을 겪을 뿐만 아니라 장차 성인이 된 후에도 이런 부정적 감정은 지속적으로 영향을 미쳐 공격성, 범죄 등

방임은 아동이 각종 문제행동을 일으키는 중요 요인이 되며, 특히 공격성과 깊은 상관관계가 있다.
출처: https://www.segye.com/newsView/20151119003841

의 유발원인이 된다(오미경·이수희, 2010). 방임은 아동의 외현화된 문제행동 중에 대표적인 것으로서 공격성과 깊은 상관관계가 있다는 연구는 다양하다(김수정·정익중, 2013; 이아영·유서구, 2011; 이충권·양혜린, 2017; Gilbert *et al.*, 2009; Grotevant *et al.*, 2006; Hodgdon, 2009; Kotch *et al.*, 2008). 코취(Kotch)와 그의 동료들의 연구에 따르면, 초기 아동학대와 공격성간의 관계에서 여아보다 남아의 공격성이 높았으며, 나이든 아동보다 어린 아동의 공격성이 더 높게 나타났다(Kotch *et al.*, 2008). 즉, 나이가 어릴수록 부모의 학대 및 방임이 자녀에게 미치는 부정적인 영향력은 더 높게 나타났다. 한국아동·청소년패널의 3차년도 자료를 바탕으로 한 연구결과에 따르면, 공격성에 통계적으로 유의미한 영향력을 미친 변수로 빈곤, 가족구조, 방임 등을 지적하면서 특히 빈곤, 가족구조는 방임을 매개한 공격성에 영향을 미치는 것으로 드러났다(장신재, 2014). 한국복지패널자료를 사용한 **종단연구**에서도 지속적인 학대와 방임을 경험한 아동의 공격성이 그렇지 않은 아동보다 더 한 것으로 드러났다(김수정·정익중, 2013).

2) 대중매체의 영향

대중매체(TV, 영화, 비디오, 동영상 등)에서 방영하는 폭력물이 청소년의 폭력적, 공격적 행동에 영향을 미친다는 연구는 보편적으로 받아들여지고 있다. 특히 공격적인 아동은 미디어 폭력물을 많이 보고, 폭력적인 캐릭터를 자기화하며, 그들이 본 폭력이 현실을 반영한 것이라고 강하게 믿는 경향이 있다. 또한 폭력적인 사건은 모방범죄로 나타나기도 한다. 즉, 은행 강도나 조직폭력배를 다룬 드라마나 영화를 모방하거나 새로운 신종기법으로 강도짓을 행한 뉴스보도를 접한 후 그대로 모방하는 모방범죄가 늘어나는 경우가 여기에 해당된다. 이렇게 폭력적인 대중매체가 청소년들의 폭력성을 증가시키는 이유는 에이커스(Akers)의 사회학습이론에 근거한다(사회학습이론은 제5장에 상세하게 설명할 것이다). 에이커스의 학습이론에 따르면, 비행이나 일탈은 사회구성원들 간의 상호작용을 통해 학습되는데, 대중매체에 나타난 폭력적인 행위를 본 사회구성원은 그런 행위를 현실세계에서 그대로 모방하거나, 범죄를 합리화하는 태도나 언행 등을 모방함으로써 그들의 공격성을 증가시킨다(Akers *et al.*, 2016). 구체적으로 청소년들이 대중매체의 폭력적인 장면을 많이 시청하면 할수록, 폭력적인 행동이나 공격성을 정당화시키며(긍정적 정의; positive definitions), 폭력적인 친구들과 자주 어울릴 가능성이 높으며(차별적 접촉; differential association), 실제 현실세계에서 폭력적인 행동의 결과로 얻을 수 있는 정신적, 물질적 보상을 많이 받을 수 있다고 착각함으로써(차별적 강화; differential reinforcement) 그들의 공격성이 증가된다는 것이다. 특히 폭력적인 에로물에 무차별적으로 노출된 사람의 공격성은 일반적인 폭력물에 노출된 사람들보다 더 심각한 공격적인 성향을 보인다. 즉, 가학, 피학적인 에로물을 자주 시청하는 사람은 여성에 대한 적대적인 감정이나 냉담한 태도를 보임으로써 현실세계에서 공격성이 가미된 강제추행이나 강간을 저지를 확률이 높아진다. 심지어 상대 여성이 강간당하는 것을 더 즐긴다는 잘못된 신념을 불러일으킴으로써 연쇄강간범으로 발전해나갈 위험성도 배재할 수 없다.

2001년에 상영된 영화 '친구'는 친구들 간의 빗나간 우정을 미화하고 공격성과 폭력성을 합리화함으로써 청소년들에게 부정적 영향을 미쳤다는 비판을 받기도 했다.
출처: http://star.ohmynews.com/NWS_Web/OhmyStar/at_pg.aspx?CNTN_CD=A0000336804

경험적 연구에서 스타인과 프리드리히(Stein & Friedrich)는 단기간의 폭력 영상 매체에 대한 노출 후의 아동이나 청소년에 대한 행동평가에서 그렇지 않은 대조군에 비해 보다 공격적, 폭력적으로 행동하였다고 보고함으로써 폭력매체가 아동이나 청소년기의 공격성을 증폭시킬 수 있음을 시인하고 있다(Stein & Friedrich, 1975). 부시맨과 진(Bushman & Geen)은 성인을 대상으로 10분간 영화를 시청하게 한 후 폭력물과 공격성간의 어떤 상관관계가 있는지를 연구하였다(Bushman & Geen, 1990). 응답자들이 폭력적인 영화를 보면서 어떤 생각을 했는지를 기록하게 한 후, 공격적이거나 폭력적인 단어의 수를 측정하였는데, 그 결과 영화가 공격적일수록 그리고 개인의 공격성이 높을수록 더 많이 공격적인 사고를 하였다. 또한 폭력영상 시청 시 폭력성 수용수준(상, 중, 하)이 높을수록 공격성이 높다는 사실을 밝혀냈다. 국내 연구결과에 따르면, 폭력매체는 청소년의 비행행동에 대한 직접효과가 가장 높은 변수로 나타났다(김현실, 1996). 즉, 가정환경이 불안정하면 할수록 청소년들은 그들의 가정에서 파생된 욕구좌절이나 우울정서 등을 TV, 만화, 영화, 비디오, 동영상과 같은 매체에 의존하여 풀고자 하였으며, 청소년의 폭력매체에 대한 관심도, 노출도, 모방도가 높을수록 공격성향이 증가하여 비행 및 범죄행동을 하게 된다는 것이다.

3) 인터넷게임의 영향

최근 청소년들에게 인터넷게임의 영향력은 인류가 개발한 그 어떤 오락 매체물보다 더 강력하다. 예를 들면, 여성가족부가 2011년에 11세~24세 청소년을 대상으로 조사한 결과, 청소년 인터넷 게임 이용이 2008년 60.5%에서 2011년 79.8%로 증가한 것으로 나타났으며(여성가족부, 2012), 또한 여성가족부 보도자료에 따르면, 2019년 초등학교 4학년, 중학교 1학년, 고등학교 1학년 전원을 대상으로 하는 온라인 설문조사 결과, 조사인원 1,286,567명 중 인터넷 과다사용 문제로 위험상태에 있거나 주의가 필요한 인터넷중독 위험군 청소년은 154,407명, 스마트폰 중독 위험군은 123,607명으로 나타났다(여성가족부, 2019). 이처럼 현재 우리나라 청소년의 약 3/4은 인터넷게임을 즐기고 있으며 그중에서 일부는 인터넷중독으로 여러 가지 심리적, 정신적, 육체적 문제를 일으키고 있는 실정이다. 인터넷게임은 청소년에게 스트레스와 여가 선용이라는 긍정적인 면도 있지만, 심한 경우 인터넷중독으로 발전될 가능성이 높다. 특히, 폭력적인 인터넷게임에 노출되면 될수록 청소년의 공격성향이 증가하여 비행이나 범죄로 발전할 가능성이 높아진다. 인터넷게임의 지나친 몰두는 청소년의 심리적 발달에 부정적인 영향을 미치고 자기조절 능력이 약화되어 충동적, 공격적 성향이 증가하게 된다. 예를 들면, 인터넷게임 정도가 높은 청소년은 그렇지 않은 청소년에 비해 적대감, 공격성, 흥분성, 충동성 등이 높은 것으로 나타났다(서민영·임은미, 2012; 엄미경, 2002).

폭력적인 게임은 스트레스를 해소하는 긍정적인 면도 있지만 공격성을 증가시킨다는 부정적인 면도 내포하고 있다.
출처: https://bbs.ruliweb.com/ps/board/300001/read/1793252

이런 현상은 폭력적인 대중매체에 많이 노출된 사람이 모방을 통해 현실세계에서 공격성을 증가시키는 경향이 높은 것과 마찬가지로 가상의 폭력적인 인터넷 게임에 몰입할수록 현실세계에서 공격성을 증가시켜 비행 및 범죄를 일으킬 가능성이 높은 것이다. 뿐만 아니라, 인터넷 게임이 제공하는 가상현실과 현실세계를 구분하지 못해 인터넷 게임에서 한 것처럼 현실에서 해보고 싶은 욕구를 느끼기도 한다. 그 대표적인 사례가 아래 〈CASE 1〉에 잘 나타나 있다.

CASE 1

A씨는 지난해 9월 12일 오후 3시 20분쯤 전북 전주시 자신의 집에서 친동생 B군(당시 17세)을 폭행하고 흉기로 수차례 찔러 살해하려한 혐의로 기소됐다. 처음에는 형제끼리 서로 주먹을 주고받다가 A씨가 싱크대에서 흉기를 가져오면서 패륜 사건으로 번졌다. A씨가 휘두른 흉기에 B군은 눈과 이마·뒷목·옆구리 등 4곳을 찔렸다. B군은 형을 피해 집 밖 복도로 달아나 목숨은 건졌다. 하지만 뇌를 크게 다쳐 기억력·계산능력·운동능력에 장애가 생기는 등 중상을 입었다. 법원에 따르면 A씨는 고교 졸업 후 게임에 빠져 외출도 하지 않은 채 집에서만 생활했다. 이른바 '은둔형 외톨이'였다. A씨는 평소 동생과 사소한 일로 주먹다짐을 하는 등 사이가 좋지 않았던 것으로 확인됐다(중앙일보, 2019년 4월 19일).

앤드슨과 딜(Anderson & Dill, 2000)은 실생활에서 폭력적인 게임을 한 경우에 공격성과 폭력행동을 증가시켰으며, 콜웰과 페인(Colwell & Payne, 2000)은 컴퓨터게임을 자주, 오랫동안 할수록 그리고 게임이 더 폭력적일수록 공격성이 증가한다고 주장했다. 국내연구에서도 고등학생들의 인터넷게임 중독과 공격성간의 관계에서 인터넷게임 중독의 정도가 강할수록 공격성은 더 강해지는 반면, 자기통제력과 자아존중감은 더 낮게 나타났다(서민영·임은미, 2012). 박은리(2001)는 폭력적인 게임 자체가 공격성을 증가시키기보다는 개인의 공격적 특성이 높은 경우에 폭력적인 게임에 노출됨으로써 더 더욱 현실세계에서 공격적인 성향을 증가시킨다고 주장하였으며, 김미경(2002)은 공격성, 충동성, 대인불안과 게임중득과의 관계성 연구에서 모든 요인들이 게임중독에 영향을 미치지만 가장 큰 영향을 미치는 요인은 공격성이라는 사실을 밝혀냈다.

한국 성인들의 사이버범죄에 공격성이 어떤 영향을 미치는지에 대한 황성현의 연구에서 스트레스, 우울 및 불안으로 대표되는 개인환경과 폭력게임 및 폭력잠재성으로 대표되는 온라인 환경은 공격성을 매개하여 성인들의 신종사이버범죄에 유의미한 영향을 미친 것으로 나타났다(황성현, 2017). 이 연구는 한국인터넷진흥원에서 만 15~59세까지 성인남녀 모집단을 온라인조사를 통해 얻은 1,500명을 대상으로 삼아 분석한 결과, 개인의 스트레스나 우울 불안이 많을수록 공격성향은 높은 것으로 나타났으며, 폭력적인 게임을 많이 하거나 그로 인한 피해잠재성이 높으면 높을수록 공격성향은 높아졌다.

연습문제

1. 최근에 발생한 살인사건을 예로 들어 이 사건과 공격성 및 자아존중감과 어떤 관련이 있는지 구체적으로 설명해 보아라.
2. 자아존중감이 부족한 사람이 어떻게 범죄를 저지르게 되는지를 예를 들어 구체적으로 설명해 보아라.
3. 자기통제감이 약한 사람과 범죄성향과의 상관관계를 구체적으로 설명해 보아라.
4. 공격성의 여러 가지 유형을 설명하고, 각 유형에 해당되는 구체적인 공격행위를 구체적인 예를 들어 설명하여라(단, 수업시간에 든 예는 제외).
5. 2015년 이후에 발표된 자아, 자아존중감, 자기통제감에 관한 논문들을 읽고 이런 것들이 공격성과 어떤 관련을 가지는지에 대해 정리하여 보아라.
6. 공격성을 증가시키는 요인을 개인의 가정환경적 요인, 대중매체의 영향, 인터넷게임의 영향을 중심으로 구체적인 예들 들어 설명하여라.

용어설명

상징적 상호작용론

사회적 상호작용의 본질을 캐려는 이론이 상징적 상호작용론(symbolic interactionism)이다. 상징적 상호작용론에 따르면 인간의 사고능력은 사회적 상호작용에 의해 형성되며, 사회적 상호작용을 통하여 인간은 인간 고유의 사고능력을 행사하도록 해 주는 의미와 상징을 습득한다. 이런 의미와 상징은 인간으로서 독특한 행위와 상호작용을 수행하도록 해 주며 행위와 상호작용이 뒤얽혀 여러 유형의 집단과 사회를 구성한다는 것이다. 그 이름이 함축하듯이, 사람은 상징해석자인데, 사물이나 인간행동의 의미를 해석하는 힘이 인간의 가장 핵심적이고 두드러진 특성이라는 생각이다. 이 이론의 창시자 가운데 한 사람인 미드(Mead)에 따르면, 사람에게는 특수한 자질이 있는데, 그것은 마음을 지녔다는 사실이다. 이 마음은 주변의 대상물이나 상징(symbol)을 부여함으로써 의미를 찾고, 언어라는 의사소통의 상징적 수단을 이용하고 추상적 상징을 해석할 능력을 지닌다고 보았다. 그런데 이런 마음의 힘은 사람이 사회집단 속에 태어나서 다른 사람들과 상호작용함으로써 자아를 형성할 때에 비로소 활성화된다. 미드의 이론은 그의 제자 블루머(Herbert Blumer)에 의해 체계화되었는데, 블루머는 행위자로서의 인간은 그가 행위를 지향하는 사물 또는 대상을 스스로에게 지적해 준다. 이때 지적하는 일 그 자체는 행위자 스스로가 자신 속에서 자신과 상호작용하는 내재화된 사회과정이라는 생각이 미드의 마음과 자아개념과 일맥상통한다. 그리하여 상징적 상호작용론에서 보는 사회질서란 상호작용하는 개인들 사이에서 주고받는 말과 행동의 의미를 개인들이 어떻게 해석하며 그러한 해석에 따라 다음 행동을 어떻게 하는가에 달린 것이다.

범죄학에서 상징적 상호작용론은 고프만의 '낙인(stigma)'에서 출발한다. 즉, 미드와 쿨리의 자아개념은 고프만의 낙인(stigma)으로 계승되어 현대 **낙인이론**가들의 이론적 토대가 되었다. **낙인이론**에서 인간은 평생 다른 사람과의 상호작용을 통하여 다양한 사회적 낙인과 방식을 주고받게 된다고 보았다. 사회적 낙인은 긍정적 낙인과 부정적 낙인으로 구별되는데, 사람들이 자신을 단정하고 정직하다고 평가하면 자신은 사람들의 기대에 부응해 자신 스스로 단정하고 정직한 행위를 할 가능성이 높다. 반면에 사람들이 자신을 '나쁜 사람'이란 부정적 낙인을 찍으면 이런 낙인을 받은 사람은 범죄행동에 참여할 가능성이 높은 것이다. **낙인이론**가들은 이렇게 낙인이 가시화되고 심각해지면 사람들은 점차 일탈 경력자가 되어간다고 보았다. 낙인을 받게 된 사람은 비슷하게 낙인 받은 사람과 서로 의지하면서 동료관계를 맺게 되고 결국 관습적 사회로부터 고립되어 일탈 경력자가 되는 것이다(Siegel, 2020). 이렇게 낙인을 받는 과정이 상호작용적이므로 **낙인이론**가들은 범죄 경력의 형성에서 낙인을 일차적으로 부여하는 사회기관을 비난한다. 즉, 그들은 일탈행위를 줄이기보다는 범죄 경력자를 양산하는 데 일조하고 있다고 보았다(Siegel, 2020).

사회화

사회화(socialization)는 각 개인이 성장과정에서 복합적인 상호작용을 통해 자아와 인성(personality)을 형성해 가는 과정을 지칭한다. 그런데 이러한 과정은 어린 아이에게 특히 중요한 것이 사실이지만, 성인이라고 해서 이러한 과정에서 벗어나 있는 것은 아니다. 특히 오늘날처럼 생활양식과 사고방식이 급격히 변화하는 사회환경 속에서 성인들 역시 감정적, 지적, 도덕적 변화를 겪을 수밖에 없다. 이런 의미에서 사회화란 인간이 세상에 태어나서 죽을 때까지 다른 사람들과 상호작용하면서 감정과 정서를 함양하고, 생존에 필요한 다양한 기술과 지식 등을 배우며, 욕구를 억제하고 또 사회적으로 충족시키는 규칙과 규범을 학습하는 복합적 과정이며, 또한 이런 과정에서 서서히 자기 나름의 자아와 인성을 형성하거나 변화시켜 가는 전체적인 과정을 일컫는 말이다.

낙인이론

낙인이론(labeling theory)은 대표적인 사회반응이론에 속한다. 즉, 비행이나 범죄는 사회적 낙인의 산물로 낙인이 없다면 범죄도 발생하지 않는다는 가정하에 범죄에 대한 사회적 반응이 범죄자를 양산한다고 보는 이론이다. 이 이론의 사상적 배경은 상징적 상호작용론에 근거를 두고 있다. 상징적 상호작용론이 범죄학에 미친 영향은 지대하다. 사회과정이론인 사회학습이론 및 사회유대이론 모두 상징적 상호작용론에 기초하고 있지만 상징적 상호작용론의 가장 많은 영향을 받은 범죄학이론이 바로 낙인이론이다. 만약 사회구성원들 사이에서의 상징적 상호작용이 없다면 낙인이론은 존재할 수 없다. 왜냐하면, 낙인을 찍는 주체가 바로 매일 같이 상호작용하는 친구, 직장동료, 가족, 이웃, 지역사회, 사법기관의 주체들이기 때문이다. 예를 들면, 범죄를 자주 저지르는 비행집단의 청소년이나 상습 성인범죄자에게 학교 친구들이나 선생님들 또는 사법기관에서 범죄자 또는 비행집단의 청소년이라는 낙인을 찍었기 때문에 그 낙인에 부응하여 그들은 각종 범죄를 저지르게 된다. 이 때, 주위 사람들과의 상호작용이 없다면, 낙인을 찍을 주체가 사라지기 때문에 우리 사회에서 낙인 또한 존재하지 않게 된다. 따라서 사회조직 내에서 주위 사람들과의 언어, 몸짓, 사회행위 등과 같은 상징성을 가진 끊임없는 상호작용으로 인해 우리는 서로 서로에게 나쁜 사람, 좋은 사람, 사귀고 싶지 않은 사람, 친한 친구로 사귀고 싶은 호감가는 사람 등과 같은 낙인이 부여되는 것이다. 낙인이론의 대표적 학자로 1930년대 탄넨바움(Tannenbaum)이 있으며, 범죄의 발생과 형태에 대한 사회통제체계의 효과를 강조한 최초의 체계적 분석은 레머트(Lemert)에 의해 이루어졌다. 하지만 이런 낙인이론을 집대성한 것은 베커의 1963년 저서 '아웃사이더(outsiders)'가 칼표된 이후였다. 낙인이론의 구체적 내용에 대해서는 제5장, 범죄심리학이론 II에서 설명할 것이다.

중요한 타자

중요한 타자(significant others)는 자신의 자아평가에서 가장 중요한 역할을 하는 사람들을 말한다. 일반적으로 취학전 아동기에 중요한 타자는 부모가 되며, 청소년기에 중요한 타자는 부모나 담임선생님, 또는 가장 친한 친구(집단)이 된다. 따라서 중요한 타자는 인간의 사회화과정에서 매우 중요한 영향력을 행사하는 사람들을 의미하기도 한다.

리비도

리비도(libido)는 성욕 또는 성적 충동을 의미한다. 그러나 심리학에서 사용하는 리비도는 사전적 의미인 성적 충동보다 훨씬 포괄적으로 사용되는 개념이다. 프로이트는 리비도가 사춘기에 갑자기 나타나는 것이 아니라 태어나면서부터 서서히 발달하는 것이라고 생각하였다. 성본능은 구순기, 항문기를 통해 발달하다가 5세경 절정에 이른 후, 억압을 받아 잠재기에 이르고, 사춘기에 다시 성욕으로 나타난다고 보았다. 그러나 리비도는, 중도에서 발달이 중지되기도 하고, 완전히 발달했다가 거꾸로 되돌아가는 경우도 있다. 이상성욕이나 신경증이 이에 속한다. 리비도의 비정상적인 발달은 후에 이성관계에 있어서 정신적인 문제를 야기시킬 수 있다. 유아기 때 이성부모에게 느끼는 성적인 관념이 후에 자라면서 이성과의 관계를 통해 제대로 성립되지 못하면 여전히 이성부모를 성적대상으로 보게 되는 경우가 있고(즉, 오디프스 콤플렉스나 일렉트라 콤플렉스 등) 현실적으로 그것이 도덕적이거나 사회적으로 용납되지 않는 것을 앎으로서 정신적인 불안정과 장애를 초래하게 될 수도 있다(위키백과, 2020). 또한 리비도는 대상에 주입되어 축적되는데, 이러한 리비도를 '대상 리비도'라고 한다. 우정, 부자간의 정, 연애 같은 것이 이에 속한다. 그리고 자아에 주입된 리비도를 '자아 리비도' 또는 '나르시시즘적 리비도'라 한다. 예를 들면, 자기의 건강상태를 이상스러울 정도로 걱정하는 상태, 말하자면 심기증 같은 것이 그것이다. 그러나 리비도가 충족되기를 바라다가 충족되지 않을 때는 불안이 발생한다. 또한 리비도는 승화되어 정신활동의 에너지가 되기도 한다. 프로이트는 처음에 리비도를 자기보존 본능과 대립되는 것으로 보았으나, 나중에는 이 둘을 결합, 에로스(영원의 결합을 구하는 본능)라고 하여 죽음의 본능, 즉 삶을 파괴하려는 본능과 대립시켰다(두산세계대백과사전, 1997).

가설

가설(hypothesis)은 일반적으로 두 개 이상의 변수들 간의 관계를 검증 가능한 형태로 서술해 놓은 하나의 문장을 의미한다. 따라서 가설은 흔히 독립변수와 종속변수의 관계로 표현하는데, 예를 들어 "A(독립변수)가 높을수록 B(종속변수)도 높다" 등이 가설의 형태이다. 가설은 여러 가지 특성을 가지고 있다. 첫째, 가설은 두 가지 혹은 그 이상의 현상들 간의 관계를 서술한다. 예를 들면, "소득수준이 높을수록 생활에 대한 만족도는 높을 것이다"라는 가설은 '소득수준이라는 변수와 '생활에 대한 만족도'라는 변수 사이의 관계를 진술하고 있다. 둘째, 가설은 서술된 관계를 실증적으로 검증할 수 있어야 한다. 즉, 가설은 경험적으로 **조작적 정의**를 통해 입증될 수 있어야 한다. 예를 들면, "기독교인들의 내세관이 힌두교도들의 내세관보다 더 옳다"라는 가설은 경험적으로 검증 불가능하므로 좋은 가설이라 할 수 없다. 셋째, 가설은 진술을 명확히 해야 한다. 즉, 가설은 비교법을 사용할 때 좀 더 효과적인 문장이 된다. 예를 들면, "교육수준은 투표의 참여율과 관련이 있다"라는 가설보다는 "교육수준이 높은 사람일수록 교육수준이 낮은 사람보다 투표에 참여하는 경향이 높다"가 더 좋은 가설이다. 넷째, 가설은 구체성을 지녀야 한다. 즉, 가설은 변수들 간의 가정적인 관계를 진술하는 것이므로 구체성을 지녀야 한다. 구체성은 **조작적 정의**를 통하여 이론적 개념이 구체적으로 측정 가능한 조작적 가설의 상태로 바뀌어져야 한다는 것이다. 예를 들면, '지능' 이라는 추상적 개념은 'I.Q.' 점수로 조작화할 수 있고, 부모의 '사회 경제적 지위(socio economic status : SES)'는 부모의 '직업, 학력, 월수입' 등으로 조작화할 수 있다. 따라서 '지능이 낮을수록 범죄를 저지를 확률이 높아진다'라는 추상적 가설은 'I.Q. 점수가 낮을수록 범죄율이 높아진다'로 조작화할 수 있다. 또한 '부모의 사회경제적 지위가 높을수록 자녀의 비행률은 낮아진다'라는 추상적 가설은 '부모의 직업, 학력, 월수입이 높을수록 자녀의 비행률은 낮아진다' 로 조작화할 수 있다.

조작적 정의

조작적 정의(operational definition)는 추상적 개념을 현실세계에서 구체적으로 측정 가능하고, 검증가능한 개념으로 바꾼 것을 말하며, 이렇게 바꾸는 과정을 '조작화(operationalization)' 라고 한다. 사회과학이 과학이 되기 위해서는 어떤 가설이 현실 세계에서 경험적으로 검증가능해야 한다. 검증가능하지 않는 가설은 과학으로서의 가치를 잃는다. 이렇게 검증가능하게 만드는 과정을 조작화라고 하고 조작화된 정의를 조작적 정의라 한다. 예를 들면, 범죄학에서 합리화이론(neutralization theory)이 있는데, '범죄의 합리화를 잘 하면 잘 할수록 재범가능성은 높아진다'는 가설을 설정해보자. 여기서 합리화는 추상적 개념이다. 이 추상적 개념을 현실세계에서 측정가능한 개념으로 바꾸어야 한다. 따라서 합리화라는 추상적 개념을 약 3가지 정도의 다음과 같은 조작적 정의로 바꿀 수 있다. ① "(절도, 약물남용, 강도, 성폭력 등의) 범죄를 스스로 통제할 수 있는 사람이라면 그런 범죄를 저질러도 괜찮다." ② "(절도, 약물남용, 강도, 성폭력 등의) 범죄에 대한 주위의 유혹이 너무 강하기 때문에 그런 범죄를 저지르는 사람들을 비난해서는 안 된다." ③ "일반적으로 (절도, 약물남용, 강도, 성폭력 등의) 범죄는 나쁜 것이지만 특별한 상황에 있는 사람은 그런 범죄를 저질러도 된다" 등의 조작적 정의를 범죄의 합리화라는 개념을 측정하는 도구로 사용할 수 있다. 또 다른 예로 사회학에서는 '소외(isolation)'라는 개념을 자주 사용한다. 소외 또한 추상적 개념이다. 이 추상적 개념을 경험적으로 검증가능한 개념으로 바꾸어야 한다. 일반적으로 소외는 '무기력감', '무의미', '무규범', '고립', '자기소외' 라는 다섯 가지 하부개념을 포함한다. 무기력감은 "매사에 힘이 없고 살아가는 게 힘들다", 무의미는 "내가 왜 사는지 모르겠다", 무규범은 "세상의 도덕, 법, 규범은 나에게 중요하지 않다", 고립은 "친구들은 내가 요즘 어떻게 지내는지 모른다", 자기소외는 "나는 친구들과 함께 있어도 혼자라는 느낌이 든다"라는 경험적으로 검증가능한 개념으로 바꿀 수 있다. 응답자들은 이런 다섯 가지 질문에 대해 1) 매우 그렇다, 2) 그렇다, 3) 보통이다, 4) 그렇지 않다, 5) 매우 그렇지 않다 라는 선택지 중에서 한 가지를 선택할 수 있으며 이렇게 다섯 가지로 바뀐 개념을 소외의 조작적 정의라고 한다.

종단적 연구

종단연구(longitudinal study)는 동일한 현상을 동일한 대상에 대해 반복적으로 측정하는 조사방법인데 이 때 사용되는 자료(data)를 종단자료(longitudinal data)라 한다. 종단조사에는 패널조사(panel study), 추세조사(trend study), 그리고 코호트조사(cohort study)가 있다. 패널조사는 특정 조사대상을 사전에 선정하고 이들을 대상으로 반복조사를 실시하는 방법으로서 청소년정책연구원에서 2003~2008년까지 시행한 한국청소년패널조사와 2010년에 다시 시작한 아동청소년패널조사가 종단연구의 대표적 사례이다. 즉, 2003년에 한국청소년정책연구원은 교육통계연보에 나타난 전국(제주도는 제외)의 초등학교 4학년과 중학교 2학년을 표본추출하여 중학교 2학년의 경우, 전국에서 3,449명을 표본으로 선정하여 청소년패널자료를 수집하였다. 2차년도인 2004년에는 일차년도에 표본으로 선정된 3,449명을 추적하여 개별면접한 결과 3,188명을 조사하였고 같은 방법으로 3차년도에는 3,125명, 4차년도에는 3,121명, 5차년도에는 2,967명을 조사하여 청소년의 학교생활, 사회생활, 비행 및 범죄, 자아존중감 등을 전반적으로 조사한 것이 우리나라에서 실시된 전국단위의 종단연구의 대표적 사례이다. 추세조사는 다른 시점의 반복측정을 통해 얻은 시계열자료를 이용하는 조사이다. 예를 들면, 시대에 따른 대한민국 20대 여성들의 결혼관을 조사한다고 가정할 때, 1980년, 1990년, 2000년, 2010년 대한민국 20대 여성들의 결혼관을 조사하고, 그 결과를 시대별로 비교 분석하는 방법이다. 마지막으로 코호트조사는 특정시기에 특정경험을 같이 하는 사람들에 대하여 어떤 특성을 두 번 이상의 다른 시기에 걸쳐 비교 연구하는 접근방법이다. 예를 들면, 2000년에 386세대들의 집권 여당에 대한 지지도와 2010년 그들이 여당에 대해 생각하는 지지도를 비교분석하는 방법이 대표적 예이다.

이런 종단연구와 반대되는 조사로는 횡단연구(cross-sectional study)가 있다. 횡단연구는 특정시점에서의 집단 간 차이를 연구하는 방법으로 연구자가 특정한 시점에서 단 한 번의 조사로 연구목적을 달성하는 조사방법이다. 예를 들면, 한국청소년들의 비행 및 범죄행위를 조사하기 위해 연구자가 전국 청소년들을 대상으로 어떤 특정한 시점에 한 번의 조사로 연구결과를 도출해 내는 방법이다. 일반적으로 대부분의 사회여론조사는 횡단조사에 속한다. 사회조사방법에서 종단연구보다는 횡단연구가 대부분을 차지하는 이유는 조사를 위한 시간과 비용이 적게 들기 때문이다. 예를 들면, 한국청소년패널조사와 같은 종단연구는 최소한 몇 년 이상이 소요되며, 첫 번째 표본으로 선정된 청소년을 두 번째 조사부터는 일대일로 찾아가서 조사해야 하기 때문에 상당한 시간과 비용이 투입된다. 따라서 정부의 재정적 지원으로 시행하는 한국청소년패널조사나 노동패널조사 등과 같은 국가적 차원의 조사가 아닌 이상 대부분의 사회여론연구는 횡단조사로 시행될 수밖에 없는 실정이다.

지위비행

지위비행은 음주, 흡연, 가출, 무단결석 등 일반 성인에게는 허용되는 행위이나 청소년의 사회적 지위나 신분에 걸맞지 않은 행동을 하는 것을 의미한다. 김준호와 이동원은 청소년의 비행유형을 지위비행, 음란물비행, 성비행, 약물비행, 재산비행, 폭력비행으로 구분하고 이 중 지위비행이란 법률상으로 위법행동은 아니나 청소년이라는 지위에 걸맞지 않은 문제행위를 의미하며, 가출, 커닝, 무단결석, 음주, 흡연 등이 여기에 속한다고 주장하였다(김준호·이동원, 1996).

아노미

아노미(amomie)는 사회의 존속을 가능하게 하는 사회규범이 붕괴된 상태를 말한다. 즉, 사회적 혼란으로 인해 규범이 사라지고 가치관이 붕괴되면서 나타나는 사회적, 개인적 불안정 상태를 말하는데, 규범이 더 이상 행동을 규제하는 데 효과적이지 않은 사회의 상태 또는 조건을 의미한다. 이런 아노미를 머튼(Merton)은 그의 **아노미이론**에서 가치 있는 문화적 목표와 그 목표에 이르는 적법한 사회적 수단 사이에 괴리가 존재할 때 나타나는 사회적 모순의 한 형태로 파악하였다. 아노미 상태에 빠지면 삶의 가치와 목적의식을 잃고, 심한 무력감과 자포자기에 빠지며 심하면 자살까지 하게 되는 현상이 발생한다. 이는 급격한 사회변동의 산물이며, 그 결과 인간은 관습적 윤리성에 대한 자신의 유대를 상실하게 되고, 이는 사회적 통제를 약화시켜서 일탈행위를 증대시키게 된다(이윤호, 2007).

머튼의 아노미이론

아노미(anomie)는 무규범상태, 즉 사회통합의 결여를 말한다. 현대사회는 사회통합력이 약화되어 구성원의 감정에 대한 억제력이 상실되고 무규범에 가까운 상태가 되었다. 머튼(Merton)은 이런 상태가 바로 범죄를 유발하는 원인이 된다고 보았다. 이 이론은 미국 범죄학에서 발달된 '아노미이론'의 실질적인 모티브가 되었다. 아노미이론(anomie theory)은 미국 사회의 높은 범죄율과 도시의 하층주거지역의 범죄 집중 현상을 잘 설명하는 이론으로 뒤르켐(Durkheim)의 자살연구에서 그 이론적 뿌리를 두고 있다(이창한 외, 2012). 머튼(Merton)은 뒤르켐의 자살연구의 접근방식을 현대 산업사회, 특히 미국의 상황에 적용하였기 때문에 이 이론의 창시자로 평가받고 있다. 머튼은 뒤르켐과 같이 목적(goals)과 수단(means) 간의 관계가 일탈의 사회적 원천을 이해하는 데 매우 중요하다고 주장했다. 머튼에 따르면 사회구성원이 문화적으로 규정하고 있는 제도적 수단을 사용하여 문화적 목표를 달성할 수 있을 때에 사회는 잘 조직되어 있다고 할 수 있으나 사회란 항상 잘 조직되어 있는 것은 아니라고 보았다. 즉 사회구성원들의 목적과 수단 간의 불일치로 인해 범죄가 발생한다고 보았다. 그는 목적과 수단의 수용(acceptance)과 거부(rejection)에 기초하여 다음과 같은 5가지의 분류표를 제시하였다.

표 2-3 머튼의 아노미이론

유 형	문화적 목표	제도적 수단	범죄 유형
동조형 (conformity)	+	+	대부분의 일반인, 비범죄자
혁신형 (innovation)	+	−	대부분의 범죄(특히 절도, 재산범죄)
의례형 (ritualism)	−	+	하위직 공무원들의 행태
도피형 (retreatism)	−	−	부랑아, 마약중독자
혁명형 (rebellion)	±	±	혁명가, 체제비판 선동가들의 행위

① 동조형

동조형은 문화적인 목표를 받아들이고 일탈을 향한 조직의 압력에도 불구하고 합법적 수단을 고수하는 유형의 사람들이다.

② 혁신형

혁신형은 성공하기 위해 가장 기술적으로 편리한 불법적인 수단을 사용한다. 대부분의 범죄와 비행, 특히 이기적인 범죄는 주로 이 방식에 따른 것이다. 예를 들면, 경제적 이익을 위해 마약상인은 합법적인 수단을 통한 부와 사회적 지위를 얻을 수 없다고 인식하고, 불법적인 마약을 팔아 성공을 꾀하려 한다. 이 부류에 속하는 사람은 주로 하류층인데 그들이 범죄를 저지르는 이유는 출세를 위해 그들이 합법적인 기회에 접근하기 힘들다고 생각하기 때문이다.

③ 의례형

의례형은 문화적 성공목표를 포기하는 목표약화의 심리적 과정과 관련되어 있다. 의례형은 실현 가능한 것만 얻으려하기 때문에 합법적 수단을 사용한다. 예를 들면, 관료제 조직 내에서 낮은 지위의 하위 공무원들은 더 이상 출세하려고 노력하지 않고 단지 매일 일하러 와서 자신의 일에만 몰두하는 경향이 강하다.

④ 도피형

도피형은 문화적 목표와 그것을 달성하기 위한 제도적 수단을 모두 거부하지만 다른 대안으로 대체하지도 않는 부류다. 그러한 예로 부랑자, 알코올중독자, 약물중독자 등이 있다. 도피형은 그들의 내적인 억제로 인하여 불법적인 수단을 사용하지 못하고, 그에 따른 갈등으로 인해 문화적 목표와 제도적 수단을 모두 포기하는 유형이다.

⑤ 반역형

이 유형은 도피형처럼 문화적 목표와 합법적 수단을 모두 거부하지만 도피형과는 달리 새로운 목표와 수단을 주창한다. 머튼은 반역형을 개인적인 활동이라기보다는 집단적인 활동으로 보았다. 문화적으로 유인된 목표를 달성하는데 기존체계가 장애가 된다고 판단될 때 반역형이 된다.

중비행

청소년비행은 크게 청소년 경비행과 중비행으로 나눌 수 있다. 경비행은 청소년시기에 가볍게 저지를 수 있는 비행으로 지위비행이 주로 경비행에 속한다. 즉, 음주, 흡연비행, 무단결석, 가출, 시험부정행위 등이 경비행 또는 지위비행에 속하며, 중비행은 법을 어겼을 경우, 대체적으로 처벌을 받는 비행을 의미한다. 중비행에는 조롱하기, 집단따돌림(왕따), 패싸움, 구타, (돈, 물건) 뻥뜯기, (돈, 물건) 훔치기, 성관계, 성폭력이나 성희롱 등이 이에 속한다(황성현·이강훈, 2013).

참고문헌

고순청·이창한·이승현. (2019). 청소년 약물사용에 관한 사회유대이론 일반긴장이론, 사회학습이론적 고찰, 한국경찰학회보, 21(3), 3-28.

고정자. (2005). 부모의 감독정도와 청소년의 자기통제력이 청소년의 문제행동에 미치는 영향, 대한가정학회지, 43(2), 1-17.

김미경. (2002). 초등학교 고학년의 공격성, 충동성, 대인불안과 컴퓨터 게임중독과의 관계, 경남대학교 교육대학원 석사학위논문.

김민주·이동귀. (2018). 초등학생이 지각한 학업스트레스가 공격성에 미치는 영향, 한국심리학회지: 학교, 15(1), 69-89.

김선미. (2005). 어머니의 양육행동 및 남녀아동의 자아존중감과 또래괴롭힘 간의 관계, 이화여자대학교 대학원 석사학위논문.

김선숙. (2007). 부모의 양육행동이 아동의 공격성에 미치는 영향-정서조절의 매개효과를 중심으로, 사회복지연구, 32, 65-95.

김수정·정익중. (2013). 아동학대가 우울·불안과 공격성에 미치는 지속효과에 대한 종단연구, 한국아동복지학, 43, 1-28.

김재엽·이효정·강민지. (2007). 가족응집력이 청소년의 학교폭력 가해에 미치는 영향: 자기통제력의 매개효과를 중심으로, 청소년학연구, 14(6), 173-201.

김종래. (2003). 청소년의 소외와 자아존중감, 자기통제력이 인터넷중독에 미치는 영향, 대전대학교 교육대학원 석사학위논문.

김주영·장현석. (2016). 부부싸움이 청소년 비행에 미치는 영향: 일반긴장이론을 중심으로, 한국범죄학, 10(2), 69-93.

김준호 · 이동원. (1996). 한국의 청소년 비행척도 개발에 관한 연구. 한국형사정책연구원.

김현실. (1996). 폭력매체에 의한 비행 행동의 구조모형 개발. 이화여자대학교 대학원 박사학위논문.

두산세계대백과사전. (1997). 두산동아 사서편집국.

문병욱 · 신동준. (2008). 일반긴장이론을 통한 인문계와 실업계 고등학생의 비행연구, 한국청소년연구, 19(1), 33-60.

민수홍. (2006). 청소년의 자기통제력이 비행과 범죄에 끼치는 영향: 패널자료를 이용한 인과성 및 일반성 검증, 청소년학연구, 13(6), 27-47.

보건복지부. (2006). 아동방임개입매뉴얼. 보건복지부.

박영림 · 최해림. (2002). 아동의 자아존중감과 부모애착, 부부갈등지각 간의 관계, 한국심리학회지: 상담 및 심리치료, 14(3), 741-755.

박은리. (2001). PC게임과 공격특성이 공격의도에 미치는 영향, 충남대학교 심리학과 석사학위논문.

배미희 · 최중진 · 김청송. (2016). 학교폭력 가해자, 피해자, 방관자 예측모형 연구, 청소년학연구, 23(8), 385-413.

백혜정 · 황혜정 · 김현희. (2005). 초등학생의 문제행동에 영향을 미치는 부모관련 변인 및 자아관련 변인에 관한 연구. 한국청소년개발원.

서민영 · 임은미. (2012). 남자 고등학생의 인터넷 활용특성, 자기통제력, 자아존중감, 공격성과 인터넷 게임중독과의 관계, 가족과 상담, 2(2), 31-47.

송아영 · 박경나 · 정세정. (2009). 청소년지위비행에 대한 일반긴장이론의 부분적 검증: Ping의 2단계 방법을 중심으로, 한국청소년연구, 20(1), 309-337.

신성철 · 송희원. (2019). 초등학생의 스마트폰 과다사용과 공격성, 충동성 간의 관계에서 자아존중감의 조절효과. 아동교육, 28(4), 231-245

안진아. (2006). 아동이 지각한 어머니의 기대 및 아동의 스트레스와 자아존중감과의 관계. 한남대학교 대학원 석사학위논문.

양종국 · 김충기. (2002). 비행청소년의 비행 위험요인 및 보호요인과 재비행간의 관계, 한국청소년연구, 10(2), 101-121.

엄미경. (2002). 초등학생의 컴퓨터게임 이용실태 및 게임중독정도와 정신건강과의 관계, 한국학교보건학회지, 15(1), 21-30.

여성가족부. (2012). 2011 청소년종합실태조사 결과 보고서. 여성가족부.

오미경 · 이수희. (2010). 집단놀이치료 활동을 통한 한부모가족 방임아동의 자아존중감 및 문제행동에 대한 사례연구, 특수아동교육연구, 12(4), 237-257.

오윤선. (2008). 청소년의 인터넷 게임중독이 우울, 공격성, 자아존중감에 미치는 영향. 한국청소년시설환경학회논문집, 6(4), 3-15.

유혜경 · 남현우. (2010). 초등학교 고학년의 부, 모 애착, 또래애착, 성역할정체감과 공격성의 관계. 청소년학연구, 17(6), 215-238.

윤미원. (1999). 치료적 놀이가 유아의 사회적 능력에 미치는 영향, 숙명여자대학교 교육대학원 석사학위논문.

이병도 · 이현 · 조춘범. (2016). 청소년의 자기통제력이 온 · 오프라인 비행에 미치는 영향 -비행친구 접촉정도의 매개효과 검증-, 청소년복지연구, 18(3), 195-215

이성식. (1999). 청소년범죄에 있어 긴장과 통제, 한국공안행정학회보, 8, 191-214.

이성식. (2007). 낮은 자기통제력과 비행친구의 청소년비행에의 영향: 청소년패널자료의 분석, 한국청소년연구, 18(2), 159-181.

이순래 · 이경상. (2010). 생활긴장이 소년비행에 미치는 영향에 관한 연구, 형사정책연구, 21(4), 5-32.

이승현 · 황성현. (2019). 음중행위에 결정적 영향을 미치는 비행이론 연구: 고등학교 3학년과 사회초년생의 비교연구를 통해, 한국중독범죄학회보, 9(3), 117-138.

이아영 · 유서구. (2011). 부부간 폭력노출 정도와 아동학대 피해경험이 자녀의 공격성에 미치는 영향, 청소년복지연구, 13(2), 225-245.

이영애. (2018). 학령기 후기 아동의 학대경험, 우울, 공격성이 학교적응에 미치는 영향: 자아존중감과 자아탄력성의 조절된 매개효과. 청소년상담연구, 26(1), 277-297

이완희(2014). 한국 청소년들의 중비행에 관한 범죄이론적 비교연구. 한국경찰학회보, 16(1), 139-160.

이완희·유완석(2014). 청소년 지위비행에 관한 분석적 연구: 청소년 비행이론을 중심으로, 한국경호경비학회지, 39 , 217-239.

이윤호. (2007). 피해자학. 서울: 박영사.

이창한·황성현·김상원. (2012). 신) 범죄학 & 형사정책. 서울: 박영사.

이충권·양혜린. (2017). 가정에서의 학대·방임 피해경험이 아동의 공격성에 미치는 영향: 부모애착, 교사애착, 또래애착의 다중매개효과를 중심으로. 청소년복지연구, 19(1), 29-55

이혜수·정옥분. (2004). 청소년 자녀가 지각한 부부갈등과 청소년의 공격성과의 관계. 한국가정과교육학회지, 16(1), 47-62.

이홍. (2010). 청소년의 공격성 하위유형에 따른 인지 및 정서 특성, 아주대학교 대학원 석사학위논문.

장신재. (2014). 빈곤과 가족구조가 아동의 공격성에 미치는 영향: 방임의 매개효과, 사회과학연구, 30(2), 81-100.

전병제. (1974). 자아개념 측정 가능성에 관한 연구, 연세논총, 11(1), 107-130.

조유정·석주영·박인전. (2005). 부모로부터 학대받은 경험이 자기통제성과 공격성에 미치는 영향: 일반청소년과 비행청소년의 비교를 중심으로, 한국청소년연구, 16(1), 133-164.

진미령·신성만. (2016). 애착외상, 자아존중감, 우울, 자기통제력이 청소년의 스마트폰 중독에 미치는 영향, 한국심리학회지: 중독, 1(1), 31-53.

채유경. (2005). 폭력노출 경험, 부부갈등, 가족기능이 초등학생의 공격성에 미치는 영향-영적 안녕감의 매개효과를 중심으로, 상담학연구, 6(3), 1041-1054.

최은영·최인령. (2002). 청소년 자아존중감과 정신건강에 관한 연구, 한국학교보건학회지, 15(1), 63-72.

최정아. (2014). 초기 청소년기 공격성의 발달적 변화와 가족 영향 요인에 대한 다층모형분석, 한국콘텐츠학회논문집, 14(2), 294-307.

홍성열. (2012). 범죄심리학. 서울: 학지사.

황매향·여태철. (2006). 초등학생의 적응과 자아존중감의 관계, 아동교육, 15(3), 165-185.

황성현. (2006). 낮은 자아통제감, 친구집단요인, 부모요인이 청소년 약물사용에 미치는 영향. 청소년학연구, 13(5-1), 129-154.

황성현. (2007). 한국과 미국 청소년들의 약물남용에 관한 비교연구. 한국범죄학, 1(1), 73-90.

황성현. (2009). 청소년 음주·흡연행위에 관한 사회유대, 자아통제, 사회학습이론적 고찰, 한국청소년연구, 20(1), 113-139.

황성현. (2010). 청소년 지위비행에 관한 비행이론 비교연구, 청소년학연구, 17(5), 49-68.

황성현. (2012). 청소년 흡연, 음주행위의 원인에 대한 비행이론적 접근: 일반긴장이론과 사회학습이론을 중심으로, 보건과 사회과학, 32(1), 23-42.

황성현·이강훈. (2013). 청소년비행의 원인에 관한 사회학습, 사회유대, 일반긴장이론적 접근, 한국청소년연구, 24(3), 127-145.

황성현. (2017). 한국 성인들의 신종 사이버범죄에 영향을 미치는 요인분석, 한국경찰학회보, 19(4), 275-298.

Agnew, R. (1992). Foundation for a general strain theory of crime and delinquency, *Criminology*, 30(4), 47-88.

Agnew, R., & White, H. R. (1992). An empirical test of general strain theory, *Criminology*, 30(4), 475-500.

Akers, R. L., & Sellers, C. S. (2009). *Criminological Theories Introduction, Evaluation and Application*(5th edition), Oxford: Oxford University Press.

Akers, R. L., Sellers, C. S., & Jennings W. G. (2016). *Criminological Theories: Introduction, Evaluation, and Application*(7th Edition). Oxford University Press, Inc.

Anderson, C. A., & Dill, K. E. (2000). Video games and aggressive thoughts, feelings, and behavior in the laboratory and in life, *Journal of Personality and Social Psychology*, 78(4), 772-790.

Bartol, C. R. & Bartol, A. M. (2010). *Criminal Behavior: A Psychological Approach*(7th Edition). Prentice Hall. (장석

헌·이창한 역. (2010). 범죄심리학. 서울: 청목출판사).

Beichler-Robertson, G., Potchak, M. C., & Tibbetts, S. (2003). Low self-control, opportunity, and strain in students' reported cheating behavior, *Journal of Crime and Justice*, 26 (1), 23-53.

Bushman, B. B., & Geen, R. G. (1990). Role of cognitive-emotional mediators and individual differences in the effects of media violence on aggression, *Journal of Personality and Social Psychology*, 58(1), 156-163.

Cabrera, V. E., Gonzales, M. R., & Guevara, I. P. (2012). Parental stress, harsh treatment and parental monitoring as factors associated with aggressive behavior, *Universitas Psychologica*, 11(1), 241-254.

Chan, H. C., & Chui, W. H. (2017). The influence of low self-control on violent and nonviolent delinquencies: a study of male adolescents from two Chinese societies, *The Journal of Forensic Psychiatry & Psychology*, 28(5), 599-619

Cho, S., & Galehan, J. (2020). Stressful Life Events and Negative Emotions on Delinquency Among Korean Youth: An Empirical Test of General Strain Theory Assessing Longitudinal Mediation Analysis, *International Journal of Offender Therapy and Comparative Criminology*, 64(1), 38−62.

Colwell, J., & Payne, J. (2000). Negative correlates of computer game play in adolescents, *British Journal of Psychology*, 91(3), 295-310.

Coopersmith, S. (1967). *The antecedents of self-esteem*(2nd Ed.). Palo Alto, CA: Consulting Psychologist Press, Inc.

Crick, N. R., & Bigbee, M. A. (1998). Relational and overt forms of peer victimization: A multiinformant approach, *Journal of Consulting and Clinical Psychology*, 66(2), 337-347.

Dodge, K. A., & Coie, J. D. (1987). Social information-procession factors in reactive and proactive aggression in children's peer groups, *Journal of Personality and Social Psychology*, 53(6), 1146-1158.

Donnellan, M. B., Trzesniewski, K. H., Robins, R. W. Moffitt, T. E., & Caspi, A. (2005). Low self-esteem is related to aggression, antisocial behavior, and delinquency, *Psychological Science*, 16(1), 328-335.

Elliott, G. L. (1984). Dimensions of the self-concept a sources of further distinctions in the nature of self consciousness, *Journal of Youth and Adolescence*, 13(4), 285-307.

Fergusson, D. M., & Horwood, L. J. (2002). Male and female offending trajectories, *Development and Psychopathology*, 14(1), 159-177.

Feshbach, S. (1964). The function of aggression and the regulation of aggressive drive, *Psychological Review*, 71(4), 257-272.

Gergen, K. (1971). The Concept of Self. NY: Holt, Rinehart & Winston.

Gilbert, R., Widom, S. C., Browne, K., Fergusson, D., Webb, E., & Janson, J. (2009). Burden and consequences of child maltreatment in high-income countries, *The Lancet*, 373(9657), 68-81.

Gottfredson, M. & Hirschi, T. (1990). A General Theory of Crime. Palo Alto, CA: Stanford University Press.

Grasmick, H. G., Tittle, C. R., Bursik, R. J., & Arneklev, B. J. (1993). Testing the core empirical implications of Gottfredson and Hirschi's general theory of crime, *Journal of Research in Crime and Delinquency*, 30(1), 5-29.

Graziano, W. G., Jensen-Campbell, L. A., & Finch, J. F. (1997). The self as a mediator between personality and adjustment, *Journal of Personality and Social Psychology*, 73(2), 392-404.

Grotevant, H. D., Van Dulmen, M. H., Dunbar, N., Nelson-Christinedaughter, J., Christensen, M., Fan X., & Miller, B. C. (2006). Antisocial behavior of adoptees and non-adoptees prediction from early history adolescent relationships. *Journal of Research on Adolescence*, 16(1), 105-131.

Hirschi, T. (1969). Causes of delinquency. Berkeley, CA: University of California Press.

Hodgdon, H. B. (2009). Child maltreatment and aggression: The mediating role of moral disengagement, emotion regulation, and emotional callousness among juvenile offenders. Ph. D. Dissertation, Temple University.

Hoffman, J. P. & Cerbone, F. G. (1999). Stressful life events and delinquency escalation in early adolescence, *Criminology*, 37(2), 343-374.

Hoffman, J. P. & Miller, A. S. (1998). A latent variable analysis of general strain theory, *Journal of Quantitative Criminology*, 14(1), 83-110.

James, W. (2005). 심리학의 원리[*The principles of psychology*](정양은 옮김). 서울: 아카넷(원전은 1890년에 출판).

Kinard, E. (1980). Emotional development in physically abused children, *American Journal of orthopsychiatry*, 50(4), 686.

Kotch, J. B., Lewisk T., Hussey, J. M., English, D., Thomson R., Litrownik, A. J. Runyan, D. K. Bangdiwals, S. I., Margolis, B. & Dubowitz, H. (2008). Importance of early neglect for childhood aggression, *Pediatrics*, 12(4), 725-731.

Laible, D., Carlo, G. and Raffaelli, M. (2000). The differential relations of parent and peer attachment to adolescent adjustment, *Journal of Youth and Adolescence*, 29(1), 45-59.

Larsen, K. S., Martin, H. J., Ettinger, R. H., & Nelson, J. (1976). Approval seeking, social cost, and aggression : A scale and some dynamics, *The Journal of Psychology*, 94(1), 3-11.

Lento-Zwolinski, J (2007). College students' self-report of psycholosocial factors in reactive forms of relational and psysical aggression, *Journal of Social and Personal Relationship*, 24(3), 407-421.

Loeber, R., & Stouthamer-Loeber, M. (1998). Development of juvenile aggression and violence : Some common misconceptions and controversies, *American Psychologist*, 53(2), 242-259.

Longshore, D. (1998). Self control and criminal opportunity : A prospective test of the general theory of crime, S*ocial Problems*, 45(1), 102-113.

Loudin, J. L., Loukas, A., & Robinson, S. (2003). Relational aggression in college students : Examining the roles of social anxiety and empathy, *Aggressive Behavior*, 29(5), 430-439.

Maslow, A. H. (1970). *Motivation and Personality*(Rev. Ed.). NY : Harper & Row.

Mazerolle, P., V. Burtn, F. Cullen, T. D. Evans, and G. Payne. (2000). Strain, anger, and delinquent adaptations : Specifying general strain theory, *Journal of Criminal Justice*, 28(2), 89-101.

Merton, R. K. (1938). Social structure and anomie, *American Sociological Review*, 3(5), 672-682.

Merton, R. K. (1957). *Social Theory and Social Structure*. Glencoe, IL : Free Press.

Mier, C., & Ladny, R. T. (2018). Does self-esteem negatively impact crime and delinquency? A meta-analytic review of 25 years of evidence, *Deviant Behavior*, 39(8), 1006-1022.

Monks, C., Ruiz, R. O., & Val, E. T. (2002). Unjustified aggression in preschool, *Aggressive Behavior*, 28(6), 458-476.

Morris, D. G., Wood, P. B., & Dunaway, R. G. (2006). Self-control, native traditionalism, and native American substance use : testing the cultural invariance of a general theory of crime, *Crime & Delinquency*, 52(4), 572-598.

Olweus, D. (1980). Familial and temperamental determinants of aggressive behavior in adolescent boys : A causal analysis, *Developmental Psychology*, 16(6), 644-660.

Olweus, D. (1994). Annotation : Bullying at school based intervention program, *Journal of Child Psychology and Psychiatry*, 35(7), 1171-1190.

Paternoster, R. & P. Mazerolle. (1994). General strain theory and delinquency : A replication and extension. *Journal of Research in Crime and Delinquency*, 31(3), 235-263.

Piquero, N. L. & M. D. Sealock (2000). Generalizing general strain theory : An examination of and offending population, *Justice Quarterly*, 17(3), 449-484.

Rosenberg, M. (1965). *Society and the Adolescent Self-Image*. Princeton, NJ : Princeton University Press.

Seah, S. L. & Ang, R. P.(2008). Differential correlates of reactive and proactive aggression in Asian adolescents : Relations to narcissism, anxiety, schizotypal traits, and peer relations, *Aggressive Behavior*, 34(5), 553-562.

Siegel, Larry J. (2020). *Criminology: Theories, Patterns, and Typologies*(13th Edition). Belmont, CA : Wadsworth(이민식 · 김상원 · 박미랑 · 박정선 · 신동준 · 윤옥경 · 이창배 · 황성현 옮김. (2020). 범죄학 : 이론과 유형 제13판. 서울 : CENGAGE Learning).

Sprott, J. B., & Doob, A. N. (2000). Bad, sad, and rejected : The lives of aggressive children. *Canadian Journal of Criminology*, 42(2), 123-133.

Stein A. H. & Friedrich, L. K. (1975). Impact of television on children and youth, In : Review of child development research. Hetherington EM, ed, Vol. 5, Chicago : University of Chicago Press.

Stylianou, S. (2002). The relationship between elements and manifestations of low self-control in a general theory of crime : Two comments and a test, *Deviant Behavior*, 23(6), 31-57.

Toch, H. (1993). Violent Men : An Inquiry in the Psychology of Violence. Washington, D. C. : American Psychological Association.

Unnever, J. D., & Cornell, D. G. (2003). Bullying, self-control, and ADHD, *Journal of Interpersonal Violence*, 18(2), 129-147.

Vazsonyi, Alexander, L. E. Pickering, M. Junger, & D. Hessing. (2001). An empirical test of general theory of crime : A four-nation comparative study of self-control and the prediction of deviance, *Journal of Research in Crime and Delinquency*, 38(2), 91-131.

Wells, L. E. & Marwell, G. (1976). Self-Esteem : Its Conceptualization and Measurement. Beverly Hills, CA : Sage.

내일신문. (2012). 잇따른 흉악범죄 언제까지. '회사 부적응' 여의도 무차별 칼부림. 내일신문, 2012년 8월 23일자.

여성가족부. (2019). "2019년 인터넷·스마트폰 이용습관 진단조사 결과 발표.". 여성가족부 2019년 5월 14일자 보도자료.

위키백과. (2020). 위키피디아 홈페이지 : http://ko.wikipedia.org.

중앙일보. (2019). 흉기로 17살 동생 찌르고 '게임중독' 탓한 은둔형 외톨이. 중앙일보 2019년 4월 19일자 사회면.

03

03

Chapter 03

범죄자의 심리적 특성 Ⅱ

전 장에서 우리는 범죄자의 심리적 특성을 자아, 긴장 및 스트레스, 그리고 공격성을 중심으로 살펴보았다. 전 장에서 살펴본 공격성은 낮은 자아존중감과 낮은 자기통제력과 깊은 관련성을 맺고 있을 뿐만 아니라 일상생활에서 자연적으로 발생하는 긴장과 스트레스의 결과이기도 하다. 공격성은 특히 폭력범죄의 기본 요소이며, 범죄성향이 강한 사람이 가지고 있는 대표적인 심리적 특성이다. 이 장에서는 범죄자의 심리적 특성 중 전 장에서 다루지 않았던 충동성, 분노, 불안에 대해 살펴볼 것이다. 충동성, 분노, 불안은 공격성과 깊은 연관성을 맺고 있으며 이런 부정적인 정서감정은 각종 범죄행위들, 특히 폭행과 상해를 유발하는 직접적인 원인이 된다. 충동성, 불안, 분노 등의 부정적 감정은 공격성의 원인이 되기도 하고, 공격성을 매개하지 않고 바로 각종 범죄를 유발하는 원인이 되기도 한다. 물론, 이 장에서 논의할 부정적인 정서감정 외에 적대감, 원망, 욕구불만 등과 같은 인간의 보편적인 부정적 감정도 일부 유형의 범죄를 유발하는 원인이 되지만, 이 장에서는 우리 사회에서 발생하는 심각한 범죄(예를 들면, 살인, 강도, 강간, 방화 등과 같은 강력범죄와 폭행, 상해 등과 같은 폭력범죄)에 더 자주 거론되는 범죄자의 심리적 특성인 충동성, 분노, 불안 등을 좀 더 구체적으로 살펴볼 것이다. 이 장에서는 부정적 감정을 어떻게 측정하는지를 먼저 살펴보고, 범죄와 어떤 관련성을 갖는지를 학습할 것이다. 마지막으로 부정적 감정을 연구한 경험적 연구결과들을 개관함으로써 실제로 우리 사회에서 발생한 범죄행위의 중요한 요인이라는 사실을 밝힐 것이다.

01 폭력범죄의 실태

공격성을 유발하는 원인인 충동성, 불안, 분노와 같은 부정적 감정을 설명하기 이전에 우리 사회에서 발생하는 폭력범죄의 실태를 파악할 필요가 있다. 대표적인 폭력범죄인 폭행과 상해의 실태를 파악한 후 공격성을 유발하는 원인들을 살펴볼 것이다.

(1) 폭행범죄의 실태

폭행은 타인의 신체에 대하여 상처를 입히는 위법 행위로, 이로 인한 신체 피해는 〈그림 3-1〉에 잘 나타나 있다. 〈그림 3-1〉에서 우리나라의 폭행범죄는 2008년부터 2011년까지 급격히 감소하다가 2012년에는 전년도 대비 17.2배로 급격히 증가했으며, 2017년에는 2012년보다 3.1배 감소한 것으로 나타났다. 즉, 폭행범죄율은 2008년부터 2017년까지 증가와 감소를 반복하였으나 2017년 폭행범죄율은 2008년과 비교 시 약 1.2배 증가하였다. 성별 피해에서는 남성이 여성보다 2.0배 더 많이 상해를 입었으며, 1.9배 더 많이 사망하였다.

〈그림 3-2〉는 폭행범죄의 가해자와 피해자의 관계를 2014년과 2017년을 비교 분석한 것이다. 〈그림 3-2〉에서 폭행에 가담된 범죄자와 피해자의 관계는 전반적으로

그림 3-1 폭행에 의한 신체 피해 (단위: 명)

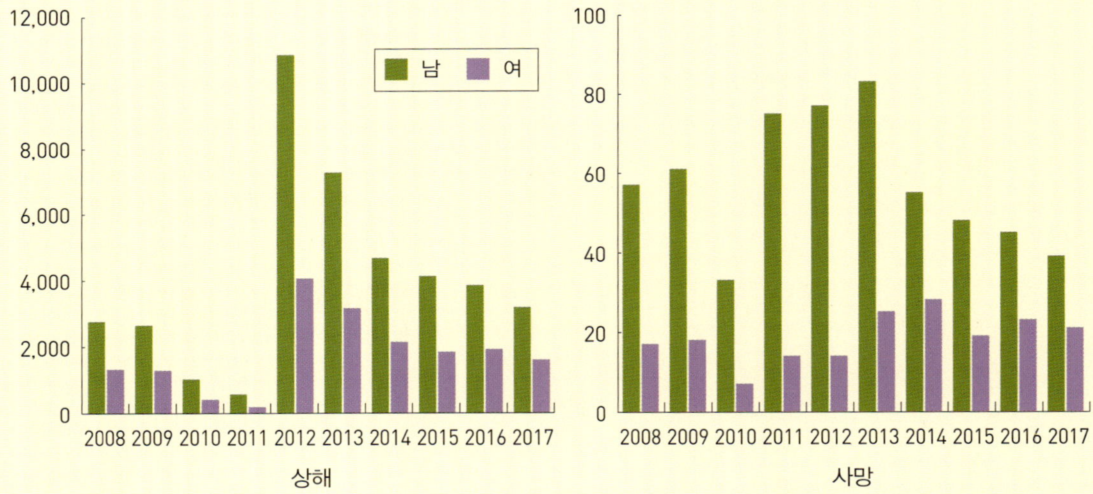

출처: 대검찰청 범죄분석, 2008~2017년

CASE in USA

레나드 레이크(Leonard Lake)는 오랜 시간 동안 자기만의 환상에 젖어 살았다. 그는 어릴 적부터 포르노에 취해 살았고 단순히 포르노를 보는 것에 그친 것이 아닌 자신이 상상하던 내용을 현실로 재현하기 위하여 아마추어 본디지 포르노를 제작하기에 이르렀다. 1964년, 레너드는 해병대에 입대하여 베트남에 파병되었고, 베트남 복무기간 동안 초기 정신병 반응이 관찰되었다. 하지만 그의 상관들은 이러한 초기 반응을 대수롭지 않게 생각했고 레너드는 완전히 치료가 끝나지 않은 상태에서 임무 완수를 위해 다시 군에 투입되었으며, 복무 내내 끊임없이 정신적인 문제에 시달렸다. 군 제대 후 결혼하지만, 그의 기괴한 성도착증을 견디다 못해 첫 번째 아내는 이혼을 요구하게 된다.

그는 언제나 '핵전쟁이 발발하여 지구가 망할 것이다'는 망상을 가지고 이웃들을 설득하는 데 여념이 없었으며 자신의 집에 벙커를 설치하고 다수의 무기를 구비하는 등 요새를 건설하였다. 또한 핵 학살 이후를 대비하기 위해선 여성들이 절대적으로 필요하다고 주장하였는데 그 여성들은 레나드의 기괴한 성적충동을 만족시킬 수 있어야 했다. 여성들은 자신에게 완전 복종해야 하며 지배당해야 한다고 주장했고 이를 실현하기 위하여 여성들을 유인하고 납치하였다. 만약 여성 곁에 남성이 있을 경우, 둘 다 납치하여 남자는 즉시 살해했고, 여성의 경우 죽을 때까지 성폭행과 고문을 반복하였으며 그 장면을 비디오로 찍어 녹화했다. 이후 시체는 소각로에 소각하거나 집 근처 숲에 암매장하였다.

1985년 6월, 샌프란시스코의 작은 철물점에서 공구를 훔치다 체포되었는데, 그의 자동차 트렁크에서 22구경 권총이 발견되어 경찰서로 바로 연행되었다. 레이크는 경찰관에게 물 한 컵과 필기구를 달라고 요청하였고 경찰관이 자리를 비운 뒤 품에 가지고 있던 청산가리 캡슐을 삼켜 병원으로 후송되었지만 사망하였다. 경찰은 단순절도 용의자가 자살한 것에 대하여 의문을 품고 레나드의 집을 수색하였으며, 그 결과 그의 침대에 커다란 갈고리가 걸려있는 것과 집 앞마당의 흙구덩이에는 사람을 태우고 남은 재, 치아, 유골조각들을 발견하였다. 그가 만든 요새 벙커 내부에는 작은 방 하나가 있었는데 그 방 벽은 젊은 여성들의 사진으로 가득하였고 그중 일부는 실종신고가 되어있던 상태였다. 경찰당국은 정확한 희생자 수를 알 수 없었지만 공식적으로 발표한 희생자 수는 25명이었으며 2주간 레너드의 집을 수색한 결과 9구의 부패한 시신과 까맣게 탄 유골 18kg이 발견되었다.

좌: 레나드 레이크(Leonard Lake)가 제작한 비디오 속의 자신 / 우: 레나드의 벙커

비슷한 비율을 나타내고 있으나, 타인에게 폭행을 가한 비율이 압도적으로 많았다. 즉, 폭행범죄는 잘 알지 못하는 사이에서 우발적으르 발생하며, 가해자는 자신의 충동성, 분노 등과 같은 부정적 감정을 공격성으로 표현하는 경향이 강하다고 볼 수 있다. 그 다음으로 동거친족, 지인 및 이웃, 애인 등 평소 알고 지내는 관계에서 발생하는 폭행비율이 높게 나타났다.

그림 3-2 범죄자와 피해자의 관계(2014년과 2017년 비교) (단위: %)

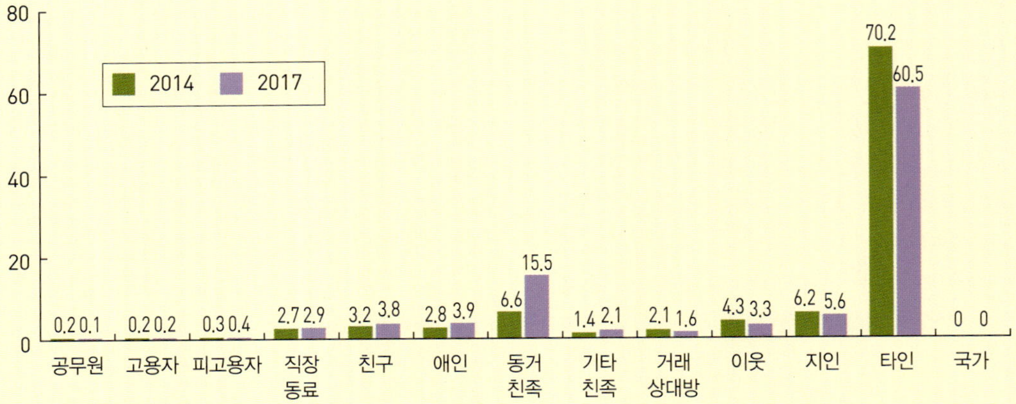

출처: 대검찰청 범죄분석, 2014~2017년

〈그림 3-3〉은 폭행범죄의 범행이유를 나타낸 것이다. 지난 10년간 폭행범죄를 저지른 이유는 비슷한 양상을 보이고 있다. 즉, 우발적인 이유가 60%에 가까운 높은 비율을 차지했으며, 그 다음으로는 낮은 비율이지만 부주의가 28%, 가정불화가 약 10%, 현실불만이 약 2.3% 순으로 나타났다. 이 표에서 알 수 있듯이, 폭행범죄는 의도적이고 계획된 폭력행사라기보다는 순간적인 충동성, 분노, 불만 등이 원인이 되어 가해자의 공격성을 증가시킨 것으로 추정할 수 있다.

그림 3-3 범행 동기(2013년과 2017년 비교) (단위: %)

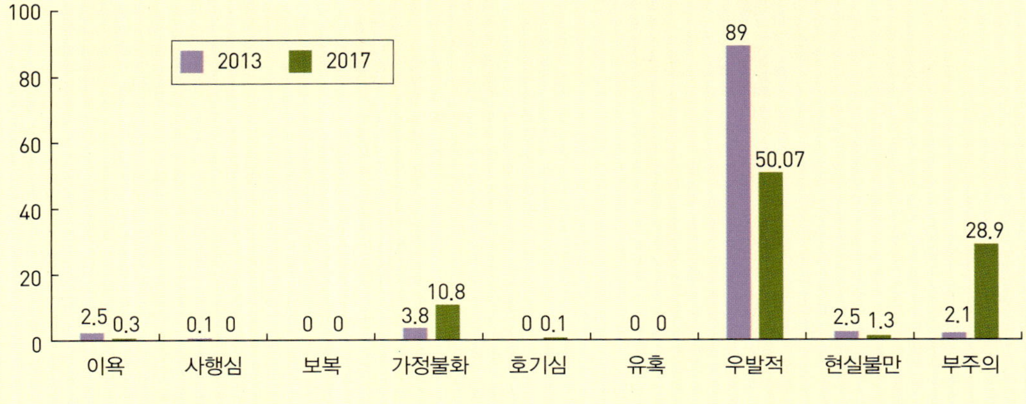

출처: 대검찰청 범죄분석, 2013~2017년

CASE in Korea

김○○(17세)는 주변의 비난, 무시에 의한 분노를 실제 범행으로 표출할 것을 마음먹고 '연쇄방화살인범' 일대기 등을 모방하여 범행·도주방법 등을 계획, 2010년 1월부터 7월까지 부산시 금정구의 연립주택, 상가, 차량에 총 21회에 걸쳐 연쇄적으로 방화범죄를 저질러 경찰에 검거되었다.

김○○는 1남 1녀 중 장남으로, 신문사 출판디자이너인 부와 교습학원 원장인 모, 중학생인 여동생과 생활하고 있었다. 모에 대해서는 대체로 '좋은 분'이라며 긍정적인 인상을 가지고 있으나 부에 대해서는 기분변화에 따라 '고무막대'처럼 왔다 갔다 하는 비일관적인 양육태도로 힘들어했다. 동거하는 가족의 나이를 모를 정도로 가족과의 감정적 유대관계가 피상적이었다. 초등학교 때 태권도 도장 임시 관장에게 성추행을 당한 경험이 있고(이때의 느낌을 수치스러웠다고 표현) 이 사실을 부모에게 이야기하였으나 대수롭지 않게 여기는 태도를 보고 이후 학교에서 어려움들이 있어도 말을 하지 않게 되었다. 김○○는 중학교 입학 이후 6년간 중상위권 정도의 성적을 유지하였으나 대인관계에서는 지속적으로 어려움을 겪었다. 말이 없고, 내성적인 성격과 무대공포증 탓에 '찌질이'라며 아이들의 따돌림과 비웃음, 무시, 폭력, 금품 갈취를 당해왔고 정말 미워했던 아이도 있었으나 한번도 맞서서 싸우려 한 적은 없었다. 김○○는 6년간 반복된 따돌림과 외로움이 분노와 적대감이 되어 자신을 힘들게 하는 몇몇 아이들을 대상으로 사탄을 숭배하며 속으로 저주하던 정도에서, 학교 선후배 전체에 대한 복수감정, 나아가 사회 전체의 불특정 다수를 공포에 떨게 하고 싶은 살육감정으로 발전하게 되어 연쇄방화사건을 저지르게 된 것이다.

특히 그는 이러한 감정상태에서 인터넷 등에서 범죄에 관한 자극적인 정보들을 접하면서 연쇄범죄자들이 자신의 범행의도를 '사회에 대한 복수'인 듯 과장하는 것을 그대로 받아들여, 파마하고 교복을 줄여 입는 여학생이나 잘생기고 잘 놀게 생긴 아이들을 보면 '저 아이들이 괴롭히는 나 같은 피해자가 또 있을지 모른다'는 생각이 들었다. 나한테 피해를 주고 남한테 피해를 끼칠 인간을 사전에 제거해야 한다는 일종의 사명감과 함께 어느 누구도 먼저 나서려하지 않기 때문에 자신이 대신 심판(personal punishment)해주어야 한다며 자신의 생각에 정당성을 부여했다. 그는 여성에 대한 적대감이 강했는데 '어머니 빼고는 전부 악하다'고 표현하는 점, 지금 나이대의 여자치고 처녀성을 보존하고 있는 여자는 없을 것이며 '좀 논다, 이쁘다' 싶은 여자는 전부 경험이 있을 것이라고 노트에 적어둔 내용으로 보아, 여성을 비하하는 경향이 강했던 것으로 보인다.

지난 10년 동안 우리나라에서 발생한 폭행범죄의 변화양상을 종합하면, 전반적으로 2017년 폭행범죄율은 2008년과 비교할 때 약 1.2배 정도 증가했으며, 폭행범죄로 인해 남성이 여성보다 2.0배 더 많이 상해를 입었으며, 1.7배 더 많이 사망하였다. 가해자와 피해자의 관계에서는 타인에게 폭행을 가한 비율이 약 67%로 압도적으로 높았다. 이 결과는 폭행을 저지른 동기와도 직결된다. 즉, 가해자가 피해자에게 폭력을 행사는 주된 이유는 우발적인 범죄가 약 90%로 압도적으로 높은 비율을 나타냈다. 이는 폭행이 계획적인 범죄의 결과로 나타나는 것이 아니라 충동성, 분노, 불만 등이 평소 쌓여 있다가 어떤 사소한 사건으로 인해 우발적으로 타인을 향한 공격성으로 표출된다고 볼 수 있다.

(2) 상해범죄의 실태

그림 3-4 **상해에 의한 남녀별 신체 피해** (단위: %)

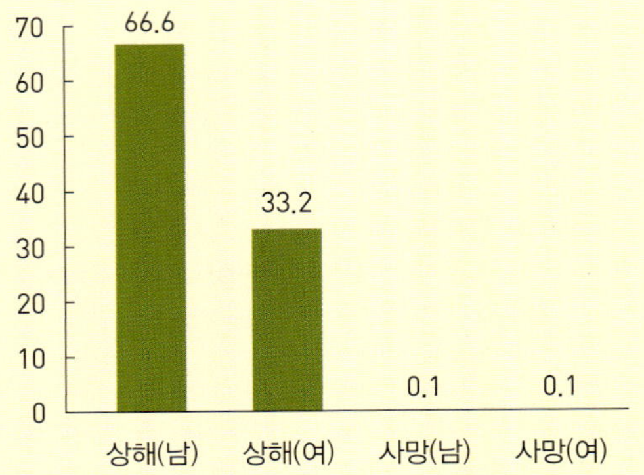

출처: 대검찰청 범죄분석, 2008~2017년

상해는 타인에게 불법적 접촉을 통해 인위적으로 피해를 입히는 행위로, 〈그림 3-4〉는 상해로 인한 남녀별 신체 피해를 나타낸 것이다. 〈그림 3-4〉에서는 지난 10년간 상해와 상해로 인한 사망의 남녀 비율을 분석하였는데, 상해를 입은 남성은 66.6%, 여성은 33.2%, 그로 인해 사망한 남자는 0.1%, 여자는 0.1%의 비율로 나타났다. 즉, 지난 10년 동안 상해로 인해 남성이 당한 피해는 여성에 비해 약 2배 정도 높았으며 이로 인한 사망비율은 남성과 여성이 비슷한 것으로 드러났다.

〈그림 3-5〉는 상해범죄의 가해자와 피해자의 관계를 나타낸 표이다. 지난 10년 동안 상해범죄의 가해자와 피해자는 폭행과 비슷한 형태를 보인다. 즉, 타인에 의한 상해피해가 약 50%로 가장 높은 비율을 차지하고 있다. 그 다음으로 지인이 약 10% 안팎의 비율을 나타냈으며, 직장동료와

그림 3-5 **범죄자와 피해자의 관계** (단위: %)

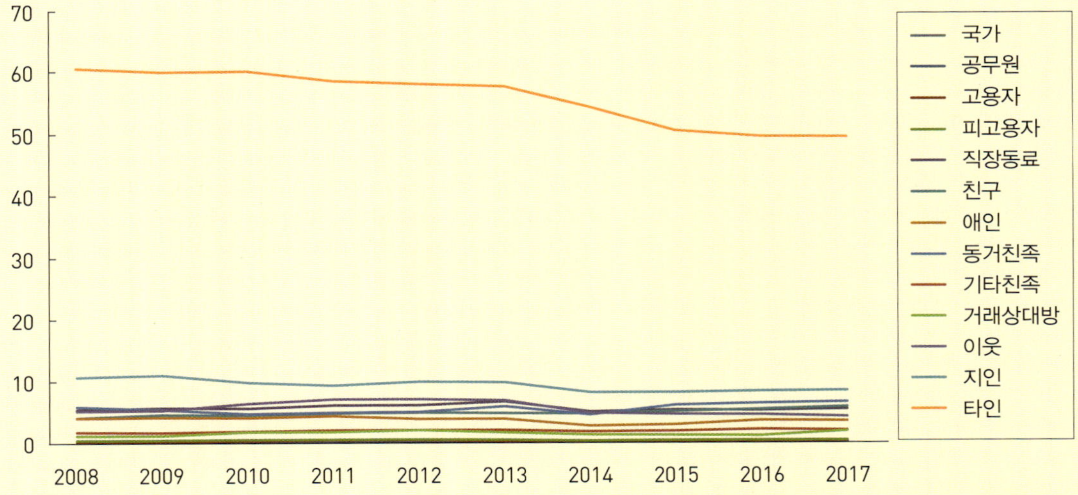

출처: 대검찰청 범죄분석, 2008~2017년

그림 3-6 **범행 동기**

(단위: 건)

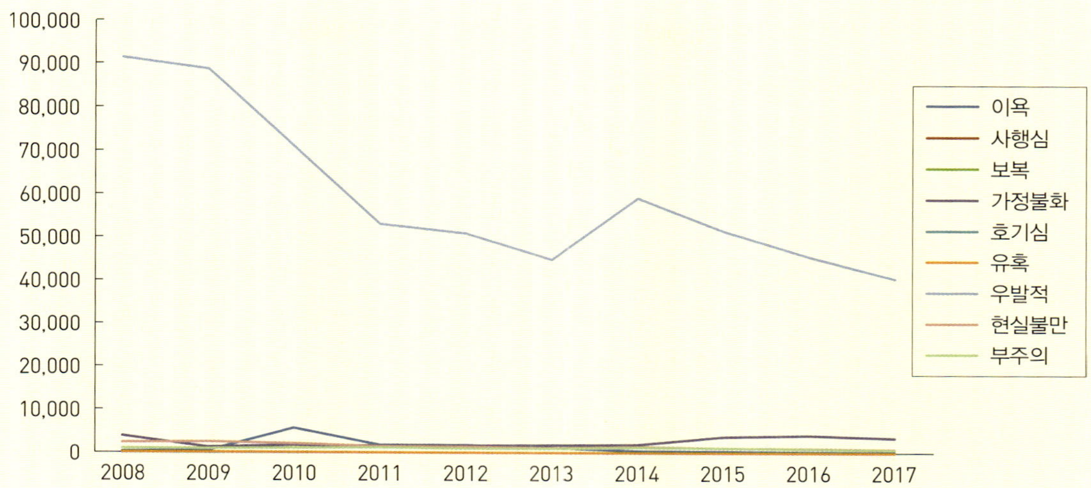

출처: 대검찰청 범죄분석, 2008~2017년

이웃은 5%대를 보이고 있으며, 공무원과 고용자는 및 피고용자는 1.0% 이하로 가장 낮았다.

〈그림 3-6〉은 상해범죄의 범행동기를 나타낸 표이다. 2017년에는 우발적인 이유가 40,603건 89.5% 가장 높은 비율을 보였으며, 그 다음으로 3,571건의 가정불화는 3.6%, 현실불만 862건 2.4% 순으로 나타났다. 2008년과 2017년을 비교했을 때, 이욕(생활비, 유흥비, 도박비, 허영·사치, 치부 등)으로 인해 상해 범죄를 저지른 경우가 10년간 1.4배 감소하였으며, 부주의로 인한 범행이 1.2배, 보복에 의한 동기는 1.8배, 유혹에 의한 동기는 7.6배로 감소한 것으로 나타났다. 상해범죄의 범행동기 또한 폭행과 마찬가지로 우발적 동기가 약 90%로 거의 대부분을 차지하고 있다.

지난 10년 동안 우리나라에서 발생한 상해범죄를 요약하면, 상해로 인해 남성이 당한 피해는 여성에 비해 약 2배 정도 높았으며 사망비율은 남성과 여성이 비슷한 것으로 드러났다. 상해범죄에서 가해자와 피해자의 관계에서는 타인에 의한 비율이 약 50%로 가장 높았다. 이 결과 또한 상해를 저지른 범행동기와 밀접한 관련이 있는데 범죄자가 우발적으로 상해를 가한 것이 87.7%로 가장 높은 비율을 차지했다. 이 결과로 유추하건데, 폭행범죄와 마찬가지로 충동성, 분노, 불만 등이 원인이 되어 우발적으로 타인을 향한 공격성이 증가하여 상해범죄로 이어졌다고 짐작할 수 있다.

02 충동성

이 장에서 살펴볼 범죄행동의 일반적인 심리적 기제는 〈그림 3-7〉과 같다. **독립변인**(independent variable)인 긴장 및 스트레스, 충동성, 분노, 불만 같은 심리적 현상은 **매개변인**(mediate variable)인 공격성으로 나타나고 공격성은 다시 **종속변인**(dependent variable)인 각종 범죄행위를 유발하는 직접적, 간접적 요인이 된다. 물론 모든 범죄자가 **독립변인**의 결과로 공격성을 표출하는 것은 아니다. 예를 들면, 사기, 절도, 횡령 등과 같은 재산범죄나 성매매, 포르노그라피, 약물중독, 도박중독, 인터넷 및 스마트폰중독 등과 같은 **피해자 없는 범죄**(victimless crime)는 범죄자의 공격성이 없이 곧바로 범죄행위로 나타나기도 한다. 그러나 우리 사회의 구성원들에게 심각한 정신적, 육체적 손상을 입히는 폭행과 상해 같은 폭력범죄의 경우, 거의 대부분 공격성이란 심리적 과정을 거친다. 폭력범죄의 실태에서 살펴본 것처럼 폭행과 상해는 계획적, 의도적인 것이 아니라 우발적으로 발생한다는 사실을 파악하였다. 즉, 지난 10년 동안 우리나라에서 발생한 폭력범죄(폭행 및 상해)의 약 90% 정도가 우발적으로 발생했는데 이는 충동성, 분노, 불안 등이 그런 우발범죄를 일으킨 원인 중 하나로 파악된다.

충동성(impulsiveness)은 학자들에 따라 다양하게 정의되어왔는데, 위험을 감수하는 행동을 하거나 사전계획이나 생각 없이 일을 시작하는 성격특질(Eysenck & Eysenck, 1985)로 정의하거나, 위험이나 불이익에도 불구하고 행동을 중단하거나 조절하는 데 곤란을 나타내는 성격특질로 정의하기도 하며(Gray, 1987), 반응시간이 빠르고 행동에 대한 제지를 잘하지 못하며, 미래 상황에 대한 계획을 잘 세우지 못하는 계획능력이 결여된 심리상태(Barratt, 1983)로 정의하기도 한다. 이런 여러 가지 정의 중

그림 3-7 범죄행동의 심리적 기제

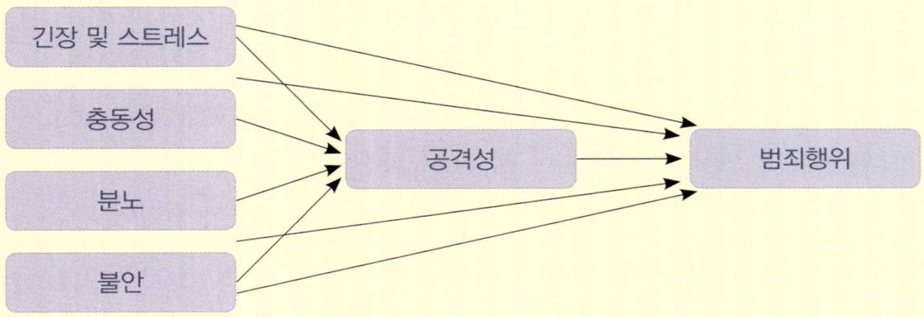

에서 바렛(Barratt)의 정의를 일반적으로 많이 사용하고 있다. 바렛은 충동성을 계획, 운동, 인지적 측면과 관련지어 설명했다. 무계획적 충동성은 사전계획 없이 행동하는 것을 말하고, 운동적 충동성은 경솔하게 행동하는 것을 의미하며, 인지적 충동성은 경솔하게 결심하는 것을 의미한다. 한편, 충동성은 주로 성격심리학과 이상심리학 또는 정신병리학 등에서 주로 연구되어 왔는데, 성격심리학에서는 하나의 성격특질로, 이상심리학에서는 일종의 행동장애 증후로 여겼다. 충동성과 범죄와의 관계를 규명할 때는 주로 성격특질로서의 충동적 측면을 중심으로 연구하고, 이상심리학이나 정신병리학에서 다루는 충동성은 주로 충동조절장애를 중심으로 연구하는 경향이 있다. 따라서 이 절에서는 주로 성격심리학에서 다루는 성격특질로서의 충동성을 중심으로 살펴볼 것이다.

(1) 충동성척도

충동성이 어떻게 공격성과 범죄를 유발하는지를 살펴보기 전에 충동성을 어떻게 측정하고 검증하는지를 알아야 한다. 성격특질로서의 충동성에 대한 정의와 범위는 연구자들마다 다양하게 정의하였다. 거빙(Gerbing)과 그의 동료들은 충동성이 계획회피, 결심, 활력과 같은 하위요소들로 구성되어 있다고 주장했으며(Gerbing *et al.*, 1987), 아이젠크(Eysenck)는 생각 없이 말하고 행동하는 경향을 포함하는 좁은 의미의 충동성과 위험감수, 무계획성, 생동감을 포함하는 넓은 의미의 충동성으로 구분하였다(Eysenck & Eysenck, 1977). 우리나라에서는 바렛의 충동성척도를 경험적 연구에서 가장 많이 사용하는 편이다. 즉, 바렛의 Barratt impulsiveness scale II(BIS-II)를 기초로 이현수(1992)가 우리말로 번역하여 표준화한 충동성 척도를 경험적 연구에서 많이 사용하고 있다. 바렛의 충동성은 인지충동성, 운동충동성, 무계획충동성으로 구분한다(Barratt, 1983). 인지충동성(cognitive impulsiveness)은 어떤 일에든지 쉽게 몰두할 수 없으며, 신중하게 생각한 후 행동하는 일이 없음을 의미하며, 운동충동성(motor impulsiveness)은 자제력이 약하며 생각 없이 말하고, 마음대로 행동하는 행동제지 능력의 저하를 말하고, 무계획충동성(unplanning impulsiveness)은 행동에 대한 제지를 하지 못하며 미래상황에 대한 계획을 잘 세우지 못하여 무계획적이고 즉각적인 행동을 하는 것을 의미한다. 바렛 충동성척도는 〈표 3-1〉과 같다.

〈표 3-1〉에 나타난 것처럼 바렛의 충동성척도는 6문항의 인지충동성, 8문항의 운동충동성, 9문항의 무계획충동성, 총 23문항으로 구성되어 있다. 이 문항들이 각 각의 충동성을 얼마나 잘 측정하고 있는지를 알아보는 통계계수인 **크론바흐알파**(cronbach α)는 각각 .571, .692, .633으로 모두 통계적으로 유의미한 수준에 이르고 있다

표 3-1 바렛의 충동성척도 문항

충동성 종류	척도 문항
인지 충동성	1. 어떤 일이든지 쉽게 몰두할 수 있다. 2. 실수를 범하지 않기 위해 신중하게 생각한 후 행동한다. 3. 복잡한 문제를 놓고 생각하는 것이 좋다. 4. 복잡한 일을 생각하려고 하면 곧 싫증이 난다. 5. 한 가지 문제를 붙잡으면 그것이 해결될 때까지 한결같이 계속 추구한다. 6. 깊이 생각하던 일도 다른 생각이 떠오르면 그것 때문에 크게 방해를 받는다.
운동 충동성	1. 깊이 생각해 보지 않고 일을 시작한다. 2. 나 자신을 스스로 억제할 수 있다. 3. 한 군데 오랫동안 앉아 있기가 힘들다. 4. 깊이 생각하지 않고 말을 한다. 5. 충분한 사전 계획 없이 행동한다. 6. 앞뒤 생각 없이 행동한다. 7. 특별한 계획 없이 기분 나는 대로 물건을 산다. 8. 강의를 듣거나 대화를 할 때 안절부절 못한다.
무계획 충동성	1. 일을 착수하기 전에 세밀한 계획을 세운다. 2. 여행을 떠나기 전에 장시간을 두고 세밀한 계획을 세운다. 3. 정기적으로 저축을 한다. 4. 어떤 일이든 착수하기 전에 그 안정성을 깊이 고려한다. 5. 한 가지 일이 채 끝나기도 전에 또 다른 일에 착수한다. 6. 이리저리 자주 옮겨 다니며 사는 것이 좋다. 7. 일단 시작한 일은 어떤 일이 있어도 끝맺으려고 한다. 8. 수입액보다는 지출액이 더 많다. 9. 장래의 계획을 구체적으로 세운다.

출처: Barratt, 1983; 이현수, 1992

(이현수, 1992). 바렛의 충동성은 정상인을 포함하여 미혼모, 범죄자, 약물중독자, 그리고 정신병원 입원환자 등 광범위하게 적용하여 측정하였다. 충동성의 수준이 집단마다 서로 다르다는 점과 정상인의 세 가지 충동성수준은 여러 이상 집단의 충동성수준보다 현저히 낮으며, 이와 같은 사실로 보아 충동성 척도의 타당성은 입증된 것으로 해석할 수 있다(이현수, 1992).

(2) 충동조절장애

〈표 3-1〉의 충동성척도에서 높은 점수를 보인 사람이 어떤 흥밋거리(폭력, 도박, 절도, 방화, 인터넷, 섹스, 스마트폰중독, 쇼핑중독 등)에 스스로 절제하지 못한다면 충동조절장애자로 발전할 가능성이 있다. 충동조절장애(impulse-control disorder)는 자신이

나 다른 사람을 해할 수 있는 어떠한 유혹, 충동을 조절하지 못하는 것을 말한다. 이 장애는 첫째, 마음속에 쌓인 분노로 인한 공격적 충동이 조절되지 않아 심각한 파괴적 행동으로 나타나는 간헐성 폭발성장애(intermittent explosive disorder), 둘째, 남의 물건을 훔치고 싶은 충동을 참지 못해 반복적으로 도둑질을 하는 도벽증(kleptomania), 셋째, 불을 지르고 싶은 충동을 조절하지 못해 반복적으로 방화를 하는 방화증(pyromania), 넷째, 노름이나 도박을 하고 싶은 충동으로 반복적으로 도박을 하는 병적 도박증(pathological gambling), 마지막으로 자신의 머리털을 반복적으로 뽑는 발모증(trichotillomania)을 다 포함하는 정신장애의 일종이다. 자신의 충동성을 억제하지 못하는 모든 종류의 중독증상은 충동조절장애가 그 원인이다. 예를 들면, 충동적, 강박적 폭력, 인터넷중독, 스마트폰중독, 병적 도벽, 병적 방화, 쇼핑중독, 섹스중독, 포르노중독 등이 충동조절장애에 속한다.

대표적인 충동조절장애로 충동적, 강박적 폭력, 인터넷중독, 스마트폰중독, 병적 도박, 연쇄방화, 쇼핑중독, 섹스중독, 음란물중독 등이 있다. 사진은 SBS 드라마 '리멤버'에서 충동조절장애를 앓고 있는 남규만 역할을 연기한 배우 남궁민의 모습
출처: http:/www.100ssd.co.kr/news/articleView.html?idxno=34623

충동조절장애를 가진 사람은 충동적 행동을 하기 전에는 긴장이 고조되지만 행동을 옮긴 후에는 일시적인 쾌감을 맛보면서 긴장이 완화된다. 충동조절장애가 간헐적 폭발성장애로 나타나 이유 없이 폭력을 휘두르거나, 병적인 방화로 나타날 때는 심각한 강력범죄로 발전하기도 하고, 알코올중독, 인터넷중독, 도박중독, 포르노중독 등과 같은 중독현상으로 나타나면 정상적인 사회생활을 하기 힘들게 된다. 그러나 장애자들은 자신이나 다른 사람에게 피해나 손해를 주는 행동을 반복하지만 문제의식을 느끼지 못할 뿐만 아니라 자책, 후회, 죄책감 등을 잘 느끼지 못한다. 서두의 미국사례에서 소개된 레나드 레이크처럼 포르노중독이 심하여 다수의 여성을 납치하고 성폭행하며 살해할 정도로 공격성이 강한 범죄자는 그런 공격성을 유발하는 충동적인 성향을 스스로 억제하지 못하는 경향이 강하다. 이런 충동조절장애는 유전적, 환경적, 사회적 요인이 복합적으로 결부되어 있다. 정신분석이론에서 충동성은 원초적 자아인 이드(id)의 본능을 초자아인 슈퍼에고(superego)가 적당한 수준으로 통제하지 못할 때 발생한다고 보는데, 아동기 시절 가정에서 부모로부터 심한 박탈이나 학대를 경험하면 발생할 수 있다. 사회 환경적 요인으로는 부모의 방임이나 학대로 인한 심한 충격으로 알코올 남용이나 반사회적 경향을 가진 사람들이 충동조절장애를 겪기도 한다. 유전적, 생물학적 요인으로는 측두엽 간질, 아동기의

주의력결핍과다행동증후군(ADHD), 신경전달물질의 이상 등이 연관이 있는 것으로 알려져 있다. 충동조절장애가 공격성과 결합하여 간헐성 폭발성장애로 나타날 때 심각한 범죄로 발전한다. 예를 들면, 2013년 경기도 평택에서 웃는 사람을 죽이고 싶다는 이유로 승용차로 치어 행인 1명을 살해하고 11명을 다치게 한 40대 남성의 경우, 전형적인 충동조절장애자에 의한 범죄사건이다. 일반적으로 간헐성 폭발성장애로 나타나는 충동조절장애자들은 타인의 행복을 나의 불행으로 생각하는 경향이 있다. 즉, "날씨가 왜 이렇게 화창한거야, 저기 걸어가는 사람들은 뭐가 행복해서 저렇게 웃을까, 혹시 날 보고 비웃는 것은 아닐까, 맞아 나의 불행한 현재 상황을 비웃었으므로 저 사람을 가만 놔두지 않을거다" 등과 같은 마음으로 일면식도 없는 상대방에게 충동적으로 폭력을 행사하기도 한다. 이런 충동조절장애자는 〈CASE 1〉에 나타난 것처럼 우리 사회에서 점차 증가하는 추세다.

CASE 1

'분노조절장애' 등이 포함된 '습관 및 충동장애'로 병원을 찾는 사람이 연간 6,000명 가까이 되는 것으로 나타났다. 17일 건강보험심사평가원의 보건의료빅데이터에 따르면 습관 및 충동장애로 진료를 받은 사람은 2015년 5,390명, 2016년 5,920명, 2017년 5,986명으로 계속 증가하고 있다. 충동으로 인한 긴장을 해소하기 위해 폭력적인 행동을 반복하는 분노조절장애 환자는 지나친 의심과 공격성, 폭발성 때문에 타인과 건전한 관계를 형성하지 못한다. 분노가 심해지면 뇌의 교감신경이 잘 조절되지 않아 신체가 흥분하게 되고 합리적인 생각과 의사결정을 할 수 없게 된다. 조절 기능이 심하게 망가진 상태에서는 사고를 치거나 범죄를 저지를 가능성도 크다. 또 분노조절장애 환자들은 충동적 행동 이후 긴장 해소와 만족을 느끼는데 이 때문에 자신의 폭력적인 행동에 대한 후회나 죄책감이 없는 편으로 알려져 있다. 장애의 원인으로는 스트레스, 알코올 중독, 전두엽 치매, 뇌혈관질환, 성격장애 등이 꼽힌다. 부모가 가정 폭력, 술 중독, 비사회적 경향 등으로 충동조절장애를 보인 경우 자녀도 성장해 부모와 비슷한 장애를 보이는 경우도 많은 것으로 알려졌다.

충동조절장애에는 분노조절장애 외에 병적 도벽과 방화, 강박적 자해와 인터넷 사용, 쇼핑 중독, 머리카락 뽑기, 폭식 장애, 알코올 의존 등도 포함된다(경향신문, 2018년 4월 17일).

(3) 충동성과 범죄

일반적으로 충동적인 성향이 높은 사람은 〈표 3-1〉의 충동성측정 결과 높은 점수를 획득할 가능성이 높으며, 성격특성으로는 조급하고 즉각적으로 행동하고 주의를 기울이지 않고 의사결정을 하며, 체계적이지 못하고 무계획적으로 문제에 접근하는 경향이 있다. 충동성 점수가 높은 사람은 말하고 행동할 때 깊이 생각하지 않고 어떤 일에 착수하기 전에 생각하는 일이 없으며 얼떨결에 일을 처리하는 경향도 강하다. 또한, 그들은 후에 가서 발뺌하고 싶은 일에 자주 관여하며, 무계획적인 야간외출을 즐기고, 일의 결과는 생각하지 않고 신속하게 처리하는 경향이 있다. 일반인에게 충동성은 스트레스 자극환경에 노출될 때 발생하는데, 일부의 사람들은 과도한 스트레스 상황에서 심한 자책의 결과 자신을 파괴함으로써 문제 상황을 회피하는 자살과 같은 극단적인 생각으로 나타나기도 하고, 또 다른 사람들은 부정적인 상황의 원인을 타인이나 외부환경에 투사하고 파괴하려는 공격성으로 나타나기도 한다. 서두의 한국사례의 김○○처럼 학교에서 친구들로부터 지속적으로 괴롭힘을 당한 것에 대한 분노가 학교 선후배 전체에 대한 복수감정, 나아가 사회 전체의 불특정 다수를 공포에 떨게 하고 싶은 살육감정으로 발전하게 되어 연쇄방화사건을 저지르게 할 수도 있다. 충동성향이 강한 사람은 주로 각종 범죄와 밀접한 관련성을 가지고 있다. 왜냐하면 충동성은 공격성의 원인이 되며 공격성은 폭행과 상해 같은 폭력범죄로 나타나기 때문이다. 또한, 충동적인 성향이 강한 사람은 공격성이 없다 하더라도 곧바로 **피해자 없는 범죄**(victimless crime)를 저지를 수 있다.

충동성에 대한 외국의 선행연구결과에 따르면, 충동성은 직접적, 간접적으로 장기적인 반사회적 행동의 위험도를 증가시키는 중요한 요소이며(Moffitt, 1993), 자신의 행동을 통제하는 능력과 반사회적 행위가 가져올 미래의 결과를 생각할 능력을 방해받기도 하며, 일생동안 지속적으로 비행을 반복하게 하는 성격적 특성으로 나타나며(Cleckley, 1976), 범죄의 가장 큰 결정요인으로 작용하는 것으로 드러났다. 우리나라에서 충동성과 범죄와의 관계를 연구한 결과에 따르면, 성인 강력범죄(살인, 폭행, 강간)자 500여 명과 비교집단으로 절도범죄를 저지른 141명을 대상으로 한 연구결과, 살인, 폭행, 강간 등의 강력범죄자가 절도범죄자보다 충동성이 높고, 잠정적 공격행동을 한 경우가 많은 것으로 나타났다(조은경, 1997). 이 결과로 비추어 보건대, 충동성이 높은 사람은 대물범죄보다 폭력성 범죄를 저지를 가능성이 높다. 즉, 충동성은 공격성에 직접적인 영향을 주기 때문에 공격성이 높은 사람이 폭력범죄나 강력범죄를 저지를 가능성이 높은 것이다.

우리 사회에서 잠재적 시한폭탄인 충동범죄가 점차 증가하고 있는 실정이다.
출처: http:/m.kyeongin.com/view.php?key=811499

(4) 충동성의 경험적 연구

충동성과 비행 및 범죄와의 관계에서 가장 많은 연구가 이루어진 분야는 인터넷중독과 충동성과의 관계이다. 영(Young)은 충동조절장애와 인터넷중독과의 관계를 밝히면서 충동성은 통제성 상실, 갈망과 내성, 과도한 재정문제, 학업실패 등의 문제를 야기할 수 있으며, 충동성으로 인한 인터넷중독은 금단과 내성이 증가하여 사회적, 직업적 기능이 손상될 수 있다고 주장했다(Young, 1998). 또한, 영은 인터넷 과다사용과 중독이 공격성을 유발하기 쉽다고 경고했다(Young, 1998). 알라비(Alavi)와 그의 동료들은 남녀 공통적으로 인터넷중독과 우울, 불안, 낮은 자존감, 외로움, 강박증과의 상관이 높은 반면, 공격성과 적개심과의 상관은 남성에게 더 잘 나타난다고 주장했다(Alavi *et al.*, 2011). 남성의 경우, 스트레스로부터 탈출하기 위해 인터넷중독에 빠지기 쉬우며, 이 때 공격적, 적대적 행동을 하기 쉽다는 것이다.

우리나라에서 인터넷중독과 충동성과의 관계를 밝힌 연구 또한 제법 존재한다. 529명의 대학생을 대상으로 바렛의 BIS 측정도구를 사용하여, 인터넷중독현상을 연구한 결과에 따르면, 인터넷중독 수준이 높을수록 우울과 충동성이 높은 것으로 나타났다(최은미 외, 2014). 이 연구에서 남성의 경우, 불안과 충동성이, 여성의 경우, 우울과 충동성이 인터넷중독이나 과다사용을 증가시키는 부정적 영향을 미쳤다. 이처럼 충동성이 인터넷중독에 영향을 미치며, 인터넷중독은 공격성을 촉진시킨다. 즉, 충동성이 강한 청소년은 인터넷을 매개로 사이버비행이나 각종 대인관계 폭력 등을 저지를 가능성이 높다는 것이다. 바렛의 충동성척도를 사용한 또 다른 연구인 스마트폰 중독과 충동성과의 관계를 밝힌 연구결과, 충동성은 스마트폰중독을 설명하는 중요한 예측요인이었다(이혜순, 2014b; 임정아·김명식, 2018). 즉, 충동성이 높은 청소년은 충동성을 억제하는데 어려움을 겪으며, 이러한 충동적 성향이 스마트폰중독의 위험을 가중시켰다. 특히 충동성의 하위요인들 중 무계획충동성은 스마트폰중독과 깊은 상관관계를 가지고 있었다. 즉, 충동성향이 높은 청소년은 권태감 해소를 위해 충분한 계획이나 생각 없이 충동적으로 새롭고 신나는 일을 찾게 될 가능성이 높은 것으로 나타났으며, 이런 과정에서 스마트폰이 주는 자극과 흥미에 끌려 점차 스마트폰중독에 빠질 가능성이 높다는 것이다. 특히 충동성의 하위개념인 어떤 것에 병적으로 몰입하는 것, 강박 증상, 생활 장애, 통제 상실 등이 인터넷중독이나 스마트폰중독의 중요한 요인이 되었다. 최근 청소년의 도박행동이 증가함에 따라 충동성과 도박행동 사이의 관계를 밝힌 연구결과가 증가하고 있는데 이 역시 충동성이 도박행동을 설명하는 주요 예측 요인으로 나타났다(정지윤·황현국, 2016; 선혜민 외, 2018; 선혜민 외, 2019;). 이는 충동적 성향이 도박행동을 증가시키며, 도박행동의 동기 중 하위유형인 흥분동기, 회피동기, 금전동기가 충동을 억제하지 못하는 사람일수록 용인되지 않는 사행성적 행동인 도박행동을 억제하지 못하는 것으로 나타났다. 위의 연구결과처럼, 충동성이 인터넷중독, 스마트폰중독, 도박행동의 한 원인으로 보는 연구자들은 상기의 중독유형을 일종의 충동조절장애로 취급하는 경향이 있으며(Holliday, 2000; Mitchell, 2000; Young, 1999), 충동성은 인터넷중독의 가장 중요한 예측변인으로 제시하고 있다.

청소년에게 충동성을 억제하는 능력이 결핍되면 반사회적 행위로 인해 미래에 발생할 반사회적 행위결과를 생각하지 못하게 됨으로써 비행 및 범죄와 직접 연결될 수 있다. 특히 충동적인 성격을 가진 사람이 사회적 지지체계가 취약한 환경에 처했을 때, 전 생애에 걸쳐서 반사회적인 행동을 초래할 수 있다. 예를 들면, 일반 고교생 148명과 소년원생 150명을 비교분석한 국내의 연구결과, 충동성척도에서 점수가 높은 청소년은 말하고 행동할 때 깊이 생각하지 않고, 어떤 일에 착수하기 전에 먼저 생각하는 경향이 없으며, 얼떨결에 일을 처리하는 버릇이 있었다(김종수, 2008). 그들은 원하지 않은 일에 자주 관여하게 되며, 일의 결과는 생각하지 않고 신속하게 처리해 버리는 경향을 가지고 있었는데, 이런 현상은 일반청소년보다는 충동성척도에서 높은 점수를 취득한 소년원생에게 두드러지게 나타났다(김종수, 2008). 이에 더해 충동성은 청소년들에게 집단따돌림현상으로 나타나기도 한다. 청소년의 무계획 충동성은 집단따돌림 가해집단이 피해집단보다 더 높게 나타났는데, 집단따돌림 가해 청소년은 자신의 행동에 대한 인식도가 낮았고, 무계획 충동성이 높아 자제력이 부족하고 반항적이어서 폭력과 같은 가해행위를 통해 쾌감과 우월감을 경험하기 때문에 집단따돌림을 하는 것으로 드러났다(이혜순, 2014a). 결론적으로 충동성이 높은 청소년은 집단따돌림, 각종 중독, 비행 및 폭력범죄 등과 같은 문제행동을 일으킬 가능성이 높다. 왜냐하면, 높은 충동성은 행동의 절제를 어렵게 하고, 주의집중 및 계획능력을 떨어뜨려 공격적인 대인관계로 발전할 가능성이 높기 때문이다.

분노 03

분노(anger)는 폭력범죄의 또 다른 원인이며, 공격성과 밀접한 관련을 맺고 있다. 즉, 분노를 적절하게 조절하지 못하면 〈그림 3-7〉과 같이 공격성으로 표출되어 각종 범죄행위로 이어질 가능성이 높다. 분노란 심리적인 좌절 혹은 인지적인 기대의 좌절 등 스트레스 요인이 되는 자극을 받는 상황에서 생리적인 변화를 수반하고 운동적 혹은 언어적으로 표현될 수 있는 다양한 강도를 지닌 불쾌한 내적 경험 상태를 말한다(김규수·김선혜, 2008). 원래 인간의 기본 정서인 분노는 인간이 가지고 있는 여러 가지 감정 중에서 빈번히 경험되는 원초적이고 보편적인 정서로서 생존에 필요한 적응적 정서이다. 그래서 인간의 적절한 분노표현은 사회적 관계를 유지하거나 변화시키는 데 긍정적인 역할을 하지만, 분노표현의 강도나 빈도, 지속 기간이 적절하지 못하면 신체적, 정신적, 사회적 문제를 초래할 뿐만 아니라 공격성으로 연결되어 범죄로 발전할 가능성이 높아진다.

(1) 분노척도

분노를 측정하는 데 보편적으로 사용되는 상태-특성분노 표현척도는 스필버거(Spielberger, 1988)가 개발한 것으로 분노경험 척도와 분노표현 척도로 구성되어 있으며, 이를 국내에서 전겸구, 한덕웅, 이창호, 스필버거가 한국판 상태-특성 분노표현 척도(STAXI-K)로 개발하여 활용되고 있다(전겸구 외, 1997). 한국판 STAXI-K는 분노경험을 측정하기 위하여 상태분노(10문항)와 특성분노(10문항)로 구성되어 있으며, 분노 표현을 측정하기 위하여 분노억제(8문항), 분노표출(8문항), 분노통제(8문항)을 측정하는 문항을 사용한다. 상태분노, 특성분노, 분노억제, 분노표출, 분노통제는 4점 척도(거의 전혀 아니다=1점, 가끔 그렇다=2점, 자주 그렇다=3점, 거의 언제나 그렇다=4점)로 구성되어 있으며, 상태분노와 특성분노가 각각 10~40점, 분노억제, 분노표출, 분노통제는 각각 8~32점의 범위를 가진다. 따라서 분노표현 점수가 높을수록 분노억제, 분노표출, 분노통제가 높음을 의미하고, 이것들의 합은 분노표현의 방향과 상관없이 점수가 높을수록 분노가 표현되는 빈도가 많음을 의미한다.

분노감정이 일어날 때 이를 표현하는 방법으로는 주로 분노표출, 분노억제, 분노조절의 세 가지 형태로 나타난다. 분노표출은 화가 나면 이를 겉으로 드러내는 표현양식으로 자신의 분노를 사회구성원들에게 표출하는 형태로 나타난다. 예를 들면, 신체적 행위나 비난, 욕설, 언어적, 물리적 폭력, 극단적인 모욕 등으로 표현한다. 분노억제는 화가 나 있지만 겉으로 드러내지 않는 것으로 자신의 분노를 자기 내부로 돌리거나 억압하는 것, 분노유발 상황과 관련된 사고와 기억 혹은 분노 자체의 감정을 억제하거나 부정하는 것을 포함한다. 분노조절은 화가 난 상태를 자각하고 감독하면서 화를 진정시키기 위해서 다양한 책략들을 구사하는 표현양식이므로 분노통제를 잘하는 사람은 냉정을 유지하려 하고 상대방을 이해하고자 노력하는 특성을 지니고 있다(Spielberger *et al.*, 1988). 따라서 상태분노나 특성분노에서 높은 점

표 3-2 한국판 상태-특성 분노표현 척도(STAXI-K)

분노 구분	문항 내용
분노경험-상태분노	1. 격분하고 있다 2. 짜증을 느끼고 있다 3. 분노하고 있다 4. 누군가에게 소리를 지르고 싶다 5. 물건을 부수고 싶다 6. 미칠 듯이 화가 나 있다 7. 책상을 주먹으로 내리치고 싶다 8. 누군가를 때려주고 싶다 9. 속이 부글부글 끓고 있다 10. 욕을 퍼붓고 싶다
분노경험-특성분노	1. 성미가 급하다 2. 불 같은 성질을 지녔다 3. 격해지기 쉬운 사람이다 4. 다른 사람이 잘못해서 늦어지게 되면 화가 난다 5. 일을 잘하고도 다른 사람으로부터 인정받지 못하면 분통이 터진다 6. 쉽게 화를 낸다 7. 화가 나면 욕을 한다 8. 다른 사람 앞에서 비판을 받게 되면 격분한다 9. 내 일이 막히면 누군가를 때려주고 싶다 10. 일을 잘했는데도 나쁜 평가를 받게 되면 격분을 느낀다.
분노표현-분노억제	1. 뚱해지거나 토라진다 2. 사람들을 피한다 3. 아무에게도 말하지는 않으나 앙심을 품는 경향이 있다 4. 속으로 다른 사람을 비판한다 5. 나 자신이 인정하고 싶은 것보다 화가 더 나 있다 6. 상대의 시선을 피한다 7. 다른 사람들이 알고 있는 것보다 분통이 더 나 있다 8. 말을 하지 않는다
분노표현-분노표출	1. 화난 감정을 표현한다 2. 소리를 지른다 3. 문을 꽝 닫는 식의 행동을 한다 4. 사람들과 말다툼을 한다 5. 목소리를 높인다 6. 욕을 한다 7. 자제심을 잃고 화를 낸다 8. 화난 표정을 짓는다
분노표현-분노통제	1. 화를 참는다 2. 사람들에게 인내심을 갖고 대한다 3. 냉정을 유지한다 4. 행동을 자제한다 5. 화가 나더라도 침착하게 자제할 수 있다 6. 다른 사람들보다 진정을 빨리 회복한다 7. 참고 이해하려고 노력한다 8. 화난 감정을 자제한다

출처: Spielberger, 1988; 전겸구 · 한덕웅 · 이창호 · Spielberger, 1997

수를 받은 사람들은 일상생활에서 분노를 많이 경험한다고 볼 수 있다. 문제는 이런 분노경험을 어떻게 표출하느냐에 달려 있다. 분노를 잘 억제하거나 분노를 잘 표출하는 사람들은 공격성이 증가하여 여러 유형의 범죄행위를 저지를 가능성이 많은 반면, 분노를 잘 통제하는 사람들은 공격성이 증가하지 않는 경향이 있다.

(2) 분노조절장애

위에서 언급한 것처럼 분노는 인간의 본능적인 감정이다. 따라서 인간이 어떤 대상과 상황에 대해 분노를 느끼는 것은 자연스러운 현상이지만 이런 감정이 주기적으로, 자주, 병적으로 발생할 때는 여러 가지 문제를 야기할 수 있다. 〈표 3-2〉에서처럼 분노는 표현하는 방식에 따라 분노표출, 분노억제, 분노통제로 나뉜다. 분노표출은 분노를 드러내는 것이고 분노억제는 마음속에 품는 것을 의미한다. 그러나 이 두 가지가 조화를 이루지 못하거나 병적으로 분노가 표출되면 분노조절장애라 할 수 있다. 분노조절장애(Anger Control Disorder)란 정신적 고통이나 충격 이후에 부당함, 모멸감, 좌절감, 무력감 등이 지속적으로 빈번히 나타나는 부적응 반응의 한 형태다. 〈표 3-2〉에서 분노통제를 제외한 항목에서 극단적으로 높은 점수를 보인 사람들은 분노조절장애자일 가능성이 있다. 분노조절장애는 스트레스 상황에 오랫동안 노출되거나 가슴 속에 화가 과도하게 쌓여있으면, 이것이 잠재되어 있다가 차후에 감정을 자극하는 상황이 올 때 폭발하는 특징을 보인다. 특히 성장과정에서 정신적 외상을 경험한 경우, 분노 조절에 어려움을 겪는 것으로 알려져 있다. 이 장애는 크게 충동적인 분노폭발형과 습관적인 분노폭발형으로 나뉜다. 충동적인 분노폭발형은 도저히 화를 참을 수 없어 분노가 폭발하는 형태로 나타나며, 습관적 분노폭발형은 평소 사소한 자극에도 자주 분노를 표출하는 경우를 말한다. 습관적인 분노폭발형은 평소 분노를 표출하여 어떤 상황을 자신에게 유리하게 이끌었던 경험을 통해 시간이 갈수록 분노표출 빈도가 높아지는 경향을 보인다. 서두의 한국사례에서 소개된 김○○는 습관적 분노폭발형이라 할 수 있다. 학창시절 6년 동안 친구들에게 따돌림 당함으로써 오랜 기간 동안 쌓여 있었던 분노감정이 방화범죄를 저지른 주된 요인으로 짐작된다. 김○○의 분노감정은 어린

우리가 어떤 대상과 상황에 대해 분노를 느끼는 것은 자연스러운 정서 현상이지만 분노조절장애로까지 발전하면 심각한 문제를 일으킬 수 있다.
출처: http:/kormedi.com/1227680/%EB%8A%98%EC%96%B4%EB%82%98%EB%8A%94-%EB%B6%84%EB%85%B8-%EC%A1%B0%EC%A0%88-%EC%9E%A5%EC%95%A0-%EB%8B%A8%EC%88%9C%ED%95%9C-%EC%84%B1%EA%B2%A9-%EB%AC%B8%EC%A0%9C/

시절 아버지에 대한 분노와, 도장에서 성추행 당한 것에 대한 수치스러운 분노, 학창시절 친구들에게 찌질이로 놀림당한 분노 등에 대한 부정적 감정을 적절하게 표현하지 못해 쌓였던 것으로 추정된다.

분노조절장애자에게 흔히 나타나는 증상으로 "① 하는 일이 잘 풀리지 않으면, 쉽게 포기하고 좌절감을 느낀다. ② 성격이 급해서 금방 흥분하는 편이다. ③ 타인의 잘못을 그냥 넘기지 못하고 꼭 마찰을 일으킨다. ④ 내가 한 일이 잘할 일이라면 반드시 인정받아야 하고, 인정받지 못하면 화가 난다. ⑤ 다른 사람들이 나를 무시하는 것 같고 억울하다는 생각을 자주 한다. ⑥ 화가 나면 주변의 물건을 집어 던진다. ⑦ 중요한 일을 앞두고 화가 나 그 일을 망친 적이 있다. ⑧ 내 잘못도 다른 사람의 탓으로 돌리며 화를 낸다. ⑨ 분이 쉽게 풀리지 않아 우는 경우도 종종 있다. ⑩ 어떤 일을 할 때, 본인의 의도대로 되지 않으면 쉽게 화가 난다. ⑪ 화가 나면 상대방에게 거친 말과 함께 폭력을 행사하기도 한다. ⑫ 분노의 감정을 어떻게 해야 할지 몰라 쩔쩔맨다" 등이다. 위의 12가지 증상 중에서 9가지 이상에 해당되면 분노조절장애자일 가능성이 높다. 분노조절장애진단을 받은 사람들은 일반인들에 비해 여러 가지 범죄형태, 특히 폭력범죄를 저지를 가능성이 높다. 아래 〈CASE 2〉는 우리나라에서 분노를 잘 조절하지 못해 발생하는 각종 범죄사건을 나열한 것이다.

CASE 2

지난 16일 충북 충주에서 인터넷 속도가 느리다는 이유로 출동한 수리기사를 흉기로 살해한 충격적인 사건이 발생했다. 경찰에 따르면 피의자 B(55)씨는 이날 오전 10시 인터넷 수리를 위해 자신의 원룸을 방문한 A씨에게 "당신도 갑질하려고 하는 것 아니냐"며 시비를 걸었고 B씨는 이후 자신의 감정을 주체하지 못하고 집안에 있던 흉기로 A씨를 공격했다.

지난 14일 양산경찰서는 아파트 외벽 작업자의 휴대전화 음악소리가 시끄럽다며 항의하다 밧줄을 끊어 살해한 혐의(살인 및 살인 미수)로 C(41)씨를 구속했다. C씨는 지난 8일 오전 8시 13분께 양산시내 한 아파트 옥상 근처 외벽에서 밧줄에 의지한 채 작업을 하던 D(46)씨가 켜놓은 휴대전화 음악소리가 시끄럽다며 옥상으로 올라가 준비한 칼로 밧줄을 끊었다. 앞서 13일에는 지도교수의 질책에 반감을 품고 범행을 저지른 대학원생 E(25)씨가 구속됐다. E씨는 경찰에서 "평소 교수로부터 연구지도를 받는 과정에서 질책이나 꾸중을 받은 일이 있었다"며 교수를 상대로 사제폭탄물을 제작해 부상을 입힌 것으로 나타났다.

최근 화를 참지 못하고 폭행과 연쇄 방화 등 분노조절장애(충동조절장애)로 인한 범죄가 늘어나면서 심각한 사회문제로 대두되고 있다. 경찰은 범죄자 10명 중 4명이 분노나 화를 억누르지 못하고 표출하는 충동조절장애 때문에 범죄가 발생한다고 보고 있다(뉴시스, 2017년 6월 19일).

이처럼 우리 사회에서 분노조절장애로 인해 범죄가 발생하는 경우는 이루 헤아릴 수 없을 정도로 많고 다양하다. 물론 순간적으로 폭발한 분노와 울분을 참지 못해 저지른 범죄의 대부분이 분노조절장애자에 의한 것은 아니지만, 분노를 조절하지 못해 발생하는 범죄사건이 계속 증가하고 있는 것은 부인할 수 없는 사실이다.

(3) 분노와 범죄

분노는 충동성과 마찬가지로 공격성에 직접적인 영향을 미치며 공격성은 폭력범죄의 원인이 된다. 특히 분노조절을 잘 통제하지 못하는 사람들은 여러 가지 유형의 폭력범죄를 저지를 가능성이 높다. 〈표 3-3〉은 2017년도 한 해 국내에서 발생한 5대 범죄의 주요 동기를 나타낸 것이다.

우리나라에서 발생한 5대 주요 범죄 중에서 살인, 성폭력, 폭행범죄가 순간적인 분노를 참지 못해 우발적으로 발생한 범죄동기에서 1위를 차지할 정도로 분노는 폭력범죄의 중요한 동기이다. 강도와 절도 또한 분노로 인해 우발적으로 발생한 비율이 두 번째로 높을 정도로 분노는 우발적인 공격성향으로 나타난다. 분노감정은 특히 도로 위의 분노로 지칭되는 **로드레이지**(road rage) 사건에서 확연하게 나타난다. 우리나라에서 운전 중 로드레이지 사건이 한 해 약 2,000건 이상 발생한다. 그중 상당수가 물리적, 신체적으로 상대방에게 심각한 손상을 입히는 사망 및 중상사건이다. 로드 레이지가 가장 심각한 미국의 경우에는 2006년부터 10년간 로드 레이지로

표 3-3 2017년 한국 5대 범죄 주요 동기 (단위: %)

범죄동기	1위	2위	3위	4위	5위	6위
살인	우발적 (65.97%)	가정불화 (15.21%)	현실불만 (10.27%)	이욕 (4.75%)	부주의 (1.90%)	보복 (1.52%)
강도	이욕 (68.59%)	우발적 (24.58%)	사행성 (1.97%)	유혹 (1.69%)	현실불만 (1.13%)	부주의 (1.06%)
성폭력	우발적 (56.94%)	호기심 (23.47%)	유혹 (7.89%)	이욕 (5.97%)	부주의 (3.85%)	현실불만 (0.96%)
폭행	우발적 (90.88%)	가정불화 (3.38%)	부주의 (2.50%)	현실불만 (2.28%)	이욕 (0.69%)	호기심 (0.11%)
절도	이욕 (40.99%)	우발적 (40.87%)	호기심 (7.32%)	부주의 (3.93%)	유혹 (3.84%)	사행성 (2.51%)

출처: 대검찰청 범죄백서, 2019

인한 치명적인 교통사고가 5배 가까이 증가했다. 로드레이지 가해자들은 평소에는 차분하다가도 운전대만 잡으면 자신의 비위에 거슬리는 앞이나 옆 운전자에게 분노감정을 표출하는데, 거칠고 상스러운 욕을 하거나, 차에서 내려 도로 한가운데서 상대방을 물리적으로 폭행하기도 한다. 예를 들면, 2013년 8월에도 끔찍한 로드레이지 사건이 발생했다. 충북 청원군 중부고속도로 오창 나들목 인근에서 다른 차량 운전자와 주행 차선 변경 문제로 시비가 붙자 가해자 최모(36)씨는 상대 차량 앞에 갑자기 자기 차를 세워 버리는 사고로 뒤따르던 다른 50대 운전자가 교통사고로 그 자리에서 사망했고 중상자도 6명이나 속출하는 대형사건이 발생했다. 이처럼 운전 중에 분노감정을 잘 조절하지 못하는 운전자는 본의 아니게 심각한 범죄의 가해자가 될 수 있는 것이다. 또 다른 로드레이지 사례는 〈CASE 3〉과 같다.

점차 증가하는 로드 레이지(도로 위 폭력)는 도로에서 연쇄충돌 등과 같은 대량 사고로 이어질 가능성이 있다.
출처: http:/go.seoul.co.kr/news/newsView.php?id=20140718500001

CASE 3

고속도로에서 보복운전으로 사고를 일으킨 뒤 이를 숨기려고 피해자 차의 블랙박스를 버린 혐의로 50대 남성이 경찰에 붙잡혔다. 경북 칠곡경찰서는 지난 8월 25일 중앙고속도로 창원 방향 가산터널 출구에서 갑자기 속도를 줄여 충돌 사고를 낸 운전자 A(56)씨를 특수상해 혐의로 붙잡아 조사 중이라고 6일 밝혔다. 경찰에 따르면 A씨는 자신을 뒤따르던 차량 운전자인 B(29)씨가 자신의 차량을 2~3차례 추월하려 한 것에 화가 나 B씨 차량 앞에서 급제동했다. B씨는 놀라 갓길로 피했고, A씨는 B씨 차량을 콘크리트 옹벽으로 밀어붙여 전복시켰다. 이 사고로 B씨가 병원으로 옮겨지자 A씨는 B씨 차량에 설치된 블랙박스를 떼어 풀숲에 버린 뒤 오히려 추돌 사고를 당했다고 신고했다. A씨와 B씨의 엇갈린 진술을 수상히 여긴 경찰은 수색 끝에 A씨가 버린 블랙박스를 회수해 이 같은 사실을 확인했다(중앙일보, 2017년 11월 16일).

(4) 분노의 경험적 연구

분노에 대한 경험적 연구에서는 분노 자체에 대한 연구보다는 분노와 공격성 간의 연구가 주류를 이루고 있다. 한국판 상태-특성분노표현 척도(STAXI-K)를 분석도구로 사용하여 일반청소년과 학교폭력 청소년들을 비교 분석한 연구결과에 따르면, 일반청소년과 학교폭력 청소년 모두 불안이 분노억제와 분노표출을 매개로 하여 폭력행동에 이르는 것으로 나타났다(오종은·이재연, 2014). 즉, 청소년은 불안이 높아지면 분노를 억제하게 되고, 억제된 분노가 과도하게 되면 분노표출이 증가하면서 폭력행동을 하게 될 가능성이 높아졌다. 반면에 분노와 공격성 및 폭력성에 관한 폭력청소년과 일반청소년의 차이점으로 일반청소년의 불안이 폭력행동에 직접적인 영향을 주지 않는 것과 달리 폭력청소년의 불안은 폭력행동에 직접적인 영향을 미친 것으로 나타났다. 즉, 일반청소년은 불안이 높아진다고 해서 폭력행동을 하는 것은 아니지만, 폭력청소년은 불안이 높아지면 분노감이 등달아 높아지고 이 높아진 분노감을 폭력적인 행동으로 표출하는 경향을 보였다. 선행연구 연구결과들에 따르면, 청소년 공격성과 폭력행동의 주요한 원인으로 분노가 자리 잡고 있다(장혜원, 2018). 즉, 공격성과 폭력행동은 분노를 사용하는 방식 중 분노표출의 결과라고 할 수 있다. 한편, 분노를 억제한다고 해서 공격성을 낮출 수 있는 것 또한 아니다. 너무 억압된 분노나 회피된 분노는 자신과 타인을 향하여 파괴적인 공격성을 보일 수 있으며(Quartana & Burns, 2007), 어느 순간 분노가 폭발하여 폭력행동으로 표출될 가능성이 높아진다. 즉, 사람들이 분노를 억제한다고 해서 쌓여 있던 분노가 없어지거나 줄어드는 것이 아니다. 억제된 분노는 내면에 잠재되어 있다가 어떤 사소한 사건이 촉발요인이 되어 순간적으로 분노가 폭발하는 충동적인 분노폭발형으로 나타날 가능성이 있다는 것이다. 어떤 면에서 보면 습관적 분노폭발형보다 충동적인 분노폭발형이 더 위험하다. 충동적 분노폭발형은 내면에 쌓여 있던 분노감정이 한꺼번에 분출되기 때문에 심각한 폭력범죄로 연결된 가능성이 더 높기 때문이다.

결론적으로 분노를 스스로 통제할 수 있는 능력은 공격성과 무관하지만, 분노를 과도하게 억제하거나 표출할 경우, 공격성을 증가시키고 이 공격성은 폭력범죄를 유발하는 요인이 된다는 것이다. 그럼 분노를 유발하는 주된 요인은 무엇인가? 여러 가지 요인이 있을 수 있지만, 청소년기에 분노를 유발하는 데 가장 큰 영향을 미치는 개인 환경적 요인으로 가족관계와 또래관계가 대표적으로 거론된다. 왜냐하면, 성인과 마찬가지로 청소년의 정서에 가장 많은 영향을 미치는 중요한 타자(significant others)가 가족과 친구들이기 때문이다. 이는 청소년이 가족과 친구관계에서 가장 많은 상처를 받는 동시에 많은 위로와 정서적 안정을 받기도 한다는 사실과 일맥상통한다. 선행연구에 따르면, 청소년의 만성적인 분노 및 폭력은 자녀에 대한 부모의 적대적인 태도, 과잉보호, 과잉간섭, 무관심, 비일관적 부모 양육태도를 가진 가정에서 주로 발견된다(이문자, 2003; 김수진·최인령, 2018). 또한, 부부 간의 부정적인 의

사소통이 부부갈등을 초래하고 이런 갈등은 다시 자녀의 분노조절에 영향을 미치기도 한다(박태영·유진희, 2012; 양한나·최미경, 2017). 친구관계 또한 청소년의 분노감정에 상당한 영향을 미친다. 친구관계가 좋은 청소년은 분노를 잘 통제하며, 분노표현을 자주 하지 않을 뿐 아니라 이렇게 형성된 친구관계는 다시 친구들과의 바람직한 신뢰감 형성에 중요한 요인이 되는 것으로 나타났다(서경희·반지정, 2010). 교사들과의 관계도 청소년 분노감정에 어느 정도 영향을 미친다. 교사로부터 인정의 피드백을 받지 못할 때 얻는 스트레스는 학생의 폭력행동과 분노의 원인이 되며(김진호, 2009), 분노, 우울감 등의 신체적 반응은 학업성취와 깊은 관련성이 있는 것으로 나타났다(이지영, 2012).

분노를 원만하게 해결하지 못하면 어느 순간 한꺼번에 분출하여 심각한 폭력범죄로 이어질 가능성이 있다.
출처: https://news.sbs.co.kr/news/endPage.do?news_id=N1004251858

성인들의 분노감정에 대한 연구로서, 교도소 수용자 304명을 대상으로 자존감이 분노 및 공격성에 미치는 영향을 연구한 결과, 자존감이 높은 사람은 분노 감정을 표출하거나 억제하는 등과 같은 분노를 표현할 가능성이 가장 적은 반면, 자존감이 낮은 사람은 분노를 통제하는 데에 가장 큰 어려움을 경험하는 것으로 나타났다(김은희·강승호, 2010). 타인으로부터 비난을 받을 때 자존감이 낮은 사람은 속으로만 화를 느낄 뿐 이를 적절히 표현하거나 맞서지 못하고 지나치게 억누르고 있다가(분노억제) 상황에 맞지 않게 과격한 공격행동을 보이기도 한다. 이렇게 상대방에게 공격적인 행동을 보이는 사람은 다시 부적절한 분노감정에 대해 스스로 통제력이 부족하다고 느끼면서 낮은 자존감을 더 강화시키는 악순환으로 이어질 가능성이 높은 것이다. 분노에 대한 경험적 연구결과를 종합하면, 청소년기의 분노감정에 영향을 미치는 중요한 요인으로는 가족과 친구집단이다. 물론 가족과 친구들 간의 관계와 같은 개인 환경적 요인이 성인들의 분노감정에도 영향을 미치는 것은 사실이지만, 직장환경, 생활스트레스, 경제적 문제 등처럼 좀 더 다양하고 거시적인 요인이 성인들의 분노감정을 유발하기도 한다. 이런 다양한 환경 속에서도 자존감이 강한 성인은 자신의 분노를 잘 조절할 것이며, 그렇지 않은 성인은 사소한 분노환경에서 스스로를 조절하지 못하고 과도하게 분노를 표출하여 공격적인 행동을 취할 가능성이 높아진다.

04 불안

불안(anxiety)은 어떠한 목적이나 대상이 명확하게 인식되지 않은 위협적인 상황이나 이를 적절히 대응해 나가지 못하는 데서 비롯되는 심리적인 상태를 일컫는 말이다(김상옥·전영자, 2013). 불안은 친숙하지 않은 환경에 적응하고자 할 때 나타나는 기본적인 반응 양상으로 매우 불쾌하며 막연히 불안을 느낌으로 가슴이 두근거린다거나 호흡이 곤란해지거나 진땀이 나는 등 신체 증상과 관련되어 과민성, 안절부절 못하는 증상 등을 동반하기도 한다(성지혜, 2000). 프로이트(Freud)는 이런 불안증상을 현실적 불안(realistic anxiety), 신경증적 불안(neurotic anxiety), 도덕적 불안(moral anxiety)으로 나누어 설명했다. 현실적 불안이란 현실적 근거가 있는 일종의 객관적 불안이라 할 수 있는 것으로 독사, 맹수, 지진, 학기말 시험 등과 같은 외부 세계에서 오는 실제적 위협에 대한 현실적 반응으로 갖게 되는 불안을 말하는 것이다. 신경증적 불안은 원초적 욕구 속에 포함되어 있는 억압된 욕구나 충동들, 특히 성적 충동이나 공격적 충동을 자아가 적절하게 조절할 수 없어서 벌을 받게 될 어떤 일을 저지르게 되지 않을까 하는 불안을 말한다. 도덕적 불안은 초자아가 강할 경우 도덕률에 위배되는 일을 하거나 심지어 생각만 해도 죄의식을 느끼고 불안을 경험하게 될 때 양심의 두려움에서 오는 불안을 말한다. 이와 같은 불안은 적절한 조치를 취하지 않으면 위험이 점차로 증대되어 자아가 전복될지도 모른다는 사실을 알려주는 일종의 경고신호로 볼 수 있다. 그러나 범죄와 관련된 불안을 논의할 때는 스필버거(Spielberger)가 분류한 특성불안과 상태불안의 구분을 더 많이 사용하는 편이다. 스필버거에 따르면, 특성불안은 객관적으로 비위협적인 상황들을 위험한 것으로 지각하게 만드는 정서 상태이고, 상태불안은 일시적인 정서적 흥분상태로서 시간이 지나면 그 강도가 변하는 불안을 말한다(Spielberger, 1970). 즉 상태불안은 일시적이며 특정한 순간에 나타나는 주관적인 반응이며 상황적 요인과 더불어 변화하나, 특성불안은 비교적 지속되는 성향을 지닌다. 상태불안과 특성불안 외에 정상인이 일상생활에서 겪는 불안인 현실불안도 있다. 예를 들면, 입사면접 때 느끼는 긴장과 불합격에 대한 불안감은 전형적인 현실불안이다. 또한 신경증 환자가 겪는 신경증적 불안, 특정한 대상이나 상황에 결부되지 않은 부동불안인 공포증 등도 있다. 공포증은 특정한 대상이나 상황과 결부된 불안이지만, 실제의 위험물보다 과장된 비현실적인 불안으로 광장을 걷기가 두려운 광장공포증, 차안의 손잡이에 손대기가 두려운 불결공포증 등이 있다. 또한 과대한 불안감이 팽배해 있는 범불안장애도 불안의 한 종류에 속한다. 이는 지나치게 긴장되어 있어 쉽게 놀라거나 예민한 반응을 보이며 자신도 매우

괴로워하며 사회적, 직업적 능력에 제한을 받는 불안장애 중의 하나이다.

이런 여러 유형의 불안을 좀 더 심층적으로 파악하기 위해 불안이 발생하는 원인에 대해 살펴볼 필요가 있다. 불안은 실업, 인간관계의 실패, 심각한 병환, 큰 사고, 가까운 사람의 죽음과 같은 인생 경험의 결과로 나타나지만 불안의 가장 중요한 요인은 긴장과 스트레스이다. 현대 사회에서 스트레스는 사회구조적으로 극심한 경쟁관계에서 살아남기 위해, 사회구조의 급격한 변화에 적응하기 위해, 가족 및 친구들과의 기대에 부응하기 위한 인간의 심리적 부적응현상이다. 이런 여러 가지 상황에서 일부의 사람들은 다양한 스트레스에서 오는 불안에 특별히 취약한 성향을 보인다. 불안은 대부분의 사람들이 경험하는 보편적인 정서 상태이지만 일부의 사람들은 그런 불안에 부적응적인 양상을 보인다. 불안에 영향을 미치는 다양한 환경적 요인 중에서 어린 시절 가정에서의 부모-자녀 관계가 제대로 형성되지 못하면 자녀의 불안 증상이 증폭되는 경향을 보인다. 불안에 영향을 미치는 부모-자녀 관계에서 가장 많이 지목되는 것은 부모의 양육태도이다. 부모의 온정성과 수용성이 낮을 때 자녀의 불안증상은 증가한다. 높은 지시성과 신체적, 언어적 처벌로 특징되는 부모의 거부적, 통제적 양육태도 또한 불안을 야기하는 부정적인 양육태도로 알려져 있다. 그 외 부모의 심리적 통제가 자녀의 불안수준을 증가시키는 주요 요인이다(정윤주, 2004; McLeod *et al.*, 2007; Nanda *et al.*, 2012). 어릴 때 여러 이유로 형성된 높은 불안수준은 청소년기에도 지속적으로 부정적인 영향을 미친다. 청소년기는 특히 심리적으로 불안한 시기이므로 외부환경에 쉽게 영향을 받을 수 있다. 비교적 긍정적인 가치관과 세계관을 유지해오던 청소년들도 예기치 않은 충격적인 경험으로 인해 매우 부정적인 가치관을 형성하여 정서적 불안을 경험할 수 있다. 예를 들어, 집단따돌림, 가정폭력, 학교폭력, 경제적 빈곤, 가정불화 등으로 인해 평소 명랑하던 청소년도 말이 없어지고 불안해한다. 불안수준이 높은 청소년은 내면의 불안을 해소하기 위해 여러 유형의 비행과 범죄를 저지르기도 한다. 따라서 과도한 불안증상은 청소년뿐만 아니라 성인들의 공격성과 범죄와도 깊은 연관성을 가진다. 왜냐하면 불안감을 해소하기 위해 각종 범죄를 저지를 가능성이 높아지기 때문이다.

(1) 불안척도

다른 심리적인 반응과 마찬가지로 불안은 인간의 정상적인 정서반응이다. 그러나 어느 정도까지의 불안수준이 인간의 정상적인 정서반응이며, 어느 정도를 넘어서야 불안수준이 높은 편이라고 할 수 있는가? 불안 심리를 측정하는데 경험적으로 많이 사용되는 상태-특성불안 표현척도(state-trait anxiety inventory : STAI)는 스필버거(Spielberger, 1970)가 1970년에 정신장애가 없는 정상 성인의 불안 상태를 측정하는 도구로 제작한 것을 김정택과 신동균(1978)이 번안한 것이 대표적이다. '상태-불안척도'는 특수한 상황을 바로 그 순간에 어떻게 느끼는가를 묻는 문항으로 구성되어 있으며, '특성-불안척도'는 개인이 선천적으로 타고난 정서적 불안 특성을 묻는 문항으로 구성되어 있다. 각각의 불안 척도의 채점결과는 최하 20점에서 최고 80점까지 얻을 수 있도록 구성되어 있다. 상태불안은 일시적이며 특정한 순간에 나타나는 주관적인 반응이므로 상황이 변하면 불안상태도 진정되는 반면, 특성불안은 비교적 지속되는 성향을 가지고 있다. 따라서 특성불안 척도는 일반적으로 느끼는 바를 나타내는 비교적 안정적인 불안감의 개인차를 측정하는 지표이기 때문에 불안감을 측정

표 3-4 상태-특성 불안척도(STAXI-X-1)

	질 문 사 항	전혀 그렇지 않다	조금 그렇다	보통 그렇다	대단히 그렇다
*1	나는 마음이 차분하다.	1	2	3	4
*2	나는 마음이 든든하다.	1	2	3	4
3	나는 긴장되어 있다.	1	2	3	4
4	나는 후회스럽고 서운하다.	1	2	3	4
*5	나는 마음이 편하다.	1	2	3	4
6	나는 당황해서 어찌할 바를 모르겠다.	1	2	3	4
7	나는 앞으로 불행이 있을까 걱정하고 있다.	1	2	3	4
*8	나는 마음이 놓인다.	1	2	3	4
9	나는 불안하다.	1	2	3	4
*10	나는 편안하게 느낀다.	1	2	3	4
*11	나는 자신감이 있다.	1	2	3	4
12	나는 짜증스럽다.	1	2	3	4
13	나는 마음이 조마조마하다.	1	2	3	4
14	나는 극도로 긴장되어 있다.	1	2	3	4
*15	내 마음은 긴장이 풀려 푸근하다.	1	2	3	4
*16	나는 만족스럽다.	1	2	3	4
17	나는 걱정하고 있다.	1	2	3	4
18	나는 흥분되어 어쩔 줄 모른다.	1	2	3	4
*19	나는 즐겁다.	1	2	3	4
*20	나는 기분이 좋다.	1	2	3	4

* 표시 문항은 역방향 질문으로 구성되어 있으므로 1=4, 2=3, 3=2, 4=1로 바꾸어 합산함.
출처: Spielberger, 1970; 김정택 · 신동균, 1978

하는 데 유용하게 사용된다. 이 척도의 범위는 최소 20점에서 최대 80점까지로 구성되어 있으며 점수가 높을수록 불안수준이 높다는 것을 의미한다. 일반적으로 총 점수가 52점 이하이면 불안감이 높지 않은 정상수준에 해당되며, 52~56점이면 특성불안이 약간 높은 수준에 해당된다. 57~61점까지는 불안수준이 상당히 높은 것으로 평가되며, 62점 이상이면 불안수준이 매우 높은 것으로 평가된다.

(2) 불안장애

불안장애(Anxiety Disorder)란 불안이라는 주관적으로 경험되는 불쾌한 정서가 명백히 존재하는 일련의 정신장애를 말한다. 즉, 불안이 주된 양상이거나 또는 두려운 대상이나 상황에 직면하여 불안을 경험하거나 또는 강박사고, 강박행동에 저항할 때 불안을 경험하는 장애이다. 불안현상은 특수한 환경에 적응하기 위한 생체의 가장 기본적인 반응양상으로 정상인에게도 얼마든지 나타날 수 있으므로 살아가는 데 필요한 하나의 방어기제의 역할을 한다. 그러나 불안장애가 심할 경우에는 불안의 출현이 쉽게 습관화되고 작은 자극에도 불안을 반복해서 나타내는 증상으로 발달된다(최정윤 외, 2015). 불안장애는 크게 범불안장애, 공포증, 공황장애, 강박장애, 외상후스트레스장애 등으로 나뉜다. 첫째, 범불안장애(generalized anxiety disorder)는 일상생활의 아주 사소한 많은 일들에 대해 끊임없이 지나치게 걱정(가족, 직업, 학업, 재정, 미래, 인간관계, 신체적 질병 등)하며 그것이 오히려 방해가 된다는 것을 깨달아도 걱정을 멈출 수 없을 정도로 심각한 정도로 나타나게 될 때 범불안장애로 분류된다. 이 불안은 개인이 통제하기 어렵다는 점에서 정상적인 불안과 다르다. 또한, 크고 작은 일들이 동시에 걱정의 대상이 되며 중요한 한 가지 불안문제가 해결되면 곧 다른 불안의 대상이 등장한다(최정윤 외, 2015). 이 장애를 가진 사람은 자신이나 자신이 사랑하는 사람들에게 일어날 피해에 대해서 근거 없이 계속 걱정하는데 그 걱정에는 계속되는 불안감을 수반하는 경향이 있다.

불안장애는 크게 범불안장애, 공포증, 공황장애, 강박장애, 외상후스트레스장애 등으로 나뉜다.
출처: https://jhealthmedia.joins.com/article/article_view.asp?pno=20832

둘째, 공포증(phobia)은 특수한 상황이나 대상에 대해서 심한 불안과 공포를 느끼게 되어 이러한 상황이나 대상을 회피하게 되는 불안장애를 말한다(김은정, 2000). 공포증은 다시 특정공포증, 사회공포증, 광장공포증으로 나뉘지만 일상생활에 지장을 초래하지 않는다면

특정공포증은 특정한 대상이나 상황에 대한 비합리적인 두려움과 회피행동을 지속적으로 나타내는 것을 의미하며 무대공포증이 대표적이다.
출처: https://ko.fehrplay.com/zdorove/126534-agorafobiya-chto-eto-za-bolezn.html

이런 공포증은 큰 문제가 되지 않는다. 특정공포증은 특정한 대상이나 상황에 대한 비합리적인 두려움과 회피행동을 지속적으로 나타내는 것을 의미하며 주로 여성에게 많이 나타난다. 특정공포증의 대상에는 높이, 물, 개, 닫힌 공간, 뱀, 거미, 쥐, 바퀴벌레 등이다. 특정공포증이 있는 사람은 두려움의 대상이 되는 물체가 없다면 아무 문제가 없으나 이런 대상이나 상황을 대했을 때, 그들은 매우 불안해하며 공황발작을 일으키기도 한다. 사회공포증은 타인과 상호작용하는 사회적 상황을 두려워하여 회피하는 공포증을 의미한다. 예를 들면, 대중 앞에서 발표할 때, 무대에서 연주할 때 느끼는 무대공포가 사회공포증에 속한다. 광장공포증은 특정한 장소나 상황에 대한 공포를 나타내는 경우를 말하는데 주로 공황장애와 함께 나타난다. 즉, 광장공포증은 공황장애를 가진 사람이 거의 예외 없이 발전시키게 되는 합병증상으로 이해되고 있다. 광장공포증이 있는 사람은 흔히 슈퍼마켓이나 백화점, 모든 밀집된 지역들, 제한된 공간, 대중교통, 승강기, 고속도로와 같이 군중이 모인 상황에 대한 극도의 두려움을 경험하는 경향이 있다. 광장공포증이 극단적으로 심해질 경우, 발작이 일어날 수 있는 모든 장소를 피하게 되어 결국 집에서만 평생 지내게 되는 경우도 생긴다(최정윤 외, 2015).

셋째, 공황장애(panic disorder)는 갑자기 예측할 수 없이 비교적 짧은 시간 동안 극도의 불안이나 공포가 엄습하는 상태를 말한다. 공황장애가 발생하면 강한 공포, 곧 죽지 않을까 하는 불안을 느끼며, 심할 경우, 실신하기도 하며, 죽거나 혹은 미치지 않을까 하는 공포감이 엄습한다.

공황장애는 현대인들이 극심한 스트레스 상황을 극복하지 못할 때 흔히 발생하는 불안장애의 일종이다.
출처: http:/www.sisajournal.com/news/articleView.html?idxno=134450

넷째, 강박장애(obsessive compulsive disorder)는 자신의 의지와 상관없이 어떤 생각이나 행동을 반복하는 경우를 말한다. 그런 생각이나 행동을 중단하면 불안증세가 나타나므로 사리에 맞지 않는다는 것을 알면서도 계속 그런 행동을 반복하게 된다. 예를 들면, 세균이 묻었다고 생각하여 계속 손을 씻는 행동을 보이거나, 반복해서 수도꼭지나 문이 잠겼는지 확인하는 행동, 오븐이나 가스레인지 전원이 꺼져 있는지를 재확인하는 행동 등은 강박장애의 대표적 증상에 해당한다.

주인공 멜빈 유달(잭 니콜슨)은 거리의 보도 블록 선을 밟지 않는다거나 더러움에 대한 공포 때문에 장갑이나 비누는 한번만 사용한 후 버린다. 사진은 영화 '이보다 더 좋을 순 없다(As good as it gets)'의 한 장면
출처: http:/www.rapportian.com/news/articleView.html?idxno=25701

다섯째, 외상후스트레스장애(post-traumatic stress disorder)는 비교적 최근에야 진단적 분류를 받은 장애로서 여러 다양한 외상성 사건들 후에 나타나는 장기간 지속되는 심각한 불안장애이다(최정윤 외, 2015). 이 장애는 생명이 위협받을 정도의 극심한 스트레스를 경험한 후 일어나는 심리적 반응을 말하며 그런 외상이 없어짐에도 불구하고 계속해서 그 당시의 충격적인 기억이 자꾸 떠오르며 그 외상을 회상시키는 활동이나 장소를 피하고 집중을 하지 못한다. 즉, 이 장애를 가진 사람은 악몽이나 당시 사건을 반복적으로 떠올리는 것(flashback)과 같은 강압적이고 고통스러운 회상을 통하여 그 충격적인 사건을 반복적으로 다시 체험한다. 이 장애는 근래에 새로이 생긴 것이 아니고 오래전부터 '전쟁 노이로제', '셸 쇼크(shell shock)', '강간 외상 증후군' 등의 이름으로 불리어 왔다. 2차 세계대전, 한국전쟁, 베트남 전쟁 등에 참전한 용사, 전쟁포로, 성폭행을 당한 사람, 아동학대를 받은 사람, 대형 교통사고를 입은 사람들에게 잘 올 수 있고, 우리나라 경우 소위 '왕따'를 당한 학생들은 향후 이런 외상 후 스트레스장애가 걸릴 소지가 많다(대한불안장애학회 재난정신의학위원회, 2004). 결론적으로 이런 여러 유형의 불안장애를 가진 사람들은 일반인에 비해 범죄를 저지를 확률이 높은데 이는 불안한 감정을 해소하기 위해 부적응적인 행위나 불법적 행동을 할 가능성이 많기 때문이다.

2017년 5월1일 발생한 삼성중공업 거제조선소 타워크레인 충돌사고 이후 외상후스트레스장애(PTSD)에 대한 사회적 인식이 확대됐지만 산업노동현장의 근로자들에게 외상후스트레스장애가 많이 발생한다.
출처: http:/m.labortoday.co.kr/news/articleView.html?idxno=160903

(3) 불안과 범죄

불안은 공격성을 증가시키는 요인이다. 특히 아무런 동기 없이 사회구성원들을 공격하는 행위는 가해자의 불안에 대한 방어기제로 작용한다. 즉, 여러 가지 불안에 휩싸인 가해자는 자신에게 해를 끼칠 것으로 간주하는 상대방을 공격하지 않으면 자신이 당할 것 같은 더 심한 불안감 때문에 상대방을 선제공격하게 된다. 특히 현대 사회에서 욕구좌절이 일상화돼 있는 사람들은 욕구좌절에서 오는 분노와 불안을 건강하게 해결하지 못하고 사회구성원들을 공격하는 형태로 나타난다. 예를 들면, 서두의 한국사례 김○○는 어릴 때 부친과의 냉담한 관계, 학창시절 친구들로부터의 따돌림 등으로 항상 홀로 세상에 내버려져 질 것 같은 외로움과 불안감을 해소하기 위해 연쇄방화사건을 저지른 것으로 짐작된다. 물론 불안조절장애와 같은 질병을 앓고 있는 사람들의 대부분은 타인을 이유 없이 공격하지 않는다. 그들 중 극히 일부의 사람들만이 자신의 불안감을 극복하기 위해 상대방이나 자신을 공격한다. 즉, 불안감을 건강하지 못한 방법으로 해결하려는 사람들이 종종 범죄를 통해 자신의 불안감을 해소하는 경향이 있다. 아래 〈CASE 4〉는 불안장애가 자신을 자해하는 공격적인 행위로 나타난 대표적인 사례이다.

CASE 4

2014년 3월 1일 서울 압구정동의 한 제과점 내에서 피의자 김모(56)씨는 오후 9시 30분쯤 제과점 내부 주방으로 들어가 빵을 자르는 칼 두 자루를 가지고 나와 손님 A씨(48여)를 제과점 구석 테이블 의자에 앉힌 뒤 옆에 앉아 자신의 목에 칼을 대고 '나를 죽여 달라' 고 위협하는 인질극을 벌였다...(중략) 경찰조사결과 김씨는 4년 전부터 우울증과 공황장애, 불안장애 증세가 나타나 정신과 치료를 받았다(MBC News, 2014년 3월 7일).

불안 중에서 특성불안과 공격성 사이에는 폭력, 간접적 공격성, 흥분성, 부정성, 언어적 공격성, 원환, 의심, 죄책감 및 공격성 전반의 모든 요소 사이에 정적인 상관관계가 있는 것으로 나타났다(양재근·서동균·김재현, 2000). 상태불안보다 특성불안이 공격성과 높은 상관관계를 보이는 것은 불안감이 높은 사람의 공격적 행동이 일시적 충동의 결과라기보다는 그들에게 누적된 정서적 불안에 기인한 것이기 때문이다. 특히 청소년기의 불안은 폭력문제와 깊은 상관관계를 가지고 있다(Slopen *et al.*, 2011). 불안과 스트레스를 과도하게 경험하는 청소년은 그런 부정적인 감정을 해소하기 위해 친구들을 공격하게 된다. 학교폭력 가해 청소년과 일반 청소년들의 불안과 폭력행동 간의 관계를 비교 연구한 결과, 두 집단 모두 불안이 분노억제와 분노표출을 매개로 하여 폭력행동에 이르는 것으로 나타났다(오종은·이재연, 2014). 즉, 청소년들의 불안이 높아지면 분노를 억제하게 되고, 억제된 분노가 과도하게 되면 분노표출이 증가하면서 폭력행동을 하게 될 가능성이 높은 것으로 나타났다. 불안이 분노를 억제하는 역할을 하기도 하고 분노를 표출하는 역할을 하기도 하지만, 분노를 억제한다고 하더라도 그런 분노가 과도하게 억제되면 한순간에 폭발하는 경향을 가진다. 따라서 불안이 분노를 억제하든, 표출하든 간에 공격성을 증가시키는 원인이 되는 것은 부인할 수 없는 사실이다.

(4) 불안의 경험적 연구

불안은 인터넷중독의 한 요인으로 지적된다. 인터넷중독자는 비중독자들에 비해 더 우울하고 충동적이고 불안하며 공격적이고 자기통제력이나 자존감이 낮으며, 문제해결 및 의사소통 능력이 부족하고, 자극추구성향이나 문제행동을 일으킬 가능성이 높다. 서울 및 수도권 지역에 거주하면서 금연학교에 등록되어 있는 청소년을 대상으로 한 연구결과에 따르면, 불안은 인터넷중독의 중요한 요인으로 나타났다(연영란, 2012). 이 연구에서 인터넷중독 정도가 높을수록 우울과 불안감이 높으며, 불안장애와도 깊은 상관관계를 가지는 것으로 드러났다. 이 결과는 인터넷중독군이 높은 불안감과 죄책감을 가지고 있어 스트레스 상황에서 일반인보다 더 쉽게 우울하거나 불안상태에 빠지기 쉽고 이에 대한 반응으로 인터넷에 더욱 빠르게 빠지게 된다는 사실을 입증했다. 대학생을 대상으로 한 또 다른 연구에서도 인터넷중독 수준이 높을수록 우울, 불안, 충동성이 높은 것으로 나타났다(최은미 외, 2014). 즉, 스필버거의 상태-특성불안 척도를 사용한 대학생의 우울, 불안, 공격성과 인터넷중독과의 관계를 연구한 결과, 남자대학생은 충동성과 불안이 높을수록, 여자대학생은 우울과 충동성이 높을수록 인터넷중독 수준이 증가하는 것으로 나타났다(최은미 외, 2014). 이 연구에서 남녀 대학생 공통적으로 충동성이 인터넷중독을 증가시키는 요인이었으나, 남성의 경우에는 불안이, 여성의 경우에는 우울감이 인터넷중독에 더 많은 영향을 미치는 것으로 드러났다. 고은희와 황성현은 청소년 사이버비행에 미치는 **독립변인**들의 직접적인 효과와 공격성, 우울감, 불안감 등을 매개하여 간접적으로 사이버비행에 영향을 미치는지에 대한 연구결과, 공격성, 우울감, 불안감이 강한 청소년들일수록 사이버상에서 불법다운로드, 해킹, 사이버사기, 사이버폭력 등을 더 많이 저지르는 것으로 나타났다(고은희·황성현, 2015). 한편 한국아동·청소년패널자료를 이용한 황성현과 이강훈의 연구에서는 우울감이 높은 청소년은 부모, 친구, 교사들과의 애착관계가 약하며, 이런 약한 애착관계는 청소년 사이버비행에 직접적인 영향을 미치는 것으로 드러났다(황성현·이강훈, 2017).

불안은 청소년 자살(생각)과도 깊은 관련성을 가진다. 일반적으로 청소년기는 심리적으로 불안정한 시기로서 외부의 자극과 변화에 민감하며 그에 대한 반응 역시 성인들보다 거칠고 충동적이며, 이러한 불안은 자살로 이어질 가능성이 높다. 따라서 불안은 스트레스나 우울과 동반하여 자살위험성이나 자살시도를 할 가능성을 증가시킨다. 국내에서 진행된 연구결과에 따르면, 청소년들은 우울감, 불안성향이 높을수록 자살생각을 더 많이 하는 것으로 나타났다(김갑숙·전영숙, 2012). 이 연구에서 자살에 결정적 영향을 미치는 요인은 우울감과 불안감이었다. 즉, 청소년기에는 학업스트레스와 학교생활 적응에 대한 두려움과 갈등이 불안을 야기하며, 목표를 달성하지 못했을 때 오는 좌절감이 자살로 연결되는 것으로 나타났다. 또 다른 연구에서 청소년 불안감은 자살사고와 밀접한 관련을 가지고 있었다. 전라북도 지역 남녀 중고등학교 8개교를 대상으로 한 경험적 연구결과, 부모에 대해 부정적인 애착관계를 형성한 청소년은 또래관계 또한 부정적이었으며, 불안정한 또래관계는 청소년의 우울과 불안수준에 직접적인 영향을 미쳐 자살사고가 증가될 가능성이 높은 것으로 나타났다(전숙향 외, 2014). 즉, 가정에서 부모와의 불안정한 애착을 형성한 청소년이 또래관계에서 소외와 빈약한 지지를 경험하면 아동기 때 내재화된 내적 작동모델을 통해서 불안과 우울같은 심리적 부적응 상태에 빠지게 되고 결국 자살사고로 이어진다는 것이다. 결론적으로 우울과 불안은 자살사고에 직접적인 영향을 미치며 우울과 불안이 높을수록 자살사고가 높아진다. 외국의 선행연구에서도 우울과 불안은 자살과 깊은 상관관계를 가지는 것으로 알려져 있다(Boden *et al.*, 2007). 우울이 높을수록 자살사고도 높아지며, 자살사고를 가진 청소년들은 높은 수준의 불안을 가진다. 특히 기분장애나 불안장애를 가진 사람들의 자살위험은 훨씬 더 증가한다. 이처럼 우울과 불안이 자살에 밀접한 관련을 가지며 특히 이 두 변인은 청소년 자살을 가장 잘 예측하는 요인으로 알려져 있다.

연습문제

1. 충동성과 공격성 간의 관계를 설명하고 충동성이 어떻게 범죄와 연결되는지 실제적인 사례를 들어 설명해 보아라.
2. 최근 우리 사회에서 발생한 범죄사건 중에서 충동조절장애와 관련이 있는 사건 하나를 예로 들고, 이런 충동조절장애가 왜 그 사건의 중요한 원인이 되는지를 충동성을 중심으로 설명해 보아라.
3. 분노와 공격성 간의 관계를 설명하고, 분노억제, 분노통제, 분노표출이 어떻게 범죄행동과 연결되는지를 실제적인 사례를 들어 설명해 보아라.
4. 분노조절장애와 충동조절장애와의 상관성을 설명하고, 이 두 가지 장애가 범죄와 어떻게 연결되는지를 실제적인 범죄사건 사례를 들어 설명해 보아라.
5. 불안이 증가하면 공격성이 증가하고, 공격성이 증가하면 범죄를 저지를 가능성이 증가하는 실증사례를 통해 불안과 범죄와의 관계를 설명해 보아라.
6. 충동성, 분노, 불안이 범죄에 미치는 영향에 대해 최근 우리 사회에서 발생한 구체적인 범죄사례를 통해 설명해 보아라.

용어설명

독립변인 / 종속변인

독립변인(independent variable)은 어떤 사건의 원인이 되는 변인을 의미하며, 종속변인(independent variable)은 독립변인의 결과가 되는 변인을 말한다. 예를 들면, "비가 많이 와서 강물이 범람했다"라는 명제에서 강물이 범람한 원인은 비가 많이 왔다는 사실이다. 이 때 비가 많이 온 사실이 강물이 범람한 원인이 되므로 독립변인이 되는 것이고, 그 결과 강물이 범람했다는 것이 종속변인이 된다. 어떤 명제나 가설에서 이렇게 인과관계가 성립되기 위해서는 몇 가지 전제조건이 있어야 한다. 첫째, 원인과 결과가 되는 변수는 서로 관련성이 있어야 한다. (위의 예에서처럼) 비가 많이 온 사실과 강물이 범람한 사실은 서로 관련성 있다. 그러나 "비가 많이 와서 학업성적이 떨어졌다"라는 가설을 설정했다면, 이것은 인과관계가 성립 안 되는 비논리적인 문장이다. 왜냐하면 비가 많이 온 독립변인과 학업성적이 떨어진 종속변인 간에는 아무런 관련이 없기 때문이다. 학업성적에 영향을 미치는 독립변인은 학업분량, 교사에 대한 애착도, 학과목에 대한 이해도 등이 될 것이다. 따라서 "하루 중 공부하는 시간이 많을수록 학업성적이 올라간다"라는 가설은 인과관계가 성립되지만, 비와 학업성적 간에는 아무런 관련이 없기 때문에 올바른 가설이 아니다. 인과관계가 성립되기 위한 두 번째 조건으로 원인(독립)변수는 종속변수에 시간적으로 우선해야 한다. 위의 가설에서 독립변인인 비가 많이 온 사실은 종속변인인 강물이 범람한 사실보다 시간적으로 우선해서 발생했다. 반대로 "강물이 범람해서 비가 많이 왔다"라는 가설을 설정한다면, 이 가설에서 인과관계는 성립되지 않는다. 왜냐하면, 강물이 범람한 사실이 비가 많이 온 사실보다 시간적으로 우선하지 않기 때문이다. 세 번째로, 원인(독립)변인과 결과(종속)변수는 상호배타적이어야 한다. 여기서 상호배타적이라는 말은 서로 다른 개념이어야 한다는 사실을 의미한다. 비가 많이 온 원인변수와 강물이 범람한 결과변수는 서로 완전히 다른 의미를 가진 개념이므로 인관관계가 성립이 된다. 그러나 만약 "고학력이면 학벌이 높다"라는 가설을 설정한다면, 여기서 '고학력'이라는 원인변수와 '학벌이 높다'라는 결과 변수는 상호배타적이지 않다. 왜냐하면 고학력과 학벌이 높다라는 개념은 사실 같은 의미를 측정하는 것이기 때문에 상호배타적이지 못하므로 인과관계가 성립되지 않는 것이다. 이처럼 상호배타적이지 않는 가설을 조사방법론에서는 '동의어반복'적 가설, 또는 "동의어반복의 오류를 범했다"고 말한다. 결론적으로 독립변인은 어떤 사건의 원인이 되는 변수를 말하며 종속변수는 그 독립변수의 결과가 되는 변수를 의미한다.

매개변인

매개변인(mediate variable)은 어떤 가설에서 종속변인과의 관계에서는 독립변수의 역할을 하고, 독립변수와의 관계에서는 종속변수 역할을 하는 변수를 의미한다. 즉, 독립변인과 종속변인의 중간다리 역할을 하는 변수를 말한다. 〈그림 3-7〉에서 중간에 위치한 변수인 '공격성'이 매개변수이다. 즉 스트레스 및 긴장, 충동성, 분노, 불안이라는 독립변수와의 관계에서는 공격성이라는 매개변수는 종속변수 역할을 한다. 다시 설명하면, "스트레스 및 긴장이 높을수록, 충동성이 강할수록, 분노감이 높을수록, 불안감이 증가할수록 공격성은 증가한다"라는 가설에서 4가지 독립변수의 결과 공격성이 증가하는 결과를 초래했기 때문에 공격성은 종속변수가 되는 것이다. 그와 동시에 '범죄행위'라는 종속변수와의 관계에서 공격성은 독립변인이 된다. 즉 공격성이 증가하면 증가할수록 범죄행위가 발생하기 때문에 모든 범죄행위의 원인은 인간의 공격성 증가에서부터 출발한다고 볼 수 있다. 또 다른 예를 들어보자. 범죄학에서 생물학적, 유전적 범죄원인론을 주장하는 학자들은 "지능이 낮으면 낮을수록 청소년의 비행율은 증가한다"고 보았다. 즉, 지능이라는 독립변수가 비행율에 직접적으로 영향을 미친다는 사실을 주장했다. 그러나 이런 지능과 비행율과의 관계를 반박한 허쉬(Hirschi)와 힌델랑(Hindelang)의 주장에 따르면(Hirschi & Hindelang, 1977), 지능이 비행율에 영향을 미치는 것은 부인할 수 없는 사실이지만 그 중간에 매개변수인 '학업수행능력' 또는 '학교생활부적응'이라는 매개변수의 역할을 강조했다. 즉, 지능이 낮다는 독립변수가 직접적으로 종속변수인 비행율을 증가시키는 것(낮은 지능 → 비행율 증가)이 아니라 낮은 지능으로 인해 매개변인인 학업수행능력이 떨어지거나 또는 학교생활에 적응하지 못해서 그 결과 종속변수인 비행율을 증가시키게 된다(낮은 지능 → 낮은 학업수행능력 또는 학교생활 부적응 → 비행율 증가)는 것이다. 여기에서 매개변수인 '낮은 학업수행능력' 또는 '학교생활부적응'은 독립변수인 낮은 지능과의 관계에서는 종속변수역학을 하고 그와 동시에 종속변수인 비행율 증가와의 관계에서는 독립변수 역할을 하는 것이다. 이 때 낮은 학업수행능력 또는 학교생활부적응이 매개변수가 되는 것이다.

피해자 없는 범죄

피해자 없는 범죄(victimless crimes)는 범죄는 말 그대로 어떤 범죄사건에서 뚜렷한 피해자가 없는 범죄유형을 의미한다. 일반적으로 살인과 강도 같은 범죄유형은 가해자와 피해자가 뚜렷하게 구별되는 반면, 피해자 없는 범죄에서는 가해자와 피해자가 뚜렷하게 구별되지 않는 특징을 가지고 있다. 예를 들면, 마약범죄, 도박범죄, 성매매 같은 범죄에서 가해자와 피해자는 뚜렷하게 구별되지 않는다. 엄격하게 말하면 가해자가 동시에 피해자가 되거나, 범죄의 피해자가 특정인이 아닌 불특정 다수가 되는 범죄유형을 피해자 없는 범죄라고 한다. 마약범죄나 도박범죄 등에서 마약남용자나 도박범죄자는 그런 범죄행위를 한 본인이 가해자인 동시에 피해자가 되는 것이지, 도박이나 마약범죄로 인해 그 자신이 아닌 특정인이나 제3자가 범죄피해자가 되는 것은 아니다. 성매매범죄도 마찬가지이다. 성매수자가 가해자인 동시에 피해자가 되는 것이기 때문에 피해자 없는 범죄에 속한다.

크론바흐 알파

크론바흐 알파(cronbach α)계수는 설문문항들 간의 내적 일관성을 나타내는 값으로 설문문항들이 동질적인 요소로 구성되어 있는지, 아닌지를 판별하는 계수이다. 예를 들면, 〈표 3-1〉의 무계획적 충동성을 측정하고자 할 때 우리는 '① 일을 착수하기 전에 세밀한 계획을 세운다', '② 여행을 떠나기 전에 장시간을 두고 세밀한 계획을 세운다', '③ 정기적으로 저축을 한다', '④ 어떤 일이든 착수하기 전에 그 안정성을 깊이 고려한다' 등과 같은 설문문항을 만들어 실제 경험적 연구에서 어떤 사람의 무계획적 충동성을 평가하게 된다. 이 때 각 문항들은 '무계획충동성'이라는 추상적 명제를 얼마나 잘 설명하는지를 구체적으로 증명해야 한다. 즉, 위 4가지 문항들은 무계획충동성을 가장 잘 대표하는 문항으로, 선택지가 1=매우 그렇다, 2=그렇다, 3=그렇지 않다, 4=매우 그렇지 않다라는 4점 척도로 구성되어 있다고 가정하자. 여기서 응답자들이 ①번 문항에는 4번, ②번 문항에는 3번을 표시하고 ③과 ④문항에서도 3 또는 4로 표시했다고 가정 했을 때 그 문항들의 내적일관성은 상당히 높게 나타날 것이다. 왜냐하면, 무계획적 충동성이 높은 사람들은 그 정도를 묻는 비슷한 질문에 비슷한 답을 할 가능성이 높으며 여기에서는 대체적으로 '그렇지 않다', '매우 그렇지 않다'라고 답할 가능성이 높기 때문이다. 그러나 우리가 무계획적 충동성을 측정하는 여러 가지 설문문항을 만들 때 무계획충동성과 전혀 관련이 없는 설문문항을 충동성을 측정하는 문항으로 사용한다면 문항들 간의 내적 일관성은 떨어질 것이다. 예를 들면, 충동성을 묻는 문항으로 ⑤ '나는 짜증스럽다', ⑥ '나는 마음이 조마조마하다', ⑦ '나는 극도로 긴장되어 있다' 등과 같은 문항을 사용한다면 내적 일관성은 떨어질 것이다. 왜냐하면 ⑤, ⑥, ⑦은 무계획충동성을 측정하는 문항이 아니라 〈표 3-1〉의 특성불안을 측정하는 문항이기 때문이다. 반대로 특성불안을 측정하는 문항으로 ⑤, ⑥, ⑦을 사용하면서 엉뚱하게도 ①과 ② 등과 같은 질문문항을 함께 사용한다면 특성불안의 내적 일관성은 떨어질 것이다. 왜냐하면 ①과 ②는 특성불안을 나타내는 질문이 아니라 무계획충동성을 나타내는 문항이기 때문이다.

따라서 어떤 추상적 개념인 '무계획충동성'이나 '특성불안'을 측정하기 위해 고안해 낸 질문문항들은 그 문항들 간에 상관관계가 높아야 한다. 다시 말해, 문항들은 서로 비슷한 질문으로 구성되어 있어야 한다. 비슷한 질문으로 구성되어 있을 때 우리는 그 문항들의 내적 일관성이 높다고 평가하며, 그 평가의 기준이 되는 통계계수가 바로 크롬바흐 알파인 것이다. 크롬바흐 알파 계수는 0에서 1의 값을 가지며 1에 가까울수록 내적 일관성이 높은 것으로 평가하며, 0에 가까울수록 내적 일관성이 떨어지는 것으로 평가한다. 일반적으로 내적 일관성이 높다 낮다의 판정 기준값으로 0.6 또는 0.7을 보편적으로 사용한다. 즉, 각 문항들 간의 크롬바흐 알파 계수가 0.6 이하이면 그 문항은 사용하지 않는 것이 좋다. 예를 들면, 특성불안을 나타내는 ⑤, ⑥, ⑦ 간에는 0.6 이상의 크롬바흐 알파값이 나왔는데, 특성불안을 측정하는 문항으로 ①과 ②를 사용했다면 이 값들은 아마 0.6 이하로 나올 가능성이 많다. 따라서 ①과 ②는 특성불안을 측정하는 질문문항에 적합하지 않은 문항으로 판단하고 사용하지 않는 것이 바람직하다. 물론 크롬바흐 알파계수가 0.6 이하로 나올 경우에도 그 문항을 사용하는 경우도 있다. 왜냐하면 크롬바흐 알파계수의 절대적 기준은 없기 때문이다. 즉, 내적 일관성을 파악할 수 있는 크롬바흐 알파계수가 0.2 또는 0.3처럼 아주 낮게 나오지 않는 경우만 제외하고 0.4에서 0.5 정도의 값을 가진다 하더라도 그 문항을 설문문항으로 사용할 수는 있다. 이를 경우, 연구자가 왜 그 문항을 사용했는지를 명확하게 밝힌다면, 그 문항을 사용해도 무방하다. 이를 테면, 다른 선행연구에서는 그 문항의 크롬바흐 알파값이 높게 나타났다거나, 범죄학이나 범죄심리학 이론에서 그 문항은 어떤 특정 개념을 측정하는데 항상 사용되었던 문항이라면 비록 연구자 자신의 자료(data)에서 크롬바흐 알파 값이 낮게 나왔더라도 위와 같은 명확한 이유를 든다면 사용해도 무방하다.

로드레이지

로드레이지(road rage)는 일명 도로 위의 분노라고 지칭되기도 하는데 미국에서 만들어진 용어로 평상시에는 그런 행동을 보이지 않다가도 운전만 하게 되면 자신을 가로막는 앞이나 옆 운전자에게 거칠고 상스러운 욕을 해대거나 난폭한 운전습관을 보이는 행위를 일컫는 말이다. 미국의 경우, 로드레이지로 인해서 실제로 총이나 칼을 빼들어 상대차량 운전자에게 위해를 가하는 사고가 하루에도 수백 건식 발생한다. 우리나라의 경우, 로드레이지는 급출발, 차량추격, 욕설 등으로 상대 차량에 무분별한 위협행위를 하는 것을 말하며, 몇 미터 되지 않는 간격으로 따라오는 찰거머리형, 상향등으로 속도를 재촉하는 쌍라이트형 등이 대표적인 로드레이지 현상이다. 로드레이지 운전자의 분노표출 형태는 다음과 같다(위키피디아, 2015).

1. 급출발, 급정거, 앞차에 바짝 붙기
2. 급차선 변경
3. 차량 추격
4. 헤드라이트, 경적으로 위협
5. 길가에서 차량을 향해 모욕적인 행동
6. 차선을 무시하고 고속으로 주행
7. 창밖으로 무례한 제스처를 취함
8. 창밖으로 욕설을 내뱉음
9. 의도적인 접촉사고 유발
10. 다른 차량을 뒤에서 받음
11. 버스 운전자, 자전거, 보행자를 강제로 세우고 폭행을 가함
12. 다른 차량을 발로 차거나 하는 행동
13. 야구방망이나 총을 가지고 위협
14. 운전 중 다른 차를 향해 물건을 던지는 행동

참고문헌

고은희·황성현. (2015). 청소년의 부정적인 심리요인이 사이버비행에 미치는 영향. 한국경찰학회보, 17(3), 3-25.

김갑숙·전영숙. (2012). 청소년의 우울, 불안과 충동성이 자살생각에 미치는 영향. 한국생활과학회지, 21(5), 903-913.

김규수·김선혜. (2008). 유아의 분노조절 프로그램이 분노와 공격성에 미치는 영향. 열린유아교육연구, 13(1), 301-321.

김상옥·전영자. (2013). 대학생의 자아분화, 자아존중감과 정신건강간의 관계-우울, 불안을 중심으로. 한국생활과학회지, 22(4), 539-558.

김수진·최인령. (2018). 청소년이 지각한 부모양육태도가 분노표현에 미치는 영향. 학습자중심교과교육연구, 18(4), 397-414

김은정. (2000). 사회공포증. 서울: 학지사.

김은희·강승호. (2010). 자존감, 인지적 정서조절전략과 공격성 간의 관계. 교정연구, 47, 119-143.

김정택·신동균. (1978). STAI 의 한국표준화에 관한 연구, 최신의학, 21(11), 69-75.
김종수. (2008). 범죄청소년의 성격차원 성향, 한국콘텐츠학회논문지, 8(10), 268-277.
김진호. (2009). 학교폭력 가해 청소년의 인간 관계적 특성에 관한 연구. 전북대학교 대학원 박사학위논문.
대한불안장애학회 재난정신의학위원회. (2004). 재난과 정신 건강. 서울: 지식공작소.
대검찰청. (2008-2017). 범죄분석. 대검찰청.
대검찰청. (2019). 범죄백서. 대검찰청.
박태영·유진희. (2012). 분노조절문제를 가진 아동에 대한 가족치료 사례연구, 한국가정관리학회지, 30(3), 119-133.
서경희·반지정. (2010). 인지 행동적 조절프로그램이 공격성향이 있는 아동의 분노통제 능력과 또래관계에 미치는 효과, 특수교육재활과학연구, 49(3), 91-108.
선혜민·조은희·박진희·양정하·최지이·신현주·천성문. (2018). 남녀 고등학생의 충동성과 도박행동의 관계에서 비합리적 도박신념의 매개효과, 청소년상담연구, 26(1), 189-205
선혜민·박진희·조은희·신현주·양정하·최지이·천성문. (2019). 고등학생의 충동성과 도박행동의 관계에서 도박동기의 매개효과, 학습자중심교과교육연구, 19(11), 1235-1255.
성지혜. (2000). 빈곤한 조부모손 자녀세대 아동의 우울 및 불안에 관한 연구: 지역사회복지관 서비스 대상자를 중심으로, 이화여자대학교 대학원 석사학위논문.
양재근·서동균·김재현. (2000). 사회체육활동과 청소년의 공격행동, 불안 및 스트레스와의 관계, 한국학교체육학회지, 10, 45-53.
양한나·최미경. (2017). 부부갈등이 청소년의 불안에 미치는 영향: 청소년 부모화의 매개적 역할. Korean Journal of Child Studies, 38(3), 49-63.
연영란. (2012). 흡연청소년의 인터넷중독, 우울 및 불안에 관한 연구, 한국산학기술학회논문지, 13(11), 5364-5371.
오종은·이재연. (2014). 일반청소년과 학교폭력 가해청소년의 불안이 폭력행동에 미치는 영향에 대한 분노 표현양식의 매개효과, 한국가정관리학회지, 32(5), 163-178.
이문자. (2003). 초등학생 집단따돌림 가해행동 생태체계적 변인에 관한 연구. 서울여자대학교 대학원 박사학위논문.
이지영. (2012). 아동의 학업스트레스와 부모의 학습관여행동, 공격성 간의 관계. 이화여자대학교 교육대학원 석사학위논문.
이현수. (1992). 충동성: 특질인가? 증후인가?, 중앙대학교 인문과학논문집, 35, 173-194.
이혜순. (2014a). 청소년의 가족기능, 충동성, 스트레스 수준이 집단따돌림 유형에 미치는 영향, 한국콘텐츠학회논문지, 14(2), 319-329.
이혜순. (2014b). 청소년의 자아존중감, 충동성 및 정신건강이 휴대전화 중독에 미치는 영향, 한국콘텐츠학회논문지, 14(6), 200-210.
임정아·김명식. (2018). 부모양육태도가 스마트폰 중독에 미치는 영향 - 공격성과 충동성의 매개효과 -, 디지털융복합연구, 16(3), 395-405.
장혜원. (2018). 청소년의 특성분노와 반응적 공격성의 관계에서 정서인식명확성과 심리적 수용의 조절효과. 이화여자대학교 심리학과 석사논문.
전겸구·한덕웅·이장호·Spielberger, C. D. (1997). 한국판 STAXI 척도 개발: 분노와 혈압. 한국심리학회지: 건강, 2(1), 60-78.
전숙향·은헌정·최말례·김병조·김태형(2014). 부모애착과 또래애착이 청소년의 자살사고에 미치는 영향: 우울과 불안의 매개효과, 신경정신의학, 53(4), 246-253.
정윤주. (2004). 아동이 지각한 어머니의 심리적 통제와 아동의 행동문제: 아동의 성과 또래 수용도의 중재효과에 대한 탐색, 아동학회지, 25(6), 205-223.
정지윤·황현국. (2016). 건전한 카지노 문화의 정착을 위한 도박중독과 충동성에 관한 이해, 한국엔터테인먼트산업학회 학술대회 논문집, 27-35.
조은경. (1997). 충동성과 공격성향이 강력범죄에 미치는 영향, 형사정책연구, 8(2), 125-178.
최은미·신점란·배재홍·김명식. (2014). 대학생의 우울, 불안, 충동성, 공격성과 인터넷중독과의 관계-자아 탄력성의 조절효과, 한국콘텐츠학회논문지, 14(8), 329-341.
최정윤·박경·서혜희. (2015). 이상심리학. 서울: 학지사.
황성현·이강훈. (2017). 사이버비행에 영향을 미치는 청소년들의 심리요인 분석, 사회과학연구, 24(1), 157-175.

Alavi, S. S., Maracy, M. R., Jannatifard, F., & Eslami, M. (2011). The effect of psychiatric symptoms on the internet addiction disorder in Isfahan's University students. *Journal of Research in Medical Sciences*, 16(6), 793-800.

Barratt, E. S. (1983). The biological basis of impulsiveness: The significance of timing and rhythm disorders. *Personality and Individual Difference*, 4(4), 387-391.

Boden, J. M., Fergusson, D. M., & Horwood, L. J. (2007). Anxiety disorders and suicidal behaviors in adolescence and young adulthood: Findings from a longitudinal study. *Psychological Medicine*, 37(3), 431-440.

Cleckley, H. C. (1976). *The Mask of Sanity*. Mo: Mosby.

Eysenck, S. B., & Eysenck, H. J. (1977). The place of impulsiveness in a dimensional system of personality description. *British Journal of Social Clinical Psychology*, 16(1), 657-685.

Eysenck, H. J., & Eysenck, S. B. G. (1985). *Personality and individual difference: A natural science approach*. NY: Plenum Press.

Gerbing, D. W., Ahade, S. A., & Putton, J. H. (1987). Toward a conceptualization of impulsivity: Components across the behavioral and self-report domains. *Multivariate Behavioral Research*, 22(3), 357-379.

Gray, J. A. (1987). Perspectives on anxiety and impulsivity: A commentary. *Journal of Research in Personality*, 21(4), 493–509.

Hirschi, T., & Hindelang, M. J. (1977). Intelligence and delinquency: A revisionist review. *American Sociological Review*, 42, 571-587.

Holliday, H. (2000). Hooked on the net. Psychology Today, 33(4), 10-20.

McLeod, B. D., Wood, J. J., & Weisz, J. R. (2007). Examining the association between parenting and childhood anxiety: A meta-analysis. *Clinical psychology review*, 27(2), 155-172.

Mitchell, P. L. (2000). Internet addiction: Genuine diagnosis or not?. Lancet, 355(9204), 632-641.

Moffitt, T. E. (1993). Adolescence-limited and life-course-persistent antisocial behavior: A developmental taxonomy. *Psychological Review*, 100(4), 674-701.

Nanda, M. M., Kotchick, B. A., & Grover, R. I. (2012). Parental psychological control and childhood anxiety: The mediating role of perceived lack of control. *Journal of Child and Family Studies*, 21(4), 637-645.

Quartana, P. J. & Burns, J. W. (2007). Painful consequences of anger suppression. *Emotion*, 7(2), 400-414.

Slopen, N., Fitzmaurice, G. M., Williams, D. R., & Gilman, S. E. (2011). Common patterns of violence experiences and depression and anxiety among adolescents. *Comprehensive Psychiatry*, 52(6), 14-15.

Spielberger, C. D. (1970). Manual for the State-Trait Anxiety Inventory. Palo alto, CA: Consulting Psychologist Press.

Spielberger, C. D. (1988). State-trait expression inventory(STAXI). *Odessa, Fl: Psychological Assessment Ressources*.

Spielberger, C. D., Krasner, S. S., & Solomon, E. P. (1988). The experience, expression, and control of anger. In Individual differences, stress, and health psychology (pp. 89-108). Springer, New York, NY.

Young, K. S. (1998). Internet addiction: The emergence of a new clinical disorder. *Cyberpsychology & behavior*, 1(3), 237-244.

Young, K. S. (1999). Internet addiction: Evaluation and treatment. *Student British Medical Journal*, 12: 351-352.

경향신문. (2018) '분노조절장애' 등 충동장애로 한해 6000명 병원 찾는다···20~30대가 절반. 경향신문 2018년 4월 17일자.

뉴시스. (2017). '화 못참는' 분노조절장애 범죄 급증···성장기 환경 원인. 뉴시스 2017년 6월 19일자 기사 사회면.

위키백과. (2020). 위키피디아 홈페이지: http:/ko.wikipedia.org.

중앙일보. (2017) "날 추월해?" 보복운전으로 차 전복시키고 블랙박스 버린 50대. 중앙일보 2017년 11월 6일자 사회면.

MBC 뉴스 (2014). 정신질환 범죄자 거리에 방치... 부실한 관리. 뉴스데스크 2014년 3월 7일자.

04

범죄심리학 이론 I

범죄학이론인 고전이론, 사회학적 이론, 생물학적 이론들은 범죄행위를 설명하기 위한 분명한 목적을 가지고 발전한 반면에, 대부분의 일반심리학적 이론들은 범죄행위 자체에 특별한 관심을 가지고 체계화된 것은 아니다. 엄격하게 말하면 범죄자의 심리를 밝히기 위해 개발되고 발전된 범죄심리이론은 아직까지 존재하지 않는다고 할 수 있다. 범죄심리학에서 사용되는 이론의 대부분은 범죄학이론에서 발전한 것들이다. 즉, 범죄학이론에서 개인의 심리적 차원을 접목시켜 차용하든지 아니면 일반심리학이론에서 발전된 이론을 범죄현상에 접목시켜 사용하고 있는 실정이다. 그럼에도 불구하고 범죄심리이론은 범죄행위의 원인을 크게 두 가지 측면인 개인과 개인이 처한 환경을 설명하는 개인환경적 이론으로 구분할 수 있다. 범죄행위의 원인을 개인에 두는 범죄심리이론은 주로 일반심리학에 그 이론적 뿌리를 두고 있다. 반면에 개인이 처한 환경과의 상호작용에서 그 원인을 밝히려는 개인환경적 이론은 범죄학이론에 그 뿌리를 두고 있다. 이 장과 다음 장에서는 개인심리학적 이론과 개인환경적 이론을 집중적으로 설명하고자 한다. 먼저 이 장에서는 전통적인 심리학이론으로 발전한 정신분석이론, 성격이론, 인지이론 등을 중심으로 범죄자의 심리적 특성을 살펴볼 것이다. 그리고 다음 장에서는 범죄학이론 중에서 개인환경적 원인을 강조하는 여러 이론들을 중심으로 범죄자의 심리적 특성을 고찰할 것이다.

01 범죄원인의 설명

범죄심리학은 비교적 최근에 시작된 학문이기 때문에 그 이론적 뿌리가 미약하다. 일반적으로 범죄행위의 설명은 사회학적 상상력에 뿌리를 둔 범죄학에서 출발했다. 그러나 현대 사회에서 발생되는 각종 유형의 범죄행위와 새로운 형태의 범죄유형을 기존의 범죄학이론으로 충분히 설명하기 힘든 것도 사실이다. 범죄행위의 원인을 개인심리학적 차원과 개인환경적 차원에서 설명하려는 정교화된 범죄심리학이론의 개발이 절실한 실정이다. 어떤 학문이 독자적인 연구영역을 가지려면 그 학문을 설명하는 기초적인 이론이 존재해야 한다. 심리학이나 범죄학은 그런 의미에서 독자적인 연구영역을 확보한 학문체계이다. 심리학은 수백 년에 걸쳐 많은 심리학자들의 노력 덕분에 한 인간이 사회구성원들과 사회적 상호작용을 하는 과정에서 발생하는 인간의 다양한 심리현상을 잘 설명할 수 있는 이론들을 개발하고 발전시켰다. 범죄학 또한 19세기에 고전주의와 실증주의 사상을 중심으로 발전하여 20세기 초에 미국에서 그 꽃을 피웠다. 초기 미국의 범죄학은 사회학이 지배하는 실증주의 학문으로서 사회적 환경이 범죄의 원인이라고 주장하는 시카고학파를 중심으로 발전했다. 그 후에 미국의 범죄학이론은 개인의 생활환경을 강조하는 개인 환경(미시)이론과 사회 환경을 강조하는 사회 환경(거시)이론으로 나뉘어 발전했다. 1990년대 이후에는 인간의 발달과정을 고려하여, 범죄자의 어릴 때 가정환경이 어떠했는지, 언제 범죄를 시작했는지, 그리고 그들이 성장하면서 어떠한 이유로 범죄를 지속하는지, 혹은 중단하는지에 관심을 갖는 종단적 연구(longitudinal study)와 이론으로 그 연구영역을 확대하고 있다.

그럼 왜 범죄심리학은 아직까지 독자적인 학문영역을 확보하지 못했는가? 범죄심리학이 과학으로 인정받기 위해서는 범죄를 저지르는 각 개인의 행위를 과학적으로 설명해야 한다. 즉, 미시적, 개인적 차원에서 왜 어떤 사람은 범죄를 저지르고 또 다른 사람은 동일한 환경과 조건하에서 범죄를 저지르지 않는가를 논리적으로 설명할 수 있어야 한다. 만약 범죄심리이론이 과학적 방법을 이용하여 범죄현상을 설명한다면 범죄를 설명하는 과정 또한 과학적이어야 하며, 과학적 기준에 의해서 평가되어야 한다. 범죄의 개인적, 심리적 원인을 어떻게 논리적으로 잘 설명할 수 있을까? 그 해답으로 범죄학자들은 범죄원인을 밝히는 데 과학적 이론을 사용한다. 과학적 이론은 논리적이어야 하며 경험적으로 검증 가능해야 한다. 베비(Babbie)는 "비록 논리적 설명이라 하더라도 경험적 사실과 다를 수 있기 때문에 이론에서 논리성만으로는 충분하지 않다"고 주장했다(Babbie, 1989). 이것은 과학적 이론이 결코 직관이나

CASE in USA

미란다 바버(Miranda Barbour)는 2013년 11월 11일, 온라인 생활정보 사이트 '크레이그리스트'에 돈을 주면 친구가 되어 주겠다는 광고를 올린 후 그 광고를 보고 연락해온 트로이 라페라라를 살해하였다. 그녀는 펜실베니아 주 선버리 인근 도시의 쇼핑몰에서 라페라라를 차로 픽업했고 그녀의 남편인 엘리트 바버(Elytte Barbour)는 미리 차량 뒷좌석 담요에 숨어 있다가 라페라라가 조수석에 앉자마자 끈으로 그의 목을 졸랐으며 미란다는 라페라라에게 수십 차례 흉기를 휘둘렀다. 그녀는 특정인이 아닌 누군가를 죽이고 싶어 생활정보 사이트에 친구가 되어주겠다고 광고를 올렸으며 50~850달러를 받고 함께 저녁을 먹어주거나 산책을 하는 친구 역할을 하는 등 범행대상을 계속 물색하였다. 미란다는 4세부터 삼촌에게 지속적인 성적 학대를 받아왔으며 13세일 때, 악마숭배조직에 가입한 남자에게 성폭행을 당한 후, 살인하고 싶다는 욕구가 계속되었다고 고백했다. 그녀는 13세부터 정신분열증, ADHD, 우울증을 앓고 있었으며 살인행각 전까지 여러 번 자살을 시도한 것으로 드러났다. 그녀는 삼촌에게 성적 학대를 당하면서부터 슈퍼 미란다(Super miranda)라는 그녀 자신을 지키기 위하여 남을 해치기 위한 정체성을 형성하였다. 미란다와 엘리트는 2014년 9월 18일, 가석방 없는 종신형을 선고받았다.

종신형을 선고받은 후 수감되는 미란다와 엘리트 바버: Miranda & Elytte Barbour

상상에 그 뿌리를 두고 있다는 말이 아니다. 만약 범죄심리학자들이 직관이나 상상을 경험적으로 검증할 수 있다면 우리 사회에서 발생하는 범죄현상을 좀 더 정확하게 파악할 수 있을 것이다. 경험과 관찰은 과학적 이론 개발의 시발점이다. 이런 연구방법을 **귀납적 이론구성**이라 하는데, **귀납적 방법**에서 이론은 체계적 관찰과 데이터분석을 통해 이루어진다. **귀납적 방법**에서 가장 중요한 것은 이론들이 경험적 관찰을 통해 구체적으로 검증되어져야 한다는 것이다.

범죄심리학에서 인간의 범죄성을 잘 설명할 수 있는 이론은 무엇이며, 어떤 이론이 가장 좋은 것인가? 어떤 범죄심리이론이 '좋은 이론(good theory)'으로 평가받는가? 이 질문에 대답하기 위해 이 장에서는 이미 독자적인 학문영역을 구축한 범죄학 이론에서 그 답을 찾고자 한다. 즉, 범죄학이론의 구체적인 예를 들어가면서 범죄심리학이 과학적 이론으로 발전할 수 있는 조건들을 설명하고자 한다. 아직까지 범죄심리학으로 대표되는 과학적 이론이 존재하지 않기 때문에 범죄학 이론들이 어떤 과

CASE in Korea

1994년에 태어난 윤○○은 2012년 발생한 살인사건의 피의자이다. 2012년 4월 30일 공범 이○○, 홍○○와 함께 서울 서대문구 창천동 소재 바람산 공원으로 피해자를 유인해 준비한 흉기로 40여 차례 찔러 살해하고 범행장소에서 5~6m 떨어진 숲속으로 끌고 가 유기하였다. 그는 범행 당일까지 피해자와 일면식도 없었고, 피해자를 죽여야 할 객관적인 동기도 부족했다. 하지만 피해자가 자신의 친구인 공범들을 괴롭히는 것을 보고 의분을 느꼈으며, 피해자가 공범들에게 자신의 잘못을 사과하겠다고 말해놓고서 막상 이리저리 말을 돌리고 합리화 하는 모습에서 중학시절 집단 따돌림과 괴롭힘을 당할 때 도와주겠다고 말하며 접근한 뒤 나중에 배신했던 친구들의 모습을 발견하고 미운 감정이 들었다고 한다.

윤○○은 초·중등학교 시절 심한 집단 따돌림과 금전갈취, 폭행 등을 당한 이후 지속적인 울분, 무력감, 자기 모멸감 등을 느꼈으며, 고등학교 2학년 무렵부터 이러한 자신을 바꾸어 보고자 하는 생각에 인터넷상에서 오고가는 대화에서 자신이 마치 대단히 능력 있고 다양한 경험을 소유하고 있으며 용감한 사람인 것처럼 행세했다. 평상시의 나약한 실제의 자신과는 달리 다른 이미지로 행세하면서 인터넷 채팅을 통해 사람들의 고민을 들어주고 자신의 본모습을 모르는 사람들로부터 존경과 동경을 받는 것에 쾌감과 보람을 느꼈다고 한다. 그는 공범 홍○○이 심적인 고통을 호소할 때마다 자신을 '유능하고 용감한 오빠'로 행세하며 고민을 들어주며 급기야 자신이 대신 피해자를 처리해주겠다는 식의 발언을 하기에 이르렀다. 이를 진지하게 받아들인 공범 홍○○이 그가 피해자를 살해해주겠다고 말했다고 전파하며 그는 이 살인계획에서 중요한 역할을 맡게 되었다. 자신의 역할이 생기고부터는 자신이 구축해 놓은 믿음직하고 유능한 이미지를 망칠수가 없어 발을 빼지 못하고 결국 살인에 동참하게 된 것이다. 범행 장소에서 이○○이 피해자를 칼로 찌르는 동안 그는 피해자가 도망가지 못하게 잡고 있었고 피해자 사망 후 사체를 유기하였으며 공범 이○○으로부터 칼을 넘겨받아 이미 죽은 피해자의 뒷목을 한 차례 더 찔렀다. 그는 피해자가 살아나 경찰에 신고할까 두려워서 이 같은 행동을 했다고 한다.

그의 아버지는 군 부사관으로 7년간 복무하였고 전역 후 신문사 기능직 직원으로 일하다 건설업에서 일했으나 몇 차례 부도 후 건설현장을 돌아다니며 일을 하고 있지만 일감이 많지 않아 집에서 보내는 시간이 많았다. 성실하지만 과묵하여 가족들과의 대화가 거의 없는 편이었다. 그의 어머니는 물건은 항상 제자리에 있어야 직성이 풀릴 정도로 깐깐하고 윤○○의 유년기 시절에는 체벌도 자주 하는 등 윤○○에게 과도한 기대를 했고, 칭찬에 인색했다. 그의 부모는 어머

학적 구성요소를 가지고 발전했는지를 대신 살펴봄으로써 범죄심리학의 발전 조건을 제안하고자 한다. 범죄심리학이 과학적 이론으로 증명받으려면 이론의 우수성을 보장받을 수 있는 몇 가지 중요한 기준을 충족시켜야 한다. 만약 어떤 범죄심리학이론이 '과학적'이라고 말할 수 있으려면 과학적 평가기준에 의해 평가받아야 한다. 과학적 평가기준에서 가장 중요한 것은 경험적 타당성이다. 물론 경험적 타당성 외에 또 다른 기준들도 중요하다. 그것은 논리적 일관성(logical consistency), 개념의 명확성(conceptual clarity), 범위(scope)와 정확성(accuracy), 간결성(parsimony), 검증가능성(testability), 경험적 타당성(empirical validity), 규칙성(regularity), 유용성(usefulness)과 정책적 함의(policy implications) 등이다(Akers *et al*., 2016).

니가 십여 년 전 다단계 판매업에 투자했다가 거액의 빚을 지게 된 일과 종교생활을 이유로 거의 매일 부부싸움을 벌여 불안한 가정 분위기를 형성해왔다. 아버지의 일정하지 않은 수입으로 생활하며 2010년에는 어머니의 유방암 치료로 경제적 어려움을 겪고 있었다.

초등학교에 진학한 그는 소극적인 성격과 작은 체구로 인한 열등감, 심한 말더듬으로 친구를 잘 사귀지 못했다. 초등학교 3학년부터는 근거없는 악평을 하고 여학생들로부터 무시 당하기 시작했으며 집단 따돌림을 당했다. 친구들로부터 돈을 빼앗기거나 구타를 당하고, 심지어 썩은 우유와 톱밥을 뿌려대는 등 지속적으로 괴롭혔다. 하지만 아버지가 하던 건설재하청업이 부도가 나 매일 채권자들이 집으로 찾아오는 상황에서 부모님에게 고통을 호소할 수 없었고, 누나도 동생을 바보 같다고 미워해 가족 내에서 상담할 사람이 없었다. 담임교사에게 괴로움을 호소하였지만 대수롭지 않게 여기며 별다른 조치를 취해주지 않아 충격을 받았다. 그 이후 어른을 믿지 못하고 힘든 일이 있어도 속으로 삭이게 되었다. 중학교 때도 이러한 따돌림이 계속 되었고 감당하기 어려운 수위의 폭행을 당하기도 했다. 계속해서 밀려오는 자괴감과 자기혐오의 감정에 시달리며 지속적으로 자살 충동을 느꼈고, 자살을 결심하고 고층아파트에 올라간 적도 있었으나 가족의 얼굴이 떠올라 그만두었다고 한다.

고등학교에 진학하면서 집단따돌림은 없어졌다. 친구도 생겼지만 사람에 대한 불신과 과거의 기억으로 마음을 터놓고 지내지 못하고 피상적인 교류만 했다. 가정형편은 더욱 어려워 졌고, 부모의 싸움은 그칠 줄을 몰랐다. 그는 현실에서 위안처가 없자 인터넷에서 돌파구를 찾기 시작한다. 그는 컴퓨터와 스마트폰을 이용하여 일본과 미국의 잔인하고 선정적인 대중문화에 심취하였다. 하루 종일 스마트폰으로 일본 사이트에 접속하여 노래를 듣고, 잔혹하고 엽기적인 만화에 나오는 특정 캐릭터를 좋아하였다. 이 캐릭터는 전쟁에 참전한 후 전쟁에서 겪은 참혹한 기억으로 이중인격자가 되어 평상시에는 온순하고 선량하나 전쟁의 기억이 떠오르는 상황에서는 살인마로 변하여 자신의 주변 인물들을 잔혹하게 살해하는 인물이었다. 자신의 인터넷 아이디로 이 캐릭터의 이름을 사용할 만큼 자신을 이 캐릭터에 대입시키기도 했다. 그는 인터넷에서 사귄 사람들과 스마트폰을 이용하여 교류하며 점차 현실적 사고능력을 잃어갔다. 심지어 학창시절 자신을 괴롭혔던 김○○이 보낸 자객에게 매일 밤 습격을 당했다는 등 망상장애와 같은 불안한 정신세계를 형성하게 되었다. 이런 왜곡된 자아 속에서 유아적 영웅심리에 사로잡혀 살인까지 저지르게 된 것은 아닐까?

(1) 논리적 일관성과 개념의 명확성

논리적 일관성(logical consistency)과 개념의 명확성(conceptual clarity)은 이론적 명제가 범죄현상의 개념을 명확하게 규정해야 하며, 논리적으로 기술되어 있어야 하고 개념들 간의 논리가 일관성을 내포하고 있는 것을 의미한다. 비록 범죄심리이론이 범죄현상에서 취득한 경험적 데이터의 바탕 위에서 개발된다 하더라도 논리적, 개념적 가설(가설은 제2장의 용어설명 참조)이 틀리거나 명확하지 않으면 이론으로서의 가치가 반감될 수 있다. 예를 들면, 우리가 '남성성(masculinity)'과 '여성성(femininity)'이란 개념을 문화적으로 획득된 후천적인 것이 아니라 선천적, 생물학적인 것으로 정의한 후, 남자청소년의 약탈적인 폭력행위가 그런 남성성을 대표하는 것이라는 가설을 받아들인다면 대부분의 남자청소년들 사이에서 그런 폭력적 행위가 나타나야 한다. 물론 현대 사회에서 남성의 범죄율은 여성에 비해 약 8~9배 정도 높다. 남성의 범죄율이 여성보다 높은 이유는 여러 가지가 있지만, 생물학적, 선천적 요인보다는 후천적, 사회 문화적, 환경적 요인도 무시할 수 없다. 헤이건(Hagan)은 범죄율의 성별 차이를 **권력통제이론**(power-control theory)으로 설명한 범죄학자로 유명하다. 헤이건의 연구에 따르면, 가부장적 가정환경에서 자란 딸은 부모로부터 지나친 통제를 받기 때문에 여자아이의 범죄율이 남자에 비해 낮게 나타난다고 주장했다. 그에 반해 평등한 가정에서 자란 여자아이의 비행은 남자아이의 비행과 매우 비슷한 수준일 것으로 예측했다(Hagan *et al*., 1987). 물론 모든 경험적 연구가 헤이건의 **권력통제이론**을 지지하지는 않지만, 성별 차이의 범죄율 비교를 가장 설득력 있게 설명한 이론으로 **권력통제이론**이 상당한 경험적 지지를 받았다. 따라서 성별의 범죄율 차이를 선천적, 생물학적으로 설명한다면 이론의 논리적 일관성에 위배된다. 왜냐하면 생물학적 입장을 받아들이게 되면 논리적으로 모든 남자아이들의 범죄율은 항상 여자 아이들의 범죄율보다 높아야 하기 때문이다. 논리적 일관성에 대한 또 다른 예로, 뒤르켐(Durkheim)의 이기적 자살을 들 수 있다. 개신교도들은 가톨릭교도들보다, 미혼자들은 기혼자들보다, 전문직에 종사하는 사람들은 노동자계층보다 개인주의 성향이 더 강하기 때문에(사회적 통합 정도가 약하기 때문에) 개신교도는 가톨릭교도들보다, 미혼자들은 기혼자들보다(특히 자녀를 둔 기혼자들), 그리고 전문직이나 고학력자들은 노동계층이나 저학력자들보다 자살률이 높을 것이라고 주장한다. 따라서 뒤르켐의 자살론은 사회적 통합정도에 따라 자살률이 달라진다는 논리적 일관성을 갖춘 '좋은 이론'으로 평가받는 것이다.

(2) 범위, 간결성과 정확성

범죄심리이론에서 범위(scope)는 이론이 설명할 수 있는 범죄현상의 넓이와 깊이를 의미하며, 간결성(parsimony)은 이론의 구조가 단순한 것을 말한다. 이론의 범위와 간결성은 서로 밀접한 관계가 있다(Akers *et al*., 2016). 범죄이론이 가장 적은 가설이나 이론적 명제로 많은 유형의 범죄현상을 광범위하게 설명할 수 있다면 '좋은 이론'으로 평가받는다. 예를 들면, 머튼(Merton)의 아노미이론은 '문화적 목표'와 '제도적 수단' 간의 불일치 때문에 범죄가 발생한다고 보는데 이 이론은 범위와 간결성을 충족시킨 좋은 예이다(머튼의 아노미이론은 제2장의 용어설명을 참조). 문화적 목표와 제도적 수단이라는 가장 적은 개념(parsimony)으로 모든 범죄유형(scope)을 설명할 수 있기 때문이다. 적은 수의 명제나 가설로 복잡하고 많은 범죄현상을 설명하는 아노미이론에서 비록 '문화적 목표'와 '제도적 수단'이란 개념을 경험적으로 증명하기 힘든 추상적 개념이지만 이 이론은 '좋은 이론'으로 평가받는다. 경험적 검증이 이론의 예측가능성, 인과성, 정확성을 확보하는 데 좋은 방법이긴 하지만 '좋은 이론'은 가능한 다양한 범죄현상을 다른 이론들보다 훨씬 폭넓게 설명할 수 있어야 한다(scope). 예를 들면, 해체된 가정에서 자란 아이들의 범죄율이 일반 가정의 아이들보다 높다는 이론보다는 경제적 불평등에 대한 거시적, 사회 환경적 범죄이론이 훨씬 더 많은 범죄원인 변수를 설명할 수 있다. 경제적 불평등에 대한 이론은 결혼과 가족관계의 해체뿐만 아니라 그 가정에서 자란 아이들의 높은 범죄율을 함께 설명할 수 있으므로 이 이론이 더 많은 범죄현상을 설명하는 셈이다. 주로 사회 환경적 범죄이론이 이런 부류의 이론에 속한다. 사회 환경적 거시이론에는 파슨즈(Parsons)의 **구조기능주의(structural functionalism)**에 입각한 이론과 마르크스(Marx)의 주장에 이론적 뿌리는 내리고 있는 **갈등주의이론(conflict theory)**으로 크게 나뉘는데 양쪽 모두 경제적 불평등을 범죄원인으로 설명한다. 범죄이론의 범위(scope)에 관련된 또 다른 예로 갓프레드슨과 허쉬(Gottfredson & Hirschi)의 범죄일반이론(general theory of crime)을 꼽을 수 있다(범죄일반이론은 제5장에서 설명할 것이다). 갓프레드슨과 허쉬의 주장에 따르면, 범죄일반이론은 어떤 특정한 범죄유형이나 문화권에만 한정되어 설득력을 갖는 것이 아니라 범죄의 모든 유형을 잘 설명할 수 있을 뿐만 아니라 모든 문화권에 적용될 수 있다는 점을 강조한다(Gottfredson & Hirschi, 1990). 한편 정확성(Accuracy)은 이론이 실제 범죄현상에서 발생하는 경험적 사실과 얼마만큼 부합하느냐를 판단하는 개념이다. 이론과 범죄현상의 실제가 부합하지 않는다면 범죄현상을 예측할 수가 없게 된다(Curran & Renzetti, 1994). 예를 들면, 현대 사회에서 청소년의 비행 및 범죄행위는 해체된 가정의 결과라고 주장한다면 해체된 가정에서 자란 청소년들은 다른 청소년들에 비해 범죄를 저지를 가능성이 훨씬 높다는 범죄예측을 할 수 있어야 한다.

(3) 검증가능성

'좋은 이론'으로 평가하는 또 다른 잣대로 검증가능성(testability)을 들 수 있다. 어떤 이론들은 너무 추상적이거나 개념적 가설이 명확하지 않아 경험적으로 검증하기 힘들 수 있다. 이론적 명제가 추상적인 것은 바람직한 현상이다. 범죄이론에서 추상적인 명제는 그 범죄이론이 설명할 수 있는 범죄 현상의 범위(scope)를 넓힐 수 있기 때문에 오히려 바람직하다. 그러나 이론의 가설과 명제가 추상적이라 하더라도 '좋은 이론'으로 평가받기 위해서는 반드시 경험적으로 검증가능 해야 한다. 예를 들면, 프로이트(Freud)의 정신분석이론에서 범죄는 아주 어린 시절 정서적 발달과정에서 나타난 장애와 비정상 때문에 발생하는 것으로 보았다. 그것은 단지 원초자아(id), 자아(ego), 초자아(superego) 사이에서 발생하는 심리적 갈등의 증후라는 것이다. 이러한 갈등은 비정상적 성장이나 본능의 통제, 부모에 대한 초기의 잘못된 관계, 정서적 발달 단계에서의 **고착(fixations)**, 억압된 성과 죄의식 때문에 발생한다고 파악한다. 여기서 프로이트의 이론의 가장 큰 단점은 중요 개념을 경험적으로 검증하기 힘들다는 것이다. 예를 들면, 인간의 자아를 원초자아, 자아, 초자아로 나누었는데 어떤 부분이 원초자아인지, 어떤 부분이 초자아인지를 경험적 자료를 통해 구분하기 힘들다는 것이다. 범죄자의 동기는 무의식에 의존한다고 주장하는 것 또한 경험적으로 검증하기 힘들다. 왜냐하면 무의식은 인간의 알려지지 않은 깊은 내면에 숨겨져 있기 때문에 직접적으로 검증할 수 있는 방법이 없기 때문이다. 즉, 범죄학자들은 정신분석학적 범죄이론의 중요 개념들(리비도, 초자아, 무의식 등)을 경험적으로 측정하기 힘들 뿐만 아니라 범죄현장에서 구체적으로 검증하기 힘들기 때문에 좋은 이론으로 평가하지 않는다.

이론적 개념이 관찰가능하거나 기록 가능한 사건에 의해 측정되지 않는다면 그 이론을 검증할 수 없다. 다시 예를 들면, 머튼의 아노미이론에서 문화적 목표와 제도적 수단 간의 불일치가 심하면 일탈율(deviance rate)이 높다는 가설은 검증하기 힘들다. 비록 머튼의 이론이 문화적 목표와 제도적 수단이라는 가장 적은 개념(parsimony)으로 모든 범죄유형(scope)을 설명할 수 있는 좋은 이론에 속하지만, 일탈률을 계산할 수 없다는 단점을 가지고 있다. 즉, 공식적 범죄율은 산출될 수 있는 수치지만 모든 일탈률을 계산하는 것은 현실세계에서 불가능하다. 또한 목표와 수단 간의 불일치라는 의미는 특별히 모호하여 측정하기 불가능하다. 비록 사회학적 관점에서 출발한 범죄이론일지라도 경험적으로 검증하기 힘들면 '좋은 이론'이라 할 수 없다. 서덜랜드(Sutherland)의 차별접촉이론(differential association theory)이 그 좋은 예이다(차별접촉이론은 제5장에서 설명할 것이다). 차별접촉이론이 현대 범죄학계에 미친 영향은 상당하지만 가장 큰 이론적 결함으로 지적되는 것이 경험적으로 이 이론을 검증하기 불가능했다는 것이다. 이 이론에서 각각의 개념은 너무 추상적이고 모호해서 경험적으로 측정하기 불가능했으며, 특히 이론에서 가장 중요시하는 범죄를 학습하는 과정이 모호하게 설명됐기 때문에 검증하기 힘든 이론으로 그 당시에는 알려져 있었다. 서덜랜드이론의 단점을 보완하기 위해 에이커스(Akers)는 차별접촉이론을 경험적으로 검증할 수 있는 이론으로 중요 개념들을 조작화하여 사회학습이론(social learning theory)으로 발전시켰다(사회학습이론 또한 제5장에서 설명할 것이다). 서덜랜드의 이론을 검증 가능한 이론으로 한 단계 승격시킨 에이커스는 범죄를 학습하는 과정을 명확하게 밝힌 조작적 정의(조작적 정의는 제2장의 용어설명을 참조)를 개발했으며, 일반적 학습 기제를 '차별적 강화(differential reinforcement)'라는 개념으로 구체화시켰다(Akers *et al.*, 2016). 검증가능성에 대한 또 다른 대표적 예를 갓프레드슨과 허쉬의 범죄일반이론에서도 찾을 수 있다. 갓프레드슨과 허쉬는 범죄일반이론에서 모든 형태의 범죄와 일탈행위는 기회가 주어졌을 때 발생하는 각 개인의 낮은 자기통제력(low self-control)의 결과로 설명했다(Gottfredson & Hirschi, 1990). 그들이 1990년에 저서를 통해 범죄일반이론을 발표했을 때, 낮은 자기통제력을 설명하는 개념적 정의를 제공하지 못했다. 오히려 1993년에 일련의 범죄학자들이 범죄일반이론을 경험적으로 검증하기 위해 낮은 자기통제력을 설명하는 6가지 주요 개념으로 단순작업선호(simple tasks), 위험추구경향(risk-seeking), 육체적 활동선호(physical activities), 충동성(impulsivity), 자아중심성(self-centered), 급한 성미(temper)를 주장했다(Arneklev *et al.*, 1993; Grasmick *et al.*, 1993). 이 6가지 주요 개념을 조작화한 조작적 정의 덕분에 자아통제이론은 지금까지 경험적으로 광범위하게 검증되고 있다.

검증가능성의 또 다른 측면으로 '좋은 이론'은 경험적으로 반증(falsification)될 수 있어야 한다. 어떤 이론이 현재 우리 사회의 범죄현상을 설명하는 데 유용하다 할지라도 상황이 바뀌면 반증된다. 반증(falsification)이란 말은 기존의 이론을 반박하는 어떤 새로운 사실이 밝혀진다면 기존의 이론을 폐기하고 새로운 이론을 채택할 수 있는 가능성을 의미한다. 이론을 검증하기 위해서는 반증(falsification)은 필수적이다. 예를 들면, 인간의 가치나 종교적 믿음에 대한 주장은 반증할 수 없기 때문에 그런 주장이나 이론은 과학적인 이론이라 할 수 없다. 또한 이론의 개념이나 가설이 **동의어반복(tautology)**을 내포하고 있다면 그런 이론은 검증할 수 없다. 예컨대, 인간의 열등성(inferiority)에 관한 **후튼(Hooton)**의 이론은 한 인간이 가진 생물학적, 생리학적인 특질(traits)이란 점에서는 논리적으로 문제되지 않는다. 그러나 **후튼의 열등성이론**에서 과연 무엇이 이런 특질을 열등하게 만드는가? 후튼의 주장은 **동의어반복**의 전형에 속한다. 즉, 특질은 열등성으로 간주된다. 특히 일반인에서보다는 범죄적 성향을 지닌 사람에게서 특질은 열등성으로 간주된다. 다른 말로 후튼은 "열등성을 발견하기 위해 인간의 범죄성을 사용했다. 그리고 다시 인간의 범죄성을 설명하기 위해 열등성이란 개념을 사용했다"(Vold & Bernard, 1986)는 비판을 받았다. 즉, **후튼의 열등성이론**은 범죄의 원인과 결과가 동일한 **동의어반복**이므로 검증가능성이 결여되어있다는 비판을 받은 것이다. 에이커스의 사회학습이론 또한 **동의어반복**의 비판에서 자유로울 수 없다. 에이커스는 비행친구와의 차별적 접촉이 청소년 비행 및 범죄의 원인이 된다고 주장하지만, 허쉬(Hirschi)를 중심으로 한 사회통제론자들은 차별적 접촉은 비행의 원인이 아니라 비행의 결과라고 비판했다. 즉, 비행청소년은 각기 다른 이유로 비행을 먼저 저지른 후 그들과 성향이 맞는 비행친구들을 사귀게 된다는 것이다. 따라서 비행친구들을 차별적으로 사귀게 되는 것은 비행의 원인이 아니라 비행의 결과이므로 에이커스의 사회학습이론은 **동의어반복**의 오류를 범하고 있다고 주장한다.

에이커스 이론의 동의어반복 문제를 검증하기 위해 황성현은 한국아동·청소년패널의 중학교 2학년부터 고등학교 2학년까지 4년간의 종단자료를 사용하여 비행친구가 비행에 미치는 비행친구선행론과 비행이 비행친구에 영향을 미치는 비행선행론 중 어느 것이 더 합당한지를 검증하였다(황성현, 2016). 잠재성장모형 분석결과, 비행친구가 비행에 미치는 효과가 비행이 비행친구에 영향을 미치는 효과보다 모형적합도뿐만 아니라 각 경로도의 통계적 신뢰성이 더 뛰어난 것으로 드러났다. 황성현(2016)의 연구결과, 허쉬의 동의어반복 비판은 타당하지 않고, 에이커스의 학습이론을 지지하는 것으로 나타났지만, 단지 이 한 번의 연구결과로 에이커스 이론의 동의어반복 문제가 해결된 것은 아니다. 더 많은 후속연구가 필요하다.

(4) 경험적 타당성과 규칙성

'좋은 이론'으로 평가받는 가장 중요한 잣대는 명제와 경험적 연구결과 사이의 일치 정도를 의미하는 경험적 타당성(empirical validity)일 것이다. 경험적 타당성은 한 이론이 경험적 조사에 의해 지지되는 정도를 의미한다. 그러나 범죄현장에서 어떤 이론이 완전히 거짓 또는 참으로 판명되는 경우는 거의 없다(Akers *et al.*, 2016). 왜냐하면 사회현상에서 절대적 진리는 존재하지 않으며, 이론은 항상 반증될 수 있기 때문이다. 이런 이유 때문에 가설을 설정할 때 "A 사건의 결과로 B가 발생했다"라는 가설을 직접적으로 검증하지 않고, "A는 B가 아니다"라는 **영가설(null hypothesis)**을 기각하고 그 반대되는 **대립가설(alternative hypothesis)**을 받아들이는 검증방법을 채택한다. 범죄이론의 경험적 타당성을 논할 때 가장 중요한 쟁점은 이론에 대한 경험적 지지의 정도이다. 경험적 연구결과가 이론을 어느 정도 지지하는가? 다른 이론과 비교할 때 어떤 특정한 이론의 경험적 타당성은 어떠한가?에 달려 있다(Akers *et al.*, 2016). 예를 들면, **억제이론(deterrence theory)**에서 사람들은 범죄를 저지른 후 사법기관에 의해 적발되어 처벌받을 가능성이 높으면, 범죄를 저지르지 않을 것으로 가정한다. 만약 경험적 연구결과 이러한 주장이 소수의 법위반자들에게만 나타나거나, 처벌받은 법위반자가 그렇지 않은 법위반자보다 재범 가능성에 별 차이를 보이지 않는다면, **억제이론**은 낮은 수준의 경험적 타당성만을 가질 뿐이라고 결론내릴 수 있다(Akers *et al.*, 2016). 경험적 연구결과가 이론을 지지하는 정도를 평가할 수 있는 또 다른 예는 허쉬의 사회유대이론(social bonding theory)에서 찾을 수 있다(사회유대이론은 제5장에서 설명할 것이다). 허쉬의 주장에 따르면, 애착(attachment)이 강할수록 범죄율은 낮아진다고 본다. 비록 약물을 남용하는 부모를 둔 자녀라 하더라도 부모에 대한 애착이 강할수록 그 자녀가 약물을 사용할 가능성은 낮아진다는 것이 사회유대이론의 주된 주장이다. 그러나 젠슨과 브라운필드(Jensen & Brownfield)는 유대이론의 가정을 경험적으로 연구한 결과, 허쉬의 가정과 반대되는 결론이 도출되었다고 주장했다. 즉, 약물을 남용하는 부모를 둔 자녀의 애착은 오히려 자녀의 약물남용을 높인다는 사실을 밝혀냈다(Jensen & Brownfield, 1983). 젠슨과 브라운필드는 그들의 연구결과를 바탕으로 허쉬의 이론은 최소한 부분적으로 잘못됐다고 반박하면서, 허쉬의 애착에 대한 가설은 에이커스의 모방으로 설명하는 것이 오히려 경험적으로 훨씬 더 타당하다고 주장했다. 즉, 약물을 남용하는 부모를 둔 자식은 부모의 약물남용을 모방하기 때문에 약물을 더 많이 사용할 가능성이 높다는 것이다.

한국에서 황성현은 허쉬의 친구애착 변인을 이용하여 14가지 청소년비행의 원인을 검증하였다(황성현, 2015). 검증결과, 친구애착은 청소년비행을 촉진시키는 결과를 초래했다. 친구와의 애착이 강하면 강할수록 청소년 자신이 청소년비행을 더 많이 저지르는 것으로 나타났다. 이 결과는 허쉬의 주장과 반대되는 것이며, 오히려 사회학습이론의 비행친구와의 차별적 접촉이 청소년비행을 촉진시킨다는 결과와 일치한다. 황성현의 연구에 사용된 독립변인은 23개였으며, 허쉬의 친구애착과 에이커스의 비행친구와의 차별적 접촉 변인은 구분되어 회귀분석에 투입되었다. 연구결과, 청소년비행에 가장 강력한 영향을 미친 변인은 에이커스의 비행친구와의 차별적 접촉이었지만, 허쉬의 친구애착변인 또한 통계적 유의미성을 가지고 있었다. 그러나 친구애착이 청소년비행에 통계적으로 유의미하게 영향을 미쳤지만 그 방향에서 허쉬의 주장과는 반대되는 영향을 미친 것이다. 즉, 허쉬는 비록 비행친구라 할지라도 친구와의 애착이 강하면 강할수록 청소년 자신의 비행율은 줄어든다고 주장했지만, 황성현의 연구결과 친구와의 애착이 강할수록 비행율은 증가하는 결과를 초래했다. 미국의 연구결과와 한국의 연구결과를 종합하건대, 사회유대이론의 애착변수는 경험적 타당성이 결여된 이론으로 간주할 수 있다.

과학적 이론은 일련의 규칙성(regularity)을 가져야 한다. 범죄학자들이 이론을 검증할 때 그들은 행위의 유형이나 규칙성을 분석한다. 다시 예를 들면, 해체된 가정에서 자란 아이들의 각종 범죄율은 비교적 높은 편에 속한다. 그렇다고 해서 거의 모든 해체가정의 아이들의 범죄율이 일반 가정의 아이들보다 높은 것은 아니다. 오히려 일반 가정에서 자란 아이들의 범죄가능성이 해체 가정의 아이들보다 더 높게 나타나는 연구결과도 제법 존재한다. 이런 연구결과는 가족의 구조나 사회환경에 초점을 둔 이론으로 설명하기보다는 부모-자식 간의 상호작용의 질이나 양육형태에 초점을 맞추는 개인 환경적 이론으로 설명할 때 자주 나타나는 연구결과다. 문제는 범죄의 원인을 밝히기 위해 어떤 이론을 적용했느냐가 중요한 것이 아니라, 범죄 현장에서 꾸준하게 발견되는 일련의 규칙성을 어떻게 설명하느냐에 달려 있다. 우리 사회에서 발생하는 범죄현상의 일반적인 유형이나 개연성을 관찰하고 분석할 수 있어야 한다. 그러기 위해서는 범죄심리이론이 모든 범죄현상을 설명할 수 없지만, 통계적으로 유의미한 규칙성을 내포하고 있어야 한다.

(5) 유용성과 정책적 함의

범죄심리학이론은 일반사람들에게 의미 있는 유용성(usefulness)과 정책적 함의(policy implications)를 제시할 수 있어야 한다. 즉, 범죄이론은 우리사회에서 발생되는 각종 범죄의 원인에 대한 이해를 제공할 수 있어야 한다. 모든 범죄이론은 범죄예방과 치료 및 정책적 대안을 함축하고 있다. 예를 들면, 미국에서 사회유대원리와 사회학습원리를 통합한 사회개발모형(social development model)이 시애틀 지역에서 시행되어 청소년의 비행 및 범죄율을 낮추는 데 상당한 기여를 했다. 또한 애그뉴(Agnew)의 일반긴장이론(general strain theory), 에이커스의 사회학습이론, 허쉬의 사회유대이론을 결합한 헤드 스타트(head start) 프로그램은 지역사회 및 학교에 기반을 둔 범죄예방 프로그램으로 잘 알려져 있다. 이 프로그램은 특별히 빈곤지역, 고위험 지역의 초등학생과 가족에게 사회적, 경제적, 학습적 지원을 제공함으로써 가족, 학교, 지역사회에서의 위험요인을 감소시키고, 보호요인을 강화시키는 역할을 담당했다 (Akers *et al.*, 2016). 이처럼 이론에 근거한 정책은 우리 사회의 범죄원인을 더 잘 설명할 수 있고 범죄율을 줄이는 데 공헌할 수 있어야 한다. 즉, '좋은 이론'은 앞으로 발생할 범죄현상을 잘 예측하고 통제할 수 있다는 것이다. 예를 들면, 시카고학파의 **사회해체론(social disorganization theory)**이 유용한 범죄이론이라면 사회해체가 급속하게 진행되는 지역에서의 범죄율은 다른 지역에 비해 높을 것이고, 정책적으로 사회해체나 빈곤을 줄일 수 있는 빈곤가정에 대한 복지정책을 확대해야 한다는 정책적 대안을 제시할 수 있다. **사회해체론**에서 슬럼화된 지역에서의 범죄율은 다른 지역보다 더 높고, 앞으로도 더 높을 수 있다는 사실을 예측할 수 있기 때문에 그런 해체가 재발하지 않도록 예방하는 것이 범죄율을 낮추는 지름길이 된다. 한편 범죄심리이론은 사람들에게 범죄에 대한 정확한 정보를 제공할 수 있어야 한다. 만약 우리가 범죄에 대한 정확한 정보를 가진다면 우리는 그 문제를 해결하거나 통제할 수 있을 것이다.

종합하면, 지금까지 범죄심리학 이론이 개발되거나 발전되기 위해서 반드시 가져야 되는 몇 가지 기본 원칙을 범죄학이론을 예로 들어 설명했다. 그것은 논리적 일관성, 개념의 명확성, 범위와 정확성, 간결성, 검증가능성, 경험적 타당성, 규칙성, 유용성과 정책적 함의 등이다. 이런 기본 원칙을 갖춘 범죄심리이론이 개발된다면 우리 사회에서 발생하는 각종 범죄의 원인을 좀 더 잘 설명하고, 나아가 그런 범죄를 저지른 개인의 심리를 더 잘 설명할 수 있다면 우리 사회에서 각종 범죄를 좀 더 효율적으로 예방할 수 있을 것이다.

정신분석학적 이론 02

개인심리학적 이론은 범죄행위를 설명하기 위해 개발된 이론은 아니지만 일반 심리학 이론 중에서 범죄행위를 잘 설명하는 이론으로 정신분석이론, 성격이론, 인지이론 등이 여기에 속한다. 프로이트(Freud)의 정신분석이론은 개인의 기질에서 범죄행위의 원인을 밝히려는 점에서 생물학적 이론과 비슷하지만 이 이론은 생물학적 과정이나 비정상성에서 원인을 찾기보다는 개인의 마음 속 깊은 곳에서 범죄행위의 원인을 찾으려는 점에서 독특한 차이점이 있다(Akers *et al.*, 2016). 프로이트의 정신분석이론이 범죄심리학에 어떻게 적용되는지를 살펴보기 위해선 정신분석이론의 두 가지 기본 개념인 자아와 자아발달과정을 먼저 알아야 한다.

(1) 자아

우리는 제2장에서 프로이트의 자아개념을 간략하게 살펴본 바 있다. 프로이트는 자아를 원초적 자아(id), 자아(ego), 초자아(superego)로 구분하였다(Freud, 1992). 원초적 자아인 이드(id)란 욕망(desire), 본능(instincts), 충동(drives) 등과 같은 쾌락추구의 성향을 말하는 것으로 모든 리비도(libido)의 원천이다(리비도는 제2장의 용어설명을 참조). 자아(ego)는 원초적 자아를 의식적으로 통제하고 이를 적절한 방향으로 돌려서 현실적인 충족을 얻을 수 있도록 하는 역할을 한다. 자아는 현실원칙에 따라 움직이는데, 현실원칙이란 현실의 필요성에 따라 쾌락원칙을 다른 변용된 것으로 대치하는 방식을 배움으로써 현실을 고려하여 실질적으로 쾌락을 실현시키고자 하는 경향을 말한다. 초자아(superego)는 한 사회의 현실을 구성하는 것들 중에는 도덕적, 규범적 내용들이 존재하는데, 이러한 사회 문화적인 규범이나 가치가 내면화된 자아를 말한다. 일반적으로 범죄성향이 낮은 사람은 원초적 자아, 자아, 초자아의 상호유기체적인 작용에 의해 원초적 자아인 욕망, 본능 등을 자아와 초자아가 상호견제하면서 정상적인 자아상을 형성해간다. 그러나 범죄는 자아와 초자아의 미발달로 인해 원초적 자아의 발현을 잘 억제하지 못하거나, 초자아의 지나친 발달이나 미발달로 인해 원초적 자아와 자아의 발현을 방해하는 등의 심리적 갈등의 결과로 나타난다는 것이다. 예를 들면, 청소년기에 원초적 자아를 통제하는 기능을 하는 초자아가 적절하게 발달하지 못하면 즉각적인 만족을 추구하고 공격적이고 충동적인 행동을 하게 된다는 것이다. 반대로 초자아가 지나치게 발달한 사람은 타인에 대해 관대하지 못하며, 매사에 비판적 성향을 나타내는 경향을 가진다. 또한, 자신이 어떤 상황 하에서 자신의 자아를 완벽하게 통제하지 못했다는 강한 죄의식이나 수치심으로 인해 범죄나 비행을 저지를 수 있다. 초자아가 지나치게 발달한 사람은 자신의 행동을 비난하고 우울감이나 열등감에 빠질 가능성도 높아진다. 청소년기에 초자아가 너무 지나치게 발달하면 전교 1등을 하고서도 "못난 것, 뽐내지 마라. 좋아할 것도 없다. 그것은 네 실력이 아니야(이무석, 2006)"라고 스스로를 채찍질할 수 있다는 것이다. 따라서 초자아는 자아를 돕는 기능을 해야 한다. 자아를 도와서 원초적 자아의 욕망을 평가하고 조절하는 기능을 해야 제대로 된 자아를 형성해 나갈 수 있다.

정신분석이론을 범죄에 적용하면, 원초적 자아와 자아, 초자아 사이의 상호작용과 형성의 부조화에 의해 발생하는 것이다. 이러한 자아갈등은 비정상적 성숙이나 본능의 통제, 어려서 경험한 부모와의 잘못된 관계, 정서적 발달단계에서의 **고착(fixations)**, 억압된 성 혹은 죄의식에서 유발된다(Akers *et al.*, 2016). 정신분석이론에서는 부모의 부재나 냉정하고 애정이 없는 부모에 의한 초자아의 저발전이나 지체를 범죄의 원인으로 파악한다. 또한, 범죄자는 해결되지 못한 죄의식을 표출하기 위하여 범죄를 저지를 뿐 아니라, 억압된 죄의식으로부터 벗어나기 위하여 각종 범죄를 저지른다는 것이다(Akers *et al.*, 2016).

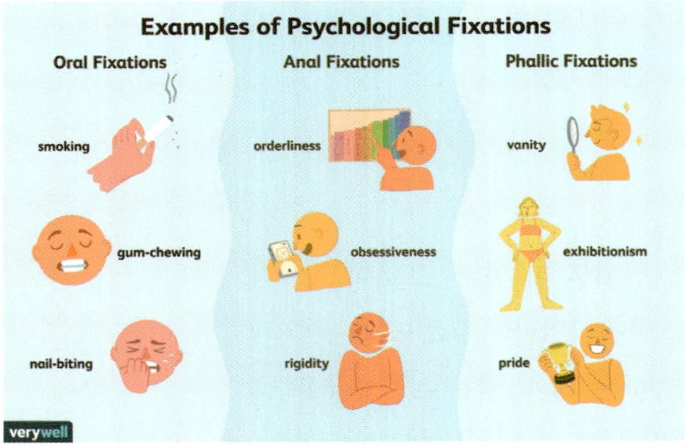

구순기 고착은 흡연, 손톱 물어뜯기 등으로 나타나고, 항문기 고착은 집요하고, 엄격한 성격 등으로 발전하고, 생식기 고착은 허영심, 노출증, 자만심 등으로 나타날 수 있다.
출처: https://www.verywellmind.com/what-is-a-fixation-2795188

(2) 자아발달과정

정신분석이론에서 자아는 어떤 발전과정을 거치는가? 어떤 과정에서 원초적 자아를 통제하는 자아와 초자아가 발달하지 않는가? 이를 파악하기 위해서는 자아발달과정을 살펴볼 필요가 있다. 〈그림 4-1〉의 각 발달단계에서 사람들이 각 단계를 원만하게 통과하지 못하면 여러 가지 범죄 및 비행적 성향이 나타나게 된다. 정신분석이론에 따르면, 어린이가 성인이 될 때까지 거쳐야 되는 일련의 발달단계가 있는데 그것은 다음 〈그림 4-1〉과 같다.

그림 4-1 **프로이트의 자아발달 과정**

구순기
(oral stage: 출생 후부터 1세)

↓

항문기
(anal stage: 1~3세경)

↓

남근기
(phallic stage: 3~6세경)

↓

잠복기
(latent stage: 6~11세경)

↓

생식기
(Genital stage: 청년기)

첫째, 구순기에 어린이는 입과 입술의 자극을 통하여 쾌감을 느낀다. 입으로부터 얻는 쾌락의 주원천은 먹는 것이다. 구순기는 초기와 후기로 나누어지는데 초기는 주로 빠는 데서 쾌감을 느끼고 후기는 치아의 발달로 인해 깨무는 데서 원초적 욕망을 충족시킨다. 그런데 만약 초기의 욕구 충족이 과하거나 부족하게 되면, 구순적 **고착**현상이 나타나는데 이 경우 청소년기에 음주와 흡연행위 같은 비행을 이른 나이에 저지를 가능성이 높으며, 성인이 되어서도 상습 음주 및 흡연자가 될 가능성이 높아진다. 구순기 후기에 **고착**현상이 나타나면 어른이 되어서도 남을 심하게 비판하거나 꼬집거나 비난하는 성격을 보이기도 한다(김상균, 2008). 둘째, 항문기에는 성적 쾌락의 원천이 입에서 항문으로 옮겨지기 때문에 어린 아이는 새로운 쾌락의 조절을 학습해야 한다. 이 때 부모가 너무 엄격하거나 너무 방임적이면 어린 아이는 항문단계에서 **고착**될 수 있다. 즉 부모가 너무 엄하면 분노와 발작을 나타내며 후에 불결하거나 파괴적인 사람이 될 수 있다. 셋째, 남근기의 어린이는 음경(성기)을 만지고 주무르는 것에서 쾌감을 느낀다. 이 시기에는 손가락과 같은 것에 애착을 버리고 외부에서 사랑의 대상을 찾게 되는데, 최초의 대상은 역시 어머니이

프로이트의 주장에 따르면, 오이디푸스 콤플렉스를 잘 극복하지 못하면 다양한 심리적, 정서적 장애가 발생할 수 있다. 영화 '사도' 속 영조는 길흉에 집착하고 강박적 증상을 보이는 것으로 추정하건대 오이디푸스 콤플렉스를 극복하지 못한 매정한 아버지이자 왕으로 묘사된다. 사진은 영화 '사도'의 한 장면
출처: http://m.danbinews.com/news/articleView.html?idxno=9127

다. 여기서 바로 **오이디푸스 콤플렉스**(Oedipus Complex)의 문제가 발생한다.

이런 심리상태에서 어린 아이는 한편으로 아버지를 어머니에 대한 경쟁자로서 증오를 느끼면서도 아버지가 자신의 마음을 눈치채 거세할지도 모른다는 두려움에 사로잡힌다. 이런 거세공포로 인해 어린이는 어머니에 대한 성적인 관심을 포기하거나 억제하고 대신 자신을 아버지와 **동일시**(identification)하게 된다. 이렇게 하여 부모와의 새로운 관계가 형성되고 **오이디푸스 콤플렉스**도 소멸되어 간다. 하지만 이러한 과정을 원만하게 넘기지 못할 경우, 이상심리, 신경증 등 다양한 심리적, 정서적 장애가 발생하기도 한다. 넷째, 잠복기에는 이전단계에서 가졌던 성적 충동이 억압되어 휴지기에 들어간다. 이 시기에 원초적 자아는 약해지고 자아와 초자아가 강력해지는데, 부모에 대한 성적인 관심은 애정, 존경, 헌신으로 바뀌면서 오히려 또래 친구들이 **동일시**의 주요 대상이 되어 이들로부터 큰 영향을 받는다. 이 잠복기에는 특별한 **고착현상**이 나타나지 않는 것으로 알려져 있다. 다만 사춘기의 전 단계이므로 이성에 대한 광범위한 성적 탐색을 하는 시기임에는 틀림없다. 마지막 생식기에는 단순히 이기적이거나 자기중심적 이유에서가 아니라 애타적인 동기로 다른 사람을 사랑하게 된다. 사춘기에 접어들면서 시작되는 이 단계는 생식기단계라고 부른다. 사춘기는 성적인 성숙이 이루어지는 과정이며, 이때 원초적 자아(id)와 자아(ego) 간의 갈등이 심화된다. 그런 가운데 점차 자신의 리비도를 부모가 아닌 외부의 새로운 대상으로 전이시키게 된다. 성적 매력, 사회화 작용, 집단 활동, 직업설계, 결혼준비, 가정을 이루는 것 등으로 자신을 나타내게 되고, 청소년기 후반에 사회화한 애타적 사고가 안정되므로 쾌락을 추구하는 유아기적 자아몰입에서 현실적이고 사회화한 성인으로 변화한다. 그러나 사춘기 때 원초적 자아는 퇴조하고 자아와 초자아가 과도하게 성장하는 시기이므로 자신에 대한 다양한 방어기제가 작동한다. 그러므로 지나친 자아와 초자아의 발달은 이성에 대한 극도의 증오심으로 나타나기도 한다.

(3) 정신분석이론의 평가

우리가 프로이트의 정신분석이론을 전적으로 받아들이지는 않더라도 그 이론의 일부는 오늘날까지 상당한 영향을 미치고 있다. 즉, 인간 행위에는 어느 정도 무의식적 측면이 있으며, 무엇보다도 유아기에 수립된 불안에 대처하는 양식이 범죄와 관련이 있는 점은 수용할 만하다. 그럼에도 불구하고 정신분석연구는 학자들로부터 많은 비판을 받았다. 첫째, 정신분석이론에서 사용하는 중요한 개념의 측정이 어려울 뿐만 아니라 기본적 가설검증이 불가능하다는 점이다. 프로이트가 주장한 자아의 세 가지 하부개념인 원초적 자아(id), 자아(ego), 초자아(superego)개념을 어떻게 경험적으로 측정할 것인가? 우리가 이 장 초반부에서 좋은 이론이 되기 위한 몇 가지 조건 중, 어떤 이론이나 가설이 현실 세계에서 경험적으로 검증 가능해야 한다고 주장한 바 있다. 자아라는 추상적 개념을 경험적으르 측정할 수 있는 조작적 정의를 구성하기도 쉽지 않을 뿐만 아니라 세 가지 하부개념을 구분해서 측정하기란 현실적으로 불가능하다. 또한, 범죄행위의 동기는 무의식적이며 알려져 있지 않은 깊은 곳에 숨겨져 있다는 가설 또한 경험적으로 검증하기 힘들다. 따라서 정신분석이론은 프로이트가 주장한 원초적 자아, 자아, 초자아, 무의식, 리비도 등을 경험적으로 증명할 수 없다는 한계점을 가지고 있다. 둘째, 정신분석이론은 범죄를 저지른 사람의 현재 상황보다는 초기 아동기의 경험을 지나치게 중시한다는 점이다. 특히 자아발달과정에서 유아의 성적 욕망인 리비도를 지나치게 강조함으로써 성적 욕망이 충족되지 않으면 비정상적인 정신구조를 가지게 될 가능성이 높아진다는 주장을 경험적으로 수용하기 쉽지 않다. 셋째, 리비도로 대표되는 인간의 성적인 발달을 강조함으로써 후천적으로 습득되는 사회화과정이나 개인적 환경 예를 들면, 또래 친구들의 영향, 부모와의 애착 등을 고려하지 않았다는 점이다. 즉, 정신분석이론은 너무 심리적 측면을 강조함으로써 범죄행위에 상당한 영향을 미치는 개인의 환경적 측면, 문화나 지역사회가 개인의 범죄성향에 영향을 미칠 수 있는 거시적 측면을 무시했다는 비판을 받아왔다.

넷째, 정신분석연구는 임상적인 사례연구에 지나치게 의존하기 때문에 **경험적 일반화**(empirical generalization)를 하기 힘들다. 이 장의 서두에서 밝힌 대로 좋은 이론이 되기 위해서는 어떤 특정한 이론이나 가설이 가능한 많은 사회현상이나 사회집단에 적용되어야 한다. 예를 들면, 갓프레드슨과 허쉬의 범죄일반이론(일명 자기통제이론)은 어떤 사회, 어떤 범죄유형에 공히 다 적용될 수 있는 범죄행위의 원인으로 낮은 자기통제력을 주장한 바 있다. 그러나 정신분석이론은 **경험적 일반화**를 할 수 없는 개별적인 사례나 몇몇 심각한 범죄자의 사례에 집중함으로써 일반 **모집단**(population)이나 다른 범죄자 집단과의 비교 분석 등이 불가능하다는 한계점을 지니고 있다. 다섯째, 여성운동가들은 프로이트의 정신분석이론이 남성의 경험에 지나치게 의존함으로 여성심리학에는 관심을 가지고 있지 않다고 비판한다. 즉, 리비도의 근본 주체를 남성으로 설정함으로써 여성에 대한 논리적인 설명이 없어 여성범죄자들의 심리를 잘 파악하지 못한다는 비판을 받아왔다. 결론적으로 정신분석이론은 경험적으로 검증하기 힘들 뿐만 아니라 **모집단**을 대상으로 **일반화**할 수 없다는 한계점을 지니고 있다. 그럼에도 불구하고 이 이론은 아직도 범죄심리연구에서 중요한 위치를 차지하고 있다. 특히 범죄자의 성장배경, 가족생활, 인성, 태도, 범행동기나 이유 등에 대한 심리 분석적 탐구는 특정 범죄자의 심리 및 범행의 원인을 이해하는 데 많은 기여를 하고 있다(이창한 외, 2012).

03 성격이론

성격이론(personality theory)은 범죄를 개인 내면의 밑바탕에 존재하는 문제로 파악한다는 점에서 정신분석이론과 유사하다. 그러나 범죄의 원인을 무의식적 동기에서 찾기보다는 각 개인의 성격적 결함에서 찾는 것이 정신분석이론과 다른 면이다.

(1) 성격이론의 개요

성격이론의 기본적 가설에 따르면, 범죄자는 비정상적이고, 부적절하고, 특정한 범죄적 성격을 지니고 있어 법을 준수하는 사람과는 다른 성격적 특질을 지니고 있다는 것이다. 즉 일반인들은 법에 순응하는 정상적인 성격을 지니는 반면, 범죄자들 특히 심각한 범죄를 저지르는 사람들은 정신병질적(psychopathic), 반사회적 또는 사회병질적(sociopathic) 성격 등을 지니고 있다는 것이다(Akers *et al.*, 2016). 서두의 미국사례에 소개된 미란다 바버(Miranda Barbour)처럼 아무 연고도 없는 사람을 무참히 살해한 후에도 아무런 죄책감이나 양심의 가책없이 태연하게 자신의 집으로 돌아가는 범죄행동을 보일 수 있는 것이다. 물론 미란다는 정신분열증, 우울증, ADHD 등의 정신질환을 가지고 있었지만 비정상적인 행동과 정상적인 행동을 잘 구분하지 못하는 반사회적 성격의 소유자로 짐작된다. 이런 유형의 범죄자는 친사회적 태도와 가치를 사회화하지 못하고, 옳고 그름에 대한 감각을 발전시키지 못한다. 타인에 대한 동정심도 없으며, 타인에 대하여 잘못하거나 해악을 미쳤을 때에도 후회나 죄의식을 느끼지 못한다. 이런 유형의 범죄자는 반사회적 성격장애자(anti-social personality disorder)일 가능성이 많으며, 극단

사이코패스의 심리적 특성은 성격이론으로 잘 설명될 수 있다.
사진은 사이코패스의 심리를 엿볼 수 있는 영화들의 포스트

적인 반사회적 성격장애자를 우리는 '사이코패스'라고 명명한다(반사회적 성격장애자와 사이코패스에 대해서는 제7장 성격과 범죄심리에서 상세하게 논의할 것이다).

(2) 성격의 측정도구

성격이론은 정신분석이론과 유사한 점을 지니고 있지만 정확한 측정도구를 사용하여 경험적 검증을 시도하였다는 점이 이 이론의 가장 큰 장점이다. 성격이론의 일반적인 방법은 성격목록을 구성하여 개인의 성격적 특질을 측정하고, 비행자와 정상인의 평균값을 비교하는 것이다. 가장 널리 사용되는 심리테스트 중 하나가 일반적으로 MMPI라고 부르는 미네소타 다면인성검사(Minnesota Multiphasic Personality Inventory)이다. 미네소타 다면인성검사는 우울, 히스테리, 편집증, 정신병리, 내향성/외향성, 강박관념 등의 비정상적 성격특성을 파악하기 위한 척도들로 구성되어 있다(Hathaway & Meehl, 1951). 이 측정도구는 4개의 타당성 척도와 10개의 임상척도로 구성되어 있다. 척도들은 모두 550개의 문항으로 만들어져 있으며 각 질문에 대해 '예' 혹은 '아니오'로 응답하게 되어 있다. 임상척도는 ① 건강염려증, ② 우울증, ③ 히스테리, ④ 반사회성, ⑤ 남성성/여성성, ⑥ 편집증, ⑦ 강박증, ⑧ 정신분열증, ⑨ 경조증, ⑩ 내향성이다. 미네소타 다면인성검사는 원래 정신질환을 앓고 있는 성인 중에서 일탈적 성격유형을 파악할 목적으로 해더웨이(Hathaway, 1939)에 의해 고안되었다(Akers *et al.*, 2016). MMPI는 비행이 성인의 부적응 행위와 비슷한 정신질환의 증후라는 전제하에 비행을 예측하기 위해 사용되어졌다. 경험적 연구결과, 시설에 수용된 비행자는 반사회적, 비도덕적, 정신병질적 행위척도에서 높은 점수를 나타냈고, 범죄성향이 없는 사람들은 좀 더 내향적인 것으로 나타났다.

표 4-1 캘리포니아 인성검사의 측정내용

척도	측정 군집		
지배성, 사회성 등의 대인관계 적절성	• 지배성 • 사회적 자발성 • 감정이입	• 지위능력성 • 자기수용성	• 사교성 • 독립성
성격과 사회화, 책임감	• 책임성 • 호감성 • 관용성	• 사회성 • 임의성	• 자제성 • 안녕감
인지적, 학업적 특성	• 순응적 성취	• 독립적 성취	• 지적 효율성
다른 세 군집의 척도와 무관한 척도	• 심리지향성	• 융통성	• 여성성/남성성

또 다른 성격측정도구로는 캘리포니아 인성검사(California Personality Inventory)인 CPI 가 있다. 캘리포니아 성격검사는 각 20개의 척도를 포함한 4개의 군집으로 구성되어 있으며 구체적 내용은 〈표 4-1〉와 같다. 캘리포니아 인성검사는 다면적 인성검사의 내용을 기초로 개발되었지만, 이 측정도구는 각 척도가 대비성을 갖고 있다는 점에서 다면적 인성검사와 차별화된 장점을 가진다.

캘리포니아 인성검사는 지배, 관용, 사회성 등의 성격적 특성을 측정하므로 응답자의 통제, 공격성, 소외, 안녕 등의 성격특성을 파악할 수 있다. 이 측정도구를 사용하는 주된 이유는 범죄성향을 가진 청소년 범죄자가 분노, 불안, 충동성 등 혐오스러운 감정 상태를 경험하는 경향인 부정적 정서성을 갖고 있음을 예측할 수 있기 때문이다. 그들은 개인적 규제가 약하고, 충동적 행동을 통제하는 데 어려움을 겪을 가능성이 많다는 결과를 이 측정도구를 사용하여 밝혀낼 수 있는 것이다.

(3) 성격이론의 경험적 연구

성격이론을 적용한 경험적 연구로는 아이젠크(Eysenck)의 연구가 대표적이다. 아이젠크는 범죄행동과 성격특성 간의 관련성을 정신병적 경향성(psychoticism), 외향성(extraversion), 신경증(neuroticism) 등 성격의 3가지 차원으로 설명한다. 아이젠크는 자신의 3차원적 성격이론을 적용하여 범죄자들에게는 정신병적 경향성과 외향성이 두드러지게 나타난다고 주장했다.

정신병적 경향성의 사람은 냉담하고 타인에 대한 동정심이 결여된 특징을 가지고 있다(Eysenck & Eysenck, 1976; 정지은 외, 2016). 외향성은 개인의 조건화능력을 평가하는 차원으로, 외향성을 가진 사람은 내향성에 비해 대뇌피질의 각성수준이 만성적으로 낮게 나타난다. 각성수준이 만성적으로 낮게 나타나면 조건화능력, 학습능력 등이 낮아지고, 일정한 각성수준을 유지하려면 이전보다 더 강한 각성이 필요하다. 또한, 일반인들에게 유의하게 나타나는 중립 정도의 자극은 오히려 외향성이 높은 정신병적 경향의 사람에게는 고통스럽게 느껴지며 고통적인 자극을 정상적인 수준의 자극이라고 느낀다. 따라서 외향성이 높은 사람들은 그들의 조건화능력 부족으로 적절한 사회규범과 부적절한 행동을 억제하는 능력을 습득하지 못해 상습적인 범죄자로 전락할 가능성이 높다(이인혜, 1991; 정지은 외, 2016). 신경증도 범죄와 깊은 관련성을 가지고 있다. 신경증을 가진 사람은 스트레스에 민감하다. 그들은 스트레스가 낮은 환경하에서도 민감하고, 불안해하고, 두통, 허리통증, 소화불량 등 신체적 고통을 호소한다. 만약 이런 사람이 반사회적

Hans Jürgen Eysenck(1916~1997)

습관을 가진다면 쉽게 범죄행위에 빠질 가능성이 높다. 특히 신경증적이면서 외향적인 사람은 자기통찰이 결여되어 있으며, 충동적이고 정서적으로 불안정해서 정상적인 환경 하에서도 이성적 판단이 흐려져 파괴적인 행동을 할 가능성이 높다.

아이젠크의 성격검사(Eysenck Personality Questionnaire; EPQ)가 발표된 이후 이를 검증하기 위한 상당한 경험적 연구가 국내외에서 수행되었다. 풋닌스(Putnins)의 연구에 따르면, 범죄자들은 정신병적 경향에서 높은 점수를 받았고, 또 정신병적 경향성에서 높은 점수를 받은 범죄자일수록 재범률도 높았다(Putnins, 1982). 앤드류스와 본타(Andrews & Bonta)는 일부 성격목록척도는 범죄행위와 약하지만 일관성 있는 상관관계를 가지고 있기 때문에 범죄학에서 다루기 힘든 변인인 성격을 직접 연구해야 한다고 제안했다(Andrews & Bonta, 2016). 아이젠크의 성격검사(EPQ) 측정도구를 한국에 도입하여 한국과 영국인의 성격을 비교연구한 이현수는 범죄성향이 강한 사람은 비범죄인에 비해 더 외향적이며 신경증적인 특징이 두드러진다고 주장했다(아이젠크·이현수, 1985). 아이젠크의 성격검사 도구를 사용하여 습관성 범죄자와 정상인 간의 차이를 조사한 연구에서도 정신병적 경향성은 범죄집단에서 정상인집단보다 더 높게 나타났으며, 외향성은 두 집단 간에 차이가 없는 것으로 나타났다(이인혜, 1991). 경험적 연구결과, 일반적으로 정신병적 성격을 지닌 사람들은 어렸을 때부터 가정에서나 사회에서 언제나 물의를 일으키는 행동을 자주하는 경향이 있으며, 위험한 상황에 처하더라도 크게 불안해하거나 긴장하는 일이 없으며, 신의와 성실이 결여되어 있고, 자신의 잘못된 행동에 대해서도 진심으로 뉘우치는 일이 없는 사람들이다. 또한, 예측 불가능한 행동을 하며, 자기중심적이고 자기애적 성향이 강해 자신의 욕심만 채우려고 한다. 이들의 대인관계 역시 원만하지 못하며 자신의 욕망을 성취하지 못할 때는 공격성이 증가하는 것으로 나타났으며 성도착적 성향을 가지게 될 가능성이 매우 높은 것으로 나타났다(이현수, 1989; 김윤지·이수정, 2016).

(4) 성격이론의 평가

성격이론은 범죄행위의 원인을 개인의 내면적 특성에서 찾는다는 점에서는 정신분석이론과 동일하지만, 성격목록을 구성하고 개인의 성격적인 특질을 측정하여 경험적으로 검증할 수 있는 이론으로 발전시켰다는 것이 가장 큰 장점이라 할 수 있다. 하지만 상당수의 경험적 연구결과 비행 및 범죄와 성격적 특질 간에는 상관관계가 높지 않은 것으로 나타났다(Sutherland *et al.*, 1992). 범죄행위와의 관련성이 낮게 나오는 이유는 성격검사의 측정도구에 기인한다. 즉 검사를 받는 피검사자가 스스로 남에게 잘 보이기 위해 거짓 응답을 할 가능성이 높으며, 이것을 연구자가 알아내기가 힘들다는 것이다. 예를 들면, “당신은 자신이 신경질적이라고 생각하십니까?”라는 질문에 그런 경향이 강한 사람조차도 남의 시선을 의식해 ‘아니오’라고 응답할 가능성이 농후하며, 이런 거짓 응답을 연구자가 가려내기 힘들다는 것이다. 둘째, 성격이론은 반사회적 인격장애자 또는 사이코패스 같은 상당히 심각하고 극단적인 범죄자의 범행동기를 파악하는 데는 설득력이 있지만 그렇지 않은 범죄자의 범행원인을 파악하는 데는 다소 설명력이 떨어지거나 상반된 결과를 초래하기도 한다. 즉, 모든 범죄에 공히 적용되는 경험적 일반성과 적용의 광범위성에서 다소 한계를 보인다. 마지막으로, 성격목록을 사용한 연구에서 성격특성의 경험적 측정과 비행이 상당히 **동의어반복**적이라는 방법론적 결함을 지니고 있다(Akers *et al.*, 2016). 예를 들면, 범죄자들의 성격적 특성(신경증, 정신병적 경향성, 외향성, 강박증, 우울증, 반사회성 등)이 원인이 되어 범죄를 저지르는지? 아니면 범죄성향이 높은 범죄자들의 성격검사 결과 성격적 결함을 보이는지를 잘 구분하기 힘들다. 성격이론을 검증한 대부분의 선행연구는 후자의 입장을 취하고 있다. 즉, 이상성격이 범죄행위의 원인이 아니라 범죄자들을 비범죄자들과 비교분석한 결과, 범죄자들이 성격적 결함을 더 많이 가지고 있다는 사실을 주장한다. 즉 성격이론은 원인과 결과가 명확하게 구분되지 않는 **동의어반복**적 결함을 지니고 있기 때문에 차후에 방법론적 결함을 경험적으로 보완하고 정교화할 할 필요가 있다.

04 인지이론

인지이론(cognitive theory)은 사회구성원들 간의 상호작용과정에서 타인의 의도를 잘못 이해하거나 인지부조화의 결과로 비행 및 범죄를 저지른다는 것이다. 예를 들면, 인지적 결함을 가진 사람은 친구들이 자신에게 해를 주고자 하는 공격적인 의도를 품고 있다고 잘못 해석하는 경향이 있다. 이러한 잘못된 해석은 친구들과 갈등을 조장하여 또래 집단으로부터 추출당하거나 자신을 방어하기 위해 친구들을 먼저 공격하는 반사회적 행동을 취할 가능성이 높다. 또 다른 예로, 유아성범죄자는 심한 인지왜곡의 결과 유아 대상 성범죄를 저지를 수 있다. 만약 어떤 여자 아이가 성범죄자의 무릎 위에 앉았을 경우, 그 범죄자는 여자 아이가 자신에게 성적 매력을 느꼈기 때문에 앉았을 것이라는 인지왜곡현상을 보인다. 일반적으로 여아가 성인의 무릎 위에 앉는 이유는 상당히 다양하다. 하지만 성범죄자는 자신과의 성관계를 위해 여아가 먼저 유혹했다는 심한 인지부조화와 왜곡의 과정을 거쳐 실제로 그 유아에게 성범죄를 저지를 수 있다. 특히, 인지왜곡과 부조화는 재산범죄에서 가장 많이 발생한다. **합리적 선택이론**(rational choice theory)에서 범죄발생의 이유 중 하나로 처벌과 보상의 부조화를 강조한다. 즉 절도범은 자신이 물건이나 돈을 훔침으로써 얻을 수 있는 경제적 이득이 경찰에 발각되어 처벌받을 수 있다는 두려움보다 더 크면 절도행위를 할 것이라고 본다. 이처럼 처벌과 보상 간의 인지부조화가 절도범죄를 저지르는 이유 중 하나가 된다. 인지이론에서 주장하는 범죄행위의 원인은 어떤 상황에서 인간의 인지적 결함이나 인지왜곡의 결과로 범죄가 발생한다는 것이다. 보통 사람들은 나이가 듦에 따라 인지능력이 향상됨과 동시에 범죄가능성도 점차 줄어든다. 인지이론은 사람들이 나이가 듦에 따라 성숙해지고 추론 능력이 발달하면서 범죄성향이 줄어드는지를 잘 설명한다. 이는 나이가 들면서 인지능력의 향상으로 범죄를 중지하는 능력이 향상되기 때문이다.

(1) 인지이론의 개요

인지이론의 주된 전제는 개인적 추론과정이 행동에 영향을 미친다는 것이다. 위의 예에서처럼 절도범은 처벌과 보상 간의 개인적 추론과정에서 인지부조화가 발생하여 자신은 절대 경찰에 적발될 가능성이 없다고 착각하는 추론과정을 거친 결과 절도행위를 하는 것이다. 인지행동의 또 다른 전제로 자기통제력의 부재를 들 수 있다. 예를 들면, 친구를 공격하는 행위는 친구들이 자신을 공격할 의도를 가지고 있다고 인지할 경우, 자신을 방어하기 위해 친구들에게 선제적으로 먼저 공격한다. 즉, 범죄는 공격성과 행동 사이에서 상황에 대한 인지적 분석이라는 단계가 부재할 때 발생한다고 보는 것이다. 그럼 왜 사람들에게 이런 인지부조화와 인지왜곡이 발생하는가? 인지이론가들은 인지왜곡의 근본 원인으로 낮은 도덕발달, 낮은 지능, 정보처리능력의 부재, 공감능력 부재 등에 관심을 기울여왔다.

(2) 인지왜곡

사회적 상황에 맞지 않는 인지능력의 결핍이나 부조화로 인해 발생하는 대표적인 범죄로 성범죄를 꼽을 수 있다. 성범죄에서 나타나는 인지왜곡(cognitive distortions)은 성범죄에 대한 잘못된 태도와 믿음이다. 성범죄자들 사이에서 인지왜곡은 성범죄행위를 지지하는 잘못된 생각과 사고과정을 말한다. 성범죄자의 인지구조는 이런 문제투성이의 인지와 사고과정을 고수하려는 믿음에서 출발한다. 예를 들면, 여성을 성적인 존재로 보는 시각, 인간은 섹스를 향유할 자격이 있다는 믿음, 성행위는 여성들을 해치지 않는다는 믿음, 사회의 법과 규범을 무시해도 된다는 믿음, 여성을 성적대상으로 파악하고 남성들의 마음을 상하게 하는 대상이라는 믿음 등을 포함한 여러 가지 유형의 인지구조는 성폭력과 이론적으로, 경험적으로 연결되어 있다(Hanson & Morton-Bourgon, 2004; Mann & Beech, 2003; 김윤지·이수정, 2016). 많은 다른 장애의 인지적 개념화처럼, 이런 인지구조는 성범죄자의 어린 시절에 발달하고, 일상생활에서 개인의 인식과 해석에 영향을 미침으로써 성폭력행위에 정당성을 부여하는 것으로 알려져 있다(Mann & Beech, 2003). 한편 성공격 인지구조와 관련이 있는 특별한 인지와 잘못된 사고는 성공격 행위와 직접적인 관련이 있다. 즉 자신의 성폭력 행위에 대한 책임을 최소화하면서 여성은 성행위를 원한다거나 오히려 여성을 비난하는 잘못된 믿음과 연결되어 있다(Beck, 2002; Blumenthal *et al.*, 1999). 예를 들면, 우리 사회에서 강간에 대한 잘못된 진실이 만연해 있다. 그 중에서 가장 심각한 것은 "여자들의 No는 사실 Yes이다"라는 잘못된 믿음이다. 성범죄자들은 일반적으로 여자가 처음에는 성적인 행동을 시도하는 것에 대해 거절할 수 있지만 여자의 마음은 바뀔 수 있을 것으로 착각한다. 심지어 성폭행이 진행될 때 "여성은 언제나 싫다는 의사표시를 할 수 있고, 강압적 성관계를 거절할 수 있다"라는 잘못된 믿음을 가지고 있다. 즉, 성범죄자들은 성폭력시도 시 여성이 정말로 싫었다면 거절할 수 있었는데 그러지 않았기 때문에 승낙으로 받아들이는 인지왜곡이 발생한다. 그러나 진실은 여성들이 성폭행을 당할 때 현실적으로 싫다는 말을 하거나 저항하지 못하는 상황이 대부분이다. 만약 저항한다면 심한 폭행이나 살해당할 위험성이 있기 때문에 싫다는 말을 하지 못할 뿐인데, 인지왜곡을 가진 성폭행범들은 이를 승낙의 신호로 받아들이는 것이다. 또 다른 예로, **소아기호증환자**는 어린 아이와 성적인 접촉을 함으로써 그는 실제로 그 아이에게 성교육을 했을 뿐이라고 착각한다.

연인들 사이에서 발생하는 데이트 성폭력은 남성의 심각한 인지왜곡 때문에 발생하기도 한다.
출처: https://www.asiae.co.kr/article/2018050115584065649

성범죄자는 피해자의 행동, 행위, 단서를 잘못 이해하여 오해한다. 립톤(Lipton)과 그의 동료들은 연인들끼리의 데이트 상황에서 강간범의 행위인식을 실험하는 연구를 수행했다(Lipton *et al.*, 1987). 립톤의 연구결과에 따르면, 강간범들은 상대 여성의 부정적이고 실망하는 단서나 몸짓을 긍정적이고 용기를 돋우는 것으로 착각한다는 사실을 발견했다. 이와 유사하게 베케트(Beckett)와 그의 동료들의 연구에서 아동대상 성범죄자는 성적 행위에 대한 단서를 잘못 이해한다는 사실에 주목했다(Beckett *et al.*, 1994). 연구결과, **소아기호증환자**는 아이가 성추행에 동의하고 어른과의 성행위로 인해 상처받지 않는다는 왜곡된 믿음을 가지고 있는 것을 발견했다. 또 다른 형태의 인지왜곡은 성적 공격의 부인과 최소화이다. 부인은 책임을 최소화하는 동시에 자기기만적인 사고과정을 포함하는데 이런 부인은 왜곡된 믿음에 의해 강화된다(Schneider & Wright, 2004). 이처럼 성범죄가 발생하는 가장 근본적인 이유로 인지왜곡을 들 수 있다. 인지왜곡의 근본 원인에는 여러 가지가 있겠지만, 여기에서는 낮은 도덕발달, 낮은 지능, 정보처리능력의 부재, 공감능력 부재 등이 있다.

(3) 도덕발달

인지이론은 피아제(Piaget)에 의해 제시된 도덕적 발달단계를 콜버그(Kohlberg)가 범죄에 적용한 콜버그의 도덕발달이론이 가장 대표적이다.

콜버그에 따르면, 개인이 어떤 특정 상황에서 옳다고 판단하는 평가의 기준이 다르고 이 기준은 도덕발달단계에 따라 다르게 나타난다고 주장했다(Kohlberg, 1969). 콜버그는 도덕발달단계를 3가지 수준인 전관습적, 관습적, 후관습적 수준으로 나누고 각 수준마다 2단계씩, 총 6단계로 나누었다(Kohlberg, 1969). 도덕발달단계는 〈그림 4-2〉에 잘 나타나 있다.

Lawrence Kohlberg(1927~1987)

그림 4-2 콜버그의 도덕발달 단계

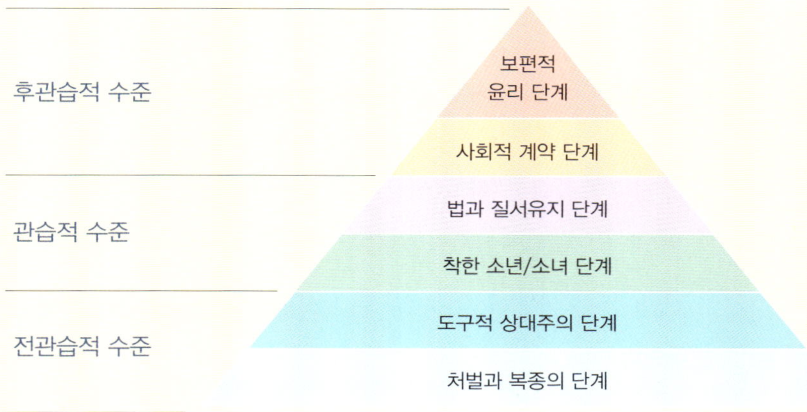

1) 전관습적 수준(preconventional level)

이 수준에서 사람들은 행위의 결과가 가져다주는 보상이나 처벌에 의해 옳고 그름을 판단하거나 규칙을 정하는 사람들의 물리적인 권위에 따라 도덕성을 고려하여 판단하는데 이 수준은 다시 처벌과 복종의 단계와 도구적 상대주의 단계로 나뉜다.

① 처벌과 복종의 단계

이 단계는 권력에 복종하고 처벌을 피하는 것이 옳다고 보는 단계다. 이 단계에서 사람들은 인간적 의미나 가치와는 무관하게 행위의 물리적 결과에 의해 옳고 그름을 결정한다. 처벌을 피할 수 있거나 힘이 있는 사람에게 복종하는 것 자체가 도덕적 가치를 갖는다.

② 도구적 상대주의 단계

이 단계는 자신에 대한 책임을 다하는 단계이다. 이 단계에서 사람들은 자신이나 타인의 욕구를 도구적으로 충족시키는 행위를 한다. 즉, 공정성, 분배의 평등성에 대한 인식이 시작되지만 진정한 정의나 관용보다는 서로의 등을 긁어주는 것과 같이 자신에게 돌아오는 이익을 먼저 생각하고 상대방을 도와주는 수준정도로 그친다.

2) 관습적 수준(conventional level)

이 수준에서는 가족, 사회, 국가의 기대를 유지하는 것 자체가 그 결과와 무관하게 가치가 있다고 판단한다. 이러한 태도는 단순이 개인적 기대나 사회적 질서에 동조하는 것뿐만 아니라, 적극적으로 질서를 유지하고 지지하며, 집단이나 그 성원들에게 동일시하고 충성하는 마음을 포함한다.

③ 착한 소년/소녀 단계

이 단계는 좋은 동기를 가지고 다른 사람을 배려하고 타인의 입장에서 자신을 바라볼 수 있는 단계다. 이 단계에서 옳은 행동은 타인을 기쁘게 하거나 도와주며, 타인으로부터 인정받는 것을 의미한다. 타인의 반응이 도덕적 판단의 기준이 되지만 물리적인 힘보다는 심리적인 인정 여부에 관심이 있으며, 착해짐으로써 타인의 인정을 얻으려 한다. 이 단계에서부터 인간은 사회적 규제를 수용하며, 행위의 옳고 그름을 판단하기 시작한다.

④ 법과 질서유지 단계

이 단계에서 사람들은 자신의 의무를 다하며, 권위자를 존중하며, 사회적 질서를 유지하는 것이 옳은 행동이라고 생각한다.

3) 후관습적 수준

이 수준에서는 집단의 권위나 권리를 행사하는 사람들과는 무관하게 도덕적 가치와 원리를 규정하려는 노력을 보인다.

⑤ 사회적 계약 단계

이 단계는 사회규칙을 따르며 집단이나 사회 전체의 복리를 위해 봉사할 줄 아는 단계다. 이 단계에서 사람들은 개인의 권리를 존중하고 사회 전체가 인정하는 기준을 준수하는 것이 옳은 행동이라고 확신한다. 사회적 약속은 대다수의 사회구성원들의 보다 나은 이익을 위해 언제든지 바뀔 수 있는 것으로 판단함으로써 이전 단계와는 달리 도덕적 융통성을 발휘한다.

⑥ 보편적 윤리 단계

사회에서 합의된 규칙, 즉 사회적 계약에 따라 모든 인류에 대한 의무를 다하는 단계다. 이 단계에서 옳은 행동은 자신이 선택한 윤리적 원칙과 일치하는 양심에 의해 결정된다. 이 원리는 인간의 존엄성, 정의, 사랑, 공정성에 근거를 둔 추상적이며 보편적인 행동지침이 된다. 이 단계에 도달한 사람은 자신의 양심이 가하는 처벌을 사회가 가하는 처벌보다 더욱 고통스럽게 생각하기 때문에 범죄를 저지를 가능성이 가장 낮은 단계이다.

콜버그의 주장에 따르면, 사람들은 위와 같은 도덕적 발달과정을 밟게 되는데 범죄자는 비범죄자들과 다른 도덕발달단계를 거친다는 것이다. 즉, 어떤 범죄자들은 2단계에 그치는가 하면 다른 범죄자들은 3단계에서 자신의 도덕성이 멈춘다고 주장했다. 개인의 도덕성 발달 단계에서 어느 단계 이상 발달하지 못하고 발달을 멈추는 사람은 범죄자가 되는 경우가 많다는 것이다. 따라서 도덕적 발달의 단계가 높은 사람은 범죄를 저지르지 않는 반면, 도덕적 추론이 낮은 단계에 있거나 멈춘 사람은 범죄를 저지를 가능성이 높다는 것이다. 콜버그와 그의 동료들은 범죄자의 도덕적 판단단계가 비범죄자의 도덕적 판단단계에 비해 현저하게 낮다는 사실을 발견했다(Kohlberg *et al.*, 1973). 콜버그의 도덕발달단계가 발표된 이후 그의 이론을 경험적으로 증명하려는 시도가 이루어졌다. 네덜란드 청소년들을 대상으로 한 연구에 따르면, 일반청소년의 경우 대부분 도덕발달 수준이 3단계에 속하는 반면 비행청소년들은 대부분 2단계에 속하는 것으로 밝혀졌다(Travecchio *et al.*, 1999). 또한 헨글러

(Henggeler)의 연구에 따르면, 범죄를 저지르지 않는 사람은 주로 높은 수준의 도덕단계인 3단계 혹은 4단계에 이른 반면, 범죄자들은 도덕적 추론의 가장 낮은 단계인 1단계 혹은 2단계에 머문다고 주장했다(Henggeler, 1989). 국내에서도 콜버그의 도덕발달단계와 비행과의 상관관계를 밝히려는 연구가 이루어져 왔다. 국내에서 고등학생을 대상으로 콜버그의 이론을 접목한 결과, 학교생활에 문제를 일으키는 청소년은 주로 2 혹은 3단계에 머물고, 그렇지 않은 학생들은 3 혹은 4단계에 이른다는 사실을 발견했다(백혜정·이순묵, 2002). 일반청소년과 비행청소년의 도덕발달단계를 비교한 연구결과, 비행청소년은 도덕적 발달단계에서 낮은 수준에 속하는 전관습적 수준인 1 또는 2단계에 속하는 반면, 일반청소년은 비교적 높은 도덕발달단계에서 높은 점수를 받았다(김상균, 2005). 구체적으로 1단계 비교연구에서 비행청소년의 도덕적 추론능력이 정상청소년들에 비해 떨어지며 규범위반의 가능성이 훨씬 많은 것으로 나타났다. 또한 2단계인 자기이익 중심의 교환단계 비교에서도 비행청소년은 정상청소년에 비해 주변상황과 규범, 다른 사람의 이익을 고려하지 않고 자신의 이익과 즉각적인 만족을 위해 행동하는 경향을 보였다(김상균, 2005).

(4) 지능

지능(intellect)과 범죄와는 어떤 상관관계를 가질까? 우리는 대중매체를 통해 범죄자들, 특히 절도와 같은 재산범죄자의 교묘한 범죄수법을 봄으로써 범죄자의 지능은 일반인보다 높을 것이라고 착각한다. 즉 일반인들은 언론매체를 통해 이전까지 알려지지 않았던 새로운 절도 수법과 사기기법으로 경제적 이득을 취득하려는 재산범죄자들을 접하면서 그들의 수법에 혀를 내두른다. 그러나 그런 범죄행위에 동원된 새로운 수법은 단순히 절도나 사기의 기법이나 테크닉이지 그들의 지능이 일반인보다 높기 때문에 창의적으로 개발된 기법이 아니다. 오히려 재산범죄자들은 처벌과 보상의 균형추에서 자신들은 절대 경찰에 적발되지 않을 것이라는 확고한 믿음하에 절도행각을 벌인다. 따라서 처벌과 보상의 균형추를 잘못 파악하는 범죄자의 지능은 일반인들에 비해 낮은 것이 보편적이다. 지능은 추리하고, 타인의 생각을 파악하고, 문제를 풀고, 추상적으로 생각하고, 복잡한 생각을 이해하고, 경험을 통해 배우고, 복잡한 문제에 대한 해결책을 발견

지능이 낮은 청소년들은 학업능력이 떨어져 학교생활 부적응 현상을 보이며 결국 비행친구들과의 차별적 접촉을 통해 각종 청소년범죄를 저지를 가능성이 높다.
출처: http:/www.gachonnews.com/news/articleView.html?idxno=4579

하는 능력을 의미한다(Siegel, 2020). 지능과 범죄는 마이너스적(−) 관계가 일반적이다. 지능이 낮을수록 범죄를 저지를 가능성이 높아진다. 지능이론에서 범죄자의 지능은 비범죄자보다 평균적으로 낮다는 연구결과는 지속적으로 발표되고 있다.

지능과 범죄와의 관성을 밝히려는 연구는 고다드(Goddard)의 연구가 대표적인데, 그는 범죄인의 70%가 저지능인으로 범죄와 비행의 최대 단일 원인은 낮은 지능에서 찾을 수 있다고 주장하였다(Goddard, 1920). 힐리와 브로너(Healy & Bronner) 또한 1926년에 시카고와 보스턴의 남자 비행청소년 집단을 검사한 결과, 37%가 지능이 정상 수준 이하임을 발견했다(Healy & Bronner, 1926). 그들은 비행청소년이 정상 청소년에 비해 정신적으로 결함이 있을 확률이 5~10배 더 높다는 결론을 내렸다. 이 두 연구결과, 일반적으로 서구 사회에서는 지능지수 검사는 타고난 유전성과 관련이 있으며 많은 범죄학자들은 표준 이하의 지능지수는 범죄 및 비행과 관련이 있다는 사실을 받아들였다(Siegel, 2020). 그러나 1931년 서덜랜드는 범죄자와 비행청소년에 대한 여러 지능지수 연구를 평가한 후, 결과에 상당한 차이가 난다는 사실에 주목했다(Sutherland, 1931). 서덜랜드의 연구 이후 범죄가 낮은 지능에 의해 초래된다는 믿음에 거의 종지부를 찍었고, 지능지수와 범죄와의 관련성은 범죄학연구에서 거의 사라지는 것처럼 보였다. 그 후 허쉬와 힌델랑(Hirschi & Hindelang)의 연구는 지능과 범죄와의 관계는 약하지만 상관관계가 있다는 사실을 다시 한 번 더 확인했다(Hirschi & Hindelang, 1977). 그들은 지능이 범죄에 직접적으로 영향을 미치는 것이 아니라 학업수행능력을 통해 간접적으로 영향을 미친다고 주장했다. 지금까지 논의된 지능과 범죄와의 관계를 가설 1과 가설 2로 구분할 수 있다.

가설 1: 지능이 범죄에 직접적으로 영향을 미친다

지능 → 범죄

가설 2: 지능이 학업수행능력을 통해 범죄에 간접적으로 영향을 미친다.

지능 → 학업수행능력 → 범죄

허쉬와 힌델랑은 지금까지 지능과 범죄와의 관계 연구에서 가설이 잘못되었다고 주장했다. 즉, 이전까지의 연구는 가설 1에서처럼 지능과 범죄와의 직접적인 연관관계를 따졌지만, 실제 청소년들의 지능이 범죄에 미치는 영향력은 가설 2와 같다고 주장했다. 가설 2에서처럼, 지능은 직접적으로 비행이나 범죄를 야기하는 요인이 아니라 간접적인 방식으로 비행에 연루된다는 것이다. 즉 낮은 지능은 학업수행에 부정적인 영향을 미치고 학교생활에 잘 적응하지 못하게 되어 무료한 학교를 마친 후 그와 비슷한 성향을 가진 친구들과 각종 비행을 저지른다고 보았다. 근래에 들어와서 헌스타인과 머레이(Herrnstein & Murray)는 종선(The Bell Curve)을 통해 IQ로 대변되는 지능이 범죄와 관련이 있다고 주장하면서 지능과 범죄와의 오랜 논쟁에 다시 불을 지폈다(Herrnstein & Murray, 1994). 즉, 지능이 낮은 사람은 범죄나 다른 유형의 바람직하지 못한 행동을 하게끔 하는 '인지적 약점'을 가지며, 이 인지적 약점은 범죄에 영향을 미치는 사회계층이나 가족 같은 다른 어떤 요소들보다 직접적이고 강하며 중요하다고 주장했다. 물론 동료학자들이 헌스타인과 머레이의 주장을 수용하는 것은 아니었다. 예를 들면, 피셔(Fischer)와 그의 동료들은 종곡선을 다시 분석한 후, 사람들의 궁극적인 행운은 가족 배경이나 성장기의 지역적 특색 등 그들의 사회적 배경에 의존하며, 지능지수 역시 유의미한 상관관계를 보여주지만 그 효과는 크지 않다고 지적하였다(Fischer *et al.*, 1996). 그럼에도 불구하고 지능이 범죄와 관련성이 있다는 주장은 지금까지 계속되고 있다. 피케로(Piquero)는 필라델피아에 사는 아이들의 폭력 행동을 연구한 결과, 지능 점수가 폭력행동에 대한 가장 강력한 예측 변인이며, 폭력범죄를 주로 저지르는 범죄자들과 그렇지 않은 범죄자들을 구분할 때도 사용될 수 있다고 주장했다(Piquero, 2000).

(5) 정보처리능력

정보처리능력 모형은 범죄자들이 사회적인 자극에 대한 정보처리에서 일반인들과 다르다는 것을 강조한다. 예를 들면, 공격적인 사람은 비폭력적인 사람들보다 사회적 단서를 덜 포착하거나, 단서를 지나치게 폭력적인 것으로 해석하며, 갈등관계에서 적절한 반응양식을 잘 찾을 수 없고, 자신의 폭력반응이 사회적으로 용납될 것이라고 잘못 판단하는 경향이 있다는 것이다. 일반적으로 사람들은 의사결정을 할 때 일련의 순서에 따라 〈그림 4-3〉과 같은 인지적 사고과정을 거친다(Dodge, 1986).

① 정보를 해석할 수 있도록 부호화한다. → ② 적절한 반응을 검색한다. → ③ 가장 적합한 행위를 결정한다. → ④ 결정에 따라 행동으로 옮긴다.

정보처리과정에 문제가 있는 사람들은 인지적 결함이 있을 수 있으며, 의사결정을 할 때 부정확

그림 4-3 **인지적 사고과정**

① 정보를 해석할 수 있도록 부호화한다.
↓
② 적절한 반응을 검색한다.
↓
③ 가장 적합한 행위를 결정한다.
↓
④ 결정에 따라 행동으로 옮긴다.

한 정보를 사용하는 경향이 강하다. 예를 들면, 공격적인 사람은 덜 공격적인 사람보다 유용한 사회적 단서에 관심을 적게 보일 수 있고 보다 빨리 상황에 반응한다. 이와 같이 빨리 반응하게 되었을 때 적개적 속성 오류를 더 많이 보일 수 있다는 것이다. 또한, 공격적인 사람은 사회적 상황에서 공격적 단서에 보다 선택적으로 집중하는 경향이 있다. 그들은 비공격적인 사람보다 상황에 대한 정보보다는 개인적 믿음과 도식에 기초하여 타인의 의도를 해석한 후 그 결과로 공격적인 행동을 보이기도 한다. 슬라비와 궤라(Slaby & Guerra)의 주장에 따르면, 매우 공격적인 청소년은 덜 공격적인 청소년보다 문제에 직면했을 때 많은 정보를 구하지 않으며, 많은 해결책을 제시하지도 않고 공격적인 행동의 결과에 대해서도 별로 생각해 본 바가 없다고 주장한다(Slaby & Guerra, 1988). 또한, 공격적인 사람은 그렇지 않은 사람들보다 자신의 이전 경험에서 체득한 잘못된 믿음에 기초하여 정보를 처리하는 경향이 있다. 높은 공격성을 가진 사람은 불충분한 사회정보 처리과정을 통해 덜 공격적인 사람들보다 더 적개심과 공격성을 수용하는 확실한 믿음 때문에 공격적인 행동을 하는 경향이 있는 것이다.

정보처리모델을 사용하여 범죄자들의 공격성을 잘 설명한 대표적 학자로는 닷지(Dodge)를 들 수 있다. 닷지는 여러 단계로 이루어진 사회 인지과정에서 어느 한 단계에서의 잘못된 과정은 개인의 부적응을 일으킬 수 있다고 보았다(Dodge, 1986). 이 모델은 〈그림 4-4〉와 같은 5단계로 구성된다.

닷지의 정보처리단계를 구체적으로 설명하면, 제1단계인 부호화과정단계는 사회적 단서를 부호화하는 단계이다. 단일 순간에 사회환경에 있는 정보의 양이 많기 때문에 적절한 단서에 주의를 하고 정보를 단순화하는 과정이 요구된다. 제2단계 표상과 해석과정단계에서는 일단 단서가 부호화되면 표상이나 해석과정이 일어난다. 단서를 자신의 과거 경험이나 기억에 통합하고 그 단서에 대해 의미 있는 해석을 하게 된다. 제3단계 반응탐색과정에서는 가능한 행동반응을 탐색하는 과정이 일어난다. 이 단계에서 사람들은 자신이 생성한 다양한 반응목록 중에서 가장 합당한 반응에 접근하게 된다. 제4단계 반응결정과정에서는 생성된 반응에 관한 잠재적 결과를 평가하고 효율적인 결과에 관한 확률을 계산하여 한 가지 행동반응을

그림 4-4 닷지의 정보처리 단계

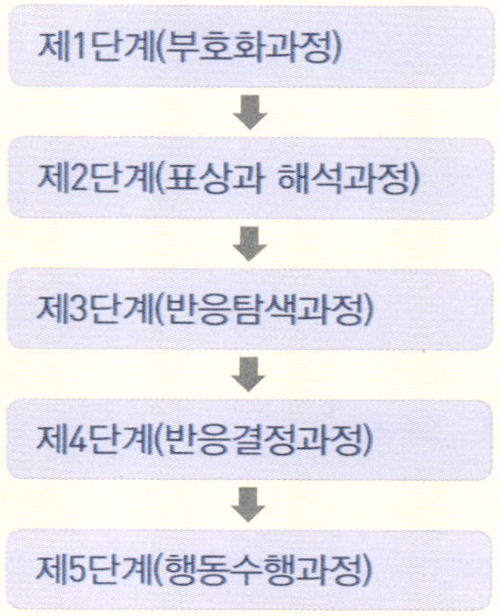

선택하는 과정이 이 단계에서 일어난다. 이 때 세 가지 능력, 즉, 환경맥락과 자신의 행동능력, 가능한 결과에 관한 정신적 표상능력, 그리고 활동기억 능력이 동시에 고려되어 행동을 결정하게 된다. 제5단계인 행동수행과정에서는 여러 반응 중에서 최적의 반응이 선택된 다음에 그것을 수행하는 과정이 따른다.

공격적인 사람은 위와 같은 다섯 단계의 정보처리과정을 다 거치지 않고 특정단계에만 한정되어 정보를 처리하기 때문에 범죄행동으로 이어진다. 정보처리모델을 조사한 선행연구에 따르면, 첫 단계인 단서에 대한 부호화와 해석에 있어서 또래 관계에서 문제행동을 보이는 청소년은 일반 청소년에 비해 사회적 상황을 해석할 때 더 적은 수의 사회적 단서를 이용하며(Dodge & Newman, 1981), 자신이 주어진 상황을 이미 잘 파악했다고 믿기 때문에 더 이상의 정보를 필요로 하지 않으므로 주어진 단서에 대하여 적절한 처리를 하지 못하는 것이다. 또한, 또래 관계에서 문제행동을 보이는 청소년은 상대방의 의도 단서를 탐지하는 데 있어서도 결함을 보이고(Coie & Dodge, 1987), 일반 청소년에 비해 사회적 상황에서 할 수 있는 대안 반응을 적게 산출하는 경향이 있고(Slay & Guerra, 1988), 도발 상황이나 새로운 친구관계를 맺는 상황에서 문제행동과 관련된 반응을 더 많이 보여, 친사회적 반응도 더 적게 하는 것으로 나타났다(Quiggle *et al.*, 1992). 마지막으로 반응을 결정하는 과정에서 또래 관계에서 문제행동을 보이는 청소년은 자신이 선택한 반응이 가져올 결과를 우호적으로 평가하는 경향이 있으며(Quiggle *et al.*, 1992), 자신이 산출하고 결정한 반응의 수행이 더 쉽다고 지각하는 반면, 공격적인 행동을 하고 싶은 충동을 억제하는 것과 관련된 자기 효능감은 상대적으로 낮게 나타났다(Perry *et al.*, 1988).

예를 들면, 서두의 한국사례에서 소개된 윤모씨는 어린 시절부터 친구들에게 심한 따돌림을 당해왔다. 그는 이런 소외감을 달래기 위해 인터넷상의 인간관계에 집착했으며 그 결과, 유능하고 용감한 오빠 행세를 할 수 있었다. 여기서 윤모씨는 인터넷상의 친구들이 자신을 잘 따르고, 자신은 그들의 고민을 다 들어줄 수 있을 것 같은 잘못된 해석과정을 밟은 것처럼 보인다. 즉, 닷지의 5단계 정보처리과정을 이 사건에 적용하면, 제2단계인 표상과 해석과정 단계를 벗어나지 못한 것으로 짐작된다. 그 결과 주위사람들의 정보나 과거 자신이 체험한 정보를 종합적으로 판단하지 않

공격적인 사람의 행동은 닷지의 정보처리 단계 중 특정단계에만 한정되어 정보를 처리하기 때문에 범죄행동으로 이어질 가능성이 높다.
출처: http://dongascience.donga.com/news.php?idx=23257

은 채 공범들이 사주한 바대로 행동했던 것이다. 윤모씨는 2단계인 표상과 해석과정에서 인터넷상의 친구들이 자신을 유능한 사람으로 부추기는 것에 고무되어 정말 자신은 모든 것을 다할 수 있는 사람으로 자신의 능력과 처지를 잘못 해석한 것처럼 보인다. 또한, 그는 제3단계인 반응탐색단계를 거치지 않은 것으로 파악된다. 만약 윤모씨가 제3단계를 거쳤다면 자신의 공범인 이모씨와 홍모씨가 비록 부추긴다 하더라도 피해자를 살해하면 어떤 처벌이 기다리고 있는지를 냉철하게 판단했을 것이다. 결론적으로 윤모씨는 제2단계에서 정보를 잘못 해석했으며, 제3단계와 4단계를 거치지 않고 바로 제5단계로 나아가 평소 일면식도 없던 피해자를 살해하는 사건을 감행한 것으로 판단된다.

정보처리능력과 비행 및 범죄와의 관계를 밝힌 국내연구에서도 외국의 연구결과와 유사하다. 사회정보처리 모델을 사용하여 집단따돌림 가해청소년의 인지적 특성을 연구한 결과에 따르면, 가해청소년 집단은 일반 청소년 집단의 사회정보처리 과정과 다른 차이를 보였다(최옥임 · 정옥분, 2003). 가해 청소년은 또래의 상황을 따돌림과 관련된 것으로 파악하고, 따돌림과 관련된 반응을 더 많이 탐색하였고, 따돌림을 수행하는 자기 효능감이 높았으며, 따돌림 행동을 한 후의 결과를 자신에게 더 긍정적일 것으로 판단하는 경향이 있었다. 또한, 가해 청소년은 따돌림을 지지하는 규범적 신념에 있어서도 따돌림 행위를 해도 된다는 신념, 따돌림 행위는 자존감을 높여준다는 신념, 따돌림 당하는 아이들은 그다지 고통받지 않는다는 신념을 형성하는 경향이 높았다. 청소년의 반사회성과 사회정보처리 과정간의 관계를 밝힌 연구에서도 반사회성이 낮은 청소년은 주어진 애매한 상황에 대해 공격적인 해석을 하지 않는데 반해 비행집단에서는 반사회성 정도와는 상관없이 모든 청소년이 일반청소년 집단에 비해 애매한 상황을 더욱 공격적인 상황으로 해석하였다(곽금주 외, 1991). 부가적인 정보의 필요성에 있어서도 비행집단의 청소년은 더 이상의 정보가 필요하지 않았으나, 일반청소년은 좀 더 명확한 상황판단을 위해서 부가적인 정보를 요구하는 것으로 나타났다.

국내연구결과를 종합하면, 비행청소년은 일반청소년에 비해 주어진 상황을 공격적인 상황으로 잘못 해석하거나, 좀 더 명확한 상황판단을 위해 부가적인 정보를 얻으려고 노력하지 않는 것으로 나타났다. 또한, 그런 공격에 피해를 보는 피해자에 대한 공감능력이 부족하여 피해의 과정과 정도에 대해 대수롭지 않게 생각하고 오히려 자신의 공격에 대해 합리화하거나 변명하는 경향이 두드러지게 나타났다. 이처럼 대부분의 사회구성원은 매 순간 〈그림 4-3〉이나 〈그림 4-4〉와 같은 인지적 사고과정을 거쳐 자신이 결정한 행동을 실행하게 되는데, 일부 사회정보처리 능력이 부족한 사람은 인지적 결함이나, 의사결정과정에서 주위의 부정확한 정보를 사용하거나, 과거 자신이 경험한 잘못된 정보처리결과를 신뢰한 결과 범죄행위를 저지르게 된다는 것이다. 인지과정에서 결함이 있는 사람은 자신이 매 순간 받아들이는 사회정보를 처리하는 과정에서도 결함을 보이거나 여러 단계의 정보처리과정에서 한 특정한 과정에 멈추거나 다음 단계를 건너뛰는 경향을 보였다.

(6) 공감능력부재

사회적 인지과정에서 매우 중요한 요소는 공감(empathy)이다. 공감을 위해선 두 가지 단계가 필요하다. 우선 타인의 입장을 이해할 수 있는 능력과 타인의 감정을 공감할 수 있는 감정적 능력이다. 범죄자의 경우, 공감능력에 심각한 하자를 보이며, 특히 성범죄자들에게 두드러진다. 공감은 타인의 관점을 인지적으로 알아차리고 타인의 처지를 이해한 후 동정심을 가지는 능력을 의미한다. 공감은 인간행동을 규제하는 데 도움을 준다는 일반적 믿음이 있다(Moore, 1990; 이경숙·김영숙, 2017). 정서적인 공감능력이 자신의 정서를 조절하고 폭력행동을 낮추는 데 도움을 주며, 인지적 공감능력 또한 자신의 정서를 조절하고 폭력행동을 낮춘다. 그러나 어느 정도까지 공감능력이 필요한지 그리고 어떻게 공감능력을 가지게 되는지에 대한 논의는 충분하게 밝혀지지 않았다(Marshall *et al.*, 1999). 일반적으로 반사회적 인격장애자는 공감능력이 현저하게 떨어져 있는 사람으로 알려져 있다. 그들은 매우 이기적이고, 무감각하며, 무책임하고, 충동적이며, 또한 죄의식을 느끼지 못한다(이창한 외, 2012). 그들은 욕구불만을 제대로 참아내지 못하고, 남을 비난하기를 좋아하며, 또 자신의 행동을 그럴듯하게 합리화하는 버릇이 있으며 참회, 양심, 수치심이 없고, 거짓말을 잘하는 편이다. 반사회적 인격장애자가 이런 유형의 성격이나 행동유형을 보이는 것은 공감능력, 즉 타인의 입장에서 사물을 바라보고 이해하는 능력이 부족하기 때문이다. 성범죄자들 또한 반사회적 인격장애자와 마찬가지로 공감능력이 부족한 것으로 알려져 있으며 상당히 많은 연구에서 성범죄행위와 공감능력 사이에는 상관관계가 존재한다는 사실을 밝혀냈다. 예를 들면, 성범죄자는 모의데이트 장면 중에 상대 여성의 정신적 고통 수준을 감지하지 못하는 연구결과도 있다(Lipton *et al.*, 1987). 특히 아동성폭행범은 다른 성범죄자와 비교할 때, 어린 아이들의 고통수준을 판독할 수 있는 능력이 훨씬 떨어지는 것으로 나타났다(Stermac & Segal, 1989).

공감능력이 부족한 이유는 무엇일까? 그 이유 중 하나로 감정관리를 들 수 있다. 범죄자들은 어릴 때의 잘못된 사회화과정의 결과로 자신을 통제하고 제어하는 감정관리 훈육을 제대로 받지 않았을 가능성이 높다. 자신의 감정을 잘 관리하지 못하기 때문에 타인에 대한 애정이나 타인의 입장에서 타인을 이해하려는 공감능력이 부족한 것이다.

자신의 감정을 잘 다스리지 못하면 공감능력이 떨어지고 공격성이 증가하여 폭력범죄를 저지를 가능성이 높아진다.
출처: http:/www.sponews.kr/bbs/board.php?bo_table=B01&wr_id=1355

범죄는 감정조절 실패의 결과라고 주장하는 일련의 범죄학자들이 있다. 그 대표적인 이론으로 에그뉴(Agnew)의 일반긴장이론이 있다. 일반긴장이론에서는 범죄자들이 긴장요인으로 인해 부정적 감정을 경험하기 때문에 비행을 저지른다고 본다. 즉, 범죄자들은 여러 긴장요인으로 화, 우울감, 절망감 등 부정적 감정을 경험하게 되며, 그러한 부정적 감정을 해소하기 위해 범죄를 저지른다는 것이다. 부정적인 감정은 부정적인 경험의 영향으로 인한 비정상적인 감정적 반응이다. 부정적인 감정을 잘 조절하지 못하는 현상은 성폭력행위와 깊은 관련이 있다는 것은 잘 알려진 사실이다(Hanson & Morton-Bourgon, 2004). 일반적으로 부정적인 정서상태가 공격적인 행동과 관련이 있는데 그중에서 분노가 가장 중요한 요소다. 성범죄자에게 나타나는 분노는 그들의 공격행위와 관련이 있다는 명백한 증거가 있다. 그러나 분노 외에 성범죄자에게 나타나는 다른 감정의 경험과 관리는 경험적으로 많이 연구되지 않은 분야이다(Yates, 2003). 효과적인 감정관리를 위해 성범죄자는 그의 정서 상태를 깨닫는 방법을 배워야 하며, 그가 어떻게 부정적인 감정을 경험하고 대처하는지를 파악해야 한다. 감정을 관리하는 방법을 배울 때, 많은 면이 고려되어져야 하지만 특히 범죄자는 가령 강도(intensity), 표현(expression), 적합성(appropriateness), 문화적 영향(cultural influences) 등과 같은 감정의 다른 측면들을 인지하는 방법을 배워야 한다. 비록 감정관리의 대부분은 부정적인 정서를 깨닫고 대처하는 능력을 취급하지만, 부정적인 감정은 모든 성범죄자의 감정관리에서 돌출요소가 아니다. 긍정적인 감정을 관리할 줄 모르는 일부 성범죄자의 행위는 바로 성범죄로 연결된다. 예를 들면, 감정을 잘 관리하지 못하는 성범죄자는 상당히 의기양양한 상태에서, 반대로 상당히 자제력을 상실한 상태에서 성폭력을 저지르기도 한다. 또 다른 일련의 성범죄자에게서 나타나는 현상으로 부정적인 감정에 의해서가 아니라 감정의 완전한 결핍으로 감정 자체가 활성화되지 않는 경우에도 성범죄가 발생한다.

공감능력이 부족한 또 다른 이유 중 하나는 대인관계 기술에서 찾을 수 있다. 사회적 지원의 부족, 비갈등적인 관계와 친밀한 관계를 유지하기 힘든 것을 포함한 대인관계능력 결핍은 공감능력 결핍과 깊은 연관관계를 맺고 있다. 다시 성범죄자의 예를 들면, 성범죄자는 역사적으로 사회적 기술이 결여된 사람들로 인식되어져 왔다. 마샬(Marshall)과 그의 동료들의 주장에 따르면, 일부 성범죄자들은 그들의 유아시절 부모와의 애착결핍 때문에 대인관계 기술이 결핍되고, 그 결과 성범죄를 저지르게 된다고 보았다(Marshall *et al.*, 1999). 전통적으로 부모와의 애착결핍이 범죄의 원인이 된다는 범죄이론은 범죄학계의 일반적인 정설로 여겨져 왔다. 그 대표적 이론으로 허쉬(Hirschi)의 사회유대이론(social bonding theory)이 있다. 허쉬의 주장에 따르면, 범죄는 개인의 사회유대가 약하거나 깨졌을 때 발생하며, 개인의 사회유대 중에서 부모와의 애착이 가장 중요한 요소라는 것이다. 일반적인 범죄자와 마찬가지로 성범죄자들은 부모와의 약한 유대와 애착 및 학대 때문에 후에 다른 사람들과의 대인관계 형성을 잘하지 못하는 경향이 있다. 이런 결핍된 애착의 결과로 성범죄자들은 동의성인(consenting adult; 법적으로 성관계 동의 결정을 할 수 있다고 보는 연령이 된 사람)과의 친밀한 관계를 형성하지 못한다. 그 대신 법적으로 동의관계를 맺을 수 없는 미성년자와의 성관계나 성폭력을 통해 그들의 성적 욕구를 충족시키게 된다고 마샬은 주장했다. 성범죄자는 종종 섹스로 자신의 외로움을 충족시키고 타인과의 친밀감을 확인하는데 이런 성적 행위가 그들의 친밀욕구를 충족시킨다고 믿는다. 그러나 현실은 정반대로 나타난다. 성범죄자들은 그들의 친밀욕구를 충족시키기 위해 범죄를 저지르지만 현실적으로 성범죄 후에도 그들의 친밀욕구가 충족되지 않아 심한 외로움과 고독감을 겪게 되고 이 외로움을 달래기 위해 다시 성범죄를 저지르는 악순환이 되풀이된다.

결론적으로 공감능력이 부족한 사람은 각종 범죄를 저지를 가능성이 많은데 특히 성범죄자들에게서 공감능력 부족 현상이 두드러지게 나타난다. 반사회적 성격장애자에게 공통적으로 나타나는 공감능력부족 현상에 대해서는 제7장 성격과 범죄심리에서 다시 한 번 더 설명할 것이다.

연습문제

1. 범죄심리학 이론은 크게 개인 심리학적 이론과 개인환경적 이론으로 나뉜다. 개인 심리학적 이론 중에서 어떤 이론이 우리 사회의 살인과 강간사건을 잘 설명한다고 생각하는가? 그 이유는 무엇인가?
2. 정신분석학적 이론을 이용하여 범죄자들이 각종 범죄를 저지르는 이유를 설명해 보아라. 특히 구체적인 사건 하나를 예로 들어 정신분석학적 이론으로 설명해 보아라.
3. 성격이론은 반사회적 인격장애자를 잘 설명하는 이론으로 알려져 있다. 우리 사회에서 최근에 발생한 범죄사건 하나를 예로 들어 성격이론으로 그 범죄의 원인을 설명해 보아라.
4. 콜버그의 도덕발달 단계를 범죄와 관련하여 설명해 보아라. 특히 최근에 발생한 살인사건을 예로 들어 콜버그의 도덕발달 이론을 설명해 보아라. 또한 예로 든 사건을 저지른 범죄자는 콜버그의 도덕발달 단계 중에서 어떤 단계에 머물러 있었다고 추정하는가? 그 이유는 무엇인지를 설명하여라.
5. 인지이론은 성범죄의 원인을 잘 설명하는 이론이라 할 수 있다. 인지이론을 사용하여 성범죄자의 심리적 특성을 설명해 보아라. 특히 최근에 발생한 성범죄 사건 하나를 예로 들어 인지이론으로 설명해 보아라.
6. 우리 사회에서 발생하는 각종 범죄들을 개인 심리학적 이론들로 설명할 경우, 장점은 무엇이며, 단점은 무엇인지를 구체적인 범죄현상을 예로 들어 설명해 보아라.

용어설명

귀납법

모든 과학적 이론은 논리와 경험에 기초한다. 이론은 먼저 논리적으로 치밀하여야 하고 동시에 경험적인 검증을 거쳐야 한다. 과학적 이론의 발전과정에서는 논리와 경험의 방법을 둘러싸고 연역법(deductive method)과 귀납법(inductive method)으로 크게 나뉜다.

〈그림 4-5〉의 오른쪽 반은 이론을 적용시키는 연역적 방법을 뜻하며, 왼쪽 반은 관찰된 결과를 이해하여 이론으로 구성시키는 귀납적 방법을 가리킨다. 또한 위쪽 반은 이론화의 과정을, 아래쪽 반은 구체적으로 경험적 조사를 수행하는 과정을 보여 준다. 귀납법은 우선 관찰을 통해 자료를 수집하고 이를 정리, 분석하여 일반적인 유형을 찾아내고 이것으로부터 잠정적인 결론에 도달하는 방법이다. 즉, 귀납법은 인과관계를 경험적으로 증명하는 과정을 말한다. 〈그림 4-5〉의 관찰에서 이론에 이르는 부분이 귀납법이다. 예를 들면, 어떤 연구자가 소크라테스의 죽음을 발견하고, 또 다른 많은 일반인들도 예외 없이 죽는다는 사실을 관찰한 후 모든 사람은 나이가 들면 죽는다는 결론에 도달하는 것을 귀납법이라고 한다. 즉, 연구자가 소크라테스가 죽었다는 사

그림 4-5 과학적 방법(연역법과 귀납법)

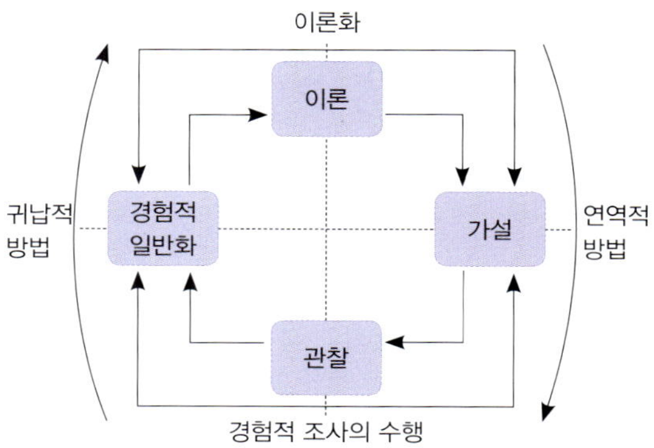

실(위의 그림에서 관찰에 해당됨)을 발견하고, 또 다른 일반인들도 예외 없이 죽는다는 사실(위의 그림에서 경험적 일반화에 해당됨)을 관찰을 통해 발견한 후 "모든 사람은 죽는

다"(위의 그림에서 이론에 해당됨)는 임시적인 결론에 이르는 과정을 귀납법이라고 한다.

권력통제이론

마르크스의 갈등주의이론의 최신 경향으로 좌파실재론, 비판여성주의이론, 권력-통제이론, 포스트모던이론, 평화구성이론 등이 있는데 그중에서 가장 대표적인 것이 권력통제이론(power control theory)이다(이창한 외, 2012). 헤이건(Hagan)은 범죄에서 나타나는 성차를 설명하기 위해 급진적인 여성주의 시각을 도입하여 범죄율은 계급적 권력과 가족 내 권력에 의해 결정된다는 권력통제이론을 주장했다. 즉, 가부장적 가정에서 자란 딸은 부모로부터 지나친 통제를 받는 대신 아들은 상당한 자유를 누린다. 따라서 아들은 딸보다 비행을 저지를 가능성이 높다고 주장했다. 반면에 평등한 가정에서 자란 딸의 비행은 아들의 비행과 매우 비슷한 수준이라는 사실을 발견했다. 이런 결과는 부모가 비슷한 권력을 소유하고 있는 가정에서 딸은 남자 형제와 비슷하게 직업적 성공에 대한 기대감을 갖고 있으며 그 결과 성별에 관계없이 위험 추구적 행동이나 비행을 저지르도록 사회화된다는 것이다. 권력통제이론은 범죄를 연구하기 위해 성과 계급, 가족구조를 하나의 이론적 틀 안에서 고려하고 있는 새로운 접근이라는 점에서 범죄학계의 큰 관심을 불러일으켰다. 그러나 모든 경험적 연구가 권력통제이론을 지지하지는 않았다. 구체적으로 권력과 통제가 비행에 상호작용적 영향을 준다는 사실을 지지하는 결과를 재검증하는 작업은 실패했다. 또한, 몇몇 연구는 노동자 가정, 관리직 가정, 경영자 가정에서 자녀에 대한 부모의 감독에서 성차나 행동의 차이를 발견하지 못했다는 비판을 받고 있다.

구조기능주의

구조기능주의(structural functionalism) 관점은 사회를 서로 관련된 부분들의 체계로 본다. 이 관점에 따르면, 사회에는 핵심적 가치관과 적합한 행동형태에 대한 합의(consensus)가 이루어져 있다고 가정한다. 이 가정하에 지속적 행동유형들 혹은 사회구조(지위, 역할, 조직, 제도)가 어떻게 사회의 가치를 실현하기 위해, 그래서 사회체계의 존속을 증진시키도록 기능하고 있는지를 분석한다. 범죄와 일탈에 대한 구조기능론의 주제는 두 가지로 구분된다. 첫 번째 핵심주제는 규범위반을 사회체계의 붕괴와 관련하여 설명하는 것으로, 특히 규범적 합의와 사회적 통합이 깨어진 것으로 개념화하는 것이다. 두 번째 주제는 규범위반을 다른 행동이나 마찬가지로 하나의 지속적인 행동유형으로 다루는 것이다. 즉 구조기능론은 어떤 행동유형이 안정적으로 지속되는 것은 그 행동이 보다 큰 사회체계를 위해 기능하고 있기 때문이라는 것을 기본적 전제로 하는 이념을 말한다. 범죄학에서 구조기능주의적 관점에 입각한 범죄이론으로는 사회해체론, 아노미이론, 긴장이론 등이 있다.

갈등주의이론

갈등주의이론(conflict theory)은 사회환경적 이론에 속한다. 사회환경적 이론은 일명 거시적 범죄이론으로 불린다. 사회환경적 이론은 범죄발생의 원인을 개인에게 돌리기보다는 범죄가 일어날 수밖에 없는 사회, 구조적 요인에서 찾는다. 거시범죄이론은 다시 사회구조와 제도가 개인에게 긍정적 역할을 한다는 구조기능주의에 입각한 이론과 사회는 사회구성원들의 상호 동의나 합의에 의해 이루어지는 것이 아니라 서로 갈등하고 대립한다는 갈등주의적 관점에 입각한 범죄이론으로 나눌 수 있다. 갈등주의에 입각한 범죄이론가들은 법과 형사사법의 모순점, 범죄행위에 대한 기존 구조기능주의자들의 관점을 반박한다.

갈등주의이론은 사회가 기본 가치에 대한 상호 동의나 합의를 바탕으로 이루어진 것(합의론적, 구조기능론적 이론)이 아니라, 권력갈등 관계로 이루진 것으로 보는 이론이다. 가장 힘있는 집단은 법을 장악하여 그들이 추구하는 가치가 법으로 채택되도록 하는 반면에, 힘없는 집단의 구성원은 입법과 사법에서의 피해자로써 생존을 위해 법을 위반할 수밖에 없다는 것이 갈등주의론자들의 기본 입장이다. 갈등이론은 마르크스주의적 시각에서 출발하여 봉거(Bonger), 다렌도르프(Dahrendorf), 볼드(Vold) 등이 갈등론적 시각을 발전시켰으며 1960년대 이후에는 퀴니(Quinney), 챔플리스Chambliss)와 시드먼(Seidman), 터크(Turk) 등의 사회갈등이론으로 발전했다. 사회갈등이론은 1970년대 이후에 비판범죄학으로 보완되었으며, 최근에는 갈등이론의 정책적 시사점으로 브레이스웨이트(Braithwaite)가 주장하는 회복적 사법으로까지 발전하였다(이창한 외, 2012).

고착

고착(fixations)이란 자아의 발달이 방해를 받는 결과로 개인이 5가지 자아발달단계 중에서 어떤 특정한 발달단계에 그대로 머물러 있게 하는 방어기제를 말한다. 따라서 어느 발달단계에 고착이 되면 그 사람은 다음 단계로 발달할 수 없게 된다. 예를 들면, 구순기 동안에 어머니가 자신의 모든 욕망을 충족시켜 주었다면 그 아이는 성인기에 접어들면서 "세상은 나의 삶을 책임져야 한다"는 유아기적 사고에서 벗어날 수 있다. 하지만 구순기 동안에 부모로부터 자신의 요구를 무시당했다면, 그 아이는 세상이 결코 자기의 요구를 충족시켜 주지 않을 것이라는 불신에 휩싸이게 되어 사람들을 믿지 못하게 될 가능성이 높아진다(김상균, 2008).

동의어반복(tautology)

사회과학방법론에서 인과관계가 형성되기 위해서는 3가지 전제조건이 있다. 첫째, 원인과 결과는 상호연관성이 있어야 한다. 예를 들면, '깨진 유리창이 많은 지역에서는 그렇지 않은 지역보다 사회해체가 빠르므로 범죄율이 높다'라는 가설은 깨진 유리창이 원인이고 범죄율이 결과이므로 두 변인 간에는 상호관련성이 있다고 판단한다. 둘째, 원인은 결과보다 반드시 시간적으로 우선하여야 한다. 예를 들면, 자기통제이론에서 '낮은 자기통제력은 범죄율을 높인다'라는 가설에서 낮은 자기통제력 원인이고 그 결과 범죄율이 높게 나타나는데, 낮은 자기통제력의 결과 범죄율이 높아진다는 것이다. 이 때 원인변수인 낮은 자기통제력은 범죄율이란 종속변수보다 시간적으로 우선하는 변수다. 그러나 '아이스크림이 잘 팔리면 날이 더워진다'라는 가설은 인과관계가 성립되지 않는다. 왜냐하면 아이스크림이 잘 팔리는 것은 날이 더워진 결과로 나타난 것이므로 날이 더워진 것이 독립변수가 되어야 하고 그 결과 아이스크림이 잘 팔리는 것이 종속변수가 되어야 한다. 따라서 두 변수 간에 인과관계가 형성되기 위해서는 '날이 더워져서 아이스크림이 잘 팔린다'라는 가설로 바꾸어야 한다. 마지막으로 원인변수(독립변수)와 결과변수(종속변수)는 상호배타성이 있어야 한다. 즉, 원인과 결과는 서로 다른 개념을 측정하는 변인이 되어야 한다. 예를 들면, 사회유대이론에서 '부모와의 유대가 약하면 약할수록 자식의 범죄가능성은 높아진다'라는 가설에서 원인인 '부모와의 유대'는 결과인 '비행가능성'과는 완전히 다른 개념을 측정하는 것이기 때문에 인과관계가 성립이 된다. 그러나 '고학력이면 학벌이 높다'라는 가설에서 원인인 고학력과 결과인 학벌은 같은 개념을 측정한 것이므로 상호배타성의 원칙에 위배된다. 이와 같이, 원인과 결과가 같은 가설을 동의어반복(tautology)적인 가설이라 한다. 즉, 동의어반복의 오류는 가설에서 원인과 결과가 같은 개념을 측정하는 것을 의미한다. 또한, 두 번째 인과관계의 형성조건에서 원인은 결과에 시간적으로 우선해야 하는데, 그렇지 않은 경우도 동의어반복의 오류를 범하는 것이다. 예를 들면, 사회학습이론에서 비행친구와의 차별적 접촉은 비행의 주요한 원인이라고 정의한다. 여기서 비행친구와의 차별적 접촉의 결과 비행을 저지르게 된 것인지? 아니면 다른 이유로 비행을 먼저 저지른 청소년이 그의 생각과 행동 양식이 비슷한 비행친구와 자주 어울리게 됐는지를 판단하기 힘들 때 우리는 동의어반복의 오류를 범했다고 판단한다. 여기에서 비행친구와의 차별적 접촉이 원인이 아니라 결과가 될 수 있다는 것이다. 이처럼 사회과학에서 어떤 가설의 인과관계를 형성하기 위해서는 위에서 언급한 3가지 전제조건이 충족되어야 하지만, 실제로 그렇지 못한 경우가 상당히 많으며 특히, 두 번째와 세 번째 전제조건을 충족하지 못하는 가설을 동의어반복적인 가설이라 칭한다.

후튼의 열등성이론

후튼의 열등성이론은 초기 생물학적 범죄이론에 속하는 대표적인 이론이다. 초기 생물학적 범죄학자들은 범죄자를 일반 시민보다 생물학적으로 열등하거나 결함이 있는 사람으로 파악하였다. 즉, 범죄자는 범죄적 기질을 가지고 태어났으며 문명사회와 항상 불화관계에 있기 때문에 사회의 기본 질서유지를 위해 범죄자들을 격리시켜야 된다고 주장하였다. 초기 생물학적 이론 중 대표적인 것으로 롬브로조(Lombroso)의 생래적 범죄자이론, 고링(Goring)과 후튼(Hooton)의 생물학적으로 열등한 범죄자이론, 크레취머(Kretschmer)와 던(Sheldon)의 체형이론, 글룩(Glueck) 부부의 연구, 코르테(Cortes)의 연구 등이 있다.

생물학적으로 열등한 범죄자이론을 주장한 고링과 후튼의 이론을 살펴보면, 영국 교도소에서 의사로 근무한 고링(Goring, 1870~1919)은 수년에 걸친 연구결과를 1913년에 『영국의 죄수 *The English convict*』라는 저서를 통해 발표했다. 고링은 재소자를 대학생, 군인, 교수, 병원환자 등과 비교 연구한 결과, 머리 크기, 눈 색깔, 얼굴모양 등을 포함한 37개의 신체적 특성과 행위 사이에는 통계적으로 유의한 관계가 없음을 발견하였다. 따라서 롬브로조의 이론은 잘못된 것이라고 주장하였다. 그러나 고링은 (롬브로조와 마찬가지로) 범죄자가 범죄적 특질을 타고난다는 견해는 받아들였다. 그는 연구에서 교도소 수형자들은 일반 시민보다 키가 작고 몸무게가 적으며 낮은 지능수준(IQ)을 지닌다는 것을 발견하였다. 고링은 이러한 결과를 범죄자가 생래적으로 '결함 있는 신체와 지능'을 지니고 있다는 증거로 여겼으며, 일반 시민보다 본래적으로 열등하다는 결론을 내렸다. 이와는 반대로 동일한 열등성이론을 주장한 후튼의 입장은 달랐다. 미국의 인류학자 후튼(Hooton)은 『범죄와 인간 *Crime and the man*』(1939)에서 고링의 방법론과 결론을 비판하였다. 후튼은 교도소, 재활기관, 감옥, 다른 교정시설에 수용된 17,000명의 재소자들의 신체적 특성을 정확하게 측정하여 대학생, 병원환자, 정신병자, 소방대원, 경찰 등과 비교한 결과, 범죄자는 기본적으로 '유기체적으로 열등하다'고 주장하였다. 즉, 후튼의 유기체적으로 열등하다는 의미는 고링이 주장한 신체적 열등성뿐만 아니라 범죄자는 정신적으로, 유기체적으로 열등하다는 뜻을 내포한다. 따라서 후튼은 신체적 열등성뿐만 아니라 정신적 열등성을 강조함으로써 열등성의 유전적 성향을 강조하였다(이창한 외, 2012).

영가설과 대립가설

가설에는 영(귀무)가설과 대립가설이 있다. 영(귀무)가설(null hypothesis)은 직접 검정대상이 되는 가설을 말하며, H_0로 표시한다. 대립가설(alternative hypothesis)은 귀무(영)가설이 기각될 때 받아들여지는 가설로서 H_a로 표시한다. 예를 들면, 다음과 같이 가설을 설정할 수 있다. H_0: 그 학생은 5학년이다. H_a: 그 학생은 6학년이다. 실제 경험적 연구에서는 영가설을 직접 검증하는 방법을 택하지 않고 영가설을 기각하고 대립가설을 받아들이는 방법으로 가설을 검증한다. 따라서 위 가설에서 그 학생이 6학년이라는 사실을 검증하기 위해 그 학생은 5학년이라는 영가설을 95%의 신뢰수준에서 기각함으로써 대립가설인 그 학생은 6학년이라는 가설을 확증하게 되는 것이다.

억제이론

억제이론(Deterrence Theory)을 발전시킨 학자들은 현대 인간행동과학의 지식을 바탕으로 고전학파의 주장대로 형벌이 확실하게 집행될수록(확실성), 형벌의 정도가 엄격할수록(엄격성), 형벌 집행이 범죄발생 이후에 신속하게 처리될수록(신속성) 사람들이 형벌에 대한 두려움을 더 느끼고 이에 따라 범죄를 자제하는 것으로 보았다(이창한, 외, 2012). 고전주의 학파에 기반을 둔 억제이론에 따르면, 인간은 누구나 쾌락을 추구하고 고통을 피하려 한다. 합리적인 인간은 자신의 행위의 결과로 처벌이라는 고통이 있을 것으로 판단되면 범죄를 저지르지 않을 것으로 파악했다. 따라서 억제이론에서는 처벌을 강화함으로써 범죄를 저지할 수 있을 것으로 본다. 이는 범죄자에게 가혹한 처벌을 내림으로써 다시는 범죄를 하지 못하도록 할 수도 있고(특수억제효과), 처벌의 고통을 일반인들에게 알림으로써 잠재적 범죄자의 범죄를 사전에 억제, 예방할 수 있다고 보았다(일반억제효과). 억제이론가들은 형벌의 엄격성과 확실성이 어느 정도 범죄억제효과가 있는지를 실증적으로 분석하기 위해, 깁스(Gibbs)와 티틀(Tittle)이 실시한 '집단비교분석법', 로스(Ross)가 실시한 '시계열분석법', 형벌에 대한 인지수준과 범죄행위와의 관계를 직접 분석하는 방법 등을 사용했다. 억제이론의 연구결과에 따르면, 형벌의 신속성에 대한 억제효과는 측정상의 어려움으로 고려하기 어렵지만, 형벌의 엄격성은 살인범죄 억제에만 효과가 있는 것으로 나타났으며, 형벌의 확실성은 모든 범죄에 매우 중요한 영향을 미치는 것으로 나타났다.

사회해체론

사회해체론(social disorganization)은 1920~30년대에 시카고대학의 구조기능주의에 입각한 사회학자들이 도시범죄 및 비행연구를 하면서 시작되었다. 그 이후로 사회해체의 개념은 가족, 전체 사회에 적용되었지만 특별히 도시범죄와 비행에 주로 적용되었다(이창한 외, 2012). 사회해체론자들의 관찰에 따르면, 비행률은 하류층이 사는 도심지역 가까이에서 가장 높았고, 보다 부유한 지역으로 갈수록 낮아지는 사실을 발견했다. 이에 따라, 그들은 하류층 지역 내의 주거민들이 생물학적으로나 정신적으로 비정상적인 것이 결코 아니며, 오히려 그들의 범죄와 비행은 단순히 비정상적인 사회환경에 대한 적절한 적응의 결과로 나타나는 부산물일 뿐이라고 주장했다. 이와 같은 환경하에서 범죄와 비행의 인습은 다음 세대로까지 전승된다. 따라서 그들은 산업화, 도시화, 현대화에 따른 변화가 전통적 사회질서와 가치의 사회적 통제를 약화시킴으로써 사회해체의 원인이 되는 것으로 이해했다. 사회해체론자들의 경험적 연구로 쇼우(Shaw)와 맥케이(Mckay)는 생태학적 모델을 개발하여 시카고와 미국의 다른 도시의 청소년비행에 대한 광범위한 연구를 실시하였다. 그들의 연구에 따르면, 산업과 상업뿐만 아니라 중류층의 거주자들이 대도시로부터 교외 거주지역으로 빠져나감에 따라 도심은 더욱 궁핍, 쇠락 등의 사회해체를 경험한다는 사실을 발견했다. 이와 같은 사회해체의 경향은 높은 실업률, 사생아 출생률, 편부모 가족비율, 마약복용률, 폭행률 등을 특징으로 하는 극빈계층을 남기게 되었으며, 이 지역 거주민들의 체포, 유죄선고, 구금, 범죄와 비행의 공식적 비율이 대단히 높게 나타나는 결과를 초래했다는 것이다.

오이디푸스 콤플렉스(Oedipus Complex)

이 용어는 오이디푸스 왕에 관한 그리스 신화에서 유래한다. 왕은 자기의 아버지를 죽이고 어머니를 아내로 삼을 운명이었는데, 신탁에 의해 예언된 이 숙명을 피하려고 갖은 애를 썼지만 자신도 모르는 사이에 두 가지 죄를 다 범했음을 알게 되자, 자책행위로 자신의 눈을 멀게 하였다고 한다. 이처럼 남자아이는 어머니를 사랑의 대상으로 삼고자 하는데, 비록 자기의 흉악한 욕망을 무의식 속으로 억압해 버리고 자기에게는 이미 그런 욕망에 대한 책임이 없다고 말하고 싶을지 모르나 역시 그는 이 책임을 어쩔 수 없는 죄악감으로 느끼게 된다는 것이다. 이러한 복합적인 심리상태를 우리는 오이디푸스 콤플렉스라 부른다. 그리고 여자아이에게서 발생하는 반대의 현상은 엘렉트라 콤플렉스(Electra Complex)라고 한다.

동일시

동일시(identification)는 일종의 모방으로서, 한 개인이 다른 사람을 믿고 좋아하고 본받아 그 사람의 특성들을 받아들여서 자신의 일부분으로 만드는 과정을 말한다. 따라서 동일시는 좋아하는 사람의 행동을 무의식적으로 모방하면서 자신의 긴장을 해소해 가는 일종의 학습과정이다. 어린이에게 있어서 부모는 중요한 동일시 대상이 되며, 아이의 사회화에 결정적인 영향을 미치는 존재가 된다.

경험적 일반화

일반화(generalization)의 사전적 의미로는 개별적이거나 특수한 것이 일반적인 것이 되거나 되게 하는 것을 말한다. 그러나 사회과학에서 일반화의 의미란, 모집단에서 추출한 소량의 표본을 통한 실험이나, 면접, 설문조사에서 나온 결과를 모집단에 다시 적용하는 것을 말한다. 예를 들면, 흡연율을 조사하기 위해 30만 명의 서울시내 고등학교 학생(모집단) 중에서 1,000명을 대표적으로 표본추출하여 조사한 결과 1,000명의 전체 학생 중 20%가 상습적으로 담배를 피운다는 통계적으로 유의미한(의미 있는) 결론을 얻었다면, 이 결론을 서울시내 전체 고등학생의 흡연율이 20%라고 결론 내릴 수 있다. 이처럼 모집단을 대표하는 표본의 결과를 가지고 모집단도 이럴 것이라 추정하는 것을 경험적 일반화(empirical generalization)라고 한다.

모집단

어떤 집단을 통계적으로 관찰하여 평균이나 분산 등을 조사할 때, 관찰의 대상이 되는 집단 전체(모집단)를 조사하는 것이 여러 가지 이유로 불가능할 경우가 많다. 이때 전체(모집단)에서 일부를 추출하여 그것을 조사함으로써 전체의 성질을 추정하는 방법을 취한다. 이런 경우 원래의 집단 전체를 모집단(population)이라 하고, 추출된 일부를 표본(sample)이라고 한다. 예를 들면, 서울시내 고등학생들의 폭력성에 대한 설문조사를 실시할 경우, 서울시내 고등학생 전체가 모집단이 되며, 이 설문조사를 위해 1,000명의 고등학생을 대표로 추출했다면, 이 1,000명이 표본이 된다.

합리적 선택이론

합리적 선택이론(rational choice theory)은 경제학의 합리적 인간관에 기초하는 이론인데, 모든 인간은 합리적인 자기의 지에 의해서 자신의 행동을 결정한다고 보는 이론이다(이창한 외, 2012). 이 이론의 중심내용에 따르면, 범죄자는 자신의 개인적 사정과 주위의 상황적 요인들을 동시에 고려하여 범죄를 저지르는 것이 그렇지 않은 경우보다 더 이익이 된다고 판단할 때 범죄행동을 실행하게 된다고 본다. 또한 범죄자는 범죄행위에 착수하기에 앞서 범죄행위로 인한 사회적 파장이나 범죄를 통해 얻을 수 있는 이익, 형사사법기관에 적발될 가능성, 처벌의 종류와 내용, 정도 등을 판단한다. 따라서 이 이론은 범죄자가 범죄로 인하여 얻게 될 이익과 손실의 크기를 비교하여 범행 여부를 결정한다고 본다. 구체적으로 범죄자는 첫째, 합리적 선택을 하는 데 있어 대상범죄의 특성과 범죄자 스스로의 특성을 고려한다. 예를 들어, ① 대상범죄의 특성을 고려할 때, 주거침입절도를 합리적으로 결정하는 데에는 범행대상 주거지의 경제적 가치, 도주차량 이용, 경찰에 체포될 가능성 등을 고려한다. ② 범죄자 자신의 특성을 고려할 때, 자신이 가진 범행기술, 범행동기, 욕구, 두려움 등 성공적 범행을 위한 전제조건 등을 고려한다. 둘째, 범죄자는 범죄를 결정하는데 경제적 기회, 학습과 경험, 범죄기술의 지식 등을 고려한다. ① 경제적 기회의 고려는 정상적인 경제활동의 기회에 비해 범죄를 통해 얻을 수 있는 기회가 더 경제적으로 이익이 된다면 범죄를 결정하는데 결정적이다. 또한 범죄는 손실이 적은 반면 많은 이익이 생긴다는 확신이 들면 훨씬 더 매력적이다. ② 학습과 경험의 고려는 경력범죄자가 언제 범행기회가 생기고, 언제 조심해야 하는지를 아는 것으로서, 그동안의 범죄학습과 범죄경험에 따른 것이며, 이것은 범죄의 합리적 선택에 중요한 요인이 된다. ③ 범죄기술의 지식의 고려에서, 범죄자는 발각되지 않는 기술을 배우는데, 이는 합리적 사고와 계획을 결정하는데 도움을 준다. 셋째, 범죄자가 합리적으로 범죄를 결정하는 데에는 범죄의 유형, 범죄의 시간과 장소, 범행의 대상을 고려한다는 것이다.

소아기호증자/소아성애자

아이에게 어떤 성적 관심을 가지거나 아이들을 대상으로 성범죄를 저지르는 사람을 통칭해서 소아성애자(child molesters) 또는 소아기호증자라고 한다. 소아기호증자는 사춘기 이전의 아이들에게 유별난 성적 관심을 보이거나 성범죄를 저지른 사람을 지칭하기 때문에 아이들을 대상으로 성범죄를 저질렀다고 하더라도 모두 소아성애자라는 의학적 진단이 내려지지 않는다. 그리고 모든 소아성애자들이 성범죄를 저지르는 것 또한 아니다(위키피디아, 2015).

참고문헌

곽금주·김하연·윤진. (1991). 청소년의 반사회성과 사회정보처리 과정간의 관계(I)-일반청소년과 비행청소년의 차이에 대한 탐색, 한국심리학회지: 발달, 4(1), 145-156.

김상균. (2005). 비행청소년과 일반청소년의 도덕발달 차이연구, 한국공안행정학회보, (20), 97-122.

김상균. (2008) 범죄심리학 (제2판). 서울: 청목출판사.

김윤지·이수정. (2016). 정신병질적 성격과 성인지왜곡이 성도착적 성향에 끼치는 영향: 음란물중독의 매개효과를 중심으로, 한국범죄학, 10(3), 212-242

백혜정·이순묵. (2002). 학교 적응의 문제를 가진 청소년들의 도덕판단: 도덕발달 단계 및 도덕지향을 중심으로, 한국심리학회지: 산업 및 조직, 15(1), 57-79.

아이젠크·이현수. (1985). 아이젠크의 성격차원에 (性格次元) 관한 연구-한국과 영국, 한국심리학회지: 일반, 5(1), 51-66.
이경숙·김영숙. (2017). 초등학교 4~6학년 학생들의 공감능력과 정서조절능력이 반응적 폭력행동에 미치는 영향, 예술인문사회융합멀티미디어논문지, 7(8), 439-451
이무석. (2006). 정신분석에로의 초대. 서울: 이유.
이인혜. (1991). 범죄행동과 성격특성의 연결: 정신병적 경향성, 외향성, 충동성 그리고 감각추구성향을 중심으로, Korean Journal of Clinical Psychology, 10(1), 126-136.
이창한·황성현·김상원. (2012). 신) 범죄학 & 형사정책. 서울: 박영사.
이현수. (1989). 성격 및 개인차의 심리학. 서울: 우성문화사.
정지은·이은진·김영윤·김범준. (2016). 정신병질 경향성과 고통자극 평가에 관한 연구, 한국심리학회지: 법, 7(1), 47-66.
최옥임·정옥분. (2003). 또래 따돌림에서 가해 청소년의 인지적 특성에 관한 연구-사회정보처리모델을 중심으로, 인간발달연구, 10(1), 73-89.
황성현. (2015). 청소년 비행이론의 상대적인 영향력 검증: 아동·청소년 패널자료를 중심으로, 한국경호경비학회지, (44), 225-250.
황성현. (2016). 청소년비행에서 비행친구가 선행하는가, 비행이 선행하는가?, 사회과학연구, 23(2), 53-70.

Akers, R. L., Sellers, C. S., and Jennings W. G. (2016). *Criminological Theories: Introduction, Evaluation, and Application*(7th Edition). Oxford University Press, Inc.
Andrews, D. A., & Bonta, J. (2016). *The psychology of Criminal Conduct*(6th Edition). Anderson Publishing.
Arneklev, B. J., Grasmick, H. G., Tittle, C. R., & Bursik, R. J. (1993). Low self-control and imprudent behavior, *Journal of Quantitative Criminology*, 9(3), 225-247.
Babbie, E. (1989). *Methods of Sociological Research*. Belmont, CA: Wadsworth.
Beck, A. T. (2002). Prisoners of hate. *Behavior Research and Therapy*, 40(3), 209-216.
Beckett, R., Beech, A., Fisher, D., & Fordham, A. S. (1994). Community-based treatment for sex offenders: An evaluation of seven treatment programmes. London: Home Office.
Blumenthal, S., Gudjonsson, G., & Burns, J. (1999). Cognitive distortions and blame attribution in sex offenders against adults and children, *Child Abuse and Neglect*, 23(2), 129-143.
Coie, J. D. & Dodge, K. A. (1987). Social information-processing factors in reactive and proactive aggression in children's peer groups, *Journal of Personality and Social Psychology*, 53(6), 1146-1158.
Curran, D. J., & Renzetti, C. M. (1994). *Theories of Crime*. Boston: Allyn & Bacon.
Dodge, K. A., & Newman, J. P. (1981). Biased decision-making processes in aggressive boys, *Journal of Abnormal Psychology*, 90(4), 375-379.
Dodge, K. A. (1986). A social information processing model of social competence in children. in *Minnesota Symposium in Child Psychology, 18, ed M. Perlmutter, Hilsdale, NJ: Erlbaum*, pp. 77-125.
Eysenck, H. J. & Eysenck, S. B. G. (1976). *Psychoticism as a Dimension of Personality*. London; Hodder & Stoughton.
Fischer, C. S., Hout, M., Jankowski, M. S., Lucas, S. R., Swidler, A., & Voss, K. (1996). Inequality by Design: Cracking the Bell Curve Myth. Princeton University Press.
Freud, A. (1992). The Harvard lectures. In J. Sandler(Ed. and An.), The Harvard Lectures/Anna Freud(pp. 5-33). Madison, Connecticut: International University Press, INC.
Goddard, H. H. (1920). *Human Efficiency and Levels of Intelligence*. Princeton University Press.
Gottfredson, M. & Hirschi, T. (1990). *A General Theory of Crime*. Palo Alto, CA: Stanford University Press.
Grasmick, H. G., Tittle, C. R., Bursik, R. J., & Arneklev, B. J. (1993). Testing the core empirical implications of Gottfredson and Hirschi's general theory of crime, *Journal of Research in Crime and Delinquency*, 30(1), 5-29.
Hagan, J. Simpson, J. H. & Gillis, A. R. (1987). Class in the household: a power-control theory of gender and delinquency, *American Journal of Sociology*, 92(4), 788-816.
Hanson, R. K., & Morton-Bourgon, K. (2004). Predictor of sexual recidivism' an updated meta-analysis. Ottawa, ON, Canada: Public Works and Government Services.
Hathaway, S. (1939). The personality inventory as an aid in the diagnosis of psychopathic inferiors, *Journal of Consulting Psychology*, 3(4), 112-117.

Hathaway, S., & Meehl, P. E. (1951). An Atlas for the Clinical Use of the MMPI. Minneapolis: University of Minnesota Press.

Healy, W. & Bronner, A. (1926). Delinquency and Criminals: Their Making and Unmaking. New York: Macmillan.

Henggeler, S. W. (1989). Delinquency in Adolescence. Newbury Park, CA: Sage.

Herrnstein, R. J., & Murray, C. (1994). The Bell Curve: Intelligence and Class Structure in American Life. New York: Free Press.

Hirschi, T., & Hindelang, M. J. (1977). Intelligence and delinquency: A revisionist review, *American Sociological Review*, 42(4), 571-587.

Jensen, G. F. & Brownfield, D. (1983). Parents and drugs, *Criminology*, 21(4), 543-554.

Kohlberg, L. (1969). Stages in the Development of Moral Thought and Action. New York; Holt, Rinehart & Winston.

Kohlberg, L., Kauffman, K., Scharf, P., & Hickey, J. (1973). The Just Community Approach in Corrections: A Manual. Niantic: Connecticut Department of Corrections.

Lipton, D. N., McDonel, E. C., & McFall, R. M. (1987). Heterosocial Perception in Rapists, *Journal of Consulting and Clinical Psychology*, 55(1), 17-21.

Mann, R. E. & Beech, A. R. (2003). Cognitive distortions, schemas, and implicit theories. In T. Ward, D. R. Laws, & S. Hudson (Eds.), Sexual deviance: Issues and controversies (pp. 135-153). Thousand Oaks, CA: Sage.

Marshall, W. L., Anderson, D., & Fernandez, Y. (1999). *Cognitive behavioral treatment of sexual offenders*. Chichester, UK: Wiley.

Moore, B. S. (1990). The origins and development of empathy. *Motivation and Emotion*, 14(−), 75-79.

Perry, D. G., Kusel, S. J., & Perry, L. C. (1988). Victims of peer aggression, *Development Psychology*, 24(6), 807-814.

Piquero, A. (2000). Frequency, specialization, and violence in offending careers, *Journal of Research in Crime and Delinquency*, 37(4), 392-418.

Putnins, A. L. (1982). The Eysenck Personality Questionnaire and delinquency prediction, *Personality and Individual Differences*, 3(3), 339-340.

Quiggle, N. L., Garber, J., Panak, W. F., & Dodge, K. A. (1992). Social information processing in aggressive an depressed children, *Child Development*, 63(6), 1305-1320.

Schneider, S. L., & Wright, R. C. (2004). Understanding denial in sexual offenders: A review of cognitive and motivational processes to avoid responsibility, *Trauma, Violence, & Abuse*, 5(1), 3-20.

Siegel, Larry J. (2020). Criminology: Theories, Patterns, and Typologies (13th Edition). *Belmont, CA: Wadsworth*. (이민식·김상원·박미랑·박정선·신동준·윤옥경·이창배·황성현 옮김. (2020). 범죄학: 이론과 유형 제13판. 서울: CENGAGE Learning).

Slaby, R G., & Guerra, N. G. (1988). Cognitive mediators of aggression in adolescent offenders: I. Assessment, *Developmental Psychology*, 24(40), 580-588.

Stermac, L. E., & Segal, Z. V. (1989). Adult sexual contact with children: An examination of cognitive factors, *Behavior Therapy*, 20(4), 573-584.

Sutherland, E. H. (1931). Mental deficiency and crime. in Social Attitudes, ed. Kimball Young. New York: Henry Holt.

Sutherland, E. H., Cressey, D. R., & Luckenbill, D. F. (1992). Principles of Criminology. Eleventh Edition. Dix Hills, NY: General Hall.

Travecchio, L. W. C., Stams, G. J. J. M., Brugman, D., & Thomeer-Bouwens, M. A. E. (1999). Moral judgement and delinquency in homeless youth, *Journal of Moral Education*. 28(1), 63-79.

Vold, G. B., and Bernard, T. J. (1986). Theoretical Criminology. New York: Oxford University Press.

Yates, P. M. (2003). Treatment of Adult Sexual Offenders: A Therapeutic Cognitive-Behavioral Model of Intervention, *Journal of Child Sexual Abuse*, 12(3-4), 195-232.

05

제4장에서 범죄행위의 원인을 개인 심리적 측면에서 살펴보았다. 4장의 이론들은 범죄심리학이론이라는 독자적 영역에서 발전한 것이 아니라 일반심리학에서 개발되고 발전된 이론을 범죄심리학에 접목시킨 이론들이었다. 즉, 일반심리학에서 중요하게 다루는 정신분석이론, 성격이론, 인지이론 등을 비행 및 범죄를 분석하는 수단으로 차용하였다. 이 장에서는 범죄행위를 개인심리적 차원이 아닌 개인환경적 차원에서 다루는 범죄심리이론을 고찰하고자 한다. 개인환경적 차원의 이론은 주로 범죄학이론에 그 뿌리를 둔 이론들이다. 이 이론들은 범죄행위의 원인을 개인적 차원으로 한정한다는 점은 개인심리적 이론과 일맥상통하지만, 단순히 개인심리적 영역에 그치지 않고 개인이 처해 있는 미시적인 개인 환경적 차원으로 확대했다는 점에서 개인심리적 이론과는 차이점이 있다. 이 이론들은 주로 범죄학이론의 사회과정이론, 사회반응이론, 그리고 범죄의 일반이론들에서 논의되는 것들이다. 사회과정이론에는 사회학습이론과 사회유대이론을, 사회반응이론에는 낙인이론을, 그리고 범죄의 일반이론에는 자기통제이론과 일반긴장이론을 소개할 것이다. 사회과정이론은 개인이 사회과정의 주요 요소들과 맺는 관계 및 과정이 범죄행위의 시

Chapter 05

범죄심리학 이론 Ⅱ

작과 지속을 설명하는 이론들이다. 예를 들면, 어릴 때의 사회화과정, 교육경험, 친구관계, 가족관계 등과 같은 미시적 수준에서 개인이 경험하는 사회현상과 범죄와의 관계를 밝히는 이론들이다. 반면에 사회반응이론은 개인의 행위에 대한 사회의 반응이 어떠한지를 밝히는 이론으로 낙인이론이 대표적이다. 즉, 사회의 반응에 따라 각 개인은 범죄를 지속할 것인지, 아니면 중지를 할 것인지를 결정한다. 주로 상습범죄자의 범죄는 사회적으로 낙인의 과정을 거쳐 형성된 것이므로 우리 사회에서 범죄를 줄이기 위해서는 사회적 낙인을 제거해야 된다는 것이 사회반응이론의 주된 주장이다. 마지막으로 범죄의 일반이론은 범죄행위의 원인을 낮은 자기통제력과 긴장 및 스트레스의 결과로 파악하는 이론으로 갓프레드슨과 허쉬의 자기통제이론(self control theory)과 애그뉴의 일반긴장이론(general strain theory)이 있다. 이 장에서는 범죄행위의 원인을 사회화과정의 산물로 보는 사회학습이론과 사회유대이론을, 사회가 각 개인의 행위에 대해 어떻게 반응하는지를 파악하는 낙인이론을, 그리고 범죄 일반이론으로서 자기통제이론과 일반긴장이론을 살펴볼 것이다.

01 차별접촉이론

사회학습이론(social learning theory)의 기본 가정은 "비행이나 일탈은 사회 구성원들 간의 상호작용을 통해 학습된다"는 명제로부터 시작한다(Akers *et al.*, 2016). 즉, 범죄는 사회구성원들 간의 상호작용을 통해 범죄의 기법, 태도, 정의 등을 학습함으로써 범죄에 대한 우호적이거나 중화적인 태도를 가지게 되고, 범죄를 자주 저지르는 친한 친구집단과의 잦은 접촉을 통해 범죄행위를 학습하게 된다는 것이다. 현재 범죄학에서 사용되는 사회학습이론은 에이커스(Akers)의 사회학습이론이 대표적이지만, 에이커스의 이론은 초기 학습이론의 주창자인 서덜랜드(Sutherland)의 차별접촉이론(differential association theory)에 그 뿌리를 두고 있다. 그러나 차별접촉이론의 9가지 명제는 너무 추상적이고 모호해서 경험적으로 검증하기 힘들었을 뿐 아니라 범죄를 학습하는 과정이 모호하게 설명되어 있다는 비판을 받았다. 이에 에이커스는 서덜랜드 이론을 보완하기 위해 1966년에 버제스(Burgess)와 함께 차별접촉강화이론을 발표했고, 그 이후에 에이커스가 독자적으로 서덜랜드의 차별접촉이론과 버제스와 함께 개발한 차별접촉강화이론을 정교화시켜 1979년에 사회학습이론을 발표했다. 사회학습이론을 이해하기 위해서는 우선 서덜랜드의 차별접촉이론을 살펴볼 필요가 있다.

(1) 차별접촉이론의 개요

서덜랜드의 차별접촉이론은 범죄행위의 원인으로 **원초집단**(primary group) 구성원들과의 상징적 상호작용을 통하여 범죄의 태도, 정의, 기술 등이 학습된다고 주장했다. 특히 친한 범죄또래집단과의 차별적 접촉을 통해 범죄를 학습하게 된다는 것이다. 사람들은 **원초집단**인 친한 친구, 가족 등으로부터 범죄에 우호적인 가치관 및 태도 그리고 행위를 학습하게 된다. 서덜랜드의 차별접촉이론은 '범죄학의 원리(*principles of criminology*)'라는 저서에서 처음으로 제시되었다. 이 이론에 따르면, 범죄행위는 타인과의 상징적 상호작용 속에서 학습되는 것이며 학습에는 범죄기술뿐만 아니라 범죄에 대한 욕구나 동기, 태도 등도 포함한다. 범죄학습의 과정에서 법위반에 대한 우호적인 정의 등을 학습하게 되는데 법위반에 대한 우호적인 정의나 가치관이 사회의 법은 지켜야 한다는 합법적인 정의를 능가하게 되면 범죄가 발생한다고 보았다. 예를 들면, 청소년이 그의 친한 비행청

Edwin Sutherland(1883~1950)

소년집단과 자주, 오랫동안 어울리다 보면 그들로부터 법위반에 대한 가치나 태도 등을 비판 없이 받아들이게 되고, 결국에는 그들과 함께 또는 단독으로 범죄를 저지를 가능성이 높아진다는 것이다. 즉, 범죄에 대한 우호적인 가치관과 태도를 비행친구들로부터 학습했기 때문에 범죄를 쉽게 저지를 수 있다고 보았다.

(2) 중심내용

서덜랜드는 차별접촉이론에서 9가지 명제를 다음과 같이 제시했다(Sutherland, 1947).

표 5-1 차별접촉이론의 9가지 명제

① 범죄행위는 학습된다.
② 범죄행위는 의사소통을 통한 상호작용으로 학습된다.
③ 범죄행위의 학습에서 중요한 사항은 친밀한 인격적 집단에서 이루어진다.
④ 범죄행위가 학습될 때, 학습내용은 범죄기술, 구체적인 동기나 욕구, 합리화와 태도 등이다.
⑤ 구체적인 동기나 욕구의 방향은 법을 우호적이거나 비우호적으로 정의하는 것으로부터 학습된다.
⑥ 법위반에 호의적인 정의가 법위반에 비호의적인 정의보다 클 때, 개인은 비행을 저지르게 된다.
⑦ 차별적 접촉양상은 **빈도, 지속성, 우선성, 강도**의 측면에서 다양하다.
⑧ 범죄적 또는 반범죄적 유형과의 접촉에 의한 범죄행위의 학습과정은 다른 학습과정에 포함된 모든 기제를 포함한다.
⑨ 비록 범죄행위가 일반적 욕구와 가치의 표출이라 하더라도, 범죄행위는 일반적 욕구와 가치에 의하여 설명되지는 않는다.

출처: Sutherland, 1947

서덜랜드는 범죄학습과정을 9가지의 기본 원리로 설명했는데, 그중에서 가장 중요한 차별접촉이론의 원리로 "범죄행위는 학습되며(첫 번째 명제), 법위반에 호의적인 정의가 법위반에 비호의적인 정의보다 클 때, 개인은 비행을 저지르게 된다(여섯 번째 명제)"를 지적했다(Sutherland, 1947). 즉, 범죄행위는 범죄를 자주 저지르는 또래 친구들과의 차별적 접촉을 통해 학습하게 되며 주로 법위반에 호의적인 정의를 지지할 때 범죄가 발생된다는 것이다. 예를 들면, 어떤 청소년이 "어른들도 술과 담배를 하는데 학생이라고 해서는 안 된다는 정의에 동의할 수 없다"고 주장하고(여섯 번째 정의인 법위반에 대한 우호적인 정의), 그와 친하게 지내는 친구들이 거의 다 술과 담배를 한다면(첫 번째 정의인 친구와의 차별접촉) 그 청소년은 술과 담배를 할 가능성이 높아진다. 이런 9가지 전제를 통해 범죄행위는 친한 친구집단과의 차별적 접촉을 통해 학습된다는 서덜랜드의 이론은 1930년대에 범죄의 원인을 거시적 차원의 사회해

차별접촉이론은 비행 및 범죄친구와의 잦은 사귐을 통해 범죄의 태도, 정의, 기술 등을 배운다고 주장하는 이론이다. 사진은 2009년 영화 '바람'의 한 장면
출처: https://www.mk.co.kr/news/economy/view/2017/11/741763

체의 결과물로 파악하는 주류사회에 큰 반향을 일으켰다. 즉, 차별접촉이론은 범죄를 사회구조의 부정적인 부산물로 보는 것이 아니라, 사회구성원들 간의 상징적 상호작용의 결과로 나타난다는 점을 강조했다. 시카고학파를 중심으로 한 **사회해체론**(사회해체론은 제4장의 용어설명을 참조)과는 반대로, 미시적인 접근을 시도한 효시적인 이론으로 이후 범죄를 개인적 측면에서 파악하는 다른 이론들에 큰 영향을 미쳤다.

(3) 차별접촉이론의 경험적 연구

차별접촉이론을 검증한 국내외의 많은 경험적 연구들은 비행을 자주 저지르는 비행친구와의 차별적 접촉과 법위반에 대한 우호적 정의를 가질수록 비행가능성이 높은 것으로 알려져 있다(Hartjen & Priyadarsini, 2003; Hochstetler *et al.*, 2002; 고순청·이승현·이창한, 2018; 2019b; 박정선·황성현, 2013; 최규련, 2010; 홍태경·류준혁, 2011). 호츠테틀러(Hochstetler)와 그의 동료들의 연구에 따르면, 일탈친구와의 접촉은 집단적으로나 개인 행위에 있어서 범죄를 지지하는 일탈 태도를 유지하게 만드는 것으로 나타났다(Hochstetler *et al.*, 2002). 국내연구로 9,293명의 청소년을 대상으로 한 연구에서 비행친구의 영향력은 연령이나 성별에 관계없이 일관된 모습을 보여, 청소년비행의 요인 중 가장 강력한 요인으로 나타났다(홍태경·류준혁, 2011). 또 다른 연구로, 고순청·이승현·이창한은 한국아동·청소년패널자료의 고등학교 3학년과 대학교 1학년의 범죄에 미치는 독립변인들의 영향을 연구하였다. 연구결과, 고등학교 3학년과 대학교 1학년 자료 모두에서 친구와의 차별적 접촉변수가 지위비행을 제외한 10가지 청소년범죄를 가장 잘 설명하는 것으로 나타났다(고순청·이승현·이창한, 2018). 그들은 이 연구에서 청소년들의 인생여정에서 대학진학이라는 큰 전환점을 목전에 둔 고등학교 3학년 때와 그 전환점을 통과한 대학교 1학년 또는 사회초년생 때에 범죄에 영향을 미치는 요인이 다소 상이하지 않을까 하는 의구심을 가졌지만 연구결과 청소년범죄에 가장 강력한 영향을 미친 범죄친구와의 차별적 접촉은 고등학교 3학년 때나 대학교 1학년 때 동일하게 작동하는 것을 발견했다. 또 다른 패널연구로 박정선과 황성현은 한국아동·청소년패널조사 중1과 중2자료를 사용하여 차별접촉이론을 사회유대이론과 일반긴장이론과 비교분석하였다. 분석결과, 사회유대이론과 일반긴장이론의 변인들은 청소년 지위비행 변량의 2.9%와 3.5%만을 설명했지만 차별접촉 변인들은 지위비행 변량을 16.3%를 설명함으로써 가장 설명력이 뛰어난 것으로 드러났다(박정선·황성현, 2013). 특히 세 이론을 통합한 분석결과, 차별접촉 변인들이 다른 범죄이론의 변인들보다 청소년 지위비행을 가장 잘 설명하는 것으로 나타났다.

(4) 차별접촉이론의 평가

서덜랜드가 차별접촉이론을 발표할 당시 서구사회의 주류 범죄학은 거시적 차원의 범죄연구에 머물러 있었다. 그러나 서덜랜드의 차별접촉이론은 범죄의 원인을 거시적 차원이 아닌 미시적이고 개인적 차원에서 살펴보았다는 점에서 그 당시 서구사회에 상당한 반향을 불러일으켰다. 또한 서덜랜드는 차별접촉의 원인을 사회구조적 측면보다는 사회화과정에 초점을 맞추었다. 즉, 사회구성원들이 상징적 상호작용을 통하여 어떻게 범죄행위를 습득하는지에 초점을 맞춤으로써 범죄행위를 실증적으로 분석할 수 있게 했다. 하지만 차별접촉이론은 이론의 명제가 너무 모호해서 경험적으로 검증하기 힘들다는 비판을 받았다. 예를 들면, 범죄행위가 학습된다는 첫 번째 명제에서 학습의 조작적 정의(조작적 정의는 제2장의 용어설명을 참조)를 밝히지 않았기 때문에 어떤 과정의 학습을 통해 범죄행위를 배우게 되는지에 대한 구체적이고 경험적인 검증을 어렵게 했다. 특히 여덟 번째 명제에서 일반적 학습기제가 범죄행위에도 연관된다는 주장에서 학습기제가 무엇인지에 대해 설명하지 않았다(Akers *et al.*, 2016). (물론 차별접촉이론을 보완한 차별접촉강화이론에서 버제스와 에이커스는 학습기제가 무엇을 의미하는지 조작적 정의를 통해 명확하게 밝혔지만), 차별접촉이론에서 대부분의 가설과 명제들은 너무 추상적이어서 실제 범죄현상에서 경험적으로 검증하기가 불가능하다는 비판을 받았다. 그럼에도 불구하고 서덜랜드의 차별접촉이론은 범죄행위의 원인을 개인적 수준에서 실증할 수 있다는 점에서 1930년대 이후에 등장한 범죄이론에 상당한 영향을 미쳤다. 1930년대 당시 미국사회는 시카고대학의 사회학자들이 중심이 된 시카고학파가 도시범죄 및 비행연구를 주도했는데 그들 연구의 중심은 사회해체가 범죄의 원인이라고 주장했다. 그들 연구에 따르면, 중류층의 거주자들이 대도시로부터 교외 거주지역으로 빠져나감에 따라 도심은 궁핍과 쇠락 등의 사회해체를 경험했다. 사회해체의 경향은 높은 실업률, 사생아 출생률, 편부모 가족비율, 마약복용률, 폭행률 등을 특징으로 하는 극빈계층을 남기게 되었으며, 이 지역 거주민들의 체포, 유죄선고, 구금, 범죄와 비행의 공식적 비율이 대단히 높게 나타나는 결과를 초래했다. 이런 거시적 차원의 범죄연구가 주류를 이루었던 연구 환경하에서 서덜랜드는 거시적 차원의 범죄연구는 실증적으로 검증하기 힘들다고 비판했다. 그는 상징적 상호작용론을 기초로 한 범죄의 사회학습과정을 밝힘으로써 향후 상당히 많은 미시적 범죄연구의 초석을 다졌다는 평가를 받고 있다.

02 사회학습이론

차별접촉이론이 경험적으로 검증하기 힘들다는 단점에서 에이커스의 사회학습이론(social learning theory)은 시작된다. 범죄의 사회학습과정을 그대로 계승한 에이커스의 사회학습이론은 서덜랜드의 이론을 보완하는 차원에서 시작했다. 즉, 1966년에 버제스와 함께 에이커스는 서덜랜드의 이론을 조작화하는 과정에서 학습기제를 좀 더 명확하게 규정하기 위해 차별적 강화(differential reinforcement)라는 개념을 도입하여 차별접촉-강화이론을 발표했다(Burgess & Akers, 1966). 이 이론에서 에이커스는 서덜랜드의 모호한 개념과 명제들을 경험적으로 증명할 수 있는 명확한 조작화를 통해 이론을 수정, 보완하였다. 그 후 1979년에 에이커스는 기존의 차별접촉-강화이론에서 모방(imitation)의 개념을 추가한 사회학습이론을 발표했다. 이 이론은 차별접촉이론을 경험적으로 충분하게 증명하였을 뿐만 아니라 버제스와 에이커스의 차별적 강화의 가설 위에 모방이란 개념을 더 추가하여 현재 우리가 사용하는 사회학습이론으로 재탄생한 것이다.

Ronald. L. Akers(1939~현재)

(1) 사회학습이론의 개요

에이커스(Akers)의 사회학습이론(social learning theory)의 기본 전제는 "비행이나 일탈은 사회 구성원들 간의 상호작용을 통해 학습된다"(Akers *et al.*, 2016)는 명제로부터 시작한다. 사회학습이론에 따르면, 사람들은 자신에게 중요한 역할을 하는 다른 사람이나 집단과의 상호작용을 통해 스스로의 행동을 평가하도록 학습되는데, 그 집단이 비행이나 범죄에 우호적이라면 자신도 그 집단의 가치에 따라 범죄에 우호적 태도나 가치관을 가지게 되고 범죄를 합리화하는 과정을 거쳐 결국 범죄행위를 하게 된다는 것이다.

그림 5-1 에이커스의 사회학습이론의 구성요소

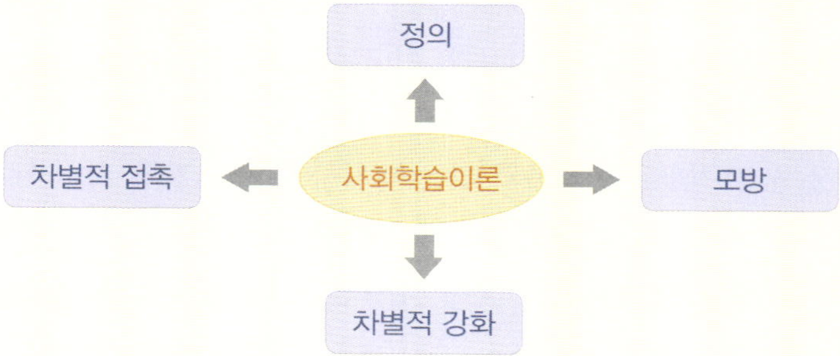

(2) 중심내용

사회학습이론은 차별적 접촉(differential association), 정의(definition), 차별적 강화(differential reinforcement), 모방(imitation)이라는 네 가지 개념에 초점을 맞추어 범죄와 비행 및 일탈행동을 설명한다(Akers *et al.*, 2016). 네 가지 개념에 대한 조작적 정의는 〈그림 5-1〉에 잘 나타나 있다.

1) 차별적 접촉

차별적 접촉(differential association)에서 개인은 범죄자들과 개인적 접촉을 통하여 일탈정의(deviance definition)를 배우고, 이런 일탈적 정의를 지닌 개인은 법을 위반할 가능성이 높아진다. 차별접촉의 집단 가운데 가장 중요한 것은 가족과 친구 같은 **원초집단**이다. 이런 **원초집단** 구성원들과의 접촉에서 **우선성**(priority), **지속성**(duration), **빈도**(frequency), **강도**(intensity)가 높을수록 그 영향력은 커진다. 즉, 범죄를 저지르는 친구집단을 이른 시기에 만날수록(**우선성**), 오랫동안 관계를 유지할수록(**지속성**), 자주 만날수록(**빈도**), 아주 밀접하게 만나 교제할수록(**강도**), 자신 또한 범죄를 저지를 가능성이 높아진다. 결국, 차별적 접촉은 범죄 및 비행집단이나 가족과의 상호작용이나 접촉에 얼마만큼 노출되어 있는지를 파악하는 개념이다(황성현, 2007). 차

에이커스의 사회학습이론은 서덜랜드의 차별접촉이론을 정교화시킨 이론으로 친한 친구와의 차별적 접촉을 통해 범죄를 학습하게 된다고 주장한다. 사진은 2018년 영화 '일진3'의 한 장면
출처: https://movie.naver.com/movie/bi/mi/basic.nhn?code=181558

별적 접촉은 다시 3가지 지표로 구성되는데 그것은 친구와의 차별적 접촉(differential peer association), 부모의 규범적 태도(parents' norm qualities), 친구들의 규범적 태도(peer norm qualities)이다. 경험적 연구에서 차별적 접촉의 3가지 지표는 다음과 같은 조작적 정의로 측정된다. 첫째, 친구와의 차별적 접촉은 '당신의 가장 친한 친구들 중에서 다음과 같은 범죄를 저지른 경험이 있는 친구는 얼마나 됩니까?'와 '당신의 가장 친한 친구들은 다음과 같은 범죄를 얼마나 자주 저지릅니까?'로 측정된다. 둘째, 부모의 규범적 태도는 '당신의 부모는 다음과 같은 범죄를 하는 것에 대해 어떤 태도를 가지고 있습니까?' 셋째, 친구들의 규범적 태도는 '당신의 가장 친한 친구들은 다음과 같은 범죄를 저지르는 것에 대해 어떤 태도를 가지고 있습니까?'로 측정된다. 이처럼 차별적 접촉개념에서는 사람들이 범죄를 저지르는 친구들과 자주 어울리면 어울릴수록(친구와의 차별적 접촉), 특정 범죄행위에 대해 부모님이 호되게 처벌하지 않을수록(부모의 규범적 태도), 특정 범죄행위에 대해 친한 친구들이 호의적일수록(친구의 규범적 태도), 자신이 그 범죄행위를 할 가능성이 높아진다는 것이다.

2) 정의

정의(definition)는 주어진 행위에 대해 개인이 부여하는 의미와 태도라고 할 수 있다. 즉 행위에 대한 옳음과 그름, 선이나 악, 정당함과 부당함 등에 대한 스스로의 평가이다. 개인이 어떤 행위를 거부하는 정의나 태도를 가질수록, 그러한 행위를 할 가능성은 적어진다. 그러나 범죄에 대한 우호적인 정의를 받아들이는 것은 적극적(positive)이거나 중화적(neutralizing)일 때 가능하다. 적극적 정의는 그 행위가 도덕적으로 바람직하거나 전적으로 허용될 수 있다는 신념이다. **중화적 정의(neutralizing definitions)**는 범죄를 정당화하거나 변명을 통하여 범죄에 대해 우호적인 태도를 가지는 것을 말한다. 정의는 3가지 지표로 구성되는데, 그것은 **중화적 정의(neutralizing definitions)**, 법순응/위반 정의(law abiding/violation definition), 긍정적/부정적 정의(positive/negative definitions)이다. 경험적 연구에서 정의의 3가지 지표는 다음과 같은 조작적 정의로 측정된다. 첫째, **중화적 정의**는 범죄를 정당화하거나 변명을 통해 범죄에 대해 우호적인 태도를 가지는 개념인데, 이 개념은 3가지 질문으로 측정된다. ① "특정 범죄행위를 스스로 통제할 수 있는 사람이라면 그런 범죄를 저질러도 괜찮다." ② "특정 범죄행위에 대한 주위의 유혹이 너무 강하기 때문에 그런 범죄를 저지르는 청소년 또는 성인을 비난해서는 안 된다." ③ "일반적으로 특정 범죄행위는 나쁜 것이지만 특별한 상황에 있는 사람은 그런 범죄를 저질러도 괜찮다." 둘째, 법순응/위반 정의는 "우리 모두는 법을 지켜야 할 도덕적 의무가 있다"로 측정된다.

셋째, 긍정적/부정적 정의는 "일반사람이 다음과 같은 범죄를 저지르는 것에 대해 당신은 어떻게 생각하십니까?"로 측정된다. 이처럼 정의 개념에서 사람들이 특정 범죄행위에 대해 우호적인 태도를 가지면 가질수록(**중화적 정의**), 법과 도덕을 지킬 필요가 없다고 생각할수록(법순응/위반 정의), 일반사람이 특정 범죄를 저지르는 것에 대해 나쁘다고 생각하지 않을수록(긍정적 정의), 자신이 그 범죄행위를 할 가능성이 높아진다는 것이다.

3) 차별적 강화

차별적 강화(differential reinforcement)는 어떤 행위의 결과로 나타나는 예상되거나 실제적인 보상과 처벌 간의 균형이라고 할 수 있다. 비행행위가 저질러지고 반복될 가능성은 승인, 돈, 음식, 즐거운 감정 등의 보상이, 체포, 범죄자로 낙인, 발각될 가능성 등과 같은 처벌보다 더 클 경우에 일어난다. 즉, 개인의 행동에 대한 강화가 클수록, 강화가 빈번하게 일어날수록, 강화의 가능성이 클수록 그런 행동은 반복적이고 자주 일어날 가능성이 높다. 차별적 강화는 5가지 지표로 구성되어 있는데, 그것은 부모의 반응(parents' reaction), 친구들의 반응(peer reaction), 공식적 저지(formal deterrence), 보상-처벌(rewards-costs), 강화 균형(reinforcement balance)이다. 경험적 연구에서 차별적 강화의 5가지 지표는 다음과 같은 조작적 정의로 측정된다. 첫째, 부모의 반응은 '당신이 다음과 같은 범죄를 저지르는 것을 부모님이 알았을 때 부모님의 반응은 어떠했습니까?', 둘째, 친구들의 반응은 '당신이 다음과 같은 범죄를 저지르는 것을 친구들이 알았을 때 친구들의 반응은 어떠했습니까?', 셋째, 공식적 저지는 '당신 또는 당신 친구들이 다음과 같은 범죄를 저질렀을 때 경찰이나 사법기관에 발각될 가능성이 얼마나 있다고 봅니까?', 넷째, 보상-처벌은 특정범죄를 저질렀을 때 발생하는 좋은 점(보상)에서 나쁜 점(처벌)을 뺀(−) 점수 차이 값으로 측정된다. 다섯째, 강화균형은 '당신이 다음과 같은 범죄를 한 후에 당신에게 어떤 일이 일어났습니까?'에 대해 ① 대체로 좋음(예를 들면, 기분이 좋아짐, 친구들과 더 친해짐), ② 좋은 것만큼 나쁜 것도 있다, ③ 대체로 안 좋음(예를 들면, 몸이 안 좋아짐, 친구들과 멀어짐)으로 측정된다. 따라서 차별적 강화개념에서 사람들은 특정 범죄행위에 대해 부모의 반응이 비판적이지 않을수록(부모의 반응), 친구들의 반응이 호의적일수록(친구들의 반응), 경찰이나 사법기관에 발각될 가능성이 낮다고 판단할수록(공식적 저지), 처벌보다 보상이 크다고 판단할수록(보상-처벌), 친구들과의 우정이 더 강화되거나 경제적 또는 정신적 이득을 얻을수록(강화균형), 자신은 그 범죄행위를 할 가능성이 높아진다는 것이다.

4) 모방

모방(imitation)은 다른 사람의 행동을 관찰한 후에 그것과 유사하게 행동하는 것을 의미한다. 이 때 가족이나 친구 같은 **원초집단**이 주로 모방의 대상이 되지만 요즘은 TV나 신문, SNS 같은 대중매체가 중요한 대상이 되기도 한다. 모방은 이전의 행위를 유지하거나 중단하는 것보다 새로운 행위의 시도나 수행에서 더 중요한 역할을 한다. 모방은 3가지 지표로 구성되는데 그것은 '당신은 아래에 나열된 사람들 중에

표 5-2 사회학습이론의 중심개념 및 조작적 정의

4가지 개념	구성요소	조작적 정의
차별적 접촉	친구와의 차별적 접촉	① 당신의 가장 친한 친구들 중에서 다음과 같은 범죄를 저지른 경험이 있는 친구는 얼마나 됩니까? ② 당신의 가장 친한 친구들은 다음과 같은 범죄를 얼마나 자주 저지릅니까?
	부모의 규범적 태도	당신의 부모는 다음과 같은 범죄를 하는 것에 대해 어떤 태도를 가지고 있습니까?
	친구의 규범적 태도	당신의 가장 친한 친구들은 다음과 같은 범죄를 저지르는 것에 대해 어떤 태도를 가지고 있습니까?'
정의	**중화적 정의**	① 특정 범죄행위를 스스로 통제할 수 있는 사람이라면 그런 범죄를 저질러도 괜찮다. ② 특정 범죄행위에 대한 주위의 유혹이 너무 강하기 때문에 그런 범죄를 저지르는 청소년 또는 성인을 비난해서는 안 된다. ③ 일반적으로 특정 범죄행위는 나쁜 것이지만 특별한 상황에 있는 사람은 그런 범죄를 저질러도 괜찮다.
	법순응/위반 정의	우리 모두는 법을 지켜야 할 도덕적 의무가 있다.
	긍정적/부정적 정의	일반사람이 다음과 같은 범죄를 저지르는 것에 대해 당신은 어떻게 생각하십니까?
차별적 강화	부모의 반응	당신은 다음과 같은 범죄를 저지르는 것을 부모님이 알았을 때 부모님의 반응은 어떠했습니까?
	친구들의 반응	당신은 다음과 같은 범죄를 저지르는 것을 친구들이 알았을 때 친구들의 반응은 어떠했습니까?
	공식적 저지	당신 또는 당신 친구들이 다음과 같은 범죄를 저질렀을 때 경찰이나 사법기관에 발각될 가능성이 얼마나 있다고 봅니까?
	보상-처벌	특정범죄를 저질렀을 때 발생하는 좋은 점(보상)에서 나쁜 점(처벌)을 마이너스(−)한 점수 차이 값
	강화균형	당신이 다음과 같은 범죄를 한 후에 당신에게 어떤 일이 일어났습니까?
모방	미디어 속에 나타난 사람들	당신은 아래에 나열된 사람들 중에서 다음과 같은 특정 범죄를 저지르는 것을 직접 보거나 관찰한 적이 있습니까?
	친구들	당신은 아래에 나열된 사람들 중에서 다음과 같은 특정 범죄를 저지르는 것을 직접 보거나 관찰한 적이 있습니까?
	부모	당신은 아래에 나열된 사람들 중에서 다음과 같은 특정 범죄를 저지르는 것을 직접 보거나 관찰한 적이 있습니까?

서 다음과 같은 특정 범죄를 저지르는 것을 직접 보거나 관찰한 적이 있습니까?'라는 질문이 ① 미디어나 SNS 속에 나타난 사람들, ② 친구들, ③ 부모 순으로 응답자들에게 주어진다. 따라서 모방개념에서는 사람들이 특정 범죄를 저지른 것을 미디어나 SNS 속에 나타난 인물들, 친구들, 부모님이 저지르는 것을 직접 본 경험이 있거나 관찰한 경험이 있을수록, 자신은 그 범죄행위를 할 가능성이 높아진다는 것이다. 결론적으로 사회학습이론의 4가지 구성요소를 가설로 요약하면, "사람들이 비행 및 범죄친구와의 차별적 접촉을 많이 할수록(차별적 접촉), 범죄에 대한 본인의 부정적 생각이 적을수록(정의), 범죄로 얻을 수 있는 경제적, 정신적 보상이 경찰에 적발되어 처벌받을 확률보다 많다고 생각하거나 실제로 많을수록(차별적 강화), 주위의 친한 사람이나 대중매체에서 범죄를 저지르는 것을 직접 보거나 관찰한 적이 많을수록(모방), 자신이 특정 범죄를 저지를 가능성은 높아진다"고 할 수 있다.

(3) 사회학습이론의 경험적 연구

사회학습이론의 강점은 차별접촉이론이 조작화하지 못했던 개념들을 경험적으로 검증할 수 있도록 조작적 정의를 내렸다는 데 있다. 이 이론이 발표된 이후 지금까지 수많은 경험적 연구들이 진행되어왔다. 차별적 접촉, 정의, 차별적 강화, 모방 등 사회학습변수를 직접적으로 측정한 많은 연구들은 이 이론의 가설인 범죄 및 비행은 타인과의 상호작용을 통하여 사회적으로 학습된다는 사실을 지지하고 있다(Brezina & Piquero, 2003; Chappell & Piquero, 2004; Hwang & Akers, 2003; 2006; Matsueda *et al*., 2006; Osgood & Anderson, 2004; Sellers *et al*., 2003). 사회학습이론의 경험적 연구는 특히 여러 분야로 나누어 살펴볼 필요가 있는데, 첫째, 에이커스가 수행한 경험적 연구에서 사회학습변수들이 단독으로 또는 다른 요인과 결합하여 비행 및 범죄와의 강한 관계를 가지는 것으로 드러났다(Akers & Cochran, 1985; Akers & La Greca, 1991; Krohn *et al*., 1985). 이런 연구에서 사회학습이론은 다른 이론에 비해 상대적으로 높은 수준의 설명력을 보였다. 둘째, 미국이 아닌 유럽 문화권이나 우리나라를 포함한 아시아권 나라에서 사회학습이론을 경험적으로 검증했을 때도 이 이론은 다른 이론들보다 설명력이 뛰어난 것으로 드러났다(Bruinsma, 1992; Hwang & Akers, 2003; 2006; Junger-Tas, 1992; Kandel & Adler, 1982; Nolan, 1994; Wang & Jensen, 2003; Zhang & Messner 1995; Yount *et al*., 2016; Suzuki *et al*., 2018). 예를 들면, 황성현과 에이커스는 부산지역 고등학생을 대상으로 한 청소년 약물남용을 경험적으로 연구한 결과, 사회학습 변인들은 비교대상이 되었던 사회유대이론이나 자기통제이론의 변수들보다 설명력이 훨씬 뛰어난 것으로 드러났다(Hwang & Akers, 2003; 2006). 사회학습변수들은 전체 고등학생 음주행위의 58%, 흡연행위의 67%, 진정제사용의 47%, 흥분제사용의 42%를 설명했지만, 사회유대이론과 자기통제이론의 변인들은 청소년 불법약물 사용의 10% 정도만 설명했다. 특히, 사회학습변인 중에서 친구와의 차별적 접촉 변인의 설명력은 어떤 다른 변인들보다 설명력이 더 뛰어난 것으로 드러났다.

사회학습이론을 적용한 국내연구 또한 상당하다(박정선·황성현, 2010; 2013; 유순화·정규석, 2003; 이완희, 2014; 이완희·유완석, 2014; 이완희·황성현, 2014; 2018; 전신현·김원경·황성현, 2010; 황성현, 2006a; 2006b; 2007; 2008; 2009; 2010a; 2010b; 2012; 2015; 2016; 황성현·이강훈, 2013; 고순청·이승현·이창한, 2018; 2019a; 고순청·이창한·이승현, 2018; 이승현·황성현, 2019). 고순청·이창한·이승현은 사회유대이론, 일반긴장이론, 사회학습이론의 변수들을 사용하여 한국아동·청소년패널자료의 2차년도부터 6차년도의 종단자료를 분석하였다. 분석결과, 청소년 약물사용에 사회유대이론, 일반긴장이론, 사회학습이론 모두 직접적인 영향을 미치는 것으로 나타났으며 특히 사회학습이론을 매개한 간접효과가 가장 큰 것으로 드러났다. 이는 약물을 사용하는 비행친구와의 차별적 접촉과 약물사용에 우호적인 생각을 가지는 정의변인을 통한 효과가 청소년 약물사용에 가장 큰 영향을 미쳤다는 사실을 알 수 있었다(고순청·이창한·이승현, 2019a). 그들의 또 다른 연구에서 청소년 성비행의 원인을 사회학습이론으로 회귀분석한 결과, 차별접촉 변인은 청소년 동영상공유, 음란채팅, 랜덤채팅 등의 성비행을 통계적으로 유의미하게 잘 설명하는 것으로 드러났다(고순청·이창한·이승현, 2018).

이완희와 황성현의 한국아동청소년패널자료를 이용한 구조방정식 분석결과, 청소년비행의 근본 원인은 친구와의 차별적 접촉을 통한 매개효과가 일반긴장이론의 부정적 자극의 긴장요인보다 더 크게 나타났다(이완희·황성현, 2014). 즉, 부정적 자극을 경험한 청소년들은 우울감, 불안감, 공격성 등이 상당히 증가하지만, 이런 긴장요인이 청소년 일반비행 및 사이버비행과 직결되지는 않았다. 오히려 청소년들은 비행친구들과 자주 어울림으로써 청소년 자신도 일반비행과 사이버비행을 저지를 확률이 더 높은 것으로 나타남에 따라 사회학습이론의 친구와의 차별적 접촉변인이 청소년 일반비행 및 사이버비행을 가장 잘 설명하는 것으로 드러났다. 이완희와 황성현의 또 다른 연구인 청소년 사이버 성범죄에 대한 원인분석에서 사회학습이론의 차별적 접촉과 차별적 강화 요인이 직접적으로 청소년 성범죄에 미치는 영향과 정의변인을 통한 간접적인 효과 양쪽 모두에서 통계적으로 유의미한 결과를 초래했다(이완희·황성현, 2018). 즉, 아이돌 스타의 야한 영상물을 친구들과 공유하거나 친구들로부터 받아 본 적이 있는 청소년은 직접적으로 불법촬영과 불법공유 범죄를 더 많이 저지를 뿐만 아니라 간접적으로 성에 대한 법위반정의와 긍정적 정의를 더 많이 가지며 부정적 정의는 더 적게 가지게 되어 청소년 사이버 성범죄를 저지를 가능성이 높은 것으로 나타났다.

(4) 사회학습이론의 평가

사회학습이론의 출발점은 서덜랜드의 차별접촉이론에서 출발해서 버제스와 에이커스이 차별접촉-강화이론을 거쳐 지금의 사회학습이론으로 완성되었다. 1980년대부터 2000년대까지 서구사회와 다른 유럽권 국가에서 가장 많이 경험적으로 검증된 이론 중 하나로 알려져 있다. 특히 1980년대 이후 허쉬의 사회유대이론과 함께 범죄학이론의 양대 산맥 중 하나로 평가받을 정도로 범죄의 사회심리학적 측면을 잘 표현한 이론이다. 그러나 에이커스의 사회학습이론은 **동의어반복**(동의어반복은 제4장의 용어설명을 참조)이란 한계점을 벗어나지 못하고 있다. 즉, 친구와의 차별적 접촉에서 비행친구와 자주 어울림으로써 비행을 학습하게 되는지, 아니면 이미 다른 이유로 비행을 자주 저지른 청소년이 그의 생각과 행동이 비슷한 비행친구들과 자연스럽게 어울리게 되어 비행 및 범죄행위가 강화되었는지를 알 수 없다는 것이다. 만약 범죄 경험이 없는 청소년이 친구를 잘못 사귀어 범죄를 자주 저지르게 됐다면 사회학습이론의 논리가 맞지만, 반대로 비행친구와 차별적 접촉이 범죄행위의 원인이 아니라 결과라면 즉, 어떤 다른 요인으로 비행을 자주 저지르는 청소년이 비행친구들과 자연스럽게 어울렸다면 비행친구와의 접촉은 원인이 아니라 결과가 되므로 동의어반복적인 오류를 범하고 있다는 것이다. 이런 동의어반복의 결점에 대해 에이커스와 그의 동료들은 사회학습이론이 결코 동의어 반복적이 아님을 경험적 연구로 증명했다. 예를 들면, 캔델과 데이비스(Kandel & Davis)는 청소년 약물남용에 대한 여러 가지 종단적 연구(longitudinal study)에서 약물사용의 원인이 비행친구와의 차별적 접촉 때문이지, 불법 약물을 자주 사용한 청소년이 약믈남용친구들과 어울리는 결과를 초래한 것은 아니라고 주장했다(Kandel & Davis, 1991). 또한 워(Warr)는 일탈행위가 일탈친구와의 차별적 접촉에 선행하기 보다는 친한 친구와의 차별적 접촉이 일탈행위의 강화로 나타난다고 주장했다(Warr, 1993). 즉, 청소년들은 친구들로부터 비행 및 범죄의 정의 및 태도를 배우게 되고, 그 이후에 비행친구들과의 접촉으로 친구관계가 제한되기 때문에 동의어반복적으로 보일 수 있지만, 분명한 것은 비행친구와의 접촉이 원인이고 그 결과 여러 가지 비행 및 범죄를 저지르게 된다고 에이커스는 주장한다.

에이커스 이론의 동의어반복에 대한 한국에서의 검증은 황성현에 의해 이루어졌다(황성현, 2016). 황성현은 비행친구가 비행에 영향을 미치는지, 아니면 비행친구가 비행의 결과인지를 분석하기 위해 한국아동·청소년패널의 4년치 종단자료를 분석하였다. 연구결과, 비행친구가 비행에 미치는 효과가 비행이 비행친구에 영향을 미치는 효과보다 모형적합도뿐만 아니라 각 경로도의 통계적 신뢰성이 더 뛰어난 것으로 드러남에 따라 학습이론의 동의어반복 문제는 없는 것으로 나타났다(황성현, 2016). 결론적으로, 사회학습이론이 동의어반복이란 단점이 있음에도 불구하고 현재까지 청소년 비행 및 범죄, 성인들의 강간을 포함한 성관련범죄, 사이버범죄, 노인범죄, 갱집단범죄 등을 설명하는 데 상당히 설득력 있는 이론으로 평가받고 있다.

03 사회유대이론

(1) 사회유대이론의 개요

사회유대이론(social bonding theory)의 기본 가정은 '개인과 사회 사이의 유대가 약하거나 깨졌을 때 범죄가 발생한다'(Hirschi, 1969)고 본다. 대부분의 범죄학 및 범죄심리학자들은 범죄행위의 원인을 밝히기 위해 "대부분의 사람들은 범죄를 저지르지 않는데 반해, 왜 어떤 사람들은 범죄를 저지르며 그 이유는 무엇인가?"라는 의문을 가지고 연구를 시작한다. 그러나 사회통제이론(social control theory)을 주장하는 학자들은 "왜 사람들은 범죄를 저지르지 않는가?"라는 질문에 관심을 가진다. 사회통제이론의 대표적인 이론으로 알려진 사회유대이론의 창시자인 허쉬의 주장에 따르면, 모든 사람들은 잠재적인 범죄자이지만 자신의 불법행위로 인해 친구나 부모 등의 **원초집단**의 구성원들이나 학교와 직장 등에서 친하게 지내는 지인들과의 관계가 약화되거나 깨어지는 것을 두려워하기 때문에 범죄를 저지르지 않는다고 주장한다(Hirschi, 1969). 즉, 대부분의 사람들은 범죄를 저지르고 싶어도 **원초집단**에 속하는

허쉬의 사회유대이론에 따르면, 가정에서 부모와의 애착이 약하거나 깨졌을 때 범죄가 발생할 가능성이 높아진다고 주장한다. 사진은 가출청소년들의 문제를 다룬 2018년 영화 '박화영'의 한 장면
출처: https://movie.naver.com/movie/bi/mi/basic.nhn?code=160721

부모, 친구, 학교 및 회사동료들이 실망할까봐 범죄를 저지르지 않고 법, 도덕, 사회적 관습, 주위의 평판 등을 해치지 않으며 건전하게 살아간다는 것이다. 이런 역할을 하는 힘이 바로 '사회통제(social control)'이며 허쉬의 사회유대이론에서는 '사회유대(social bonding)'라는 것이다. 따라서 만약 어떤 사람의 사회적 유대가 약화되거나 깨어졌을 때, 또는 주위 **원초집단** 구성원들의 평판이나 관계에 신경 쓰지 않을 때 범죄행위는 시작된다는 것이다.

(2) 중심내용

사회유대이론은 애착(attachment), 관여(commitment), 참여(involvement), 신념(belief)이라는 네 가지 개념에 초점을 맞추어 범죄와 비행 및 일탈행동을 설명한다(Hirschi, 1969). 네 가지 개념에 대한 조작적 정의는 〈그림 5-2〉에 잘 나타나 있다.

Travis Hirschi(1935~2017)

1) 애착

애착(attachment)은 '타인에 대해 어느 정도 애정을 가지는가', '얼마나 그들을 존경하는가', '어느 정도 그들을 존중하여 그들의 기대에 어긋나지 않으려고 노력하는가' 등을 측정하는 개념이다. 애착은 다시 4가지 지표로 구성되는데 그것은 부모에 대한 애착(parental attachment), 친구들에 대한 애착(peer attachment), 부모의 감독(parental supervision), 종교적 애착(religious attachment)이다. 경험적 연구에서 애착의 4가지 지표는 다음과 같은 조작적 정의로 측정된다. 첫째, 부모에 대한 애착은 '나는 내 부모와 매우 친하다고 생각한다'로 측정되며 둘째, 친구들에 대한 애착은 '나는 친구들과 친하다고 생각한다'로 측정된다.

그림 5-2 허쉬의 사회유대이론의 구성요소

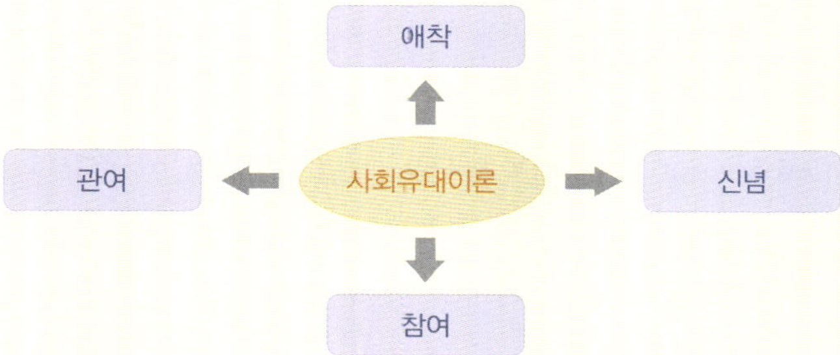

셋째, 부모의 감독은 ① 내가 밖에 있을 때나 또는 외박을 할 때 내 부모는 내가 어디에 있는지를 안다. ② 내가 밖에 있을 때나 또는 외박을 할 때 내 부모는 내가 누구와 함께 있는지를 안다. ③ 내가 밖에 있을 때나 외박을 할 때 내 부모는 내가 언제 집으로 돌아올지를 안다 로 측정된다. 마지막으로 종교적 애착은 '당신은 종교 활동을 위해 교회, 절 또는 사원 등에 얼마나 자주 갑니까?'로 측정된다. 애착은 청소년 자신이 부모나 친구와의 애착이 약하다고 생각할수록(부모 및 친구와의 애착), 부모님이 내가 밖에 있거나 외박할 때 어디에서, 누구와, 무엇을 하며, 언제 돌아올지 잘 모를수록(부모의 감독), 종교활동을 위해 교회 등에 자주 나가지 않을수록(종교적 애착), 비행 및 범죄를 저지를 가능성이 많아진다는 것이다.

2) 관여

관여(commitment)는 사람들이 사회에서 요구하는 전통적인 교육이나 직업에 얼마나 깊은 관심을 가지고 투자하는지를 파악하는 개념이다. 예를 들면, 학생들은 학생의 신분에 맞게 학교에서의 성적(GPA) 등이 관여를 측정하는 중요한 잣대가 된다. 학생의 신분에서 관여의 정도가 강하면 강할수록 불법행위를 저지를 가능성이 줄어들게 되는데 관여가 불법행위를 통제하는 중요한 수단이 되기 때문이다. 관여는 주로 3가지 지표로 구성되는데, 첫째, 교육에 대한 열망(educational aspirations), 둘째, 직업에 대한 열망(occupational aspirations), 셋째, 학교 평균성적(GPA)으로 측정된다. 경험적 연구에서 관여의 3가지 지표는 다음과 같은 조작적 정의로 규정된다. 교육에 대한 열망은 '공부를 열심히 해서 원하는 대학이나 직장에 가는 것은 나에게 중요한 일이다'. 직업에 대한 열망은 '졸업 후에 안정적이고 월급도 괜찮은 직장을 가지는 것은 나에게 중요한 일이다', GPA는 학교에서의 평균 성적으로 측정된다. 따라서 청소년 자신이 공부를 열심히 해서 원하는 대학이나 직장에 가는 것이 중요하다고 생각할수록(교육에 대한 열망), 안정적이고 월급이 괜찮은 직장을 가지는 것이 중요하다고 생각할수록(직업에 대한 열망), 학교의 평균성적이 좋을수록, 비행이나 범죄를 저지를 가능성이 낮아진다.

3) 참여

참여(involvement)는 관여와 연관된 개념으로 자신이 중요하다고 생각하는 직업이나 활동에 얼마만큼 시간이나 정력을 투자하는지를 파악하는 개념이다. 즉, 청소년이 학교, 여가 및 문화활동, 가족과 함께 시간보내기나 여행하기, 그 외 과외활동 등과 같은 활동에 열중하는 정도를 의미한다. 예를 들면, 청소년이 인습적인 활동에 참여할수록 비행친구들과 만나 비행 및 범죄를 저지를 시간이 줄어들기 때문에 인습적인 활동에 참여하는 것 자체가 비행을 억제하거나 차단하는 효과를 지닌다. 참여는 상당히 많은 지표로 구성될 수 있다. 예를 들면, 청소년의 과외활동은 교내외 동아리활동, 체험활동, 수련활동 등을 위해 일주일에 몇 시간 정도를 투자하는지로 측정될 수 있다. 가족과 함께 시간보내기나 여행하기는 '당신은 지난 일 년 동안 가족과 함께 한 1박 이상의 여행은 몇 회 했습니까?'로 측정되며, 여가 및 문화활동은 '당신은 지난 일 년 동안 문화활동(음악회, 전시회, 영화, 연극, 뮤지컬관람 등)을 몇 회나 했습니까?'로 측정될 수 있다. 또한 우리나라에서만 통용되는 측정문항으로 방과 후 사교육활동도 참여에 해당될 수 있다. 즉, 방과 후 학원, 개인과외, 그룹과외 등에 얼마나 많은 시간을 투자하는지에 대한 질문을 통해 학습에 대한 참여 정도를 파악할 수 있다. 따라서 청소년이 방과 후 동아리활동, 체험활동, 수련활동 등에 자주 참여할수록, 여행 등을 통해 가족과 함께 시간을 많이 보낼수록, 여가 및 문화활동 횟수가 많을수록, 방과 후 학원, 개인 및 그룹과외에서 학과목 공부를 많이 할수록, 비행이나 범죄를 저지를 가능성은 낮아진다.

4) 신념

신념(belief)은 일반적이고 통상적인 가치와 규범에 대한 인정, 특히 법과 사회규칙이 도덕적으로 옳으므로 지켜져야 한다는 믿음을 측정하는 개념이다. 이 신념개념은 사회학습이론의 정의(definition)개념에서 법순응/위반 정의와 유사한 성격을 띠고 있다. 청소년이 이런 신념이나 법순응/위반 정의가 약하면, 반사회적 일탈행위를 할 가능성이 높아진다. 신념은 2가지 지표로 구성되는데 그것은 부모세대의 법준수에 대한 신념(belief in parental norms)과 종교적 신념(belief in religious norms)이다. 부모세대의 법준수에 대한 신념은 '내 부모님 세대가 지켜온 규칙이나 도덕적 신념들은 나에게도 역시 좋은 것들이다'로, 종교적 신념은 '종고는 내 생활에 중요한 역할을 한다'로 측정된다. 따라서 청소년 자신이 법준수에 대한 신념과 종교적 신념이 강할수록 비행이나 범죄를 저지를 가능성은 낮아진다. 결론적으로, 사회유대이론의 4가지 구성요소를 요약하면, '청소년들이 부모 및 친구와의 애착이 강하면 강할수록(애착), 전통적인 교육이나 직업에 깊은 관심을 가지고 투자를 많이 할수록(관여), 각종 과외활동이나 동아리활동 등에 많은 시간을 할애할수록(참여), 법준수에 대한 신념 및 종교적 신념이 강할수록(신념), 자신이 특정 범죄 및 비행을 저지를 가능성은 낮아진다'고 할 수 있다.

표 5-3 사회유대이론의 중심개념 및 조작적 정의

4가지 개념	구성요소	조작적 정의
애착	부모 애착	나는 내 부모와 매우 친하다고 생각한다.
	친구 애착	나는 친구들과 친하다고 생각한다.
	부모 감독	① 내가 밖에 있을 때나 또는 외박을 할 때 내 부모는 내가 어디에 있는지를 안다. ② 내가 밖에 있을 때나 또는 외박을 할 때 내 부모는 내가 누구와 함께 있는지를 안다. ③ 내가 밖에 있을 때나 외박을 할 때 내 부모는 내가 언제 집으로 돌아올지를 안다.
	종교 애착	당신은 종교 활동을 위해 교회, 절 또는 사원 등에 얼마나 자주 갑니까?
관여	교육에 대한 열망	공부를 열심히 해서 원하는 직장에 가는 것은 나에게 중요한 일이다.
	직업에 대한 열망	졸업 후에 안정적이고 월급도 괜찮은 직장을 가지는 것은 나에게 중요한 일이다.
	학교평균성적(GPA)	각 과목에 대한 학교에서의 평균 성적
참여	과외활동	교내외 동아리활동, 체험활동, 수련활동 등을 위해 일주일에 몇 시간 정도를 투자하는가?
	가족과 시간보내기	당신은 지난 일 년 동안 가족과 함께 한 1박 이상의 여행은 몇 회나 됩니까?
	여가 및 문화활동	당신은 지난 일 년 동안 문화활동(음악회, 전시회, 영화, 연극, 뮤지컬관람 등)을 몇 회나 했습니까?
	사교육활동	방과 후 학원, 개인과외, 그룹과외 등에 얼마나 많은 시간을 투자하는가?
신념	법준수에 대한 신념	내 부모님 세대가 지켜온 규칙이나 도덕적 신념들은 나에게도 역시 좋은 것들이다.
	종교적 신념	종교는 내 생활에 중요한 역할을 한다.

(3) 사회유대이론의 경험적 연구

사회유대이론의 출발점은 다른 범죄학이론과는 사뭇 다르다. 즉, 대부분의 범죄학 및 범죄심리학자들은 '왜 어떤 사람들은 범죄를 저지르는가?', '범죄행동의 근본 원인은 무엇인가?'에서 출발하는 반면, 사회유대 및 사회통제 이론가들은 '왜 사람들은 범죄를 저지르지 않는가?'에 의문점을 가졌다. 그들은 대부분의 사람들이 범죄를 저지르지 않는 이유는 사회통제나 사회유대 때문이라고 주장한다. 서구 사회에서 사회유대이론은 사회학습이론과 함께 경험적으로 가장 많이 검증된 이론 중 하나다. 서구 사회의 경험적 연구에서 사회유대이론은 상당한 타당성을 획득했다(Agnew, 1985; Cernkovich & Giordano, 1992; Costello & Vowell, 1999; Krohn *et al.*, 1983; Krohn & Massey, 1980; Rankin & Kern, 1994). 크론과 메시(Krohn & Massey)는 사회유대이론이 비교적 가벼운 비행 또는 경비행에 속하는 청소년 음주나 흡연행위, 가벼운 일탈행동 등을 잘 설명하는 것으로 파악했다(Krohn & Massey, 1980). 크론과 그의 동료들은 종단자료를 사용하여 청소년 흡연행위를 경험적으로 검증한 결과, 관여와 신념변인이 청소년의 흡연행위를 중단시키는 결정적 요인이라고 주장했다(Krohn *et al.*, 1983). 가드너와 슈메이커(Gardner & Shoemaker)는 버지니아의 중고등학생을 대상으로 한 연구결과, 사회유대이론의 4가지 변인인 애착, 관여, 참여, 신념변인이 청소년 비행과 통계적으로 유의미한 관계가 있다고 주장했으며(Gardner & Shoemaker, 1989), 로우즈와 이브(Rouse & Eve)는 청소년 가출, 반항, 약물범죄 등 여러 가지 적응문제를 겪고 있는 여학생들을 대상으로 한 연구결과, 부모나 교사에 대한 애착과 교육적 목표에의 전념, 숙제 등 인습적 활동에의 참여, 신념 등에서 사회유대이론이 주장하는 내용과 일치하는 결론을 얻었다(Rouse & Eve, 1991). 사회유대이론을 이용한 국내의 경험적 연구에서도 이 이론은 상당한 설득력을 획득하고 있다(김상원, 2007; 심미영·정규석, 2007; 유순화, 2003; 이웅혁·김미숙, 2013). 우리나라 초·중등학생의 사이버비행의 원인을 경험적으로 연구한 결과에 따르며, 사회유대변인 중에서 관여와 신념이 사이버비행에 영향을 미치는 중요한 변수로 나타났다(이웅혁·김미숙, 2013). 인문계 고등학생과 전국 쉼터에 머무르고 있는 청소년들을 대상으로 한 비교연구에서도 사회유대이론의 부모애착, 학교성적, 신념변인은 청소년 비행경험을 잘 설명하는 것으로 드러났다(유순화, 2003). 청소년패널자료를 이용한 김상원(2007)의 연구에서도 사회유대이론이 아동비행과 청소년비행을 직접적으로 잘 설명하는 것으로 드러났다. 이 연구에서 사회유대변인들이 아동비행보다는 청소년비행을 더 잘 설명했다. 전반적으로 아동의 경우, 경비행에 속하는 지위비행(지위비행은 제2장의 용어설명 참조), 남괴롭힘, 사이버비행에서 설명력이 높은 반면, 중비행인 폭력비행과 재산비행의 설명력은 약했다. 하지만 청소년의 경우, 경비행과 중비행 모두 사회유대변인의 설명력이 높은 것으로 드러났다. 종합하면, 사회유대이론은 청소년의 중비행보다는 경비행 및 사소한 비행을 잘 설명하며, 서구사회와 우리나라의 경험적 연구결과, 사회유대변인들은 전반적으로 청소년비행 및 범죄를 잘 설명하는 것으로 드러났다.

(4) 사회유대이론의 평가

사회유대이론은 사회학습이론과 함께 1980~2000년 사이 서구사회에서 가장 많이 경험적으로 검증된 이론이다. 특히 청소년의 약물남용과 같이 사소한 경비행이나 지위비행의 원인을 설명하는 데 뛰어난 이론으로 평가받고 있으며, 현재까지도 서구사회뿐만 아니라 한국에서도 청소년비행을 설명하는 데 탁월한 이론으로 평가받고 있다. 그러나 사회유대이론은 주로 사회학습이론의 창시자인 에이커스에 의해 많은 비판을 받았고, 에이커스의 비판내용을 다른 범죄학자들이 경험적으로 검증함으로써 사회유대이론의 한계점이 드러나기도 했다. 사회유대이론에 따르면, 부모나 친구와의 강한 유대는 범죄를 감소시키는 역할을 하는 것으로 알려져 있지만, 실제 경험적 연구결과 친구와의 강한 유대는 범죄를 증가시키는 요인으로 밝혀졌다(Elliott *et al.*, 1985; Junger-Tas, 1992; Warr, 2002). 즉, 허쉬의 주장에 따르면, 비록 친한 친구 집단이 비행을 자주 저지른다 하더라도, 청소년들이 친구와의 유대가 강하면 범죄를 저지르지 않을 것이라고 주장했지만, 실제 다른 학자들의 경험적 연구결과, 허쉬의 주장과는 반대로 비행친구집단에 속해 있는 청소년의 강한 유대는 범죄를 감소시키는 것이 아니라 증가시키는 요인으로 작용했다. 따라서 청소년 비행을 연구하는 대부분의 경험적 연구에서 친구와의 강한 유대는 비행을 증가시킨다는 사회학습이론을 오히려 더 지지하는 것으로 드러났다. 즉, 비행친구와의 차별적 접촉으로 청소년 범죄는 증가하는 것으로 드러난 것이다. 이런 결론은 사회유대이론을 지지하는 것이 아니라 오히려 사회학습이론과 차별접촉이론을 지지하는 결과를 초래했다.

또한 부모와의 강한 유대는 자녀의 범죄율을 감소시킨다는 사회유대이론의 주장과는 달리 범죄에 자주 노출되는 부모와의 유대는 오히려 자녀의 범죄율을 증가시키는 결과를 초래했다(Sampson & Laub, 1993). 예를 들면, 건전한 부모에 대한 자녀의 애착은 청소년 비행을 감소시키지만, 약물이나 다른 범죄를 자주 저지르는 부모에 대한 자녀의 애착은 자녀의 약물사용 및 범죄를 증가시키는 결과로 나타났으며, 이 또한 사회유대이론보다는 사회학습이론의 모방에 의해 더 잘 설명되는 것으로 드러났다. 즉, 약물을 사용하는 부모를 자주 목격한 자녀는 부모를 모방하여 불법 약물을 사용할 가능성이 그렇지 않은 청소년보다 훨씬 더 높다는 것이다. 부모와 친구에 대한 애착이 청소년 자신의 범죄율을 높이는 결과를 초래한다는 경험적 연구결과는 한국에서도 꾸준하게 증명되고 있다. 부산지역 고등학생들의 약물남용에 대한 황성현과 에이커스(Hwang & Akers, 2003; 2006)의 연구결과, 청소년 불법약물인 술, 담배, 진정제, 흥분제, 신경안정제, 흡입제 등의 불법 남용에 가장 큰 영향을 미친 요인은 친한 친구와의 차별적 접촉변인으로 나타남에 따라 허쉬의 사회유대이론의 주장과 반대되는 것으로 나타났다. 즉, 불법약물을 자주 경험하는 친한 친구와의 강한 유대가 청소년 자신의 약물사용을 감소시키는 것이 아니라 오히려 그들과의 차별적 접촉으로 인한 약물사용의 증가를 초래했다. 동일한 측정도구를 사용한 미국과 한국 청소년의 약물남용 비교연구에서도, 황성현은 미국 중서부지역의 청소년과 부산지역 청소년의 약물사용에서 친한 친구와의 차별적 접촉이 불법약물사용의 가장 강력한 원인이라고 주장했다(황성현, 2007). 사회유대이론의 참여변수에 대한 연구결과도 허쉬의 주장과 상이한 연구결과들이 제법 발표되었다. 참여변수가 비행을 줄이는 것이 아닌 비행을 권장할 수 있다는 것이다. 청소년이 가정 밖의 활동에 참여를 많이 하는 것이 부모의 통제나 유대가 약하다는 것의 반영이며 통제가 약한 만큼 비행과 범죄에 대한 기회가 증가한다고 볼 수 있다는 것이다(Burton *et al.*, 1994). 자녀의 활동과 학교 이후의 생활에 대해 알고 있는지에 대해 '때때로, 가끔, 전혀'라고 대답한 가정의 경우 비행률과 범죄율이 높게 도출되었던 것이다(이완희, 2017).

사회유대이론의 또 다른 약점은 다른 범죄이론과의 비교연구에서 설명력이 약하다는 데 있다. 즉, 사회유대이론이 단독으로 청소년 및 성인의 범죄를 설명할 때는 어느 정도 설득력이 있지만, 다른 범죄이론들 예를 들면, 사회학습이론이나 자기통제이론과의 비교연구에서는 설명력이 상당히 떨어지는 것으로 드러났다. 한국에서 청소년패널 및 아동·청소년패널 종단자료를 사용한 청소년비행의 원인에 관한 연구에서 사회유대이론이 사회학습이론이나 자기통제이론과 비교 연구되었을 때, 설명력이 가장 낮은 것으로 드러났다(황성현, 2009; 2010a; 2010b; 2015, 황성현·이강훈, 2013; 이완희, 2014; 고순청·이창한·이승현, 2019a; 이승현·황성현, 2019). 이런 연구결과는 서구 사회에서도 꾸준하게 발견된다. 사회유대이론이 다른 대안적인 범죄이론과 비교연구되었을 때, 사회유대이론의 설명력은 약화되는 것으로 드러났다(Akers & Cochran, 1985; Agnew, 1991; Bahr *et al.*, 1995). 에이커스와 코크런은 사회유대이론의 변인들이 청소년 대마초 사용과 깊은 상관관계를 맺고 있지만 친구와의 차별적 접촉이나 차별적 강화 및 정의변인보다는 그 설명력이 약하다고 주장했다(Akers & Cochran, 1985). 또한 바르(Bahr)와 그의 동료들의 연구에서도 가족과의 강한 유대는 청소년비행을 감소시키는 역할을 하지만, 청소년비행과 직접적인 관련이 있는 것이 아니라, 친구와의 차별적 접촉을 통한 간접적인 역할만을 할 뿐이라고 주장했다(Bahr *et al.*, 1995). 즉, 가족과의 강한 유대를 지니고 있는 청소년이 비행을 저지르지 않는 이유는 가족이나 부모가 비행친구를 사귀지 못하게 하기 때문에 자녀는 비행을 저지르지 않는 것이지, 가족의 강한 유대가 직접적으로 비행률을 감소시키는 것이 아니라고 주장하였다. 한국에서 청소년 음주행위에 대한 이승현과 황성현의 비교연구에서도 사회유대변인들의 설명력은 학습이론보다 약한 것으로 나타났다(이승현·황성현, 2019). 고등학교 3학년의 음주행위에 대한 학습이론과 유대이론의 비교연구에서 사회유대변수들이 회귀방정식에 가장 많이 투입됐음에도 불구하고(8개) 약물사용의 변량 4.8%를 설명하지 못한 데 반해 사회학습이론은 회귀방정식에 가장 적게 투입되었지만(2개) 고등학교 3학년 음주행위를 7.7% 설명하였다. 종합하면, 사회유대이론은 부모나 친구와의 강한 유대가 청소년 자신의 범죄를 감소시키는 역할을 한다고 주장하지만, 대부분의 경험적 연구결과 오히려 친한 친구와의 강한 유대나 범죄에 자주 노출되는 부모와의 유대는 청소년 자신의 범죄행위를 증가시키는 역할을 했다. 또한, 다른 경쟁적인 범죄이론들과의 비교연구에서도 사회유대이론은 설명력이 다소 떨어지는 것으로 밝혀졌다.

04 낙인이론

낙인이론(labeling theory)은 대표적인 사회반응이론에 속한다. 즉, 낙인이론은 비행이나 범죄는 사회적 낙인의 산물로 낙인이 없다면 범죄도 발생하지 않는다고 주장함으로써 범죄에 대한 사회적 반응이 범죄자를 양산한다고 보는 이론이다. 이 이론의 사상적 배경은 **상징적 상호작용론**(상징적 상호작용론은 제2장의 용어설명을 참조)에 근거를 두고 있다. 상징적 상호작용론이 범죄학에 미친 영향은 지대하다. 사회과정이론인 사회학습이론 및 사회유대이론 또한 상징적 상호작용론에 기초하고 있지만 이 이론에 가장 많은 영향을 받은 범죄학이론은 바로 낙인이론이다. 만약 사회구성원들 사이에서 상징적 상호작용이 없다면 낙인이론은 존재할 수 없다. 왜냐하면, 낙인을 찍는 주체가 바로 매일 같이 상호작용하는 친구, 직장동료, 가족, 이웃, 지역사회, 사법기관의 주체들이기 때문이다. 예를 들면, 범죄를 자주 저지르는 비행집단의 청소년이나 상습 성인범죄자에게 학교 친구들이나 선생님들 또는 사법기관에서 범죄자 또는 비행집단의 청소년이라는 낙인을 찍었기 때문에 그 낙인에 부응하여 그들은 각종 범죄를 저지르게 된다. 이 때, 주위 사람들과의 상호작용이 없다면, 낙인을 찍을 주체가 사라지기 때문에 우리 사회에서 낙인 또한 존재하지 않게 된다. 따라서 사회조직 내에서 주위 사람들과의 언어, 몸짓, 사회행위 등과 같은 상징성을 가진 끊임없는 상호작용으로 인해 우리는 서로 서로에게 나쁜 사람, 좋은 사람, 사귀고 싶지 않은 사람, 친한 친구로 사귀고 싶은 사람 등과 같은 낙인이 부여되는 것이다. 낙인이론의 대표적 학자로 1930년대 탄넨바움(Tannenbaum)이 있으며, 범죄의 발생과 형태에 대한 사회통제체계의 효과를 강조한 최초의 체계적 분석은 레머트(Lemert)

낙인이론에 따르면, 범죄자라는 사회적 낙인이 범죄발생의 주된 요인이 된다. 따라서 낙인이 없다면 범죄도 발생하지 않는다고 주장함으로써 범죄에 대한 사회적 반응이 범죄자를 만들어 낸다고 강조한다. 사진은 tvN의 2018년 드라마 '라이브'에서 오토바이를 타고 경찰을 '퍽치기'한 촉법소년을 소재로 다루고 있다.
출처: http:/www.hani.co.kr/arti/society/society_general/923163.html

에 의해 이루어졌다. 하지만 이런 낙인이론을 집대성한 것은 베커(Becker)의 1963년 저서 '아웃사이더(*outsiders*)'가 발표된 이후였다.

(1) 탄넨바움의 주장

Frank Tannenbaum(1893~1969)

탄넨바움은 '악의 극화(dramatization of evil)'라는 개념을 사용하여 범죄행위의 원인은 사회적으로 지워진 낙인의 결과라고 주장하였다(Tannenbaum, 1938). 예를 들면, 청소년들이 지역사회에서 사소한 비행을 저지르게 될 때 비행청소년이라는 꼬리표가 붙게 된다. 이렇게 된 청소년은 스스로 부정적 자아관을 형성하게 되고, 다른 비행동료들과의 접촉을 통해 본격적으로 비행활동에 가담하게 된다. 탄넨바움은 이러한 과정을 '악의 극화'라고 설명하였다. 비행행동에 낙인을 찍은 그 결과에 대해 탄넨바움은 다음과 같이 설명하였다.

> "범죄자를 만드는 과정은 낙인 지우고, 정의하고, 동일시하고, 그것을 의식하고, 자기의식화하는 단계를 거친다. 그리고 그렇게 규정된 대로 특성이 자극되고, 제시되고, 나타나게 된다. 관계에서 자극과 반응의 이론대로라면 어떤 비행청소년을 그렇게 규정하고 그 아이가 환경에 비행자로 반응하는 한 그런 전 과정은 해로운 것이 된다. 인간은 그렇게 기술된 대로의 사람이 된다"(Tannenbaum, 1938).

위의 내용을 풀어서 설명하면, 주위 사람들이(친구, 동료, 선생님, 사법기관의 법집행자들 등) 비행청소년에 대해 '범죄자', '비행자', '질이 나쁜 아이' 등과 같은 사회적 낙인을 찍게 되고 그들은 주위 사람의 낙인에 반응하여 자신의 정체성을 형성해 간다는 것이다. 왜냐하면 상징적 상호작용론의 대표적 학자인 쿨리의 영상자아이론에 따르면(영상자아이론은 제2장을 참조), 인간의 정체성은 사회구성원들이 나를 어떻게 보고 평가하는가에 따라 그 평가대로 자신의 정체성을 형성하기 때문이다. 상징적 상호작용론을 계승한 탄넨바움 또한 비행청소년, 범죄자, 약물남용자 등과 같은 정체성은 타인의 반응과 낙인에 의해 형성되고 그렇게 형성된 대로 자신의 정체성을 형성해 나간다고 보았다. 따라서 탄넨바움을 중심으로 한 초기 낙인이론가들은 범죄행위의 근본적 원인은 사회적 낙인 때문이라고 주장했다. 따라서 낙인이 없다면 범죄도 존재하지 않는다고 주장했다. 즉, 지역사회가 이들의 초기 잘못에 대해 과잉반응하지 않고 꼬리표를 붙이지 않는다면, 이들 청소년은 자신에 대한 부정적 자아관을 형성하지 않을 뿐만 아니라 비행에 가담하지 않게 된다는 사실을 강조했다.

(2) 레머트의 주장

Edwin M. Lemert(1912~1996)

탄넨바움의 주장을 이어받은 레머트(Lemert)는 낙인이론을 과학적으로 증명하기 위해 체계적으로 분석한 낙인이론가로 평가받고 있다. 일반적으로 낙인이론은 레머트의 이론으로 대표될 정도로 낙인이론의 대표적 학자인 레머트는 일차적 일탈(primary deviance)과 이차적 일탈(secondary deviance)이란 개념을 사용하여 일탈행위를 설명하고 있다.

1) 일차적 일탈

레머트의 일차적 일탈은 행위자에게 별로 영향을 주지 않고 쉽게 잊혀버리는 규범위반이나 범죄행위로 규정했다(Lemert, 1951). 일차적 일탈은 우발적으로 일어날 수도 있고, 개인의 사회적, 문화적, 심리적 요인에 의해 일어날 수도 있다. 주로 일차적 일탈은 청소년기에 누구나 한번쯤 저지를 수 있는 사소한 비행에 해당된다. 예를 들면, 학교에서 옆 친구의 물건을 훔치는 행위, 호기심으로 술을 한번 마시거나 담배를 피우는 행위 등이 일차적 일탈에 해당되는데, 낙인이론가들은 일차적 일탈에 관심이 없었다. 왜냐하면, 사춘기에 누구나 다 한번쯤 저지를 수 있는 사소한 경비행일 뿐만 아니라, 비행을 저지른 청소년 자신의 심리적 구조에도 별다른 영향을 미치지 않기 때문이다. 따라서 레머트는 일차적 일탈로 인해 비행청소년이나 상습범죄자가 되는 것은 아니라고 주장한다.

2) 이차적 일탈

이차적 일탈은 일차적 일탈행위에 대한 사회적 반응의 결과로서 야기되는 행위로 규정했다(Lemert, 1951). 이차적 일탈은 일차적 일탈의 결과에 대한 사회적 반응으로 비

그림 5-3 **일차적 일탈과 이차적 일탈**

일차적 일탈(primary deviation)	이차적 일탈(secondary deviation)
낙인론자들은 일차적 일탈의 원인에 대해서는 별로 관심을 가지지 않는다. 일차적 일탈은 사회적, 문화적, 심리학적 원인에 의해 발생하므로, 개인의 심리구조에 별 중요한 의미를 가지지 못한다.	이차적 일탈은 주로 공식적 통제기관과 비공식적 사회청중에 의해 형성되는데, 범죄자, 마약중독자, 미친 놈, 나쁜 놈 등의 오명적 낙인이 범죄를 강화하는 수단이 되는 것이다. 따라서 이차적 일탈은 일탈자가 타인으로부터 낙인찍히지 않았다면 범하지 않았을 일탈이다.

행청소년, 마약중독자, 나쁜 놈 등과 같은 오명적 낙인의 결과 발생하는 일탈행위이다. 예를 들면, 학교에서 옆 친구의 책을 훔쳐 담임선생님께 발각되어 법적인 제재를 받게 된다면, 그는 학교로부터, 친구들로부터, 사회로부터 절도범이란 낙인이 찍히고 그 청소년은 그런 낙인에 부응하여 계속해서 절도행위를 저지르게 된다는 것이다. 이 때 낙인의 결과 나타난 범죄행위가 바로 이차적 일탈에 해당된다. 여기서 만약 일차적 일탈행위에서 선생님께 발각되더라도 용서를 받았다면, 그 청소년은 절도범이란 낙인이 찍히지 않았을 것이고, 재차 더 심한 절도행위를 저지르지 않았을 것이다. 따라서 이차적 일탈행위는 일탈자가 타인으로부터 낙인찍히지 않았다면 범하지 않았을 일탈을 의미한다.

레머트에 따르면, 범죄자로 낙인찍힌 일탈자는 사회구성원들의 평가에 부응하여 그의 행동과 역할을 사용한다(Lemert, 1951). 이차적 일탈은 일탈자들이 상습범죄자로 나아가게 만드는 범죄행위의 가장 근본적 원인으로 파악했다. 일단 사회적 일탈자, 불량청소년, 비행청소년 등의 낙인이 찍히면 그들은 사회적으로 고립되고, 정상적인 친구관계 형성이 불가능하게 되어 주로 그의 처지와 비슷한, 즉 비행청소년으로 낙인찍힌 친구들을 찾아 그들과 주로 어울리게 되면서 상습비행자의 길을 걷게 된다. 만약, 위의 예에서처럼 비록 어떤 청소년이 가벼운 비행과 같은 일차적 일탈을 저질렀다 하더라도 친구들, 담임선생님, 지역사회, 사법기관의 사회적 낙인이 없었다면 이차적 일탈은 발생하지 않았을 것이다. 우리 사회에 존재하는 비행 및 범죄의 원인은 그들을 우리 사회에서 고립시킬 수 있는 사회적 오명인 낙인 때문으로 파악하는 것이 낙인이론가들의 주된 주장이다.

(3) 베커의 주장

Howard S. Becker(1928~현재)

베커는 일탈을 '사회적 지위'라는 용어를 사용하여 설명한, 낙인이론을 집대성한 학자로 알려져 있다. 베커는 레머트의 주장을 더욱 확대하여, 금지된 행동에 대한 사회적 반응이 이차적 일탈을 부추길 뿐 아니라 "사회집단이 어긴다면 일탈이 되는 규율을 만들고 그 규율을 특정인에게 적용하여 '이방인(outsiders)'으로 낙인찍음으로써 일탈을 창조한다"고 주장하였다(Becker, 1963). 즉, 사회의 주류계층 또는 기득권층이 법과 규율을 제정하고 그 규율을 어긴 사람에게 일탈자, 범죄자, 비행청소년 등과 같은 낙인을 찍어 주류 사회에서 마치 존재하면서도 존재하지 않는 이방인처럼 취급한다는 것이다. 이 때 일탈자는 낙인이 성공적으로 적용된 사람이며, 일탈행동은 사람들이 그렇게 낙인찍은 행동이라고 베커는 주장했다(Becker, 1963). 어떤 범죄자에게 이차적 일탈로 인해 '일탈자'로 공식적으로 규정되면 그 사람의 주된 지위(master status)는 다른 어떤 것보다 먼저 '일탈자'로 규정된다. 이런 규정은 사회적 낙인의 결과이며, 그 사람의 현재 상황이나 직업의 전문성, 인간성, 가정환경, 사회적 지위 등의 고하 여부와 상관없이 그는 '일탈자'라는 주된 지위를 획득하게 된다. 이런 주지위(master status)를 획득한 일탈자는 사회적 상호작용에서 제약을 받게 되고 일반적인 사람들과의 사회적 상호작용이 불가능하게 되어 범죄행위에 쉽게 빠져들게 된다. 따라서 우리 사회에서 누가 일차적 일탈자에 대해 '범죄자', '일탈자', '비행청소년' 등과 같은 낙인을 찍는가? 베커의 주장에 따르면, 사회집단과 사법기관이 집단규범의 위반을 일탈로 간주하는 법을 제정하고 그 법을 위반하는 자를 일탈자로 규정하고, 사회적으로 고립시켜 '이방인'으로 낙인찍는다는 것이다. 따라서 베커도 다른 낙인이론가들과 마찬가지로 낙인이 없었다면 이차적 일탈은 존재하지 않았을 것으로 판단하고 더 나아가 우리 사회의 법집행자들이 결국 이차적 일탈자를 '이방인'으로 낙인찍는 것이 범죄발생의 주된 원인이라고 주장했다.

(4) 낙인이론의 경험적 연구

초기 낙인이론가들의 주장을 검증한 경험적 연구에서 낙인이론은 범죄행위의 원인을 잘 설명하는 이론으로 지지받지 못했다. 왜냐하면, 사회의 공식적, 비공식적 낙인의 결과에도 불구하고 어떤 비행자는 그 낙인에 순응하여 이차적 일탈을 저지르지 않는 경우가 있는 반면, 또 다른 비행자는 사회의 낙인이 없었음에도 불구하고 비행이나 범죄를 저지르는 경우가 발생했기 때문이다. 하지만 1960년대 이후 상당히 많은 경험적 연구가 꾸준하게 진행되었는데, 주로 낙인이 자아개념의 형성에 어떤 영향을 미치는지에 관한 연구에서 낙인이 부정적 자아개념에 매우 미약하지만 영향을 미치는 것으로 나타난 연구도 있으며(Gibbs, 1974; Hepburn, 1977), 중비행보다는 심각하지 않는 경비행에 어느 정도 영향을 주는 것으로 판명된 연구도 있었다(Ageton & Elliott, 1974). 한편 낙인의 일차적 일탈을 고려하지 않고 이차적 일탈만 고려한 경험적 연구에서는 비행에 영향을 주는 것으로 분석된 연구도 있었다(Matsueda, 1992). 마츠에다(Matsueda)는 미국 청소년 종단자료를 사용하여 비행행동에 대한 부모, 교사, 동료들에 대한 반영된 평가의 영향력을 검증한 연구결과, 반영된 평가가 비행행동에 영향을 미치는 것으로 나타났다(Matsueda, 1992). 낙인이론에서 중요 쟁점 사항은 과연 우리 사회에서 누가 낙인을 찍는가 하는 문제이다. 주로 낙인은 부모, 또래

친구, 선생님에 의한 비공식적 낙인(informal labeling)이 있는가 하면, 지역사회 또는 사법기관의 주체자들(경찰, 검찰, 법원 등)에 의한 공식적 낙인(formal labeling)이 존재한다. 초기 낙인이론가들은 우리 사회의 공식적 낙인이 범죄행위의 주된 요인이라고 주장했다. 몇몇 연구에서 공식적 낙인이 비행의 원인이라고 보고하기도 하지만 그 효과는 크지 않으며(Hagan & Palloni, 1990; Palamara *et al.*, 1986), 대부분의 연구에서 공식적 낙인이 비행행동의 원인으로 단정 짓지 못했다(Braithwaite, 1989; Gibbons, 1994; Vold *et al.*, 2002). 이런 경험적 연구결과에 맞게 근래의 낙인이론의 경험적 연구는 주로 비공식적 낙인이 비행 및 범죄행위에 어떤 영향을 미치는지를 주된 관심사로 삼았는데, 부모와 또래친구, 교사 등의 비공식적 낙인이 비행을 증대시킨다는 연구결과가 발표되었다(Paternoster & Iovanni, 1989; Triplett & Jarjoura, 1994; Lee *et al.*, 2017; Bernburg, 2019).

국내에서도 낙인이론의 경험적 연구가 상당수 진행되었다(박현수 외, 2009; 이성식, 2007; 이정민, 2013; 정익중, 2006; 김재은·이동혁, 2018). 한국청소년 패널자료를 사용하여 비공식적 낙인이 청소년비행에 미치는 영향력을 파악한 연구에서, 첫째, 낙인이 비행에 미치는 영향력보다는 비행이 낙인에 미치는 영향력이 상대적으로 크게 나타났으며, 둘째, 부모의 사회경제적 지위가 낮은 청소년일수록 비공식적 낙인의 경험가능성이 더 크고, 비공식적 낙인이 일단 형성된 이후에는 쉽게 사라지지 않는다는 사실을 발견했다(박현수 외, 2009). 동일한 청소년패널자료를 사용한 연구에서도 낙인이론은 자아강화이론보다 설명력이 더 뛰어난 것으로 드러났다(정익중, 2006). 특히 경비행은 낙인을 유발하고, 이러한 낙인은 자아존중감을 감소시키며 중비행을 증가시키는 것으로 나타났다. 이성식의 연구(2007)에서도 비슷한 결과가 나타났다. 청소년패널자료 중학교 2학년을 대상으로 한 연구에서, 비공식적 낙인이 청소년비행을 매개하는 것으로 드러났다(이성식, 2007). 즉, 부모유대, 학업성적, 비행친구와의 접촉이 비공식적 낙인의 원인이 되며, 이 비공식적 낙인은 청소년비행을 잘 설명하는 것으로 드러났다. 그러나 우리 사회에서 반드시 낙인이론이 경험적으로 지지되는 것은 아니다. 2003년 초범 및 재범 수형자 943명을 대상으로 한 연구결과, 낙인이론은 재범과 뚜렷한 상관관계가 나타나지 않았다(이정민, 2013). 즉, 사회인구학적 변인들(나이, 학력, 혼인상태)을 통제한 상태에서 낙인이론, 자이존중감, 자아통제력, 상대적 박탈감 변인들이 재범에 미치는 영향력을 파악한 회귀분석에서 자아존중감, 자아통제력, 상대적 박탈감은 재범에 영향력을 미쳤지만 낙인이론의 변인은 재범과 상관없는 것으로 드러났다.

(5) 낙인이론의 평가

낙인이론이 발표된 이후 상당히 많은 경험적 연구가 진행되었지만 일반적으로 낙인이론이 범죄행위를 잘 설명하지 못하는 것으로 나타났다. 서구 사회와 국내의 연구에서 초기 낙인이론가들이 주장한 사회의 공식적 낙인이 범죄행위를 유발하는 원인이 된다는 연구결론보다는 오히려 부모, 또래친구, 교사 등에 의한 비공식적 낙인이 청소년의 경비행이나 지위비행을 어느 정도 설명하는 수준에 거쳤다. 왜 낙인이론의 경험적 연구결과는 만족할 만한 수준으로 나오지 않는 것인가? 낙인이론의 첫 번째 단점은 일차적 일탈을 설명하지 못한다는 데 있다. 즉, 낙인이론가들이 주장하는 사회적 낙인에 의해 이차적 일탈이 발생한다는 사실을 수용한다 하더라도 일차적 일탈의 원인에 대한 설명을 전혀 시도하지 않았다는 것이다. 비록 레머트는 일차적 일탈의 원인을 사회적, 심리적, 개인적 요인 때문이라고 설명하지만, 일차적 일탈은 낙인이론가들의 관심대상이 아니었다. 그러나 우리 사회에서 발생하는 각종 범죄의 원인은 일차적 일탈이든, 이차적 일탈이든 설명해야 함에도 불구하고 대부분의 낙인이론가들은 일차적 일탈을 설명하지 못했다. 둘째로, 비록 비행자가 범죄자로 낙인찍힌다 하더라도 그들은 낙인의 적용에 그대로 복종하지 않으며, 자신의 자아정체성을 비행자로 형성되는 것을 거부하고, 부정한다는 연구결과들도 많다(Rogers & Buffalo, 1974). 반대로 범죄자는 자신에게 부여하는 낙인과 상관없이 법규범이나 사회규범을 위반하는 경우가 많았다. 마지막으로 낙인이론의 가장 큰 단점은 경험적 연구들이 낙인이론의 중심적 주장을 뒷받침하는 데 실패하였다는 점이다(Braithwaite, 1989; Mahoney, 1974; Shoemaker, 2004; Tittle, 1975). 즉, 일차적 일탈을 비슷하게 경험한 사람들 중에 구금과 낙인을 모면한 자도 낙인찍힌 사람과 마찬가지로 비행을 반복하고, 상습범죄자로 발전하는 결과를 초래했다.

그럼에도 불구하고 낙인이론은 서구사회에 엄청난 반향을 불러일으켰다. 경험적 연구결과 낙인이론의 경험적 타당성을 보장받았다기보다는 낙인이론에서 주장하는 사회적 낙인이 범죄에 직·간접적으로 나쁜 영향을 미친다는 사실에 주목했다. 즉, 낙인이론은 1960년대 사법기관에서 행해지는 사회통제시스템이 범죄율을 줄이기보다는 오히려 악화시킨다는 사실을 발견했다. 낙인이론가들의 주장처럼 사법기관의 공식적 낙인으로 재범률이 늘어날 수 있다는 경각심을 불러일으킨 것이다. 이에 따라 서구사회의 사법기관에서는 낙인이론가들의 주장을 적극 수용하여 1970년대부터 처우전환운동을 전개하게 된다. 처우전환 프로그램으로 체포된 범법자, 특히 소년범을 공식적 형사사법체계로부터 분리시키는 제도를 시행했던 것이다. 즉, 이들은 소년법원이나 교도소로부터 비공식적 보호관찰과 사회봉사라는 지역프로그램으로 전환되도록 함으로써 사회의 공식적 낙인에서 자유로울 수 있는 처우전환프로그램을 받을 수 있었다. 현재 우리 사회에서 운용하고 있는 청소년 재범자에 대한 보호관찰제도나 사회봉사제도는 낙인이론의 결과에 기인한 것이라 해도 과언이 아니다. 즉, 낙인이론은 재범자에 대한 처벌 위주의 교도행정보다는 다시 사회에 복귀하여 건전한 생활을 영위할 수 있도록 하는 처우전환 위주의 교도행정으로 전환하는 결정적 계기가 되었다. 미국의 경우, 낙인이론을 사회적으로 수용한 결과, 비교적 가벼운 지위비행을 저지른 청소년을 구금하지 못하게 했을 뿐만 아니라 법적으로 그런 지위비행을 더 이상 비행으로 분류하지 않게 되었다(Akers *et al*., 2016). 낙인이론의 또 한 가지 공헌점은 브레이스웨이트(Braithwaite, 1989)의 **재통합적 수치이론**(reintegrative shaming theory)을 탄생시켰고 이 이론을 계기로 각 나라에서 **회복적 사법운동**이 활발하게 전개되는 계기가 되었다.

자기통제이론 05

(1) 자기통제이론의 개요

Michael R. Gottfredson(1951~현재)

1990년에 허쉬는 통제이론으로서의 전통적 사회유대이론에서 벗어나 갓프레드슨과 함께 통제의 한 유형인 자기통제에 근거한 이론을 제안하였다(Gottfredson & Hirschi, 1990). 이 이론에 따르면, 자기통제력(self-control)이 낮은 사람은 범죄를 저지를 가능성이 높은 데 비해, 자기통제력이 높은 사람은 평생을 살면서 범죄를 저지를 가능성이 낮다고 설명한다. 모든 범죄행위의 가능성은 낮은 자기통제력(low self-control) 때문으로 주장했다. 낮은 자기통제력은 모든 범죄유형에 발견되는데 이 낮은 자기통제력은 어릴 때 가정에서의 부적절한 사회화의 결과로 나타난다고 주장했다. 즉, 어린 시절 가정에서 부모가 자녀의 비행행위를 알지 못하거나, 알더라도 적절한 처벌을 하지 않을 때 자녀의 낮은 자기통제력이 생성된다는 것이다(Gottfredson & Hirschi, 1990). 이렇게 형성된 낮은 자기통제력은 일생 동안 지속되며, 어떤 다른 환경이나 제도에 의해 영향을 받지 않고 한 사람의 일생을 좌우한다고 주장했다. 또한, 자기통제는 학교, 직장, 결혼생활 등에서 한 개인의 사회능력이나 작업수행능력에 영향을 주기도 한다. 낮은 자기통제력을 가진 사람은 모든 유형의 범죄를 저지를 가능성이 높으며 학교, 직장, 결혼생활에 실패할 가능성이 높다(Gottfredson & Hirschi, 1990). 그들은 낮은 자기통제력이 경험적으로 어떻게 측정되어야 하는지 설명하지 않았지만, 동료연구자들이 낮은 자기통제력의 6가지 구성요소를 개발했다.

낮은 자기통제력은 어린 시절 가정에서 부모의 부적절한 사회화과정을 통해 발생하며, 이렇게 형성된 낮은 자기통제력을 가진 사람은 평생 동안 각종 범죄의 유혹에서 벗어날 수 없다고 단정한다.
출처: https://news.v.daum.net/v/20190620100600190?f=p

(2) 중심내용

자기통제가 낮은 사람들은 ① 만족감을 늦추기가 어려우며(impulsivity), ② 부지런하고 집요함이 부족하여 단순작업을 선호하며(simple tasks), ③ 모험적이고 위험하게 보이는 것을 선호하며(risk-seeking), ④ 인지적인 또는 정신적인 활동보다는 육체적인 활동은 선호하는 경향이 강하며(physical activities), ⑤ 타인의 고통에 무감각한 자기중심성이 강하며(self-centered), ⑥ 화, 분노, 원망 등을 물리적 폭력을 통해 표출하는 경향이 강하다(temper). 갓프레드슨과 허쉬는 이 6가지 구성요소를 '범죄일반이론(*a general theory of crime*)'이란 저서를 통해 좀 더 상세하게 설명했다(Gottfredson & Hirschi, 1990).

그림 5-4 낮은 자기통제력의 6가지 구성요소

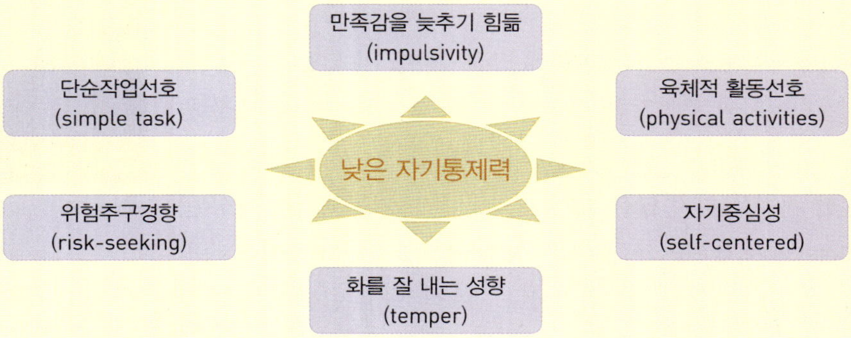

1) 만족감을 늦추기 힘듦(impulsivity)

높은 수준의 자기통제력을 가진 사람은 즉각적인 만족감을 지연시키는 능력을 가진다. 즉, 그들은 범죄나 비행행위는 사람들에게 장기적인 이익을 거의 제공하지 않는다는 사실을 잘 알기 때문에 범죄를 저지르지 않는 경향이 있다. 그러나 낮은 자기통제력을 가진 사람은 어떤 행위의 결과, 즉각적인 만족감이나 이익을 얻기 원하는데 이 개념은 윌슨과 헤른스타인(Wilson & Herrnstein, 1985)이 '범죄와 인간본성'에 밝힌 '만족감을 늦추기 힘듦(impulsivity)'으로 표현된다. 예를 들면, 일반적으로 각 분야의 전문가로 인정받는 사람들은 전문가가 되기 위해 각고의 노력과 많은 시간과 에너지를 투자한다. 그들은 즉각적인 만족감을 늦추고 매일 매일 자신의 목표를 향해 더디지만 꾸준한 노력을 하는 반면, 만족감을 늦추기 힘든 성향을 가진 사람들은 꾸준한 노력, 많은 시간과 에너지를 투자하기 꺼려하고 즉각적인 만족감을 추구할 수 있는 범죄의 유혹에 쉽게 넘어가는 경향이 있다.

2) 단순작업선호(simple tasks)

낮은 자기통제력을 가진 사람은 어떤 일을 할 때 근면성과 끈기를 가지고 지속적으로 그 일을 하는 경향이 부족하기 때문에 복잡한 일을 싫어하며 쉽게 또는 노력 없이 그들의 욕망을 충족시키려 한다. 범죄는 그 속성상 어떤 노력 없이 쉽게 범죄자의 욕망을 충족시키는 경향이 있다. 즉, 범죄행위를 통해 사람들은 노력 없이 금전적 이익을 취하기도 하고, 애정관계가 없는 성관계를 감행한다. 이처럼 낮은 자기통제력은 단순한 작업(simple tasks)을 선호하는 속성을 지니고 있다. 일반적으로 단순작업을 선호하는 사람은 지능이나 이해력이 부족해서가 아니라 복잡한 일에 투입해야 할 많은 시간과 에너지를 사용하기 싫어하기 때문에 한 가지 일에 몰두하기 힘들다.

3) 위험추구경향(risk-seeking)

낮은 자기통제력을 가진 사람은 범죄행위가 보장하는 흥분, 짜릿함, 스릴 때문에 매사에 조심스럽고 주위 깊게 접근하기보다는 모험을 추구하는 경향이 강하다. 즉, 범죄자는 비범죄자들보다 더 육체적인 활동이나 모험을 추구하는 경향이 강하다. 낮은 자기통제력의 구성 요소로 위험을 추구하는(risk-seeking) 경향이 포함된다. 일반적으로 위험을 추구하기를 좋아하는 사람은 일상적이고 따분한 일을 선호하지 않는다. 대부분의 범죄행위는 사법기관에 발각될 위험성을 내포하기 때문에 만약 성공한다면 상당한 스릴과 짜릿함을 제공한다. 따라서 상습 범죄자는 그들이 경찰에 발각될 위험성을 오히려 즐기는 경향이 있다.

4) 육체적 활동선호(physical activities)

낮은 자기통제력을 가진 사람은 인지적인 또는 정신적인 활동보다는 육체적인 활동을 선호하는 경향이 있다. 범죄행위는 어느 정도의 기술이나 계획이 필요한데 비교적 정신적, 논리적, 지적인 일을 선호하지 않는 사람은 쉽게 범죄의 유혹에 빠지기 쉽다. 그러므로 낮은 자기통제력의 네 번째 구성요소로 육체적 활동(physical activities)을 선호하는 경향이 포함된다. 대부분의 범죄는 그 속성상 육체적 활동을 동반한다. 사기, 횡령 등과 같은 경제범죄와 사이버범죄 같은 지능적인 범죄 또한 그런 범죄를 실행하기 위해서는 상당한 육체적 활동이 필요하다. 합법적 활동은 지적이고 정신적인 에너지와 노력을 필요로 하지만, 불법적 활동은 물리적이고 즉각적으로 실행할 수 있는 육체적 활동을 동반하기 때문에 낮은 자기통제력을 가진 사람은 육체적 활동을 선호하는 경향이 강하다.

5) 자기중심성(self-centered)

낮은 자기통제력을 가진 사람은 타인의 고통에 무관심하거나 공감능력이 부족하여 자기중심적인 경향이 강하다. 따라서 낮은 자기통제의 다섯 번째 요소는 자기중심적인(self-centered) 특성으로 나타난다. 예를 들면, 세월호 사건과 같은 국가적인 재난을 목격한 대부분의 사람들은 희생자들의 죽음을 애도하고 그 가족들의 아픔을 함께 나누는 공감능력이 뛰어나지만, 자기중심적인 사람은 타인의 고통에 대한 공감능력이 부족하다. 왜냐하면, 국가적인 재난이나 타인의 희생 등이 나와는 상관없는 일이라 생각하기 때문이다. 즉, 내가 피해를 보거나 고통당하지 않는 이상 타인의 일에 관여하거나 공감할 필요를 느끼지 못하는 것이다.

6) 화를 잘 내는 성향(temper)

낮은 자기통제력을 가진 사람은 좌절을 잘 참지 못하며 갈등상황을 해결할 때도 논리적인 말로 설명하기보다는 폭력과 같은 물리적 수단을 사용하는 경향이 강하다. 따라서 낮은 자기통제의 여섯 번째 요소로 화를 잘 내는 성향(temper)이 포함된다. 일반적으로 살인, 강도, 강간과 같은 강력범죄를 저지르는 사람은 순간적인 화를 참지 못해 상대방을 공격하는 성향이 강하다. 자신의 감정을 잘 통제할 수 있는 사람은 순간적으로 발생하는 화, 분노, 원망 등을 즉각적으로 표출하지 않는 반면에 자신의 감정을 잘 통제하지 못하는 사람은 화, 분노, 원망 등을 물리적 폭력을 통해 표출하는 경향이 강하다.

결론적으로 낮은 자기통제력을 요약하면, 어떤 일에 대해 즉각적인 만족을 추구하거나, 단순작업에 익숙하거나, 위험을 추구하는 경향이 강하거나, 정신적 활동보다는 육체적 활동을 좋아하거나 타인의 고통에 둔감한 자기중심적인 성향이 강하거나, 화를 잘 참지 못하는 사람들은 각종 유형의 범죄나 비행을 저지를 가능성이 높다는 것이다. 낮은 자기통제력을 경험적으로 검증할 수 있는 조작적 정의는 제2장의 〈표 2-2〉 자기통제력의 척도 문항 및 내용에 잘 나타나 있다.

(3) 자기통제이론의 경험적 연구

1990년에 범죄일반이론인 낮은 자기통제이론이 발표된 이후 전 세계적으로 가장 짧은 기간동안 수많은 경험적 연구가 이루어질 정도로 이 이론은 엄청난 반향을 불러 일으켰다. 이 이론이 범죄학계의 이목을 집중시킨 이유는 이론의 간결성에 있다. 즉, 낮은 자기통제력이 모든 범죄의 원인이라는 단순하고 명료한 명제 때문에 범죄가 발생하는 현장에서 가장 빈번하게 적용된 것이다. 자기통제이론은 서구사회에서 1990년대부터 2000년대까지 수많은 경험적 검증을 거쳤다. 이 이론은 범죄와 비행을 저지르는 청소년뿐만 아니라, 대학생들과 성인들에게까지 광범위하게 적용되어 경험적 검증을 거쳤다(Burton *et al.*, 1994; Evans *et al.*, 1997; Gibbs & Giever, 1995; Grasmick *et al.*, 1993; Keane *et al.*, 1993; Nagin & Paternoster, 1993; Piquero & Tibbetts, 1996; Wood *et al.*, 1993; Bobbio *et al.*, 2019). 또한 다른 범죄이론과 비교연구에서도 상당히 설득력이 있는 이론으로 밝혀졌으며(Brownfield & Sorenson, 1993; Burton *et al.*, 1994; Nagin & Paternoster, 1993; Piquero & Tibbetts, 1996; Polakowski, 1994), 불법적인 비행 및 범죄행위뿐만 아니라 유사범죄행위와 부적절한 행동의 원인을 밝히는 작업에도 광범위하게 적용되었다 (Arneklev *et al.*, 1993; Tremblay *et al.*, 1995; Wood *et al.*, 1993). 구체적으로, 에반스(Evans)와 그의 동료들은 두 가지의 자기통제 측정도구인 태도측정과 유사/행동척도를 사용하여 범죄의 원인을 밝히는 작업을 통해 이 이론이 여러 가지 사회적 요인을 통제한 상태에서도 통계적으로 유의미하게 범죄를 잘 설명하는 이론이라고 주장했다(Evans *et al.*, 1997). 또한, 그들은 범죄자들의 일생에서 낮은 자기통제력이 그들의 삶의 질에 영향을 미치는 어떤 다른 요인보다도 더 많이 그들 삶에 부정적인 역할을 초래한다는 사실도 밝혀냈다. 폴라크위스키(Polakowski)는 자기통제이론을 검증한 결과, 낮은 자기통제력은 심각한 성격결함과 깊은 관련이 있으며, 특히 어린 시절의 공격, 분노, 폭력을 일으키는 원인이라고 주장했다 (Polakowski, 1994). 이런 낮은 자기통제력은 부모 및 친한 친구와의 사회적 유대를 약화시켰으며, 청소년기 동안 꾸준하게 진행되어 성인이 된 후에도 각종 범죄를 저지를 가능성이 높은 것으로 드러났다. 2000년 이후 국내에서도 자기통제이론은 상당수의 경험적 검증과정을 거쳤다. 민수홍은 219명의 범죄자 집단을 조사한 결과, 낮은 자기통제력을 지닌 사람은 배우자에게 심한 욕설이나 폭행을 많이 하는 것으로 드러났으며(민수홍, 2014), 그의 또 다른 연구인 교도소 내 수형자들의 규율위반을 자기통제이론으로 조사한 결과, 자기통제력 수준이 낮을수록 손쉽고 즉각적인 욕구충족과 해소를 위해 교도관에게 대항하거나 교도소가 부과하는 규정을 위반할 가능성이 높을 뿐만 아니라 고통과 좌절을 참지 못해 자기 자신을 훼손하거나 동료 수형자들에게 속임수와 완력을 사용할 가능성이 높은 것으로 드러났다(민수홍, 2011). 한국형사정책연구원이 2008년 조사한 청소년학대와 비행의 자료를 사용하여 자기통제이론을 검증한 또 다른 연구결과, 부모의 자기통제력 중에서 어머니의 자기통제력이 자녀의 비행에 영향을 미치는 것으로 드러났다(신송연·장현석, 2013).

서구와 한국사회에서 자기통제력이론을 검증한 경험적 연구에서 대체적으로 이 이론을 지지하는 것으로 드러났지만, 일부 연구에서는 그렇지 않은 결과도 도출되었다. 아르넥뤼(Arneklew)과 그의 동료들은 낮은 자기통제력과 흡연, 음주행위, 도박과 같은 비행행위와의 관계를 연구한 결과, 낮은 자기통제력을 가진 사람들이 흡연, 음주행위 및 도박과 같은 행위를 주로 하는 것이 아니라 이런 비행행위들은 낮은 자기통제력보다는 오히려 낮은 지능과 더 깊은 관련성이 있다고 주장했다(Arneklew *et al.*, 1993). 브라운필드와 소렌슨(Brownfield & Sorenson)의 연구에서도 낮은 자기통제력은 청소년비행을 잘 설명하지 못했다(Brownfield & Sorenson, 1993). 즉, 친한 친구와의 차별적 접촉, 부모와의 유대, 신념과 같은 독립변인을 통제했을 때, 낮은 자기통제력은 청소년비행과 관련이 없는 것으로 드러났다. 국내의 연구에서도 비슷한 연구결과물들이 제법 존재한다. 1,035명의 고등학생을 표본대상으로 한 청소년 불법 약물남용에 관한 황성현과 에이커스의 연구에서 자기통제이론이 사회학습이론과 동일한 회귀방정식에 투입되었을 때, 자기통제이론의 6가지 변인들의 설명력은 대부분 사라지고, 오히려 사회학습변인들의 설명력이 더 뛰어난 것으로 나타났다(Hwang & Akers, 2003; 2006). 이 연구에서 청소년들의 음주, 흡연행위 및 불법 진정제, 신경안정제, 흥분제사용은 낮은 자기통제력의 영향보다는 친한 친구와의 차별적 접촉으로 더 잘 설명되었다. 한국청소년패널자료를 사용한 5년간의 종단연구(종단연구는 제2장의 용어설명 참조)에서도 비슷한 결과가 나타났다. 황성현은 사회학습이론, 사회유대이론, 자기통제이론을 사용하여 청소년 음주 및 흡연행위를 연구한 결과, 5년 동안 지속적으로 음주와 흡연행위를 한 청소년들의 비행행위를 가장 잘 설명한 변인은 사회학습이론의 차별적 접촉요인이었으며, 자아통제이론 중에서는 육체적 활동선호요인만 청소년 음주 및 흡연행위를 잘 설명하는 것으로 드러났다

(황성현, 2009). 동일한 청소년 패널 종단자료를 사용한 황성현의 또 다른 연구에서도 지위비행을 가장 잘 설명하는 이론은 사회학습이론이었으며, 자기통제이론은 어느 정도의 청소년 지위비행을, 사회유대이론은 청소년 지위비행을 거의 설명하지 못하는 것으로 드러났다(황성현, 2010b). 이 연구에서 자기통제이론 중에서 만족감을 늦추기 힘듦과 육체적 활동선호 변인만 청소년의 음주, 흡연행위 및 무단결석과 가출을 통계적으로 유의미하게 설명하는 것으로 나타났다.

(4) 자기통제이론의 평가

범죄학에서 자기통제이론은 범죄의 일반이론(a theory of crime)으로 불릴 정도로 모든 범죄유형을 잘 설명하는 이론으로 평가받고 있다. 이 이론의 가장 큰 강점은 단일 요인인 낮은 자기통제력이 모든 범죄행위의 원인이라고 주장하는 데 있다. 낮은 자기통제력은 어린 시절 가정에서 부모의 잘못된 사회화로 인해 발생하며, 한 사람의 긴 인생 여정 동안 변하지 않고 꾸준하게 악영향을 미친다고 본다. 따라서 우리 사회에서 상습적으로 각종 범죄를 저지르는 사람의 범죄심리는 낮은 자기통제력으로 잘 설명될 수 있다. 일반적으로 한 인간의 긴 인생여정에서 청소년기인 10대 중·후반부터 20대 초반까지 가벼운 경비행이나 지위비행을 저지를 수 있지만 20대 후반을 지나 30대에 들어서면 거의 대부분의 사람들은 범죄행위를 하지 않는다. 그러나 일부 상습범죄자는 30대를 지나서도 그의 범죄성은 줄어들지 않는데 그 이유를 갓프레드슨과 허쉬는 어릴 때 형성된 낮은 자기통제력 때문이라고 주장하였다(Gottfredson & Hirschi, 1990). 1990년에 자기통제이론이 발표되기 전까지 상습범죄자의 범죄성향을 논리적으로, 경험적으로 잘 설명한 이론이 거의 없었는데 자기통제이론은 특히 상습범죄자의 범죄성을 잘 설명한 이론으로 평가받고 있다. 이 이론은 2000년대를 전후해서 상당한 반향을 불러일으킨 이론임에는 부인할 수 없는 사실이지만, 몇 가지 단점을 지니고 있다. 가장 큰 단점은 이 이론 역시 동의어반복적이라는 사실이다. 즉, 낮은 자기통제력 자체가 바로 비행과 범죄의 원인이 아니라 결과라는 사실이다. 다시 말하면, 낮은 자기통제력을 가진 사람이 각종 범죄를 저지르는 것이 아니라 낮은 자기통제력 그 자체가 바로 비행 및 범죄라는 사실을 에이커스는 지적한다(Akers *et al.*, 2016). 특히 에이커스는 낮은 자기통제력은 흡연, 음주, 마약사용, 부적절한 성행위 등과 같은 범죄유사행위까지 설명한다는 갓프레드슨과 허쉬의 주장을 반박한다. 에이커스의 주장에 따르면, 위와 같은 유사행위는 낮은 자기통제력의 대안적 표현이라는 것이다. 즉, 범죄유사행위 자체가 낮은 자기통제력일 뿐이지 낮은 자기통제력의 결과 범죄유사행위가 발생하는 것이 아니므로 전형적인 동의어반복의 오류를 범하고 있다고 주장한다(Akers *et al.*, 2016). 둘째, 샘슨과 라웁(Sampson & Laub, 2003)은 **발달이론(development theory)**에서, 비행을 저지르던 사람이 성인이 되어 연령과 관련된 비공식적 사회통제가 강화되면 범죄를 중단하게 된다는 사실을 주장했다. 이런 주장은 낮은 자기통제력을 지닌 사람이 일생 동안 상습범죄자로 살아간다는 자기통제이론과 상반된 것이다. 샘슨과 라웁은 비행청소년이 범죄를 중단하는 결정적 요인으로 결혼과 직업경력을 꼽았다. 즉, 20대 후반과 30대 초반에 대부분의 비행청소년들이 범죄를 중단하게 되는데, 그 이유는 안정적인 직업을 가짐과 동시에 결혼생활을 시작함으로써 자신들의 미래를 설계하기 때문으로 파악했다. 이처럼 대부분의 사람들은 20대 후반과 30대 초반 사이 인생의 전환점을 맞이하며, 이 전환점에서 대부분의 범죄자들은 범죄행위를 중단하고 관습적인 생활을 일생 동안 영위한다고 샘슨과 라웁은 주장했다. 마지막으로 자기통제이론은 1969년에 허쉬가 발표한 사회유대이론과의 관계를 잘 설명하지 못하고 있다. 허쉬의 사회유대이론은 1990년에 발표한 자기통제이론과 어떤 관계가 있는지를 설명하지 않았고 자기통제를 통제의 유일한 일반 기제로 다루기 위해 자기통제력은 애착에 포함될 수 있다는 허쉬의 입장은 궁색하다고 에이커스는 비판했다(Akers *et al.*, 2016).

결론적으로 자기통제이론은 몇 가지 단점을 가지고 있음에도 불구하고 현대 사회의 각종 범죄행위의 원인을 설명하는 강력한 수단임에는 이론의 여지가 없다. 특히 1990년 이후에 범죄행위의 원인을 가장 잘 설명하는 단일 원인으로 지목된 낮은 자기통제력은 범죄학뿐만 아니라 범죄심리학에서 상당한 영향력을 행사한 변인으로 평가받을 뿐만 아니라, 지금까지 범죄현상을 설명하는 경험적 측정도구로 꾸준하게 사용되고 있다.

06 일반긴장이론

(1) 일반긴장이론의 개요

애그뉴(Agnew)의 일반긴장이론(general strain theory)은 **머튼(Merton)의 아노미이론**(아노미이론은 제2장의 용어설명을 참조)에 그 이론적 뿌리를 두고 있다. 즉, 현대사회에서 사회통합력이 약화되면 구성원의 감정에 대한 억제력이 상실되고 무규범에 가까운 상태가 되는데 이 때 각종 유형의 범죄가 발생한다고 머튼은 주장했다. 애그뉴는 이런 머튼의 아노미상태를 개인적 수준의 긴장으로 끌어내려 범죄발생의 원인을 설명했다. 원래 머튼의 아노미이론은 범죄의 원인을 개인수준이 아닌 아노미상태라는 사회구조적 요인으로 파악했기 때문에 거시적 범죄이론으로 분류된다. 그러나 애그뉴는 범죄의 원인을 거시적 수준이 아닌 개인이 받는 긴장 및 스트레스라는 개인적 수준으로 끌어내려 분석했기 때문에 미시적, 개인환경적 범죄이론으로서의 일반긴장이론을 주장했다. 즉, 문화적 목표와 제도적 수단의 불일치로 발생하는 아노미라는 개념을 개인적 수준에서 기대와 가능성 간의 괴리로 인한 긴장 및 스트레스로 대치했기 때문에 사회심리학적, 개인환경적 범죄이론으로 취급되고 있다. 애그뉴는 1992년에 머튼의 아노미이론을 수정 보완한 범죄와 비행의 일반긴장이론을 제시하였다.

Robert F. Agnew(1953~현재)

(2) 중심내용

애그뉴는 범죄발생의 원인으로 첫째, 목표달성의 실패, 둘째, 긍정적 자극의 소멸, 셋째, 부정적 자극의 발생을 제시했다. 애그뉴의 주장에 따르면, 스트레스 및 긴장(strain)의 유형은 모두 다르지만 범죄와 비행은 모두 스트레스의 결과로 파악한다. 이렇게 스트레스나 긴장이 발생하면 이를 해소하기 위해 범죄행위를 한다는 것이다. 즉, 인간은 여러 긴장요인으로 화, 우울감, 절망감 등의 부정적 감정을 경험하게 되며, 그러한 부정적 감정을 해소하기 위해 범죄 및 비행을 저지른다는 것이다(Agnew, 1992). 애그뉴의 일반긴장이론에서는 긴장이 발생하는 3가지 요인이 있는데 그것은 목표달성의 실패, 긍정적 자극의 소멸, 부정적 자극의 발생이다.

1) 목표달성의 실패

목표달성의 실패는 긍정적 가치를 지니는 목표를 달성하지 못했을 때 생기는 긴장을 의미한다. 목표달성의 실패는 3가지 단계로 진행되는데 첫째, 열망과 기대 간의 괴리가 발생하고 둘째, 기대와 실제 성취 사이의 격차가 그 다음 단계로 발생하며, 마지막으로 공정치 못한 결과로 인해 긴장이 생긴다. 예를 들면, 어떤 청소년이 좋은 대학에 가기를 바라나 그렇게

애그뉴의 일반긴장이론에 따르면, 사람들은 여러 긴장요인으로 화, 우울감, 절망감 등의 부정적 감정을 경험하게 되며, 이런 부정적 감정을 해소하기 위해 각종 범죄를 저지른다고 주장한다.
출처: https://timothydimoff.com/2015/07/21/link-domestic-violence-financial-stress

되지 못할 것 같을 때 또는 대학 졸업생이 대기업에 취직하기를 바라나 그렇게 되지 못할 것 같은 예감이 들 때, 첫 번째 단계인 열망과 기대 간의 괴리가 발생한다. 둘째, 자신이 목표했던 대학에 갈 수 있을 것 같았으나 실제로 못 가게 되었을 때, 또는 졸업 후 대기업에 실제로 취직하지 못했을 때, 두 번째 단계인 기대와 실제 성취 사이의 격차가 발생한다. 마지막으로 나보다 공부를 못한 또래 친구들이 원하는 대학에 갔으나 본인은 못한 경우, 또는 입사시험과 면접에서 나보다 못한 친구는 합격하고 본인은 낙방했을 때, 일종의 긴장이 발생한다는 것이다. 즉, 본인은 공부를 열심히 했으나 그런 노력에 비해 좋은 결과를 가지지 못했을 때, 다른 사람을 비난하거나 제도적 불공정함을 탓하면서 긴장이 발생한다는 것이다. 이런 긴장이 발생하면 어떠한 형태로든 해소해야 하는데 이런 긴장을 해소하기 위해 범죄를 저지른다는 것이다.

2) 긍정적 자극의 소멸

긍정적 자극의 소멸은 자신에게 희망을 주거나, 삶의 목표에 긍정적으로 작용하는 중요한 타자(significant others)나 자신의 지위에 맞는 사회적 지위를 잃게 되는 상황을 의미한다. 애그뉴는 긴장과 관련된 많은 연구에서 긴장의 한 출처인 긍정적 가치를 가지는 목표에 대한 추구를 무시해 왔다고 주장하였다. 즉, 이전까지의 긴장연구는 부정적 자극과 같은 부정적인 감정을 유발하는 요인만 고려했지, 실제로 부정적 감정이 발생되기 전에 각 개인은 긍정적 자극이 사라지는 긴장을 맞이하게 된다고 주장했다. 부정적 감정은 긍정적 자극이 사라진 결과 나타날 수 있으므로 긍정적 자극의 소멸은 긴장발생의 중요한 요인으로 고려되어야 한다고 주장한 것이다. 예를 들면, 자신에게 중요한 타자로 작용하는 이성친구와의 결별 또는 실연, 친한 친구나 가족의 사망 등이 긍정적 자극의 소멸에 해당한다. 또한, 지금까지 자신의 삶에 긍정적 역할을 했던 주위 상황들의 급격한 변화도 긍정적 자극의 소멸에 해당된다. 예를 들면, 부모의 이혼, 직장에서의 해고, 학교로부터의 퇴학 등이 또 다른 긴장을 발생시키는 원천이 되는 것이다. 이런 긴장이 발생하면 화, 우울감, 분노, 절망감 등이 생기고 이런 부정적 감정을 해소하기 위해 범죄를 저지른다는 것이다.

3) 부정적 자극의 발생

부정적 자극의 발생은 긍정적 자극의 소멸과 동시에 발생할 수도 있다. 부정적 감정은 일상생활에서 자신이 통제할 수 없는 부정적 사건이 발생하는 현상을 의미한다. 예를 들면, 부모로부터의 학대, 친구들의 괴롭힘과 집단따돌림, 원치 않은 범죄로부터 피해를 당하게 되는 것, 교사의 폭언이나 체벌 등이 대표적인 부정적 자극의 발생 현상이다. 부정적 자극이 발생하면 이는 다시 분노와 불안, 우울과 절망감 등과 같은 부정적 감정을 낳으며, 이런 부정적 감정을 해소하기 위해 비행 및 범죄를 저지르게 된다. 즉, 사람들은 위에서 언급한 세 가지 중 어느 한 가지의 긴장이 발생하면 화, 절망감, 분노 등에 휩싸이고 이런 감정을 해소하기 범죄를 저지른다고 보는 것이 애그뉴의 일반긴장이론의 중심내용이다. 하지만 애그뉴는 각 개인이 사회로부터 또는 개인적 환경으로부터 받는 긴장의 강도가 동일하다 하더라도 그것에 대처하는 각 개인의 능력이나 받아들이는 개인차가 있기 때문에 긴장이 발생한다고 해서 모두 다 범죄로 이어지는 것은 아니라고 주장했다. 즉, 위의 세 가지 조건과 같은 상황에서 발생하는 긴장을 각 개인이 어떻게 받아들이고 처리할 것인지에 따라 범죄로 연결될 수도 있고 그렇지 않을 수도 있다는 것이다. 애그뉴는 그런 조건요인(조절변수)으로서 다른 이론에서 주장하는 중심개념을 차용하였다. 즉 긴장을 느낀 각 개인이 판단하기에 더 이상의 대안적인 목표가 없다고 판단하거나(머튼의 아노미이론), 사회적 지지와 사회적 통제가 약할 때(사회통제이론과 허쉬의 사회유대이론), 자아존중감과 자기효능감, 도덕적 신념(허쉬의 사회유대이론) 등이 약할 때, 또는 사회학습이론에서 주장하는 비행친구와의 차별적 접촉이 있을 때 범죄가 발생한다고 보았다.

(3) 일반긴장이론의 경험적 연구

머튼의 아노미이론과 메스너와 로젠펠드(Messner & Rosenfeld, 1994)의 제도적 아노미이론에서는 범죄행위의 원인으로 거시적 구조변수인 아노미나 제도를 사용해야 하기 때문에 실제 범죄현장에서 이런 거시개념을 구체적으로 측정하기가 힘들었다. 그러나 애그뉴는 고전적 아노미이론을 미시적, 개인적 수준으로 끌어내려 긴장이라는 심리적 변인을 사용했기 때문에 동료학자들에 의한 경험적 연구가 많이 수행되었다. 서구사회에서 일반긴장이론의 경험적 연구는 상당한 수준에 이른다(Agnew & white, 1992; Hoffman & Cerbone, 1999; Hoffman & Miller, 1998; Mazerolle *et al.*, 2000; Paternoster & Mazerolle, 1994; Piquero & Sealock, 2000; Broidy & Santoro, 2017). 럿커스의 건강과 인간발달(Rutgers Health and Human Development) 자료를 사용한 애그뉴와 화이트(Agnew & White)의 연구에서 다섯 종류의 긴장 요인들이 비행과 약물사용에 중요한 역할을 하는 것으로 나타났다(Agnew & White, 1992). 이 연구에서 사회통제나 친구와의 차별접촉 등과 같은 독립변인들과 다른 종류의 긴장요인들을 통제한 후에도, 삶의 부정적 사건과 삶의 혼란은 청소년비행과 일탈행위에 가장 중요한 영향을 미치는 것으로 나타났다. 또한, 부모 사이의 불화, 성인과의 부정적 관계, 그리고 지역사회 문제들은 청소년 자신의 불법약물 사용과 비행의 원인이 되는 것으로 밝혀졌다. 또한 미국전국청소년조사(National Youth Survey)의 종단자료를 사용한 패터노스터와 마제롤(Paternoster & Mazerolle)의 연구결과, 긴장은 비행에 직·간접적인 영향을 미쳤으며, 긴장은 비행의 완충작용을 하는 사회적 유대감을 약화시키고 비행친구와의 차별적 접촉을 증가시킴으로써 비행에 많은 영향을 미쳤다(Paternoster & Mazerolle, 1994). 가족건강연구(Family Health Study)를 사용한 호프만과 밀러(Hoffmann & Miller)의 연구에서도 부정적 삶의 경험이 청소년비행에 상당한 영향을 미치는 것으로 나타났다(Hoffmann & Miller, 1998). 한편 국내에서 일반긴장이론을 사용한 연구는 주로 2000년대 이후에 이루어졌다(문병욱·신동준, 2008; 문병욱·황혜원, 2006; 송아영 외, 2009; 심현진 외, 2014; 이성식, 1999; 이순래·이경상, 2010; 이완희, 2014; 이완희·유완석, 2014; 황성현, 2012; 황성현·이강훈, 2013). 385명의 인문계와 실업계 고등학생을 대상으로 청소년비행을 연구한 결과, 교사로부터 폭언과 체벌 같은 부정적 자극을 경험한 학생은 폭력비행이나 재물비행을 할 가능성이 그렇지 않은 청소년들보다 더 높은 것으로 나타났다(문병욱·황혜원, 2006). 아동청소년패널자료를 사용하여 중학생 휴대폰 의존도에 관한 연구에서도 중학생의 긴장요인이 부정적 삶의 만족도를 형성하는데 연관되어 있으며 이 부정적 삶은 휴대폰에 의존하는 생활습관으로 이어졌다(심현진 외, 2014). 또한 한국청소년패널조사 중2패널 3차년도 자료를 활용한 청소년 비행연구에서도 부모긴장, 학교긴장, 외모긴장, 분노감정이 청소년비행을 통계적으로 잘 설명하는 것으로 드러났다(이순래·이경상, 2010). 군 병사의 경우, 군 교도소에 수감되어있는 병사들과 일반 병사들을 대상으로 조사한 결과 부정적 자극을 많이 경험했다고 생각하는 사람일수록 범죄경험이 증가하는 것으로 나타났다(이종협 외, 2017).

(4) 일반긴장이론의 평가

머튼의 아노미이론에서 출발하는 애그뉴의 일반긴장이론은 거시적이고 사회구조적 변수인 아노미를 미시적, 심리적 변인인 긴장(strain)요인으로 대체하여 실제 비행 및 범죄현장에서 경험적으로 측정할 수 있는 이론으로 만들었다는 중요한 의미를 지닌다. 그러나 긴장이론에 대한 상당히 많은 경험적 연구에도 불구하고 긴장을 조절하는 조절변인의 효과에 일관적인 경험적 연구결과는 많지 않다. 즉, 애그뉴의 주장에 따르면, 비록 청소년이 여러 가지 형태의 긴장을 느낀다 하더라도 다른 조절변수에 의해 범죄로 연결될 수도 있고, 그렇지 않을 수도 있다고 주장한다. 예를 들면, 릴리(Lilly)와 그의 동료들의 연구결과, 사회학습과 사회통제변인들이 긴장과 함께 발생할 때 범죄행위가 증가된다는 사실을 발견했다(Lilly *et al*., 2007). 즉, 사회학습과 통제변인들이 긴장의 조절변인 역할을 한다는 것이다. 그러나 긴장이론을 경험적으로 검증한 여러 연구에서 긴장의 조절효과가 일관되게 발견되지 않고 있다. 예를 들면, 마제롤(Mazerolle)과 그의 동료들의 연구에 따르면, 분노와 폭력적 범죄 및 비행 간에는 상관관계가 없으며, 오히려 분노가 비행의 원인이 되는 것이 아니라 범죄행위의 결과 긴장이 발생한다고 주장했다(Mazerolle *et al*., 2000). 네프와 웨이트(Neff & Waite)는 긴장과 약물남용간의 관계를 연구한 결과, 긴장보다는 사회학습변인이 약물남용을 더 잘 설명하는 것으로 드러났다(Neff & Waite, 2007). 월터스와 에스펠라지(Walters & Espelage)의 연구에서도 학교폭력피해로 인한 긴장이 비행이란 결과를 낳지 않는다는 결과가 나타났다(Walters & Espelage, 2017). 이런 결과는 국내의 연구에서도 꾸준하게 발견된다. 이완희와 황성현(2014)은 2012년 한국 아동·청소년패널자료 중1학년 3차년도 자료를 사용하여 청소년 일반비행과 사이버비행을 분석한 결과, 친구차별접촉을 통한 매개효과는 통계적으로 유의미한 것으로 나타났지만, 부정적 자극요인이 긴장요인을 통한 매개효과는 통계적으로 유의미하지 않은 것으로 드러났다. 즉, 부정적 자극을 경험한 청소년은 경험하지 않은 청소년들보다 우울감, 불안감, 공격성은 더 많이 증가하지만, 이런 긴장요인이 청소년비행과 직결되지 않는 것으로 나타났다. 결국 우울감, 불안감, 공격성이 증가한다고 해서 청소년비행을 저지르는 것이 아니라, 오히려 비행친구들과 자주 어울림으로써 청소년 자신도 일반비행과 사이버비행을 더 많이 저지르는 것으로 드러난 것이다. 이처럼 부정적 자극이 공격성을 증가시키는 것은 사실이지만, 그것이 청소년비행으로 연결되는 것은 아니며, 오히려 사회학습이론에서 주장하는 비행친구와의 차별적 접촉이 청소년비행을 더 잘 매개하는 것으로 드러났다. 또한 황성현과 이강훈(2013)의 연구에서도 일반긴장이론은 청소년비행의 7.7%를 설명하였지만, 사회학습이론은 11.3%의 청소년비행 변량을 설명함으로써 일반긴장이론의 변수들보다는 사회학습이론의 변수들이 청소년비행을 더 잘 설명하는 것으로 드러났다. 특히 이 연구에서 친한 친구와의 차별적 접촉은 분석에 사용된 모든 회귀방정식에서 청소년비행을 가장 잘 설명하는 것으로 드러남에 따라 긴장의 효과보다는 학습의 효과가 더 큰 것으로 나타났다. 결론적으로 애그뉴의 일반긴장이론은 긴장의 거시적 수준을 개인적이고 심리적 수준으로 끌어내려 분석했다는 점에서 중요한 의의를 가진다. 하지만 긴장변인이 다른 범죄이론들과의 매개효과나 조절효과가 있다는 경험적 결과는 일관되게 나타나지 않고 있으므로 이 부분에 대한 좀 더 명확한 설명이 필요하다.

연습문제

1. 개인환경적 이론들이 제4장의 개인심리적 이론들보다 각종 범죄의 원인을 더 잘 설명하는가? 만약 그렇다면 왜 그렇다고 생각하는지 개인환경적 이론 중 하나를 선택해서 설명해 보아라.
2. 사회학습이론의 4가지 중심개념을 사용하여 약물남용의 원인을 설명해 보라라.
3. 최근 언론에 보도된 강력범죄 사건 한 가지를 예로 들어 그 사건이 발생하게 된 원인을 사회유대이론의 4가지 중심개념으로 설명해 보아라.
4. 낙인이론의 장점과 단점을 설명해 보아라. 또한 낙인이론이 현대 사회에 끼친 가장 큰 영향력은 무엇이며, 우리나라 교정행정에 어떤 영향을 미쳤는지 설명해 보아라.
5. 최근에 언론에 보도된 폭력사건 한 가지를 예로 들어 그 사건이 발생하게 된 원인을 자기 통제이론의 6가지 중심개념으로 설명해 보아라.
6. 애그뉴의 일반긴장이론이 가장 잘 설명할 수 있는 범죄유형은 무엇이라고 생각하는가? 만약 한 가지 범죄를 선택했다면 일반긴장이론이 왜 그 범죄를 가장 잘 설명하는지를 일반긴장이론의 주요 개념들을 중심으로 설명해 보아라.
7. 개인환경적 이론들 중에서 우리 사회의 여러 가지 범죄행위의 원인을 가장 잘 설명하는 이론은 무엇이라고 생각하는가? 만약 한 가지 이론을 선택했다면 왜 그 이론이 여러 가지 범죄행위의 원인을 잘 설명하는지 구체적으로 설명해 보아라.

용어설명

원초집단

원초집단(primary group)은 쿨리(Cooley)가 소개한 개념으로 친밀한 면접적 공동생활과 협동을 특징으로 지닌 집단으로 일차집단으로 불리기도 한다. 예를 들면, 현대사회에서 가족, 친한 친구집단, 또래집단, 마을공동체 등이 원초집단의 대표적 예이다. 원초집단의 특성으로는 첫째, 집단목표적 측면이 있어야 한다. 그래서 원초적인 상호작용에 참여하는 이유는 그들이 이 상호작용 자체를 즐기기 때문이다. 둘째, 상호작용과 근접성이 있어야 한다. 원초집단이 존속되기 위해서는 의사소통의 길이 열려 있어야 하고, 물리적인 근접성이 있어야 한다. 셋째, 집단규범이 존재해야 한다. 즉, 그 집단의 독특한 규범이 있어야 하고 문화와 부분문화를 전승하고 사회화시키는 역할을 해야 한다. 넷째, 집단의 구실이 존재해야 한다. 이것은 '우리 집단'이라는 느낌에 기초한 것이며, 그런 느낌을 갖게 하기 위해서는 구성원들 사이의 상호원조와 지원이 필요하다. 다섯째, 사회통제가 가능해야 한다. 그래서 원초집단은 규범을 사회화시키고, 집행하기도 한다. 즉, 끊임없는 미소와 찬사를 통해 적극적인 후원을 하기도 하고 찡그리고, 야단치는 소극적, 부정적 제재를 가하기도 한다. 이런 원초집단은 인간의 삶이 시작된 이래로 계속해서 존재해 왔고 없어서는 안 되는 중요한 집단이다.

오늘날 이 원초집단은 한 개인의 사회화를 담당하는 제 1차적 책임을 지고 있으며 그 속에서 개인은 자아정체감과 건전한 사회화를 배양할 수 있다. 이런 원초집단과 상반되는 개념으로 이차집단이 있다. 이차집단에서 사람들의 관계는 형식적으로 형성된다. 얼굴을 대면하는 기회가 제한되거나 혹은 거의 없기도 하며 서로의 이해관계에 의해 특정 역할과 목표를 갖고 관계를 맺는다. 그러므로 이차집단에서 사람들은 개인적으로 서로에 대해 잘 알지 못하거나 관계를 가진다 하더라도 형식적인 수준에 머무르는 게 보통이다. 독일의 사회학자 퇴니스(Tönnies)는 현대 사회가 게마인샤프트(Gemeinschaft)인 원초집단에서 게젤샤프트(Gesellschaft)인

이차집단으로 변화되어간다는 사실을 지적하기도 했다. 현대사회에서 사회구성원들은 많은 시간을 2차 집단에서 보내게 되고, 원초집단 또는 일차집단과의 관계는 약화되기 때문에, 긴장이나 스트레스로 인한 각종 질환이 많이 발생하기도 한다.

우선성(priority), 지속성(duration), 빈도(frequency), 강도(intensity)

이 네 가지 요소는 실제 설문조사에서 다음과 같은 질문들로 사용된다.

우선성: 당신이 기억할 수 있는 맨 처음 사건 친구들을 회상해 보십시오. 그들 중에 비행청소년이 있습니까?

지속성: 당신이 가장 오랫동안 알고 지낸 친구들 중 비행청소년이 있습니까?

빈도: 당신이 가장 자주 접촉하여 온 친구들 중에 비행청소년이 있습니까?

강도: 당신의 가장 좋은 친구들 중 비행청소년이 있습니까?

중화적 정의

중화적 정의(neutralizing definitions)는 '모든 사람은 나쁜 일을 한다', '나는 원래 그런 놈이야', '나는 잘못이 없어', '나는 책임이 없어', '술을 마셔서 전혀 기억이 나지 않아', '그는 벌 받을 만해' 등과 같이 피해자에 대한 변명과 정당화에 대한 신념을 말한다.

재통합적 수치이론

브레이스웨이트(Braithwaite)는 1989년 그의 저서 『범죄, 수치심 그리고 재통합(*Crime, Shame, and Reintegration*)』에서 범죄자는 '범죄자'라는 낙인이 찍힌 후 더 악한 범죄를 저지르는 경향이 있음을 입증했다. 그 이후 동료학자들이 이 이론을 재통합적 수치이론(reintegrative shaming theory)으로 명명하였다. 그는 범죄를 저질러 유죄 판결을 받게 되면 엄청난 수치심을 당하는 일본에서는 범죄율이 매우 낮다고 사실에 착안하여, 비공식적 사회통제가 법적, 공식적 통제보다 영향력이 커서 개인적 수치심을 경험하는 것이 법적 처벌을 받는 것보다 범죄예방 효과가 더 크다고 주장했다. 따라서 범죄를 예방하기 위해 사회는 재통합적 수치심을 진작시켜야 하며 재통합을 위한 수치심은 짧고 잘 관리된 상태에서 이루어지고, 그 다음에 용서와 사과, 뉘우침의 과정이 있어야 한다고 주장했다(Braithwaite, 1989).

회복적 사법제도

회복적 사법은 범죄예방과 통제에서 비처벌적인 방식을 주장하는데 이는 형사사법기관이 권력을 갖지 못한 하류층 출신들을 엄격하게 처벌함으로써 만들어내는 갈등을 줄이기 위한 노력에서 출발했다. 회복운동의 기본 원칙 중 하나는 브레이스웨이트의 『범죄, 수치심 그리고 재통합(*Crime, shame, and reintegration*)』에서 찾을 수 있다. 회복적 사법 운동은 전통적인 형사사법이 피해자를 배제해온 데 반대하여, 피해자를 형사사법절차에 참여시키는 것이 회복적 사법의 출발점이 되었다. 이 제도는 크게 3가지 형태로 구분되어 각 나라에서 적용되고 있는데 그것은 피해자-가해자 화해모델, 집단회의, 양형모임 등이다. '피해자-가해자 화해모델'은 객관적인 중재자의 조정하에 피해자와 가해자가 모여 피해자는 자신의 피해체험과 그 영향을 토로하고, 가해자는 자신이 피해자에게 행한 범죄내용과 그 원인을 답하는 형식으로 중재자가 사건 당사자의 욕구를 파악, 구체적인 회복방안으로 배상명령 또는 사회봉사명령 등을 제시하는 모형이다. 유럽에서는 피해자와 가해자간의 직접적인 대면을 필요조건으로 하고 있지 않으며, 북미에서는 범죄영향을 받은 제3자와 당사자의 지원자 등도 참가한다. 둘째, '집단회의 모델'은 뉴질랜드에서 발전한 모델로 원주민인 마오리족의 전통적인 풍습에 그 뿌리를 두고 있다. 이 모델은 피해자와 가해자뿐만 아니라 피해자의 가족과 친구, 심지어는 가해자의 가족과 친구도 참가하는 점에서 독특하다. 가해자는 자기가 행한 범죄내용과 피해자에 대해 어떻게 생각하고 있는가 등을 설명하고, 피해자는 자신의 피해체험과 그 후유증에 대해 말한 다음 피해자의 가족과 지원자, 가해자의 가족과 지원자 순으로 회의가 진행되는 모형이다. 셋째, '양형모임'은 피해자와 가해자 및 가족과 지원자 이외에 형사사법기관을 포함하는 점에서는 가족회의모델과 유사하지만 사건에 관심이 있는 지역사회구성원도 참가하는 점에서 특색이 있다.

이런 여러 가지 형태의 회복적 사법제도는 첫째, 형사소송에서 느끼는 소외감과 무력감을 최소화하며 가해자를 이해하게 되면서 공포감을 줄일 수 있고 심리적 안정감도 얻을 수 있다는 점에서 피해자의 이익에 기여하였다. 둘째, 가해자에게 진심으로 반성할 수 있는 기회를 제공하고 피해배상 등을 통한 재사회화에 유리한 점을 지니고 있다. 또한, 화해를 통해 형벌이 감면되는 경우 낙인의 부정적 효과도 줄일 수 있었다. 셋째, 법원 등 형사사법기관의 업무부담을 감소시키는 것에도 기여하여, 피해자 등의 참여로 법집행에 대한 일반국민의 신뢰를 높일 수 있었다(이창한 외, 2012).

발달이론

발달이론(development theory)은 비행청소년의 어린 시절 경험도 중요하지만 어린 아이가 청소년으로 성장하면서 경험하는 다양한 변화 또한 범죄의 원인으로 설명하는 이론이다. 갓프레드슨과 허쉬의 자기통제이론은 어릴 때 자기통제력의 결핍으로 문제행동을 보였던 아이가 청소년기와 성인에 이르기까지 지속적으로 문제행동과 비행, 범죄를 저지르게 된다고 보았다. 그러나 발달이론가들은 단순히 범죄지속의 측면 이외에 그 아이가 어떻게 하여 더욱 심각한 범죄자로 발전하게 되는지를, 어떤 아이들은 어떤 이유로 비행을 중단한 후 평범한 아이로 성장하는지를 설명하고자 했다(이창한 외, 2012). 즉, 발달이론은 범죄자가 가지는 범죄성향이 평생 동안 지속되면서 변하지 않은 것이 아니라 결혼, 취업 등과 같은 인생의 전환점에서 거의 대부분의 사람들은 범죄를 그만두게 된다는 것이다. 발달이론에는 숀베리의 상호작용이론, 샘슨과 라웁의 연령-등급이론, 모피트의 이론이 대표적이다.

숀베리(Thornberry)는 비행의 원인을 청소년의 발달과정상에서 다뤄 연령에 따라 비행의 원인이 어떻게 다르게 작용하는가에 주목했다. 숀베리의 상호작용이론(interaction theory)에 따르면, 범죄와 비행의 원인은 양방향이다. 약한 유대는 아이들에게 비행을 저지른 친구관계를 발전시키고, 결국 비행에 참여하도록 유도하며, 빈번한 비행 참여는 다른 친구들과의 유대를 약화시키고 결국 관습적 유대관계를 재정립하기가 어려워진다는 것이다. 구체적으로, 그는 청소년기를 초기(11~13세), 중기(15~16세), 후기(18~20세)로 구분하였는데, 초기에는 상대적으로 가정에서 부모와의 유대가 비행에 매우 중요한 요인으로 작용하지만, 중기를 거쳐 후기에 이를수록 부모의 영향력은 감소하고 대신 친구의 영향력은 증대된다고 주장했다.

샘슨과 라웁(Sampson and Laub)은 1993년『진행 중인 범죄(*crime in the making*)』에서 범죄 경력에 전환점이 있다는 사실을 파악했다. 샘슨과 라웁의 가장 중요한 공헌은 성인 위반자한테서 범죄를 중단하게끔 하는 삶의 사건을 찾아낸 것이다. 즉, 결혼과 직업을 통해 사회자본을 형성하는 것이 범죄를 중단하게 하는 요소가 될 수 있다는 것이다. 샘슨과 라웁의 연령-등급이론(age-graded theory)에 따르면, 비행은 비공식적 사회통제 혹은 유대의 결과라는 점을 강조했는데, 어려서 문제행동을 보였던 아이가 지속적으로 혹은 더 심각한 비행을 저지르게 되는 이유가 자신의 어린 시절 경험이 사회와의 유대를 약화시켰기 때문이라고 했다. 따라서 어려서 문제 성향을 보인 아이는 부모와의 유대가 약화되고, 학교에 적응하지 못하며, 친구들과의 교우관계도 원만치 못해 점차 비행청소년, 더 나아가 성인이 되어서도 범죄를 저지르게 된다고 보았다. 그러나 어려서 문제행동을 보였던 아이가 사회와의 유대가 회복되거나 강화될 경우, 더 이상 비행을 저지르지 않고 비행을 중단하게 된다고 보았다. 따라서 어려서 문제 성향을 보였던 아이라 할지라도 사회유대의 약화 혹은 강화에 따라 비행청소년으로 발전하기도 하고 비행을 중단하여 정상인으로 되돌아가기도 한다는 것이다.

마지막 발달이론인 모피트(Moffitt)의 주장에 따르면, 어린 시절 가정환경과 문제 성향을 청소년비행의 원인으로 파악했지만 그것과 청소년시기의 비행과의 관계 사이에 매개변인으로 작용하는 사회요인을 강조했다. 모피트는 비행청소년집단을 크게 두 부류로 나누어 설명했던 점이 갓프레드슨과 허쉬의 논의와는 달랐다. 그 하나는 어려서부터 문제 성향과 문제행동을 보인 소위 '초기진입자들(early-starters)'은 생애지속범죄자가 될 가능성이 높고, 폭력 등 심각한 비행을 저지를 가능성이 높다고 보았는데 이들은 비행청소년들 중 소수를 차지한다고 주장했다. 반면에, 대부분의 비행청소년이 포함되는 다른 부류는 어려서 문제 성향을 보이지 않은 '후기진입자들(late-starters)'로 이들은 청소년기에 부모의 감독미비나 비행친구에 노출됨으로써 모방 등을 통해 비행을 저지르는 한시적인 비행청소년들로 파악했다. 따라서 후기진입자들은 청소년기가 끝나는 시기에 또는 20대 후반이나 30대 초반에 비행이나 범죄를 그만두게 된다. 그러나 초기진입자들은 가족 기능 장애와 심각한 신경병적 문제가 겹쳐서 그들의 반사회적 행위 패턴이 사전에 정해지는 경향이 있으므로 평생 동안 범죄의 굴레에서 벗어나지 못하는 경향이 있다. 또한, 그들은 후기진입자들에 비해 자주 범죄행위를 저지르며, 보다 다양한 반사회적 행동을 저지르고, 정신병적 증세를 비롯해서 훨씬 많은 정신건강상의 문제를 보이는 특징을 지니고 있다.

참고문헌

고순청·이승현·이창한. (2018). 친구와의 차별적 접촉이 청소년범죄에 미치는 영향, 한국공안행정학회보, 27(2), 11-34.

고순청·이창한·이승현. (2018). 스마트폰을 이용한 청소년 성비행의 사회학습이론적 고찰, 한국경찰학회보, 20(3), 3-27.

고순청·이승현·이창한. (2019a). 청소년 약물사용에 관한 사회유대이론, 일반긴장이론, 사회학습이론적 고찰. 한국경찰학회보, 21(3), 3-28.

고순청·이승현·이창한. (2019b). 청소년 약물사용 발달궤적 분석: 잠재성장 모형을 중심으로, 한국공안행정학회보, 28(2), 215-238.

김상원. (2007). 아동과 청소년 비행의 원인비교: 허쉬의 사회유대이론을 중심으로, 형사정책연구, 18(2), 325-362.

김재은·이동혁. (2018). 청소년이 지각한 비공식 낙인과 부모 갈등이 지위 비행과 부정 정서에 미치는 종단적 영향 연구. 청소년학연구, 25(12), 1-29.

문병욱·황혜원. (2006). Agnew의 일반긴장이론을 통한 한국 청소년의 비행 이해. 아동과 권리, 10(2), 127-150.

문병욱·신동준. (2008). 일반긴장이론을 통한 인문계와 실업계 고등학생의 비행 연구. 한국청소년연구, 19(1), 33-60.

민수홍. (2011). 수형자의 교도소 내 규율위반: 교도소화의 적용과 자기통제이론에 근거한 재해석. 형사정책연구, 22(2), 67-87.

민수홍. (2014). 통제이론의 관점에서 본 범죄자의 배우자학대 가해경험. 한국범죄학, 8(1), 195-223.

박정선·황성현. (2010). 청소년 가출행위에 영향을 미치는 가출충동 변인의 매개효과 연구. 청소년학연구, 17(10), 1-21.

박정선·황성현. (2013). 청소년의 긴장감, 사회유대감, 비행친구와의 차별적 접촉이 청소년 지위비행에 미치는 영향. 청소년학연구, 20(10), 77-94.

박현수·박성훈·정혜원. (2009). 청소년비행에 있어 낙인의 효과에 대한 경험적 연구: 비공식 낙인을 중심으로. 한국청소년연구, 20(1), 227-251.

송아영·박경나·정세정. (2009). 청소년지위비행에 대한 일반긴장이론의 부분적 검증: Ping 의 2 단계 방법을 중심으로. 한국청소년연구, 20(1), 309-337.

신송연·장현석. (2013). 부모의 자기통제력과 양육방식이 청소년 비행에 미치는 영향에 대하여: 아버지와어머니의 자기통제력 비교를 중심으로. 한국범죄학, 7(2), 3-33.

심미영·정규석(2007). 한국 청소년비행에 관한 Hirschi 이론의 검증. 한국가족복지학, 12(3), 147-171.

심현진·이일현·이현실. (2014). 일반긴장이론 (GST) 을 이용한 중학생의 휴대폰 의존에 미치는 영향. 한국콘텐츠학회논문지, 14(2), 355-363.

유순화·정규석. (2003). 청소년 음주·흡연에 관한 사회학습이론적 분석. 청소년학연구, 10(2), 195-214.

유순화. (2003). 사회유대이론과 사회학습이론의 통합에 의한 청소년 비행 예측. 청소년학연구, 10(4), 289-315.

이성식. (2007). 청소년비행과 비공식낙인의 영향: 청소년패널자료의 분석. 형사정책연구, 71(3), 1105-1127.

이성식. (1999). 청소년범죄에 있어 긴장과 통제. 한국공안행정학회보, 8(−), 191-214.

이순래·이경상. (2010). 생활긴장이 소년비행에 미치는 영향에 관한 연구: 학교환경에 대한 위계적 선형분석을 중심으로. 형사정책연구, 21(3), 5-32.

이승현·황성현. (2019). 음주행위에 결정적 영향을 미치는 비행이론 연구: 고등학교 3학년과 사회초년생의 비교연구를 통해. 한국중독범죄학회보, 9(3), 117-138.

이완희. (2014). 한국 청소년들의 중비행에 관한 범죄이론적 비교연구. 한국경찰학회보, 16(1), 139-160.

이완희·유완석. (2014). 청소년 지위비행에 관한 분석적 연구: 청소년 비행이론을 중심으로. 한국경호경비학회지, 39(−), 217-239.

이완희·황성현. (2014). 청소년의 부정적 자극이 친구차별접촉과 긴장요인을 매개로 청소년비행에 미치는 영향. 한국경찰학회보, 16(5), 197-218.

이완희. (2017). 성별에 따른 청소년들의 생활패턴과 비행과의 관계-사회유대이론과 일상생활이론을 중심으로. 한국범죄심리연구, 13(4), 123-136.

이완희·황성현. (2018). 청소년 사이버 성범죄에 대한 범죄이론적 분석. 한국경찰학회보, 20(6), 249-270.

이웅혁·김미숙. (2013). 초, 중등생의 사회유대요인이 사이버 비행에 미치는 영향-PC 방 이용여부의 조절 효과를 중심으로. 경찰법연구, 11(2), 289-310.

이정민. (2013). 사회 심리적 요인이 재범에 미치는 영향. 형사사법연구, 3(2), 127-148.

이종협·이승현·이윤호. (2017). 군 병사의 범죄경험에 미치는 영향요인에 대한 연구-자기통제이론과 일반긴장이론을 중심으로. 한국공안행정학회보, 26(3), 249-270.

이창한·황성현·김상원. (2012). 신) 범죄학 & 형사정책. 서울: 박영사.

전신현·김원경·황성현. (2010). 청소년 가출에 관한 상호작용론적 접근: 숀베리 이론의 부분 검증. 한국청소년연구, 21(4), 31-50.

정익중. (2006). 자아존중감과 청소년비행 간의 상호적 영향. 사회복지연구, (31), 133-159.

최규련. (2010). 가족구조, 부모와의 의사소통, 학업문제와 친구관계가 청소년 비행에 미치는 영향. Family and Environment Research, 48(7), 33-48.

홍태경·류준혁. (2011). 성별과 연령에 따른 청소년 비행요인의 비교분석, 한국치안행정논집, 8(3), 113-138.

황성현. (2006a). 낮은 자아통제감, 친구집단요인, 부모요인이 청소년 약물사용에 미치는 영향, 청소년학연구, 13(5-1), 129-154.

황성현. (2006b). 의미있는 타자와 청소년 약물남용간의 관계, 보건과 사회과학, 19(1), 51-69.

황성현. (2007). 한국과 미국 청소년들의 약물남용에 관한 비교 연구, 한국범죄학, 1(1), 73-90.

황성현. (2008). 한국과 미국 청소년들의 음주행위에 관한 비교 연구-사회학습이론을 중심으로, 보건과 사회과학, 23(1), 5-29.

황성현. (2009). 청소년 음주·흡연행위에 관한 사회유대, 자아통제, 사회학습이론적 고찰, 한국청소년연구, 20(1), 113-139.

황성현. (2010a). 청소년 지위비행에 관한 비행이론 비교연구, 청소년학연구, 17(5), 49-68.

황성현. (2010b). 부모와 친구요인이 청소년 음주·흡연행위에 미치는 영향, 보건과 사회과학, 27(1), 81-103.

황성현. (2012). 청소년 흡연·음주행위의 원인에 대한 비행이론적 접근-일반긴장이론과 사회학습이론을 중심으로, 보건과 사회과학, 32(1), 19-38.

황성현·이강훈. (2013). 청소년비행의 원인에 관한 사회학습, 사회유대, 일반긴장이론적 접근, 한국청소년연구, 24(3), 127-145.

황성현. (2015). 청소년 비행이론의 상대적인 영향력 검증: 아동·청소년 패널자료를 중심으로, 한국경호경비학회지, (44), 225-250.

황성현. (2016). 청소년비행에서 비행친구가 선행하는가, 비행이 선행하는가?: 잠재성장모형의 적용, 사회과학연구, 23(2), 53-70.

Ageton, S. S., & Elliott, D. S. (1974). The effects of legal processing on delinquent orientations, *Social Problems*, 22(1), 87-100.

Agnew, R. (1985). Social control theory and delinquency: A longitudinal test, *Criminology*, 23(1), 47-62.

Akers, R. L., & Cochran, J. K. (1985). Adolescent marijuana use: A test of three theories of deviant behavior, *Deviant Behavior*, 6(4), 323-346.

Akers, R. L., & La Greca, A. J. (1991). Alcohol use among the elderly; Social learning, community context, and life events. pp.242-262 in David J. Pittman and Helene Raskin White(eds.), Society, Culture, and Drinking patterns Re-examined. *New Brunswick, NJ: Rutgers Center of Alcohol Studies*.

Agnew, R. (1991). A longitudinal test of social control theory and delinquency, *Journal of Research of Crime and Delinquency*, 28(2), 126-156.

Agnew, R. (1992). Foundation for a general strain theory of crime and delinquency, *Criminology*, 30(4), 47-88.

Agnew, R., & White, H. R. (1992). An empirical test of general strain theory, *Criminology*, 30(4), 475-500.

Akers, R. L., Sellers, C. S., & Jennings W. G. (2016). Criminological Theories: Introduction, Evaluation, and Application. 7th Edition. Oxford University Press, Inc.

Arneklev, B. J., Grasmick, H. G., Tittle, C. R., & Bursik, R. J. (1993). Low self-control and imprudent behavior, *Journal of Quantitative Criminology*, 9(3), 225-247.

Bahr, S. J., Marcos, A. C., & Maughan, S. L. (1995). Family, educational and peer influences on the alcohol use of female and male adolescents, *Journal of Studies on Alcohol*, 56(4), 457-469.

Becker, H. S. (1963). Outsiders: Studies in the Sociology of Deviance. New York: Free Press.

Bernburg, J. G. (2019). Labeling theory. In *Handbook on crime and deviance*(pp. 179-196). Springer, Cham.

Bobbio, A., Arbach, K., & Vazsonyi, A. T. (2019). Self-control and deviance: a test of the general theory of crime in Argentina, *Victims & Offenders*, 14(1), 119-142.

Braithwaite, J. (1989). Crime, Shame, and Reintegration. Cambridge, England: Cambridge University Press.

Brezina, T., & Piquero, A. R. (2017). Exploring the relationship between social and non-social reinforcement in the context of social learning theory. In *Social learning theory and the explanation of crime* (pp. 265-288). Routledge.

Broidy, L., & Santoro, W. A. (2018). General strain theory and racial insurgency: Assessing the role of legitimate coping, *Justice Quarterly*, 35(1), 162-189.

Brownfield, D., & Sorenson, A. M. (1993). Self-control and juvenile delinquency: Theoretical issues and an empirical assessment of selected elements of a general theory of crime, *Deviant Behavior*, 14(3), 243-264.

Bruinsma, G. J. N. (1992). Differential association theory reconsidered: an extension and its empirical test, *Journal of Quantitative Criminology*, 8(1), 29-49.

Burgess, R. L., & Akers, R. L. (1966). A differential association reinforcement theory of criminal behavior, *Social Problems*, 14(2), 128-147.

Burton, V. S., Cullen, F. T., Evans, T. D., & Gregory, D. R. (1994). Reconsidering strain theory: Operationalization, rival theories, and adult criminality, *Journal of Quantitative Criminology*, 10(3), 213-239.

Cernkovich, S., & Giordano, P. (1992). School bonding, race, and delinquency, *Criminology*, 30(2), 261-291.

Chappell, A. T., & Piquero, A. R. (2004). Applying social learning theory to police misconduct, *Deviant Behavior*, 25(2), 89-108.

Costello, B. J., & Vowell, P. R. (1999). Testing control theory and differential association: A reanalysis of the Richmond Youth Project data, *Criminology*, 37(4), 815-842.

Elliott, D. S., Huizinga, D., & Ageton, S. S. (1985). Explaining Delinquency and Drug Use. Beverly Hills: Sage.

Evans, T. D., Cullen, F. T., Burton, V. S., Dunaway, R. G., Benson, M. L. (1997). The social consequences of self-control: Testing the general theory of crime, *Criminology*, 35(3), 475-504.

Gardner, L., & Shoemaker, D. J. (1989). Social bonding and delinquency: A comparative analysis, *Sociological Quarterly*, 30(3), 481-500.

Gibbons, D. C. (1994). Taking about Crime and Criminals: Problems and Issues in Theory Development in Criminology. Englewood Cliffs, NJ: Prentice Hall.

Gibbs, L. E. (1974). Effects of juvenile legal procedures on juvenile offenders' self-attitudes, *Journal of Research in Crime and Delinquency*, 11(1), 51-55.

Gibbs, J. J., & Giever, D. (1995). Self-control and its manifestations among university students: an empirical test of Gottfredson and Hirschi's general theory, *Justice Quarterly*, 12(2), 231-235.

Glenn D.Walter & Dorothy L.Espelage. (2017). Mediating the bullying victimization–delinquency relationship with anger and cognitive impulsivity: A test of general strain and criminal lifestyle theories, *Journal of Criminal Justice*, 53(6), 66-73

Gottfredson, M. & Hirschi, T. (1990). A General Theory of Crime. Palo Alto, CA: Stanford University Press.

Grasmick, H. G., Tittle, C. R., Bursik, R. J., & Arneklev, B. J. (1993). Testing the core empirical implications of Gottfredson and Hirschi's general theory of crime, *Journal of Research in Crime and Delinquency*, 30(1), 5-29.

Hagan, J., & Palloni, A. (1990). The social reproduction of a criminal class in working class London, circa 1950-1980, *American Journal of Sociology*, 96(2), 265-299.

Hartjen, A. C. & Priyadarsini, S. (2003). Gender, peers, and delinquency, *Youth and Society*, 34(4), 387-414.

Hepburn, J. R. (1977). The impact of police intervention upon juvenile delinquents, *Criminology*, 15(2), 235-262.

Hirschi, T. (1969). Causes of delinquency. Berkeley, CA: Universithy of California Press.

Hochstetler, A., Copes, H. and Delisi, M. (2002). Differential association in group and solo offending, *Journal of Criminal Justice*, 30(6), 559-566.

Hoffman, J. P. & Miller, A. S. (1998). A latent variable analysis of general strain theory, *Journal of Quantitative Criminology*, 14(1), 83-110.

Hoffman, J. P. & Cerbone, F. G. (1999). Stressful life events and delinquency escalation in early adolescence, *Criminology*, 37(2), 343-374.

Hwang, S. H. & Akers, R. L. (2006). Parental and peer influences on adolescent drug use in Korea, *Asian Journal of Criminology*, 1(1), 51-69.

Hwang, S., & Akers, R. L. (2003). Substance use by Korean adolescents: A crosscultural test of social learning, social bonding, and self-control theories, *Social learning theory and the explanation of crime*, 11, 39-64.

Junger-Tas, J. (1992). An empirical test of social control theory, *Journal of Quantitative Criminology*, 8(1), 9-28.

Kandel, D. B., & Adler, I. (1982). Socialization into marijuana use among French adolescents: A cross-cultural comparison with the United States, *Journal of Health and Social Behavior*, 23(4), 295-309.

Kandel, D. B., & Davies, M. (1991). Friendship networks, intimacy, and drug use in young adulthood: A comparison of two competing theories, *Criminology*, 29(3), 441-469.

Keane, C. P., Maxim, S., & Teevan, J. J. (1993). Drinking and driving, self-control, and gender: testing a general theory of crime, *Journal of Research in Crime and Delinquency*, 30(1), 30-46.

Krohn, M. D., & Massey, J. L.(1980). Social control and delinquent behavior: An examination of elements of the social bond, *Sociological Quarterly*, 21(4), 529-543.

Krohn, M. D., Massey, J. L., Skinner, W. F. and Lauer, R. M. (1983). Social bonding theory and adolescent cigarette smoking: a longitudinal analysis, *Journal of Health and Social Behavior*, 24(4), 337-349.

Krohn, M. D., Skinner, W. F. , Massey, J. L. ,& Akers, R. L.. (1985). Social learning theory and adolescent cigarette smoking: a longitudinal study, *Social Problems*, 32(5), 455-473.

Lee, J. S., Tajima, E. A., Herrenkohl, T. I., & Hong, S. (2017). Effects of formal and informal deviant labels in adolescence on crime in adulthood, *Social Work Research*, 41(2), 97-110.

Lemert, E. M. (1951). *Social Pathology*. New York: McGraw-Hill.

Lilly, J. R., Cullen, F. T., & Ball, R. A. (2007). Criminological Theory: Context and Consequences. Fourth Edition. Thousand Oaks. CA: Sage.

Mahoney, A. R. (1974). The effect of labeling upon youths in the juvenile justice system: A review of the evidence, *Law and Society Review*, 8(4), 583-614.

Matsueda, R. (1992). Reflected appraisals, parental labeling and delinquency: Specifying a symbolic interactionist theory, *American Journal of Sociology*, 97(6), 1577-1611.

Matsueda, R. L., Kreager, D. A., & Huizinga, D. (2006). Deterring delinquents: A rational choice model of theft and violence, *American Sociological Review*, 71(1), 95-122.

Mazerolle, P., V. Burtn, F. Cullen, T. D. Evans, and G. Payne (2000). Strain, anger, and delinquent adaptations: Specifying general strain theory, *Journal of Criminal Justice*, 28(2), 89-101.

Messner, S. F., & Rosenfeld, R. (1994). *Crime and the American Dream*. Belmont, CA: Wadsworth.

Nagin, D. S., & Paternoster, R. (1993). Enduring individual differences and rational choice theories of crime, *Law & Society Review*, 27(3), 67-496.

Neff, J. L., & Waite, D. E. (2007). Male versus female substance abuse patterns among incarcerated juvenile offenders: Comparing strain and social learning variables, *Justice Quarterly*, 24(1), 106-132.

Nolan, M. (1994). Adolescents and Alcohol: A Social Learning Approach. *Senior Thesis. Department of Psychology*, University College, Dublin, Ireland.

Osgood, W. D., & Anderson, A. L. (2004). Unstructured socializing and rates of delinquency, *Criminology*, 42(3), 519-549.

Palamara, F., Cullen, F. T., & Gersten, J. C. (1986). The effects of police and mental health intervention on juvenile deviance: Specifying contingencies in the impact of formal reaction, *Journal of Health and Social Behavior*, 27(1), 90-106.

Paternoster, R. and Mazerolle, P. (1994). General strain theory and delinquency: A replication and extension, *Journal of Research in Crime and Delinquency*, 31(3), 235-263.

Paternoster, R., & Iovanni, L. (1989). The labeling perspective and delinquency: An elaboration of the theory and assessment of the evidence, *Justice Quarterly*, 6(3), 359-394.

Piquero, A., & Tibbetts, S. (1996). Specifying the direct and indirect effects of low self-control and situational factors in decision-making: toward a more complete model of rational offending, *Justice Quarterly*, 13(3), 481-510.

Piquero, N. L., & Sealock, M. D. (2000). Generalizing general strain theory: An examination of and offending population, *Justice Quarterly*, 17(3), 449-484.

Polakowski, M. (1994). Linking self- and social control with deviance: illuminating the structure underlying a general theory of crime and its relation to deviant activity, *Journal of Quantitative Criminology*, 10(1), 41-78.

Rankin, J. H., & Kern, R. (1994). Parental attachments and delinquency. *Criminology*, 32(4), 495-516.

Rogers, J. W., & Buffalo, M. D. (1974). Fighting back: Nine models of adaptation to a deviant label, *Social Problems*, 22(1), 101-118.

Rouse, L. P., & Eve, R. A. (1991). Explaining delinquent behavior among adolescent girls: Internal social control and differential association, *Clinical Sociology Review*, 9(1), 161-177.

Sampson, R. J., & Laub, J. H. (1993). Crime in the Making: Pathways and Turning Points Through Life. Cambridge, MA:

Harvard University Press.

Sampson, R. J., & Laub, J. H. (2003). Life-course desisters? Trajectories of crime among delinquent boys followed to age 70, *Criminology*, 41(3), 555-592.

Sellers, C. S., Cochran, J. K., & Winfree, L. T. (2017). Social learning theory and courtship violence: An empirical test. In Social learning theory and the explanation of crime (pp. 109-127). Routledge.

Shoemaker, D. J. (2004). Theories of Delinquency: An Examination of Explanations of Delinquent Behavior. Fifth Edition. New York: Oxford University Press.

Sutherland, E. H. (1947). Principles of Criminology. Fourth Edition. Philadelphia: J. B. Lippincott.

Suzuki, M., Pai, C. & Islam, M.J. (2018). Systematic Quantitative Literature Review on Criminological Theories in Asia, *Asian Criminology*, 13(2), 129−151

Tannenbaum, F. (1938). Crime and the Community. Boston: Ginn.

Tittle, C. R. (1975). Deterrents or labeling?, *Social Forces*, 53(3), 399-410.

Tremblay, R. E., Boulerice, B., Arseneault, L., & Niscale, M. J. (1995). Does low self-control during childhood explain the association between delinquency and accidents in early adolescentce?, *Criminal Behavior and Mental Health*, 5(4), 439-451.

Triplett, R., & Jarjoura, R. (1994). Theoretical and empirical specification of a model of informal labeling, *Journal of Quantitative Criminology*, 10(3), 241-276.

Vold, G. B., Bernard, T. J., & Snipes, J. B. (2002). *Theoretical Criminology* (5th ed.). New York: Oxford University Press.

Walters, G. D., & Espelage, D. L. (2017). Mediating the bullying victimization−delinquency relationship with anger and cognitive impulsivity: A test of general strain and criminal lifestyle theories, *Journal of Criminal Justice*, 53(−), 66-73.

Wang, S. N., & Jensen, G. F. (2003). Explaining delinquency in Taiwan: A test of social learning theory. *Social learning theory and the explanation of crime*, 65-83.

Warr, M. (2002). Companions in Crime: The Social Aspects of Criminal Conduct. Cambridge England: Cambridge University Press.

Warr, M. (1993). Parents, peers, and delinquency, *Social Forces*, 72(1), 247-264.

Wilson, J. Q., & Herrnstein, R. J. (1985). Crime and Human Nature. New York: Simon & Schuster.

Wood, P. B., Pfefferbaum, B., & Arneklev, B. J. (1993). Risk-taking and self-control: Social psychological correlates of delinquency, *Journal of Crime and Justice*, 16(1), 111-130.

Yount, K. M., Higgins, E. M., VanderEnde, K. E., Krause, K. H., Minh, T. H., Schuler, S. R., & Anh, H. T. (2016). Men's Perpetration of Intimate Partner Violence in Vietnam: Gendered Social Learning and the Challenges of Masculinity, *Men and Masculinities*, 19(1), 64−84.

Zhang, L., & Messner, S. F.(1995). Family deviance and delingquency in China, *Criminology*, 33(3), 359-388.

06

Chapter 06

정신장애와 범죄심리

우리는 종종 대중매체를 통해 끔찍한 살인사건을 접한다. 그런 사건을 접할 때마다 '인간이 어떻게 저런 끔찍한 범죄를 저지를 수 있을까?', '정상인이라면 도저히 저런 흉악한 범죄를 저지를 수 없을 것이다'라고 생각한다. '한 인간이 그런 범죄를 계획하고 실행하는 데 어떤 요인이 중요하게 작용했을까?' 보통사람의 상식으로는 쉽게 이해할 수 없는 그런 잔혹한 범죄행위에 대해 잘 설명할 수 있는 방법은 쉽지 않아 보인다. 그럼에도 불구하고 그런 범죄를 저지른 범죄자를 면밀히 조사해 보면, 일부이긴 하지만 정신질환자의 소행일 때가 있다. 최근 피터슨 박사와 연구팀은 정신병이 있는 143명의 범죄자들의 429건의 범죄를 분석했다. 이 중 4% 정도의 범죄가 정신질환(psychosis)과 직접적인 연관이 있다는 사실을 발견했다(Peterson *et al.*, 2014). 우리나라 대검찰청의 범죄분석에 나타난 정신장애인의 범죄건수를 보면, 2001년 2,720건이던 것이 10년 만인 2011년에는 5,379건으로 두 배가량 늘어났으며, 2018년에는 7,304명으로 2011년 대비 1.5배 정도 늘어났다(대검찰청 범죄분석, 2019). 그러나 이러한 수치는 전체 범죄에서 정신병력이 있는 범죄자의 비율을 고려했을 때 극소수이다. 2019년 대검찰청의 범죄분석 보고서에 따르면, 2018년 한 해 동안 일어난 전체 범죄 1,738,190건 중, 정신장애인의 범죄는 7,304건뿐이었다(대검찰청 범죄분석, 2019). 우리나라 전체 범죄발생 중 정신장애인의 범죄율은 0.0004%에 불과하다. 결국 정신장애인의 범죄행위는 비정신장애인에 비해 아주 극소수에 불과하다. 그럼에도 불구하고 우리 사회에서 잔인한 범죄가 발생했을 때 그 범죄자는 정신질환을 앓고 있을 것이라는 잘못된 편견이 있다. 따라서 정신적 장애를 가진 사람들이 저지른 범죄를 더 잘 이해하기 위해서는 정신장애와 범죄와의 상관관계를 살펴볼 필요가 있다. 이 장에서는 정신병력이 있는 범죄자들을 분류해 보고, DSM-5를 기준으로 범죄와 관련된 정신장애와 실제 범죄와의 관계를 설명할 것이다.

01 정상과 비정상의 분류

범죄의 행위가 정상인가 병적인가에 대한 오랜 논쟁이 있어 왔다. 하지만 정상인의 행동과 비정상인의 행동을 판별하는 문제는 간단하지 않다. 정신질환과 범죄행위를 논하기 위해서는 그 사람(범죄자)의 정신세계가 정상이냐, 비정상이냐를 먼저 따져야 한다. 이를 구별하고 설명하는 많은 이론이 있다. 그중 한 가지는 범죄의 행위가 생물학적, 정서적, 행동적 역기능 때문에 정상적인 범죄와는 구분되어야 한다는 이론이 있다. 이를 의학모델이라고 하는데, 이 모델은 범죄의 행위를 '병' 때문이라고 규정하고 이를 치료하면 그들이 정상적인 행동을 보일 것이라고 주장한다. 또 다른 정상과 비정상을 접근하는 이론으로 심리학적 접근이 있다. 이는 범죄행위가 정상적이라고 주장한다. 심리학적 이론은 은행강도나 다른 사람을 해치는 행위, 사회를 위협하는 행동이 정당하다고 주장하는 것은 아니다. 다만 범죄행위는 기본적인 욕구에서 동기화되고, 학습된 일련의 일탈행동이라고 주장한다. 예컨대 절도의 경우, 비정상적인 사람이 범죄를 저지르는 이유는 일반인이 일을 해서 돈을 버는 것과 같이, 돈을 훔치는 행위는 학습의 결과이며 욕구불만을 충족시키는 행위라고 주장한다. 그리고 절도범의 돈을 향한 욕망은 합리적이며, 돈 이외 다른 것에 대해서는 어떤 동기나 욕망도 없다고 주장한다. 따라서 절도행위는 법적 처벌을 받아야 하는 범죄행위지만, 범죄자의 삶의 경험에서 나온 자연스런 반응일 뿐, 그 절도범이 비정상적인 정신의 소유자라고 단정 지을 수 없다는 입장을 취한다.

어떤 범죄행위에 있어서 정상인의 행동이냐 아니냐 하는 문제를 구별함에 있어서 범행 전에도 비정상적이었는지, 범행 시에만 비정상적이었는지에 대한 구별이 정상과 비정상을 구분하는 기준이 될 수 있다. 범죄자가 정신질환자냐 아니냐를 판단하는 것은 대단히 힘든 작업이며, 조사에 장시간이 소요된다. 그러나 임상분야와 법조계가 공통적으로 이를 구분하는 기준을 갖고 있는데, 그 기준은 미국정신의학회에서 발간한 DSM-5이다. DSM-5에서 논하는 정신장애의 포괄적인 정의는 다음과 같다. "정신장애는 개인의 의지, 감정조절, 행동사이의 임상적 장애를 특징으로 하는 증후군으로 그 개인의 정신적 기능을 뒷받침하는 심리적, 생물적, 발달적 과정이 손상되었음을 보여준다. 정신장애는 대개 사회적, 직업적 활동 시 발생하는 중대한 스트레스나 문제와 연관이 있다. 사랑하는 사람의 죽음이나 상실처럼 일반적인 스트레스 요인으로 인해 발생하는, 예측가능하고 문화적으로 수용할 수 있는 반응은 정신장애가 아니다. 또한, 개인과 사회 사이에 존재하는 일탈행동(예를 들면, 정치적, 종교적, 성적 행동)이나 갈등 역시 위에서 설명한 것처럼 개인의 기능 손상에서 비롯된 것이 아

CASE in USA

1976년 7월 12일, 캘리포니아 주립대학교에서 도서관 관리로 일하던 에드워드 찰스 엘라웨이(Edward Charles Allaway)는 1976년 7월 12일, 22구경 반자동소총으로 도서관 지하 1층에서 7명을 살해하고 경찰에게 전화하여 자신의 범행을 자수하였다. 그는 자신이 끔찍한 행동을 저질렀고 지금은 비무장인 자신을 잡아가라고 요청하였다. 그는 청년시절부터 자살을 지속적으로 시도했고 편집증적 조현병을 앓아 전기치료요법을 받을 만큼 그 증세가 심각했다. 그는 자신의 아내가 포르노영화에 출연해야 된다는 망상을 가지고 있었고, 이를 견디다 못한 그의 아내는 이혼신고를 법원에 제출하였다. 이에 분노한 에드워드는 자신의 아내를 살해하려 그녀의 직장인 캘리포니아 주립대학에 침입했으나 그녀는 없었고 대신 아내의 동료들을 살해한 것이다.

그는 5명의 전문가로부터 고도의 조현병을 앓고 있다고 진단받았고 그 때문에 감옥에 투옥되는 것이 아닌 패톤 주립병원에서 감호처분을 받았다. 이후 2016년부터 현재까지 그는 나파 주립병원에 감호되어있다.

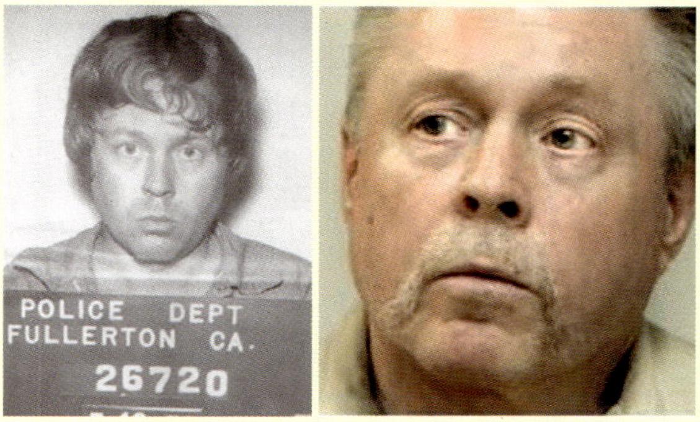

범행 직후의 에드워드 엘라웨이(Edward Charles Allaway)와 현재의 에드워드

니라면 정신장애라 말하지 않는다(American Psychiatric Association: APA, 2013)." 위의 설명을 바탕으로 정상과 비정상을 분류하는 기준은 크게 3가지로 나뉜다.

첫째, 정상과 비정상을 나누는 가장 큰 기준은 '적응'이다. 개인의 의지적, 정신적, 행동적 기능이 저하되거나 일부 손상되어서 원활한 적응에 방해가 될 때 부적응적인 이상행동으로 나타날 수 있다고 본다(Wakefield, 1999). 비슷한 의견으로, 이상행동이 개인의 적응을 방해하는 심리적 기능의 손상에서 나타난다는 주장도 있다(권석만, 2011). 예를 들면, 갑작스럽게 남편과 사별한 아내가 우울한 감정이나 불안감 등의 증상을 나타낼 수 있다. 즉, 개인의 일상생활뿐만 아니라 다니던 직장에서 적응을 못하거나, 대인기피증이 생기거나, 잠을 잘 못 이루거나, 우울증상이 심한 나머지 자살생각 혹은 자살기도처럼 생활의 모든 부분에서의 부적응을 나타낼 수 있다. 이와 같이 어떠한 심리적인 문제가 개인이 생활하는 데 있어서 적응을 방해하고 있는가가 정상과 비정상을 이해하는 중요한 기준이 된다. 둘째, 비정상적인 행동은 사회에서 정해진 규칙에 대한 위반과 관련되어 있는 경우가 많다. 모든 사회에는 법, 규칙, 관습, 도덕과 같은 사회의 온전한 기능을 보전하는 규범이 있다. 로저와 클리어(Rose & Clear, 1998)의 주장에 따르면, 한 사회는 사회적인 규범을 강요하기 위해서 규범들을 만들고 사회구성원들이 지키도록 한다고 주장했다. 이러한 규범들을 반복적으로 위반하는 사람들 중 일부는 심리적으로 문제가 있는 것으로 간주

CASE in Korea

"'스피커 소리', '망치소리', '왜 사느냐고' 묻는 남자·여자의 소리 등 환청 증세에 시달리던 중 부모조차도 나를 어떻게 해버릴지 모른다는 생각이 들었다. 이 불안감을 떨치기 위해 누군가를 죽이지 않으면 나에게 무서운 일이 일어날 것 같았다." 2008년 8월 15일 김○○은 식칼을 쇼핑백에 넣고 살해 대상을 찾으러 나섰다. ○○초등학교 운동장에서 축구동호회 사람들을 발견한 후 정문을 나서는 피해자를 따라가 식칼을 꺼내 피해자의 오른쪽 목을 찔러 살해했다. 김모씨는 1984년 전남 목포에서 1남 1녀 중 장남으로 태어났다. 그의 부모는 식당일로 바빠서 그의 할머니가 대신 키웠다. 초등학교 시절 그는 겁이 많고 소극적이어서 자기표현이 확실치 않을 때가 있다는 평가를 받았다. 중학교 때는 성실하고 책임감은 강하나 소극적인 모습으로 또래들과 잘 어울리지 못했다. 고등학교 3학년 때부터 빈뇨증세가 시작되었고, 소극적이던 성격이 더욱 위축되었다. 그때부터 집에서 화를 잘 내고 집안에만 틀어박혀 있었다. 대학에도 입학하였으나 학교생활에 적응하지 못하고 2개월 만에 자퇴를 했고, 그 이후 집밖을 나가지 않은 채 밤과 낮이 바뀐 생활을 이어 나갔다. 만 16세였던 2000년도에 그는 자신을 돌봐주던 할머니가 잔소리를 한다는 이유로 테이프로 묶고 이불을 씌워 숨을 못 쉬게 하는 비정상적 행동을 했고, 그 이후 할머니는 고모 집으로 거처를 옮겼다. 그리고 그는 이 일로 약 3개월간 정신과 치료를 받았다.

2003년 ○○○구청에서 군 대체 복무를 할 때, 상사 및 동료들과의 갈등으로 적응하지 못하고 복무이탈을 반복하면서 여동생에게 폭력을 휘둘러 2004년 12월부터 한 달간 ○○정신병원에 재입원하기도 했다. 2005년에는 활발한 성격을 가진 여동생이 친구들을 데려오자 '동생의 친구들 때문에 시끄럽다, 동생 친구들이 나를 무시한다' 등의 이유로 동생과 싸우다 동생에게 칼을 휘둘렀다. 결국 부모님은 이 사건으로 동생의 안위를 걱정해 동생을 분가시켰다. 부모에 비해 할머니 및 여동생이 그와 더 긴밀한 관계를 가졌으나 그의 폭력적인 행동으로 이들이 떠난 후 그는 더욱 철저하게 외톨이가 되었다. 그는 주로 낮에는 잠을 자고 밤에는 멍하게 방에 앉아 음식을 섭취했다. 밤시간에 화장실에 5~6회 가면서 한 번 들어가면 1시간가량 소변을 보는 등 비정상적인 행동을 보이기도 했다. 사소한 일을 트집 잡아 부모를 폭행하고 전화기 문짝 등을 파손하는 폭력성을 보여 2007년 다시 병원에 입원하여 2달간 치료를 받았다. 하지만 퇴원 후 조용한 듯 하던 그는 점차 다시 예민하고 불안한 모습을 보이기 시작했다. 2008년(25세) 초부터 '망치소리'가 나서 잠을 잘 수 없다는 이유로 옆집 주민과 싸워 옆집 사람이 이를 견디지 못하고 이사를 가기도 했다. 사건 발생 2주 전에는 락스를 복용하여 자살을 시도하는 등 불안한 정신 상태를 보였다. 그는 여전히 다른 사람과의 따뜻한 관계를 간절히 원하면서도 다른 사람들에게 다가서는 것을 불안해하며 자신은 버림받았다고 생각했다. 주의집중 곤란, 환각, 피해망상 등 현실 검증력과 판단력의 손상 등의 정신장애로 세상에 믿을 사람이 없다고 생각했다. 그는 부모마저 나를 어떻게 해버릴 것 같은 불안감으로 인해 성실하게 생수배달업을 하던 한 집안의 장남이자 한 가정의 가장을 그 날 운동장에서 살해했다.

할 수 있다(윤정숙·탁희성, 2013). 셋째, 한 사람을 대부분의 다른 사람들과 비교해서 그가 많은 일탈행동을 보일 때 이를 비정상이라고 할 수 있다(윤정숙·탁희성, 2013). 예를 들면, DSM-5에서 지적 장애는 지능검사(Intelligent Test; IQ test)를 통해서 그 점수로 분류한다. 분류의 기준은 아래 〈표 6-1〉과 같다. 그러나 DSM-5는 모든 심리적인 특성에 통계적인 기준을 제공하지는 않는다. 다만 지적 장애를 포함한 일부 정신장애에 한해서만 아래 〈표 6-1〉과 같은 통계적인 기준을 제시하고 있다.

표 6-1 지적/장애 진단의 단계적 분류

경도(mild)	중등도(moderate)	중도(severe)	심도(profound)
75%~90%의 모든 지적 장애	10%~25%의 모든 지적 장애	10%~25%의 모든 지적 장애	10%~25%의 모든 지적 장애
IQ: 50~70	IQ: 35~49	IQ: 20~34	IQ: <20
모든 영역에서 약간 발달이 느림	눈에 띄게 느린 발달, 특히 언어의 경우	확연하게 발달이 느림	모든 영역에서 확연하게 발달이 느림
초등학교 고학년 수준의 지식습득	초등학교 1~2학년 수준의 지식 습득	4~6세의 정신연령	영아기 수준의 정신연령

출처: DSM-5; Daily & Holmes, 2000 기준을 재인용

이상행동의 진단 02

오랜 기간 동안 심리학자들은 정형화된 설문지를 이용해서 범죄자들을 진단하는 데 노력해왔다. 1960년대부터 법의학 진단척도라는 이름의 질문지들은 범죄자들에게 범죄심리와 관련된 구체적인 질문을 제공하고, 이를 바탕으로 재판과정에서 범죄행동과 정신병에 관한 전문적인 의견으로 활용되어 왔다(Grisso, 2003). 범죄자들의 이상행동을 진단하는 척도들은 아래와 같은 역할을 한다.

① 구조화된 인터뷰를 가능하게 한다.
② 법원 혹은 형사기관에서 의사소통을 향상시킨다.
③ 진단에 사용된 경험적인 자료들이 증가함으로, 더 나은 척도를 개발할 수 있고, 정확한 진단도 가능해진다.

특히 범죄자를 진단하는 데 사용되는 척도들은 단순히 그들을 평가하거나 재판과정에서 판결에 도움을 주는 정보를 제공하는 데에만 그치지 않고, 범죄자 혹은 범죄와 관련된 많은 곳에 더 많은 정보를 제공하는 역할을 했다(Zapf & Roesch, 2008). 1960년대에 사용된 초기 척도들은 대부분 체크리스트나 간단한 질문에 답하는 정도였지만 이후 좀 더 정확한 척도들이 계발되면서 자가진단척도(self-report questionnaire), 점수화하지 않는 면접척도(interview-based instrument without scoring), 그리고 점수화한 면접척도(scored interview-based instrument)로 발전해 왔다(Zapf & Roesch, 2008).

(1) 법적 책임을 위한 기준

정신장애가 의심되는 범죄자에게 책임을 묻기 위한 여러 가지 논의가 있었다. 먼저 범죄자가 재판에 설 수 있는 인지적 능력이 있는가를 묻는 것이다. 물론 각 나라마다 고유의 법적 책임을 묻는 기준이 있지만 이 절에서는 미국의 경우를 들어 설명하고자 한다. 미국의 경우, 크게 두 가지 기준인 비합리성(irrationality)과 강요(compulsion)라는 기준을 사용한다. 즉, 어떠한 사람이 그 범죄를 비합리적인 생각을 하고 있는 정신상태에서 저질렀다면 이는 법적 책임을 면할 수 있는 기준으로 사용한다. 또한, 그의 범죄가 어떠한 강요에 이끌려 범죄자 자신의 의지와 능력으로는 범죄행동을 통제할 수 없었을 경우도 이에 해당한다. 이러한 범죄자의 법적 책임을 위한 기준은 시간이 지남에 따라 변화되었는데 〈표 6-2〉와 같이 총 여섯 번의 변화과정을 거쳤다.

이와 같이 여섯 가지의 정신장애에 대한 범죄의 법적 책임에 대한 기준은 비슷해 보이지만 엄밀히 따지면 다르다. 그러나 이런 원칙들은 법을 적용하는 데 참고가 될 뿐, 절대적인 기준이 되는 것은 아니다. 연구결과에 따르면, 정신질환이 의심되어서 정신감정을 신청하는 경우는 일반적으로 증거가 아주 명확하거나 아주 중대한 판결을 받을 경우로 한정되는 경향이 있다(Bartol *et al.*, 2005). 또한 정신병으로 인해서 무죄판결(Not Guilty by Reason of Insanity: NGRI)을 받는다 하더라도 그 사람은 즉시 병

표 6-2 미국의 정신질환 범죄자에 대한 법적 기준 변천 과정

a) 맥노튼 규정(M'naghten Rule): 이 법칙은 1843년에 처음 적용되었는데, 범죄의 면책을 요구하려면 범죄자가 자신의 행위가 잘못되었음을 그리고 그가 하는 행동의 특성이나 심각성을 자신이 앓고 있는 정신질환으로 인해서 지각하지 못했다는 것을 명확하게 증명해야 한다.

b) 더럼 규정(Durham Rule): 만약 범죄가 정신장애의 결과라면 기소는 법적인 책임을 가지지 않는다.

c) 브라우너/엘리 규정(Brawner/ALI Rule): 어떤 사람이 범죄를 저지르는 시점에서 법이 금지하는 행동에 대한 인지능력이 없거나 그것을 판단할 만한 능력이 없다면 그는 범죄행동에 대한 책임이 없다.

d) 정신이상 보호개정법(Insanity Defense Reform Act): 범죄로 인해서 판결을 받은 사람이 정신장애가 있는 경우 무죄가 되어야 한다. 하지만 정신장애나 정신박약(mental retardation)으로 인해서 범죄를 저지르는 순간에 자신의 행동이 옳지 않다는 것을 인지할 수 없어야 한다.

e) 유죄이나 정신적으로는 질병(Guilty But Mentally Ill)의 원칙: 이 원칙은 범죄를 저지른 범죄자에 대한 비판은 인정하되 정신장애가 있다는 것을 인정하는 것이다. 따라서 정신장애를 가지고 있는 것으로 판단이 되면 유죄로서 일단 감호를 통한 치료를 한 후에 처벌하자는 주장이다. 이 원칙의 적용을 받는 경우, 대부분 치료 후 평결을 받기 때문에 그렇지 않은 범죄자보다 오랜 기간 구금되는 폐단이 발생한다.

f) 정신장애로 인한 무죄의 원칙(Not Guilty by Reason of Insanity): 이 원칙은 정신장애를 이유로 무죄가 될 경우, 범죄자는 보호와 치료가 적합한 병원에서 강제적인 치료를 받아야 한다. 대부분은 지역사회 정신병원이나 교정시설 안의 치료병동에 구금된다.

원에 입원해서 치료를 받아야 하며, 대부분의 경우, 정신병을 고려하지 않은 판결보다 더 오랜 시간을 병원에 입원해야 한다(Golding *et al.*, 1989).

(2) 정신질환 척도

정신질환이 의심되는 범죄자들에게 흔하게 사용되는 척도는 총 9가지 정도가 있고, 이는 또 세 가지 종류의 척도로 묶어서 분류할 수 있는데 그 내용은 아래 〈표 6-3〉과 같다(Zapf & Viljoen, 2003).

현재 정신질환이 의심되는 범죄자를 측정하는 척도 중 가장 많이 사용되는 것은 MacCAT-CD이다(Bonnie *et al.*, 1997). 이 척도는 82개의 문항으로 구성되어 있으며, 각 문항은 응답자의 내면적인 결정 능력을 묻는 가상적인 삽화로 이루어져 있다. 이 척도를 좀 더 구체적으로 설명하면, 먼저 응답자는 개방형 질문을 받고, 그 대답이 틀린 경우에 평가자가 정답을 알려준다. 후에 응답자는 정답에 대한 필요한 이해를 했는지를 묻는 또 다른 질문을 듣는다. 진실과 거짓을 묻는 질문이 각 항목 후에 추가되어 진행된다. 이 척도는 몇 가지 장점을 가지고 있는데, 먼저 서로 다른 응답자를 상대로 정형화된 평가를 할 수 있다는 점이다. 또한, 응답자가 이미 가지고 있는 능력과 새로운 정보를 습득하고 적용하는 능력을 구별해서 측정할 수 있다. 그러나 이 척도의 한 가지 단점은 이 척도를 마치는 데까지는 적어도 두 시간 이상이 걸린

표 6-3 정신질환 척도의 종류

a) 체크리스트, 자가진단 혹은 문장완성형 척도
- a-1) CADCOMP: Computer-Assisted Determination of Competency Procedure
- a-2) CST: Competency Screening Test

b) 점수화되지 않는 면접척도
- b-1) CAI/RCAI: Competency Assessment Instrument/Revised Competency Assessment Instrument
- b-2) CAST-MR: Competence Assessment for Standing Trial for Defendants with Mental Retardation
- b-3) FIT-R: Fitness Interview Test-Revised
- b-4) GCCT: Georgia Court Competency Test
- b-5) IFI: Interdisciplinary Fitness Interview

c) 점수화된 면접척도
- c-1) PCL-R: Psychopathy for Clinical, Legal, or Research Purpose
- c-2) ECST-R: Evaluation of Competency to Stand Trial-Revised
- c-3) MacCAT-CD: MacArthur Competence Assessment of the Competence of Criminal Defendents

다는 데 있다. 이러한 단점을 보완하기 위해서 원래 척도에서 몇 가지 중요한 항목만을 뽑아서 만든 여러 가지 척도들이 사용되기도 한다.

적용 사례 1: 사례를 통해서 보는 정신이상 진단의 예(Greene & Heilbrun, 2013)

제이미 설리번(Jamie Sullivan)은 작은 슈퍼에서 저지른 방화, 절도 및 살인 혐의로 구속된 24살의 남자이다. 그는 가게 문이 닫히기 몇 시간 전에 침입해 야간 관리책임자를 위협한 후 현금 $800을 빼앗고 살인한 후에 가게에 불을 질렀다. 그가 도주하는 것을 본 목격자의 증언을 바탕으로 경찰은 몇 시간 뒤 그를 붙잡았다. 그는 정신지체를 가지고 있었다. 그는 8학년 때에 학교를 그만두었고, 정신과 의사로부터 아이큐가 68이라는 진단을 받았다. 그는 이름과 몇몇 아주 단순한 글자 외에는 글을 쓰지 못했고, 약물을 사용한 기록과 몇 달간 소년원에 수감된 범죄기록도 가지고 있었다. 그를 담당한 변호사는 그의 정신질환을 들어 재판을 받기에 적합하지 않다고 판단하고, 정신과 의사에게 진단을 의뢰했다. 정신과의사는 설리번과의 몇 시간에 걸친 인터뷰 후에 다음과 같은 사실을 발견했다. 그의 현재 아이큐는 65이며, 환청이나 망상의 증상은 가지고 있지 않다. 하지만 그는 아주 강한 종교적인 신념을 가지고 있었는데 그것은 '하나님은 그의 모든 자녀들을 지켜보고 계시고, 따라서 그의 자녀들에게는 아무 일도 일어나지 않는다'라고 주장했다. 정신과의사는 설리번에게 다음과 같은 몇 가지 질문을 던졌다.

의사: 당신이 무엇 때문에 잡혔다고 생각합니까?
설리번: 가게에 불을 지르고, 가게주인을 살해했기 때문이죠.
의사: 다른 것은요?
설리번: 사람들이 내가 가게주인을 죽였기 때문이라고도 하더라고요.
의사: 배심원들이 당신에게 유죄를 내리면 어떤 일이 일어나겠습니까?
설리번: 전기의자로 가겠죠. 하지만 하나님은 나를 지키고 계시죠.
의사: 재판에서 판사의 역할은 무엇입니까?
설리번: 그는 모두에게 무엇을 해야 할지 말해주죠.
의사: 누군가 재판정에서 거짓말을 하면 무슨 일이 생길까요?
설리번: 그에게 아주 화나겠죠.
의사: 다른 것은요?
설리번: 내 변호사에게 진실을 말하구요.
의사: 당신의 변호사는 재판에서 무엇을 합니까?
설리번: 내가 죄가 없다는 것을 보여주죠.

의사: 어떻게 그가 최선을 다하죠?

설리번: 제가 가게주인을 해치지 않았다는 것을 말하도록 도와주죠. 저는 가게주인을 좋아해요.

의사: 검사는 재판정에서 무엇을 하나요?

설리번: 제가 유죄를 받도록 하죠.

의사: 누가 유죄나 무죄를 결정하나요?

설리번: 배심원이요.

이 사건의 재판정에서 정신과 의사는 설리번이 정신지체를 앓고 있다고 증언했다. 그렇기 때문에 그는 이해력이 정확하지 않다고 보고했다. 하지만 정신과 의사는 설리번이 재판이나 법정에 대한 기본적인 지식이 있다고 증언했다. 판사는 이를 근거로 설리번이 재판에 설 수 있는 상태라고 판단했고, 배심원들은 그에게 유죄를 내렸다. 결국 판사는 그에게 종신형을 선고했다. 미국에서 설리번처럼 정신질환으로 인해 재판을 받을 수 없다고 진단을 요구하는 사람의 수가 매년 6만여 명에 이른다(Poythress, 2002). 정신질환자의 범죄행위를 미법정에서 어떻게 처리하는지를 단적으로 잘 그린 영화로, 1986년에 리차드 기어와 에드워드 노튼이 주연한 '프라이멀 피어(primal fear)'가 있다. 그 영화에서 변호인, 판사, 검사 등이 정신질환자의 법적 책임 여부를 진단하는 일이 얼마나 어려운지 잘 묘사되어 있다.

적용 사례 2: PCL-R을 Dexter Morgan 드라마의 주인공에 적용하여(Greene & Heilbrun, 2013)

사이코패스를 진단하는 척도로 자주 사용되는 PCL-R은 20개 문항에 대해서 0점(전혀 적용되지 않는 경우)~2점(면접자에게 합리적으로 적용되는 경우)까지 점수화된 척도이다. (PCL-R에 대해서는 제7장에서 상세하게 설명할 것이다). 최고 점수는 40점이며 미국의 경우, 30점 이상이면 사이코패스로 진단하고 있다(Semple & Smyth, 2013). 이 척도를 경험적으로 연구한 결과, 척도의 신뢰도와 타당도는 성별, 국가, 범죄종류에 상관없이 .07 이상으로 높게 나타났다(Forth *et al.*, 1996; Hare, 1999; Hare *et al.*, 2000). PCL-R이 높은 사람은 충동성, 공격성, 음모성과 긍정적인(+) 상관관계가 있는 것으로 나타났으며, 애정이나 감정이입과는 부정적인(−) 상관관계를 보였다(Skeem *et al.*, 2011). 즉 이 척도에서 높은 점수를 받은 사람은 충동성, 공격성, 음모성이 높은 반면, 애정이나 감정이입은 낮은 것으로 평가된다. PCL-R 척도는 아래와 같이 총 5가지 영역과 영역별 4~5개의 하위질문들로 구성되어 있다(구체적인 질문내용에 관해서는 제7장에서 설명할 것이다).

a) 대인관계 영역: 허세가 심함, 떠벌리는, 병적인 거짓말, 교묘하게 조종하는
b) 감정 영역: 후회나 죄책감 결여, 감정이입 결여, 책임감 결여
c) 삶의 방식 영역: 현실성 결여, 충동성, 무책임성
d) 반사회성 영역: 행동통제, 유(청)소년기 행동문제, 청소년범죄
e) 기타 영역: 짧은 결혼생활, 문란한 성관계

덱스터 모건(Dexter Morgan)은 덱스터라는 드라마에서 주인공이며 그는 유머감각이 있고, 잘생긴 사람이다. 드라마에서 그는 동료나 약혼자에게는 마이애미 경찰서에서 살인사건을 담당하는 형사이다. 하지만 그는 동시에 '어둠의 방문객'이라는 내면의 명령에 따라 연쇄살인을 일삼는 연쇄살인범이다. 주인공은 어린 시절 마이애미 경찰서에서 일하던 양아버지와 함께 살았는데 그의 아버지는 규율을 어기는 자에게는 그에 상응하는 엄격한 벌을 받는 것이 합당하다고 가르쳤다. 이에 따라 드라마 주인공은 살인죄를 저지른 사람들을 차례로 죽이는 역할을 했다. 실제로 그와 같은 사람이 우리 사회에 있을까? 우리는 PCL-R 척도를 사용해서 그와 비슷한 사이코패스를 가진 사람들의 특성을 살펴보고자 한다.

미국 드라마 덱스터의 주인공은 전형적인 사이코패스적 기질을 가지고 있다. 사진은 드라마 '덱스트(dexter)의 스틸 컷
출처: br.blastingnews.com/tv-famosos/08/dexter-pode-voltar-as-telinhas-00513003.html

표 6-4 미국 드라마 주인공으로 본 PCL-R척도 결과

영역	덱스터의 예
허세가 심함	어려운 상황들을 아주 쉬운 것처럼 이야기한다.
병적인 삶	거짓말을 자주하지만 어떤 이해할만한 동기가 있다기보다는 자기방어적인 경우가 많다.
교묘함	살인 대상자를 잡기 위해 계략이나 속임수를 써서 조심스럽게 계획한다.
후회나 죄책감 결여	피해자에게 자신의 감정을 드러내지 않는다.
자극을 원함	때때로 살인을 갈망하며, 살인행위를 통해 만족감을 얻는다.
실패자의 삶	아니다. 그는 아무에게도 도움을 청하지 않고 좋은 직장을 가지고 있다.
행동통제 못함	아니다. 그는 매우 조심스럽게 행동하며 계산적이다.
무책임함	아니다. 그는 직장에서 인정받으며 그의 직업을 잘 수행한다. 그는 직장이나 가정의 관계나 일에서 평범한 삶을 유지한다.
초기문제행동	심각한 문제가 될 만한 행동들을 보인다. (예를 들어, 이웃의 애완동물을 죽임, 학교 친구를 테이프로 감고 위협하는 행위 등)

범죄와 관련된 정신장애 분류 및 특성

03

정신이상의 진단과 통계 매뉴얼(DSM-5)은 그동안 발전을 거듭하여 1980년까지 다섯 번의 개편작업을 거쳤다. DSM-5에서 논하는 16가지의 정신장애 범주 중에서 주로 범죄를 저지르는 사람들과 관련된 정신장애는 조현병, 우울증, 조울증 등으로 알려져 있다(Baillargeon *et al.*, 2009). 따라서 이 절에서는 실제 범죄에서 가장 흔하게 나타나는 정신장애(정신병, 신경증, 인격장애, 약물과 관련된 장애, 성과 관련된 장애)의 정의와 그 특성에 대해서 논하도록 하겠다.

(1) 정신질환(psychosis)

정신질환자의 가장 큰 특징은 현실감각의 상실이다. 이러한 병을 가진 사람은 환상과 현실을 잘 구별하지 못한다. 이들은 냄새를 맡고, 소리를 듣고, 사물을 보아도 이런 지각은 실제의 것과 다르다고 생각한다. 예를 들어, 지나가던 사람이 도끼를 들고 자신을 공격하는 환청과 환시를 경험한다면 자기방어를 위해 그 정신질환자는 그 사람을 해치거나, 본인 스스로 그 사람으로부터 도망갈 것이다. 그런 전형적인 예가 서두의 한국사례에서 소개된 김모씨이다. 그는 환각, 환청, 피해망상 등에 시달렸으며, 이로 인해 여러 차례 정신과 치료를 받기도 했다. 특히 환청에 의한 판단력과 현실감각 상실의 결과, 한 가장을 아무런 원한 없이 살해했다.

1) 조현병(schizophrenia)

조현병의 가장 큰 증상은 망상(delusion), 환각(hallucination), 비합리적 사고 및 일관성 없는 언어로 나뉜다. 나라마다 서로 다른 유병률을 가지고 있는데 미국이나 영국의 경우에는 1% 정도인 것으로 알려져 있으며(Kring & Davison, 2007; Perälä *et al.*, 2007), 한국은 0.1%로 보고되고 있다(홍진표 외, 2017). 이 증상은 양성증상과 음성증상으로 나뉘는데, 양성증상은 정상적인 기능의 왜곡이나 지나친 경우를 말한다. 음성증상은 정상적 기능의 부재로 나타난다. 양성증상의 징후로는 망상, 환청/생각장애 혹은 이상한 행동으로 나타난다. 망상은 분명한 증거가 있음에도 불구하고 외부세계에 대한 잘못된 믿음을 가지는 행동으로 나타난다. 환각은 환시, 환청, 환상을 모두 포함하지만 대부분의 경우 환청이 주를 이룬다. 비합리적 사고는 횡설수설이나 논점이 없는 말과 같이 생각이 정리되지 않은 채 그대로 드러나는 것을 말한다. 이상행동은 어린아이같이 웃거나, 화내거나, 이상한 표정이나 행동으로 나타난

표 6-5 조현병의 하부 유형

유형	증상 및 특징
망상형 (paranoid type)	정신분열 장애 환자에게 가장 빈번하게 내려지는 진단이 바로 망상형이다. 이 장애는 일차적으로 인지적인 행동에서 드러나는데, 망상과 계속적인 심한 의심이 특징적이다. 이들은 자신의 주변 세계를 잘못 해석하는데, 비록 상황을 정확하게 평가할 능력이 있더라도 대부분의 사람들이 나타내는 반응들을 저항적으로 받아들인다.
긴장형 (catatonic type)	이 유형의 정신분열 장애가 있는 사람은 말하기를 거부하고, 움직이지 않고, 뻣뻣하게 있거나 극도로 안절부절 못할 수 있다. 또한, 얼굴 찡그림, 다른 사람의 행동이나 버릇, 말 등을 반복적으로 모방하기도 한다. 초조성 긴장행동이 있는 사람은 극단적인 흥분, 계속적으로 말하고 고함지르기 등의 모습을 보이기도 한다. 이러한 긴장성 흥분을 장기간 지속적으로 경험하는 환자는 다른 사람에게 대단히 파괴적이고 폭력적일 수 있다.
해체형 (disorganized type)	해체형은 전반적으로 와해된 행동, 둔화된 또는 극도로 부적절한 정서반응을 보인다. 그들은 마치 애들처럼 사회적 관습을 무시하며, 때를 못 가리고 함부로 소변이나 대변을 볼 수도 있다. 낄낄거리거나 바보같은 행동을 습관처럼 하거나, 설명할 수 없는 동작을 취하는 경우도 흔히 있다.
미분화형 (undifferentiated type)	미분화형은 조현병의 진단 기준을 충족시키지만 위 3가지 중 어디에도 포함되지 않는 환자에게 적용된다.
잔류형 (residual type)	잔류형은 증세가 경감되어 조현병의 기준을 완전히 충족시키지는 않게 되었지만 아직도 일부 증세가 남아있는 경우를 의미한다.

다. 음성증상은 많은 경우, 동기가 없거나 목적, 목표가 상실된 상태에서 주로 나타난다. 예를 들면, 외부의 자극에도 아무런 표정이 없거나, 아무 생각 없이 말을 하거나 대답하는 경우를 들 수 있다. 또한, 재미있는 어떤 행동이나 관계에 아무런 감동이나 흥미를 느끼지 못하는 상태도 조현병의 부정적 증상 범주에 속한다. 이러한 증상은 조현병의 종류나 상태에 따라 다르다. 조현병으로 진단받기 위해서는 이 같은 증상 가운데 두 개 이상이 있어야 하고, 이 증세는 상당기간 동안 지속되어야 한다. 즉, 6개월 이상 위에서 언급한 특징적 증상이 나타나는 활동기를 적어도 1개월 정도 포함하고 있어야 한다. 조현병은 다섯 가지 하위항목으로 분류되는데 이것들의 특징은 〈표 6-5〉와 같다.

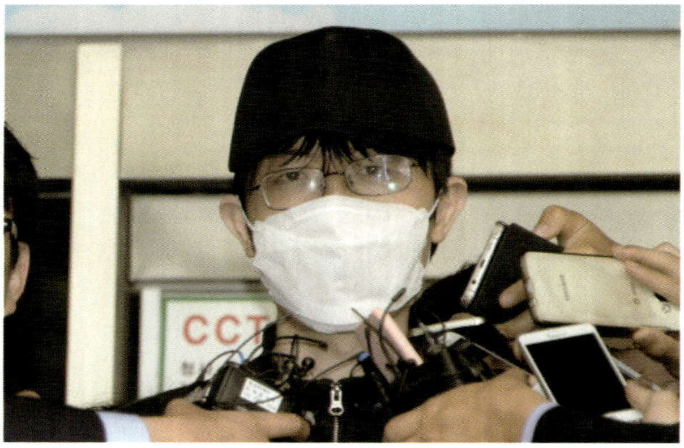

강남역 화장실 살인사건의 범인인 김성민은 2016년 5월 17일 새벽에 서울시 서초구 노래방 화장실에서 불특정한 여성을 칼로 찔러 살해했다. 검거 후 경찰조사 결과, 김성민은 과거 조현병을 앓고 있었던 것으로 드러났다.
출처: https://www.newstomato.com/one/view.aspx?seq=723747&repoter=%ED%99%8D%EC%97%B0

조현병세로 범죄를 저질렀지만, 법원에서 정신장애로 판단되어 무죄선고를 받은 사건은 다음 〈CASE 1〉에 잘 나타나 있다.

CASE 1

전 미국 대통령인 레이건을 암살하려던 힌클리(Hinkley)는 무죄로 풀려났다. 왜냐하면 그의 행동에는 미국 대통령을 암살하려는 범행의도가 없었고 단지 조현병 증세 때문에 자신의 의지와 관계없이 총을 쏘았기 때문이다.

조현병과 범죄와의 관련성을 살펴보면, 정신분열을 가지는 범죄자의 경우, 일반범죄자에 비해서 그 빈도는 낮으나 범죄의 잔혹성은 상당히 높은 것으로 나타난다. 핀란드의 경우, 조현병을 앓는 범죄자가 그렇지 않은 범죄자보다 살인을 저지를 확률이 10배 정도 높은 것으로 나타났다(Eronen *et al.*, 1996). 여러 논문을 한꺼번에 분석한 메타분석(Meta-analysis)의 연구결과, 정신분열과 살인에는 깊은 상관관계가 있으며 전체 살인범 중 6.48% 정도가 조현병을 앓고 있는 것으로 나타났다(Large *et al.*, 2009). 한국의 경우, 살인사건 중 존속살인을 분석한 연구에서 조현병으로 인한 살인이 43.1%로 다른 정신장애에 비해 가장 높은 비율을 차지하고 있다는 주장도 있다(정성국 외, 2009). 또한, 이러한 결과는 존속살인을 한 집단에서 조현병을 가지고 있는 사람의 비율이 그렇지 않은 집단보다 약 40배 정도 높은 비율로 나타났다(정성국 외, 2009).

2) 정동장애(mood disorders)

정동장애는 감정의 상태가 꾸준하거나 시시때때로 변하는 상태를 말한다. 정동장애는 크게 우울증(depression)과 조울증(bipolar: manic-depressive)으로 나뉜다. 우울증은 대부분의 경우 감정이 침체되거나, 심하게 걱정을 하거나, 늘 화가 나 있는 상태를 말한다. 이러한 사람들은 병약한 모습이거나 눈의 초점을 맞추지 못하거나 말을 잘 하지 않는다. 이 장애가 있는 사람은 죄책감에 빠져 있기도 하고, 스스로를 폄하하거나 어떠한 일에 집중을 못하고, 희망이 없으며 자살이나 죽음에 대해 자주 생각하는 경향이 있다. 우울증 중에서 특히 산후우울증은 범죄와 깊은 상관관계를 가진다. 일반적으로 우리 사회에서 우울증을 '마음의 감기' 정드로 여겨 대수롭지 않게 취급하는 경향이 있는데, 우울증이 심할 경우 극단적인 살인범죄로 연결될 수 있다. 또한, 우울증의 부정적 증상이 자신에게 향하면 자살로 생을 마감하기도 한다. 우울증 환자들은 스스로의 고통이 끝나지 않을 것으로 판단하여 자살기도를 시도하는 증상을 나타낸다. 우울증 환자들은 수면장애 증상도 함께 가지고 있는 경우가 많다. 즉 식용과 수면 문제가 심각하여 일상생활을 유지하기가 힘든 경우가 많다. 자살하는

조울증은 조증과 우울증이 주기적으로 반복되는데 조증일 때가 훨씬 더 위험하다. 우울증 환자의 자살시도율은 15%인 데 반해 조울증 환자의 자살시도율은 25% 정도이다.
출처: http:/www.healthpress.co.kr/news/articleView.html?idxno=1393

사람의 약 90% 정도가 정신장애를 가지고 있으며 그중 80%는 우울증을 가진다는 보고도 있다(윤정숙·탁희성, 2014). 우울증은 선천적일 수도 있고, 후천적으로 극심한 긴장이나 스트레스의 결과로 나타날 수도 있다. 선천성은 뇌의 신경전달 물질 중 하나인 세로토닌의 부족으로 세로토닌과 그 수용체의 문제 때문에 나타난다.

한편, 조울증은 우울과 조증을 동시에 가지고 있는 경우로 주기적으로 우울 증상과 조증 증상이 반복된다. 우울의 증상은 우울증과 비슷하거나 더 심하며 조증의 증상으로는 외부 세계에 대한 어떠한 고려도 없이 지칠 줄 모르는 에너지를 발산하고, 충동적이며, 과도한 행동을 한다. 조울증환자는 대체적으로 합리적인 정서나 행동을 하지 못한다. 조울증으로 진단받기 위해서는 DSM-5에 제시된 조증의 대표적인 증상(과도한 자기존중감 혹은 심하게 과장된 자신감, 수면에 대한 욕구 감소, 평소보다 말이 많거나 빨라짐, 사고의 비약 혹은 사고가 연달아 일어나는 주관적인 경험, 주의산만, 목표지향적 활동증가, 고통스런 결과를 가져올 수 있는 위험한 활동에 몰두) 중 3가지 이상이 일상생활 가운데 심각하게 나타나야 한다. 이러한 정동장애는 만성적으로 진행되는 경우가 많으며 약물중독장애와 밀접한 연관이 있는 것으로 보고되고 있다(McMurran *et al.*, 2013). 아래 〈CASE 2〉는 정동장애를 앓고 있는 환자들이 저지른 비속살인을 소개한 내용이다.

CASE 2

재판부는 박모(42)씨에게 징역 30년을 선고한 원심을 깨고 징역 22년을 선고했다고 5일 밝혔다. 또 박씨에게 치료감호를 명령했다. 재판부는 “박씨가 별다른 문제없이 학창 시절을 보냈으나 군대에서의 사고로 충격과 스트레스에 시달리다가 양극성 정신장애 증상을 보여 오랜 기간 치료를 받았다”며 “지난 1월부터는 가족들의 보호에서 벗어나 정신과 치료약물 복용을 임의로 중단하면서 상태가 심해져 심신미약 상태에서 범행을 저질렀다”고 판단했다. 23살인 1997년부터 심한 조울병을 앓고 있던 박모씨는 온라인 도박을 즐기는 등 행동으로 동생, 아버지 등 가족들과 사이가 멀어져 어머니와 주로 지내온 상태였다(뉴스원, 2017년 11월 5일).

3) 편집증(paranoid psychosis)

편집 증세를 보이는 사람들은 비논리적이고, 망상적이며 타인을 믿지 못하는 특성을 지닌다. 이들은 생각 자체가 아주 복잡하지만, 비논리적인 사고 속에서 논리 정연한 편견을 갖는다. 또한 이들은 한 가지 일에 온 정신에너지를 집중하고 그곳에서 벗어나지 못한다. 이런 증상을 보이는 사람은 주로 종교적 의식과 이단종교에 빠져 일반인들을 위험에 빠뜨리는 경향이 강하다.

사진은 2016년 10월 오패산터널 총격 살해범 성병대로 그는 편집증적 망상에 사로잡혀 범죄를 저질렀다. 그는 피해자인 부동산업자 이모씨가 평소 자신을 경멸스럽게 바라보거나 암살하려는 망상에 빠져 범죄를 저지른 것으로 드러났다.
출처: https://www.yna.co.kr/view/MYH20161028020900038

CASE 3

A(83)씨는 2003년 목사 안수를 받은 뒤 부인 B(77)씨 등 가족과 함께 미국 뉴저지로 건너가 교회를 세웠다. 그러다 2010년 말 지인의 소개로 C(64)씨를 만났다. C씨는 하나님의 말씀을 전하는 '무명의 선지자'라고 자신을 소개하면서 A씨를 보자마자 "붉은 용(마귀)의 영이 있다"고 경고했다. 마침 붉은 용이 나오는 꿈을 꾼 적이 있던 A씨는 C씨를 믿었다. 이때부터 A씨의 가족에 대한 C씨의 간섭이 시작됐다. 집안 가구 배치, 벽지 색깔, 옷 색깔 등을 정해줬다. 2014년 C씨는 A씨의 가족과 신도들에게 하나님의 말씀이라며 "미국에서 전쟁이 일어나니 한국의 가평 같은 산간지역으로 피신해야 한다"고 강조했다. A씨 가족은 부동산 등 재산을 처분한 뒤 C씨와 함께 가평으로 이주했다. 그러면서 전쟁 대비 물자를 사야 한다며 A씨의 재산을 사용했다. 전쟁이 일어나지 않자 많은 신도가 떠났다. 그런데도 C씨는 이번 전쟁이 영적인 전쟁이었는데 기도 덕분에 승리했다고 속였고 A씨 가족은 이를 그대로 믿었다. C씨의 간섭은 더 심해졌다. 하나님 말씀에 부합하는 삶을 살아야 한다며 A씨 가족의 TV 시청과 인터넷 사용, 전화통화 등을 금지, 외부와 차단했다. 밥도 식탁에서 먹지 못하게 했다. 심지어 노인인 A씨 부부에게 아기처럼 순수해져야 한다며 유아용 TV 애니메이션을 시청하거나 동화책을 읽게 했다. 붉은 용의 장난으로 A씨가 화장실을 오래 쓴다며 다른 신도에게 지켜보게 했다. 그럼에도 C씨를 절대적으로 신뢰한 A씨 부부는 거부 반응을 보이지 않고 오히려 고마워했다. 지난해 10월 아들의 가출과 일탈 등으로 힘들어하던 A씨 부부는 "천국에 가고 싶다"는 말을 자주 했고 C씨는 "하나님에게 가서 응답을 받아라"고 사실상 자살을 교사했다. 한 달 뒤 C씨는 A씨 부부의 딸 D씨와 함께 자살 장소를 물색한 뒤 A씨 부부를 차례로 데리고 나와 승합차에 태운 뒤 북한강 변에 버렸다. A씨는 다음날, B씨는 4개월 뒤인 지난 3월 24일 각각 북한강 변에서 숨진 채 발견됐다(연합뉴스, 2018년 7월 1일).

위 〈CASE 3〉는 심한 편집증세를 보인 전형적인 예이다. 이들의 정신에너지가 밖을 향하지 않고, 붉은 용이라는 광신적 신념에 젖어 있었기에 자살로 끝나고 말았다.

4) 해리장애(Dissociative disorders)

해리장애는 다른 말로 '다중인격장애' 라고도 한다. 해리장애는 최근에 해리성 인격장애(dissociative identity disorder)로 명칭이 바뀌었는데 한 사람 안에 각각 자신만의 뚜렷한 두개 이상의 인격을 가진 것을 말한다(영화 '프라이멀 피어'에서 주인공 에드워드 노튼은 해리성장애를 가진 살인범으로 묘사된다). 이 장애를 가진 사람은 아주 중요한 개인적인 정보에 대해서 쉽게 답하지 못하는 증상을 나타낸다. 해리장애를 가진 사람이 나타내는 흔한 증상으로는 우울, 기분의 갑작스런 변화, 자살의 징후들, 수면장애 (불면, 악몽 등), 공황발작, 술이나 약물남용, 환각증상 등이 있다. 범죄자에게서 보이는 해리성 인격장애는 다음과 같은 특징을 보인다. 첫째, 해리 기억상실증(dissociative amnesia)이다. 이것은 어떠한 사건을 정신적 외상이나 극심한 스트레스 상황으로 기억하지 못하는 것을 말한다. 두 번째 특징은 해리배회(dissociative fugue)이다. 이것은 집으로부터 갑자기 먼 곳으로 나가는 것을 말하며 자신이 한 행동에 대해 전혀 기억하지 못한다. 이러한 증상은 한 사람 안에 이성이나 새로운 이성이 있다는 것에 대해 혼란을 일으킨다. 세 번째로, 이인장애(depersonalization disorder)가 있다. 이것은 자신의 감정을 인격으로부터 분리시키는 것을 말한다. 하지만 감정의 분리로 현실세계에서 벌어진 일을 기억하지 못하는 것은 아니고, 단순히 자신이 겪는다는 감정을 느끼지 못할 뿐이다. 이런 세 가지 해리성 인격장애는 모두 한 사람의 삶에 심각한 영향을 미치지만, 신체적인 질병으로 인한 징후거나, 술이나 약물을 사용한 경우에는 해리성장애로 진단되지 않는다. 현실 세계에서 해리성장애로 범죄를 저지르는 경우는 아래 〈CASE 4〉와 같이 나타날 수 있지만, 실제로 우리 사회에서 이런 해리성 장애관련 범죄는 거의 발생하지 않는다.

다중인격장애 범죄자의 심리를 잘 묘사한 1996년 상영작 'primal fear'의 포스트 장면. 이 영화에서 애드워드 노튼은 다중인격장애 때문에 살인을 저지른 것으로 연기하지만 현실 세계에서 다중인격장애와 범죄와의 관련성은 찾아보기 힘들다.
출처: movierob.wordpress.com/2017/03/23/movies-from-the-hat-v-19-satus-pick-primal-fear-1996

CASE 4

일본 사법부는 다중성격(multiple personality)의 논쟁을 불러일으키게 했던 한 살인범에 대해 사형을 선고했다. 이먀자키 쓰도무(34, 인쇄공)라는 사람은 4~7세의 어린이 4명에게 사진을 찍어 준다고 유괴, 추행한 뒤 잔혹하게 목 졸라 살해했다. 범행 후 그는 소녀들의 유골을 상자에 담아 부모에게 우송하는가 하면, 범행 성명서와 고백문을 신문사와 부모에게 보내기도 했다. 1989년 7월 경찰에 검거된 후 시체 일부를 먹었다고 진술해서 일본사회를 경악케 했다. 변호인단은 피고인이 정신병의 일종인 다중성격자이므로 정상을 참작하라고 호소하였으나 법정은 "인격 장애의 범주에 속하나 정신병 상태는 아니다"라고 판단해 사형을 선고했다. 이 사건은 1심에서만 7년 이상을 끌었다.

(2) 신경증(neurosis)

사회의 발달과 더불어 신경 증세를 보이는 사람들이 점차 늘고 있다. 이 증세의 가장 두드러진 특징은 지나친 걱정, 통제하기 어려운 흥분이다. 이러한 정서를 경험하는 사람은 불쾌감을 덜기 위해 어떤 행동을 시도한다. 예를 들어, 대인관계를 기피하거나, 매시간 손을 씻는다거나, 엘리베이터를 피하거나 비행기를 타지 않는 등의 행동을 주로 한다. 아래 기술할 신경증의 증상은 언뜻 보면 정신질환(psychosis)과 비슷하지만 이를 구별하는 가장 간단한 방법으로, 정신질환자는 자신의 문제를 깨닫지 못하지만, 신경증 환자는 자신의 문제를 잘 알고 있다는 가장 큰 차이점이 있다. 예를 들면, 매시간 손을 씻는 사람은 자신의 행동이 다른 사람의 행동과 다르다는 것을 잘 알고 있지만, 손의 균을 제거하기 위해서 어쩔 수 없이 그러한 행동을 계속한다. 하지만 정신질환을 앓고 있는 사람들은 자신의 행동이 다른 사람과 다르거나 이상하게 보인다고는 생각조차 못하는 경향이 강하다.

현대사회에서 발생하는 신경증 중 대표적인 증상은 직장 내 괴롭힘 등의 이유로 주로 나타나는 대인기피증을 들 수 있다.
출처: https://pxhere.com/ko/photo/896863

1) 불안장애(anxiety disorder)

(이미 제3장, 범죄자의 심리적 특성 II에서 살펴본 것처럼) 불안장애는 일상생활에서 느끼는 걱정스러운 감정과는 매우 다르다. 즉, 예상할 수 있는 일들에 대한 걱정과는 다르게, 이 장애는 일상생활을 불가능하게 할 정도로 참을 수 없는 감정을 말한다. 불안장애는 크게 외상후스트레스장애(post-traumatic stress disorder), 급성스트레스장애(acute stress disorder), 강박장애(obsessive compulsive disorder), 공황장애(panic disorder)로 나뉜다. 먼저, 외상후스트레스장애는 어떠한 사건에서 경험한 신체적 혹은 심리적 증상을 반복해서 경험하는 것을 말한다. 대표적인 증상으로는 격한 울음, 희망

강박장애 환자는 1997년 영화 'as good as it gets'의 잭 니콜슨처럼 더러운 병균이 자신에게 묻는 것을 극도로 두려워하여 항상 장갑을 끼고 다니는 증상으로 나타날 수도 있다. 사진은 영화 '이보다 더 좋을 순 없다'의 한 장면
출처: www.moviehousememories.com/as-good-as-it-gets-1997-movie-review

없음, 공포, 사건과 관련된 어떠한 자극도 거부한다. 급성스트레스장애는 외상후스트레스장애와 매우 비슷하지만 이 장애는 충격적 사건 직후에서 4주까지만 나타난다. 이 장애는 해리적인 증상이 흔한데, 예를 들면, 감정이 무뎌지거나, 감정의 반응이 없거나, 주변 환경에 대한 인지를 잘하지 못하는 증상으로 나타난다. 강박장애는 되풀이되는 원치 않는 강박적인 생각이나 행동 혹은 충동 등과 관련이 있다. 보통 강박장애를 가진 사람은 강박적인 감정을 유지하기 위해서 어떤 행동을 반복적으로 하며, 어떤 목적하에 의도적인 행동을 꼭 해야 하는 감정을 가진다. 많은 경우, 강박장애를 가진 사람은 다른 사람들을 당황하게 하거나 자신이 낙인찍히는 것을 두려워하기 때문에 이런 이상한 행동을 숨기는 경향이 있다. 예를 들면, 미국영화 "As good as it gets"의 주인공인 잭 니콜슨처럼 손에 더러운 병균을 묻히기 싫어해 장갑을 끼고 다니며, 이웃과는 아예 담을 쌓고 살면서, 자신의 생활영역에 어느 누구도 침범하지 못하게 하는 행동을 보인다.

마지막으로 공황장애가 있는데, 이 장애의 가장 큰 증상은 공황발작이다. 공황장애 증상 중에는 심장의 박동이 빨라지거나, 가슴의 통증, 땀이 많이 나고, 숨이 짧아서 숨쉬기가 어려운 경우가 많다. 또한 감정을 컨트롤하기 어렵거나 죽을듯한 느낌을 경험하기도 한다. 공황장애를 경험하는 사람들은 대부분 자신이 심장마비나 발작을 경험한다고 생각한다. 불안장애의 또 다른 유형으로는 공포증(phobia)이 있다. 공포증의 증상으로는 지속적인 긴장으로 인해서 심한 짜증이나 화를 내며, 정서적, 신체적인 증상이 나타나기도 한다. 예를 들면, 두통, 수면장애, 소화불량, 땀흘림 등으로 나타난다. 공포증의 하위분류에는 특정공포증(specific phobia), 사회공포증(social phobia), 광장공포증(agoraphobia)이 있다. 특정공포증이란 어떠한 대상(인간, 물건 등)이나 상황에 대해서 필요 이상의 지나친 두려움을 가져서 회피행동을 보이는 것을 말한다. 예를 들면, 어떤 물체(놀이기구 등)를 타는 것에 대한 공포증으로 나타난다. 몇몇의 경우에는 이런 공포에 직접 노출되는 것뿐만 아니라 생각하는 것만으로도 불안의 심리적, 신체적 증상을 경험하기도 한다. 사회공포증은 다른 사람과 관계맺는 것을 두려워하는 것을 말한다. 구체적으로, 다른 사람들로부터 거절당하거나 부정적으로 평가받는 것에 대해서 극심한 두려움을 느낀다. 광장공포증은 특정한 장소 혹은 상황에 대한 공포를 의미한다. 대표적인 예로 공황발작(panic attack)이 있다. 이것은 예기치 않게 갑작스런 불안에 의해서 어지러움, 가슴통증, 메스꺼움, 죽을 것 같은 느낌 등의 심리적, 신체적 증상을 보인다. 이러한 증상이 심할 경우, 공황장애를 진단받기도 한다.

2) 충동조절장애(impulse control disorder)

(이 장애는 이미 제3장에서 자세하게 설명한 바 있다). 충동조절장애는 자신이나 다른 사람을 해할 수 있는 어떠한 유혹, 충동을 조절하지 못하는 것을 말한다. 이 장애를 가진 사람은 충동이나 긴장이 증가하면, 어떠한 행위에서 즐거움을 얻기도 한다. 그리고 그 행위를 하거나 하지 못한 것에 대한 죄책감을 느끼는 동시에 자유함(자유로움)을 느끼기도 한다. 충동조절장애의 증상은 자라난 환경, 성별 혹은 나이에 따라 다르게 나타난다. 이 장애는 각종 범죄와 깊은 상관관계를 가지고 있다. 우리 사회에서 발생하는 범죄 중 일부는 충동조절장애를 앓고 있는 사람들에 의해 저질러진다. 특히, 폭력을 동반한 강력범죄를 저지른 범죄자들의 일반적 특징으로 충동성과 공격성을 지적할 정도로 충동조절장애는 범죄와 밀접한 연관을 가지고 있다. 아래 〈CASE 5〉에 소개된 여러 가지 범죄를 저지른 범죄자들은 충동조절에 문제가 있는 사람들로 추정된다.

충동조절장애를 가진 사람은 대인폭력범죄뿐만 아니라 훔치고 싶은 충동을 억제하지 못해 필요도 없는 물건을 상습적으로 훔치는 절도범죄를 저지르기도 한다.
출처: https://www.huffingtonpost.kr/2015/09/21/story_n_8168578.html

CASE 5

평소 알고 지낸 지인을 흉기로 찌르는 등 화를 참지 못하고 우발적으로 범죄를 저지르는 분노범죄가 잇따라 대책 마련이 시급하다. 최근 대전 한 식당에서 일가족에게 흉기를 휘둘러 3명의 사상자를 낸 혐의를 받고 있는 50대 남성이 검찰로 넘겨졌다. 대전동부경찰서는 흉기를 휘둘러 1명을 숨지게 하고 2명을 다치게 한 혐의(살인 및 살인미수 등)로 A(58)씨를 기소의견으로 검찰에 송치했다. A씨가 휘두른 흉기에 찔린 B씨는 병원으로 옮겨졌으나 숨졌고, B씨 남편과 10대 아들은 다쳤다. 조사 결과 A씨는 사건 당일 피해자의 식당에서 일했던 아내가 전화로 임금과 퇴직금 지급 문제로 다투는 것을 듣고 화가 나서 식당을 찾아가 말다툼을 하던 중 범행을 저지른 것으로 파악됐다(대전일보, 2019년 12월 23일).

(3) 인격장애(personality disorder)

인격장애는 다른 사람이나 환경에 대해서 장기간 동안 잘 적응하지 못한 상태의 반응을 말한다. 이 장애는 주로 청소년기나 성인기에 나타나며 시간이 지남에 따라 증상이 줄어들거나 심해지기도 한다. 이 장애는 내적 경험이나 행동이 그가 속한 문화와는 다른 경우에 주로 나타난다. 우리나라에서 인격장애로 치료를 받는 사람은 한 해 약 1만 명 정도다. 건강보험심사평가원은 지난 2014년 한 해 1만 3,000여 명이 인격장애로 병원 치료를 받았고, 환자 10명 중 3명(29.5%)은 20대 남성이었다고 밝혔다(국민일보, 2015년 3월 3일). 인격장애 환자 3명 가운데 2명은 10~30대(63.7%)이고, 남성(68.6%)이 여성(31.4%)보다 배 이상 많았다(국민일보, 2015년 3월 3일). 인격장애는 그 특징에 따라 여러 가지로 나뉘는데 인격장애의 분류와 증상은 아래와 같다.

여러 가지 종류의 인격장애가 있지만, 주로 범죄와 관련된 인격장애는 경계성 인격장애와 반사회성 인격장애를 들 수 있다. 사진은 2010년 상영된 영화 '악마를 보았다'에서 반사회적 인격장애자인 장경철(최민식)이 여성들을 성폭행한 후 토막 살해하고 여유롭게 기타 연주까지 즐기는 엽기적인 살인마로 묘사되었다.
출처: www.hani.co.kr/arti/PRINT/434814.html

① 편집증적 인격장애(paranoid personality disorder)

이 장애를 가진 사람은 다른 사람에 대한 불신이나 의심이 아주 깊다. 따라서 다른 사람의 행동이나 말을 마치 자신을 적대하거나, 위협하거나, 모욕하는 것으로 받아들인다. 다른 사람의 말이나 행동을 잘못 해석하는 편집증적 인격장애의 특징 때문에, 이 장애를 가진 사람은 보통 타인을 차갑게 대하고 거리를 두거나 어떠한 판단 없이 갑자기 화를 내면서 공격적인 행동을 한다.

② 정신분열성 인격장애(schizoid personality disorder)

이 장애를 가진 사람은 사회생활에서 분리되어 있거나 사회관계에서 자신의 감정을 표현하는 데에 아주 제한적이다. 이 부류의 장애인은 자신이 다른 사람들로부터 냉대나 무관심을 받을 것을 걱정하기 때문에 오히려 다른 사람들을 멀리하는 경향을 보인다. 대부분의 경우 이 장애를 가지고 있는 사람은 자기 자신의 생각이나 감정에만 몰두하는 경향이 있다.

③ 경계성 인격장애(borderline personality disorder)

이 장애를 가진 사람은 친밀한 관계를 유지하고 발전시키는 일반적인 능력이 없는 경우가 많다. 이들이 경험하는 세계는 종종 심하게 변하거나, 감정이 소용돌이치거나 전혀 예측할 수 는 경우가 많다. 예를 들면, 이 장애를 가진 사람은 갑자기 어떤 사람과 가까워졌다가 조금만 소원하게 되면 단번에 상대를 거절하고 멀어지게 만든다. 아래 〈CASE 6〉의 이모씨처럼 경계성인격장애자는 생각이나 행동, 대인관계의 불안정성 등으로 비상식적인 일탈이나 범죄행동을 쉽게 저지른다.

경계성 인격장애인은 감정의 기복이 심하여 비정상저인 일탈이나 범죄를 저지르는 경향이 일반인들보다 강하다.
출처: http:/gahag.net/004857-punch-broken-glass

CASE 6

이모(29)씨는 평범한 부모 밑에서 태어났지만 세 살 때 아버지가 세상을 떠나면서 외조부모에게 맡겨졌다. 초등학교 때는 어머니와 친척들에게 번갈아가며 맡겨져 적응에 어려움을 겪어야 했다. 이리저리 옮겨 다니는 통에 학교도 가지 못하는 날이 많았다. 다시 외조부모와 함께 살게 된 그는 사춘기가 되면서 술에 입을 대기 시작했고 고등학생 때는 또래들과 어울리며 패싸움을 하거나 오토바이를 타고 다녔다. 대학에 들어가고 군대를 다녀온 뒤 그는 다시 어머니를 찾아갔다. 어머니는 거액의 빚 독촉에 시달리고 있었다. 그는 학교에 복학하지 못하고 일을 시작했지만, 궁핍한 환경에 지쳐가면서 어머니와 갈등이 잦아졌다.

결국 집을 나와 일용직으로 일하며 여기저기를 전전하다 지난해 4월 지인의 소개로 유부녀인 A씨를 만나 내연 관계가 됐다. 그러나 이모씨는 A씨가 다른 남자들과 연락을 한다고 생각해 불만을 품었고, A씨는 이모씨가 계속 같은 말을 반복하고 늦은 시간에도 전화해 곤란하게 한다며 자주 다퉜다. A씨는 그만 헤어지자고 여러 차례 말했지만 이모씨는 계속 매달렸다. 그렇게 한 달여 만남이 이어지다 일이 터졌다. A씨가 관계를 정리하려고 만남을 거부하자 이모씨는 A씨의 집을 찾아갔다. 말다툼 끝에 격분한 이모씨는 흉기로 A씨를 수차례 찔러 숨지게 했다. 서울고법 형사5부(김상준 부장판사)는 이모씨의 뇌영상 검사로 정신 상태를 분석했다. 재판부는 "피고인은 이전에도 여자친구가 헤어지자고 하면 자살을 시도하거나 자살하겠다고 협박하는 등 경계성 인격장애의 전형적 증상을 보였다"며 "일찍 아버지를 여의고 어린 시절 학대나 방임을 당한 것이 발병에 기여했을 수 있다"고 진단했다(연합뉴스, 2016년 1월 10일).

④ 자기애성 인격장애(narcissistic personality disorder)

이 장애를 앓는 사람은 자신이 중요하다고 믿고, 자신의 재능이나 능력을 과대평가한다. 따라서 자신의 우월함이나 성공을 과장하는 경향이 있다. 자신에 대한 과대포장은 다른 사람들을 무시하거나 덜 중요하다고 생각하게 만들고, 대인관계를 이용하거나 다른 사람들 착취하는 것이 당연하다고 믿게 만든다. 또한, 그들은 자신이 다른 사람의 관심이나 존경을 받아야 한다고 생각한다. 그들은 다른 사람의 감정을 이해하고 되돌아보는 능력이 현저하게 부족하며 비판이나 실패에 지나치게 민감한 반응을 보인다.

⑤ 반사회성 인격장애(antisocial personality disorder)

이 장애를 가진 사람은 다른 사람의 감정이나 권리 혹은 법을 무시한다. 대부분 그들은 보통의 규칙이나 사회적인 규범들을 무시한다. 또한, 그들은 좌절을 견디지 못한다. 그들은 다른 사람의 감정을 무시하고, 다른 사람에게 대한 행동에 대해서 후회하지 않고, 그러한 행동들이 가져오는 결과에 대해서도 미리 생각하지 않는다. 반사회성 인격장애자를 다루는 데 있어서 형벌은 그들의 판단이나 행동을 바꾸는 데 큰 도움이 되지 않으며 오히려 그들의 세계관을 더욱 확고하게 만들 뿐이다. 반사회성 인격장애의 하위분류로 사이코패시(psychopathy)가 있다. 이것은 1920년대 독일의 쿠르트 슈나이더 박사(Kurt Schneider)가 처음 소개한 개념으로 이러한 사람들은 다른 사람의 입장을 헤아리지 못하고 이기적이고 충동적이다. 이들은 고통에 무감각하므로 범죄로 인한 처벌을 두려워하지 않아서, 재범률이 상당히 높다. 대부분의 경우, 그들은 끔찍한 범죄를 저지르는 사람이라기보다는 상습적으로 범행을 저지르는 경향이 강하다. 사이코패스의 경우, 청소년기에 행동장애(conduct disorder)의 증상을 나타내는 것으로 보고되고 있다(Christian *et al.*, 1997). 반사회성 인격장애자의 선천적 요인으로, 이들은 공격적 성향을 통제하는 뇌분비물인 세로토닌이 부족해서 작은 일에도 강한 공격적 성향을 드러낸다(Yang & Raine, 2009). 사이코패스는 이 같은 유전적, 생물학적 요인에 사회환경적 요인이 결합되어 나타나는 전인격적 병리현상으로 판단된다. 캐나다의 심리학자 로버트 헤어(Robert Hare)가 PCL-R(Psychopathy Checklist-Revised)라고 부르는 사이코패스 진단 방법을 개발하였는데, 40점을 최고점으로 하여 이에 근접할수록 사이코패스 성향이 높다고 주장했다(Hare, 1991). 아래 〈CASE 7〉은 반사회적 인격장애자로 추정되는 살인범이 저지른 사건으로 우리 사회에 상당한 충격을 주었다. 경찰조사결과, 장대호는 전형적인 반사회적 인격장애자로 짐작된다. 왜냐하면, 장대호가 저지른 한강몸통시신사건은 계획된 범죄였

장대호는 2019년 11월, 1심에서 무기징역이 선고되었음에도 불구하고 죄를 뉘우치거나 유족에게 용서를 구하는 대신 웃음까지 보였던 것으로 추측하건대 반사회적 인격장애자일 가능성이 농후하다.
출처: https://cm.asiae.co.kr/article/2019110514424511323

고, 자수 후에도 장대호는 죄책감이나 양심의 가책은 전혀 없었으며, 오히려 자신의 범죄를 합리화하는 전형적인 사이코패스적 성향을 보였기 때문이다(반사회적 인격장애와 사이코패스에 대해서는 다음 7장에서 자세하게 설명할 것이다).

CASE 7

이른바 '한강 몸통 시신 사건'의 피의자 장대호(38)가 재판에 넘겨졌다. 의정부지검 고양지청은 살인 및 사체손괴, 사체은닉 혐의로 장대호를 구속기소했다고 10일 밝혔다. 장대호는 지난달 8일 오전 서울 구로구 자신이 일하던 모텔에서 투숙객(32)을 둔기로 때려 살해한 뒤 흉기로 시신을 훼손한 혐의를 받고 있다. 또 훼손한 시신을 같은 달 12일 새벽 전기자전거를 이용해 5차례에 걸쳐 한강에 버린 혐의도 받고 있다. 장대호는 피해자가 반말하며 시비를 걸고 숙박비 4만원을 주지 않자 이런 범행을 벌였다고 진술했다. 시신을 잔혹하게 훼손해 한강에 버리고 완전범죄를 꿈꿨던 장씨의 계획은 지난달 12일 오전 9시 15분께 경기도 고양시 한강 마곡철교 부근에서 한강사업본부 직원이 몸통만 있는 시신을 발견하면서 실패했다.

경찰에서 신상 공개가 결정돼 언론에 얼굴과 실명이 알려진 장대호는 취재진 앞에서 "이번 사건은 흉악범이 양아치를 죽인, 나쁜 놈이 나쁜 놈을 죽인 사건"이라며 "아무리 생각해도 상대방이 죽을 짓을 했기 때문에 반성하지 않는다"고 막말을 하기도 했다. 유족에게도 전혀 미안하지 않다고 한 그는 "고려 때 김부식의 아들이 정중부의 수염을 태운 사건이 있었는데 정중부가 잊지 않고 복수했다"고 언급하며 전혀 반성하지 않는 태도를 보였다(연합뉴스, 2019).

⑥ 강박적 인격장애(obsessive-compulsive personality disorder)

이 장애를 가진 사람은 완전함이나 통제에 대한 강박적인 습관에 심하게 심취해 있다. 따라서 이들은 믿을 만하지 않고 권위적이지만 다른 사람에게는 매우 엄격하다. 이러한 엄격함은 어떠한 일을 결정하거나 마치는 데 있어서 어려움을 겪기도 한다. 지금까지 논의한 6가지 인격장애의 유형과 대표적인 증상을 간단하게 정리하면 〈표 6-6〉과 같다.

표 6-6 인격장애의 유형 및 대표적인 증상

편집증적 인격장애	• 충분한 근거 없이 타인이 자신을 착취하고 해를 주거나 속인다고 의심한다. • 친구나 동료의 성실성이나 신용에 대한 부당한 의심을 한다. • 정보가 자신에게 악의적으로 사용될 것이라는 부당한 공포 때문에 터놓고 얘기하기를 꺼린다. • 타인의 말이나 사건 속에서 자신을 비하하거나 위협하는 숨겨진 의미를 찾으려 한다. • 타인은 그렇게 생각하지 않지만 자신의 인격이나 명성이 공격당했다고 인식하고 즉시 화를 내거나 반격한다. • 이유 없이 배우자나 성적 상대자의 정절에 대해 반복적으로 의심한다.
정신분열성 인격장애	• 가족을 포함해서 친밀한 관계를 원하지도 즐기지도 않는다. • 대부분 혼자서 하는 활동을 선택한다. 만약 있다 하더라도, 소수의 활동에서만 즐거움을 얻는다. • 다른 사람과 성관계를 갖는 일에 거의 흥미가 없다. • 타인의 칭찬이나 비평에 무관심해 보인다. • 정서적인 냉담, 무관심, 또는 둔화된 반응을 보인다.
경계선적 인격장애	• 극단적인 우상화나 평가절하하기 등, 반복적으로 불안정하고 강렬한 대인관계 양상을 보인다. • 자아상이나 자기지각의 불안정성이 심하고 지속적이다. • 자신에게 손상을 줄 수 있는 충동성이 적어도 2가지 이상의 영역에서 나타난다(예: 낭비, 성관계, 약물 남용, 무모한 운전, 폭식 등). • 반복적인 자살 행동, 자살 시늉, 자살 위협 또는 자해 행동을 한다. • 부적절하고 심한 분노를 느끼거나 분노 조절의 어려움을 겪는다. • 스트레스와 관련된 망상적 사고나 심한 해리적 증상을 일시적으로 나타낸다.
자기애성 인격장애	• 무한한 성공, 권력, 탁월함, 아름다움 또는 이상적인 사랑에 대한 공상에 집착한다. • 자신이 특별하고 독특한 존재라고 믿으며 특별하거나 상류층의 사람들만이 자신을 이해할 수 있다고 믿는다. • 과도한 찬사를 요구한다. • 특별 대우를 받을 만한 이유가 없는데도 특별 대우나 복종을 바라는 불합리한 기대감을 가진다. • 다른 사람과의 관계를 이용하려 한다. • 타인들의 감정이나 욕구를 인식하거나 확인하려 하지 않는다. • 거만하고 방자한 행동이나 태도를 보인다.
반사회성 인격장애	• 법에서 정한 사회적 규범을 준수하지 않는다. • 개인의 이익이나 쾌락을 위한 반복적인 거짓말, 가명 사용 또는 타인을 속이는 행동 등을 한다. • 행동이 충동적이어서 미리 계획을 세우지 못한다. • 육체적 싸움을 자주 하고 폭력을 통해 호전성과 공격성을 드러낸다. • 꾸준하게 자신이 맡은 일(직업활동 등)을 하지 못하거나 무책임한 행동을 보인다. • 타인에게 상처를 입히거나, 학대하거나, 절도행위를 하고도 무관심하거나 합리화하는 등 죄책감이 결여된 마음상태를 보인다.
강박적 인격장애	• 사소한 세부사항, 규칙, 목록, 순서, 시간계획이나 형식에 집착하여 일의 큰 흐름을 잃게 된다. • 어떠한 일을 완성하는 데 있어서 완벽주의 성향을 보인다(지나치게 완벽한 기준으로 과제를 하려 해서 오히려 끝맺지 못한다). • 일과 생산성에만 과도하게 몰두하여 여가 활동과 우정을 희생한다. • 자신이 일하는 방식을 그대로 따르지 않으면 타인에게 일을 맡기거나 같이 일하지 않는다. • 자신과 타인 모두에게 구두쇠처럼 인색하다. • 생활방식이나 다른 사람과의 관계에서 경직성과 완고함을 보인다.

(4) 약물관련 장애(substance related disorder)

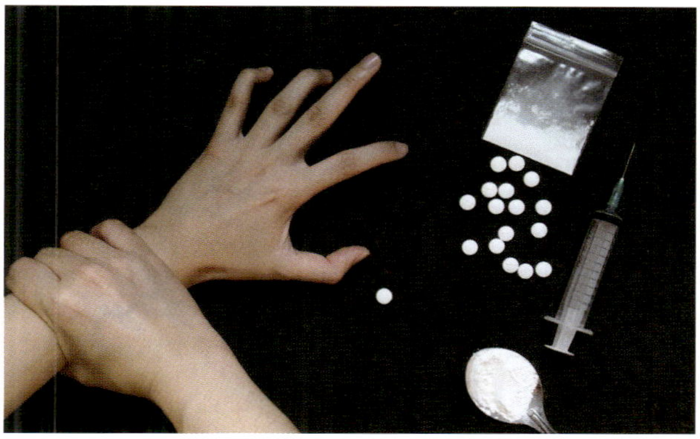

약물관련 인격장애를 가진 사람은 절도, 강도, 폭력범죄 등과 같은 범죄를 저지를 가능성이 높다.
출처: http:/blog.lybrate.com/2019/02/25/substance-related-disorder-know-in-depth-about-it

약물관련 장애는 중독성을 지닌 여러 가지 약물을 섭취하여 생긴 장애를 말한다. 이 장애로 판정받는 사람은 약물중독의 진단 기준인 최근에 약물을 주입하거나 약물에 노출된 데 따른 특정 약물과 관련된 증상들이 있어야 한다. 또한, 약물이 중추신경계에 영향을 미친 결과로 나타나는 비적응적인 행동적, 심리적 변화가 임상적으로 유의미한 수준에서 드러나야 한다. 가장 흔한 증상으로는 지각의 장애, 명료하게 깨어 있지 못하는 것, 주의의 장애, 사고 및 판단과 운동행동의 장애, 대인관계 행동의 장애 등이 있다. 범죄와 관련된 약물장애에서 가장 많이 언급되는 것이 술이다. 미국에서 중죄인의 72%가 범행 당시 술의 영향하에 있었고, 살인자들 중 64%가 범행 전에 술을 마셨다고 하며, 술과 난폭한 범죄는 50% 정도의 연관관계를 가지고 있다. 또한, 우울증이 있는 사람들이 약물을 복용할 경우, 반사회적인 성향이 더 늘어나는 것으로 알려져 있다(Chermack & Giancola, 1997). 약물남용의 경우에는 일반 범죄를 더 자극하는 것으로 알려져 있으며, 범죄유형 중 절도, 강도, 사기, 횡령 등과 같은 재산범죄(property crime)와 깊은 관련을 맺고 있는 것으로 나타났다(Greene & Heilbrun, 2013). 우리나라에서 가장 흔한 약물관련 장애는 알코올 유도성장애(alcohol induced disorder)로, 알코올을 과다하게 섭취한 상태에서 나타나는 부적응적인 행동(예를 들어, 공격적 행동, 정서적 불안, 판단력 장애, 사회적, 직업적 기능손상 등)이 대표적으로 나타난다.

(5) 성관련 장애(psychosexual disorder)

범죄에서 성과 관련된 정신장애는 대부분 성적 도착(paraphilia)과 관련이 있다. 이 장애는 반복적 혹은 도착적으로 성적으로 비정상적인 성적 상상, 성적 욕구, 혹은 성적 행위가 나타나는 경우를 말한다. 이러한 장애를 진단받기 위해서는 자기 자신이나 상대방에게 모욕을 주는 행위를 하거나, 어린이나 사회적·법적으로 허용되지 않는 파트너를 선택하거나, 사람이 아닌 대상에게 6개월 이상 임상적으로 의미 있는 손상이나 고통을 일으키는 행위를 해야 한다. 성적 도착과 관련된 장애의 하위분류로는 일명 페티시즘((fetishism)으로 불리는 절편음란증, 의상도착증, 노출증, 가학피학증 등이 있다(성과 관련된 장애와 범죄와의 관계에 대해서는 제10장, 성범죄자의 범죄심리에서 상세하게 설명할 예정이다).

04 범죄를 설명하는 통합모델(정신장애를 포함)

이전 장들에서 논했듯이, 범죄의 원인을 설명하는 많은 이론들이 있으며, 그런 범죄이론에 기초하여 각종 범죄 및 범죄행동의 원인을 분석하였다. 하지만 최근에는 정신장애를 포함해서 범죄의 원인이나 동기가 될 만한 모든 요소를 통합해서 한꺼번에 해석하자는 논의가 이뤄지고 있다(Wortley, 2011). 이러한 접근은 범죄를 해석할 때에 기존의 한 가지 이론이나 병리적인 현상(정신장애의 경우)만 가지고 설명하려고 했던 것에서 좀 더 포괄적이고, 합리적인 해석이 가능하다는 점에서 주목할 만하다(Greene & Heilbrun, 2013). 또한, 범죄의 원인을 해석하는 방법이나 이론들이 서로 배타적이기보다는 상호 보완적인 관계를 가지므로 범죄자(특히 정신장애를 가지고 있는)와 범죄를 이해하는 데 큰 도움을 주고 있다. 범죄자를 통합적으로 이해하고 접근하는 모델은 그 시기에 따라 〈그림 6-1〉과 같이 크게 네 가지 부분으로 나뉜다.

첫 번째는 선행조건이다. 이것은 범죄자 개인이 태어나기 이전 혹은 태어날 때부터 유아기 때에 얻게 되는 요소들을 말한다. 이는 생물학적, 심리학적, 환경적 요소로 나뉜다. 생물학적 요소에는 주로 유전적인 요인과 뇌손상 혹은 신경물질의 퇴화 등이 여기에 속한다. 심리학적 요소에는 낮은 지능이나 충동적인 성향이 포함된다. 낮은 수준의 감정이입과 정서적인 발달도 이에 속한다. 마지막으로 환경적인 요인으로는 태어난 가정의 낮은 사회경제적인 수준이나 정신장애를 가지고 있는 가족력이 이에 속한다. 또한, 부모의 일관성이 없거나 애정이 없는 양육방식을 꼽을 수 있다. 마지막으로는 그 아동이 자라는 지역환경도 범죄와 연관성을 가진다. 둘째, 초창기 현상은 주로 아동기와 청소년기에 따른 요인들을 말한다. 이는 정신장애의 일종인 행동장애나 적대적 반항장애를 꼽을 수 있다. 특히 이러한 장애는 성인이 된 후에 반사회적 인격장애로 발전되기도 한다(Myers *et al.*, 1998). 또한, 이러한 장애들은 앞서 언급한 선행조건인 유전적, 부모로부터의 교육 및 애착정도, 그리고 지역사회 환경 등과 밀접한 연관이 있는 것으로 드러났다(Holmes *et al.*, 2001). 세 번째는 이러한 현상들이 촉진·발달되는 과정이다. 이는 범죄행동의 극대화, 즉 학교에서

그림 6-1 **범죄를 설명하는 통합모델**

선행조건

생물학적 요소
- 유전적 요인
- 뇌신경물질의 퇴화
- 뇌손상

심리학적 요소
- 낮은 IQ
- 높은 충동성
- 낮은 수준의 감정이입과 정서적 발달

환경적 요소
- 낮은 사회경제적 수준
- 가족의 정신장애력
- 가족의 범죄력
- 부모 혹은 주양육자와의 애착결여
- 일관성 없는 자녀교육
- 지역사회의 높은 범죄율

초창기 현상

아동/청소년기의 전조와 범죄
- 행동장애(conduct disorder)
- 규칙위반(가정 및 학교 등)
- 적대적 반항장애(oppositional defiant disorder)
- 초기의 폭력성
- 낮은 수준의 감정조절능력
- 부모로부터의 애정결핍

발달과정

범죄행동의 극대화
- 학교일탈
- 적대적인 감정 혹은 행동
- 부정적인(폭력적, 반항적) 또래집단과의 교류
- 약물남용
- 무직상태
- 미디어의 영향

정신장애
- 초기 정신분열증 및 기타 정신장애의 발현
- 가족 구성원의 부족한 관심 및 지원
- 장애의 초기대응의 부재(정신장애에 대한 인식부족)

비폭력적인 행동의 강화
- 학교성과
- 가족간의 유대
- 긍정적인(비폭력적, 순응적) 또래집단과의 교류

지속변수

범죄와 폭력의 지속성
- 범죄를 일으키는 환경적인 강화
- 범죄와 관련된 또래집단의 영향
- 사회적 낙인
- 사회/경제적 자원의 부재

출처: Greene & Heilbrun, 2013; Kessler, Amminger *et al.*, 2007; Wortley, 2011

의 일탈이나 부정적인 또래집단과의 교류를 통해 증폭되는 경향이 있다. 이때 약물남용, 무직상태 그리고 미디어도 영향을 미치는 것으로 나타난다. 또한, 10대 후반에서 초기성인기에 주로 발현되는 정신장애(조현병, 정동장애 등)와 이에 대한 가족이나 지역사회의 무관심 및 방치도 범죄에 큰 영향을 미치는 것으로 나타났다(Wortley, 2011). 그러나 범죄의 발달단계에서 이런 폭력 혹은 범죄성을 지연시키는 요인들이 있는데, 이 요인들로는 학교나 가정에서의 관심, 가족 간의 유대, 긍정적인 또래집단과의 교류 등이다. 네 번째 단계는 앞서 말한 모든 변수들이 지속되는 과정이다. 즉, 환경적인 요인들이 지속 또는 악화되거나 범죄와 관련된 또래 집단과의 지속적인 유대관계가 강화될수록 자신의 범죄성은 지속적이고 상습적이게 된다. 또한 계속되는 범죄 혹은 일탈 행동을 통해 사회적인 낙인이 찍힐 수 있고, 사회경제적인 자원의 부족도 범죄를 일으키거나 지속시키는 원인 중 하나로 알려져 있다.

연습문제

1. 여러분들이 인상 깊게 본 범죄심리 영화는 무엇이며, 그 영화에서 주제로 다루는 이상 행동과 범죄행위와의 관계를 구체적으로 설명하고, 정신질환 중 어디에 속하는지 나름대로 분류해 보아라.
2. 최근 한국 매스컴에서 보도된 살인사건 하나를 예로 들어 그것이 정신질환을 포함한 이상행동과 그런 범죄와 어떤 상관관계를 맺고 있는지 설명해 보아라.
3. 정신질환자가 저지르는 범죄율은 일반인들보다 훨씬 낮다. 하지만 우리는 끔찍한 사건을 접할 때마다 분명 정신이상자의 소행으로 간주한다. 그렇게 생각하는 근본적 이유는 어디에 있다고 생각하는지를 구체적으로 설명해 보아라.
4. 반사회적 인격장애와 사이코패스와의 관련성을 설명하고, 최근 발생한 살인사건 중에서 반사회적 인격장애로 판단되는 사건을 하나 예로 들어 그 사건의 살인범을 반사회적 인격장애의 특징을 중심으로 설명해 보아라.
5. 범죄와 관련된 정신장애 중에서 우리 사회에 가장 위협이 되는 장애는 무엇이라 생각하는가? 왜 그 장애가 가장 위협적이라고 생각하는가? 최근 우리 사회에서 발생한 사건의 예를 하나 들어 그 정신장애가 가장 위협적이라고 생각하는 이유를 논리적으로 설명해 보아라.
6. 정신장애를 포함하여 범죄의 원인을 설명하는 통합모델은 우리 사회에서 발생하는 범죄행동을 잘 설명한다고 생각하는가? 이 통합모델은 어떤 범죄유형을 가장 잘 설명하며, 어떤 유형의 범죄를 설명하는 데 부족하다고 생각하는가? 통합모델의 장점과 단점에 대해서 설명해 보아라.

참고문헌

권석만. (2011). 현대이상심리학. 서울: 학지사.

대검찰청. (2019). 범죄분석. 대검찰청.

윤정숙·탁희성. (2013). 정신질환자 관리 실태와 범죄예방대책. 대검찰청 조직범죄과.

정성국·이효정·임형수·강현욱. (2009). 살인 사건 중 존속살해와 정신분열의 연관성 분석, 한국법과학회지, 10(2), 88-94.

홍진표·이동우·함봉진·이소희·성수정·윤탁·하태현·손상준·손정우·유제춘·김정란·박종익·김성환·조성진·정영철·김문두·장성만·김병수·안춘호·김봉조·윤진상·신일선·전홍진·김선웅. (2017). 2016년도 정신질환 실태조사. 보건복지부·삼성서울병원.

American Psychiatric Association (APA). (2013). *Diagnostic and Statistical Manual of Mental Disorders* (5th ed.). Washington, DC: Author.

Baillargeon, J., Binswanger, I., Penn, J., Williams, B., & Murray, O. (2009). Psychiatric disorders and repeat incarcerations: the revolving prison door, *American Journal of Psychiatry*, 166(1), 103-109.

Bartol, C. R., Bartol, A. M., & Education, P. (2005). *Criminal behavior: A psychosocial approach*. Pearson Prentice Hall.

Bonnie, R. J., Hoge, S. K., Monahan, J., Poythress, N., Eisenberg, M., & Feucht-Haviar, T. (1997). The MacArthur adjudicative competence study: A comparison of criteria for assessing the competence of criminal defendants, *Journal of the American Academy of Psychiatry and the Law Online*, 25(3), 249-259.

Chermack, S. T., & Giancola, P. R. (1997). The relation between alcohol and aggression: An integrated biopsychosocial conceptualization, *Clinical psychology review*, 17(6), 621-649.

Christian, R. E., Frick, P. J., Hill, N. L., Tyler, L., & Frazer, D. R. (1997). Psychopathy and conduct problems in children: II. Implications for subtyping children with conduct problems, *Journal of the American Academy of Child & Adolescent Psychiatry*, 36(2), 233-241.

Daily, D. K., Ardinger, H. H., & Holmes, G. E. (2000). Identification and evaluation of mental retardation, *American family physician*, 61(4), 1059-1067.

Eronen, M., Hakola, P., & Tiihonen, J. (1996). Mental disorders and homicidal behavior in Finland, *Arch Gen Psychiatry*, 53(6), 497-501.

Forth, A. E., Brown, S. L., Hart, S. D., & Hare, R. D. (1996). The assessment of psychopathy in male and female noncriminals: Reliability and validity, *Personality and Individual Differences*, 20(5), 531-543.

Golding, S. L., Eaves, D., & Kowaz, A. M. (1989). The assessment, treatment and community outcome of insanity acquittees: Forensic history and response to treatment, *International Journal of Law and Psychiatry*, 12(2–3), 149-179.

Greene, E., & Heilbrun, K. (2013). *Wrightsman's psychology and the legal system*. Cengage Learning.

Grisso, T. (2003). *Evaluating Competencies: Forensic Assessments and Instruments*. Springer Science & Business Media.

Hare, R. D. (1991). *The Hare Psychopathy Checklist-Revised*. Second Edition. Toronto: Multi-Health Systems.

Hare, R. D. (1999). The Hare Psychopathy Checklist-Revised: PLC-R. *MHS, Multi-Health Systems*.

Hare, R. D., Clark, D., Grann, M., & Thornton, D. (2000). Psychopathy and the predictive validity of the PCL-R: An international perspective, *Behavioral sciences & the law*, 18(5), 623-645.

Holmes, S., Slaughter, J., & Kashani, J. (2001). Risk Factors in Childhood That Lead to the Development of Conduct Disorder and Antisocial Personality Disorder, *Child Psychiatry and Human Development*, 31(3), 183-193.

Kring, A., & Davison, C. (2007). G., Neale, J. M., & Johnson, S. L. *Abnormal Psychology*.

Large, M., Smith, G., & Nielssen, O. (2009). The relationship between the rate of homicide by those with schizophrenia and the overall homicide rate: A systematic review and meta-analysis, *Schizophrenia Research*, 112(1–3), 123-129.

McMurran, M., Khalifa, N., & Gibbon, S. (2013). Forensic Mental Health. *Routledge*.

Myers, M. G., Stewart, D. G., & Brown, S. A. (1998). Progression From Conduct Disorder to Antisocial Personality Disorder Following Treatment for Adolescent Substance Abuse, *American Journal of Psychiatry*, 155(4), 479-485.

Perälä, J., Suvisaari, J., Saarni, S. I., Kuoppasalmi, K., Isometsä, E., Pirkola, S., & Kieseppä, T. (2007). Lifetime prevalence of psychotic and bipolar I disorders in a general population, *Arch Gen Psychiatry*, 64(1), 19-28.

Peterson, J. K., Skeem, J., Kennealy, P., Bray, B., & Zvonkovic, A. (2014). How often and how consistently do symptoms directly precede criminal behavior among offenders with mental illness?, *Law and Human Behavior*, 38(5), 439-449

Poythress, N. (2002). *Adjudicative competence: the MacArthur studies* (Vol. 15). Springer Science & Business Media.

Rose, D. R., & Clear, T. R. (1998). Incarceration, social capital and crime: Implications for social disorganization theory, *Criminology*, 36(3), 441-480.

Semple, D., & Smyth, R. (2013). Oxford handbook of psychiatry: Oxford University Press.

Skeem, J. L., Polaschek, D. L., Patrick, C. J., & Lilienfeld, S. O. (2011). Psychopathic personality bridging the gap between scientific evidence and public policy, *Psychological Science in the Public Interest*, 12(3), 95-162.

Wakefield, J. C. (1999). Evolutionary versus prototype analyses of the concept of disorder, *Journal of abnormal psychology*, 108(3), 374-399.

Wortley, R. (2011). Psychological Criminology: An Integrative Approach. Taylor & Francis.

Yang, Y., & Raine, A. (2009). Prefrontal structural and functional brain imaging findings in antisocial, violent, and psychopathic individuals: a meta-analysis, *Psychiatry Research: Neuroimaging*, 174(2), 81-88.

Zapf, P. A., & Viljoen, J. L. (2003). Issues and considerations regarding the use of assessment instruments in the evaluation of competency to stand trial, *Behavioral sciences & the law*, 21(3), 351-367.

Zapf, P. A., & Roesch, R. (2008). Evaluation of Competence to Stand Trial: Oxford University Press.

국민일보 (2015). 불지르고 훔치고 때리고 부수고... 욱하는 사회, 분노의 20대 남. 국민일보, 2015년 3 월 3일자 기획기사.

뉴시스 (2015). 프라이팬으로 때려 엄마 살해…조울증 아들 2심 감형. 뉴스원, 2017년 11월 5일자 사회면.

뉴스원 (2017). 프라이팬으로 때려 엄마 살해…조울증 아들 2심 감형. 뉴스원, 2017년 11월 5일자 사회면.

대전일보. (2019). 일가족 상대 칼부림, 묻지마 방화 등 분노조절 못하는 이유는., 대전일보, 2019년 12월 23일자 사회 종합면.

연합뉴스. (2016). 어릴 때 방임·학대 겪은 20대, 여친 집착 결국 살인. 연합뉴스 2016년 1월 10일자 사회면.

연합뉴스. (2018). 80대 전직 목사 부부 죽음으로 몰고 간 이단 교주. 연합뉴스 2018년 7월 1일자 사회면.

연합뉴스. (2019). '한강 몸통시신 사건' 피의자 장대호 구속 기소. 연합뉴스 2019년 9월 10일자 사회면.

07

범죄는 사회조직 내에서 구성원들 간의 상호작용과정에서 주로 발생하는 사회적 현상이다. 우리가 제3장 범죄심리학의 성격이론에서 살펴보았듯이, 범죄자의 성격은 범죄를 결정하는 중요한 요소이다. 성격이론에 따르면, 범죄자는 비정상적이고, 부적절하고, 특정한 범죄적 성격을 지니고 있어 법을 준수하는 사람들과는 다른 성격적 특질을 가지고 있다. 즉, 일반인들은 법에 순응하는 정상적인 성격을 지니고 있는 반면, 범죄자들 특히 심각한 범죄를 저지르는 사람들은 반사회적 성격을 지니고 있다는 것이다. 이런 유형의 범죄자는 친사회적 태도와 가치를 사회화하지 못하고, 옳고 그름에 대한 감각을 발전시키지 못한다. 또한 타인에 대한 동정심도 없으며, 잘못하거나 해악을 미칠 때에도 후회나 죄의식을 느끼지 못한다. 그들은 반사회적 성격(인격)장애자일 가능성이 많으며, 극단적인 반사회적 성격장애자를 우리는 '사이코패스'라고 지칭한다. 반사회적 성격장애는 감정의 미성숙, 책임감과 판단의 결여를 보이며, 사회 규율을 어기고 경험을 통해 배우지 못하고 타인의 권익을 침해하는 반사회적 행동이 만성적으로 반복되는 이상성격을 말한다. 반사회적 성격장애를 가진 개인은 공감능력이 부족하고, 무감각하며 냉소적이고 다른 사람의 감

Chapter 07

성격과 범죄심리

정, 권리, 그리고 고통 등을 경멸하는 경향을 지니고 있다. 한편, 사이코패스(psychopath)는 반사회적 성격장애와 상당히 유사한 개념이다. 대부분의 임상의와 범죄심리학자들은 반사회적 성격장애와 사이코패스를 구분 없이 사용하는 경향이 있다. 사이코패스와 비슷한 개념으로 소시오패스도 있다. 일반적으로 사이코패스는 유전적, 생물학적인 요인이 강한 반면 소시오패스는 후천적, 사회·환경적 요인에 많은 영향을 받는다고 알려져 있다. 따라서 소시오패스는 유전적 영향보다는 후천적으로 성장환경에서 그 원인을 찾으므로 어린 시절 가정에서의 잘못된 사회화과정(부모의 학대, 방임, 비일관적인 훈육방법 등)으로 공감능력부족, 무책임성, 죄책감결여 등의 행동특성을 보인다. 이처럼 어떤 성격의 소유자들이 범죄를 저지를 가능성이 높은지를 살펴보는 것은 범죄심리학의 중요한 주제 중 하나이다. 이 장에서는 범죄자의 성격이 범죄행위와 어떤 관련성이 있는지를 살펴볼 것이다. 구체적으로 범죄와 관련성이 깊은 성격 중에서 반사회적 인격장애, 사이코패스, 소시오패스에 대해 학습할 예정이다. 특히, 반사회적 성격장애자, 사이코패스, 소시오패스들의 일반적인 특성, 원인, 그리고 범죄와의 관련성에 대해 상세하게 살펴볼 것이다.

01 성격의 개념

심리학자들은 어떤 사람이 다른 사람과 다르다고 할 때 양자의 지적 능력, 체격 및 신체적 특징, 가치관 및 태도 나아가 행동방식 등 여러 면에서의 차이를 발견한다. 이때 한 개인이 다른 개인과 구별되는 심리적 특성의 총체를 성격으로 파악했다(김상균, 2008). 성격은 한 사람이 다른 사람과 구분되는 특징적인 것으로 눈에 보이는 외형, 체격특징, 신체적 특징 등과는 구별되는 눈에 보이지 않는 정신적, 지적, 심리적 특징양식으로 파악할 수 있다.

(1) 성격의 정의

성격이 무엇인지를 한마디로 정의하기는 어렵다. 왜냐하면 성격의 어떤 면에 초점을 맞추느냐에 따라 정의가 달라질 수 있기 때문이다. 그러나 일반적으로 성격은 개인을 특징짓는 지속적이며 일관된 행동양식으로 정의할 수 있다. 즉, 성격은 한 개인을 다른 사람과 구별하는 사고와 감정을 포함하는 상당히 안정적인 행동 패턴이라 할 수 있다(Andrews & Wormith, 1989). 그럼 성격은 기질, 특성과 어떻게 다른가? 우리는 다른 사람을 평가할 때, "저 사람의 기질은 호탕하다" 또는 "저 사람은 다른 사람과 다른 독특한 특성을 가지고 있다"라는 표현을 자주 한다. 여기서 기질과 특성은 성격과 같은 말인가? 이런 개념들을 구분하기 위해 성격의 구성요소를 알아볼 필요가 있다. 성격은 크게 내적 요소와 외적 요소로 구분된다. 성격의 내적 요소란 선천적으로 타고난 비교적 안정된 심리적 요소를 말한다. 이는 사회문화적 조건에 의해 주로 결정되는 외현적인 행동 요소와 구분되는 개념으로 내적 요소는 특히 '공격적이다', '선하다' 등과 같이 선천적인 심리 특성을 강조하는 특성(character)과 생물학적으로 결정되는 체질과 같이 선천적으로 결정되는 심리 특성인 기질(temperament)로 구분된다. 특성은 성격과 구분 없이 사용되기도 하지만 주로 내적인 요소를 더 강조할 때 사용되는 말이다. 이 말은 그리스어의 조각(charakter)이란 말에서 유래되었는데, 이 말의 어원에서 느낄 수 있는 것처럼 성격이 선천적으로 조각되듯이 결정된다는 점을 강조한다. 특성과 달리 기질은 특성보다도 더 선천적이고 결정적이다. 기질은 성격과 특성이 이루어지는 기반을 담당한다. 사람들은 생리적 요소를 강조하는 기질에 따라 똑같은 상황이라도 정서적으로 반응하는 패턴이 다르다. 예를 들면, 상대방이 자신을 화나게 만들 때, 어떤 사람은 그 화를 참지 못해 즉각적으로 물리적, 언어적 폭력을 행사하기도 하고, 또 다른 사람은 꾹 참는다. 이처럼 사람의 성

CASE in USA

제프리 다머(Jeffrey Dahmer)의 생활환경은 표면적으로 다른 연쇄살인범에 비해 평범한 수준이었다. 하지만 그의 아버지는 청소년기에 충동적이고 공격적인 성향을 가지고 있고 살인·방화충동을 느낀 적이 있었으며, 그의 어머니는 임신 중 정서불안과 우울증으로 모르핀이나 바르비투산염을 남용하여 산후에도 약물에 의존하는 모습을 보였다. 이후 제프리는 아버지의 무관심과 어머니의 방임 속에서 성장했고 하루가 멀다 하고 다툼을 반복하는 부모의 모습을 목격할 때마다 그 상황을 회피하기 위하여 집을 나와 죽은 동물을 해부하며 스트레스를 해소했다.

성격은 내성적이었고, 지능은 IQ 145로 높았으나 학교수업에 무관심했다. 지속적인 가정불화와 무관심 속에서 친구도 많지 않았던 제프리는 고등학생 때부터 알코올 중독이 심각해 가방 속에 술을 숨겨와 교실에서 마시는 등 알코올 의존성이 높아져갔다.

1978년 부모가 이혼하며 어머니가 집을 나가게 되자 제프리는 혼자 남겨졌고 이후 살인을 시작했다. 자신이 사랑하던 힉스라는 19세의 청년에게 마리화나를 권하고 시간을 보내다가 힉스가 떠나려하자 그의 머리를 바벨로 내리쳐 기절시킨 후 목 졸라 살해했다. 시체를 몇 주간 지하실에 매장시킨 후 다시 꺼내 뼈를 일일이 분해하여 증거를 인멸하기까지 하였다.

이후 오하이오 주립대학에 입학하였지만 수업에 거의 참석하지 않아 한 학기 만에 퇴학당했다. 이후 극심한 알코올 중독으로 치료의 일환으로 군에 입대하기도 하지만 음주벽으로 인해 조기 전역하게 된다. 전역 후 초콜릿공장에 취직하게 되고 게이바에서 만난 남자들을 자기 집으로 불러 살해하고 시체를 해체했고 심지어 식인행위까지 자행했다.

1991년 7월, 트레이시 에드워즈가 제프리에 의해 살해당할 뻔했으나 가까스로 탈출하여 경찰에 신고, 경찰이 제프리의 집을 수색한 결과, 제프리가 찍은 사진들 모두 살해당한 희생자들이 고문을 당하고 있는 모습이 찍혀 있었다. 냉장고에는 사람의 머리가 잘린 채 보관되고 있었고 그 외 집에는 과자 몇 봉지와 인육밖에 존재하질 않았다.

그는 16명 이상의 사람을 살해했으며, 재판 당시 변호사들은 제프리가 심신상실 상태라고 주장했으나 심리학자들은 높은 반사회성, 우울감 그리고 낮은 자존감 등으로 인해 제프리 다머가 경계성 인격장애라고 진단하였다. 그는 징역 937년형이라는 사실상 종신형을 선고받았지만 1994년 11월 28일에 정신분열을 앓고 있던 크리스토퍼 스칼버(Christopher Scarver)에게 교도소 내에서 변기뚜껑으로 머리를 난타당하여 살해당했다.

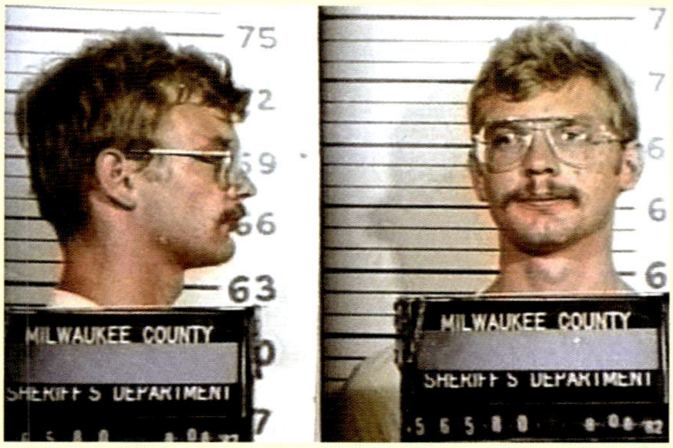

제프리 다머(Jeffrey Dahmer)

격에 영향을 미치는 생래적 요인으로서의 기질은 그 사람의 행동양식을 다르게 표출시킨다. 이러한 성격의 내적 요소와 달리 성격은 외적 요소도 포함하는데 그것은 영어의 퍼스낼리티(personality)를 의미한다. 이는 사회문화적 환경 내에서 사람들이 나타내는 가시적이고 피상적인 행동 패턴을 말하는 것으로, 사람들이 주위 사람에게 표방하는 공적인 성격을 형성하고 비교적 일관된 행동 패턴을 나타낸다. 즉, 성격의 외적 요소란 사회문화적 환경 속에서 사람들이 가시적으로 나타내는 외현적인 행동 패턴을 말한다.

CASE in Korea

1966년에 태어난 정○○은 7세가 되던 해 부모님이 이혼했다. 어머니는 이혼을 당한 후 정신질환 증세를 보였고, 그를 데리고 노숙생활을 시작했다. 노숙 초기에는 일정한 거처도 없이 거리를 떠돌다가 1년 후 동사무소의 배려로 동네 놀이터에 설치된 임시 숙소에서 살게 되었다. 초등학교 학교 생활기록부에 그는 정서가 불안정하고 규칙을 잘 어기며 많은 결석으로 친구들과 동화되지 못한다고 기록되어있다. 중학교 1학년 때 학교를 그만둔 후 29세까지 주물공장, 과일가게 배달원, 목욕탕 종업원, 신문 배달, 남대문 시장 노점상 등의 일을 했다. 그의 나이 17세(1982년)부터 폭력으로 경찰에 입건되었고 이 시기에 이모의 집에서 생활하며 지냈다. 정○○은 30세(1995년)부터 무직상태에서 일정한 거처 없이 생활하기 시작한다. 33세(1997년)부터 절도로 4회에 걸쳐 입건되어 38세(2003년)까지 실형 복역을 반복한다. 38세(2003년) 출소한 후 사우나 때밀이, 중장비 운전사 등으로 일했고, 40세(2005년)에 결혼했으나 45세(2010년) 강간 등으로 입건되어 실형 4년을 복역하면서 이혼하였다. 49세(2014년) 출소한 후 노동청 고용센터에서 취업 관련 교육을 이수하고 이발 자격증 취득을 준비하던 중에도 누나 등 친척들에게 돈을 요구하거나 영세상인을 상대로 업무방해를 일삼았고, 업무방해로 경찰조사를 받고 귀가하던 중 만취상태에서 한 여성을 강제 추행하는 등 지속적으로 문제를 일으키고 있다. 그는 그동안의 수사경력만 10건 범죄경력만 총 22회로 상습적으로 폭행과 절도를 일삼았고 2010년에는 성폭력 전력도 가지고 있다.

그는 부모나 누나, 친척 등 중요한 사람들과 친밀한 유대관계가 형성되지 못하였고 감정조절 미숙으로 타인과도 융화하지 못하고 잦은 갈등을 일으켰다. 교도소 수감 시절 기록을 봐도 '이해심이 부족하고 성격이 편협하며, 감정 조절 능력이 약하여 사소한 일에도 흥분, 자기의 편익만을 추구하여 사람들에게 위화감을 조성한다'는 기록이 있다. 그는 다른 사람들로부터 공감을 얻지 못하며, 사회적으로 볼 때 그의 행동들이 부적절한 행동임에도 자신의 행동에 만족해하는 모습을 보였다. 충동적이고 즉각적인 반응을 보이는 등 감정의 미성숙 상태였다. 정신병질자 선별도구(PCL-R) 평가 결과 정신병질(Psychopath) 성향이 높은 것으로 나타났다.

종합하면, 〈그림 7-1〉과 같이 성격은 그 사람의 선천적이고 심리적인 특성과 생물학적으로 결정되는 체질과 같이 선천적으로 결정되는 심리 특성인 기질을 포함할 뿐만 아니라 후천적이고 사회문화적인 특성으로 불리는 퍼스낼리티도 포함한다. 따라서 성격은 선천적, 생물학적으로 형성되는 부분도 있으며 후천적, 사회적으로 형성되는 부분도 있다고 하겠다. 선천적으로 형성되는 부분은 주로 생물학적 요인을 의미하는데 여기에는 지적 능력, 특수한 재능, 체격, 기질, 호르몬 등이 포함된다. 서두의 미국사례에 제시된 제프리 다머의 경우, 아버지는 충동성과 공격성이 강하

그림 7-1 성격의 구성요소

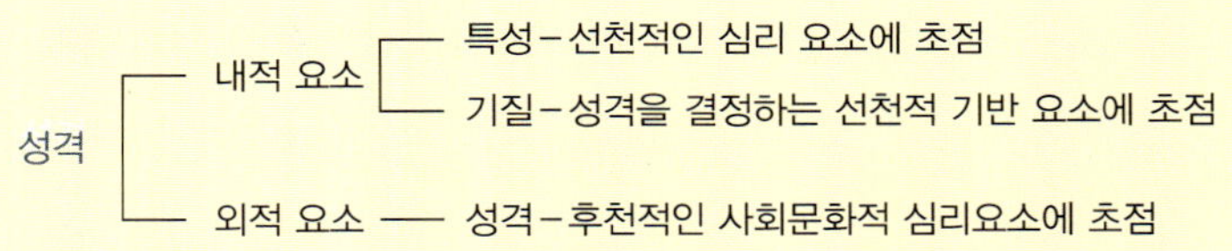

고 어머니는 정서불안과 우울증으로 모르핀과 바르비투산염을 상습적으로 복용했기 때문에 다머에게 선천적, 생물학적으로 좋지 않는 영향을 미쳤을 것이라 추정할 수 있다. 즉, 다머는 양부모로부터 충동성, 공격성 등과 같은 특성과 각종 중독(약물중독, 살인중독 등)에 취약한 기질을 가지고 태어났을 가능성이 있다. 성격의 후천적 요소는 생득적인 것이 아니라 후천적으로 각 가정에서 육성되는 것으로서 여기에는 부모의 자녀 양육방법, 일련의 사회화과정, 기타 각 개인의 후천적 경험 등이 포함된다. 서두의 한국사례에 제시된 정모씨의 반사회적 성격은 선천적인 요소(모친의 정신질환)와 후천적 요소(노숙으로 인한 부모의 비일관된 양육, 방임, 학창시절 친구들과 어울리지 못함)가 결합되어 형성되었으리라 짐작된다. 정모씨가 만약 안정적인 가정하에서 무난한 부모의 훈육 하에서 자랐다면 그렇게 많은 범죄경력을 가지지 않았을 것이다. 반대로, 비록 안정적이지 못한 가정환경 속에 자랐다 하더라도 선천적으로 모친의 정신장애 병력을 물려받지 않았다면(모친의 정신장애가 어느 정도 유전되었을 것으로 가정한다면), 제대로 된 사회생활을 유지했을 가능성도 배제할 수 없다. 이처럼 한 인간의 성격은 다양한 요소(선천적, 후천적 요소)로 구성되어 있으므로 정모씨 같은 반사회적인 성격의 소유자가 범죄경력을 가질 가능성은 그렇지 않은 사람들보다 훨씬 높다고 할 수 있다.

성격의 선천성은 주로 쌍생아 연구에 근거하고 있는데, 정서성, 활동성, 사교성 등과 같은 다양한 성격차원을 연구한 결과, 일란성 쌍생아의 경우 60% 정도 일치했던 반면 이란성 쌍생아의 경우에는 0~20% 정도만 일치했다(두산백과사전, 1997). 범죄학에서 쌍생아연구의 단서를 마련한 대표적 연구자는 영국의 갈튼(Galton)이고, 쌍생아연구를 범죄생물학에 도입하여 체계화하고 획기적인 연구결과를 발표한 학자는 독일의 내과의사였던 랑게(Lange)이다. 랑게는 수감경험이 있는 13명의 남자 일란성 쌍생아와 17명의 남자 이란성 쌍생아를 조사한 연구결과, 일란성 쌍생아 중에서 약 80%는 범죄경력이 있는 쌍생아 형제가 있는 반면에, 이란성 쌍생아 중에서는 약 12%가 범죄경력이 있는 것으로 나타났다(Christiansen, 1971). 이러한 조사결과를 바탕으로 그는 범죄란 개인이 타고난 유전적 소질에 의해 저질러지는 것으로 이해했다(이창한 외, 2012).

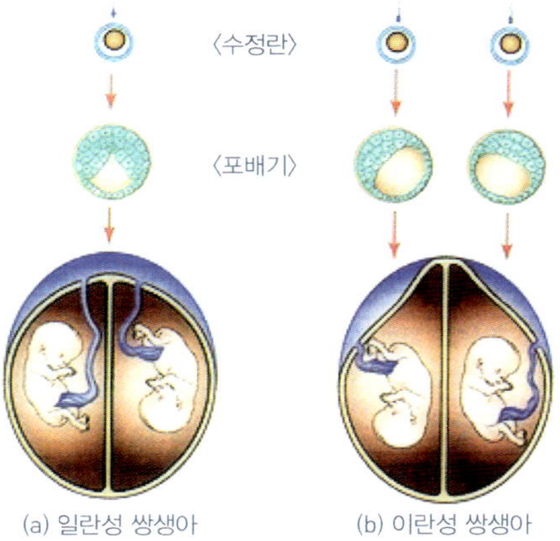

일란성 쌍생아와 이란성 쌍생아의 차이점
출처: https://m.blog.naver.com/genetic2002/20013536904

한편, 성격을 결정하는 후천적 요소의 증거는 동일한 쌍생아연구에서도 발견된다. 일란성 쌍생아라도 같은 환경에서 자란 경우의 성격 일치율이 다른 환경에서 자란 쌍생아의 성격 일치율보다 두 배 이상이나 높다는 연구들이 있다(두산백과사전, 1997). 경험적 연구에 따르면, 쌍생아 성격형성에서 유전적 요소와 공유된 환경요소의 영향이 40% 미만인 반면, 공유되지 않은 비공유환경 요소가 40~60% 정도로 쌍생아의 성격 형성에 영향을 미치는 것으로 나타났다. 하지만 행동적 특성, 정서적 특성 측면에서는 유전의 영향이 미약한 것으로 나타났다(허윤미, 2005). 아동기의 경우 일란성 쌍생아와 이란성 쌍생아 간의 지능적 차이가 존재하지만 청소년기의 경우 일란성 쌍생아와 이란성 쌍생아 간의 지능적 차이는 존재하지 않는 것으로 나타나 청소년기에는 유전의 영향이 감소하고 환경의 영향이 증가하는 것으로 나타났다(정재훈·이길재, 1997). 이는 성격을 결정하는 데 있어서 선천적인 요소도 중요하지만 후천적인 요소도 중요하다는 사실을 보여준다. 범죄학에서 랑케의 쌍생아연구결과가 발표된 이후, 달가드(Dalgard)와 크링그렌(kringlen)은 쌍생아 연구에서 유전적 요인 이외에 환경적 요인을 함께 고려한 연구를 수행했다. 그들은 139쌍의 노르웨이 남자쌍생아를 대상으로 범죄일치율을 연구한 결과, 일란성쌍생아들이 다소 높은 범죄일치율을 보인 것을 유전적 요인이 아닌 양육과정상의 유사성에 기인하는 것으로 보았다. 그리하여 그들은 범죄발생에서 유전적 요소의 중요성이란 존재하지 않는다고 주장했다(Dalgard, & Kringlen, 1976). 결론적으로 성격은 선천적이고 기질적인 면을 지니고 있을 뿐만 아니라 후천적이고 사회심리적인 면도 가지고 있다. 일반적으로 범죄학의 태동기에는 성격의 생물학적이고 선천적인 면을 강조한 반면 최근에는 범죄의 후천적이고 사회적인 면을 더 주장하는 경향이 있다. 즉, 동일한 쌍생아연구에서 일란성쌍생아의 범죄일치율이 이란성쌍생아보다 더 높은 이유는 유전적, 선천적으로 반사회적 또는 친사회적 성향을 물려 받았을 가능성이 높기 때문이 아니라 후천적으로 동일한 가정환경에서 형성된 부모와 자녀관계, 양육방식 등에 더 많은 영향을 받았기 때문이다.

(2) 아이젠크의 성격이론

성격적인 차이가 유전에 의한 것인지 아니면 후천적인 환경에 의한 것인지에 대한 논의는 꾸준하게 진행되었는데 일반적으로 현대 성격연구가들은 선천성과 후천성의 복합작용에 의해 성격이 형성되는 것으로 파악하고 있다. 성격형성에 어떤 요인이 결정적으로 중요한 것인지에 따라 성격이론은 주로 특성이론과 과정이론으로 나눌 수 있는데, 범죄학에서 주로 논의되는 성격이론은 특성이론으로서의 아이젠크(Eysenck)의 성격이론이 대표적이다. 아이젠크의 성격이론이 설득력을 가지는 이유는 성격과 범죄행동 간의 관계를 경험적으로 가장 잘 설명했기 때문이다. 아이젠크는 범죄행동과 성격특성 간의 관련성을 외향성(extraversion), 신경증(neuroticism), 정

표 7-1 아이젠크의 성격이론

성격특성	신경생리학적 영향	고득점	저득점
외향성	**망상활성계(RAS)** 중추신경계(CNS)	자극의 추구	자극의 회피
신경증	**자율신경계**	신경질, 불안정	안정, 온화함
정신병적 경향성	안드로겐 과다	강한 심성	약한 심성

출처: Bartol & Bartol, 2010

신병적 경향성(psychoticism) 등 성격의 3가지 차원에서 설명한다. 아이젠크는 자신의 3차원적 성격이론을 적용하여 범죄자들에게는 정신병적 경향성과 외향성이 두드러지게 나타난다고 주장했다(Eysenck & Eysenck, 1976).

예를 들면, 〈표 7-1〉에서 외향적인 사람은 자극을 추구하는 경향이 강하므로 범죄의 유혹에 쉽게 빠지는 경향이 있다. 그들은 각성수준이 낮기 때문에 충분한 각성을 얻기 위해 자극적인 일을 좋아한다. 그들은 스스로의 동기와 행동을 살펴보는 능력이 결여되어 어떤 일을 충동적으로 처리하는 경향이 강하다. 한편 신경증적이면서 외향적인 사람은 자기통찰이 결여되어 있으며, 충동적이고 정서적으로 불안정해서 매사에 이상적 판단을 하지 못할 가능성이 높다(Siegel, 2020). 정신병적 경향성은 사이코패스와 매우 유사한 성격의 소유자들이다. 즉 정신병적 경향성이 강한 사람은 냉담하고 잔혹하며, 사회에 대한 무감각, 비감정적, 위험을 고려하지 않는 행동, 문제행동, 타인에 대한 혐오 등의 특징을 가지고 있다(Bartol & Bartol, 2010). 아이젠크의 성격이론을 요약하면, 외향성이 강한 사람은 범죄를 저지를 가능성이 높은 반면, 내향적인 사람은 타인의 평가에 민감하고 과잉 각성되어 있기 때문에 자극을 회피하는 경향이 있어 범죄와는 거리가 멀다. 신경질적 사람은 정서가 안정되지 않아 반사회적인 행동을 하는 경향이 강하다. 즉, 그들은 비교적 정서가 불안정한데, 불안정은 하나의 충동으로 작용하게 되어 반사회적 행동을 증가시키는 결과를 가져온다(Eysenck, 1967). 정신병적 성격을 지닌 사람들은 어렸을 때부터 가정에서나 사회에서 언제나 물의를 일으키는 행동을 자주하는 경향이 있으며, 위험한 상황에 처하더라도 크게 불안해하거나 긴장하는 일이 없다. 그들은 신의와 성실이 결여되어있고, 자신의 잘못된 행동에 대해서도 진실로 뉘우치지 않는 경향이 있다. 또한, 그들은 예측 불가능한 행동을 하며, 자기중심적이어서 대인관계가 원만하지 못하며, 자신의 욕망을 충족시키지 못할 때는 특히 난폭한 범죄를 저지를 가능성이 높아진다(이현수, 1989). 서두의 한국 사례에서 제시된 정○○를 아이젠크의 성격이론에 적용하면 전형적인 정신병적 경향성을 가진 사람으로 평가할 수 있다. 즉, 정○○는 교도소 수감 시절 이해심이 부족하고 성격이 편협하며, 감정 조절 능력이 약하여 사소한 일에도 흥분, 자기의 편익만을 추구하여 사람들에게 위화감을 조성하였다. 특히 매사에 충동적이고 즉각적인 반응을 보이는 등 감정의 미성숙 상태를 보였으며 정신병질자 선별도구(PCL-R) 평가 결과 정신병질(Psychopath) 성향이 높은 것으로 나타났다. 이런 일련의 상태로 추측하건데 정○○는 전형적인 정신병적 경향성을 보였던 범죄자로 판단된다.

02 반사회적 성격장애와 범죄

반사회적 성격(인격)장애자(anti-social personality disorder)는 감정의 미성숙과 책임감과 판단의 결여를 보이며, 사회 규율을 어기고 경험을 통해 배우지 못하고 타인의 권익을 침해하는 반사회적 행동이 만성적으로 반복되는 이상성격자를 말한다. 즉, 사회의 정상적인 규범에 자기 자신을 맞추지 못하는 성격을 뜻한다(신희천·신은향, 2000). 반사회적 성격장애를 가진 개인은 공감 및 죄책감이 부족하고, 중요한 과제에 대한 노력 부족, 불충분한 정서 등을 주요한 개념으로 하는 냉담-무정서(callous-unemotional, CU)특질을 지니고 있다(Frick *et al.*, 2003; Frick *et al.*, 2014), 또한 그들은 공감능력이 부족하고, 무감각하며 냉소적이고 다른 사람의 감정, 권리, 그리고 고통 등을 경멸하는 경향을 지니고 있다(American Psychiatric Association, 2013).

(1) 반사회적 성격장애의 진단

반사회적 성격장애를 가장 잘 표현하고 진단하는 측정도구로는 미국정신의학회의 진단기준(DSM-5)이 있는데 이 학회에서 진단하는 반사회적 성격장애는 〈표 7-2〉와 같다((American Psychiatric Association, 2013).

반사회적 성격장애에 대한 미국정신의학회의 진단기준을 좀 더 구체적으로 설명하면, 반사회적 성격장애자의 연령은 적어도 18세 이상이어야 하며 15세 이전에도 몇 가지 품행장애(conduct disorder)의 경력을 갖고 있어야 한다. 15세 이전의 품행장애는 적어도 〈표 7-3〉의 증상 중 셋 이상이 지난 12개월 동안 지속된 증거가 있어야 한다(김상균, 2008).

표 7-2 반사회적 성격장애의 진단 기준(DSM-5)

A. 진단 당시의 연령이 18세 이상이어야 한다.

B. 15세 이전에 품행장애의 증거가 있어야 한다.

C. 다른 사람의 권리를 무시하고 침해하는 행태를 지속적으로 보이며 이러한 특징은 15세 이후에 꾸준하게 나타내며 다음 중 최소한 세 가지 이상의 증상을 보여야 한다.

① 체포 여부를 불문하고 구금의 이유가 되는 반사회성 행동을 반복해서 보이는 등 사회적 규범을 지키지 못한다.
② 자기 개인의 이익이나 쾌락을 위하여 반복해서 거짓말을 하며 가명을 사용하거나 남을 잘 속인다.
③ 미리 계획을 세우지 못하고 충동적이다.
④ 성미가 급하고 공격적이어서 반복해서 싸움을 하거나 남을 협박한다.
⑤ 자신이나 다른 사람의 안전을 고려하지 않고 무시한다.
⑥ 지속적으로 직장을 갖지 못하거나 재정적 책임을 중히 여기지 않는 등 지속적인 책임감이 없다.
⑦ 다른 사람을 해치거나 학대하거나 다른 사람의 물건을 도둑질하고도 냉담하며 잘못을 합리화하는 등 뉘우침이 없다.

D. 정신분열증(조현증)이나 조증기에 나타나는 반사회적 행동의 경우는 해당되지 않는다.

출처: American Psychiatric Association, 2013

표 7-3 15세 이전의 품행장애

① 등교하지 않는 행동(최소 2년에 걸쳐 1년에 5일 이상)
② 정학 또는 퇴학, 범법 행위
③ 가출(2회 이상)
④ 만성적인 거짓말
⑤ 조기 반복되는 무분별한 성행위
⑥ 술이나 약물 남용
⑦ 절도
⑧ 반항적인 파괴행동
⑨ 가정이나 학교에서의 만성적 폭행
⑩ 싸움을 잘 일으킴

출처: 김상균, 2008

또한 18세 이후에는 적어도 〈표 7-4〉의 9가지 증상 중에서 넷 이상이 해당되어야 한다(김상균, 2008).

표 7-4 18세 이후의 반사회적 행동

① 직업적응실패(빈번한 직업변경, 실직, 빈번한 결근, 새로운 직장 없이 직장 사표제출)
② 부모로서의 책임결여(소아 영양부족, 위생상태 불량에 의한 소아질환, 소아의 중병에 대한 치료 불이행, 이웃이나 집 없는 친척에 소아를 맡기는 일, 부모 부재 시 6세 이하의 소아를 어린이를 보는 사람에게 맡기는 일, 일의 실패, 살림의 낭비)
③ 사회규범에 대한 적응 실패. 즉 반복되는 범법행동(반복되는 절도, 불법직업, 여러 번의 구속 또는 체포)
④ 2회 이상의 이혼 혹은 별거 또는 성적 문란
⑤ 반복되는 폭행 등의 공격성과 자극과민성(배우자 또는 자녀 포함)
⑥ 반복되는 경제능력의 실패
⑦ 장래에 대한 계획수립 실패(목적 없는 방랑)
⑧ 진실성결여(속임수, 거짓말)
⑨ 무모한 행동(음주운전 및 과속운전 등)

출처: 김상균, 2008

(2) 반사회적 성격장애자의 특성

반사회적 성격장애자들은 사회적응의 여러 측면에서 비이성적이고 비도덕적이며 충동적이고 반사회적 또는 범죄적인 행동, 그리고 죄의식이 없는 행동, 남에게 해를 끼치는 행동을 지속적이고 만성적으로 실행하는 경향을 지닌다(이규희 · 이봉건, 2012). 반사회적 성격장애의 행동양식은 성인기까지 지속되고 법과 사회적 제도의 규칙을 잘 따르지 않을 가능성이 높다. 이들은 타인의 소망, 권리, 감정을 무시하고 자신의 이득이나 쾌락을 위해 자주 타인을 속이거나 조종하기도 한다. 또한, 거짓말, 사기, 변명, 자기합리화 등으로 자신의 잘못을 포장하기도 한다. 충동성이 강해 미래에 대한 계획을 세우지 못하며 즉흥적으로 행동하기도 한다. 이들은 불안정하고 공격적이며 반복적으로 신체적 싸움이나 폭력행위를 저지르기도 하며 기혼자의 경우, 배우자 또는 자녀를 자주 구타한다. 또한, 자신이나 타인의 안전을 전혀 고려하지 않으며 자극적이고 위험한 행위를 감행한다. 따라서 심각한 위험을 초래할 위험이 있는 성적 행동(성추행, 강간, 미성년자와의 성관계 등)이나 약물남용에 빠지기도 하며, 자신의 흥분을 제어하지 못해 자주 교통사고를 내기도 한다. 또한, 이들은 자녀양육이나 보호를 등한시하여 자녀를 위험에 노출시키기도 한다. 반사회적 성격장애자의 또 다른 공통적 특성으로 그들은 자신의 행동이나 주위 사람들에 대한 신의를 지키지 않으며 사회적 지위에 맞는 역할을 잘 수행하지 못한다. 즉, 경제적 무능력으로 채무불이행, 자녀와 배우자에 대한 부양의 의무를 잘 수행하지 못한다. 또한, 그들은 그들 행동의 잘못된 결과에 대해 거의 자책하지 않으며 오히려 타인에게 책임을 떠넘기는 경향이 강하다. 타인에 대해서는 냉정하거나 무관심한 특성도 지니고 있다. 따라서 타인의 불행이나 국가적 재난에 대한 공감능력이 결여되어 있어 수치심이나 부끄러움, 죄책감 등을 느끼지 못하는 경향이 있다. 하지만 이런 반사회적 행동이 정신분열증이나 조울증 중에서 극히 흥분한 상태가 일정 기간 반복되는 조증 현상이 나타나는 경우에는 반사회적 성격장애라고 진단하지는 않는다.

미국 드라마 'Dexter' 의 한 장면
출처: www.cinemanews24.com/what-becomes-of-michael-c-hall-dexter-cineseries

요약하면, 반사회적 성격장애자는 겉으로 보기에는 똑똑해 보이고 말도 합리적이지만 말과 행동이 일치하지 않으며 성실성이 결여되어 있다. 자기중심적이고 다른 사람의 입장에서 생각하는 공감능력이 결여되어 있으므로 타인과의 깊은 대인관계를 형성하지 못한다. 어떨 때는 마치 타인의 아픔이나 고통을 위로하는 척하지만 행동이 뒤따르지 않으므로 깊은 정서관계를 형성하지 못한다. 이들은 어릴 때부터 비행, 무단결석, 가출, 법위반, 거짓말 등 반사회적 행동을 반복적으로 표출하며, 성인이 되어서도 사회적 지위에 맞는 역할(예를 들면, 학생으로서 역할, 직장인으로서의 사회적 역할, 집안에서 가장으로서의 역할 등)을 잘 수행하지 못한다. 따라서 잦은 범죄행위, 가정의 무책임, 폭력행위, 성적 문란, 채무불이행, 거짓말, 합리화, 무모한 모험 등을 반복하는 경향이 있다. 이들은 타인에 대한 공감능력이나 감정이입이 결여되어 있기 때문에 위험한 상황에서도 전혀 불안하거나 우울감을 느끼지 못한다. 가끔 자살위협으로 주위 사람들을 놀라게 하기도 하지만 실제 자살을 시도하는 경우는 드물다. 그 밖에도 타인을 교묘하게 조종하여 자신의 뜻대로 움직이게 하고, 나중에 일이 잘못됐을 경우, 자신의 행위를 뉘우치기 보다는 타인에게 책임을 전가하거나 합리화하는 특성을 가지고 있다(제6장에서 소개된 덱스터라는 드라마 주인공인 덱스터 모건(Dexter Morgan)의 범죄행위를 참조).

(3) 반사회적 성격장애의 원인

미국정신의학회에서 진단한 반사회적 성격장애의 원인에 대해서는 명확하지 않다. 즉, 유전적, 선천적 결함 때문에 발생하는지 아니면 후천적, 사회적으로 형성되는지에 대한 논의는 아직도 계속되고 있다. 일반적으로 반사회적 성격장애를 생물학적,

의학적으로 접근하는 학자들은 반사회적 성격장애의 원인으로 유전적 요소가 많다고 주장한다. 왜냐하면 반사회적 성격장애자는 선천적으로 충동성과 감각추구 성향이 높은 것으로 나타나기 때문이다. 또한 신경전달물질인 세로토닌의 기능 때문으로 파악하기도 하고, 심리학적으로 인지기능 중 공간지각 및 기억 능력에 있어 충동적으로 위험한 자극을 추구한다는 설명도 있다. 이와는 반대로 후천적, 환경적으로 형성된다는 학자들의 견해도 무시할 수 없다. 즉, 어린 시절부터 부모의 비일관적인 양육이나 학대, 착취, 폭력, 유기를 지속적으로 경험한 경우, 반사회적 성격장애가 발현된다고 주장한다. 예를 들면, 가족역할모델을 주장하는 학자들은 반사회적 성격장애의 원인을 어린 시절 부모의 애정결핍이 일차적인 원인이므로 부모의 양육태도가 자녀의 반사회성에 직접적인 영향을 미친다고 주장한다. 결론적으로 반사회적 성격장애의 주된 원인은 아직 명확하게 밝혀지지 않고 있다. 반사회적 성격장애는 자녀의 반사회적 행동양식을 유전적으로 쉽게 결부시키는 사회적 분위기 때문에 기계적으로 유전된다고 결론지을 수도 있고, 유전적인 것이 아니라 가족이 장애를 촉진하는 경제적, 사회적 배경을 공유하기 때문에 장애도 공유된다고 주장하는 견해도 있다(Bartol & Bartol, 2010).

(4) 반사회적 성격장애와 범죄

우리가 이미 반사회적 성격장애의 진단과 특성에서 파악했듯이, 반사회적 성격장애자는 지극히 높은 범죄성향을 가지고 있다. 물론 반사회적 성격장애라는 진단을 어떻게 내리느냐에 따라 범죄와의 관련성을 명확하게 파악할 수는 없지만 일반적인 특성으로 파악하건데, 범죄와 깊은 관련성을 맺고 있는 것으로 짐작할 수 있다. 심각한 범죄를 포함한 흉악범죄자의 75~80%가 반사회적 성격장애의 행동특징과 유사하며 전체 범죄자 중에서 반사회적 성격장애가 차지하는 비율은 50~80%가 된다고 추정하기도 한다(김상균, 2008). 또한 바톨(Bartol)은 미국의 교정시설에서 반사회적 성격장애라고 여겨지는 피수용자는 30~50%이며 50% 이상을 넘는 교정시설도 흔히 존재한다고 주장한다(Bartol & Bartol, 2010). 결론적으로 반사회적 성격장애와 범죄와는 구체적으로 얼마만큼의 연관성을 가지는지는 학자들마다 견해가 다르지만 분명한 사실은 깊은 연관관계를 가지고 있다는 것은 부인할 수 없다.

사이코패스와 범죄

03

사이코패스(psychopath)는 반사회적 성격장애와 상당히 유사한 개념이다. 반사회적 성격장애자를 진단하는 기준인 〈표 7-3〉의 성격을 갖는 사람을 설명하기 위해 사이코패스 또는 반사회적 성격장애자라는 용어를 사용하지만 이 용어들이 종종 혼용되어 사용되고 있다. 일부 심리학자들의 주장에 따르면, 반사회적 성격장애는 열악한 가정환경에서 비롯된 반면 사이코패스는 개인적인 결함이나 이상 때문에 발생하는 것으로 파악하기도 한다(Siegel, 2020). 하지만 대부분의 임상의와 범죄심리학자들은 반사회적 성격장애와 사이코패스를 구별되지 않고 사용하는 경향이 있다. 엄격하게 말하면 사이코패스나 소시오패스(sociopath)라는 용어는 공식적인 진단명은 아니며, 미국정신의학계에서 공식적으로 인정한 용어는 반사회적 성격(인격)장애라고 할 수 있다. 비록 사이코패스가 학술적으로 인정된 공식 명칭은 아니지만 최근에 상당히 대중화된 용어이기 때문에 사이코패스의 정의, 특징, 범죄와의 연관성을 살펴볼 필요가 있다.

(1) 사이코패스의 역사

Kurt Schneider(1887~1967)

2004~2007년까지 무고한 일반시민 20여 명을 연쇄 살해한 유영철사건, 2004~2006년까지 아동과 여성 13명을 납치, 성폭행한 정남규사건 등을 통해 우리 사회에서 점차 사이코패스에 대한 관심이 높아지기 시작했다. 그 이후 2006~2008년까지 여성 9명을 살해한 강호순사건과 2010년 여중생을 납치, 성폭행하고 살해한 김길태사건은 사이코패스적 증상을 가진 범죄자에 의해 저질러진 사건으로 알려져 있다. 사이코패스라는 단어는 비교적 최근에 사용된 용어이기는 하지만 그 역사적 유래는 오래되었다. 범죄학의 아버지라고 불리는 롬브로조(Lombroso)는 1876년에 범죄자는 선천적으로 타고난다는 '생래적 범죄자(born crimanal)'이론을 주창하면서 생래적 범죄자 이외에 다른 두 개의 유형인 '정신이상범죄자(insane criminal)' 와 '기회적 범죄자(criminaloid)'를 제시한 바 있다. 정신이상범죄자는 백치, 저능아, 간질환자, 정신병자 등이 이 부류에 속하며 이들은 사회에 잘 적응하지 못하며, 그들의 범죄적 기질을 통제하지 못한다고 주장하면서 최근 광범위하게 사용되는 사이코패스와 유사한 개념을 주창한 바 있다. 롬브로조 사후 1900년대에 들어서면서 정신병질과 범죄에 관한 여러 연구가 진행되었는데 대표적 연구자로는 크레펠린(Kraepe-

표 7-5 슈나이더의 정신병질 유형과 범죄 관련성

유 형	특 성	범죄 관련성
무정성	고등감정의 결여자	흉악범, 범죄단체 조직
폭발성	병적 흥분·자극에 민감	충동범죄, 충동적 자살
광신성	개인사상이나 특정종교에 열중, 타인불신	확신범(투쟁적 관심사), 종교적 양심범
의지박약성	환경영향에 대한 저항 상실	재범, 청소년범죄
과장성	타인의 관심유발	고등사기
발양성	낙천적 성격, 경솔	모욕죄, 사기
기분이변성	기분동요, 예측곤란	방화, 음주광
자신결핍성	강박관념, 강한 도덕성	범죄와 관련없음
우울성	염세적, 회의적 인생관	범죄와 관련없음
무력성	심신의 부조화, 타인의 관심호소	범죄와 관련없음

출처: Schneider, 1958

lin), 슈나이더(Schneider), 로덴(Rohden), 젤리히(Seeling) 등이 있다. 이 중에서 특히 슈나이더의 연구가 가장 보편적으로 인용되고 있는데 현재 정신병질에 대한 가장 보편적인 분류방법은 슈나이더에 의한 것이며 〈표 7-5〉와 같다.

슈나이더에 따르면, 모든 정신병질자가 범죄자가 되는 것이 아니고, 또한 대부분의 범죄자가 정신병질자가 아니라는 것이다. 정신병질자는 정신병자와는 근본적으로 다르므로 정신치료보다는 성격교정에 초점을 맞추어야 한다고 주장하였다(Schneider, 1958). 그러나 범죄심리학에서 사이코패스의 성격적 특질을 다룬 최초의 연구자로는 크레펠린(Krapelin)을 들 수 있다. 크레펠린은 1913년에 그의 임상학적 정신의학(clinical psychiatry: a textbook for physicians)이라는 책에서 사이코패스를 7개의 카테고리로 분류하였다(Krapelin, 1913). 일곱 개의 분류는 흥분형(the excitable), 불안정형(the unstable), 충동형(the impulsive), 괴짜형(the eccentric), 거짓말쟁이들과 사기꾼형(the liars and swindlers), 반사회형(the antisocial), 싸움형(quarrelsome)이며 이 유형들은 모두 다 타고난 기질에서 기인한다고 주장하였다(Krapelin, 1913). 또한 칸(Kahn)은 사이코패스에 관한 16개의 특징을 발표하였으며(Kahn, 1931), 1930년에 패트리지(Partridge)는 사이코패스가 정신적 부적응이기보다는 사회적인 의미에만 초점을 맞추어 사이코패스를 소시오패스(sociopath)라는 용어로 대체하기를 제안하기도 했다. 이처럼 1900년대 초반, 여러 학자들에 의해 사이코패스의 다양한 분류와 용어의 무분별한 확산을 자제하고 이 결과로 나타나는 모호성을 제거하기 위해 미국정신의학회(the American psychiatric association)에서 1952년에 그들의 진단 및 통계 편람인 DSM(diagnostic and statistical manual)에서 사이코패스라는 용어를 없애고 공식적으로

'소시오패스(sociopath)'라는 용어를 채택하였다. 즉, '소시오패스적 성격장애자(sociopathic personality disturbance)' 또는 반사회적 이상성격자(antisocial reaction)'를 채택하게 된 것이다(Bartol & Bartol, 2010). 그 후 1968년 미국정신의학회는 소시오패스라는 이름을 반사회적 성격장애(antisocial personality disorders)로 고쳤으며, 1980년에 개정된 DSM-III, 1987년에 개정된 DSM-III-R, 1994년에 개정된 DSM-IV, 2000년에 개정된 DSM-IV-TR, 2013년에 개정된 DSM-5에서도 반사회적 성격장애라는 용어가 계속 사용되고 있다(Bartol & Bartol, 2010).

(2) 사이코패스의 정의

사이코패스는 정서적, 행동적, 대인 관계적 측면 등을 포함한 인생 전반의 포괄적 영역에서 만성적으로 높은 정신병질(psychopathy) 성향을 드러내는 사람을 지칭하는 개념이다(Hare, 1970). 하지만 사이코패스는 정신질환자와는 다르다. 즉, 정신병질적 성향을 가지기는 하지만 엄격한 의미에서 정신질환자는 아니다. 왜냐하면 사이코패스는 정신질환자와는 달리 인식능력이 부족하거나 현실감각이 떨어지지 않으며, 대부분의 정신장애자에게서 나타나는 환상, 환청, 망상, 강한 부정적 스트레스도 경험하지 않기 때문이다. 이들은 정신병자와는 달리 극히 이성적이며 자신의 행동이 무엇을 의미하며 원인이 무엇인지 잘 알고 있다(Hare, 1999). 이런 정신병질 성향이 높은 사이코패스의 대표적인 특성으로 우선 자기중심적인 특성이 두드러진다. 그들은 정서적으로 냉담하고 타인의 고통에 무감각하며, 충동적이고 무책임하며 죄책감을 잘 느끼지 못하고, 타인을 기만하고 공격성을 표출시키며 여러 범법행위를 저지른 등의 행동적 특성을 나타낸다(Hare, 1998). 좀 더 간단하게 표현하면, 사이코패스는 사회병리 또는 반사회적이고, 공격적이며 반사회적 행위에 대한 죄책감을 느끼지 못하는 사람들이며 또 타인과의 애착심을 유지할 수 없는 특징을 가진 사람들이라고 할 수 있다.

Robert D. Hare(1934~현재)

헤어(Hare)는 범죄행위 이론으로서 사이코패스를 주장한 주창자로, 현재까지 사이코패스에 관한 연구를 집대성한 학자로 잘 알려져 있다. 헤어의 주장에 따르면, 사이코패스는 매력적으로 보일 수 있지만 온전히 자기중심적인 '사회적 약탈자'로 자신의 목적을 위해 다른 사람을 조종하고 양심이 결핍되어서 자신의 반사회적 행동이나 타인에게 가한 해악에 대해 죄책감이나 가책을 느끼지 않는 사람으로 규정했다(Akers *et al*., 2016).

사이코패스는 "무자비하게 인생을 헤치고 나아가 그 뒤에는 실연당한 사람들, 기대가 깨진 사람들, 재정적으로 파탄난 사람들의 다양한 흔적을 남긴다(Hare, 1999)". 헤어의 주장에 따르면, 사이코패스는 관련된 징후들의 집합인 하나의 증상이지만 이런 징후를 가졌다고 해서 그 사람이 사이코패스라는 의미는 아니다. 누가 사이코패스로 진단될 만큼 충분한 징후를 가지고 있는지 여부를 판단하는 것은 어렵고 복잡한 과정으로 고도로 훈련된 전문가에 의해 사이코패스 체크리스트의 적절한 사용을 통해서만 이루어져야 한다고 주장한다(Akers *et al.*, 2016). 사이코패스의 성격적 특질을 전면적으로 다룬 학자는 클렉클리(Cleckley)이며 헤어(Hare)는 여기에 기초하여 현재 사이코패스에 대한 표준화된 임상적 측정으로 가장 잘 알려진 사이코패스, 진단표(psychopathy checklist: PCL)의 초판과 그 개정판(PCL-R)을 제시하였다(Hare, 1965; 1991).

(3) 사이코패스의 진단

사이코패스의 진단표는 사실 클렉클리(Cleckley, 1982)가 최초로 제시하였으며 구체적인 항목은 〈표 7-6〉과 같다.

표 7-6 클렉클리의 사이코패스 진단표

주요특성(key features)
1) 타인을 부정직하게 조정하거나 기만함(manipulative)
2) 피상적 매력(superficial charm)
3) 평균 이상의 지능을 가짐(above-average intelligence)
4) 망상, 환각 등과 같은 정신병적 증상이 없음(absence of psychotic symptoms(delusions, hallucinations))
5) 근심 걱정 결여(absence of anxiety)
6) 죄책감 결여(lack of remorse)
7) 경험으로부터의 학습 실패(failure to learn from experience)
8) 병적인 자기 중심성(egocentric)
9) 감정적으로 미성숙(lacks emotional depth)
기타 특성(other characteristics)
10) 문란한 성생활(trivial sex life)
11) 신뢰할 수 없음(unreliable)
12) 계획을 세우고 실천하는 데 어려움(failure to follow a life plan)
13) 신뢰할 수 없음(untruthful)
14) 진심으로 자살시도를 하는 일은 드묾(suicide attempts rarely genuine)
15) 충동성(impulsive)
16) 반사회적 행동(antisocial behavior)

출처: Andrews & Bonta, 2010

클렉클리가 제시한 16가지 특성은 사이코패스의 개념에 대해 세 가지 중요한 시사점을 제시한다(Andrews & Bonta, 2010). 첫째, 사이코패스는 환각이나 망상에 빠져 있는 사람이 아니고 정상인의 외모를 가지고 있다는 것이다. 둘째, 사이코패스는 사회적 통제에도 반응이 없다는 점이다. 셋째, 범죄행동이 반드시 사이코패스로 진단을 내리기 위한 필요조건이 아니라는 점이다. 즉, 모든 범죄자가 사이코패스 특성을 보이지는 않으며, 범죄행위를 했다고 하여 사이코패스라고 볼 수 없다. 마찬가지로, 사이코패스라고 하여 꼭 범죄를 저지른다고 볼 수 없다. 이런 점은 사이코패스와 다른 범죄자들을 다루고 치료하는 방법이 질적으로 상당히 달라야 한다는 것을 시사한다. 클렉클리가 제시한 사이코패스 진단표와 특성을 기초로 하여 헤어는 사이코패시에 대한 표준화된 진단표를 개발했으며 오늘날 사이코패스 검사도구로 헤어의 진단표가 가장 광범위하게, 가장 과학적으로 사용되고 있다. 이 진단표에는 20가지 항목이 제시되어 있는데 그중 10가지는 감정과 대인관계(개인의 성격적 태도) 측면을 측정하고 다른 10가지는 사회적 일탈성(반사회적이거나 부도덕한 행위)을 파악하여 전문가의 최종 판단으로 진단된다. 구체적인 항목은 〈표 7-7〉과 같다.

표 7-7 헤어의 사이코패스 진단표(PCL-R)

1) 언변이 좋음/피상적 매력(glibness/superficial charm)
2) 과장된 자아존중감(grandiose sense of self-worth)
3) 흥분에 대한 욕구/쉽게 지루해함(need for stimulation/prone to boredom)
4) 병적인 거짓말(pathological lying)
5) 사기근성/남을 부정직하게 조종함(conning/manipulative)
6) 양심의 가책이나 죄책감 결여(lack of remorse or guilt)
7) 얕은 감정(shallow affect)
8) 냉담함/공감능력 결여(callous/lack of empathy)
9) 기생적인 생활양식(parasitic lifestyle)
10) 낮은 행동 통제력(poor behavioral controls)
11) 문란한 성생활(promiscous sexual behavior)
12) 어린 시절 문제행동(early behavioral problems)
13) 현실적인, 장기적인 목표 결여(lack of realistic, long-term goals)
14) 충동성(impulsivity)
15) 무책임성(irresponsibility)
16) 자신의 행동에 대한 책임을 받아들이지 못함(failure to accept responsibility for own actions)
17) 여러 번의 짧은 결혼관계(many short-term marital relationships)
18) 청소년기의 잦은 비행(juvenile delinquency)
19) 조건부 가석방의 취소(revocation of conditional release)
20) 다양한 범죄경력(criminal versatility)

출처: Hare, 1991

헤어(Hare)는 사이코패스 진단표(psychopathy checklist: PCL)의 초판과 개정판(PCL-R)을 제시한 학자로 유명하다.
출처: http:/weekly.chosun.com/client/news/viw.asp?ctcd=C01&nNewsNumb=002467100009

사이코패스는 사이코패스의 특성이라 여겨지는 100개 이상의 심리적, 행동적 특성 목록을 처음에는 22개의 문항으로, 그리고 후에는 20개의 문항으로 줄인 사이코패시 체크리스트-수정본(Psychopathy Checklist-Revised, PCL-R)(Hare, 1991)을 통해 사이코패스의 정도를 평가한다. PCL-R 각 문항은 0점에서 2점 사이로 평정되며 총점은 40점이다. 북미권에서는 각 문항의 총점이 33~40점일 때 사이코패스 성향이 매우 높은 5등급으로 분류하고, 25~32점은 다소 높은 4등급, 17~24점은 보통인 3등급, 그리고 0~8점은 매우 낮은 1등급으로 분류한다(Hare, 1991). 헤어가 제시한 사이코패스 진단표는 현재 사이코패스의 특징으로 받아들여지고 있지만 사이코패시는 확실히 구분되는 임상진단도구가 아니라 편의에 의해 전문가들에게 통용되는 편리한 이름표로서 쉽게 오용되고 남용될 위험성을 가지고 있다. 따라서 사이코패스진단표는 형사사법체계 내에서 재범위험성을 평가는 위험성 예측지표로만 사용되어야 하므로(이수정 외, 2009), 사이코패스 진단을 과학적이고 객관적으로 평가할 수 있는 전문가에 의해 사용되어져야 한다.

(4) 사이코패스의 특성

사이코패스는 그 특유의 반사회적 인격성 또는 그의 기질적 특성 때문에 자신의 행위가 위법하고 부정하다는 것을 알면서도 이를 억제할 수 있는 자기통제력을 상실한 고도의 재범위험군에 속하는 사람들로 알려져 있다(안성조, 2008). 예를 들면, 2016년 한국 교도소에 수감되어 있는 318명의 재범을 추적 조사한 결과, PCL-R 총점이 25점 이상인 고위험군의 재범률 16.7%인 반면, 25점 미만인 저위험군의 재범률은 7.7%로 고위험군이 저위험군의 2배 이상의 재범률을 보였다(고려진 외, 2016). 따라서 사이코패스는 자신의 범죄충동을 스스로 억제할 능력이 결여된 사람들로 평가할 수 있다. 이런 사이코패스의 정서적, 행위적, 생물학적 특징은 무엇인지 살펴볼 필요가 있다.

1) 정서적 특성

헤어의 주장에 따르면, 사이코패스는 대인관계에서 자기 과시적이고 오만하고 냉담하고 겉치레를 잘하며 기만적이며, 정서적으로 성미가 급하고 다른 사람들과의 강한 정서적 유대를 형성하지 못하며 가책이나 근심을 거의 느끼지 않는다(Hare, 1991). 헤어의 사이코패스 진단표를 좀 더 구체적으로 설명하면, 크게 정서적 특성과 행위적 특성으로 나눌 수 있는데, 감정 및 정서적 측면에서 타인에게 연민의 정을 느끼지 못할 정도로 냉담하며, 감정의 폭이 얕아 공감능력이 부족하며, 죄의식, 후회 등의 감정이 결여되어 있다. 또한, 자신의 행동에 대해 책임지지 않으며 난잡한 성행동을 할 가능성이 높다. 대인관계 면에서는 언변이 뛰어나서 마치 타인들에게 상당히 매력있는 사람으로 비춰질 가능성이 높다. 그러나 그런 매력은 진실된 감정과 행위가 동반된 것이 아닌 것으로 쉽게 들통나기 때문에 피상적 매력에 그친다. 사이코패스는 거짓말, 속임수 등에 능해 남을 부정직한 방법으로 잘 조정하는 교활한 면도 지니고 있으며 이는 자신의 가치에 대한 지나친 자만심과 연결된다. 또한, 타인과의 관계가 피상적이기 때문에 깊은 유대관계를 기초로 하는 결혼관계를 잘 성사시키지 못하고 여러 번의 짧은 이성관계로 끝나는 경우가 많다. 사이코패스의 정서적 특성을 다른 말로 표현하면, 깊은 정서 상태인 척 가장하는 기술이 매우 뛰어나고 적절한 정서를 효과적으로 흉내 낼 수는 있지만 진실한 충성심, 따뜻함과 열정은 찾아보기 힘들며, 정직한 척 보이게 하는 교활한 능력을 지니고 있다. 극히 드문 경우지만, 만약 그들이 타인을 도와주었거나 이해하는 반응을 보인다면 그것은 다른 목표를 위한 일시적인 위장이나 속임수일 가능성이 높다. 왜냐하면, 그들은 타인의 관점에서 바라보는 공감능력이 결여되어 있을 뿐 아니라 흉악한 범죄를 저지르고도 오히려 피해자를 비난하거나 자신의 범죄행위를 합리화함으로써 양심의 가책이나 죄책감을 느끼지 못하기 때문이다. 오히려 그들은 범죄행위를 자신의 무료함을 충족시키기 위한 일종의 게임으로 여기는 경향도 있다. 바톨의 주장에 따르면, 사이코패스는 양심의 가책이나 죄책감이 결여되어 있기 때문에 위조, 절도, 강간, 상해, 사기 등과 같은 개인적 이익을 위해 파괴적, 반사회적 행동에 몰두한다(Bartol & Bartol, 2010). 그들은 사법기관에 의해 체포되었을 때도 후회하지 않는다. 즉 그들은 자기의 범죄성을 바로 인정하고, 오히려 타인에게 심각한 해를 입힌 행위에서 일종을 희열을 느끼는 경향이 있다. 그들은 사람의 머리를 타격하거나 차를 망가뜨리고, 아기를 학대해도 '재미있을 것 같아서'라고 진술하는 경우도 있다(Bartol & Bartol, 2010).

2) 행위적 특성

헤어의 사이코패스 진단표에 나타난 행위적 특성을 좀 더 구체적으로 살펴보면, 생활양식 면에서 그들은 비현실적인 목표를 세우고 그 목표를 달성하기 위해 타인을 교묘하게 조종하는 기생적 생활태도를 보인다. 그들은 장기적인 목표를 세우지 않

영화 '양들의 침묵'에서 앤서니 홉킨스(한니발역할)의 행위적 특성은 사이코패스적 요소와 부합한다. 사진은 양들의 침묵의 한 장면
출처: www.goclassic.co.kr/ost/list.html?code=movie&keyfield=fid&key=183

기 때문에 충동적으로 행동하는 경향이 강하다. 일상적인 업무에서 쉽게 권태감을 느껴 뭔가 자극적이고 짜릿함을 줄 수 있는 범죄행위에 쉽게 빠진다. 특히 그들은 어린 시절부터 각종 비행을 저지른 범죄경력을 가지고 있으며 성인이 된 이후에도 여러 가지 다양한 범죄경력을 가지고 있을 가능성이 높다. 즉, 사회적 일탈의 측면에서 "행동의 옳고 그름, 결과의 타당성 여부에 대한 숙려 없이 충동적으로 범죄를 저지른다. 뿐만 아니라 타인이 주는 모욕이나 경멸에 대해 자신의 행동을 제어하지 못하고 쉽게 감정이 폭발하여 공격적인 태도를 취한다. 참을성이 없고, 성미가 급하며, 다혈질에 욕구불만인 특성을 보인다. 또한 언제나 사회적으로 용인되지 않는 극도의 스릴과 자극을 갈망하여 퇴폐적이고 방탕한 생활을 추구하는 경향이 있다. 나아가 그들은 일체의 책임감과 의무감이 없으며 유소년기부터 심각한 일탈행동을 시작하여, 성인이 된 후에도 반사회적 행동을 지속하는 경향이 있다"(안성조, 2008). 사이코패스의 행위적 특성을 가장 잘 표현하는 단어로 충동성을 들 수 있다(충동성의 구체적 내용은 제3장 범죄자의 심리적 특성 II를 참조하기 바람). 충동성은 사이코패스의 중심적이며 주요한 행위적 특성이다(Hart & Dempster, 1997). 바톨의 주장에 따르면, "충동성은 주기적으로 나타난다. 이 때문에 사이코패스는 몇 개월 이상이나 선량한 시민, 성실한 배우자, 믿을 만한 종업원으로 연기할 수 있다. 그들은 (드라마 덱스트의 주인공 덱스트 모건처럼) 크게 성공하거나 높은 직위에 오르거나 명예를 얻기도 한다. 그러나 그들은 무책임한 면을 갖고 있기 때문에 위조수표를 발행하기도 하고, 회사 컴퓨터를 일부러 망가뜨리거나 술에 취하여 난동을 부리고, 상사의 차를 훔치기도 한다. 또한 그들은 갑자기 말다툼이나 싸움을 하는 나쁜 기질을 가지고 있는 경향이 강하다"(Bartol & Bartol, 2010).

3) 생물학적 특성

헤어에 따르면, 사이코패스는 뇌구조가 비정상적으로 느리게 성장한다고 주장한다. 성인 사이코패스의 뇌파가 일반 청소년의 것과 유사하고, 자기중심성, 충동성, 이기심, 욕구를 참지 못하는 성향 등의 발달지체적인 성격을 지닌다는 것이다. 또한 사이코패스는 처벌에 대한 **자율신경계**(ANS: autonomic nervous system)의 반응이 느리고 혈압과 심장 박동 수에서도 유의한 차이가 나타난다(김상균, 2008). 따라서 처벌에 대한 두려움이 적고 불안도 덜 느끼며 스트레스에 둔감하지만 충동성이 강해 쉽게 흥분하는 경향이 있다. 즉, 사이코패스는 보통사람들과 달리, 심리적으로 덜 민감하고, 육체적인 처벌에 의한 학습능력도 떨어진다. 예를 들면, 이수정은 블레어(Blair, 2001)의 연구에서 표정 자극을 이용하여 사이코패스의 편도체의 정서자극에 대한 활성화 수준이 매우 저하되어 있다는 사실을 확인하였고, 레인(Raine, 2001)의 연구를 인용하면서 사이코패스의 번연계 기능과 전**전두엽** 기능의 광범위한 손상으로 분노 통제에 상당한 장애를 예측한다고 주장하였다(이수정, 2006). 또한 공격성을 억제하는 신경전달물질인 세로토닌도 부족해 사소한 일에도 강한 공격성을 보인다고 주장하였다(이수정, 2006).

(5) 사이코패스의 원인

우리는 사이코패스의 특성에서 정서적, 행위적, 생물학적 특성을 살펴보았다. 일반적으로 생물학적 특성은 선천적, 유전적 요인에 의한 것이고 행위적 특성은 후천적, 사회적 환경의 요인과 연결되며, 정서적 특성은 선천성과 사회적 환경적 요인의 복합작용에 의해 발생한다고 짐작할 수 있다. 하지만 사이코패스의 원인을 한마디로 정의하기는 힘들다. 왜냐하면 사이코패스의 원인에 대한 정설은 없으며 수많은 연구에서 그 원인을 명확하게 밝혀내지 못했기 때문이다. 일부 학자는 뇌구조와 기능의 이상설로 설명하는가 하면, 다른 학자들은 후천적으로 어릴 때의 가정에서의 부적절한 사회화 및 양육과정에서의 문제를 그 주된 원인으로 주장하기도 한다. 지금까지 사이코패스에 대한 명확한 원인은 아직 밝혀내지 못했지만, 크게 선천적, 유전적 요인과 후천적, 환경적 요인으로 추정할 수 있다.

1) 선천적, 유전적 요인

사이코패스의 유전적 요인에는 크게 **전두엽**의 문제와 **전두엽**에서 분비되는 신경전달물질인 세로토닌의 문제로 나눌 수 있다. 인간의 뇌 앞부분에 속하는 **전두엽**은 감정을 느끼고 어떻게 반응할지를 결정하고, 다른 동물에게는 없는 인간의 양심이 존재하는 곳으로 알려져 있다. 일반적으로 일반인들은 끔찍한 장면을 보았을 때, **전두엽** 부분이 매우 활성화되고 감정이 드러나며 어떻게 반응할까 등의 판단을 하지만 공격성이 강한 사람은 감정을 느끼는 **전두엽**의 기능이 일반인에 비해 떨어지는 경향이 있으므로 그런 끔찍한 장면을 목격해도 **전두엽**이 활성화되지 않는 경향이 있다. 그 원인은 동물실험을 통해 밝혀졌는데 세로토닌이 **전두엽**에서 제대로 분비되지 않을 때 공격성이 크게 증가하는 것을 발견했다. 세로토닌은 **전두엽**의 촉진제로 작용하여 세로토닌이 직접 공격성을 억제하거나 **전두엽**에 영향을 주어서 공격성을 억제하는 두 가지 경로로 공격성을 억제한다(김상균, 2008). 인간에게는 몸속의 효소를 조절하는 MAOA유전자가 있는데 염색체의 이상으로 이 유전자가 적을 경우 뇌 속의 신경전달 물질인 세로토닌이 줄어드는 현상이 발생한다. 이는 **전두엽**의 기능을 줄어들게 하고 공격성을 증가시키는 중요한 요인이 된다. 이처럼 뇌에 문제가 있을 경우 보통상태일 때보다 사이코패스가 될 확률이 높으며 이는 유전적으로 타고 난다는 것이다(김상균, 2008). 또한 헤어는 기본 성격이 유전적, 생물학적으로 결정된다는 증거, 뇌 손상으로부터 사이코패스와 유사한 증상이 나타날 수 있다는 사실과 유소년 초기에 사이코패스적 행동특성이 나타난다는 점 등을 제시하면서 사이코패스는 선천적 요인에 의해 발생할 수 있다고 주장했다(Hare, 2003).

2) 후천적, 환경적 요인

사이코패스의 후천적 요인을 주장하는 학자들은 **전두엽**과 **전두엽**에서 분비되는 세로토닌이 부족한 사람이 주로 사이코패스가 될 수는 있지만 그런 유전적 요인이 사이코패스의 행동을 결정하는 것은 아니라고 본다. 즉, **전두엽**과 세로토닌의 부족한 사람이라도 반드시 반사회적 행위나 사이코패스적 성향을 가지는 것은 아니라는 것이다. 오히려 후천적, 환경적인 문제가 사이코패스의 주요한 요인이라고 주장한다. 왜냐하면 어릴 때 가정에서의 부적절한 사회화나 부모-자녀 관계에서 문제가 있는 가정에서 정상적인 훈육과정을 거치지 못한 사람들 중에서 사이코패스가 많다는 것은 잘 알려진 사실이기 때문이다(김진혁, 2014).

사이코패스는 어릴 때 가정에서의 잘못된 사회화과정으로 인해 발생하여 학교생활에서 점차 그 증상이 발전될 수 있다. 헤어의 주장에 따르면, 사이코패스는 학년 초기에 다음과 같은 특징들이 있다고 주장한다(Hare, 2003). "반복적이고, 우발적으로 겉보기에 부주의한 거짓말을 하며, 다른 사람들의 감정, 기대, 고통에 무관심하며 이해하지 못하고, 부모, 선생, 규칙에 반항하며, 끊임없는 말썽을 부리며, 체벌의 위협이나 질책에 반응이 없고 다른 아이나 부모의 물건을 훔치며, 끊임없이 공격성향, 괴롭힘, 싸움을 일삼으며, 잦은 무단결석, 늦은 귀가, 가출경력이 있으며, 동물을 괴롭히거나 죽이는 행동을 하며, 이른 나이에 성에 관한 실험을 하며, 기물파괴와 방화를 저지른다"(Hare, 2003). 이런 반사회성은 주로 어린 시절 가정환경에서 발현되는데 부모의 상실감, 비일관적 훈육태도, 부모의 정서적 학대, 유기, 방임 등이 그 원인으로 지목된다. 즉, 부모-자식 간의 애착과 부모로부터의 학대 경험이 사이코패스 특성과 밀접한 관련이 있고(곽금주·김연주, 2008), 사이코패스 척도에서 높은 점수를 받은 범법자는 신체적 학대와 부모로부터의 분리 경험을 한 경우도 있다(Campbell *et al*., 2004). 가정에서 부모와의 애착과 부모의 양육행동은 사이코패스 특성의 발현에 영향을 주는 요소로 인식되고 있으며, 부모-자녀 간 애정결핍이 반사회적 행동이나 범죄발달과 관련이 있다(Saltaris, 2002). 또 다른 선행연구에서 청소년이 가진 사이코패스적 성향과 문제성 있는 부모의 상호작용 패턴이 정신병질의 원인이 된다는 보고도 있다(Frick *et al*., 1994). 부모로부터의 학대경험이 사이코패스의 원인이라는 많은 선행연구결과들도 존재한다. 사이코패스의 성격특성인 공감능력부족 및 정서결여는 초기 가정에서의 학대와 같은 환경적 요인 때문이라는 주장(Saltaris, 2002), 아동학대가 성인기의 높은 사이코패스 점수를 예측하는 변수라는 연구결과(Weiler & Widom, 1996), 사이코패스적 특성을 가진 수감자들은 그렇지 않은 수감자들보다 부모에게서 무관심이나 방임을 더 많이 받았다는 연구결과(Marshall & Cooke, 1999) 등에서 어린 시절 가정에서의 학대, 방임, 무관심 등이 사이코패스의 후천적 요인으로 지목된다.

결론적으로 사이코패스의 원인은 아직까지 명확하게 밝혀지지 않았지만 일반적으로 선천적, 유전적으로 **전두엽**과 세로토닌의 문제 때문이라는 생물학적 요인, 어릴 때 가정에서의 부모-자녀 간의 부적절한 훈육양태, 방임, 학대 때문이라는 후천적, 환경적 요인이 그 주된 원인이라 할 수 있다. 특히 헤어는 사이코패스가 생물학적 요인과 환경적 요인이 복합적으로 작용해서 나타난다고 주장한 바 있다. 즉, 유전적 요인이나 기질 요인이 선행적으로 뇌 기능의 생물학적 토대와 기본 인격 형성에 영향을 주고, 여기에 환경과 경험이 더해져 사이코패스 성향이 발생할 수도 있고 그렇지 않을 수도 있다는 것이다. 따라서 유전적 요소와 환경적 요소가 어떻게 상호작용하느냐에 따라 사이코패스가 될 수도 있고 아닐 수도 있다는 것이다. 예를 들면, 사이코패스의 유전적 요인이 매우 높더라도 어린 시절 가정에서의 제대로 된 사회화과정을 거칠 경우 사이코패스의 발현 가능성은 낮아진다. 반대로 유전적 요인은 다소 낮더라도 부모-자녀간의 애착관계, 부모의 학대, 방임 등과 같은 잘못된 가정환경에서 성장할 경우, 사이코패스적 성향을 학습하게 되고 나중에 성장하여 사이코패스가 될 가능성이 높아진다고 볼 수 있다.

(6) 사이코패스와 범죄

지금까지 살펴 본 사이코패스의 원인과 특성을 고려하건데, 사이코패스는 범죄와 깊은 관련성을 가지고 있는 것은 명백한 사실이다. 일반적으로 서구 사회에서 사이

역대 사이코패스		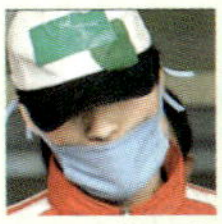	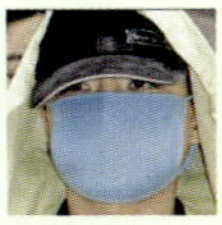	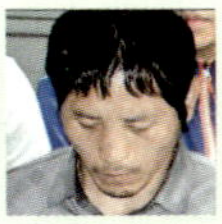		
이름(나이)	**강호순**(48)	**정남규**(사망)	**유영철**(47)	**김일곤**(50)	**조두순**(65)	**엄인숙**(41)
범행 및 검거	2005년 이후 방화살인 2건, 살인 8건	2004년 이후 살인 13건, 중상 20명	2003년 이후 20명 살해	2015년 무고한 30대 여성 잔인하게 살해	2008년 8세 아동성폭행 중상해	2005년 이후 보험금 타기 위해 남편 2명 살해 어머니, 오빠 실명시킴
체포 및 재판 결과	2009년 1월 체포 (사형 확정)	2006년 4월 체포 (사형 확정), 2009년 11월 구치소에서 자살	2004년 체포 (사형 확정)	2015년 체포 (무기징역)	2008년 체포 (징역 12년 전자발찌 7년, 신상공개 5년)	2005년 체포 (무기징역)

한국의 역대 사이코패스적 성향을 가진 범죄자들
출처: https://www.seoul.co.kr/news/newsView.php?id=20171014014003

코패스가 범죄에 관여하는 비율을 보면, 전체 일반인 중에서 약 1%가 사이코패스일 확률을 가지고 있으며, 성도착자의 10%, 전체 범죄자군의 15~20%, 상습적인 배우자폭력범의 20%, 강간범의 35%, 인질/불법감금범의 50%, 성적 가학증자의 65%가 사이코패스라는 보고가 있다(Hare, 2003). 그러나 헤어의 예측치는 너무 과장된 면이 있다고 반박하는 학자들도 있다(Simourd & Hoge, 2000). 시모드와 호지는 전체 수형자의 11%만이 범죄적 사이코패스라고 주장하였다. 또한 미국정신의학회는 미국사회에서 반사회적 성격장애자는 남성의 약 3%, 여성의 약 1%로 추정한다(Bartol & Bartol, 2010). 그러나 반사회적 성격장애자의 범죄성은 사이코패스의 범죄성향보다는 훨씬 낮기 때문에 실제로 미국 사회에서 사이코패스의 비율은 1% 이하일 것으로 추정할 수 있다. 물론 사이코패스적인 성향을 지녔다고 해서 그들 대부분이 범죄자가 되는 것 또한 아니다. 사이코패스 중 일부만이 범죄를 저지르기 때문에 실제로 범죄성향을 가진 사이코패스가 각종 범죄 및 반사회적 행동을 할 가능성은 더더욱 줄어든다고 할 수 있다.

우리나라의 경우, 지난 2004년부터 2013년까지 한국언론진흥재단 기사통합 검색시스템인 KINDS(Korea integrated newspaper database system: http:/www.kinds.or.kr)을 이용하여 사이코패스라는 단어를 사용한 국내 언론보도를 분석한 연구에 따르면, 전체 사이코패스 범죄관련 보도건수 약 2,700여 건 중에서 실제로 사이코패스적 성향의 범죄는 약 25%에 불과한 반면, 실제로 사이코패스와 직접적 관련이 없는 기사가 75% 정도를 차지하고 있어 유영철사건 이후 사이코패스에 대한 언론의 과장된 보도 때문에 우리 사회에서 사이코패스에 대한 잘못된 지식이 전달되고 있는 경향이 있다는 것이다(박지선·조준택, 2013). 그럼에도 불구하고, 사이코패스 관련 범죄유형 중에서 살인(174건, 43.2%), 연쇄살인(129건, 32.0%), 성범죄(82건, 20.3%)가 가장 많이 보도되었으며, 사이코패스진단표와 비교하여 살펴보면, 국내 사이코패스들은 후회나 죄책감 결여(136건, 33.7%), 냉담함 혹은 공감능력 결여(86건, 21.3%), 자신의 행동에 대한 책임을 느끼지 못함(42건, 10.4%) 등과 같은 특성을 지니고 있다는 것이다(박지선·조준택, 2013). 종합하면, 우리 사회에서 사이코패스의 비율이 얼마나 되는지를 명확하게 진단할 수 없지만 대략 전체 인구의 1% 미만으로 추정되며 그중에서 각종 유형의 범죄를 저지르는 사이코패스의 비율은 훨씬 더 줄어든다고 볼 수 있다. 그럼에도 불구하고 헤어가 개발한 사이코패스진단표(PCL-R)를 통하여 밝혀진 바에 따르면, 사이코패스들의 사회적, 개인환경적, 정서적 특성이 일반인들과 확연하게 구분되는 면을 지니고 있기 때문에 그들은 일반인에 비해 범죄성향이 월등하게 높은 것은 명백한 사실이다.

소시오패스 04

오늘날 우리 사회에서 소시오패스(sociopath)는 반사회적 성격장애, 사이코패스 등과 비슷한 의미로 사용된다. 역사적으로 소시오패스라는 용어는 미국정신의학회가 1952년에 진단 및 통계연람인 DSM(diagnostic and statistical manual)에서 그 전까지 혼용되어 온 용어의 무분별한 확산을 자제하기 위해 사이코패스라는 용어를 없애고 공식적으로 소시오패스(sociopath)라는 용어를 채택하였다. 그 후 다시 미국정신의학회는 1968년에 소시오패스라는 이름을 반사회적 성격장애자로 고쳐 사용하면서 지금까지 소시오패스는 반사회적 성격장애와 동일한 개념으로 사용되고 있다(Bartol & Bartol, 2010). 그러나 용어에 민감한 일부 범죄학자나 사회학자들에 따르면, 소시오패스는 적절히 사회화되지 않은 상습적 범죄자를 가리키는 명칭으로 사용되어야 한다고 주장하면서 적절한 치료나 갱생 또는 구금의 효과를 보지 못하는 상습적 범죄자와 동일한 개념으로 사용하기도 한다.

사이코패스는 행동적인 측면 외, 정서적, 성격적, 대인관계적 측면을 종합적으로 고려하여 진단하는 경향이 있는 반면에 소시오패스는 주로 행동적인 측면에 집중하는 경향이 있다.
출처: https://www.christiantoday.co.kr/news/327197

그럼 사이코패스와 소시오패스는 어떤 면에서 다른가? 바톨에 따르면, 사이코패스는 범죄인 여부에 상관없이 일반인과는 다른 실증 가능한 특정의 행동과 생물학적 성향을 보인다고 언급했다(Bartol & Bartol, 2010). 즉, 사이코패스는 유전적, 생물학적 영향을 더 많이 받는 듯하고, 소시오패스는 후천적, 사회적 요인 때문에 주로 발생하는 것으로 해석할 수 있다. 따라서 반사회적 성격장애와 거의 비슷한 용어인 소시오패스는 우리 사회에서 비율적으로 사이코패스보다 더 많이 발견된다. 헤어에 따르면, 소시오패스(반사회적 성격장애)는 전체 범죄자의 약 50~80%에 해당하지만 사이코패스는 범죄자의 약 15~25%밖에 해당하지 않을 것으로 추정한다(Hare, 1996). 그는 또한 사이코패스는 교도소 수용자들 중에서 쉽게 찾을 수 있으며, 그들은 수에 비해 지나치게 많은 범죄를 저지른다고 주장한다. 남자와 여자 수형자들 가운데 20%가 사이코패스로 추정하며 심각한 범죄의 50% 이상이 사이코패스에 의해서 발생한다고 주장한다. 또한 사이코패스의 재범율은 다른 범죄자보다 3배 정도 높을 것으로 추정한다(Hare, 1999).

소시오패스와 사이코패스의 또 다른 차이점을 〈표 7-3〉의 반사회적 성격장애의 진단 기준표(DSM-5)와 〈표 7-8〉 헤어의 사이코패스진단표(PCL-R)에서 찾는 학자도 있다(박지선 · 조준택, 2013). 사이코패스와 소시오패스는 평가하는 측면의 다양성과 다차원성에서 뚜렷한 차이가 있다는 것이다(박지선 · 조준택, 2013). 주로 겉으로 나타나는 행동적인 측면에 집중하는 소시오패스와는 달리 사이코패스는 행동적인 측면 외에도 인생 전반의 광범위한 영역에서 사이코패스의 정서적, 성격적, 대인 관계적 측면 등 다양한 차원에서 나타나는 특성을 평가한다(Hare, 1970). 실제로 사이코패스의 진단표인 PCL-R의 총 20가지 항목의 요인분석 결과, 크게 두 가지 요인으로 구성되어 있는데, 대인관계/정서적 요인과 사회적 일탈 요인으로 구성되어 있다. 대인관계/정서적 요인은 다시 대인관계 측면과 정서적 측면으로, 사회적 일탈 요인은 생활양식 측면과 반사회성 측면으로 구성되어 있다(Hare, 1991). 따라서 사이코패스 진단은 주로 행동적인 특성을 나타내는 사회적 일탈요인뿐만 아니라 정서적, 언어적, 성격적, 대인관계적인 특성들

사이코패스와 소시오패스의 차이점

사이코패스	소시오패스
충동적이고 즉흥적 선천적으로 두려움이 없다	정상인들과 비슷하다. 유년기시절의 결핍으로 성격장애가 생긴다.
감정처리 미숙, 노컨트롤 극도의 감정폭발	뛰어난 감정조절 능력탑재 타인의 감정을 잘 이용함 이익을 위해 싫어도 웃음
법적인 개념이 없다. 옳은일, 그른일 구분 못함	잘못된 행동인 줄 알고 있음 그래도 반사회적 행동을 함

사이코패스가 동물적이라면,
소시오패스는 고도로 발달된 컴퓨터랄까?

출처: www.pintrest.co.kr/pin/850758185840033824

을 모두 나타내는 대인관계/정서적 요인을 포함한 보다 다차원적인 구조를 갖고 있다는 것이다(박지선·조준택, 2013). 이에 반해 소시오패스는 사회적 일탈요인에서 주로 반사회성을 나타낸다.

종합하면, 사이코패스는 유전적, 생물학적인 요인이 더 강한 반면 소시오패스는 후천적, 사회환경적 요인에 많은 영향을 받는다. 그에 따라 사이코패스 진단표는 행동적인 측면 외, 정서적, 성격적, 대인관계적 측면을 종합적으로 고려하여 진단하는 경향이 있는 반면에 소시오패스의 진단표는 주로 행동적인 측면에 집중하는 경향이 있다. 소시오패스는 유전적 영향보다는 후천적으로 성장환경에서 그 원인을 찾으므로 전두엽 및 세로토닌에 문제가 있기보다는 어린 시절 가정에서의 잘못된 사회화과정(부모의 학대, 방임, 비일관적인 훈육방법 등)으로 공감능력부족, 무책임성, 죄책감결여 등의 행동특성을 보인다고 볼 수 있다. 즉, 그들은 스스로의 이익만이 중요하기 때문에 양심과 동정심, 죄책감이 없고 자신의 영역을 넓히기 위해 지속적으로 타인을 속이고 험담하며 자신보다 낮은 위치에 있는 사람을 기만하고 무책임하게 잘못을 떠넘기기도 한다. 타인의 안전과 건강에 대해서도 경시하지만 자기애가 강하여 스스로의 상처에 대한 연민은 큰 편이다. 이 때문에 타인을 해친 후에도 양심의 가책을 느끼지 않고 행동의 원인을 사회나 타인의 탓으로 돌리는 등 사건을 포장하며 자신의 행동을 정당화, 합리화하는 경향이 강하다고 할 수 있다.

연습문제

1. 최근 한국 언론에서 보도된 심각한 범죄사건 하나를 예로 들어 그것이 반사회적 인격장애자의 특성과 어떻게 연결되는지 구체적으로 설명해 보아라.
2. 연쇄살인범의 구체적인 예를 들어 그것이 사이코패스와 어떤 연관성을 갖고 있는지 구체적으로 설명해 보아라.
3. 사이코패스적 기질을 갖고 있다 하더라도 사이코패스는 환경적, 후천적 영향을 많이 받는다. 사이코패스적 기질이 환경적, 후천적 영향을 받아 어떻게 범죄로 연결되는지 구체적으로 설명해 보아라.
4. 사이코패스와 소시오패스의 유사점과 차이점을 설명해 보아라.
5. 최근에 발생한 살인 사건 중에서 사이코패스나 반사회적 인격장애자의 소행으로 알려진 사건의 예를 들어 사이코패스와 반사회적 인격장애 중 어느 쪽에 더 가까운 사건인지 설명해 보아라.
6. 심각한 살인사건을 접하면 우리는 사이코패스의 소행이라고 예단한다. 왜 그런 판단을 하는지 최근의 사건을 예로 들어 설명하여라.

용어설명

망상활성계

망상활성계(reticular activating system, RAS)는 뇌에 널리 퍼져있는 영역으로 뇌의 각성, 흥분, 집중 등에 관여한다. 후뇌에서 시작하여 상부의 중뇌, 전뇌에 이르도록 신경이 망형 구조를 이루고 있어 의식의 여부를 조절하게 된다. 망상활성계의 주요 기능은 시상과 대뇌피질에서의 뇌전도 불일치를 조절하는 것으로 알려져 있다. 만약 외과적 수술에 의해 망상활성계가 파괴된다면 장시간 혼수상태에 빠지게 된다. 또한 일반적인 마취에서 마취제는 망상활성계 내에서 신경전달을 억제한다. 이러한 실험적 증거로 인해 뇌의 각성상태 유지에 망상활성계가 중요하다는 사실이 밝혀졌다(위키피디아, 2020).

자율신경계(ANS autonomic nervous system)

자율신경계(ANS autonomic nervous system)는 말초신경계통에 속하는 신경계로 평활근과 심근, 외분비샘과 일부 내분비샘, 심장 기능을 통제하여 인간 내부의 환경을 일정하게 유지하는 역할을 한다. 자율신경이란 이름은 대뇌의 직접적인 지배를 받지 않는다는 의미로 붙여진 것이나 실제는 시상하부와 그 밖의 여러 중추신경의 지배를 받아 어느 정도 의식적인 조절이 가능하다. 그리고 자율신경계통은 교감신경과 부교감신경으로 나누어진다. 교감신경이 저장된 에너지를 방출할 때, 혈관의 팽창, 심장 가속화, 피부와 소화기관의 동맥 수축, 흥분시키는 호르몬을 분비하게 한다. 한편 부교감신경은 신체의 에너지를 보존하고 저장한다.

전두엽

대뇌반구의 전방에 있는 부분으로 전전두엽 관련 영역을 가져 기억력·사고력 등의 고등행동을 관장하며 다른 연합영역으로부터 들어오는 정보를 조정하고 행동을 조절한다. 전두엽은 주의력, 계획력, 충동성 억제, 자발적 행동에 대한 기능을 담당한다. 전두엽의 위치는 다음 그림과 같다.

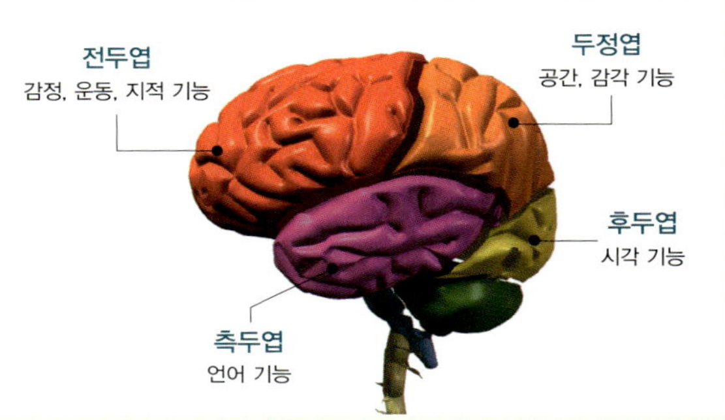

참고문헌

고려진·손세림·한상국·이수정. (2016). 재범 추적을 통한 한국판 PCL-R의 예측타당성 연구, 형사정책연구, 27(2), 263-291.

곽금주·김연수. (2008). 발달적 관점에서 본 정신병질: 아동기와 청소년기를 중심으로, 한국심리학회지: 일반, 27(1), 71-89.

김상균. (2008). 범죄심리학 (제2판). 서울: 청목출판사.

김진혁. (2014). 사이코패스에 대한 형사정책적 접근, 한국범죄심리연구, 10(1), 81-101.

두산세계대백과사전. (1997). 두산동아 사서편집국.

박지선·조준택. (2013). 내용분석을 통해 본 사이코패스 관련 언론 보도 실태 및 추세, 한국경찰연구, 12(4), 175-200.

신희천·신은향. (2000). 공격적이고 폭력적인 그들 반사회성 성격장애. 서울: 학지사.

안성조. (2008). 사이코패스의 범죄충동과 통제이론 - 사이코패스의 특이성과 통제이론적 접근의 한계 -, 경찰법연구, 6(1), 196-233.

이규휘·이봉건. (2012). 우울-반사회적 성향 재소자의 기질 및 정서특성과 자살생각, 사회과학연구, 29(1), 231-252.

이수정. (2006). 최신범죄심리학. 서울: 북카페.

이수정·고려진·김재경. (2009). 한국판 Psychopathy Checklist-Revised(PCL-R)의 구성타당도연구, 한국심리학회보: 사회 및 성격, 23(3), 57-71.

이창한·황성현·김상원. (2012). 신) 범죄학 & 형사정책. 서울: 박영사.

이현수. (1989). 성격 및 개인차의 심리학. 서울: 우성문화사.

정재훈·이길재. (1997). 유전과 환경이 쌍생아의 지능 및 학업성취도에 미치는 영향에 관한 연구, 생물교육(구 생물교육학회지), 25(1), 67-74

허윤미. (2005). 아동의 자아개념에 미치는 유전과 환경의 영향, 한국심리학회지: 사회 및 성격, 19(2), 91-102.

Akers, R. L., Sellers, C. S., and Jennings W. G. (2016). Criminological Theories: Introduction, Evaluation, and Application. 7th Edition. Oxford University Press, Inc.

American Psychiatric Association (APA). (2013). Diagnostic and Statistical Manual of Mental Disorders(5th ed.). Washington, DC: Author.

Andrews D. A., & Wormith, S. (1989). Personality and crime: Knowledge and destruction and construction in criminology, *Justice Quarterly*, 6(3), 289-309.

Andrews, D. A., & Bonta, J. (2010). The psychology of Criminal Conduct(paperback). Anderson Publishing.

Bartol, C. R. & Bartol, A. M. (2010). Criminal Behavior: A Psychological Approach(7th Edition). Prentice Hall. (장석헌·이창한 역. (2010). 범죄심리학. 서울: 청목출판사).

Blair, R. J. R. (2001). Neuro-cognitive models of aggression, the anti social personality disorders, and psychopathy, *Journal of Neurosurgery Psychiatry*, 71(6), 727-731.

Campell, M. A., Porter, S., & Santor, S. (2004). Psychopathic traits in adolescents offenders: An evaluation of criminal history, clinical, and psychosocial correlates, *Behavioral Sciences and the Law*, 22(1), 23-47.

Cleckley, H. (1982). The Mask of Sanity(4th ed.). St. Louis: Mosby.

Christiansen, K. O. (1977). A review of studies of criminality among twins. In S. Mednick &K. O. Christiansen (Eds.), Biosocial bases of criminal behavior. New York: Gardiner Press.

Dalgard, O. S., & Kringlen, E. (1976). A Norwegian twin study of criminality, *British Journal of Criminology*, 16(3), 213-232.

Eysenck, H. J. (1967). The Biological Basis of Personality. III. Springfield: Charles C Thomas.

Eysenck, H. J. & Eysenck, S. B. G. (1976). Psychoticism as a Dimension of Personality. London; Hodder & Stoughton.

Frick, P. J., O'Brien, B. S., Wootton, J. M., & Mcburnett, K. (1994). Psychopathy and conduct problems in children, *Journal of Abnormal Psychology*, 103(4), 700-707.

Frick, P. J., Cornell, A. H., Bodin, S. D., Dane, H. E., Barry, C. T., & Loney, B. R. (2003). Callous-Unemotional Traits and Developmental Pathways to Severe Conduct Problems, *Developmental Psychology*, 39(2), 246-260.

Frick, P. J., Ray, J. V., Thornton, L. C. & Kahn, R. E. (2014). Can callous-unemotional traits enhance the understanding, diagnosis, and treatment of serious conduct problems in children and adolescents? A comprehensive review. *Psychological Bulletin*, 140(1), 1-57.

Hare, R. D. (1965). A conflict and learning theory analysis of psychopathic behavior, *Journal of Research in Crime and Delinquency*, 2(1), 12-19.

Hare, R. D. (1970). Psychopathy: Theory and Research. New York: John Wiley & Sons.

Hare, R. D. (1991). The Hare Psychopathy Checklist-Revised(Second Edition). Toronto: Multi-Health Systems.

Hare, R. D. (1996). Psychopathy: A clinical construct whose time has come. *Criminal Justice and Behavior*, 23(1), 25-54.

Hare, R. D. (1998). Emotional processing in psychopaths. In D. J. Cooke, R. D. Hare, & A. Forth (Eds.), Psychopathy: Theory, Research, and Implications for Society. Dordrecht, The Netherlands: Kluwer Academic Publishers.

Hare, R. D. (1999). Without Conscience: The Disturbing World of the Psychopaths among Us. New York: Guilford Press.

Hare, R. D. (2003). The Psychopathy Checklist Revised Manual(Second Edition). Toronto, Ontario, Canada: Multi-Health Systems.

Hart, S. D., & Dempster, R. J. (1997). Impulsivity and psychopathy. In C. D. Webster & M. A. Jackson (Eds.), Impulsivity: Theory, Assessment and Treatment. New York: Guilford.

Kahn, E. (1931). Psychopathic personalities. New Haven, CT: Yale University Press.

Krapelin, E. (1913). Clinical psychiatry : A textbook for physicians. New York : Macmillan.

Marshall, L., & Cooke, D. J. (1999). The childhood experience of psychopaths, *Journal of Personality Disorders*, 13(3), 211-225.

Raine, A. (2001). Psychopathy, violence, and brain imaging. In A. Raine & J. Sanmartin (Eds.), Violence and Psychopathy. New York : Academy Press.

Saltaris, C. (2002). Psychopathy in juvenile offenders can temperament and attachment be considered as robust developmental precursors?, *Clinical Psychology Review*, 22(5), 739-752.

Schneider, K. (1958). Psychopathic Personalities(9th ed., M. Hamilton, Trans.). London : Cassell(Original work published 1950).

Siegel, Larry J. (2020). *Criminology: Theories, Patterns, and Typologies*(13th Edition). Belmont, CA : Wadsworth(이민식 · 김상원 · 박미랑 · 박정선 · 신동준 · 윤옥경 · 이창배 · 황성현 옮김. (2020). 범죄학 : 이론과 유형 제13판. 서울 : CENGAGE Learning).

Simourd, D. J., & Hoge, R. D. (2000). Criminal psychopathy : A risk and need perspective, *Criminal Justice and Behavior*, 27(2), 256-272.

Weiler, B. L., & C. S. Widom. (1996). Psychopathy and violent behavior in abused and neglected young adults, *Criminal Behavior and Mental Health*, 6(3), 253-271.

구글 검색사이트. (2020). www.google.com

위키백과. (2020). 위키피디아 홈페이지 : http:/ko.wikipedia.org

한국언론진흥재단 기사통합 검색시스템. KINDS(Korea integrated newspaper database system : http:/www.kinds.or.kr)

08

살인은 타인이 한 인간의 생명을 살해함으로써 그 생명을 빼앗아가는 범죄이며, 가장 무거운 처벌을 받는 범죄행위이다. 인간의 생명은 그 어떤 것과도 바꿀 수 없는 존엄한 것이며, 사회조직 내에서 그 어떤 이유로도 한 인간의 생명을 빼앗을 수는 없다. 그러나 살인은 인류 역사와 함께할 정도로 가장 오래된 범죄행위이며 인간의 공격적인 성향과 함께 수많은 살인이 곳곳에서 자행되어왔다. 국가나 특정 집단에 의한 살인이 영토분쟁을 위해, 때로는 종교적 신념이라는 미명하에, 때로는 인종청소 차원에서 합법을 가장한 채 비인간적으로 자행되었는가 하면, 위협에 처한 사람이 자신의 생명을 지키기 위해 어쩔 수 없이 살인을 하는 정당방위에 이르기까지 살인의 형태는 다양하다. 현대 사회에서도 여러 가지 형태의 살인이 발생한다. 교통사고나 건설현장에서의 사고처럼 고의성이 없는 살인이 있는가 하면, 고의성이 있더라도 국가 공권력차원에서 경찰이 강력범죄자를 추적하는 과정에서 살인이 발생하는 경우도 있다. 그러나 이런 유형의 살인은 전통적 의미에서의 살인으로 규정하지 않는다. 우리가 이 장에서 다룰 살인은 범죄적 행위로서의 살인행위로 한정할 것이다. 범죄적 행위로서의 살인은 타인의 생명에 치명적 위협을 가하는 고의성

Chapter 08

살인범죄자의 범죄심리

이 있어야 하며, 때로는 어떤 목적을 달성하기 위해(그것이 경제적 이득을 위해서든, 분노, 원망, 충동 등의 결과로 나타나든) 계획적으로 자행되는 유형의 살인을 의미한다. 살인이 가장 빈번하게 발생하는 장소는 가정 내에서의 싸움이나 술자리에서의 언쟁 등으로 인해 우발적으로 발생한다. 사소한 언쟁, 자아를 손상시키는 모욕적인 언동이나 타인을 극도로 무시하거나 비인간적으로 취급하는 상황, 격렬한 몸싸움 등이 살인을 유발하는 주요한 원인이다. 이 장에서는 공격성을 기반으로 한 폭력범죄의 하나인 살인의 형태와 원인을 알아보고, 우리 사회에서 살인이 어느 정도, 어떠한 형태로 발생하는지를 살인범죄의 실태 부분에서 살펴볼 것이다. 그리고 일반살인에 나타나는 살인범의 심리적 특성을 파악하고, 그중에서 우리 사회에 가장 위협적인 연쇄살인을 좀 더 상세하게 논의하고자 한다. 또한 생리학적으로, 심리학적으로, 사회문화적으로 남성 살인범과는 다른 형태로 나타나는 여성 살인범의 동기와 특성을 구분해서 학습할 것이다. 마지막으로 우리 사회에서 살인율을 감소시킬 수 있는 여러 가지 방안에 대해 개인적, 심리적 측면에 초점을 맞추어 고민해 보는 시간을 갖고자 한다.

01 살인의 형태

살인을 어떤 시각에서 바라보느냐에 따라 분류방법은 다양하다. 일반적으로 범죄행위로서의 살인은 고의성(premeditation)과 숙고(deliberation)를 포함한다(Siegel, 2020). 고의성은 살인을 미리 계획하고, 타인에게 심한 타격을 가할 목적을 가진 행위를 말한다. 이런 고의성은 아주 단시간 내에서 즉흥적으로 계획할 수도 있고 몇 주간 또는 몇 년간 치밀하게 계획할 수도 있다. 숙고는 살인이 단순한 충동의 결과로 나타난 행위가 아니라 신중하게 고려한 후에 실행된 행위를 말한다. 미연방수사국(FBI)은 살인의 형태를 1급 살인과 2급 살인으로 구분하고 있다. 대부분의 일급살인은 모살에 해당되며 2급살인은 고살로 취급되지만, 반드시 그런 것은 아니다. 또 다른 구분으로 살인의 성격에 따라 일반살인과 조직살인으로 구분할 수도 있으며, 희생자의 숫자에 따라 일반살인과 다수살인으로 구분할 수도 있다. 살인자와 희생자의 관계에 따라서는 존·비속살인, 배우자살인, 동기 없는 살인 등으로도 구분할 수 있다.

(1) 모살(謀殺)과 고살(故殺)

모살(murder)은 고의성과 숙고를 포함한 살인으로 타인을 살해할 의도를 가지고 계획적으로 한 살인을 말한다. 반면에 고살(manslaughter)은 의도되지 않은 살인을 의미한다. 미국에서는 살인을 1급 살인(first-degree murder)과 2급 살인(second-degree murder)으로 구분하는데 고의성과 숙고를 내포한 살인은 주로 1급 살인에 해당된다. 물론 1급 살인에는 반드시 고의성과 숙고를 포함하는 것은 아니다. 예를 들면, 고의성과 숙고를 내포하지 않은 강간이나 강도 등 중죄를 동반한 살인도 1급 살인으로 취급한다. 그러나 대부분의 모살은 1급 살인에 해당하는 반면에 고살은 주로 2급 살인에 해당된다. 2급 살인은 살인범이 살인을 계획하기는 했지만, 고의적이거나 신중하게 숙고한 흔적이 없는 살인행위를 말한다. 예를 들면, 교통사고로 아들을 잃은 아버지가 격분하여 가해자를 다툼 끝에 살해했다면 2급 살인에 해당한다. 이 경우에 아버지는 아들을 사망케 한 가해자를 보는 순간 격분한 상태에서 살해한 것이므로 고의적이거나 신중하게 숙고한 흔적 없이 단순히 심한 타격을 가할 목적으로 휘두른 폭력이 살인으로 이어졌기 때문에 2급 살인에 해당한다. 고살은 다시 자의적 고살(nonnegligent manslaughter)과 비자의적 고살(involuntary/negligent manslaughter)로 나눠진다. 자의적 고살은 격분한 상태에서 폭력을 유발할 수 있는 갑작스러운 말다툼의 결과로 나타나는 살인이다. 자의적 고살은 비록 의도는 있었지만 악의나 적의는

CASE in USA

리차드 라미레즈(Richard Ramirez)는 분노형 발작증세를 앓고 있었다. 리차드는 자신이 사탄의 대변인이라 주장하며 사탄을 위해 행동한다고 주장했다. 1984년 4월부터 1985년 8월까지 그는 아무 이유 없이 성별, 연령, 인종을 불문하고 11번의 주거 침입과 함께 강간, 살인미수, 13명에 대한 살인 범죄를 저질렀다. 개인을 대상으로 범행한 것이 아닌, 침입한 집에 거주하는 모든 일가족 및 구성원을 고문하고 살해했고 그 수법 또한 신체 절단과 같이 잔인했다. 그는 어릴 때부터 부모의 영향보다 베트남 전쟁에 출전했던 나이 많은 사촌의 영향을 더 많이 받았으며, 이 나이 많은 사촌은 자신이 베트남전쟁 중 강간을 일삼았던 여성 및 살해했던 희생자들을 찍은 폴라로이드를 리처드에게 보여주었다. 10세에 이미 리처드는 마리화나 흡연을 시작했고 나이 많은 사촌은 무기를 사용하여 살해하는 방법을 그에게 가르쳤다. 리처드의 아버지는 학대를 일삼았고 리처드는 학대를 피하기 위해 자주 지역 공동묘지에서 잠을 잤다. 13살에 나이 많은 사촌이 그의 아내를 38구경 리볼버로 살인한 뒤 그 총을 리처드에게 선물로 보냈으며 이 영향으로 리처드는 14세부터 LSD를 복용하고 사탄주의에 관심을 갖게 되었다. 리처드는 사춘기 시절 학교를 다니며 지역 숙박업체에서 직원으로 고용되었는데 이 시기에 손님을 대상으로 처음으로 강간을 시도했지만 미수에 그쳤고 피해자는 일이 커지는 것이 두려워 증언하길 거부했다. 1989년 가스실 사형을 선고받았지만 2006년에 1차 항소했고 캘리포니아 대법원은 재심리 요청을 거부했다. 이후 리처드는 계속해서 항소심을 보류했으나 2013년 6월 7일, B형 대세포 림프종으로 인한 2차 합병증과 만성 약물 남용 및 오용으로 인한 및 C형 간염 바이러스 감염으로 인해 53세의 나이로 사망했다.

리차드 라미레즈(Richard Ramirez)

없는 상태에서 발생하는 우연한 살인을 의미한다. 예를 들면, 술자리에서 일면식이 없는 옆자리 사람과의 사소한 언쟁이나 가정 내에서 부부간의 언쟁으로 살인이 발생하는 경우, 가해자는 상대방에게 폭력을 휘두르면서 심한 타격을 가할 의도는 있었지만 살해해야겠다는 계획된 의도는 없었기 때문에 자의적 고살에 해당된다. 반면, 비자의적 고살은 일명 부주의한 고살이라고 부르는데 이는 어떤 사람을 해칠 의도가 전혀 없이 부주의한 행위의 결과로 나타나는 살인을 의미한다. 우리 사회에서 발생하는 가장 흔한 비자의적 고살은 교통사고에서 발생하는 살인이 이에 해당된다. 운전자는 피해자를 살해할 의도나 계획이 전혀 없었으나 음주운전으로 인해 행인을 발견하지 못해 치여 죽였을 때 발생하는 형태를 비자의적 고살이라 한다. 또한 산업현장에서 발생하는 업무상 과실치사도 비자의적 고살에 해당된다. 예를 들면, 건설현장에서 상판이 무너져 작업하던 현장노동자들이 건축더미에 깔려 사망한 경우, 현장책임자는 업무상 과실치사협의로 경찰에 입건될 수 있으며 이는 비자의적 고살에 해당된다.

CASE in Korea

서울 강서구 PC방 살인 사건은 2018년 10월 14일 오전 8시 10분경에 서울특별시 강서구 내발산동의 한 PC방에서 손님인 김성수(당시 29세)가 아르바이트 직원인 신모(당시 20세)를 흉기로 찔러 살해한 사건이다. 김성수는 당일 오전 4시쯤 피해자 신씨와 PC방 자리 정리 문제 등으로 인해 말다툼을 벌였다. 김성수의 동생도 현장에 있으면서 "일하는 사람이 손님에게 욕을 한다"며 신고했고, 신씨 역시 "손님이 행패를 부린다"며 경찰에 신고했다. 당시 출동한 경찰은 중재를 한 뒤 돌아갔지만 김성수는 경찰이 돌아가자마자 근처 집으로 가 등산용 칼을 챙겨 나왔다. 이후 김성수는 쓰레기 봉투를 버리려고 나오던 신씨를 따라가 주먹으로 가격한 뒤 넘어진 신씨를 수십 차례 찌른 것으로 조사됐다. 오전 8시 당시 PC방에 있던 사람들이 경찰에 신고해 김성수는 경찰의 테이저건에 맞고 체포됐다. 신씨는 병원으로 이송됐지만 3시간 만인 당일 오전 11시쯤 결국 사망했다.

'강서구 PC방 살인사건' 주범인 김성수(30)에게 1심에서 징역 30년형이 선고됐다. 재판부는 "김성수에 대한 경찰과 검찰의 수사 및 심리 조사 결과 김성수는 폭력성과 공격성 표출 정도가 매우 높고, 재범 위험성도 높은 것으로 판단됐다"며 "피고인이 성장과정에서 겪었던 가정폭력 및 학교폭력 등이 이 사건 범행에 일부 영향을 미쳤다고 하더라도 피고인에게 엄한 양형이 불가피하다"고 밝혔다. 이어 "피고인은 젊은 피해자의 생명을 훼손했으며, 유족들로부터 용서를 받지 못했을 뿐만 아니라 엄벌에 처해줄 것을 유족들이 탄원하고 있다"며 "대법원 판례 등 여러 요소를 고려해 이 같은 양형을 결정했다"고 밝혔다. 앞서 검찰은 김성수에게 사형을 구형했다. 김성수는 이날 재판장에 고개를 푹 숙이고 긴장한 표정으로 입장했다. 재판부가 선고 이유 및 주문을 읽을 때는 어깨를 크게 움직이며 긴장한 듯 숨을 가쁘게 내쉬기도 했다. 징역 30년형이 선고된 후 김성수는 다시 고개를 숙이고 굳은 표정으로 퇴장했다(중앙일보, '강서구 PC방 살인' 김성수 1심 징역 30년형…동생은 무죄, 2019년 6월 4일 중앙일보 사회면).

(2) 개인살인과 조직살인

레슬러와 그의 동료들(Ressler *et al.*, 1988)은 살인의 형태를 개인살인 또는 비조직적 살인(disorganized murdering)과 조직살인(organized murdering)으로 나누었다. 개인살인 또는 비조직적 살인은 개인이 비조직적으로 타인을 살해하는 행위를 말하며, 조직살인은 조직의 경제적, 정치적, 이념적 목적을 달성하기 위해 개인이나 조직이 살해하는 것을 의미한다. 〈표 8-1〉과 〈표 8-2〉는 개인살인과 조직살인의 차이를 비교한 것이다.

개인살인은 사회구성원들 간에 원망, 분노, 복수, 경제적 이득, 우발적 충동 등으로 발생하는 살인이며, 조직살인은 조직폭력집단, 종교집단, 청부살인집단에 속한 조직원이나 개인이 조직의 경제적, 정치적 이익이나 종교적 신념 등을 위해 타인을

표 8-1 개인살인과 조직살인의 차이비교

개인살인(disorganized murdering)	조직살인(organized murdering)
① 충동적 살인	계획된 살인
② 안면 있는 희생자	안면 없는 희생자
③ 희생자를 비인격화한다	희생자를 인격화한다
④ 최소한의 대화를 갖는다	통제된 대화를 갖는다
⑤ 범죄장소가 선정되지 않는다	범죄장소가 엄격하게 선정된다
⑥ 희생자에게 갑작스런 폭력을 사용한다	희생자가 조직의 명령에 따르기를 요구한다
⑦ 조건없이 힘을 사용한다	지시에 의해 힘을 사용한다
⑧ 죽인 후에 성행위를 한다	죽이기 전에 공격적 행동을 행사한다
⑨ 시체를 숨기지 않는다	시체를 숨긴다
⑩ 무기와 증거를 종종 남긴다	무기와 증거를 없앤다
⑪ 시체를 남겨둔다	시체를 옮긴다.

출처: Ressler, Burgess, & Douglas, 1988

살해하는 것을 의미한다. 따라서 개인살인은 계획된 살인이라기보다는 다소 충동적이고, 주로 아는 사람들 사이에서 발생한다. 개인살인자는 희생자에 대한 개인적 원망, 분노 등의 감정을 가지고 있으므로 희생자의 인격이나 감정 등을 고려하지 않고 비인격화하여 함부로 대하는 경향이 강하며, 희생자를 하나의 도구로 삼아 자신의 분노를 표출하기도 한다. 개인살인자는 희생자에게 자신이 왜 살해하려 하는지, 자신의 감정이 지금 어떠한지 등에 대해 희생자와 간단한 대화를 하는가 하면, 살인을 미리 계획은 했지만 범죄장소를 치밀하게 물색하지는 않는다. 또한 반항하는 희생자에게 격분하여 갑작스럽게 폭력을 휘두르기도 하며, 희생자의 저항을 제압하기 위해 힘을 사용하는 경향이 있다. 개인살인자는 희생자가 여성일 경우, 희생자를 소유하려는 욕구를 충족시키기 위해 살해 후 성행위를 하는 경우도 있다. 또한 사소한 시비 끝에 발생하는 우발적 살인의 경우, 시체를 숨기지 않으며, 당황하여 사용한 무기와 증거품 등을 범행현장에 남겨 둔 채 다급히 도주하는 경향이 있다. 이에 반해 조직살인범은 조직의 명령에 의해 타인을 살해하기 때문에 치밀하게 계획된 살인을 저지르며 희생자와는 일면식이 없는 경우가 많다. 조직살인범은 희생자에게 원망이나 복수 같은 개인적 감정이 없기 때문에 살해 전후로 희생자를 인격적으로 대우하는 경향이 있다. 그들은 조직의 명령에 따라 행동하므로 희생자와는 필요 없는 대화는 하지 않으며 지극히 사무적이고, 차가운 대화만이 오갈 뿐이다. 조직살인의 성격상 살인을 계획하고 모의하는 과정에서 범죄장소를 특정하는 경향이 뚜렷하다.

세계 최악 살인국인 엘사바도르의 조직살인자들
출처: http:/www.imobiletimes.com/wp-content/uploads/2017/10/3f2c00024319fcc7ea88.jpg

조직살인범은 희생자에 대한 개인적인 원망이나 분노, 복수심 등과 같은 개인적 감정이 없기 때문에 희생자가 조직이 요구하는 사항에 따르기를 바라며, 불응 시, 상부조직의 지시에 의해 폭력이나 힘을 사용하기도 한다. 살해 후에는 범죄의 흔적을 없애기 위해 시체와 살해에 사용된 도구, 증거품 등을 없애거나 숨기는 경향이 있다.

〈표 8-2〉는 개인살인자와 조직살인자의 사회경제적, 성격특징 등의 차이를 비교한 것이다. 개인살인자는 평균 이하나 평균적인 지능을 가지고 있으며, 타인을 살인 외 다른 방법으로 설득하거나 타협할 수 있는 능력이 없기 때문에 사회적으로 무능력할 가능성이 많다. 개인살인자가 직업이 있을 경우, 업무에 잘 적응하지 못하거나 업무능력이 불량할 가능성이 높다. 또한 강간살인자의 경우, 성적으로 무능하기 때문에 강간이나 강간 후 살인을 저지른다. 낮은 사회경제적 지위(socio-economic status)는 부모세대 때부터 시작됐을 가능성이 높으므로

표 8-2 개인살인자와 조직살인자의 성격 특성

개인살인(disorganized murdering)	조직살인(organized murdering)
① 평균의 지능을 갖는다	평균 이상의 지능을 갖는다
② 사회적으로 비능력자다	사회적으로 능력자다
③ 업무 경력이 불량하다	숙련된 업무 경력을 갖는다
④ 성적으로 무능력하다	성적으로 능력있다
⑤ 형제가 적다	출생순위가 높다
⑥ 아버지의 직업이 불안정하다	아버지의 직업이 안정적이다
⑦ 유아기에 부모의 거친 교육을 받았다	유아기에 일관성 없는 부모의 교육을 받았다
⑧ 살인 당시에 걱정한다	살인 당시에 정서를 통제한다
⑨ 범행 전에 혼자 술을 마신다	범행 전에 타인과 함께 술을 마신다
⑩ 살인 상황에서 희생자에게 별다른 스트레스를 주지 않는다	살인 상황에서 희생자에게 심한 스트레스를 준다
⑪ 혼자 생활한다	파트너와 함께 생활한다
⑫ 범죄장소에서 가까이 산다	좋은 조건에서 생활한다
⑬ 생활 스타일에 변화를 경험한다.	직업을 바꾸거나 혹은 이사를 간다

출처: Ressler, Burgess, & Douglas, 1988

아버지의 직업이 불안정한 편이다. 개인살인자는 어린 시절 불우한 환경하에서 자랄 가능성이 높다. 그들은 살해현장에서 살인한 것을 걱정하거나 후회하기도 하며, 범행 전에 계획된 살인을 잘 수행하도록 혼자 술을 마심으로써 알코올에 의존하여 살인하기도 한다. 비록 계획된 살인이지만 희생자에게 살인 외 다른 것을 요구하지 않으므로 희생자에게 별다른 스트레스를 주지 않는다. 그들은 주로 결혼하지 않고 혼자 사는 경향이 강하며 자신이 평소 자주 왕래하는 지역이나 장소에서 살인하는 경향이 강하므로 범죄장소에서 가까이 사는 편이다. 마지막으로 사법기관의 추적을 피하기 위해 생활 스타일에 변화를 주거나 살인을 통해 원망, 분노, 복수심 같은 감정을 해소했기 때문에 스스로 생활스타일에 변화를 경험하기도 한다. 반면에 조직살인범은 조직의 일원으로서의 역할에 충실할 만큼 평균이나 평균 이상의 지능을 가진다. 또한 주변인들에게 사회적으로 능력자처럼 보이거나 조직의 업무를 원활하게 수행할 수 있는 능력을 가지고 있다. 성적으로 무능하지 않으며, 사회경제적 지위가 평균 이상이기 때문에 아버지의 직업이 안정적일 수 있지만 어린 시절 가정에서 부모로부터 일관성 없는 교육이나, 적절한 사회화과정을 거치지 않을 경향이 강하다. 살해 당시 희생자에게는 원망이나 분노 같은 개인적 감정이 없기 때문에 자신의 감정을 잘 통제하기도 한다. 범행 전에는 조직의 일원들과 함께 술을 마시는 경향이 있으며 희생자가 반항할 시, 희생자에게 심한 스트레스를 주기도 한다. 하지만 그런 스트레스는 희생자에 대한 개인적 감정 때문이 아니라 조직의 명령이나 통제에 순응하지 않는 희생자를 제압하기 위한 일환으로 행하는 것이다. 그들은 조직의 일원들과 함께 평균 이상의 좋은 조건과 환경 하에서 함께 생활하는 경향이 있다. 마지막으로 조직살인범들은 상부의 지시에 따라 이사를 가거나 사법당국의 추적을 피하기 위해 직업을 한시적으로 바꾸기도 한다.

(3) 일반살인과 다수살인

희생자의 숫자에 따라 살인의 형태를 일반살인(homicide), 다수살인(multicide or multiple murder)으로 구분할 수도 있다. 일반살인은 희생자가 한 명인 개인 간에 발생하는 살인형태를 말하며, 다수살인은 2명 이상의 희생자가 발생하는 형태를 의미한다. 다수살인은 다시 대량살인(mass killing), 연속살인(spree killing), 연쇄살인(serial killing)으로 세분화된다. 하지만 범죄학과 범죄심리학에서 다루는 대량살인에는 전쟁범죄, 큰 규모의 정치적 테러리즘, 고도로 조직화된 범죄집단에 의한 살인처럼 정치적, 종교적 신념하에 발생하는 집단살인인 제노사이드(genocide)는 대량살인으로 간주하지 않는다(Siegel, 2020).

2019년에 발생한 진주 아파트 방화살인범 안인득은 대량살인자 중 연속살인자에 해당한다.
출처: https://www.hankyung.com/society/article/2019041930557

대량살인(mass killing)은 한 사건에서 2명 이상의 희생자를 발생시키는 살인형태를 말하는데, 폭스와 레빈(Fox & Levin)은 한 사건에서 4명 이상이 살해당하는 것으로 규정했다(Fox & Levin, 1998). 대량살인과 비슷한 개념인 연속살인(spree killing)은 여러 명의 희생자를 발생시킨다는 점에서 대량살인과 동일하나, 발생장소나 시간적 간격에서 차이점이 존재한다. 일반적으로 대량살인은 한 장소에서 4명 이상의 희생자가 발생하는 경우를 말하므로 한 살인사건과 다른 살인사건 사이에는 시간적 간격이 없이 거의 동시에 발생한다. 예를 들면, 한 장소에서 살인자가 무차별적으로 총기를 난사해서 지나가는 행인 여러 명을 사살했다면 이것은 대량살인에 해당한다. 2019년 4월 17일 진주의 한 아파트에 불을 지르고 칼 2자루를 들고 나와 화재로 인해 대피하는 주민에게 흉기를 휘둘러 22명의 사상자(5명 사망 포함)를 낸 안인득의 경우 대량살인범에 해당한다. 그러나 연속살인은 한 사건이나 한 장소가 아닌 여러 장소를 이동하면서 살인사건을 저지르므로 대량살인과는 달리 짧은 시간적 간격(만 24시간 이내)이 있는 경우가 대부분이다. 즉, 살인자가 한 장소가 아닌 여러 장소를 옮겨 다니면서 지나가는 행인을 사살했다면 이것은 연속살인에 해당한다. 우리나라에서 발생한 최악의 연속살인으로 1982년 경상남도 의령군에서 발생한 우범곤 순경 사건이 있다. 현직 순경이었던 우범곤은 1982년 4월 26일 오후 7시 30분에 예비군 무기고에서 카빈소총 2정, 실탄 180발, 수류탄 7발을 들고 나와 4월 27일 새벽 5시경까지 4개 마을을 돌아다니면서 주민을 향해 총을 쏘고 수류탄을 터뜨려 주민 62명을 사살한 사건이 대표적인 연속살인 사건에 해당한다. 한편 연속살인과 비슷한 유형의 살인형태로 연쇄살인이 있다. 연쇄살인(serial killing)은 여러 장소를 옮겨 다니면서 복수의 사람들을 살해한다는 점에서는 연속살인과 동일하나 한 사건과 그 다음 사건 사이에는 일정 기간의 심리적 냉각기(cooling-off period)가 존재한다. 일반적으로 심리적 냉각기는 만 24시간 이상을 의미하며 어떤 살인자는 며칠의 심리적 냉각기를, 또 다른 연쇄살인자는 몇 년의 심리적 냉각기를 거치기도 한다. 종합하면, 대량살인(mass killing)은 한 사건에서 4명 이상의 사상자를 발생시키는 살인행위를 말하며, 연속살인은 만 24시간 이내에, 즉 심리적 냉각기를 거치지 않고 여러 장소를 옮겨 다니면서 복수의 사람들을 살해하는 행위를 의미하고, 연쇄살인은 한 사건과 그 다음 사건 사이에 심리적 냉각기를 거친 후 복수의 사람들을 살해하는 행위를 말한다.

대량살인을 좀 더 구체적으로 살펴보면, 대량살인범은 4가지 유형으로 구분된다. 폭스와 레빈은 대량살인범을 복수형살인자(revenge killers), 사랑형 살인자(love killers), 이익형 살인자(profit killers), 테러형 살인자(terrorist killers)로 분류했다(Fox & Levin, 2003). 첫째, 복수형 살인자는 개인이나 사회에 대한 증오와 그에 대한 응징을 목적으로 하며 전형적인 공격대상은 관계가 멀어진 아내, 자녀, 고용주, 피고용인 등이다. 예를 들면, 1993년 1월 27일 폴 콜던(Paul Calden)은 플로리다 주 템파(Tampa)의 한 카페에서 전 상관을 향해 총을 난사해서 3명이 사망하고 2명이 부상을 당했다(The New York Times, 1993). 콜던이 전 직장상사를 향해 총을 발사한 이유는 본인을 부당하게 해고했기 때문이다. 이 사건에서 콜던은 전형적인 복수형 살인자에 해당한다. 둘째, 사랑형 대량살인범은 비뚤어진 애정의 표현으로 사랑하는 사람들을 살해하는데 사건 이후에 그들은 주로 자살을 택할 만큼 의기소침한 사람이며, 아내나 아이를 주로 살해하는 경향이 강하다.

CASE 1

지난 20일 경기도 의정부시의 한 아파트에서 중년 남편과 아내, 고등학생 딸이 흉기에 찔려 숨진 채 발견됐다. 유일하게 살아남은 중학생 아들이 참극의 현장을 발견해 119에 신고했다. 사건을 조사한 경찰은 부검 결과 등을 바탕으로 억대 빚에 괴로워하던 남편이 아내와 딸을 살해한 후 극단적인 선택을 했을 가능성이 큰 것으로 보고 있다(매일경제, 2019년 5월 21일).

이 사건처럼 최근 우리 사회에서는 경제적 빈곤을 극복하지 못하고 일가족을 살해하는 사건이 자주 발생하는데 이런 유형의 살인사건은 폭스와 레빈이 분류한 전형적인 사랑형 살인자에 의해 저질러지는 사건이다. 셋째, 이익형 살인자는 자신의 경제적, 심리적 이익을 위해 여러 사람을 살해한다. 그들은 보통 범죄를 은폐하고, 목격자를 제거하며, 범죄 음모를 실행하기 위해 살해하는 경향이 강하다.

CASE 2

'이(33·수감 중)씨 부모살해' 사건의 주범격 피의자 김(34)씨가 26일 검찰에 송치됨에 따라 이 사건은 이씨 일가의 돈을 노린 강도살인 사건으로 일단락났다. 이날 송치된 김 씨는 검거된 이후 줄곧 달아난 공범들이 우발적으로 이 씨 부모를 살해했다며 혐의를 부인했지만, 경찰은 그가 처음부터 강도살인을 계획한 것으로 결론 내렸다...(중략) 한편 김씨

일당이 이씨 부모를 살해하고 빼앗은 5억원 또한 김씨가 대부분 챙긴 것으로 밝혀져 살인을 포함한 이번 범행 전반을 김씨가 계획하고 주도한 것으로 드러났다. 그는 범행 이후 어머니에게 3억4천만원을 주고 추가범행 모의 및 밀항을 위해 흥신소에 8천만원을 줬으며 검거 당시 1천500만원을 소지하는 등 모두 4억6천만원가량을 챙긴 것으로 조사됐다. 경찰은 공범 중 한 명이 범행 당일 중국 칭다오로 달아나는 과정에서 자신의 가족에게 전화를 걸어 "20만원만 빌려달라"고 한 사실 등을 토대로 아직 확인되지 않은 나머지 4천만원도 김씨가 사용한 것으로 추정하고 있다(한국경제, 2019년 3월 26일).

이 사건에서처럼 이익형 살인자는 자신의 경제적 이득을 위해 살인범죄를 저지른다. 이익형 살인자들의 궁극적 목적은 자신이 설정한 경제적 이득, 심리적 보상 등을 위해 타인의 생명을 일종의 도구로 사용한다는 점이다. 넷째, 테러형 살인자는 자신들의 종교적, 정치적 신념을 위해 타인을 살해하는 유형이다. 그들은 살인을 통해 자신들의 신념을 전달하려 한다. 예를 들면, 조직폭력 집단원들에 의한 대량살인은 상대 조직에게 경고를 주기 위해서이고, 종교숭배 살인자는 실제로 세상의 종말이 임박했음을 사회에 알리는 메시지 전달 차원에서 여러 사람을 살해한다.

1995년에 발생한 '옴진리교' 교주인 아사하라 쇼코라의 일본 지하철 독가스 테러사건
출처: m.maybugs.com/news/articleView.html?dxno=614254

폭스와 레빈(Fox & Levin, 2003)에 따르면 대량살인 범죄자들의 공통적인 특징 중 하나는 그들이 오랜 기간 동안 심각한 좌절을 겪은 것이다. 이러한 장기간의 좌절은 실패극복역량을 감소시키고 부정적 자아상을 내재하게 만든다고 주장한다(Fox & Levin, 2003).

(4) 존속살인과 배우자살인

살인자와 피해자의 관계에 따라, 존속살인, 치정살인, 암살 등으로 나눠 볼 수 있는데, 실제로 우리 사회에서 발생하는 살인은 크게 살인자와 피해자가 평소 서로 알고 있었던 관계와 그렇지 않은 관계인지가 더 중요하다. 일면식이 없는 사람을 살해하는 경우는 대부분 순간적인 분노를 조절하지 못해 발생하는 경우가 많다. 예를 들면 술자리에서 사소한 언쟁으로 상대방을 살해하는 경우, 또는 집 앞의 주차문제로 시비가 붙어 상대방을 때렸는데 숨진 경우 등과 같이 평소에 전혀 알지 못하는 낯선 관계에서 발생하는 살인사건이 점차 증가하고 있다. 또한, 낯선 관계의 살인은 강간, 절도, 강도 등과 같은 범죄와 동시에 발생하기도 한다. 예를 들면, 편의점에서 물건을 훔치기 위해 침입했다가 점주와 몸싸움 끝에 편의점 주인을 살해하는 경우도 발생한다. 이처럼 낯선 관계에서 발생하는 살인은 살인이 주된 목적이 아니라 심리적 문제 또는 경제적 이득을 실행하는 과정에서 발생하게 되므로 주로 고살(故殺) 또는 2급 살인에 해당하는 경우가 많다. 즉, 살인의도를 가진 고의성(premeditation)과 사전에 살인을 계획하고 살해하려는 여러 가지 정황들을 심사숙고(deliberation)한 측면 없이 우발적 충동 등으로 발생하는 경우가 많다. 반면 아는 사이에서 발생하는 살인은 다분히 고의성과 숙고의 측면을 가지고 있으므로 주로 모살(謀殺) 또는 1급 살인에 해당되는 해당하는 경우가 대부분이다. 아는 사이에서 발생하는 살인의 형태로는 존속살인, 배우자살인, 치정살인 등이 대표적이다.

1) 존속살인

존속살인은 자기 또는 배우자의 직계존속을 살해함으로써 성립하는 범죄이며, 비속살인은 부모가 자신의 자녀를 살해하는 사건을 의미하지만 대체적으로 자녀의 나이가 5세 이상의 아이를 살해한 경우에 적용하고 있다(강은영·박형민, 2008).

2017년 10월 용인일가족 살인사건을 저지른 김성관 부부는 어머니와 이부 동생, 계부 등 3명을 살해하고 유기한 존속살인 범죄를 저질렀다.
출처: https://news.joins.com/article/22072569

일반적으로 우리 사회에서 직계가족에 의한 살인은 보통 존속살인과 비속살인으로 세분화할 수 있지만 통상적으로 비속살인을 존속살인에 포함하여 통칭 존속살인으로 규정한다. 최근 우리 사회에서 존속살인은 점차 증가하는 추세이다. 〈표 8-3〉에 나타난 것처럼 매년 900여 건의 살인과 살인미수 사건이 발생하고 있다.

존속살인은 그 성격상 가정 내 구성원들 간의 불화로 인해 발생하는 경우가 대부분이다. 과거에 비해 존속살인이 점차 증가하고 있는 것은 급격하게 가족이 붕괴되고 있는 우리 사회의 전반적인 현상과 무관하지 않다. 존속살인은 가장의 가정폭력이 가장 큰 원인이지만, 최근에는 〈CASE 1〉의 경우처럼 경제적 빈곤으로 인한 존속살인도 증가하고 있다. 이는 2008년 세계 금융위기 이후 경제적으로 한계상황에 도달한 저소득층 가정에서 더 이상 가정의 생계를 돌볼 수 없는 처지에 놓인 가장이 가족을 살해하는 경우가 많아지고 있기 때문으로 추정된다. 그 외 존속살인의 원인

그림 8-1 존속살인율 (단위: 명/%)

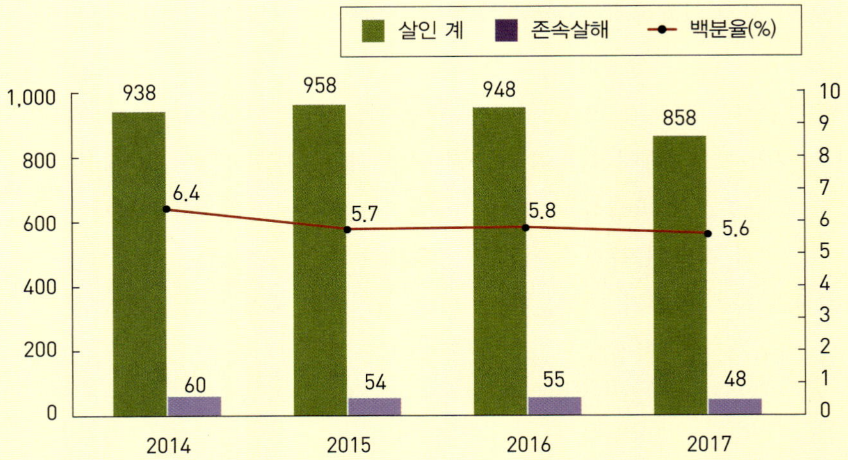

출처: 대검찰청 범죄분석, 2014~2017년

으로 자식이 부모의 재산을 물려받기 위해 부모를 살해하는 경우도 있으며, 가족의 구성원 중 정신질환을 앓고 있는 사람에 의한 존속살인도 가끔 발생한다. 이는 우리나라의 가족 문화적 특성과 무관하지 않다. 우리나라는 가족 간의 화합이나 유대를 중요한 가치로 생각하는데 최근 청년실업과 전반적 경기침체로 인해 같이 모여 사는 가족 간의 불화가 잦아지게 되고, 또 부모를 일종의 경제적 수단으로밖에 생각하지 않게 되는 것이 존속살인의 주된 원인이라 할 수 있다. 또 다른 존속살인의 이유로는 부모가 자녀를 자신의 소유물로 간주하는 의식이 강하기 때문이다. 다른 나라에 비해 자녀에 대한 소유개념이 강하기 때문에 경제적 빈곤 등으로 인한 가족위기상황에서 부모는 자녀와 함께 동반자살하는 경향이 강해 다른 나라에 비해 존속살인율이 높은 것으로 추정된다.

CASE 3

8일 충북 괴산경찰서에 따르면 지난 6일 오후 5시18분쯤 충북 증평군 증평읍의 한 아파트 4층 A(41)씨의 집 안방에서 A씨와 네 살 난 딸이 숨진 채 발견됐다. 경찰은 시신 상태 등을 봤을 때 이들이 적어도 두 달 전에는 숨졌을 것으로 추정했다. 경찰은 지난해 심마니였던 남편과 사별한 후 별다른 수입 없이 수천만원의 채무로 고통을 겪던 A씨가 유서에 "혼자 살기가 너무 힘들다. 딸을 먼저 데려간다"는 내용을 남겨 스스로 목숨을 끊은 것으로 보고 있다(한국일보, 2018년 4월 9일).

〈CASE 3〉에서 40대 여성이 네 살밖에 안된 어린 딸을 살해하고 자신 또한 자살한 주된 이유는 생활이 넉넉지 못했다는 주변인들의 증언을 근거로 그들이 생활고를 비관해 목숨을 끊은 것으로 짐작된다. 이처럼 가정 내에서 경제적 위기나 가족 간의 불화로 인한 위기상황 시, 부모는 자녀를 자신의 소유물로 여겨 부모 없이 혼자 힘들게 세상을 살아나갈 것을 걱정하여 차라리 함께 목숨을 끊는 것이 낫겠다는 생각에 동반자살을 택하는 것이다. 이는 자녀를 고귀한 한 인격체로 간주하여 위기상황에서 스스로 삶을 헤쳐 나갈 존재로 파악하는 것이 아니라 가장의 소유물로 생각하는 왜곡된 자녀 사랑 방식이 우리 사회에서 존속살인이 자주 발생하는 이유 중 하나라 할 수 있다.

2) 배우자 살인

배우자 살인은 가정 내에서 부부간(사실혼이든, 법정혼이든, 또는 동거든)에 발생하는 살인사건을 말한다. 우리 사회에서 배우자 살인율을 살펴보는 것은 큰 의미가 없다. 왜냐하면, 현대 사회에서 결혼율이 점차 낮아지고 있는 반면, 혼자 살아가는 인구비율이 점차 증가하고 있기 때문이다. 오히려 배우자 살인에서는 왜 배우자를 살해하는지에 대한 원인분석이 더 중요하다.

2019년 제주도에서 발생한 배우자 살인사건의 살해범 고유정
출처: http:/m.kmib.co.kr/view.asp?arcid=0013383636

배우자 살인의 중요한 원인으로는 몇 가지를 들 수 있다. 첫째는 남편의 폭력이다. 배우자 살인은 일반적인 살인과 달리 가해자가 여성인 경우가 흔하다. 아내에 의한 남편살해는 남편의 폭력에 대한 아내의 방어 행동인 경우가 많다(Saunders, 1986; 한인섭, 1996). 즉, 배우자 관계에서 아내가 남편을 살해하는 경우는 본인 또는 자녀가 장기간 심각한 폭력에 반복적으로 노출되거나 또는 그런 위험이 현저하게 임박했을 때 많이 발생한다(Browne, 1987). 이처럼 배우자를 살해하는 대부분의 여성은 오랜 시간 반복적으로 폭력에 시달려 왔으며, 그런 폭력의 연결고리를 끊기 위해 남편을 살해하는 것이다. 둘째, 남편의 통제력 상실로 인한 좌절 때문에 아내살해가 발생하는 경우가 있다. 이 경우에 남편은 배우자나 파트너를 통제할 수 있는 능력이나 권한을 상실했다는 두려움 때문에 살인을 저지른다(Siegel, 2020). 아내를 살해하는 남편은 대체적으로 자아존중감이 낮거나 어린 시절 가정폭력을 당한 경험이 있

는 경우가 많다. 즉, 낮은 사회적 지위를 가지거나 실업과 같은 경제적 능력을 상실했을 때 남편은 가정 내에서 통제력을 상실하게 되고 이런 통제력 상실은 아내에 대한 폭력으로 나타난다. 가정 내에서 배우자 살인이 발생하는 원인을 권력과 통제의 관점에서 파악하는 학자들도 있다(Browne & Williams, 1993). 전통적 가정에서 가정의 권력자는 남편이지만, 여러 가지 이유로 남편이 아내 또는 자녀에 대한 통제력을 상실했을 때 아내를 살해하거나 아니면 오랜 시간 남편의 폭력에 시달린 아내가 남편을 살해하기도 한다. 셋째, 일부의 사람들은 남녀의 삼각관계 때문에 배우자를 살해하기도 한다. 즉, 애증관계, 삼각관계가 배우자 살해의 원인으로 지적되기도 한다(Felson, 1997). 특히 배우자가 먼저 혼인 외적인 관계를 시도했을 경우, 상당히 오랜 기간 안정적으로 그런 관계를 유지해 온 사실을 알게 된 경우, 그리고 이러한 일들과 관련하여 거짓말을 반복해 온 경우, 치명적인 분쟁이 발생할 가능성이 커지는 것으로 알려져 있다(박순진, 2006). 이런 부류의 살인을 '치정살인'이라 칭한다. 치정살인의 원인으로 질투가 지적되는데 질투의 원인은 배우자를 자기 소유라고 생각할 뿐만 아니라 소유할 권리가 있다고 생각하기 때문이다. 치정살인의 경우, 그 피해자가 철저한 살인방법으로 살해된다는 데 그 특징이 있다(김성진, 2001). 즉, 가해자는 피해자가 죽은 뒤에도 찌르고 또 찌르는 경우가 있으며 피살된 배우자의 사진에 있는 눈을 찌르고 얼굴을 칼로 베는 경우도 있다. 삼각관계 또는 애정 관계에서 배우자 살인이 발생할 경우, 살인을 저지르는 아내는 주로 남편이 살인대상이 되지만, 남편은 삼각관계가 있는 아내의 상대 남성을 살해하는 경향이 더 강하다(Siegel, 2020). 넷째, 질병을 앓고 있는 배우자를 간병하다 지친 상대 배우자가 살해하는 경우도 흔히 발생한다.

CASE 4

간병에 지친 배우자 살해는 우리나라에서만 나타나는 독특한 현상이다. A씨는 지난 4월 22일 오전 2시께 군산시 자택에서 아내 B(82)씨를 흉기와 둔기를 이용해 살해한 혐의로 기소됐다. 법원 등에 따르면 A씨는 범행 3시간 뒤 아들에게 전화를 걸었다. 수화기 너머로 말없이 흐느끼던 아버지의 울음소리에 아들은 곧장 A씨 자택으로 향했다. 현장에 도착했을 당시 A씨는 B씨의 시신 곁에 앉아 눈물을 흘리고 있었다. A씨가 남긴 유서도 발견됐다. 유서에는 '너무 힘들었다. 자녀들에게 미안하다'는 취지의 내용이 담긴 것으로 알려졌다. A씨는 범행 후 스스로 목숨을 끊으려고 했으나 실행에 옮기지는 못했다. 신고를 받고 현장에 출동한 경찰은 A씨에게 범행 일체 자백을 받아내고 살인 혐의로 긴급체포했다. 조사결과 A씨는 "요양병원에 입원하라"는 제안을 아내가 거절하자 홧김에 이 같은 범행을 저지른 것으로 드러났다. 실제 B씨는 지난 2012년부터 치매를 앓아왔으며, 최근 증세가 악화됐던 것으로 확인됐다. 치매 증세와 당뇨 등 지병에도 A씨는 그동안 아내를 돌봐왔던 것으로 확인됐다. A씨는 경찰에서 "많이 지쳤고 힘들었다. 나이가 있어서 간병을 지속하기 힘들었다. 자식들에게 부담을 주기 싫었다"고 범행 동기에 대해 진술했다(전라일보, 2019년 6월 27일).

위 사건처럼 최근 우리나라에서는 경제적 빈곤과 질병 때문에 배우자를 살해하는 사건이 증가하고 있다. 복지 사각지대에 놓인 노인 부부가 증가함에 따라 간병이나 경제적 빈곤에 지친 배우자가 상대 배우자를 살해하는 현상은 다른 나라에서는 찾아보기 힘든 사회문제로 대두되고 있다. 우리나라의 노인가정은 자신들의 문제를 자녀들에게 잘 알리지 않으며 외로움, 격리, 경제적 빈곤, 질병 등의 문제 상황을 둘만 공유하다가 배우자를 살해하는 상황에 이르는 것이다.

(5) 동기 없는 살인

동기 없는 살인은 일명 '묻지마 살인'으로 알려져 있다. 묻지마 살인은 자극적인 표현을 선호하는 언론의 특성상 널리 퍼진 용어이므로 '동기 없는 살인', '무동기 살인', '무작위 살인' 등으로 표현하는 것이 마땅하다. 동기 없는 살인 또는 무동기 살인이란 용어는 범행동기가 명확하지 않다는 뜻을 내포하고 있으며, 무작위 살인은 가해자와 상관없는 불특정 다수가 희생자가 된다는 의미를 포함하고 있다. 따라서 동기 없는 살인은 일정한 동기나 대상 없이 무작위로, 또는 무차별적으로 불특정 다수를 살해하는 범죄행위라 할 수 있다. 동기 없는 살인을 저지르는 가해자는 정말 동기 없이 타인을 살해하는 것인가? 엄격하게 따지면, 세상에 동기 없는 살인은 없다. 동기 없는 살인자의 주된 살인 동기는 사회로부터의 고립 및 단절, 심한 스트레스가 대부분이다. 일례로 2010년 8월 7일 윤모씨는 양천구 신정동 일대를 배회하다 주택가 옥탑방에서 TV를 보면서 화목하게 웃는 소리에 울분을 참지 못하고 옥탑방 거주민을 살해한 사건이 있었다. 살인자 윤모씨는 홀로 힘들게 살아가는데 다른 사람들은 화목한 가정에서 오순도순 다정하게 살아간다는 질투심 때문에 아무런 상관없는 사람을 살해했지만 사실 그 이면에는 그 가정에 대한 질투보다는 사회에 대한 원망이나 복수심이 깔려 있다. 이 경우, 언론에서는 '묻지마 살인'이라는 자극적인 표현을 쓰지만, 실상은 사회에 대한 복수심과 원망이라는 살해 동기가 더 강하다. 동기 없는 살인에서 살인자의 일부는 정신이상으로 인한 환각 등으로 불특정 개인을 공격하기도 하지만, 대부분의 동기 없는 살인자는 정신병력을 가지고 있지 않으며, 사

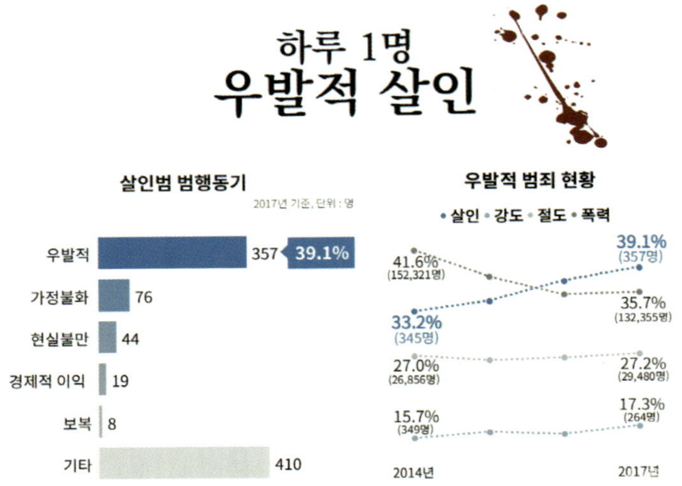

살인범의 범행동기 중 우발적 살인이 점차 증가하고 있다. 동기 없는 살인의 대부분은 우발적, 즉흥적으로 살인을 범하는 경향이 강하다.
출처: http:/www.ntoday.co.kr/news/articleView.html?idxno=63667

회나 가족으로부터 단절되거나 고립되어 사회에 대한 불만이 누적되거나 내적 스트레스나 분노의 표출로 살인을 저지른다. 동기 없는 살인은 그 속성상 가해자와는 일면식이 없는 지나가는 불특정 개인이나 다수가 그 희생자가 된다는 특징을 가지고 있다.

최근 우리나라에서 동기 없는 살인은 증가하고 있는 추세다. 아래 〈CASE 5〉에서처럼, 2019년 5월 14일 서울특별시 금천구의의 어느 빌딩 옥상에서도 동기 없는 살인이 발생하기도 했다.

CASE 5

처음 본 한국인을 흉기로 살인한 혐의로 구속된 30대 중국 교포가 사건 당일 또 다른 살인을 저질렀던 것으로 드러났다. 서울 금천경찰서는 살인 혐의로 구속된 중국 교포 김모(30)씨의 추가 살인 혐의를 확인했다고 20일 밝혔다. 경찰에 따르면 김씨는 지난 14일 오후 11시 2분께 서울 금천구 가산동 한 빌딩 옥상에서 담배를 피우던 한국인을 살해한 혐의로 지난 16일 구속됐다. 김씨는 피해자가 '왜 건물 옥상에서 술을 마시냐'고 시비를 걸어 범행했다고 경찰에 진술한 것으로 알려졌다. 해당 빌딩은 김씨와 연고가 없는 곳으로, 김씨가 혼자 술을 마실 곳을 찾던 중 우연히 올라간 것으로 조사됐다(아시아경제, 2019년 5월 20일).

우리 사회에서 발생하는 동기 없는 살인범의 일반적인 특징으로, 첫째, 어린 시절 불우한 가정환경, 부모로부터의 학대나 버림받음, 무관심 등으로 인한 좌절, 무기력, 욕구불만이 있으며, 둘째, 범행 당시 일정한 직업이 없거나 실직 등으로 생활고나 경제적인 어려움, 가정불화, 해고 등으로 심한 스트레스나 분노를 가지고 있으며, 셋째, 대인관계 능력, 우울증 등 여러 가지 이유로 주변에 지지집단이 없는 외톨이, 세상에는 나 혼자밖에 없다는 고독감, 절망감 등을 경험한 경우가 많다(김상균, 2012). 이외에도 죄책감, 우울감, 충동적, 반사회적 성격장애 등을 가지고 있을 가능성이 많으며, 무엇보다도 이들은 불우한 처지를 타인이나 사회에 돌리는 경향이 강하다는 공통된 특징을 가지고 있다(이성식, 2010). 넷째, 〈CASE 6〉에서처럼 동기 없는 살인범의 일부는 정신질환을 앓고 있어 환상이나 환청 등에 의해 살인을 저지르기도 한다. 정신질환자의 범죄율은 전체 범죄에서 약 1%밖에 되지 않지만 동기 없는 살인의 경우 50% 이상으로 상당히 높은 편이며, 특히 정신질환자에 의한 동기 없는 살인의 재범률은 약 60%로 그들의 사회적 재활이 절실히 요구된다.

CASE 6

경남 마산동부경찰서는 창원시 마산회원구 자신의 빌라에서 아내 B(56)씨와 딸(29)을 살해한 혐의로 A씨(60)에 대해 구속영장을 신청했다고 10일 밝혔다. A씨는 지난 7일 오전 8시쯤 잠에서 깬 직후 부인과 딸을 흉기로 20여 차례 이상씩 찔러 숨지게 한 혐의를 받고 있다. A씨는 아내에게 흉기를 휘두른 뒤 비명을 듣고 경찰에 신고하는 딸을 잇달아 흉기로 찌른 것으로 나타났다. 경찰에 따르면 A씨는 10년 전쯤 우울증 치료를 받았다. 이후 정기적인 치료를 받지 않았으며 직장을 그만둔 지난 5월 이후 잠이 잘 오지 않고, 갑자기 울화가 치미는 등 상태가 다시 나빠져 범행 15일 전에 스스로 다시 정신과를 찾아가 치료를 받고 약을 먹었다는 것이 A씨의 경찰 진술 내용이다. 경찰 조사결과 A씨는 범행 당시 환시와 환청 등 환각 상태에 있었던 것으로 드러났다. 프로파일러를 통한 A씨의 경찰 진술 내용을 종합하면 A씨는 범행 10여 일 전부터 누군가 자신의 집에 들어와 부인 등과 관계를 하는 소리를 들었다. 범행 하루 전에도 어떤 남자가 부인과 딸과 관계하는 소리 등이 들렸으나 그 당시에는 직접 나가 확인하지 못하고 다음 날 잠에서 깨어나 부인과 딸을 살해했다는 것이다(중앙일보, 2019년 7월 10일).

살인범죄의 실태 02

(1) 발생현황

1) 발생비율

살인범죄의 원인 및 이론을 설명하기 전에 우리나라에서 살인사건이 한 해 동안 어느 정도 발생하며, 지난 10년 동안 얼마만큼 증감했는지를 살펴볼 필요가 있다. 〈그림 8-2〉는 살인미수, 예비 및 음모를 포함하여 지난 10년간 발생한 살인범죄율을 나타낸 표이다. 이 표에서, 지난 2008년부터 2009년까지는 살인범죄가 증가하다가 2010년부터 감소하고 있으며, 2017년에는 936,858건에 이른다. 우리나라에서 살인범죄(살인미수 및 예비, 음모 포함)는 한 해 평균적으로 약 900건이 발생한다고 볼 수 있다.

그림 8-2 살인범죄 발생 비율 (단위: 명/%)

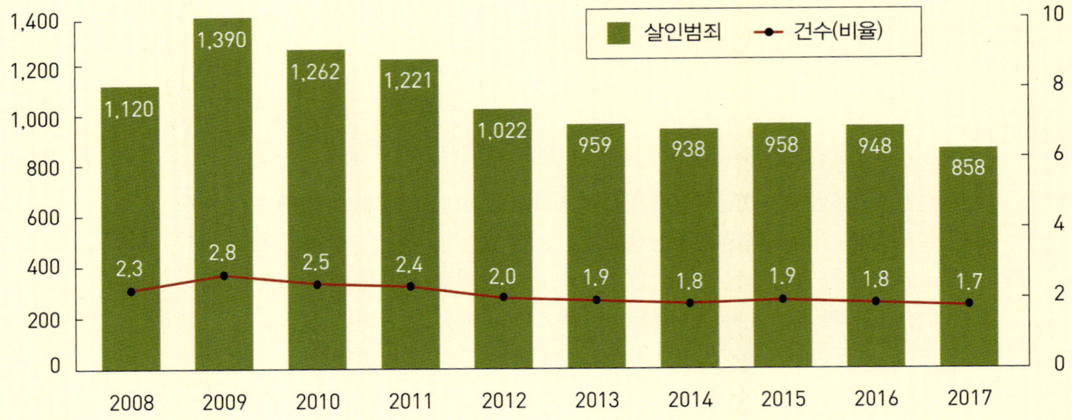

출처: 대검찰청 범죄분석, 2008~2017년

2) 발생 시간대

〈그림 8-3〉은 살인범죄가 발생하는 시간대를 나타낸 것이다. 아침시간대에 살인이 발생하는 경우는 7.0%로 가장 낮고, 새벽시간대 8.7%, 저녁 9.9% 오전 12.4%, 오후 24.7%, 밤 37.4% 순으로 살인사건이 많이 발생하고 있다.

그림 8-3 살인범죄 발생 시간 (단위: %)

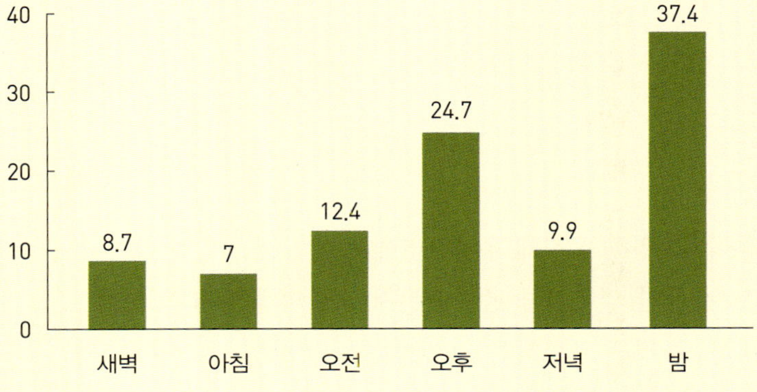

출처: 대검찰청 범죄분석, 2008~2017년

(2) 살인범죄자의 특징

1) 연령대

〈표 8-3〉은 살인범죄자들의 연령대를 나타낸 것이다. 2008년에 비해 2017년에 60대의 살인범죄 건수가 2.4배>50대는 1.6배>20대는 1.3배 증가한 것을 볼 수 있으며, 지난 10년간 연령대 비율을 보면 50대 25.5%>40대 24%>30대 17.4%>20대 16.3%>60대 14.8%>10대 2.0% 순으로 살인범죄를 저질렀다. 즉, 우리나라에서 살인범죄를 저지르는 주 연령대는 40대와 50대가 50% 이상을 차지한다. 또한 최근 60대의 살인비율은 다른 연령대에 비해 상당히 빠르게 증가하고 있다.

표 8-3 살인범죄자 범행 시 연령대

(단위: 명)

연도 연령	2008	2009	2010	2011	2012	2013	2014	2015	2016	2017
10대	19	31	33	30	39	41	33	16	19	18
20대	117	160	140	163	160	149	120	139	135	151
30대	214	274	228	279	228	173	201	178	194	161
40대	348	350	351	400	339	293	325	281	289	222
50대	150	210	228	255	234	245	231	254	240	236
60대	57	64	66	67	64	78	94	69	129	137

출처: 대검찰청 범죄분석, 2008~2017년

2) 살인범죄자의 국적

〈그림 8-4〉는 살인범죄자의 내국인과 외국인 비율을 나타낸 것이다. 이 표에서 내국인이 저지르는 살인범죄가 외국인에 비해 8.5배 높은 것으로 나타났다. 한편, 외국인이 저지르는 살인범죄는 2016년에 전년도 대비 1.2배 높게 발생했으며, 지난 10년 동안 꾸준하게 증가하는 추세이다. 2017년에는 중국인에 의한 살인범죄 58.6%, 태국 9.6% 순으로 발생했으며, 2016년에는 중국 60.2%, 베트남 11.1% 순으로 나타났다. 일반적으로 우리나라에서 발생하는 살인사건 중 중국인이 저지르는 비율이 50~70% 정도로 상당수의 살인범죄는 중국인에 의해 발생한다는 사실을 알 수 있다.

그림 8-4 살인범죄자 내·외국인 (단위: 명/%)

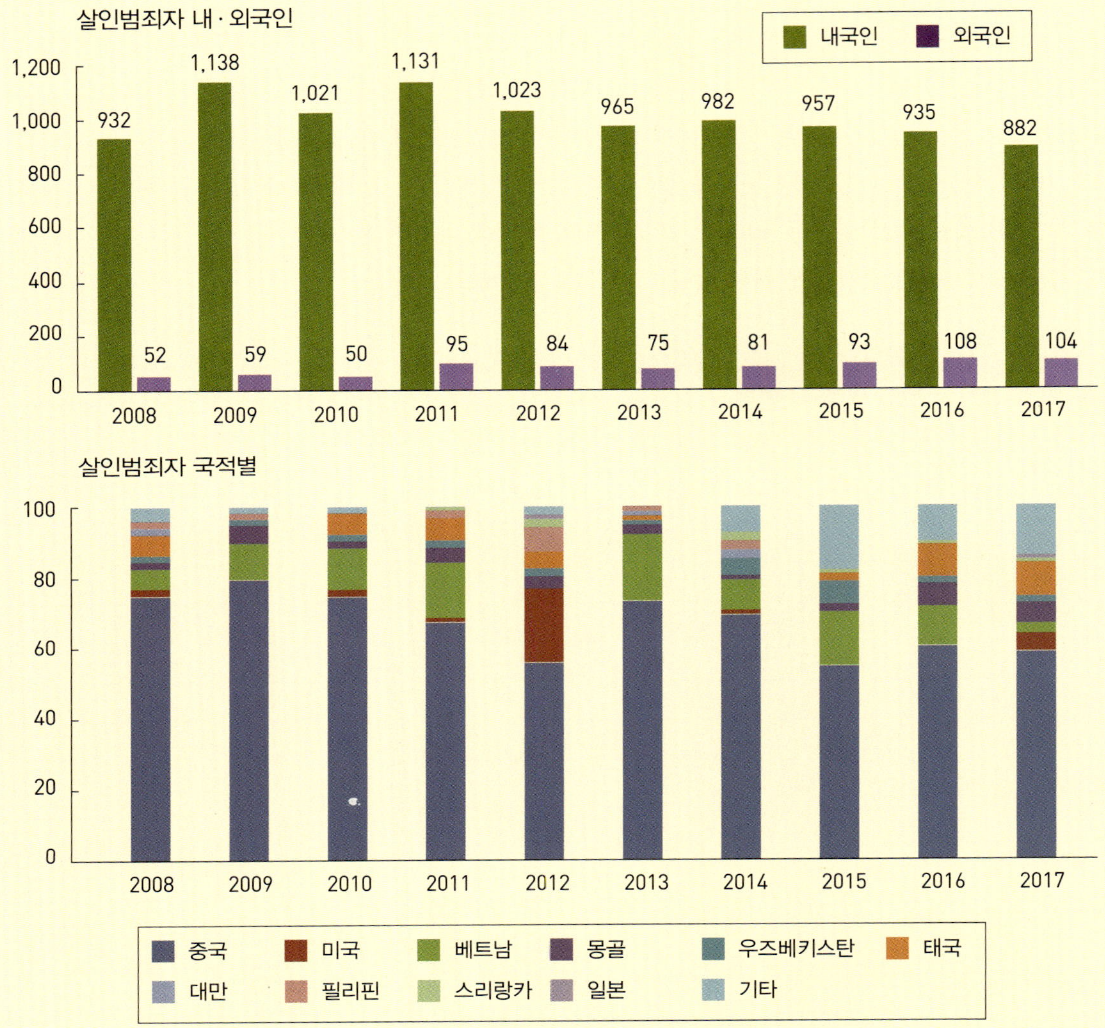

출처: 대검찰청 범죄분석, 2008~2017년

3) 외국인비율

지난 10년 동안 발생한 살인사건의 외국인범죄자만 따로 분리하여 살펴보면 〈그림 8-5〉와 같다. 〈그림 8-5〉에서 지난 10년간 국내에서 살인범죄를 저지른 외국인은 중국, 미국, 베트남, 몽골, 우즈베키스탄, 태국, 대만, 필리핀, 일본, 스리랑카 등이다. 이들 중 중국인이 67.1%로 가장 높은 비율을 차지하며, 그 다음으로 베트남인 8.9%>미국인 3.2%>몽골인 2.9% 순이다.

그림 8-5 지난 10년간 살인범죄를 저지른 외국인 비율

(단위: %)

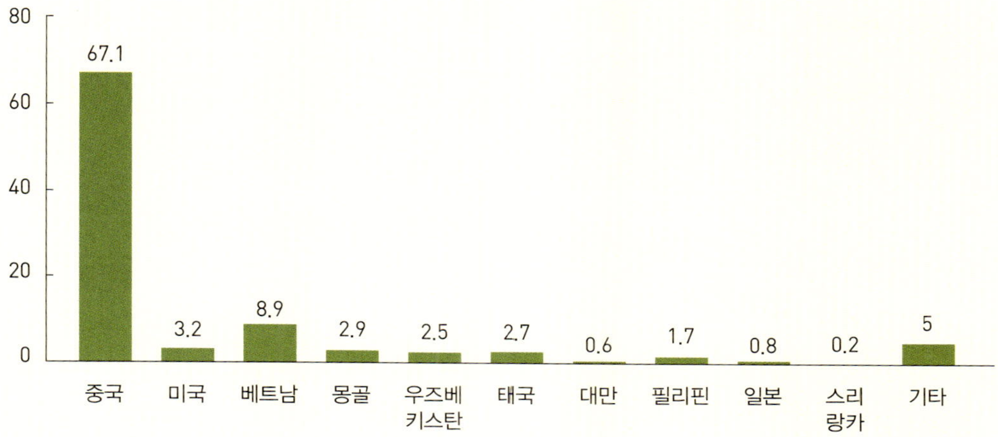

출처: 대검찰청 범죄분석, 2008~2017년

(3) 피해자의 특징

〈그림 8-6〉은 살인범죄자와 피해자의 관계를 나타낸 것이다. 이 그림에서 지난 2008년과 2017년을 합쳐서 타인을 살해한 경우가 27.9%로 가장 높았으며 그 다음으로 친족이 27.6%, 이웃/지인관계가 21.0%를 차지했다. 지난 10년간 직장동료/친구를 살해한 경우는 1.07배, 고용/피고용/거래관계는 1.14배, 친족은 1.2배, 타인은 1.1배 증가하였고 애인관계는 1.08배, 이웃/지인은 1.2배 감소하였음을 알 수 있다. 〈그림 8-6〉을 통해 우리나라의 살인사건은 전형적으로 공격성과 충동성에 의해 우발적으로 발생한다고 추정할 수 있다. 즉, 피해자가 타인인 경우는 우발적으로 잘 알지 못하는 사람들과의 사소한 다툼 끝에 주로 발생하며, 친족은 위의 친족살인에서 이미 언급한 여러 가지 이유로 발생한 것으로 짐작된다.

그림 8-6 2008년과 2017년 피해자와의 관계 분석 (단위: %)

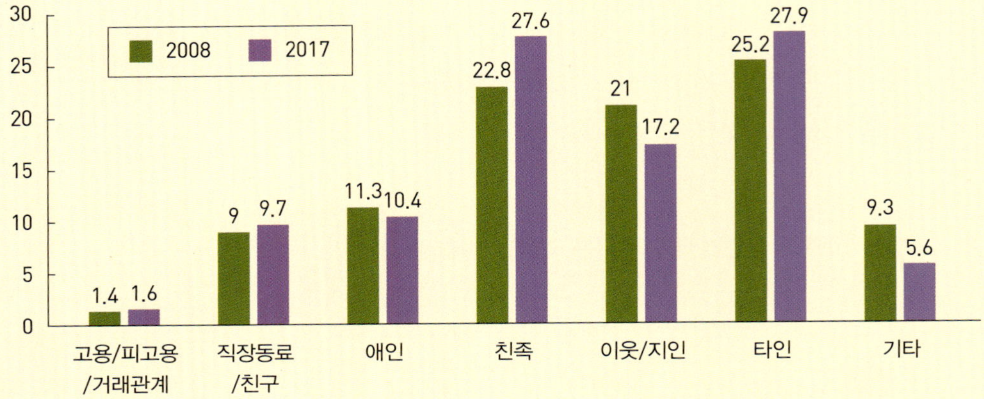

출처: 대검찰청 범죄분석, 2008~2017년

(4) 범행동기

〈그림 8-7〉은 살인범죄의 범행동기를 나타낸 표이다. 지난 10년간 우발적으로 살인범죄를 저지른 비율이 63.4%>가정불화 12.9%>이욕(생활비, 유흥비, 도박비, 허영·사치, 치부) 9.7%>현실 불만 7.5%>보복(신고·고소, 수사협조, 증언) 1.1%>부주의 0.8%>사행심 0.2%>호기심 0.1%, 유혹 0.1% 순으로 나타났다. 즉, 우리나라에서 발생하는 살인범죄의 동기는 우발적인 경우가 거의 대부분을 차지하며, 그 다음으로 가정불화에 의해 발생했다. 살인범죄의 동기를 〈그림 8-6〉과 연관 지어 살펴보면, 우발적으로 타인 혹은 친족을 또는 가정불화로 친족을 대상으로 범행을 저지르는 경우가 약 2/3를 차지하고 있다는 것을 알 수 있다.

살인범죄자의 실태를 종합하면, 우리나라에서는 매년 약 900건 정도의 살인사건(살인미수, 및 예비, 음모 포함)이 발생하고 있으며 약 50%가 밤 시간대에 발생하고 있다. 살인범죄를 저지르는 주 연령대는 40대와 50대가 50% 이상을 차지하고 있으며, 살인의 동기는 우발적인 경우가 거의 대부분이며 피해자와의 관계는 타인과 친족이 상당수를 차지하고 있다. 따라서 살인은 우발적으로 타인 및 친족을 살해하는 경우가 약 2/3를 차지한다. 또한 지난 10년 동안 외국인에 의한 살인사건이 꾸준히 증가하고 있으며, 살인을 저지른 외국인 중 중국인이 약 50~70% 정도를 차지하고 있다.

그림 8-7 범죄자 범행 동기

(단위: 명)

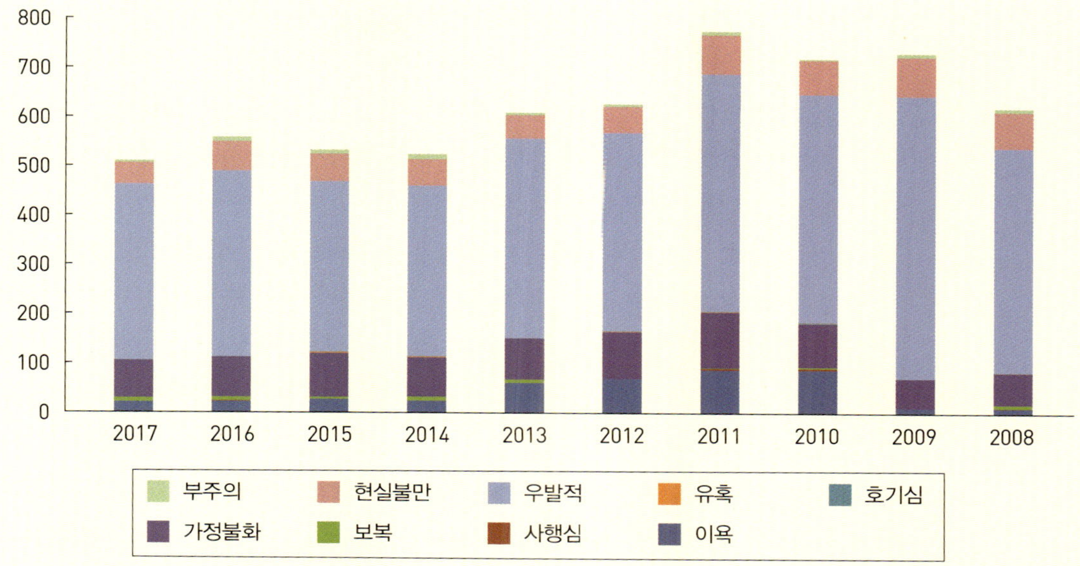

출처: 대검찰청 범죄분석, 2008~2017년

살인의 원인

03

위의 살인의 실태에서 살펴보았듯이, 우리나라에서 발생하는 살인의 주된 동기로 우발적인 살인을 언급했다. 하지만 우발적 살인에서도 살인범이 타인을 살해한 근본적 원인은 여러 가지로 나타난다. 일반적으로 살인의 원인은 크게 세 가지로 분류된다(생물학적, 심리학적, 사회학적 원인). 생물학적 원인은 주로 생물학적으로 살인자는 일반인과 다른 생물학적, 유전적 특질을 가지고 태어났다는 가설에 의존한다. 즉, 살인을 인간의 본능적인 행위로 보거나 유전적인 요인이나 호르몬의 영향, 신체적 특징 혹은 신경적 문제로 파악하는 것이다. 생물학적 이론 중에서 유전자 형질이 살인과 관련이 있다는 연구의 한 예로 초남성범죄자이론 또는 XYY 이상염색체이론이 있다. 이 이론에 따르면, XYY 이상염색체를 가진 사람은 남성을 상징하는 Y염색체를 하나 더 가지고 태어나기 때문에 일반 남성에 비해 폭력성이 더 강해 살인을 포함한 강력범죄를 더 많이 저지른다는 것이다. 반면에 사회학적 원인에서는 살인자의 개인적, 생물학적 원인에 초점을 맞추기보다는 가정환경, 사회구조, 지역사회 등이 살인의 주된 원인으로 파악한다. 대표적인 사회학적 원인론은 1930년대 시카고학파들이 주장한 사회해체론이다(사회해체론은 제4장의 용어설명 참조). 즉, 사회해체가 급속하게 진행되는 지역에 사는 사람들의 살인범죄율은 다른 지역에 비해 월등하게 높게 나타난다는 것이다. 물론 사회학적 원인론이 지금도 상당한 설득력을 가지는 것은 사실이지만, 사회의 해체나 가족의 붕괴가 급속하게 진행되는 지역에 산다고 할지라도 살인을 포함한 강력범죄를 저지르는 사람은 극히 일부에 해당된다. 즉, 그런 지역에 사는 거의 대부분의 사람들은 범죄기록 없이 살아가기 때문에 살인의 원인을 사회해체로 단정하기는 힘들다. 생물학적 원인 또한 경험적 연구결과 타당하지 않은 것으로 나타났다. 물론 이와 같은 염색체 이상은 1,000명당 약 1명꼴로 나타나는데 재소자에 대한 연구에서는 약 100명 중 1명이 염색체 이상인 것으로 밝혀졌지만(Jacobs *et al.*, 1965) 제이콥과 그의 동료들의 연구는 방법론적으로 결정적인 문제점을 안고 있다. 즉, 초남성 범죄자들이 폭력범죄를 많이 저지르기는 하지만, 이미 교도소에 복역 중인 사람들을 조사했기 때문에 표본이 왜곡됐다는 비판을 받았다. 일반인들 중에서 초남성 이상염색체를 가진 사람들의 범죄율을 조사한 것이 아니라 복역 중인 사람들만 조사했기 때문에 그 결과를 바탕으로 전체 사회구성원들도 그렇다고 일반화(일반화는 제4장의 용어설명 참조)하여 확대해석할 수 없다는 것이다. 그래서 초남성 범죄자이론은 추후 후속연구에서 염색체 이상이 폭력행위와 관련이 있다는 경험적 지지를 받지 못했다. 따라서 이 절에서는 살인의 원인을 심리학적 차원에서 집중적으로 살펴보기로 한다. 심리학적 원인론은 다시 정신분석학적 이론, 성격이론, 인지이론, 좌절-공격이론 등으로 세분화할 수 있다.

(1) 정신분석학적 이론

프로이트(Freud)의 정신분석학에서 살인은 자아인 에고(ego)와 초자아인 슈퍼에고(superego)의 미발달로 인해 원초적 자아인 이드(id)의 발현을 잘 억제하지 못하거나, 슈퍼에고의 지나친 발달이나 미발달로 인해 이드와 에고의 발현을 방해하는 등의 심리적 갈등의 결과로 나타난다. 프로이트의 정신분석이론에 따르면, 인간의 자아는 그림의 빙하처럼 의식의 부분보다 무의식의 부분이 거의 대부분을 차지하며, 의식이든, 무의식이든 자아는 이드, 에고, 슈퍼에고의 상호작용에 의해 발달된다고 본다. 예를 들면, 아동기에 사랑을 박탈당하고 잔인한 공격의 대상이 되었던 사람은 에고의 발달이 저지되어 본능으로부터의 충동을 적절하게 조절하지 못하게 된다. 반면 어린 시절 강력한 훈육으로 슈퍼에고의 억제력이 너무 지나치게 형성되어도 현실에 맞게 판단하는 에고의 기능이 저하되어 이드를 적절하게 해소하지 못해서 타인을 살해한다고 본다(공정식 외, 2006). 이처럼 정신분석이론에서는 이드, 에고, 슈퍼에고의 부조화로 인해 아주 선한 사람으로 평가받던 사람이 순간적인 분노 및 충동성을 억제하지 못해 살인을 하게 된다(이윤호, 2015). 또한 원초적 자아인 이드는 욕망, 본능, 충동 등과 같은 쾌락추구의 성향을 가지는데 이는 모든 리비도(리비도는 제2장의 용어설명 참조)의 원천이다. 리비도는 성적 욕구불만에서 발생하는데, 어린 시절 잘못된 사회화로 인해 욕구불만을 발산하는 방법을 옳게 습득하지 못한 사람은 살인을 저지를 가능성이 많다고 본다. 즉, 어린 시절 부모의 사랑을 적게 받은 사람은 평소에 말이 없이 극히 내성적으로 보이면서도 내면에 심한 공격적 기질을 갖는다. 이런 사람은 자신의 분노감정을 잘 소화하지 못해서 절도, 허언, 동물학대와 같은 극단적인 행동을 할 가능성이 높다. 결론적으로 정신분석학적 측면에서, 살인은 욕구불만에 의해 공격성이 형성되고, 이러한 공격성을 효과적으로 통제하는 능력이 상실되었을 때 쉽게 발생한다고 볼 수 있다.

(2) 성격이론

살인범의 심리적 특성을 성격이론으로 설명하는 경험적 연구결과들은 상당하다. 성격이론에 따르면, 살인범은 비정상적이고, 부적절하고, 특정한 범죄적 성격을 지니고 있어 법을 준수하는 사람과는 다른 성격적 특질을 지니고 있다는 것이다. 일반인들은 법에 순응하는 정상적인 성격을 지니고 있는 반면, 범죄자들 특히 살인과 같은 심각한 범죄를 저지르는 사람들은 정신병질적(psychopathic), 반사회적 또는 사회병질적(sociopathic) 성격 등을 지니고 있다는 것이다(Akers *et al.*, 2016). 이런 유형의 범죄자는 친사회적 태도와 가치를 사회화하지 못하고, 옳고 그름에 대한 감각을 발전시키지 못한다. 또한 타인에 대한 동정심도 없으며, 타인에 대하여 잘못하거나 해악을 미쳤을 때에도 후회나 죄의식을 느끼지 못한다. 그들은 반사회적 성격장애자이거나 사이코패스일 가능성이 높다. 특히 우리가 유영철, 정남규, 강호순 등과 같은 연쇄살인범들이 사이코패스적 성격을 다분히 가지고 있다고 평가하는 이유는 성격적 결함과 살인 간에는 깊은 상관관계를 가지고 있기 때문이다. 성격이론에서 자기통제력은 일상생활의 불안, 분노, 스트레스 상황에서 어떻게 대처하는가를 판단하는 잣대가 된다. 즉, 자기통제력이 낮은 사람은 일상생활에서 흔히 발생할 수 있는 불안, 분노, 스트레스에 직면할 때 그런 내면의 감정을 해소하기 위해 타인에게 폭력을 휘두르는 경향이 강하다. 일반적으로 사람들은 불안, 분노, 스트레스 상황에 직면하면 타인에 대한 폭력이 아닌 다른 선하고 합법적인 방법으로 해결한다. 내면의 불편한 감정은 어떤 형태로든 해소해야 하는데 아이러니하게도 살인범들은 내면의 분노나 스트레스를 스스로 억제하려는 경향을 보인다. 그러나 이런 내면의 불편한 감정을 쌓아두면 사소한 사건에서도 폭발하여 타인에게 치명적 손상을 입힐 가능성이 증가하는 것이다.

(3) 인지이론

인지이론에 따르면, 살인범은 타인의 의도를 잘못 이해하거나 인지부조화의 결과로 살인을 저지른다는 것이다. 즉, 인지부조화가 심한 사람은 타인이 자신에게 해를 주고자 하는 행위가 아님에도 불구하고 그것을 공격적인 의도를 품고 있다고 잘못 해석한다. 이런 인지부조화나 인지왜곡의 근본 원인으로 낮은 도덕발달, 낮은 지능, 정보처리능력의 부재, 공감능력 부재 등을 꼽을 수 있다(제4장의 인지이론을 참조). 즉, 어린 시절 가정, 학교, 친구관계에서 제대로 된 도덕발달을 경험하지 못하거나, 부모의 방임으로 인해 지능이 제대로 발달하지 못하거나, 사회구성원들 간의 상호작용에서 발생하는 끊임없는 정보를 잘 처리하지 못하거나, 타인을 깊이 이해하고 그들의 고통을 같이 아파할 수 있는 공감능력이 부족할 때, 인지부조화나 인지왜곡이 발생한다는 것이다. 이렇게 형성된 인지왜곡은 개인의 기억 속에 남아서 쉽게 지워지거나 수정되지 않고 유사한 위험상황에 처했다고 판단될 때 쉽게 이용되는 경향이 있다. 예를 들면, 낯선 사람과의 사소한 시비 끝에 상대방을 흉기로 살해할 때, 상대방이 흉기나 공격적 언행을 하지 않았음에도 불구하고 자신은 상대방의 언행을 공격적인 행위로 인지하고 먼저 선제공격한다. 이런 현상은 어릴 때부터 자신의 기억 속에 "이런 상황에서는 상대방이 공격할 것이다"는 왜곡된 인식이 기억 속에 내장되어 있다가 그와 비슷한 상황이 되면 언제든지 발현된다. 따라서 어릴 때부터 공격에 저항하는 내부규범이 결여된 사람은 더 공격적이 되기 쉽고, 공격적 행동이 위험한 상황을 해결하는 방법이라고 인식하는 사람은 자신을 방어하기 위해 타인을 선제적으로 먼저 공격하는 것이다.

(4) 좌절-공격이론

좌절-공격이론(frustration-aggression theory)은 기본적으로 인간의 공격행위를 좌절의 결과로 보는 관점이다. 즉, 인간의 욕구가 좌절되면 공격성이 발생한다는 것이다. 좌절-공격이론에 따르면, 사람들은 자신이 설정한 목표달성에 실패하면 심리적으로 긴장상태를 지니게 되는데, 이를 욕구좌절이라고 하며, 이러한 심리적 긴장상태는 좌절을 겪게 하는 원천에 대해 직접 공격하거나 다른 사람이나 물체를 대신 공격하게 된다는 것이다. 예를 들면, 가정불화와 부부 간 갈등으로 남편이 자신의 요구를 들어주지 않아 살인을 저지른 경우, 전형적인 좌절-욕구이론으로 살인의 동기를 풀이할 수 있다.

CASE 7

병원 입원비를 주지 않았다는 등 가정불화를 이유로 남편을 살해한 70대 여성이 재판에 넘겨졌다. 서울북부지검은 살인 혐의로 유모(73)씨를 6월28일 기소했다고 2일 밝혔다. 유씨는 지난달 7일 오후 3시쯤 부부가 같이 운영하던 서울 동대문구 전농동의 한 금은방에서 남편 A(76)씨의 목을 졸라 숨지게 한 혐의를 받고 있다. 유씨는 남편을 살해한 이후 금은방 전화기로 경찰에 직접 신고했고 현장에 출동한 경찰에게 범행 사실을 시인했다. 그는 경찰 조사에서 평소 남편과 사이가 좋지 않았고, 입원비를 달라고 요구했지만 남편이 주지 않아 이 같은 범행을 저질렀다고 진술한 것으로 전해졌다. 경찰은 지난달 8일 유씨에 대한 구속영장을 신청, 법원은 '도주 우려' 이유로 영장을 발부했다(동아일보, 2019년 7월 2일).

이 사건처럼 가해자는 좌절을 일으킨 분노를 남편에게 직접적으로 표출하여 질식사시킨 것이다. 물론 이 이론에 대해서 범죄심리학자들은 공격성이 좌절의 결과라고는 하지만 좌절감이 항상 공격성을 야기하지는 않는다고 비판한다. 즉 좌절감이 사람을 공격적으로 행동하도록 하는 가능성을 증대시킬지는 모르나 사람이 좌절감을 느낄 때마다 항상 공격적으로 대응하지는 않는다는 것이다(김성진, 2001).

좌절-공격이론의 구체적인 예로 축구장에서의 훌리건 난동을 들 수 있다.
출처: https://news.sbs.co.kr/news/endPage.do?news_id=N1003281810

04 살인범의 특성

우리나라에서 발생한 살인범들의 특성을 연구한 박형민의 연구에 따르면, 살인범의 성별분포에서 남성의 비율이 압도적으로 높으며, 나이대는 주로 30~40대가 많고, 낮은 학력과 하류층의 비율은 점차 감소하는 대신 상대적으로 대학재학 이상의 고학력자의 비율이 늘어나고 있다고 밝혔다(박형민, 2003). 또한 살인범들은 대체적으로 직업이 없으며, 전과횟수가 점차 늘어나는 추세다. 즉 1980년대 초반에는 80% 정도가 초범이었지만, 1990년도 후반부터는 재범 이상이 70% 이상을 차지하며, 공범 없이 단독적으로 살인범죄를 저지르는 비율이 압도적으로 높으며, 우발적 범죄가 상대적으로 많아지는 경향을 보인다고 주장했다(박형민, 2003). 이 절에서는 이런 살인범들의 사회인구적 특징 외, 살인범들에게서 나타나는 공통적인 행위적 특징과 심리적 특징을 좀 더 구체적으로 살펴보고자 한다.

(1) 행위적 특징

첫째, 다른 범죄와 달리 살인은 서로 알고 있는 사이에서 발생하는 경우가 많다. 예를 들면, 2017년 한 해 동안 발생한 살인사건(살인미수 포함) 총 858건 중 피해자가 고용자(1명), 피고용자(3명), 직장동료(40명), 친구(40명), 애인(86명), 동거친족(180명), 기타친족(48명), 거래상대방(9명), 이웃(50명), 지인(92명)으로 약 64% 이상이 평소에 서로 알고 있는 사이에서 발생했다(대검찰청 범죄분석, 2019). 살인범들은 피해자에 대해 오랜 기간 동안 복수심, 질투, 분노, 원한 등의 폭발로 살인을 저지르기도 하지만, 이전에 서로 갈등이 거의 없었던 관계에서도 발생한다. 러켄빌(Luckenbill)은 살인자와 피해자 사이에 특별한 행위 유형이 존재한다는 사실을 밝혀냈다(Luckenbill, 1977).

〈그림 8-8〉과 같이, 먼저 피해자는 가해자가 공격적인 행위를 하도록 자극하는 경향이 있으며, 가해자는 보통 말이나 물리적으로 보복한다. 피해자의 도발적인 반응으로 가해자가 폭력을 행사하면, 싸움이 일어나고 피해자는 죽거나 죽어가는 상태에 놓이게 된다. 서로 잘 알고 있는 관계에서 싸움의 시작은 피해자가 먼저 가해자에게 공격적인 행동을 하도록 부추기는 것이 살인의 중요한 행위적 특징 중의 하나이다. 이런 현상을 '피해자 유발(victim precipitation)'이라고 지칭한다. 즉, 피해자 유발은 피해자가 가해자에 대해 먼저 물리적 힘을 사용함으로써 그 범죄의 직접적이고 적극적인 촉진자가 되는 것을 말한다. 피해자 유발을 판단하는 데 있어 흉기의

그림 8-8 살인의 진행과정

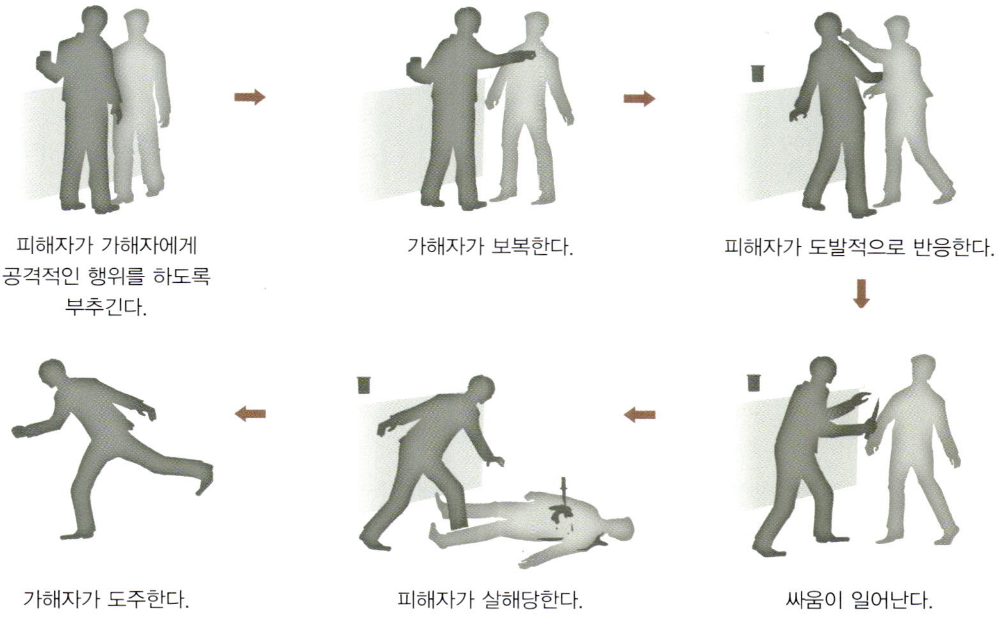

사용은 중요한 판단 기준이 되는데, 특별히 피해자가 먼저 치명적인 흉기를 사용하는 경우 피해자 유발로 인한 살인사건이 발생할 가능성이 매우 높다(박순진, 2006).

둘째, 살인의 특징을 연구한 티오(Thio)의 주장에 따르면, 살인의 동기는 의외로 사사로운 것에서부터 출발한다(Thio, 1983). 평소에 잘 알고 있던 사이인 친구 간, 직장동료 간, 고용주 간에 심지어는 부부 간이나 친족들 간에 사소한 말다툼이나 의견대립이 살인으로 확대되는 경우가 자주 발견된다. 이 때 가해자는 그런 말다툼이나 의견대립을 빠르고 효과적으로 끝낼 수 있는 방법으로 살인을 저지르는 것이다. 특히 가해자와 희생자의 관계가 경직되어 있거나, 상하관계에서 가해자는 상대방을 논리적으로 설득할 수 있는 방법이 찾지 못하거나, 희생자가 가해자를 먼저 인격적으로 도발할 경우, 가해자는 자신의 자존심과 명예를 회복하기 위해 살인의 위험까지 무릅쓰게 된다는 것이다(이윤호, 2015). 이런 현상은 부부 간의 살인에서 확연하게 나타난다. 오랫동안 언어폭력이나 물리적 폭력을 자주 당해 온 아내입장에서 남편을 논리적으로 설득할 가능성이 희박하다고 판단할 때, 그런 불합리한 집안의 권력관계를 끝내는 방법으로 살인을 택하기도 한다. 이 경우, 살인이 치밀하게 계획적일 수도 있고, 아니면 아주 사소한 말다툼의 결과로 의도치 않은 살인이 발생하기도 한다. 이

그림 8-9 **살인범죄자의 범행 시 정신상태** (단위: 명)

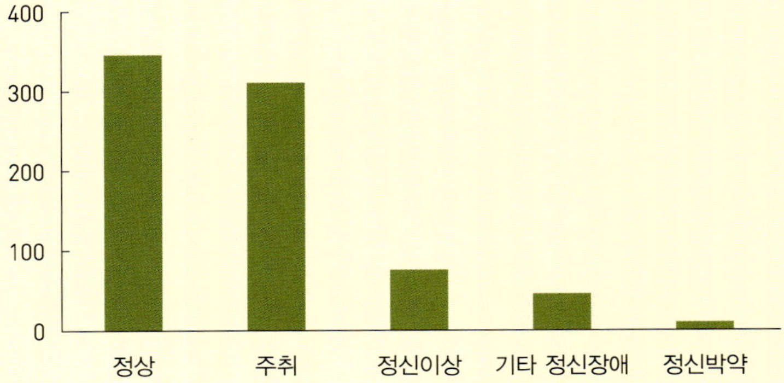

출처: 대검찰청 범죄분석, 2019

상현 또한 살인이 가장 빈번하게 발생되는 경우는 가정 내의 싸움이나 술자리에서의 언쟁이라고 주장한다(이상현 외, 2012). 즉, 사소한 언쟁에서 시작한 예기치 않은 사건이 살인으로 발전될 수 있으며 살인이 발생하는 요인에는 인간관계와 의식에 있어서의 모욕적인 언동, 적의, 격렬한 혈투 등의 행위적 특징을 가지고 있다.

셋째, 살인은 다른 강력범죄와는 달리 알코올과 상당히 깊은 상관관계를 가지고 있다. 우리나라에서 발생하는 살인사건의 50% 이상은 알코올과 관련이 있는데, 이는 가해자가 음주상태에서 살인범죄를 저지르는 비율이 다른 강력범죄에 비해 월등하게 높다는 사실을 내포한다.

〈그림 8-9〉는 2017년 우리나라에서 발생한 살인사건의 범죄자들이 범행 당시 정신상태를 나타낸 표이다. 살인범들이 범행 시 정신이상이나 정신박약 등 정신장애를 겪고 있었던 범죄자는 극소수인 데 반해, 음주상태에서 범행을 찌른 비율이 총 36.1%로 나타났다(대검찰청 범죄분석, 2019). 이처럼 살인범죄와 알코올이 깊은 상관관계를 갖는 이유는 음주상태에서 살인을 저지를 때 흉기를 사용할 가능성이 높기 때문이다. 즉, 음주 상태에서는 분별력이 낮아져 주위에 있는 흉기를 사용하거나 미리 흉기를 준비하여 타인의 신체에 치명적 타격을 가하는 사례가 많다.

CASE 8

A씨는 지난 4월 13일 오후 10시 25분쯤 경기도 남양주시에 위치한 한 노래방에서 도우미로 일하던 B(35)씨와 함께 술을 마셨다. 경찰 조사 결과 A씨는 술을 마시던 중 B씨의

몸을 만지려다 거부당하자 흉기로 찔러 살해한 것으로 밝혀졌다. A씨는 "B씨가 나를 무시한다는 생각에 우발적으로 벌인 일"이라고 주장했다. 의정부지방법원 형사합의11부(강동혁 부장판사)는 흉기를 이용한 살인 혐의로 기소된 A(38)씨에게 징역 25년을 선고했다고 8일 전했다. 대법원 양형기준 권고형은 최대 징역 20년이다. 하지만 재판부는 범행 동기 및 중대성을 고려해 상한을 넘는 형을 결정했다고 설명했다(국민일보, 2019년 7월 8일).

이 사건에서처럼 술을 마시면 일반적으로 본능적 욕구에 대한 통제력이 떨어지고 감정억제를 잘 조절하지 못하는 경향이 강하다. 따라서 술을 마신 상태에서 상대방과의 사소한 다툼은 분노나 화 등의 본능적 욕구가 잘 조절되지 못해 주위에서 쉽게 구할 수 있는 흉기(칼, 유리병, 몽둥이, 돌 등)를 들고 상대방을 살해할 가능성이 높아진다. 물론 술이 반드시 살인을 유발하는 것은 아니다. 그러나 술로 인한 살인이 주말에 많은 것은 술자리에서 싸움, 말다툼 등과 같은 형태로 발전하여 술의 만취영향으로 대인접촉을 우쭐하게 하는 한편 억제력의 저하에 따른 폭력행동으로 유발된 가능성이 많아지게 된다(김성진, 2001).

넷째, 살인범들은 대체적으로 사회경제적 지위가 낮은 편이며 이로 인해 지속적으로 경제적인 궁핍을 겪다가 사회와 인간에 대한 불만을 표출하는 과정에서 살인사건을 저지르는 경향이 있다. 1997년부터 2006년까지 우리나라 살인범의 실태를 연구한 강은영과 박형민의 연구결과에 따르면, 1997년에 살인범죄자의 생활수준은 하층이 68.1%로 가장 높게 나타났으며 2004년까지 66%~70% 정도로 큰 변동을 보이지 않은 것으로 나타났다(강은영·박형민, 2008).

CASE 9

안씨는 지난 3월18일 오전 경기도 양주시의 한 아파트에서 잠자던 아내 A(34)씨와 아들 B(6)군을 목 졸라 살해한 혐의로 구속 기소됐다. 의정부지법 형사합의11부(부장판사 강동혁)는 살인 혐의로 기소된 피고인 안모(39)씨에 대해 징역 25년을 선고했다고 11일 밝혔다. 앞서 검찰은 안씨에게 징역 20년을 구형했으나 재판부는 잘못된 인식을 엄벌해 이 같은 범행을 막아야 한다며 검찰이 요청한 형량보다 무겁게 처벌했다. 안씨는 8천만원이 넘는 빚과 월세를 내지 못해 이사를 해야 하는 상황에서 집을 구하지 못하자 가족들과 함께 죽으려고 범행을 저지른 것으로 조사됐다. 안씨는 범행 직후 자신의 차를 타고 부친의 산소가 있는 양평으로 달아났으나 추격한 경찰에 검거됐다. 경찰차가 접근하자 안씨는 차 안에 있던 부탄가스에 불을 붙이는 등 극단적인 선택을 시도, 심한 화상을 입어 병원 치료를 받기도 했다(노컷뉴스, 2019년 7월 11일).

〈CASE 9〉의 사건은 경제적 요인이 살인의 주된 원인으로 드러났다. 의정부 가족 살인사건은 거액의 빚과 기본적인 생활비를 감당하지 못하던 30대 남성이 잠을 자던 아내와 어린 아들을 살해하고 자살시도를 한 살인사건이다. 이처럼 경제적인 어려움을 겪고 있던 살인범이 가족 간에 금전적 문제 때문에 살인사건을 저지른 대표적 예이다. 이런 경제적 어려움은 폭력적 행동, 재산 파괴, 자살, 타인 살해행위로 연결되기도 한다.

(2) 심리적 특징

술자리나 가정에서 상대방과의 사소한 갈등이 발생했을 때 왜 어떤 사람은 자신의 분노나 화를 참지 못해 상대방을 살해하고 또 다른 사람들은 그런 갈등을 잘 봉합하는지? 이 문제에 대한 답으로 살인범에게 나타나는 심리적 특성을 지적할 수 있다.

첫째, 살인범은 일반인들에 대해 자아존중감과 자기통제력이 낮은 편이다. 자신 스스로를 남들만큼 가치있는 사람이라고 생각하지 않거나 자신을 쓸모없는 존재로 생각하거나 실패한 사람으로 생각할수록 살인범죄를 저지를 가능성이 높아진다. 낮은 자아존중감이 살인범의 심리적 특징인 이유는 자신의 자아존중감이 낮다는 생각을 가질 때, 이를 보상하려는 행동으로 폭력을 휘두르기 때문이다(Toch, 1993). 즉, 자아존중감이 낮은 사람은 어려운 상황에 부딪혔을 때 폭력으로 자아존중감을 높이려 하기 때문에 자신을 더 부적절하게 만들고 그 결과 더 낮은 자아존중감을 갖게 되는 것이다. 또한 살인범들은 낮은 자기통제력으로 인해 스릴을 즐길 수 있고 신나는 일이라면 위험하더라도 꼭 그 일을 한다거나, 다른 사람에게 불편을 주더라도 개의치 않고 그런 위험한 일을 하며, 다른 사람과 의견이 다를 때 쉽게 화를 내는 경향이 있다. 이처럼 자신을 잘 통제하지 못하는 살인범은 특히 희생자가 도발하거나, 화를 돋우는 언행을 할 때, 이를 참지 못해 홧김에 살인을 저지르는 경향이 강하다.

CASE 10

잔소리 한다는 이유로 자신이 일하던 업체의 사장을 잔혹하게 살해한 20대 2명에게 대법원이 중형을 확정했다. 이씨 등은 2017년 10월24일 오전 4시께 경기 남양주 소재 한 중고가전제품 가게에서 사장 A(53)씨를 살해한 뒤 현금 60만원을 훔쳐 달아난 혐의로 재판에 넘겨졌다. 검찰조사 결과 이들은 가게에서 거주하며 일을 돕던 아르바이트생으로, 방에서 술을 마시던 중 A씨가 "내일 일을 해야 하는데 새벽까지 술을 마시냐"고 하자 살해했다(경기매일, 2019년 3월 4일).

〈CASE 10〉에서처럼 자기 스스로를 통제할 수 있는 능력이 부족한 사람은 상대방의 사소한 잔소리나 도발에 쉽게 흥분하여 살인을 저지르기도 한다.

살인범들은 분노, 충동성, 공격성 등이 일반인들에 비해 상당히 높은 편이다.
출처: https://www.healthline.com/health/aggressive-behavior

둘째, 살인범들은 분노, 충동성, 공격성 등이 일반인들에 비해 상당히 높은 편이다(분노, 충동성, 공격성에 대해서는 제2장과 3장을 참조하기 바람). 분노가 유발되는 원인은 첫째, 목표가 좌절되었을 때, 둘째, 자신에게 중요하다고 생각되는 것이 평가절하되었을 때, 셋째, 만성적으로 해결되지 않는 지속적인 스트레스 때문으로 알려져 있다(Agnew, 2007; Izard, 1997). 분노는 사건을 지각할 때 비합리적인 신념이 인지왜곡을 만들어 내고, 이 인지왜곡은 기대의 좌절을 유발한다. 기대의 좌절은 불안과 두려움의 감정을 생기게 하여 분노를 일으키는 것이다(공정식 외, 2006). 이렇게 발생된 분노는 충동성과 공격성으로 나타나는데 상대방의 도발이나 자극에 의해 분노는 순간적으로 충동성과 공격성을 동반하여 살인으로 이어지는 것이다. 가정 내에서 발생하는 살인사건은 주로 상대방의 심한 욕설이나 모욕 등의 언어적 공격이나 사소한 시비로 인해 분노가 발생하고 이런 분노를 참지 못해 순간적으로 상대방을 살해하는 경우가 많다.

CASE 11

김씨는 지난 26일 오후 9시쯤 평택시 포승읍의 한 다세대 주택에서 집주인 A(61)씨를 흉기로 찔러 살해한 혐의를 받고 있다. 흉기에 찔린 A씨는 인근 건물로 이동해 신고를 받고 출동한 119구급대에 의해 병원으로 옮겨졌지만 숨졌다. 범행 후 달아난 김씨는 집에서 100m 떨어진 건물 옥상에서 숨어 있다가 이날 오전 3시쯤 도주하기 위해 인근 공원을 지나다 경찰에 붙잡혔다. 경찰 조사 결과 김씨는 지난 2월 A씨와 보증금 100만원에 월세 30만원을 내기로 계약했다. 하지만 계약 당시 130만원만 내고 이후 월세를 내지 않은 것으로 확인됐다. 김씨는 특별한 직업이 없다고 한다. 경찰은 A씨가 김씨에게 보증금에서 차감하고 남은 월세를 받으러 갔다가 변을 당한 것으로 보고 있다. 인근 폐쇄회로TV(CCTV)에도 지난 25일과 26일 김씨에게 남은 월세를 받기 위해 다세대 주택으로 들어가는 A씨의 모습이 찍혔다. 김씨는 경찰에서 "A씨가 '방을 빼라'고 해 사정을 했는데도 자꾸 '나가라'고 하면서 모욕적인 말까지 해 너무 화가 나서 범행을 했다"고 진술했다(중앙일보, 2019년 6월 27일).

〈CASE 11〉은 자신의 약점을 건드린 자극에 공격성으로 반응한 전형적인 분노조절장애로 인한 범죄에 해당된다. 분노는 누구나 가지고 있는 인간의 보편적 심리현상이다. 그러나 일반인들은 분노가 발생할 때, 분노상황을 잊기 위해 심호흡을 한다든지, 분노를 조절할 수 있다고 스스로 위로한다든지, 아니면 친한 사람들과의 대화를 통해 위로를 받거나 운동 등으로 분노를 밖으로 표출하는 데 반해 살인범은 이런 순간적 분노를 참지 못하는 경향이 강하다.

셋째, 살인범의 공격성은 욕구불만에 의해 발생하기도 한다. 욕구불만을 가진 살인범은 특히 동기 없는 범죄에서 자주 발견된다. 팔머(palmer)는 인간의 성장과정에서 욕구불만을 체험한 살인자는 정상적인 형제들과 비교하여 신체적 결함이나 질환, 지능장애 등의 신체적인 욕구불만에 대한 체험률이 높다는 사실을 발견했다(palmer, 1962). 특히 난산에 의한 어머니의 고통체험과 이로 인한 부모의 거부적 태도가 어린 아이에게 욕구불만을 발생케 하여 공격성을 유발하게 된다는 것이다. 이러한 사람은 평소에 말이 없는 극히 내성적인 성격을 보이면서도 내면에 심한 공격성을 지니는 경향이 강하다. 이런 공격적인 성향을 효과적으로 통제할 수 없을 때 쉽게 살인을 저지르게 된다(김성진, 2001).

CASE 12

일본 가와사키에서 50대 남성이 등굣길 초등학생들에게 흉기를 휘둘러 2명의 목숨을 빼앗고 17명을 다치게 한 사건을 계기로 '도리마'(거리의 살인마)라고 부르는 '묻지마 살인'에 대한 일본 사회의 경각심이 높아지고 있다. 범인은 스쿨버스 정류장에서 4㎞ 떨어진 곳에 사는 51살 남성이었다. 범인도 스스로 목숨을 버렸기에 정확한 동기는 미궁에 빠질 가능성이 크지만, 무차별적으로 약자들을 희생시킨 '도리마 사건'인 것으로 보인다. 그는 양손에 든 흉기로 불과 10초 만에 19명에게 난도질을 했다. 아무 말도 없이 그저 최대한 많은 아이들을 해치려 했다고 한다. 그의 가방에서는 흉기 2개가 더 발견됐다. 〈엔에이치케이〉(NHK) 방송은 그가 80대 친척 부부와 함께 살았으며 이웃들과는 교류가 거의 없었다고 전했다. 중학교 때 담임교사는 "눈에 띄는 아이는 아니었다. 주위에서 조금 놀림을 받는 유형의 학생이었다"고 말했다. '도리마 살인'은 2008년 도쿄 아키하바라에서 한 남성이 '보행자 천국'(차 없는 도로)으로 바뀐 대로로 트럭을 타고 돌진해 행인들을 친 뒤 차에서 내려 흉기를 마구 휘두른 사건으로 크게 사회 문제가 됐다. 당시 7명이 숨지고 10명이 다쳤다. 비정규직 회사원이었던 범인은 경찰 조사에서 범행 대상에 대해 "누구라도 좋았다"고 말했다. 범죄심리학자 하세가와 히로카즈는 "범인들은 살아도 의미가 없다는 절망감에 괴로워하고 목숨을 끊으려 한다. 자신이 이렇게 된 것은 사회 탓이라고 생각해 다른 사람도 데려가려고 한다"고 말했다. 그는 여러 가해자들을 면담해 보니 후회와 원망을 오랜 시간 축적해왔다는 공통점이 있었다고 했다(한겨레, 2019년 5월 29일).

위 사건과 같은 동기 없는 살인에서 살인범들의 욕구불만성향은 두드러진다. 특별히 자신에게 분노나 스트레스를 준 대상이 없음에도 불구하고 무작위로 지나가는 사람들 중 일부를 선정해서 살인하는 경우, 대부분 뚜렷한 살인동기가 파악되지 않지만 현실에 대한 불만이나 근원적인 욕구불만이 그 원인으로 지목된다.

2008년 일본 도쿄 한복판 아키하바라에서 발생한 도리마 살인사건 현장에서 지나가는 시민들이 희생자들을 긴급구호하고 있다.
출처: https://drbed.tistory.com/797

넷째, 욕구불만 외에 특히 동기 없는 살인범에게서 나타나는 심리적 특징으로 인지왜곡, 감정조절의 결여, 대처기술의 결여, 관계의 결여, 현실불만 및 사회에 대한 반감 등을 지적할 수 있다(윤정숙·김민지, 2013). 인지이론에서 살펴보았듯이, 살인범은 인지적으로 범죄를 지지하는 왜곡된 사고와 태도를 가진 인지왜곡현상을 보이기도 한다. 예를 들면, 세상 사람들은 나를 무시하거나 증오한다거나 나는 사람들로부터 버림받았다는 과잉 일반화된 사고를 가진다(인지왜곡); 그들은 사회적 거부나 실직, 사업 실패 등을 경험하면서 좌절을 경험하고 좌절을 적절하게 조절하지 못하는 감정조절 결여 성향을 보이기도 한다(감정조절 결여); 일반인들은 분노와 좌절을 겪으면 그들의 감정을 조절할 수 있는 여러 가지 방법을 모색하는 데 반해 살인범들은 분노와 절망 같은 부정적 감정에 휩싸여 상대방의 사소한 자극에도 쉽게 분노감을 표출하는 경향이 있다(대처기술의 결여); 그들은 어린 시절 가정에서의 학대 및 방임이나 학교에서의 따돌림 등처럼 타인들로부터 거부를 당했거나, 실직이나 사업실패 등을 경험하면서 사회구성원들과 끊임없는 사회적 상호작용에서 실패한 경우가 많다. 특히 연쇄살인범 유영철과 정남규처럼 철저하게 사회구성원들과 단절을 겪으면서 사회와 인간에 대한 불만이 가득 찬 상태에서 살인을 저지른 것으로 알려져 있다(관계의 결여); 또한 살인범들의 일부는 경쟁사회에서 자신을 좌절시킨 대상인 사회에 대한 분노를 가지고 있기 때문에 개인적 인간관계를 단절하고 사회와의 소통도 끊은 채 자신만의 세상 속에서 살아가기도 한다. 인간관계의 단절은 현실 속에서 규범들을 검증해야 하는 기회를 감소시켜 무엇이 옳고 그릇된 행동인지에 대한 가치 판단을 불분명하게 하여 순간적인 살인촉발요인에 의해 상대방을 살해하기도 한다(사회에 대한 반감). 이미 지적하였듯이, 한국사례의 윤모씨가 사회에 대한 불만과 반감으로 타인을 살인한 대표적인 케이스에 해당된다.

05 연쇄살인범

앞에서 언급한 것처럼 다수살인에는 연쇄살인과 연속살인이 있다. 연속살인과 연쇄살인의 가장 큰 차이점은 개별 살인행위 사이의 심리적 냉각기(cooling-off period)를 가지느냐 그렇지 않느냐에 달려 있다. 즉, 연쇄살인은 한 사건과 그 다음 사건 사이에 충분한 시간적 간격을 두고 살인을 저지르는 반면, 연속살인은 심리적 냉각기 없이 한 장소나 다른 장소에서 연속적으로 살인행위를 하는 것을 의미한다. 우리나라에서 발생한 최악의 연속살인사건은 1982년 4월 26일 경상남도 의령군 궁류면 궁류지서(지금의 궁류치안센터)에서 하룻밤 사이 62명을 연속살해하고 자살한 경찰관 우범곤 사건이 대표적이다.

1982년 발생한 우범곤 총기난사 사건은 대표적인 연속살인에 해당한다.
출처: https://bloggertip.com/4946

연속살인보다 연쇄살인이 우리 사회에서 더 위험한 이유는 심리적 냉각기 동안 연쇄살인범은 그 다음 살인 대상자를 물색하고, 이전 살인에서 성급했던 점이나 심리적 만족감을 덜 느꼈던 부분을 개선하는 등 다음 살인을 위해 치밀하게 계획한다는 점이다. 연쇄살인범은 살인행위 그 자체가 자신의 심리적 생존을 확인시켜 주는 의식을 치루는 것으로 생각한다(김상균, 2008). 즉 마약중독처럼 살인행위에 중독된다는 것을 뜻하며 이는 곧 자신의 삶의 일부분이 되어버린 폭력행위에 중독된다는 것을 의미하기 때문에 다른 살인형태보다 훨씬 위험하며 우리 사회 전체를 공포로 몰아넣기도 한다. 이 절에서는 연쇄살인범의 유형, 특징, 동기 등에 대해 살펴보기로 한다.

(1) 연쇄살인범의 유형

연쇄살인범에는 다양한 유형이 있다. 홈즈와 드버거(Holmes & DeBurger)는 연쇄살인의 주요 행위패턴을 가지고 망상형, 권력형, 사명감형, 쾌락형으로 분류했으며(Holmes & DeBurger, 1988), 폭스와 레빈(Fox & Levin)은 연쇄살인범의 행위에서 보이는 사이코패스적 관점에서 스릴형, 사명형, 편의형 등으로 분류했다(Fox & Levin, 1994). 한편 디츠(Dietz)는 5건 이상 살인을 한 사람 또는 5명 이상을 죽인 연쇄살인범들을 대상으로 5가지 유형으로 연쇄살인범을 분류했다(Dietz, 1986).

1) 홈즈와 드버거의 분류

홈즈와 드버거는 연쇄살인범의 행위양식에 따라 망상형(visionary motive type), 사명감형(missionary motive type), 쾌락형(hedonistice motive type), 권력형(power-contro motive type)으로 나누었다. 첫째, 망상형은 연쇄살인범이 환청, 환각, 망상 등으로 인해 개인 또는 집단에 속한 사람들을 살인하는 유형을 의미한다. 예를 들면, 어떤 사람이나 조직의 구성원을 살인하라는 내면의 소리나 신의 계시를 받았으며 만약 명령에 복종하지 않을 시 자신에게 신의 징계가 내려진다고 생각하고 살인을 정당화하는 경우이다. 이 유형의 연쇄살인범은 현실감각이 부족하고 때로는 정신질환을 앓고 있는 진단을 받기도 한다. 둘째, 사명감형은 자신의 기준이나 신념체계의 기준에 비추어 볼 때 이 세상에서 반드시 제거되어야 하는 집단의 구성원을 희생자로 선택하여 고의적으로 살인하는 유형이다. 예를 들면, 1993년 7월부터 1994년 9월까지 총 5명을 연쇄살인한 김기환, 강동원 등의 지존파사건은 전형적인 사명감형에 속한다. 그들은 부유층을 대상으로 한 증오심을 행동으로 옮기자는 목적으로 조직을 결성하여 서울 강남의 현대백화점 고객 1,200여 명의 명단을 입수하여 범행을 계획하였다. 그러나 실제 그들이 살해한 대상은 부유층과는 거리가 먼 지극히 평범한 서민들을 살해했다는 점에서 사명감형에 속하는 연쇄살인범들의 신념체계에서 일관성을 찾기는 힘들다. 사명감형은 일반적으로 자신의 왜곡된 잣대로 옳지 않은 일과 부도덕한 일을 하는 집단을 선택해서 희생자로 삼는 경향이 강하므로 주로 성매매여성, 약한 노인, 사회적 약자 등과 같은 사람들이 희생될 가능성이 높다. 유영철사건의 경우, 살해동기가 자신을 버린 전처에 대한 막연한 증오심 때문에 전처와 비슷한 직업을 가진 여성을 대상으로 살해했다는 점에서 사회적 약자인 여성을 제거되어야 하는 집단으로 선정했던 것이다. 셋째, 쾌락형은 스릴감이나 즐거움, 쾌락을 추구하는 유형으로 살인 자체를 즐긴다(강은영·박형민, 2008). 이 유형의 주된 동기는 자신의 즐거움이나 쾌락추구이다. 이들은 자신의 행동에 대한 양심의 가책이 없는 전형적인 사이코패스적 성향을 가진다. 이들은 인간의 고귀한 생명을 자신의 쾌락을 위한 도구로 삼기 때문에 인간을 사물처럼 취급하는 경향이 있다. 따라서 이 유형은 어떤 다른 유형의 연쇄살인범보다 위험한 유형으로 볼 수 있다. 대표적인 쾌락형 연쇄살인범으로 1986년부터 1991년까지 화성시 태안읍 일대에서 10명의 부녀자들을 성폭행하고 살해한 이춘재일 것이다. 영화 '살인의 추억'의 배경이 되었던 화성연쇄살인사건은 2019년 9월 이 사건을 재수사하는 과정에서 부산교도소에 수감된 이춘재를 진범으로 특정할 만한 주요 단서(DNA)를 확보함으로써 확인되었다. 이춘재는 여성들을 성폭행하고 연쇄살인하는 과정에서 여성의 스타킹, 브래지어, 블라우스 등의 도구

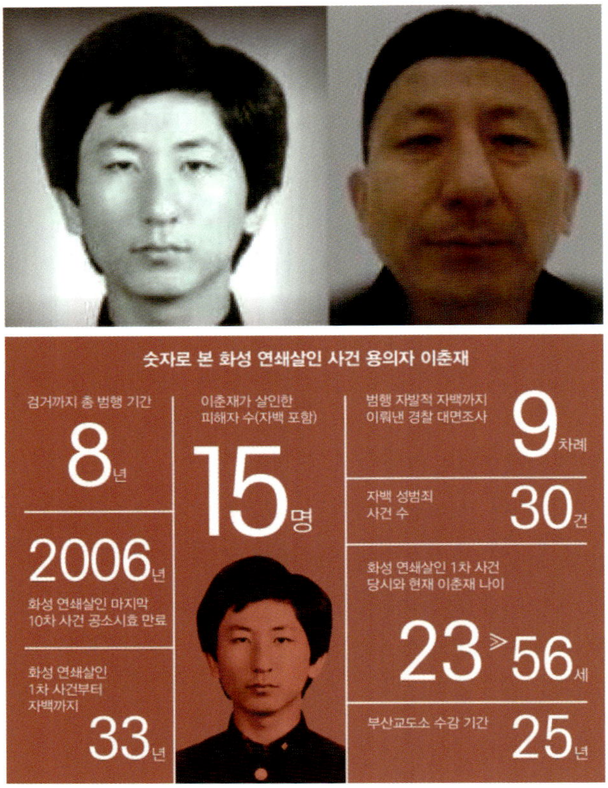

화성연쇄살인사건의 범인 이춘재의 1982년과 최근의 모습, 그리고 총 사건 개요
출처: https://www.sisajournal.com/news/articleView.html?idxno=191456

를 이용하여 교살하는 공통적인 특징이 있었다. 이는 흉기, 칼, 망치 등의 도구를 사용하여 살해하면 너무 빠른 시간 안에 피해자가 사망하므로 자신이 여성들을 살해할 당시에 느끼는 쾌락이나 살인욕구 등의 감정을 제대로 느낄 수 없었기 때문으로 추정된다. 이런 점에서 이춘재는 여성들을 도구로 묶고 성폭행한 후 교살하는 과정 자체를 즐기면서 자신의 살인욕구와 쾌락충동을 충족시키는 전형적인 쾌락형 연쇄살인범이라 할 수 있다.

쾌락형은 다시 욕정형(lust-oriented type), 스릴추구형(thrill-oriented type), 위안형(comfort-oriented type) 등으로 나눌 수 있는데, 욕정형은 자신의 성적 만족감을 극대화하기 위해 살인을 저지른다. 스릴추구형은 고문을 하거나 누군가를 죽이는 행위를 일종의 새로운 욕구나 흥분의 일부로 여긴다. 따라서 그들은 종종 희생자의 시신을 토막 살해함으로써 흥분이나 즐거움을 느끼고 죽어가는 희생자의 고통에서 흥분을 느낀다. 위안형은 삶을 즐기기 위해 희생자를 도구로 삼는다는 점에서 스릴추구형과 유사하나 살인행동으로 즐거움을 얻지 않는다는 점에서 스릴추구형과는 다른 면을 가진다. 이들에게 살인은 단지 삶의 만족감을 도달하게 만들어주는 과정의 일부분이므로 희생자를 단숨에 살해하기보다는 상황만 허락한다면 천천히 살인을 하는 경향이 있으며, 피해자들은 대부분 친분이 있는 관계일 가능성이 높다(강은영·박형민, 2008). 마지막으로 권력형은 희생자의 삶과 죽음을 자신이 통제할 수 있다는 정복감과 힘의 우위에서 오는 만족감 때문에 살해하는 유형이다. 즉, 상대방이 연쇄살인범에게 겁을 먹고 공포에 질려 살려달라고 호소를 하면, 연쇄살인범은 자신이 상대방을 마음대로 할 수 있다는 통제감을 갖고 있다고 생각한다. 이러한 통제감은 상대방에게 죽음에 이르는 고통을 안겨 주는 반면, 살인범에게는 심리적 정복감과 한 사람의 생명이 자신의 손에 달려 있다는 짜릿한 느낌을 만끽한다. 따라서 이 유형의 살인범은 주로 여성, 노인, 어린이 등과 같이 자신의 힘으로 충분히 제압할 수 있는 약자를 희생자로 삼는다. 이들의 살해 동기는 성적인 즐거움을

미국의 연쇄살인범: 데니스 레더, 리차드 라미네즈, 찰스 맨슨, 테디 번디, 존 웨인 게이시 등
출처: https://www.thrillist.com/lifestyle/nation/son-of-sam-jeffrey-dahmer-ted-bundy-the-most-notorious-serial-killers-from-every-state

추구하기보다는 희생자를 완전히 통제할 때 느낄 수 있는 심리적 만족감이 더 강하다. 이들의 과거 행적을 살펴보면, 성장 과정에서 권위적인 인물이나 가족들로부터 부정적인 영향을 가진 경우가 많으며, 자아상에 문제가 있는 경우도 종종 발견된다(강은영 · 박형민, 2008).

2) 디츠의 분류

디츠(Dietz)는 연쇄살인범의 유형을 5가지 유형으로 분류하였다. 첫째, 정신병질적 성적 가학자(psychopathic sexual sadist)로, 이들은 반사회적 성격장애를 가지고 있으며 성적으로 가학적인 성향이 강해 자신의 성적 쾌락을 위해 고문이나 살해를 연쇄적으로 하는 사람들이다. 둘째, 연속살인범의 유형(crime spree killers)으로 범행의 동기는 경제적인 이유나 모험추구가 대부분이다. 즉, 이들은 돈, 모험추구, 자신이 중요하다고 생각하는 가치관을 추구하기 위해 반복적으로 살인을 하는 사람들이다. 셋째, 범죄조직구성형(functionaries of organized crime operations)으로 이들은 갱, 테러리스트, 청부살인범, 범죄 집단 조직의 일원으로 도구적, 금전적, 영역다툼, 보복을 목적으로 살인을 연쇄적으로 일삼는 사람들이다. 넷째, 독살 및 질식사형(custodial

연쇄살인범 스원고(Michael Swango)

연쇄살인범 시프먼(Harold Frederick Shipman)

poisoner and asphyxiator)으로 아동을 돌보는 사람들, 베이비시터, 수양부모 등이 약물이나 독극물로 살인을 하는 유형이다. 특히 이들은 의료계통에서 오랫동안 종사한 경력이 있는 사람들로 약물이나 독극물의 효능이나 약리작용을 잘 아는 사람들일 가능성이 높다. 예를 들면, 약 35~60명의 환자를 살해한 연쇄살인범 스원고(Swango) 박사는 살인을 통해 삶의 희열을 느꼈다. 스원고는 살인을 통해 "내가 아직도 살아 있다는 감정을 느끼게 하는 유일한 방법"이라고 자백했지만, 한편으론 환자가 당하는 병에 대한 고통을 살인을 통해 경감시켜 줬다고 생각함으로써 자신의 살인행위를 정당화했다(Siegel, 2020). 또 다른 독살 및 질식사형의 연쇄살인범으로 영국의 시프먼(Shipman) 박사를 들 수 있다. 시퍼먼은 15명의 늙은 환자를 살해했는데, 2004년 박사가 자살한 후에 진행된 보강조사에서 그는 실제로 최소한 218명 이상의 환자를 살해한 것으로 드러났다(Esmail, 2005). 마지막으로 정신병형으로 망상이나 환상에 사로잡힌 자에 의해 발생하는 연쇄살인이 있다.

3) 폭스와 레빈의 분류

폭스와 레빈(Fox & Levin)은 연쇄살인범을 사이코패스로 규정하고 그들은 첫째, 피해자들에게 강간, 항문성교, 고문을 하고 손발을 자르거나 목을 매달기도 하며, 둘째, 그들은 이런 행동을 하기 위해 피해자들을 찾아서 먼 거리까지 이동하기도 하며, 셋째, 그들이 가학적인 살인자일수록 범행수법은 더욱더 악해지는 경향이 있으며, 넷째, 그들 중 극소수는 망상이나 환상에 의해 범행을 하지만 대다수는 악마가 말을 전했다거나 이상한 목소리를 들었다거나 하는 경우는 거의 없을 정도로 정신병질적 증상은 없으며, 다섯째, 그들 대부분은 정신질환은 없지만 전형적인 반사회적 성격장애 같은 사회병질적 성격을 가지고 있다. 따라서 죄책감이나 양심이 없으며, 자신의 범행을 합리화, 정당화하는 경향이 강하며 다른 사람을 지배하거나 통제하려는 그릇된 욕망을 지니고 있으며, 여섯째, 그들은 일반인들의 사회통념과 다른 그릇된 가치관을 가지고 있다. 따라서 일반인들이 잘못됐다고 생각하는 것을 그들은 확실히 옳다고 생각하는 경향이 강하다(Fox & Levin, 1998). 예를 들면, 유영철이 전처와 같은 직업군을 가진 여성들은 우리 사회에서 없어져야 할 암적인 존재로 간주하고 주로 전처와 동일계통에 종사한 여성들을 살해한 것처럼 왜곡된 가치관이나 세계관을 가지고 있는 경우가 많다. 이렇게 연쇄살인범의 특징을 대략 6가지로 요약한 레빈과 폭스는 크게 3가지 유형의 연쇄살인범들

연쇄살인범 유영철

연쇄살인범 강호순

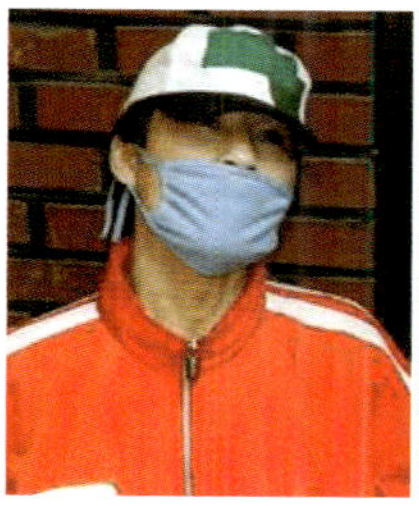

연쇄살인범 정남규

연쇄살인조직 지존파

연쇄살인범 이춘재

이 우리 사회에 존재한다고 주장했다(Fox & Levin, 1994). 첫째, 스릴형(thrill killers)은 성적 새디즘이나 지배를 추구하는 연쇄살인범들로, 연쇄살인범들 중 가장 일반적인 형태로 분류된다. 둘째, 사명형(mission)은 세상을 변혁시키기 위해 살인을 저지르는 유형으로 우리나라에서는 1994년의 지존파 살인범들이 대표적이다. 셋째, 편의형(expedience)으로 재정적, 물질적 이익을 얻기 위해 또는 인지된 위협에서 스스로를 보호하기 위해 살인을 저지르는 유형으로, 우리나라에서는 2009년 10여 명을 살해한 강호순이 대표적인 편의형 연쇄살인범이다. 강호순은 보험금을 노리고 장모집에 불을 질러 장모와 부인을 살해하기도 했으며, 두 사람을 살해한 심리적 고통을 모면하기 위해 버스를 기다리거나 노래방에서 일하는 도우미를 살해했다. 편의형 연쇄살인범들의 공통된 특징으로 경제적 이익을 위해(강호순의 경우, 보험금을 타내기 위해 장모와 네 번째 부인을 살해), 또는 인지된 위협에서 스스로를 보호하기 위해(강호순의 경우, 두 사람을 존속살해한 심리적 고통이 인지된 위협으로 다가오자 그런 위협이나 심리적 압박을 벗어나기 위해 다른 여성들을 살해) 사람들을 연쇄적으로 살해한다.

(2) 연쇄살인범의 특징

우리 사회를 충격과 공포로 몰아넣었던 지존파사건, 연쇄살인범 유영철, 정남규, 강호순, 이춘재에게서 나타나는 공통된 특징은 무엇인가? 그들을 심층 조사한 연구에 따르면, 그들은 특별한 정신질환을 앓고 있었던 것은 아니지만, 사회구성원들과 잘 적응하지 못했으며, 어린 시절 가정에서의 방임이나 학대, 부모로부터의 애정결핍, 그로 인한 반사회적 인격장애 등과 같은 사회적인, 심리적인 증상이 두드러진다. 유영철은 2003년 9월부터 2004년 7월까지 주로 서울 일대에서 부유한 노인들과 여성들을 대상으로 21명을 살해한 후 사형선고를 받고 지금은 교도소에서 복역 중이다. 유영철은 망치나 칼 등의 위협적인 도구를 사용하여 사람들을 죽였으며 지문을 도려내고 사체를 없애기 위해 방화를 하거나 토막살인 후 야산에 묻기도 했다. 정남규는

표 8-4 연쇄살인범 유영철과 정남규의 비교

	유영철 사건 (2004년)	정남규 사건 (2006년)
현장특성	• 매우 조직적이고 체계적 • 비밀장소에 은밀하게 • 사체를 현장에서 이동시킴 • 시체 매장 • 범행 후 정리정돈	• 산만하고 비체계적 • 공공연한 장소 혹은 피해자의 집 • 사체를 현장에 남겨 둠 • 범행 후 도주 • 범행도구는 남겨두지 않음
범행특성	• 성폭행 흔적 있음 • 선호하는 피해자 유형 분명 • 일군의 피해자는 비밀장소로 유인 • 피해자상과 불일치할 경우 살려주기도 • 금품 목적 아님 • 살해 후 정성들여 사체유기 • 살인도구 일정	• 성폭행 흔적 있음 • 일반적으로 취약계층 • 무분별하게 살해(살해과정 잔혹) • 살해장소 일정하지 않음 • 금품갈취 흔적 있음 • 살해 후 별다른 행위 시도 않음 • 살인도구 다양
어린 시절	• 결손가정 • 부모 부재 • 중퇴경험 • 또래 간 적응적	• 부친 알코올중독 • 중퇴경험 • 피학대 경험 • 성폭행 피해 • 또래 간 부적응
인지능력	• 평균 이상의 지능 • 사리분별력 뛰어남 • 행동통제력 상당함	• 평균수준 혹은 그 이하의 지능 • 사리분별력 떨어짐 • 행동통제 불능
성격특성	• 사회적 고립 • 사이코패스 • 불안수준 낮음 • 분노형 • 피해자들과 대화 시도	• 사회적 고립 • 사이코패스 • 대인관계 회피형 • 폭발적 공격성
전과특성	• 이른 비행 • 절도/강도/성폭력/살인 순	• 이른 비행 • 절도/강도/성폭력/살인 순

2004년 1월부터 2006년 4월까지 서울 서남부에서 유영철처럼 특정 계층을 대상으로 한 것이 아니라 무작위적으로 14명을 살해했는데 정남규 살인의 특징은 자신의 살인충동에 의해 닥치는 대로 살인을 했다는 점이다. 정남규는 사형을 선고받고 구치소 생활 중 스스로 목숨을 끊었다. 이 절에서는 유영철과 정남규를 중심으로 연쇄살인범들에게서 나타나는 가정환경과 그로 인한 심리적, 성격 특징 등을 좀 더 구체적으로 살펴보고자 한다.

첫째, 연쇄살인범은 어린 시절 불우한 가정환경하에서 성장한 경우가 대부분이다. 그들은 가정에서 자신들이 받았던 처벌을 불공정하고 학대적인 것으로 인식하며, 특히 어머니와의 관계가 냉담했다. 또한 아버지가 없거나 있더라도 신체적으로나 정서적으로 학대적인 아버지를 두는 경우가 많다. 유영철의 경우, 부친이 사고로 사망한 후 홀어머니하에서 불우한 어린 시절을 보냈으며, 정남규 또한 알코올 중독자였던 부친의 잦은 학대와 구타로 불우한 어린 시절을 보냈다. 이처럼 연쇄살인범은 어린 시절부터 부모로부터 충분히 받아야 할 애정적인 관계의 결핍으로 성인이 된 후에도 사회나 직장에서 타인과의 친분관계에 어려움을 겪게 되고 사회 환경에 능동적으로 대처하지 못한다. 그리하여 자신만의 세계에 빠져 여러 가지 환상을 키워나가면서 왜곡된 세계관을 구축하는 경향이 강하다. 그들은 사회로부터 고립되어 살아가므로 타인의 감정을 읽고 해석하는 능력이 약하다. 즉, 그들은 타인의 고통과 슬픔에 공감하는 공감능력이 현저하게 떨어진다. 타인의 고통과 슬픔을 머리로만 이해할 뿐 그런 고통을 자신의 입장이 되어 공감하지 못한다. 그 결과 감정표현이 상당히 피상적이고, 감수성이 부족해서 감정의 깊이나 폭이 깊지 않으며, 차갑고 냉정해 보이다가 갑자기 과격하게 변하기도 하고 자신의 감정을 잘 통제하지 못하는 성향이 있다. 그러므로 반사회적 인격장애자에게서 나타나는 행위적 특성을 그대로 지니고 있다. 예를 들면, 상당히 자기중심적이어서 자신이 세계의 중심이며 마음만 먹으면 세상의 모든 일을 다 해낼 수 있다고 착각한다. 그래서 자신이 생각하기에 이 사회에서 제거되어야 할 대상을 선정하고 연쇄적으로 살해하는 행위를 과감하게 실행한다. 이런 연쇄살인의 과정에서 그들은 죄의식이나 양심의 가책이 전혀 없다. 오히려 권력형 연쇄살인범들에게서 나타나는 감정 상태나 행위를 보이기도 한다. 즉, 상대방을 천천히 잔인하게 살해함으로써 자신이 희생자의 목숨을 좌지우지할 수 있다는 정복감이나 전능감에 도취되어 오히려 그런 상황을 즐기기도 한다.

둘째, 연쇄살인범에게 공통적으로 나타나는 심리상태로 왜곡된 성적 환상을 들 수 있다. 예를 들면, 〈표 8-4〉에서처럼 유영철과 정남규는 피해여성들을 성폭행했다는 공통적인 특징을 가지고 있다. 그들은 주로 여성을 범행 대상으로 삼았는데 살해 전에 항상 성적인 폭력을 휘둘렀다. 유영철은 전처와 비슷한 직업을 가진 성매매여성을 대상으로 범행을 하면서 성적으로 타락한 여성들은 우리 사회에서 제거되어야 한다는 왜곡된 사명감을 가지고 있었다. 연쇄살인범들은 어릴 때부터 도착증, 가학증, 이상성욕 성향이 강한 포르노를 즐겨보고 작은 동물을 상대로 가학적인 행위를 실제 실험해보기도 한다. 이렇게 형성된 성적 환상은 성인이 되어서도 지속적인 상상을 통하여 폭력적이거나 가학적인 충동을 키우고, 이를 계속 강화시켜 나간다. 그들은 성적 환상을 통해 자신의 피해자를 비인간화시키고, 자신 속에 굳어진 왜곡된 성적 가학성을 살인을 통해 증폭시키는 경향이 있다. 그래서 범행을 저지르기에 적합한 피해자를 물색하고 적절한 대상이 선택되면 유괴와 살인으로 이어지게 된다. 연쇄살인범은 아니지만 성적 가학성을 보인 살인범의 전형으로 김길태사건을

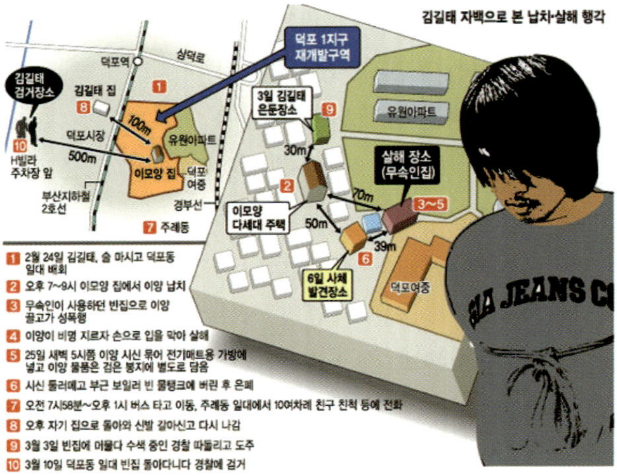

2011년 김길태의 납치, 살해 행각
출처: http:/m.kmib.co.kr/view.asp?arcid=0003506012

들 수 있다. 김길태는 2011년 3월에 부산시 덕포동에서 예비중학생인 여자아이를 납치 성폭행한 후 가정집 물탱크 안에 희생자를 석회가루로 범벅된 나체상태로 방치한 사건을 저질렀다. 그는 이미 1997년에 성폭행미수와 2001년 부녀자를 감금하고 성폭행하여 교도소에 8년 동안 복역한 범죄경력을 가지고 있었다. FBI에서 성적 살인범과 연쇄살인범을 조사한 결과, 81%가 포르노가 그들의 첫 번째 성적 관심사인 것으로 나타났다. 물론 포르노물이 연쇄살인범들의 직접적인 살인동기라는 객관적이고 경험적인 연구결과는 없다. 그러나 성 관련 범죄의 도구로 포르노가 부추기는 촉매제 역할을 하여 성적 환상에 빠지게 하고, 범죄자들의 성적 욕망을 채우기 위한 동기를 가지게 하는 것은 분명한 사실이다(강은영·박형민, 2008).

셋째, 연쇄살인범은 충동성이 강해서 자신의 행동을 제어할 능력이 부족하다. 그들은 자신의 행동에 대한 통제력이 약해 약간의 자극에도 분노하여 감정을 폭발시키는 성향을 보인다. 즉, 어떤 일을 미리 계획하여 실행하는 것이 아니라 그냥 하고 싶어서 즉흥적으로 실행하며, 준비되지 않는 실행에서 자주 발생하는 난관이나 어려움에 처하면 스스로 통제력을 상실한다. 따라서 사소한 일에도 갑자기 화를 내거나 공격적인 태도를 취한다. 이런 유형의 연쇄살인범으로 정남규가 대표적이다. 〈표 8-4〉에서처럼 정남규는 (유영철과 달리) 상당히 충동적이었으며, 폭발적인 공격성을 가지고 있었다. 경찰에 검거된 후에도 더 많은 사람들을 죽이지 못해 억울하다고 말할 정도로 그의 내면에는 상상할 수 없는 분노와 충동성이 쌓여 있어 그런 부정적 감정을 스스로 통제할 수 있는 능력이 전혀 없었다. 또한 연쇄살인범들은 즉흥적으로 하고 싶어 하는 일이란 것이 대체적으로 불법적이거나 위험한 일들이 대부분이다. 왜냐하면 그들은 극단적인 자극을 추구하는 경향이 강하기 때문이다. 그들은 언제나 자신의 무료함이나 외로움을 달래 줄 짜릿하고 자극적인 일을 갈망하고 방탕하거나 스릴 넘치는 생활을 즐긴다. 이런 성격특성 때문에 연쇄살인범들은 어린 시절부터 다양한 범죄를 저지른 범죄경력을 가지고 있을 가능성이 높다. 유영철과 정남규 또한 이른 나이 때부터 비행이나 범죄경력을 가지고 있었으며 성인이 되어서도 절도, 강도, 성폭행 등과 같은 여러 종류의 범죄를 저지른 경력을 가지고 있었다. 연쇄살인범이 직장생활을 하고 있다면 변덕스럽고 결근이 잦으며, 회사의 자원을 오용하거나 사규를 자주 위반하는 등 전반적인 업무태도도 불성실하다. 예를 들면, 유영철의 경우, 고등학교 2학년 중퇴 후 사진기사 1년, 중장비기사 1년, 선원 2년, 대중음식점 종업원 1년 등의 직업을 가졌으나 한 직장에서 오래 일한 경험이 없을 정도로 직장에서 동료들에게 신뢰감을 얻지 못했다.

넷째, 연쇄살인범들의 대부분은 반사회적 인격장애자로 사이코패스적인 성향을 보인다. 그들은 겉으로 보기에는 똑똑해 보이고 말도 합리적이지만 말과 행동이 일치하지 않으며 성실성이 결여되어 있다. 그들은 신뢰할 수 없고 불성실하며 병적인 거짓말을 잘하고 자기중심성이 강하다. 이런 자기중심성은 다른 사람의 입장에서 생각하는 공감능력의 결여로 나타나, 타인과의 깊은 대인관계를 형성하지 못한다. 예를 들면, 유영철과 정남규 등은 청소년기 이후에 타인과의 깊은 대인관계를 형성하지 못했다. 특히 유영철의 경우, 어릴 때 부친의 사망 이후 홀어머니 밑에서 친하게 지내는 친구가 없었으며, 정남규 또한 도시빈민으로 살면서 어릴 때부터 친구와 선배들의 따돌림, 아버지의 학대로 타인과의 친밀관계를 유지한 경험이 거의 없었다. 연쇄살인범들은 타인과의 친밀관계를 어떻게 유지하는지를 경험하지 못했기 때문에 어떨 때는 타인의 아픔이나 고통을 위로하는 척하지만 행동이 뒤따르지 않으므로 깊은 정서관계를 형성하지 못하는 악순환을 되풀이한다. 그들은 어릴 때부터 비행, 무단결석, 가출, 법위반, 거짓말 등 반사회적 행동을 반복적으로 표출하며, 성인이 되어서도 사회적 지위에 맞는 역할을 잘 수행하지 못한다. 따라서 잦은 범죄행위, 가정의 무책임, 폭력행위, 성적 문란, 채무불이행, 거짓말, 합리화, 무모한 모험 등을 반복하는 경향이 있다. 또한 그들은 자신의 힘을 반사회적으로 사용하는 경향이 있다. 그들의 힘은 주로 피해자에게만 사용된다. 그들의 욕구에서 반사회적인 동기에 의해 나온 힘은 항상 잔인한 것은 아니지만 자신이 상황을 통제하기 위한 방편으로 잔인한 행동을 하기도 한다(강은영 · 박형민, 2008).

마지막으로 연쇄살인범들은 사이코패스적 성향으로 행위에 대한 죄책감이 결여되어있다. 그들에게 죄책감이 부족한 것은 어릴 때 가정에서 제대로 된 부모와의 관계를 형성하지 못해서 발생한다. 예를 들면, 유영철과 정남규 등 거의 대부분의 연쇄살인범은 어린 시절 불우한 가정환경 속에서 자랐다는 공통적인 특징을 가지고 있다. 불우한 가정에서 자란 그들은 부모로부터 일관된 훈육을 받은 경험이 없기 때문에 옳고 그름에 대한 명확한 가치관이 형성되어 있지 않으며, 부모로부터 구태나 학대를 당하지 않기 위한 생존전략으로 자신을 합리화하거나 변명하는 데 능숙한 생활습관을 키워왔다. 그들은 성인이 되어서도 법을 어기는 행동을 했음에도 불구하고 자신은 잘못이 없고 자신을 이렇게 만든 사회나 희생자에게 책임을 전가하고 이런 자기합리화를 통해 살인을 반복하게 된다.

06 여성살인범

일반적으로 우리 사회에서 남성이 여성에 비해 8~9배 정도 더 많이 범죄를 저지른다. 2017년 한 해 사법기관에 의해 처벌된 모든 유형의 범죄 1,861,796건 중에서 남성은 1,485,212건을, 여성은 350,251건을 저질러 여성범죄자의 비율은 18.9%이다(대검찰청, 범죄분석, 2019). 살인(미수 포함) 또한 마찬가지로 총 986건이 2017년도에 발생했는데, 그중 남성은 788명, 여성은 141명으로 여성살인자의 비율은 14.3%에 이른다(대검찰청, 범죄분석, 2019). 여성살인범이 남성살인범에 비해 비율적으로 월등하게 낮음에도 불구하고 여성살인범의 유형이나 살해동기가 남성과는 뚜렷한 차이점을 보이기 때문에 여성살인범의 특징과 동기에 대해 살펴볼 필요가 있다.

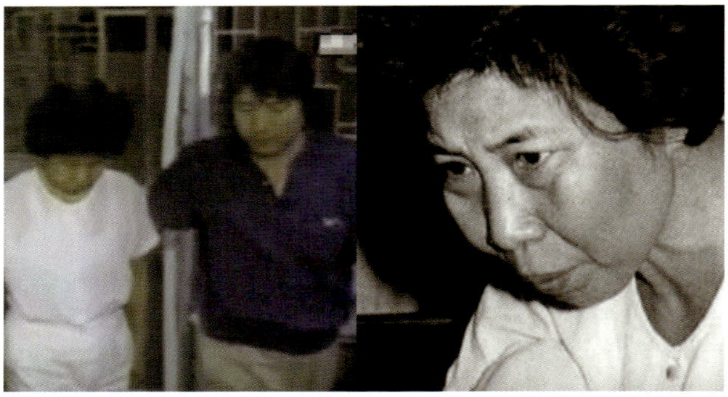

우리나라 최초의 여성연쇄살인범 김선자. 1986년~1988년까지 5명을 연쇄 독살시킨 중죄로 1997년 사형이 집행되었다.
출처: https://www.dispatch.co.kr/1262013

(1) 여성살인범의 특징

첫째, 남성 살인범이 주로 지인이나 일면식이 없는 타인을 살해하는 것과 달리 여성 살인범은 주로 가족 구성원, 그중에서 남편을 살인 대상으로 삼는 경우가 가장 많으며, 그 다음으로 자녀라는 점에서 뚜렷한 차이점을 보인다. 여성이 남편을 살해하는 이유는 오랜 기간 남편으로부터 심한 학대와 폭력에 시달려 온 경우가 많아 남편의 학대에 대한 자기방어적 성격이 강하다. 선행연구에 따르면, 남편을 살해한 여성들이 남편으로부터 심한 신체적 학대 속에서도 이혼이나 별거 또는 학대받는 여성을 위한 쉼터를 선택하지 않는 이유는 경제적으로 남편에게 구속되어 있을 뿐만 아니라, 핵가족 사회에서 다른 가족 구성원들과의 접촉이 드물고, 학대하는 남편이 아내에게 다른 사회적 지지체계를 만들지 못하도록 통제하기 때문으로 알려져 있다. 특히 전통적인 가치관을 가진 여성의 경우, 학대의 원인을 스스로에게 돌리거나 남편이 언젠가는 학대를 멈출 것이라는 희망을 가지고 있으며, 무엇보다 가장 큰 이유는 자녀에 대한 걱정 때문이다. 가정폭력을 일삼는 남편을 살해한 최근의 사건으로 타워팰리스 살인사건을 들 수 있다.

CASE 13

> 2014년 10월 9일, 서울 강남의 최고급 주상 복합아파트로 꼽히는 타워팰리스에서 수백억원의 재력가 남편을 부인이 살해한 사건이 발생했다. 이 사건은 타워팰리스에 거주하는 A(56)씨를 살해한 혐의로 이모(50.여)씨를 범행 현장인 자택에서 현행범으로 체포했다...(중략) 희생자 A씨는 오락실 사업 등으로 크게 성공해 수백억대의 재력가가 됐지만, 아내인 이씨에겐 수시로 폭언과 폭행을 휘둘렀다. 특히 A씨가 술을 마시고 들어오는 날엔 자녀들 앞에서도 잔인한 폭력이 이어졌다. 남편의 폭행으로 몇 번이나 병원 신세까지 졌던 이씨는 남편에게서 벗어나려 어린 아들을 두고 도망치거나 자살을 시도하기까지 했지만 매번 실패로 끝났다. 이씨는 결국 2014년 10월 9일 술에 취해 쓰러져 있던 남편의 팔다리를 묶고 얼굴을 베개로 눌러 살해했다(동아일보, 2015년 2월 9일).

〈CASE 13〉에서처럼 여성살인범은 남편의 지속적인 폭력의 연결고리를 끊기 위해 살해하는 자기방어적 성격이 강하다. 또한 그런 지속적인 폭력을 피하기 위해 어린 아들을 두고 도망치기도 하지만 모성본능 때문에 폭력적인 남편의 시야에서 완전히 벗어나지도 못한다. 이처럼 여성살인범은 주로 일상적으로 매일 접하는 남편, 자녀 등과 같은 가족 구성원을 희생자로 선택하는 경향이 강하며 희생자가 잠을 자거나 술에 취해 있을 때 살인을 계획하고 실행한다. 그 이유는 살인성공률을 높이고 여성살인범이 희생자로부터 힘으로 제압당할 확률을 줄이기 위해서이다. 여성살인범들을 연구한 박순진의 연구에 따르면, 남편살해 사건 중 사건이 발생하기 전부터 갈등이 존재했던 경우는 11건 중 10건이었으며, 그 10건 중 8건은 6개월 이상 남편에 의한 구타 등 가정폭력 및 학대행위가 이루어져 왔던 경우였으며, 그 8건 중 5건은 그러한 남편의 폭력 및 학대가 살인의 직접적인 촉발원인이었던 것으로 조사되었다(박순진, 2006).

또한 여성살인범은 배우자 외 자녀를 살해하는 존속살인의 비율 또한 남성에 비해 높은 편이다. 여성이 자신의 자녀를 살해하는 등기는 자식이 홀로 남겨질 때 고통스런 생활을 할 것을 우려하는 친애욕구가 남성에 비해 강하기 때문이다. 또한 자녀가 있음으로 해서 자신이 많은 희생을 요구받게 된다고 생각한다. 특히 출산 후 산후 우울증을 앓고 있는 여성이 자신의 자녀를 살해하고 자신 스스로 자해하는 경우도 있다. 이는 임신 시 감정 이상을 경험하게 되고, 특히 히스테리, 간질 등의 선천성 소질을 가진 여성의 경우 일종의 강박관념이나 망상 등이 더해져 자녀를 살해할 가능성이 높아진다. 아래 〈CASE 14〉처럼 자녀를 살해하는 여성은 대체적으로 심한 우울증세를 보이는 것이 일반적 현상이다.

CASE 14

서폭카운티에서 20대 여성이 자신의 2세 쌍둥이 딸을 차에서 목을 졸라 살해한 사건이 발생했다. 경찰에 따르면 메드포드에 거주 중인 제이다 캠벨(24)은 27일 오후 자신의 두 딸을 살해한 뒤 자신의 엄마에게 전화를 걸어 두 딸을 죽인 것을 고백했다. 캠벨의 엄마는 즉시 경찰에 신고해 상황을 수습할 것을 요청했으며 경찰은 오후 4시께 몽탁카운티팍 인근에서 차량을 발견해 차량에 있던 쌍둥이를 병원으로 긴급 이송했지만 이미 숨을 거둔 후였다. 가족들에 따르면 캠벨은 10대 때 양극성 장애를 진단받은 후 지금껏 우울증과 불안 장애를 겪고 있었다. 두 쌍둥이 외에도 4살 난 아들 한 명을 포함해 아이 셋을 키우던 캠벨은 남편과 별거 후 혼자 아이들을 키우면서 힘든 시기를 보내고 있던 것으로 알려졌다(한국일보, 2019년 6월 29일).

둘째, 여성살인범은 남성에 비해 분노표출로서의 살인형태가 강하다는 심리적 특성을 가지고 있다. 특히 우리나라처럼 가부장적 전통이 강한 사회에서 여성은 모든 것을 참고 견디는 것을 미덕으로 생각한다. 여성은 가정 내에서 남편이나 자녀들과의 관계에서 분노가 쌓이면 그것을 표현하는 방법으로 분노를 표출하거나, 분노를 억제 또는 조절한다. 분노를 억제할 경우, 그것은 내부적으로 쌓여 여러 가지 질병을 낳기도 하는데 우리나라 여성에게서 나타나는 '홧병'이 전형적인 분노억제의 형태로 나타난 부작용이라 할 수 있다. 반면에 분노를 표출할 경우, 가족구성원들에게 물리적, 언어적 폭력으로 나타난다. 그러나 분노를 잘 표출하는 여성은 내부적으로 분노가 쌓여 홧병으로 발전하기 전에 자주 표출하기 때문에 가족을 살해하는 극단적인 행위를 할 가능성은 낮다. 따라서 분노표출형보다는 분노억제형이 더 위험하다. 왜냐하면 분노를 억제하게 되면 지속적으로 분노감정이 쌓이고 그렇게 쌓인 분노감정은 가족구성원의 도발적인 상황에서 순간적으로 폭발할 가능성이 높기 때문이다(분노표출형과 분노억제형의 위험성에 대해서는 제3장 범죄자의 심리적 특성 II를 참조). 여성살인범과 분노감정과의 관계에 대한 연구로 김상균의 연구가 있다. 김상균은 교도소, 구치소 등에 수감되어 있는 여성살인범 80명을 대상으로 조사했는데, 여성살인범은 남편이나 부모형제 등 가족 간 갈등의 결과로 살인행위를 저지른 경

2013년 미국에서 발생한 희대의 치정살인사건 재판정에서 판결 전 관대한 처분을 부탁하며 눈물을 흘리고 있는 안드레아
출처: http:/atlantachosun.org/index.php?mid=news_online&order_type=desc&sort_index=title&document_srl=112496

우가 52.5%로 가장 많았다(김상균, 2001). 연구결과, 여성살인범은 중등학교 학력을 가진 30대 이상의 주부가 남편 등 평소에 가깝게 지내는 사람과 지속적인 상호작용 과정에서 모욕이나 폭행으로 심한 자존심의 손상경험을 참고 지내다 음주 등으로 화가 났거나 우울한 정서에서 살인을 저지르는 경향이 높은 것으로 드러났다(김상균, 2001). 이와 유사한 연구로 김시업 등은 살인범죄로 수감된 여성범죄자 109명을 대상으로 그 범행동기나 범죄적 상황을 조사한 결과, 살인 희생자는 대부분 남성, 특히 남편인 경우가 가장 많았으며, 남편과의 다툼 끝에 살해한 것으로 나타났다(김시업 외, 2004). 이 연구에서 여성살인범들은 가족 등과 같은 친밀한 관계에서는 특히 상호작용의 기대수준이 높아서 심리적 좌절을 경험할 기회가 더 많았다. 그런데 친밀한 관계에서 여성들은 상대에게 심리적 불만이나 분노를 적절한 기회에 표출하지 않고 억제하는 경향이 있었으며 대부분의 여성 살인범들은 이와 같은 억제된 분노를 일시에 표출함으로써 살인으로 이어진다고 주장했다(김시업 외, 2004).

셋째, 여성살인자의 사회경제적 수준은 전반적으로 낮은 편이다. 여성살인범의 특성을 연구한 강은영과 박형민의 연구에 따르면, 우리나라 여성살인범들은 30대 이상의 기혼이나 동거 여성의 비율이 높고 교육수준은 일반 여성에 비해 상당히 낮은 편이며, 미취업자 비율이 높고 취업자의 경우에도 판매서비스직에 집중되어 있었다(강은영·박형민, 2008). 이런 낮은 사회경제적 지위는 서구 여성살인범에게도 공통적으로 나타난다. 서구 여성살인범은 전형적으로 낮은 사회경제적 지위로 인해 고통받고 있으며, 이런 사회경제적 상황은 살인범죄에도 영향을 미친다. 만(Mann)은 빈곤, 흑인, 여성이라는 세 가지의 상대적으로 열악한 사회경제적 지위가 스트레스를 가중시키고 살인범죄의 원인으로 작용한다고 보았다(Mann, 1992). 특히, 흑인 여성 살인범들은 무직상태가 많았고 직업을 갖고 있다 하더라도 저소득 직업군에 종사하는 비율이 높은 것으로 나타났다. 또 다른 연구결과에 따르면, 여성 살인범의 45.8%는 초등학교 정도의 교육수준을 가졌으며 3/4 정도는 무직상태였다(Goetting, 1988). 이처럼 여성살인범의 사회경제적 지위는 여성 살인의 간접적인 이유가 될 수 있다. 즉, 사회경제적으로 지위가 낮은 여성은 가정 내에서 남편과 경제적인 문제로 자주 갈등을 겪을 가능성이 높고, 잦은 갈등을 종결하기 위해 남편은 배우자를 언어적, 물리적으로 먼저 도발할 것이다. 이 상황에서 평소에는 참고 인내하던 여성은 쌓인 분노를 한순간에 폭발해 상대 남편을 살해할 개연성이 높은 것이다. 사회경제적 지위가 낮은 사람이 그렇지 않은 사람에 비해 살인범죄를 저지를 가능성이 높은 것은 남성의 경우도 마찬가지다. 그러나 여성에게 낮은 사회경제적 지위는 여성을 무기력하고 나약하게 만들 뿐만 아니라 상대 남편 또한 사회경제적 지위가 낮을 가능성이 높고, 이런 열악한 가정환경은 남편과의 잦은 불화의 상당 부분을 차지한다. 특히, 우리나라에서 가정의 경제적 일차 책임이 남성에게 있다고 생각하기 때문에 여성은 경제적으로 남편에게 종속될 수밖에 없다. 이런 종속된 남편과의 관계에서 여성이 남편의 언어적 물리적 폭력에 대항할 마땅한 수단이 없다는 것이 여성살인의 공통된 현상 중 하나이다.

(2) 여성살인범의 동기

여성들이 살인을 하는 동기와 이유는 생리학적으로, 심리학적으로, 사회학적으로 남성과는 다른 환경에 처해 있기 때문이다. 생물학적으로 여성은 남성과 다른 신체적인 구조를 가지고 있으며 생리적으로 출산능력을 가지고 있기 때문에 생리, 임신, 폐경 등이 여성살인과 관련이 있다. 심리학적으로는 남성에 비해 여성은 감수성이 강하고, 수동적이며, 홧병처럼 분노를 조절할 수 있는 사회적 기제가 약하며, 사회학적으로 남성에 비해 사회경제적 지위가 낮은 편이며, 가정생활에서 남편의 경제력에 의존할 수밖에 없는 종속적인 입장이다. 이 절에서는 여성살인의 원인을 생물학적, 심리학적, 사회학적 측면에서 살펴보고자 한다.

첫째, 생리학적으로 여성의 출산기능과 관련된 생리, 임신, 폐경과 같은 생리적인 현상을 가지고 있으며 이런 생리적 현상은 여성살인과 관련성이 있다. 생리와 관련해서 일부 여성들은 심한 월경전증후군(PMS : premenstrual syndrome)현상을 나타낸다. 여성들은 생리 4~7일 전부터 심리적으로 긴장하고, 걱정하고, 불안해하며, 정서적으로 불안해진다. 선행연구에 따르면, 자녀학대, 협박, 살인 등의 폭력범죄의 대부분이 월경전증후군에 의한 것이며 생리 시 초조감, 우울증, 불안심리 등의 심리적 특성이 가족 간의 불화, 감정폭발, 반항심리의 형성, 음주 등으로 나타난다. 사람에 따라서는 생리를 앞두고 성격까지 변하는 경우도 있다. 우울증 등 다른 정신질환이 함께 있을 때는 극단적인 경우로 자살을 시도하거나 사고를 일으킬 위험도 커져 절도나 살인 같은 범죄를 저지르기도 한다. 또한 월경전증후군이 심한 여성은 긴장과 불안, 초조, 우울증 등을 보이기도 하며 때로는 주위 사람들에게 이유 없는 적개심을 나타내기도 한다. 심한 월경전 증후군은 현대 여성의 2.5~5%가 경험하고, 33%는 경미한 증상을 경험한다. 특히 이 기간 동안 평소 차분하던 여성이 갑자기 변해 막말을 하는가 하면, 난폭해지기도 하고, 분노를 심하게 표출하고, 가족구성원들에게 싸움을 걸기도 한다. 이 때 가정 내에서 경제적으로 위축된 남편과의 갈등이 노출되면 심한 싸움 끝에 남편을 살인할 가능성이 높아지는 것이다. 여성은 임신 시에도 생리 시와 같은 감정이상을 경험하고, 특히 히스테리와 같은 선천성 소질을 가진 여성의 경우 일종의 강박관념이나 망상 등이 더해져 폭력성이 증가할 가능성이 높아진다. 폐경의 경우에도 성적 매력의 감소라는 심리적 중압감이 정서불안, 정신력 위축, 초조감, 우울증을 야기해 각종 범죄를 일으키기도 한다. 이처럼 여성은 남성과는 다른 생리적 현상, 즉 출산기능과 관련된 생리, 임신, 폐경 등이 여성의 심리적 변화를 일으킨다. 특히 심리적으로 긴장하고, 걱정하고, 불안해하며, 정서적으로 불안한 심리적 현상이 가족구성원들과의 불화나 갈등 같은 불안요인과 맞물릴 때 가족구성원을 살해하는 극단적인 상황으로 치닫는 경우가 발생한다.

둘째, 심리학적으로 여성은 남성에 비해 면식성, 비폭력성, 의존성 등이 강하다. 여성살인범은 남성들과 달리 희생자의 50% 이상이 가족구성원이나 연인처럼 평소에 늘 친근하게 지내는 사람을 살해하는 면식범이 대부분이다. 또한 여성들의 범죄수법은 비폭력적인 방법에 의한 경우가 많고 여성살인범의 범행수단은 남성과는 달리 독살 등을 사용하는데 그것에 사용되는 독극물은 주로 많은 양의 수면제로 남편이나 연인 모르게 수면제를 음료수에 타서 먹인 뒤 상대방이 잠든 사이 살해하는 패턴을 보인다. 여성범죄의 의존성으로 여성은 남성에 비해 훨씬 더 수동적이고 의존적인 성향을 가지는데, 의존할 만한 대상이 있는 경우에는 범죄가 억제되지만, 의존에 교란이나 장애가 발생하면 정서를 통제할 수 없어 범죄가 발생할 가능성이 높아진다. 그 외 남성과 다른 여성들의 심리적 요인으로 치정, 원망, 히스테리 등은 여성폭력범죄의 중요한 원인이다. 즉, 질투나 원한 같은 심리적 현상이 범죄의 무계획성 내지 맹목적 성격을 나태는 결정적 요인으로서 여성이 신뢰배반과 같은 상황에 처할 경우, 살인, 상해, 방화와 같은 폭력적 범죄로 이어진다(김성진, 2001).

CASE 15

2010년 12월 23일 인천 서구의 한 상가주택에서 이혼을 안 해 준다는 이유로 부인이 남편을 흉기로 살해하는 일이 발생했다. 경찰에 따르면 A(40.여)씨는 이날 자신의 집에서 남편 B(43)씨에게 포도주스에 수면제를 타 먹게 한 후 잠든 사이 흉기로 복부를 15차례 찔러 살해한 것으로 드러났다. A씨는 경찰에서 남편에게 이혼을 요구했으나 거절해 살해할 마음을 먹고 수면제 100알을 갈아 포도주스에 타 마시게 한 뒤 흉기로 살해했다고 말했다(뉴시스, 2010년 12월 23일).

셋째, 사회학적으로 여성살인의 원인을 가족특성이나 사회화특성에서 찾을 수 있다고 주장하는 학자들이 있다. 애그뉴(Agnew)는 여성살인의 동기로 분노를 표현하는 사회화과정을 경험하지 못했기 때문이라고 주장한다. 분노는 부정적 영향에 대

2016년 일본 간호사인 구보키 아유미(31세)는 노인환자들을 돌보다 힘들고 귀찮아서 환자 수십 명에게 '독극물링거' 연쇄살인사건을 저질렀다.
출처: https://mn.kbs.co.kr/mobile/news/view.do?ncd=4006468

해 외부에 책임을 돌리는 것인데 여성은 여러 가지 부정적 영향에 대해 남편이나 자녀 같은 외부로 표현하기보다는 실망하거나 우울한 정서를 갖는 등 내부적으로 받아들이도록 사회화되었다는 것이다. 이러한 경향을 가진 여성은 대부분의 경우 분노의 표현을 자제하지만 분노 억제조절에 실패할 경우, 극단적으로 살인을 저지른다는 것이다(Agnew, 1992). 한편 여성살인의 원인을 경제적인 관점에서 설명할 수도 있다. 여성의 빈곤한 환경은 인내심의 한계로 작용하여 자포자기적인 체념을 가져오게 되고, 그 결과 가족구성원을 살해하게 된다. 예를 들면, 남편의 무능력, 음주, 도박 등에 의한 경제적 빈곤 하에서는 여성이 가정경제에 대한 책임을 부담하게 되어 자칫 경제문제 해결을 위한 범죄에 참여할 수 있다. 또 다른 경제적 측면으로 여성의 사회참여가 살인을 비롯한 강력범죄를 증가시키는 경향이 있다. 예를 들면, 플라워스(Flowers)는 여성범죄를 사회적, 경제학적 관점에서 설명했는데, 남성뿐만 아니라 여성도 경제적인 동기에 의해 범죄를 저지른다고 주장한다. 현대사회에서 여성범죄가 증가하는 이유는 여성의 경제활동 기회가 과거에 비해 많이 증가했기 때문이다. 즉, 여성의 사회활동 참여가 증가함에 따라 성차에 따른 범죄유형화의 의미가 퇴색되어 여성이 남성범죄 영역에 참여하는 과정에서 여성범죄가 증가한다는 것이다. 그러나 아직까지도 여성들은 남성과 비교할 때 상대적으로 저임금과 불안정한 고용에 시달리고 있는 실정이다. 이에 따라 여성이 받는 경제적인 압력이 증가하게 되면 여성들은 생존이나 가족부양을 위해 범죄를 저지르게 된다. 클라인(Klein)은 빈곤한 여성들이 경제적인 대안으로서 비합법적인 행위를 하게 된다고 주장했는데, 실제로 보험금이나 상속재산 등 경제적 이득을 목표로 하는 여성 살인범죄가 빈번하게 발생하는 것도 경제적 요인으로 설명될 수 있다고 주장했다(Klein, 1973).

CASE 16

남편에게 니코틴과 졸피뎀을 과다주입하여 살해한 혐의로 송모(50.여)씨와 황모(49.남)씨가 경찰에 붙잡혔습니다...(중략). 송씨와 황씨는 2016년 4월 경기 남양주시 소재 송씨의 자택에서 송씨의 남편 오아무개씨가 잠든 사이 니코틴 원액을 주입해 살해한 혐의로 재판에 넘겨졌다. 경찰은 시신 부검 결과 비흡연자인 오씨의 몸에서 치사량 수준의 니코틴

1.95㎎/ℓ와 함께 수면제 성분 졸피뎀이 다량 검출되자 니코틴 중독에 의한 사망으로 보고 수사를 벌였다. 검찰 조사결과 송씨는 오씨를 살해하기 두 달 전 황씨와 혼인신고를 했으며, 오씨 사망 직후 10억원 상당의 재산을 처분하고 8,000만원 상당의 보험금을 청구했다. 그중 1억원은 황씨에게 송금되기도 했다(한겨레, 2018년 11월 29일).

〈CASE 16〉에서처럼 경제적 이득을 위해 여성이 남편을 살해하는 비율이 점차 늘어나고 있다. 체스니린드(Chesney-Lind)도 여성범죄자들은 대체적으로 빈곤층이며, 소수 집단출신이며, 학력수준이 낮으며, 불안정한 고용상태에 있거나 실업 상태인 사람들이 많다는 점을 지적했다(Chesney-Lind, 1997). 이러한 경제적 요인에 의한 설명은 여성이 받는 경제적인 압력 및 불평등에 초점을 맞춘다. 즉, 빈곤한 여성이 경제적인 대안으로서 비합법적인 행위를 하며, 그 희생자 또한 가족 구성원이나 평소에 친근한 신분 관계를 유지하는 사람이 될 가능성이 높다는 것이다.

살인의 대책 07

지금까지 여러 유형의 살인범에 대해 살펴본 바와 같이 살인은 서로 잘 아는 사이에서 우발적으로 발생하는 경우가 많다. 즉 살인범이 개인적으로, 사회적으로 열악한 환경하에서 분노, 충동, 욕구불만 등의 순간적인 감정을 억제하지 못해 살인을 저지르는 경우가 대부분이다. 이 절에서는 살인범들이 처한 개인적, 심리적 측면을 중심으로 살인에 대한 몇 가지 대책을 살펴볼 필요가 있다.

첫째, 살인범들의 순간적인 분노나 충동성을 조절할 수 있는 사회교육이나 제도적 지원이 필요하다. 일반적으로 살인은 사소한 다툼에서 시작한다. 존속살인, 여성살인처럼 살인의 가해자와 희생자는 평소 긴밀한 상호작용과정에서 정서적 유대가 강하다. 그러나 오랫동안 지속되어 온 가해자-피해자 간의 정서적 갈등은 사소한 말다툼이 촉발요인이 되어 서로 간에 욕설, 모욕적인 말, 상대방을 무시하는 말로 이어지고, 결국에는 가해자의 일방적인 폭력으로 상대방을 살해하게 된다. 그래서 살인은 다른 강력범죄와는 달리 피해자가 가해자의 분노를 유발하는 피해자유발 측면이 강한 범죄유형 중 하나이다. 그러므로 서로 간에 감정이 격해질 때 분노나 충동을 조절할 수 있는 사회교육이나 인성교육이 필요하다. 특히 가해자의 분노조절이나 충동성을 조절할 수 있는 심리치료 프로그램이 지역사회 구성원들에게 손쉽게 접근할 수 있도록 열려 있어야 한다. 분노나 좌절 같은 정서적 경험은 누구나 다 경험하지만 그것을 조절하고 합리적으로 상호작용할 수 있는 기술은 개인마다 차이가 있다. 분노조절에 문제가 있는 사람은 사회적 지지 그룹이나 개인 상담 등을 활용하여 감정적 대처보다는 합리적 대체 기술을 강화시키는 지역사회 심리프로그램의 도움을 받아야 한다. 분노조절을 단지 개인이 감당해야 할 사안으로 여긴다면 사회구성원들은 우발적으로 발생하는 살인에 무방비로 노출될 수밖에 없다. 따라서 가정이나 지역사회에서 사회구성원들 간의 합리적인 의사소통을 위한 인성교육, 심리프로그램을 통해 갈등상황에서도 효과적으로 상호작용하고, 갈등을 해결할 수 있는 방법을 평소에 습득해야 한다. 또한 분노나 충동성 조절에 문제가 있는 사람은 공통적으로 자아존중감이나 자기통제감이 낮다. 자아존중감을 높일 수 있는 훈련이나 교육이 평소에 학교나 지역사회에서 꾸준하게 실시되어야 한다. 결론적으로 살인의 주요한 원인이 되는 각 개인의 분노나 충동성을 개인의 문제로 치부하지 말고, 가정, 학교, 직장, 지역사회에서 공동으로 고민하고 해결해야 하는 문제로 인식해야 한다. 가정에서는 가족구성원들이 갈등상황을 잘 조절할 수 있는 대화의 기술을 스스로 개발해야 하며, 학교나 직장에서는 자아존중감을 높이고 분노나 충동을 조절할 수 있는 인성교육과 심리프로그램을 제공해야 하며, 지역사회에서는 자신을 잘 통제하지 못하는 사람들이 쉽게 접근할 수 있는 상담과 심리프로그램을 제공할 필요가 있다.

둘째, 상당수의 살인이 발생하는 장소가 가정이다. 가족구성원들 사이에서의 존속살인과 남편의 폭력에 대항하는 수단으로 발생하는 여성살인이 점차 증가하는 추세이다. 존속살인의 경우, 살인범의 정신적 결함이나 보험금을 타내기 위한 살인, 지병을 앓고 있는 피해자를 더 이상 돌볼 수 없어 어쩔 수 없이 살해하는 사건 등으로 나타난다. 가정 내에서 여성살인범의 경우, 남편의 지속적인 학대가 그 원인이 되는 경우가 많다. 일반적으로 살인은 원만한 가정보다는 불화가 지속된 가정에서 더 많이 발생한다. 원만한 가정에서는 자녀가 어린 시절부터 제대로 된 정상적인 사회화과정을 밟을 수 있다. 그런 사회화과정을 통해 자녀들은 자기통제력이나 자아존중감을 고양하며, 어떠한 위기 상황에서도 공격적인 행위를 회피할 수 있다. 그럼에도 불구하고 가족 내에서의 정서적, 경제적 갈등은 피할 수 없는 현실이다. 그러나 원만한 가정에서 부모는 자녀의 롤모델이며, 부모의 도덕관, 가치관, 세계관이 자녀에게 그대로 반영된다. 부모의 건전한 세계관을 물려받은 자녀는 어떠한 갈등상황 속에서도 슬기롭게 대처할 수 있다. 그러나 부모가 가정 내에서 자녀의 롤모델이 되지 못할 경우, 또는 부모의 도덕관이나 인성이 제대로 발달하지 못했을 경우, 자녀는 제대로 된 사회화과정을 거칠 수 없다. 따라서 가족 구성원들 간에 갈등을 어떻게 해결할 것인가는 일차적으로 각 가정의 몫이다. 하지만 가족 간에 폭력이 발생했을 때 지역사회나 사법기관이 개입하지 않고 가족 내의 문제로 돌린다면 우리 사회의 가족 간 살인을 줄일 수 없다. 지금까지 가정폭력이 발생했을 때 경찰은 가정폭력의 가해자들에게 유화적으로 대응하면서 피해자에게 적절한 보호와 정보를 제공하지 않았을 뿐만 아니라 사법기관은 가정폭력사범에 대해 기소율과 처분율을 엄격하게 적용하지 않았다. 따라서 지역사회와 사법기관은 살인이 가족구성원들 사이에서 가장 많이 발생한다는 사실을 인지하고 좀 더 강력하게 개입할 필요가 있다. 우리 사회에서 살인율을 낮추기 위해 처벌을 강화하는 정책이 결코 능사는 아니지만, 가정폭력을 가족 간의 문제로 인식하는 사법기관의 태도변화는 필요하다. 결론적으로 지역사회와 사법기관은 살인이 가족 간의 갈등에서 가장 많이 발생한다는 사실을 인지하고 가정폭력에 대해 능동적으로, 적극적으로 개입할 필요가 있다. 다른 폭력사건과 마찬가지로 초동수사에서 엄격하게 폭력의 가해자와 피해자를 구분하고, 피해자에게는 신변을 보호할 수 있는 쉼터나 일시보호시설 같은 정보를 제공해 줄 뿐만 아니라 가해자에게는 다른 폭력사건과 동등한 법적인 잣대를 적용해야 할 것이다.

셋째, 사회적 약자에 대한 우리 사회의 관심과 지원이 필요하다. 일반적으로 살인범의 사회경제적 지위는 일반인들에 비해 낮은 편이다. 특히 연쇄살인, 동기 없는 살인을 저지르는 살인범들의 경우, 거의 대부분이 사회에서 소외되고 격리된 채 살아간다. 그들은 불우한 가정환경과 어린 시절 가정에서의 학대 속에서 성장하여 성인이 되어서도 교육수준이 낮고, 일정한 직업이 없이 하루하루 사회와 주위 사람들에 대한 분노감정을 키우면서 살인을 계획한다. 사회적 약자들은 자신에게 다가오는 경제적 문제나 갈등의 상황에 대한 대처능력을 배울 기회가 적었기 때문에, 갈등상황에서 자신에게 닥쳐오는 경제적, 물리적, 정신적 고통에 대해 공격적으로 반응하여 살인과 같은 우발적인 범죄를 저지르기 쉽다(박형민, 2003). 따라서 이들이 사회제도 속에 재편입되어 다시 삶을 도전을 할 수 있는 사회적 지원이나 사회복지제도의 확충이 필요하다. 사회가 복지제도를 확충하여 최소한의 삶을 보장해 준다면 연쇄살인이나 동기 없는 살인의 촉발요인이 되는 갈등상황을 상대적으로 쉽게 극복할 수 있으며, 특히 빈곤층 청소년이나 비행청소년과 같은 사회적 약자에 대한 지원대책 마련이 사회를 향한 분노로 발생하는 살인범죄율을 상당히 감소시킬 수 있을 것이다(박형민, 2009). 즉, 상당수의 살인이 개인의 감정조절 실패에서 비롯되지만, 개

사진은 2016년 5월 서울 강남역에서 한 시민이 묻지마 살인사건의 피해자를 추모하고 있다. 강남역 화장실 살인사건은 노래방 건물 화장실에서 생면부지의 여성을 흉기로 찔러 살해한 사건으로 가해자 김성민은 경찰 조사에서 범행 동기로 "여자들에게 무시당했다"고 진술해 여성혐오 범죄에 대한 논란이 확산되었다.
출처: https://m.news.zum.com/articles/30766297

인의 경제적 빈곤이 그 저변에 깔려 있다. 자아존중감과 자기통제력이 낮은 사람들은 어린 시절부터 경제적 빈곤에 시달려 왔을 가능성이 농후하다. 그들은 상대방의 사소한 도발을 참지 못한다. 왜냐하면 그들은 경제적 빈곤으로 인해 지속적으로 무시와 모멸을 받아 왔기 때문이다. 그들에게 사소한 언어적 도발은 마치 폭발 직전의 화약고와 같다. 만약 그들이 경제적으로 여유롭거나 평범한 가정을 꾸릴 수 있는 능력이 있었다면 피해자의 사소한 도발에 합리적으로 대처했을 것이다. 따라서 그들이 사회불평등으로 야기된 경제적 빈곤을 극복할 수 있도록 우리 사회는 저소득층이나 복지 차상위계층에 대한 여러 가지 경제적 지원을 확대할 필요가 있다. 예를 들면, 연쇄살인범 유영철이나 지존파사건의 살인범들은 부유층에 대한 반감이 상당했다. 그들이 무시당하고 사회적으로 소외되었다고 판단한 이유는 부유층들이 그들이 마땅히 누려야 할 경제적 지분을 빼앗아 갔다고 생각했기 때문이다. 우리 사회에서 사회불평등과 상대적 빈곤감을 해소하지 않으면 연쇄살인과 동기 없는 살인은 계속해서 발생할 가능성이 높다. 종합하면 사회적 약자에 대한 사회의 다양한 제도적 지원이 우리 사회를 충격으로 몰고 가는 심각한 살인범죄를 줄이는 데 상당히 긍정적인 효과를 발휘할 것이다.

마지막으로 정신질환자에 대한 체계적 관리와 치료감호제도의 효율화가 필요하다(박형민, 2003). 일반살인의 경우, 정신질환, 약물남용, 알코올 중독 등의 영향은 높지 않은 편이나, 연쇄살인, 동기 없는 살인, 존속살인의 경우, 정신질환을 가진 가해자의 비율이 상대적으로 높은 편이다. 우리 사회에서 발생하는 전체 살인사건 중에서 정신질환자에 의한 살인은 1% 정도로 상당히 낮은 수준이다. 문제는 정신질환의 재범률이 약 60% 정도로 상당히 높다는 데 있다. 정신질환자들은 정상적인 사회활동이 힘든 경우가 많기 때문에 주로 가족구성원들과의 접촉이 상대적으로 많을 수밖에 없다. 또한 그들은 자신의 분노나 폭력성을 이성적으로 조절하기 힘들기 때문에 갈등상황에서 공격적으로 반응하는 경우도 많을 뿐만 아니라 환청, 환시 등의 정신이상 상태에서 상대방을 살해하는 경우도 있다. 그러므로 우선적으로 이들의 공격행동을 적절하게 조절할 수 있도록 정신질환자의 보호자에 대한 재교육이 필요하며, 정신질환자들 분노조절이나 폭력성을 완화시킬 수 있는 심리상담교육이 제도적으로 필요하다(박형민, 2003). 또한 폭력적인 행동으로 치료감호소에 입소한 경력이 있는 정신질환자의 재범을 방지하기 위해 치료감호제도의 효율적인 운영방안이 절실히 요구된다. 정신질환자들은 그들의 정신적 문제로 정상적인 사회생활을 유지하기 힘든 경우가 많다. 그래서 집안 내에서 은둔형 외톨이로 살아가는 경우가 대부분이다. 그러나 그들 또한 우리 사회가 포용해야 할 고귀한 인격체이다. 그들을 우리 사회에서 격리시킬 수 없으며, 가족구성원들에게 그 무거운 짐을 지울 수 없다. 사회가 일정부분 그 역할을 담당해야 한다. 거의 대부분의 정신질환자들은 평생 동안 범죄경력 없이 생활한다. 그러나 가족이나 지역사회가 그들을 방치할 경우에 살인을 포함한 강력범죄가 발생할 가능성이 증가한다. 정신질환자에 의한 살인을 근절할 수 있는 방법은 가족과 지역사회가 그들에게 관심을 가지고 소외되거나 외톨이가 되지 않도록 끌어안아야 한다. 그와 더불어 그들이 정상적으로 살아갈 수 있는 발판을 마련해 주어야 한다. 그들을 꾸준하게 치료할 수 있는 시설을 확대해야 하며, 경제적으로 빈곤의 나락으로 떨어지지 않도록 도와주는 맞춤형 사회복지제도의 확대가 필요하다.

연습문제

1. 우리 주위에서 일어난 살인사건 중 하나를 구체적으로 예로 들어 그 살인이 일어난 원인을 설명하시오.
2. 특수한 형태의 살인이라 판단되는 살인 사건을 하나 예로 들어 그 살인범의 심리적 상태, 개인적 성격, 사회 환경적 요인 등을 분석해 보시오.
3. 살인이 자행되는 가장 보편적이고 일반적인 원인은 어디에 있으며, 왜 그것이 가장 보편적이고 일반적이라고 생각하는지 설명하시오.
4. 우리 사회에서 발생한 연쇄살인의 예를 들어 연쇄살인범의 범행특성, 어린 시절, 인지능력, 성격특성 등을 중심으로 상세하게 설명하여라.
5. 최근에 발생한 동기없는 살인의 예를 들고, 그 살인이 발생한 원인, 과정, 살인범의 개인적, 심리적 특성 등을 유추해서 설명하고 동기없는 살인을 줄일 수 있는 개인적, 사회적, 국가적 방안에 대해 설명해 보아라.
6. 살인이 빈번하게 발생하는 장소는 가정이다. 가족구성원들 간의 불화와 지속적인 갈등이 가족살인의 원인이다. 가족간 살인의 종류와 이유 그리고 가족간 살인을 줄이기 위한 방법에 대해 설명해 보아라.

참고문헌

강은영 · 박형민. (2008). 살인범죄의 실태와 유형별 특성 : 연쇄살인, 존속살인 및 여성살인범죄자를 중심으로. 한국형사정책연구원.

공정식 · 이수경 · 이윤호. (2006). 살인범들에 대한 불안조절 프로그램, 한국공안행정학회보, 24, 151-178.

김상균. (2008) 범죄심리학 (제2판). 서울 : 청목출판사.

김상균. (2001). 여성살인범의 심리적 특성에 관한 연구-분노특성을 중심으로. 한국경호경비학회지, 4, 47-64.

김상균. (2012). 무동기범죄의 실태와 대응방안에 관한 연구, 경찰학논총, 7(2), 193-219.

김성진. (2001). 범죄심리학. 서울 : 도서출판 동인.

김시업 · 이혜선 · 손지선 · 전우병. (2004). 여성살인범의 범행관련 특징과 PAI에 나타난 성격특성, 한국심리학회지 : 여성, 9(3), 111-129.

대검찰청. (2008-2017). 범죄분석. 대검찰청.

대검찰청. (2019). 범죄분석. 대검찰청.

박순진. (2006). 배우자 살해의 유형과 특징, 한국공안행정학회보, 22(22), 191-227.

박형민. (2003). 살인범죄의 실태에 관한 연구(II). 한국형사정책연구원 연구보고서.

박형민. (2009). 대량살인 범죄자와 연속살인 범죄자의 유형과 특징, 형사정책연구, 20(1), 189-213.

윤정숙 · 김민지. (2013). 묻지마 범죄에 대한 심리학적 이해, 한국범죄심리연구, 9(1), 147-174.

이상현 · 장석현 · 곽대경 · 이완희. (2012). 범죄심리학. 서울 : 박영사.

이성식. (2010). 무동기범죄의 대응방안, 치안정책리뷰, (16), 4-5.

이윤호. (2015). 범죄학(제2판). 서울 : 박영사.

한인섭. (1996). 가정폭력 피해자에 의한 가해자 살해 : 그 정당화와 면책의 논리, 서울대학교법학, 37(2), 261-312.

Agnew, R. (1992). Foundation for a general strain theory of crime and delinquency, *Criminology*, 30(4), 47-88.

Agnew, R. (2007). Pressured Into Crime : An Overview of General Strain Theory. Oxford University Press USA.

Akers, R. L., Sellers, C. S., and Jennings W. G. (2016). Criminological Theories : Introduction, Evaluation, and Application. 7th Edition. Oxford University Press, Inc.

Browne, A. (1987). *When Battered Women Kill*. New York : The Free Press.

Browne, A., & Williams, K. R. (1993). Gender, intimacy, and lethal violence : trends from 1976 through 1987, *Gender and Society*, 7(1), 78-93.

Chesney-Lind, M. (1997). The Female Offender : Girls, Women, and Crime. Sage Publications.

Dietz, P. E. (1986). Mass, serial and sensational homicides, *Bulletin of the New York Academy of Medicine*, 62(5), 477-491.

Esmail, A. (2005). Physician as serial killer-The Shipman case. *New England Journal of Medicine*, 352(18), 1883-1844.

Felson, R. B. (1997). Anger, aggression, and violence in love triangles, *Violence and Victimization*, 12(4), 345-363.

Fox, J. A., & Levin, J. (1994). *Overkill: Mass Murder and Serial Killing Exposed*. New York : Plenum.

Fox, J. A., & Levin, J. (1998). Multiple homicide : Patterns of serial and mass murder, *Crime and Justice*, 23, 407-455.

Fox, J. A., & Levin, J. (2003). Mass murder : An analysis of extreme violence, *Journal of Applied Psychoanalytic Studies*, 5(1), 47-64.

Goetting, A. (1988). Patterns of homicide among women, *Journal of International Violence*, 3(1), 3-19.

Holmes, R. M. & De Burger, J. (1988). *Serial Murder: Studies in Crime, Law, and Justice*. Vol. 2. Sage Publications.

Izard, C. E. (1997). Emotion and facial expressions : A perspective from differential emotions theory, In J. A. Russell and J. M. Fernandez-Dols (eds.), The Psychology of Facial Expression. Maison des Sciences de I'Homme and Cambridge University Press.

Jacobs, P. A., Brunton, M., Melville, M. M., Brittain, R. P., & McClemont, W. F. (1965). Aggressive behaviour, mental sub-normality and the XYY male. *Nature*, 208(5017), 1351-1352.

Klein, D. (1973). The etiology of female crime : A review of the literature, *Criminology*, 8(2), 3-31.

Luckenbill, D. (1977). Criminal homicide as a situational transaction, *Social Problems*, 25(2), 176-186.

Mann, C. R. (1992). Female murderers and their motives : A tale of two cities, in Sara lee Johann & Frank Osanka (eds.) Representing Battered Women Who Kill. Springfield, IL : Charles C. Thomas.

Palmer, S. A. (1962). *The Psychology of Murder*. Apollo Editions : Thomas Y. Crowell.

Ressler, R. K., Burgess, A. W., & Douglas, J. E. (1988). *Sexual Homicide: Patterns and Motives*. New York : Free Press.

Saunders, D. G. (1986). When battered women use violence : husband-abuse or self-defense?, *Victim and Violence*, 1(1), 47-60.

Siegel, Larry J. (2020). *Criminology: Theories, Patterns, and Typologies*(13th Edition). Belmont, CA : Wadsworth(이민식 · 김상원 · 박미랑 · 박정선 · 신동준 · 윤옥경 · 이창배 · 황성현 옮김. (2020). 범죄학 : 이론과 유형 제13판. 서울 : CENGAGE Learning).

Thio, A. (1983). *Deviant Behavior*. Houghton Mifflin Co.

Toch, H. (1993). Violent Men : An Inquiry in the Psychology of Violence. Washington, D. C. : American Psychological Association.

경기매일. (2019). "잔소리하던 사장 살해한 20대 2명 '중형 확정'", 경기매일, 2019년 3월 4일자 사회면.

구글 검색사이트. (2020). www.google.com

국민일보. (2019). "술 마시다 기분 나쁘다며 노래방 도우미 살해… 징역 25년", 국민일보, 2019년 7월 8일자 사회면.

노컷뉴스. (2019). "경제적 이유로 가족 살해한 30대에 징역 25년 선고", 노컷뉴스, 2019년 7월 11일자 사회면.

뉴시스. (2010). "남편 수면제 먹인 뒤 흉기로 찔러 살해". 뉴시스 2010년 12월 23일자 사회면.

동아일보. (2015). "가정폭력 남편 살해한 타워팰리스 아내에게 징역 4년 선고돼", 동아일보, 2015년 2월 9일자, 사회면.

동아일보. (2019). "입원비 안 줘서"…남편 목졸라 죽인 70대 여성 재판에, 동아일보", 동아일보, 2019년 7월 2일자 사회면.

매일경제. (2019). "또 생활고 비관 일가족 사망…"전조 파악하고 도움 줬더라면", 매일경제, 2019년 5월 21일자.

아시아경제. (2019). "고시원 동료 죽이고 4시간 만에 다시 '묻지마 살인' 중국 교포", 아시아경제, 2019년 5월 20일자 사회면.

전라일보. (2019). "치매 아내 살해 80대 남편 징역 3년", 전라일보, 2019년 6월 27일자 사회면.

중앙일보. (2019). "'강서구 PC방 살인' 김성수 1심 징역 30년형...동생은 무죄", 중앙일보, 2019년 6월 4일자 사회면.

중앙일보. (2019). "이틀째 찾아와 월세 독촉하는 집주인 흉기로 살해한 20대", 중앙일보, 2019년 6월 27일자 사회면.

중앙일보. (2019). "아내와 딸 20번 넘게 찌른 60대…이번엔 마산서 '일가족 참변'", 중앙일보, 2019년 7월 10일자 사회면.

한겨레. (2018). "'남편 니코틴 살인' 아내와 내연남 무기징역 확정", 한겨레, 2018년 11월 29일자 사회면.

한겨레. (2019). "꼬리 무는 일본 '묻지마 살인', 무엇이 그들을…", 한겨레, 2019년 5월 29일자 사회면.

한국경제. (2019). "김다운 검거 스모킹건은 표백제통…"강탈한 5억원도 혼자 꿀꺽", 한국경제, 2019년 3월 26일자 사회면.

한국일보. (2018). "증평 모녀의 비극, 두 달간 이웃도 지자체도 정부도 몰랐다", 한국일보, 2018년 4월 9일자 사회면.

한국일보. (2019). "서폭카운티서 20대 여성, 쌍둥이 딸 목졸라 살해", 한국일보, 2019년 6월 29일자 사회면.

The New York Times. (1993). 3 Slain by Gunman at Cafe in Tampa. published January 28, 1993.

09

Chapter 09

방화범죄자의 범죄심리

방화범죄는 단시간 내에 인명과 재산에 막대한 피해를 가져올 수 있는 심각한 범죄지만 우리 주변에서 자주 발생하는 범죄유형이다. 방화범죄는 다른 강력범죄와는 달리 심리적 요인에 의해 저질러지는 범죄유형으로 알려져 있다. 심리적으로 상처받은 개인이 그의 심리적 보상을 위해, 심리적, 성적 흥분을 위해, 방화범에게 육체적, 정신적으로 피해를 준 사람에게 정당하게 맞설 수 없는 상황에서 적극적인 보복의 차원에서 방화를 저지르는 경우도 있다. 따라서 방화는 범죄행위가 아니라 정신건강의 문제로 접근해야 한다고 주장하는 학자들도 있다. 그들은 방화범죄를 줄이기 위해서는 엄한 처벌을 내리기보다는 상담을 받게 하거나 정신건강을 회복시키는 노력이 필요하다고 주장한다. 한편 방화는 범죄의 심각성이나 사회적 파장에도 불구하고 그 특성상 범행현장에 물리적 단서가 거의 남지 않기 때문에 범행동기조차 파악하기 힘든 경우가 많다. 수사기관이 범행현장에 물적 증거와 피해자의 진술 등으로만 사건을 해결하기 힘들다. 방화범죄를 줄이기 위해서는 무엇보다 먼저 방화범죄자의 심리적 특성을 파악하여 사전에 방화범죄를 예방할 수 있는 선제적 조치들이 필요하다. 이를 위해 이 장에서는 방화범죄의 정의와 유형, 방화범죄의 실태 등을 알아보고 방화범죄자들의 심리적 특성을 중심으로 한 사회경제적 특징, 범죄현장에서의 행위적 특성을 살펴보고자 한다. 마지막으로 방화범죄의 원인과 심리적 특성에서 발견된 여러 가지 특징을 중심으로 방화범죄를 줄일 수 있는 대책을 논의하고자 한다.

01 방화의 정의 및 유형

방화범죄는 상습성이 아닌 경우 단순방화범으로, 2건 이상의 방화를 심리적 냉각기를 거친 후 저지르는 경우, 연쇄방화범으로 분류할 수 있다. 방화범죄의 동기가 무엇이냐에 따라 여러 가지 유형으로 나눌 수 있다. 예를 들면, 부드로(Boudreau)와 그의 동료들은 방화의 원인과 유형을 복수와 분노, 장난 또는 악의, 범죄의 증거를 감추거나 혹은 관심의 전환을 위해, 보험금을 타기 위해, 협박, 공갈, 파괴의 형태로, 방화벽 또는 방화광 등으로 나눈다(Boudreau *et al.*, 1977). 더글라스(Douglas)와 그의 동료들은 미연방수사국(FBI)은 방화유형을 공공시설 파괴형, 흥분추구형, 보복행위형, 범죄은닉형, 이익방화형, 정신이상형, 혼합형 등으로 나누기도 한다(Douglas *et al.*, 1992). 이 절에서는 방화의 정의를 단순방화와 연쇄방화로 나누어 살펴보고, 방화의 원인 및 유형에 대해 여러 가지 시각에서 살펴볼 것이다.

(1) 방화의 정의

방화가 정확하게 무엇인지에 대한 학자들의 견해는 다양하다. 더글라스(Douglas)에 따르면, 방화는 의도적이고 악의적인 목적으로 재산을 태우는 행위라고 간단하게 정의하였다(Douglas *et al.*, 1992). 즉, 방화는 타인의 인적, 물적 자원을 해칠 의도로 고의적으로 불을 지르는 모든 형태의 범죄행위를 지칭하는 용어로 정의하였다. 미연방수사국(FBI)에서는 '착취의도의 유무에 관계없이 주거건축물, 가옥, 공공건축

2003년 2월 대구지하철 중앙로역에서 발생한 대구지하철 방화사건의 현장과 전소된 지하철 내부. 이 화재로 192명의 사망자와 148명의 부상자가 발생했으며 현존하는 세계 3대 지하철 사고 중 하나로 알려져 있다.
출처: https://m.khan.co.kr/view.html?art_id=201502181359151#c2b

CASE in USA

1998년 존 레너드 오어(John Leonard Orr)는 2,000번이 넘는 크고 작은 방화혐의와 4건의 살인혐의로 종신형 선고를 받았다. 그는 경찰관이 되고 싶었지만 입학시험에 실패한 뒤 소방관으로 진로를 변경했다. 아이러니하게도 1980년대와 1990년대 내내 수백만 달러의 손실과 4명의 생명을 앗아간 로스엔젤레스에서 일어났던 크고 작은 2,000여 건의 방화사건 중 대부분은 소방관인 존 레너드 오어가 저질렀던 것이다. 존의 범행수법은 담배 3갑을 노란 필기용지로 둘러싸 벗겨지지 않도록 고무밴드로 고정시킨 후, 다른 소방관을 출동시키려 풀밭 언덕에서 작은 방화를 자주 일으키는 방식이었다. 존이 잡히게 된 결정적 사건은 1984년 10월 10일 캘리포니아주 사우스 패사디나(South Pasadena)의 쇼핑센터에 위치한 Old's Home Center라는 하드웨어 매장에서 발생한 큰 화재사건이었다. 가게는 화재로 인해 완전히 소실되었고 매장에서 구경하고 있던 2세 아기와 그의 26세 어머니, 50세 할머니, 그리고 매장을 지키고 있던 17세의 젊은 직원이 사망했다. 초기 수사에서 수사관들은 화재의 원인이 하드웨어 매장에서의 전기 합선으로 인한 화재라고 결론지었지만, 이후 존이 방화를 저질렀던 일련의 다른 화재사건에서 1984년의 전의 언급했던 화재사건과 수법이 유사함을 발견하게 되어 수사관들은 1984년 사건에 대한 법의학적 재수사를 하게 되었다. 1987년 1월에 이루어진 재수사에서 매장의 노트북 용지에 남아있던 다소 완전한 지문 하나를 복구했고 이 지문이 로스엔젤레스 지역에서 일어났던 크고 작은 방화사건들에서 발견된 지문 일부분과 동일하단 것을 발견하였다. 이후 1989년 3월 캘리포니아 주 퍼시픽 그로브(Pacific Grove)에서 열린 방화수사관 회의 기간 동안 캘리포니아 해안을 따라 발생한 일련의 방화사건들이 발생했고, 1984년의 방화사건을 수사하던 방화수사관들은 회의참석자 목록을 입수하여 존을 의심대상으로 수사선상에 올려놓았고 이후 1991년 11월까지 추적조사를 진행했다. 1991년 5월 존이 한 차례 자신의 차량에서 수사당국이 숨겨놓은 추적장치를 발견하여 수사는 물거품으로 돌아갈 뻔 했지만 11월에 다시 숨겨놓은 추적장치를 발견하지 못했고 12월 4일, 존이 또 한 차례 방화를 저지른 후 체포당했다. 존은 이후 1998년 6월 25일, 캘리포니아 주 법원의 배심원단으로부터 1984년에 발생한 하드웨어 매장 방화사건과 4건의 1급 살인사건, 그리고 25건의 작은 방화사건의 유죄판결로 가석방 없는 종신형을 선고받았다.

존 레너드 오어(John Leonard Orr)

물, 자동차 혹은 비행기, 그 외 개인의 소유물을 연소시키는 것을 목적으로 고의 혹은 악의를 가지고 불을 붙이는 것 및 그 미수행위'라고 정의하면서(Bartol & Bartol, 2010), 더글라스보다 좀 더 구체적으로 방화의 개념을 정의하고 있다. 또한, 이상현에 따르면, '방화란 고의로 화재를 일으켜 공중의 생명, 신체 또는 재산 등에 대하여 예측하지 못한 위험을 주는 범죄행위'로 규정하고 있다(이상현 외, 2012). 우리나라 형법에서는 방화죄를 고의로 불을 놓아 주거로 사용하거나 사람이 현존하는 건조물, 공용 이익에 준하는 건조물 기타 일반건조물이나 물건을 훼손하는 공공위험죄로 정의한다. 이상에서 살펴본 바와 같이 방화에 대한 학자들의 정의는 다양하지만 종합

CASE in Korea

피의자 안○○은 1977년 7월 경상남도 진주시에서 3남으로 태어났다. 그는 어릴 때부터 가족이 단칸방을 여러 차례 옮길 만큼 가난한 어린 시절을 보냈으며 초등학교, 중학교는 진학할 수 있었으나 가정형편 때문에 고교진학은 포기할 수밖에 없었다. 그의 초등학교, 중학교 동창들에 의하면 '말수가 적었고 친구가 많진 않았지만 큰 문제를 일으킨 적은 없었으며 노래방을 좋아하는 조용한 친구였다'라고 증언한 바 있다. 중학교 졸업 이후 종졸이라는 학력으로는 제대로 된 일자리를 구할 수 없어 진주시에 위치한 한 정비공장에서 공장근로자로 근무하기 시작했다.

20대 초반에 경남 김해의 한 공장에서 허리부상을 당하여 산업재해를 인정받으려고 하였으나 실패하였고 이를 이유로 사회에 대한 불신과 불만을 가지게 되었으며 끼니를 제공하는 가족이나 친구들에 대해 '날 죽이려고 한다'는 피해망상 증세를 가지게 되었다. 구직에 어려움을 느낀 안○○은 고등학교 졸업장을 취득하기 위해 방송통신고등학교에 입학했지만 이마저도 조기에 그만두게 되었다. 이 무렵 편집성 조현병 증세가 나타났고 이후 여러 공장을 전전하다가 31세에 경상남도 창원에 위치한 공장에서 허리부상을 당했지만 산업재해 승인마저 불승인처리가 되어 이후 '사회는 나에게 늘 불이익을 준다'라는 불만을 지닌 채 살아갔다.

2010년 아무런 지연이 없는 대학생에게 흉기를 휘둘러 공주치료감호소에 수감되었고 퇴소 후에는 주변 지인과 가족들에게 폭력을 일삼았으며 가족들은 이를 이유로 정신병원에 강제입원시켰다. 이후 2011년 11월 조현병을 진단받았으며 기초생활보장수급자로 인정받아 매달 보장되는 기초생활수급비로 스스로 통원치료를 받으며 조현병을 치료하고자 했으며 포크레인 자격증을 취득하여 구직의 노력을 보였다.

하지만 구직에 실패하였고 주변에 친구는 한 명도 없었으며 그의 모친이 받는 지원금으로 생계를 유지했다. 이후 2016년 기초수급자 유지대상에서 탈락하고 2017년 9월에 기초수급대상자 신청을 했지만 근로능력이 있다는 사유로 자활센터 출석을 조건으로 조건부수급자로 지정되었다. 하지만 자활센터 직원을 폭행해 조건 불이행으로 수급자에 탈락한 후 지속적으로 크고 작은 폭행 범행을 저질러 왔다.

2019년 4월 17일 새벽 4시, 안○○은 자신의 집에 불을 질러 밖으로 나간 뒤에, 이후 화재를 목격하고 대피하던 주민들을 향해 칼을 휘둘러 5명을 살해했고 5명에게 중상을 입혔다. 범행 전, 2015년 12월에 해당 아파트에 입주한 뒤 지속적으로 이상행동을 보여 주민들과의 갈등이 여러 차례 있어왔고 다른 주민들의 집 앞에 오물 등 이물질을 투척하기도 했다. 희생자 중 18세의 고등학생을 향해서는 이주 직후부터 지속적인 스토킹과 협박이 가해진 것이 이후 드러났다. 오랜 기간 동안 지속되던 괴롭힘은 18세 고등학생이 살해당하면서 끝이 날 수 있었다.

하면, 주거물이나 건축물 등에 고의적이고 악의적으로 불을 지르는 행위를 공통적으로 포함한다. 따라서 이 절에서 방화란 '타인의 생명과 재산에 위험을 가할 의도로 고의적이고 악의적으로 불을 지르는 범죄행위'로 규정하고자 한다. 방화는 성냥 한 개비만 있으면 쉽게 불을 지를 수 있는 범죄이지만 그 피해는 어느 다른 범죄보다 크고 복구가 어렵기 때문에 미국에서는 방화범죄를 제1종범죄(type I crime)로 규정하고 있으며, 우리나라에서는 살인, 강도, 강간 등과 함께 강력범죄로 분류하고 있다.

(2) 연쇄방화(범)의 정의

일반적으로 연쇄방화(범)은 학자들마다 견해가 다르다. 왜냐하면, 연쇄의 기준을 어떻게 정의하느냐에 따라 그 정의가 달라지기 때문이다. 박철현에 따르면, 연쇄방화란 반복적으로 불을 지르는 것을 말하는데, 보통 3회 이상 반복적으로 방화를 하는 것을 의미한다고 주장하였다(박철현, 2004). 한편, FBI의 범죄분류 매뉴얼(Crime Classification Manual: CCM)에 따르면, 방화형태는 불을 놓은 횟수, 범행의 수, 범행 장소의 수, 냉각기에 따라 구분된다(박형민·최수형, 2013). 즉, 불을 놓은 횟수, 범행의 수와 범행장소의 수, 냉각기에 따라 단일방화(single arson), 이중방화(double arson), 삼중방화(triple arson), 대량방화(mass arson), 연속방화(spree arson), 연쇄방화(serial arson)로 구분된다(박형민·최수형, 2013). 일반적으로 연속방화와 연쇄방화의 차이점은 심리적 냉각기를 가지느냐 아니냐에 따라 구분된다. 연속방화는 연속살인에서처럼 심리적 냉각기(cooling off period)를 거치지 않고 첫 방화 다음 연속해서 불을 놓는 행위를 말하며, 연쇄방화는 첫 방화 후에 최소한 만 24시간이 지난 후에 두 번째 방화를 저지르는 것을 의미한다. 심리적 냉각기의 기간은 최소한 하루 이상이지만 며칠이 될 수도 있고, 몇 달이 될 수도 있으며, 심지어 몇 년이 될 수도 있다. 방화범죄에서 연속과 연쇄의 개념정의는 연속살인과 연쇄살인의 기준점을 차용하고 있다. 연속살인은 심리적 냉각기를 거치지 않고 연속해서 살인을 저지르는 것이고 연쇄살인은 반드시 심리적 냉각기를 거치면서 다음 살인에 대한 구체적인 계획 등을 세우는 것으로 알려져 있다. 이처럼 연속방화와 연쇄방화의 중요한 기준점은 심리적 냉각기를 거치느냐 아니냐에 달려 있다. 그럼 연쇄방화에서 방화의 횟수가 얼마 이상이어야 연쇄방화로 볼 수 있는지? 이에 대한 명확한 기준은 없다. 박철현은 3회 이상을 연쇄로 규정하고 있으며, 에드워드와 그래이스(Edward & Grace)도 3회 이상의 방화사건을 연쇄방화로 규정하고 있다(Edward & Grace, 2006). 그러나 경찰청 방화범죄자의 자료를 분석한 유완석과 황성현의 연구에서는 2건 이상을 연쇄방화로 규정하고 있다. 왜냐하면 우리나라 일선 수사현장에서는 2건 이상의 범죄가 발생하는 경우, 반복되는 범죄를 예상하고 이에 대응하는 수사 방향을 설정하기 때문이다(유완석·황성현, 2011). 또한, 대검찰청의 협조를 얻어 10년간의 방화관련 사건 목록 자료를 질적 분석한 박형민과 최수형도 2건 이상을 연쇄방화로 규정하고 있다(박형민·최수형, 2013). 결론적으로 연속방화와 연쇄방화의 기준점을 살인에서 차용하는 것이 타당하다고 볼 수 있다. 연쇄살인의 경우, 기준점은 2회 이상이라는 것이 학자들의 일치된 견해다. 따라서 연쇄방화의 경우에도 연쇄살인사건과 동일하게 2회 이상의 방화를 연쇄방화로 정의하는 것이 바람직하다. 종합하면, 연쇄방화란 첫 방화를 저지른 후 최소한 24시간의 심리적 냉각기를 거친 후 두 번째 방화를 저지르는 것으로서 최소한 2건 이상의 방화를 연쇄적으로 저지르는 범죄행위로 규정할 수 있다.

(3) 방화의 유형

방화의 유형은 방화의 동기 및 원인과 밀접한 관련을 가지고 있다. 즉 방화의 원인에 따라 다양한 방화유형이 존재한다. 방화의 유형은 방화의 주체가 누구인지? 방화사건이 단순한 목적을 위해 저질러진 것인지 아니면, 상습방화범에 의해 연쇄적으로 저질러진 것인지에 따라 일반방화범의 유형과 연쇄방화범의 유형으로 나눌 수 있다. 또한, 방화범이 청소년인지 아니면 성인인지에 따라 방화의 원인과 유형은 다르게 나타난다. 예를 들면, 청소년의 경우, 방화의 원인은 불복종, 격분, 분노, 적의, 부모의 거절에 대한 분개처럼 청소년의 행위문제와 깊은 관련이 있으며, 성인의 경우, 심각한 정서적 장애 때문에 나타나기도 한다(Siegel, 2020).

1) 일반방화범의 유형

방화를 연구하는 국내외 학자들에 의한 다양한 방화유형 분류는 〈표 9-1〉과 같다. 방화범죄의 유형 분류를 최초로 시도한 러위스와 야르넬(Lewis & Yarnell, 1951)은 방화범 유형에 따라, 재산상 이득을 목적으로 한 방화범을 제외한 모든 방화범죄를 동기에 의한 방화범, 방화광, 의용소방대형, 영웅심리형, 부랑자형, 정신이상자형으로 분류하였다(김상균, 2008). 화이트(White, 1996)는 방화광에 의한 방화, 복수를 위한 방화, 이득을 얻기 위한 방화, 영웅심 또는 허영심을 위한 방화, 스릴추구나 파괴를 위한 방화, 청소년 방화, 범죄은닉을 휘한 방화, 테러나 사회적 항거를 위한 방화 등으로 분류하였다. 방화범죄 유형분류에서 가장 널리 사용되고 있는 더글라스(Douglas)와 그의 동료들의 연구에 따르면, 반달리즘 방화, 흥분형 방화, 복수형 방화, 범죄은폐형 방화, 이익추구형 방화, 극단주의형 방화 등으로 분류된다(Douglas *et al.*, 1992). 이런 여러 가지 방화유형을 분류하는 이유는 범죄특징과 범행자의 다양한 개인적 성격을 연결할 수 있도록 만들어 범죄자의 특징, 수사방향 등을 상세히 분석할 수 있기 때문이다. 또한, 이런 분류는 연쇄범죄 관련 연구에서도 지지받고 있을 뿐만

2008년 2월 토지보상금에 불만을 가진 채종기(당시 69세)가 국보 1호 숭례문에 불을 놓아 전소됐다. 이 방화는 화풀이방화, 사회불만 방화, 복수 및 보복형 방화 등에 해당한다. 채종기는 징역 10년을 복역한 후 2019년 2월에 만기출소했다.
출처: http:/www.hani.co.kr/arti/society/society_general/268735.html

표 9-1 방화범죄의 유형별 분류

연구자	유형분류
Lewis & Yarnell(1951)	동기에 의한 방화범/ 방화광에 의한 방화/ 의용소방대형/ 영웅심리형 방화범/ 부랑자형 방화/ 정신이상자에 의한 방화
Boudreau(1977)	보복, 원한, 질투에 의한 방화/ 반달리즘, 고의적 기물파괴/ 범죄은닉주의 확산전략방법의 방화/ 이득목적, 보험사기를 위한 방화/ 협박, 공갈, 테러, 파괴공작을 위한 방화/ 방화벽 및 그 밖의 심리적 동기에 의한 방화
Rosenbauer(1981)	반달리즘에 의한 방화/ 원한에 의한 방화/ 방화광에 의한 방화/ 경제적 이득을 목적으로 한 방화/ 범죄은닉을 위한 방화
Bradford(1982)	우연적인 방화/ 정신이상 및 정신착란에 의한 방화/ 복수를 위한 방화/ 성적 만족을 위한 방화/ 관심끌기 및 도움요청을 위한 방화/ 전문적인 방화/ 어린이들의 방화/ 복합적인 동기에 의한 방화
Inciardi & Binder(1983)	복수를 위한 방화/반달리즘에 의한 방화/ 범죄은폐 목적 방화/ 보험금 목적 방화/ 흥분 방화/ 방화광에 의한 방화/ 시설 내 수용자에 의한 방화/ 복지사기 방화/공명심을 위한 방화
Sakheim & Osborn(1986)	호기심 또는 우연에 의한 방화범/ 도움을 갈구하는 방화범/ 관심을 끌고자 하는 방화범/ 영웅이 되고자 하는 방화범/ 흥분이나 성적 만족을 추구하는 방화범/ 정신병적 방화범
Geller *et al.*(1992)	정신생물학적 장애관련 방화/ 정신적 문제관련 방화/ 의학적, 신경학적 장애와 관련된 방화/ 청소년방화
Douglas *et al.*(1992)	반달리즘 방화/ 흥분형 방화/ 복수형 방화/ 범죄은폐형 방화/ 이익추구형 방화/ 극단주의형 방화
Baker(1994)	이윤을 위한 방화/ 앙심을 품은 방화(질투나 복수)/ 도구적 방화(범죄은폐, 도움을 위한 방화, 자기파괴, 어린이, 영웅형)/ 순수한 방화(성적 만족, 즐거움, 흥분, 반달리즘, 지루함)/ 명백한 동기를 가지고 있지 않은 방화
White(1996)	방화광에 의한 방화/ 복수를 위한 방화, 이득을 얻기 위한 방화/ 영웅심, 허영심을 위한 방화/ 스릴추구, 파괴를 위한 방화/ 청소년방화/ 범죄은닉을 위한 방화/ 테러, 사회적 항거를 위한 방화
Harris & Rice의 정신장애인 방화범분류(1996)	정신병자형/ 비자기주장자형/ 다중 방화범형/ 범죄자형
Canter & Fritzon(1998)	절망적 방화/ 파괴적 방화/ 과시적 방화/ 손해적 방화
Siegel(2012)	청소년방화범(놀이형, 구원요청형, 일탈형, 심각한 정서장애형)/ 전문방화범(주로 경제적 이득을 위한 방화)
박형민(2004)	위협방화/ 실수방화/ 보복, 복수, 찬양 방화/ 화풀이방화/ 충동방화/ 자살을 위한 방화/ 다른 범행을 위한 방화
김상균(2009)	경제적 이익에 의한 방화/ 범죄은폐를 목적으로 한 방화/ 원한, 복수, 미움에 의한 방화/ 스릴, 장난, 사회불만에 의한 방화/ 방화광에 의한 방화/ 직업적 보상을 위한 방화
이수정(2010)	좌절에 의한 방화/ 보복적 방화/ 알코올의존에 의한 방화/ 이익추구적 방화/ 자기과시적 방화

출처: 박형민, 2004; 김경옥·이수정, 2009; 이하섭, 2011; Fritzon, 2001; Doley, 2003; Lowenstein, 2003; 박형민 외, 2012 재구성

아니라 범죄자 프로파일을 만드는 데 기초자료로 제공되고 있다(박형민 외, 2012에서 재인용).

한편 시겔(Siegel)은 방화사건을 저지르는 주체가 누구인가에 따라 방화범의 유형을 청소년방화범과 전문방화범으로 단순화했다. 청소년방화범은 다시 놀이형, 구원요청형, 일탈형, 심각한 정서장애형으로 세분화하고, 전문방화범은 여러 가지 경제적 이득을 위해 방화 가해자로부터 전문적으로 고용된 사람에 의해 저질러지는 상습방화범을 의미한다고 주장했다(Siegel, 2020). 우리나라의 경우, 김상균은 경제적 이익에 의한 방화, 범죄은폐를 목적으로 한 방화, 원한, 복수, 미움에 의한 방화, 스릴, 장난, 사회불만에 의한 방화, 방화광에 의한 방화, 직업적 보상을 위한 방화로 구분하였다(김상균, 2008). 그러나 우리나라 방화범죄에 관해 전국적인 데이터를 이용하여 가장 광범위하게 연구한 박형민은 방화유형을 위협방화, 실수방화, 보복, 복수, 찬양방화, 화풀이방화, 충동방화, 자살을 위한 방화, 다른 범행을 위한 방화 등으로 분류하였다(박형민, 2004). 〈표 9-1〉에 나타난 여러 형태의 방화유형을 종합하면, ① 보험금 등을 타기 위한 또는 경제적 이익을 얻기 위한 방화, ② 상대방에게 원한이나 분노를 표출하는 한 형태로서의 복수 및 보복형 방화, ③ 흥분이나 성적 만족을 추구하는 흥분형 방화, ④ 다른 범죄를 은폐하기 위한 범죄은폐형 방화, ⑤ 고의

표 9-2 전문방화범에 의한 방화범죄의 원인

① 재정적 위기를 극복하는 데 필요한 보험금을 타내기 위해
② 오래되었거나 잘 팔리지 않는 재고품을 정리하기 위해
③ 오래되어 더 이상 쓸모없는 기계나 장비를 정리하기 위해
④ 합법적, 비합법적 부채를 지불하기 위해
⑤ 사업장을 개조하거나 재배치하기 위해. 예를 들면, 레스토랑을 운영했는데 장사가 잘 되지 않아 보험금으로 레스토랑을 재배치하거나 개조할 목적으로 방화하는 경우
⑥ 재개발을 위한 정부의 자금을 지원받기 위해
⑦ 정부의 건축자금을 무상으로 지원받기 위해(이런 이유로 '재활' 건물이 방화로 소실되었다고 주장)
⑧ 빚을 청산할 수 있는 파산신청을 하기 위해(이런 경우 제값을 받을 수 있는 물품의 일부를 팔고난 후에 방화사건을 저지르는 경향이 있음)
⑨ 경쟁관계에 있는 가게를 방화함으로써 동종 업종에서 서로 경쟁하는 상황을 피하기 위해
⑩ 평소 금전적 갈취를 일삼던 가해자가 피해자를 협박하기 위해(이런 경우, 가해자는 방화 후 피해자의 나머지 재산이나 건물에도 방화하겠다고 협박하는 경우도 있음)
⑪ 노사 간의 문제를 해결하기 위해(이런 경우, 회사나 상가주인에게 평소 불만이 많았던 임차인이나 종업원이 방화를 저지르기도 함)
⑫ 횡령과 같은 다른 범죄를 숨기기 위해

출처: Siegel, 2020

적으로 기물을 파손하기 위한 반달리즘형 방화, ⑥ 상대방에게 협박 및 위협을 가할 목적의 협박형 방화, ⑦ 다른 사람들의 관심을 받기 위한 관심추구형 방화, ⑧ 정신 질환에 의한 방화광적인 방화, ⑨ 어린이나 청소년에 의한 방화 등으로 분류하는 것이 바람직하다고 하겠다.

이런 유형 이외에 방화범죄를 일삼는 또 다른 집단인 전문방화범에 의한 방화사건들도 존재한다. 예를 들면, 보험금이나 기타 경제적 이득을 얻기 원하지만 방화할 용기가 없는 사람들은 전문적인 방화범을 고용해서 방화사건을 저지르는 경우가 있는데 전문방화범에 의한 방화의 원인은 〈표 9-2〉와 같다(Siegel, 2020).

전문방화범에 의한 방화는 주로 경제적 이득이나 경제적 목적을 취하기 위해 저질러지는 경우가 거의 대부분이다. 전문방화범은 일종의 직업으로써 방화를 저지르므로 일반적인 단순방화범보다 더 위험하고 그 피해규모도 크다고 볼 수 있다. 그러나 다행히도 우리나라에서는 전문방화범에 의한 방화사건은 거의 발생하지 않는다.

2) 연쇄방화범의 유형

연쇄방화는 단순히 일회성으로 그친 단순방화사건보다 그 규모나 피해 면에서 우리 사회에 상당히 위협적이라 할 수 있다. 연쇄방화범의 유형에 대한 연구는 FBI의 방화와 폭력물범죄수사반(Arson and Bombing Investigative Service Subunit: ABIS)이 수행한 것이 그 최초이고, 이 연구는 연쇄방화범이 저지른 1,474건의 방화사건을 분석한 범죄분류매뉴얼(Crime Classification Manual: CCM)의 유형 분류를 중심으로 분석한 것이다. FBI의 연쇄방화범의 유형은 ① 반달리즘 방화(Vandalism-Motivated Arson), ② 흥분형 방화(Excitement-Motivated Arson) ③ 복수형 방화(Revenge-Motivated Arson) ④ 범죄은폐형 방화(Crime Concealment-Movivated Arson) ⑤ 이익추구형 방화(Profit-Movivated Arson) ⑥ 극단주의형 방화(Extremist-Movivated Arson)으로 구분된다. 아래의 6가지 유형별 연쇄방화범의 특징은 박형민이 FBI의 보고서에서 발췌한 내용을 요약, 정리한 것이다(박형민 외, 2012).

연쇄방화범은 그 규모나 피해 면에서 우리 사회에 상당히 위협적이다.
출처: https://www.cbc.ca/news/canada/ottawa/vanier-arsons-ottawa-police-linked-fires-1.4240580

① 반달리즘 방화

반달리즘 방화는 권위에 도전하거나 권태감에서 벗어나기 위한 수단으로 불을 지르는 것을 의미하는 것으로 주로 청소년의 장난질 혹은 갱단원들의 행동과 연관되어 있다. 그리고 사회적 불만을 표출하는 형태로 나타나기도 한다. 이 유형은 기성사회나 기존의 질서에 대한 반발 심리로 고의적으로 재산이나 시설 등을 파괴하고자 하는 동기를 가지고 있다(김수진, 2010). 범행대상으로 학교나 학교재산, 교육시설이 가장 일반적인 목표이고 버려진 건물이나 수목 등에서도 빈번하게 발생한다. 범행도구로는 성냥이나 라이터 같은 물품을 이용하고 현장에 어떤 것도 남겨두지 않으며 불을 내는 것이 주목적이기 때문에 불이 나는 광경을 지켜보지만 진압에 참여하지는 않는다. 반달리즘 연쇄방화범들은 방화 후에 특별한 변화 없이 현재의 생활방식을 유지하는 경향이 있다. 이 유형의 연쇄방화범의 개인적 특성으로 대부분 중산층가정이나 안정적인 사회경제적 조건하에서 자라지만, 여러 가지 경범죄와 중죄로 체포되어 소년원이나 감옥에서 보낸 경우가 흔하다. 정신병력을 가지고 있으며 정신보호시설에 한 번 이상 입원하고 자살시도나 우울증 등의 병력을 가진 경우도 있다(박형민 외, 2012). 반달리즘 방화는 주로 청소년들에 의해 발생되는 경우가 많으므로 우리나라에서 반달리즘 연쇄방화사건은 거의 발생되지 않지만 외국의 경우는 빈번하게 발생한다. 1992년 LA폭동, 2009년 그리스에서 발생한 연쇄방화가 대표적이며(이하섭, 2011), 최근 프랑스에서 지속적으로 발생하는 이 유형의 방화는 〈CASE 1〉과 같다.

CASE 1

프랑스 가톨릭교회들이 이어지는 기물훼손행위(반달리즘)로 수난을 겪고 있다. 최근에만 파리 생 쉴피스 성당에 방화로 보이는 불이 나고, 남부도시 님의 노트르담 데 장팡 성당 내부 벽이 사람 배설물로 더럽혀졌으며, 파리 외곽 생드니 대성당의 오르간이 훼손되는 일 등이 발생했다. 프랑스 경찰 통계에 따르면 지난해 프랑스 내 42,258개 성당 중에서 875개가 기물 훼손 행위로 수난을 겪었다. 절도는 별도로 129건으로 집계됐다. 내무부는 묘지 59곳 역시 훼손됐다고 전했다. 제1야당인 중도 우파 공화당 소속 발레리 부아예 의원은 "매일, 최소 성당 2곳이 불경스러운 일을 겪고 있다"라고 말했다.

프랑스는 공식적으로 비종교적인 나라로, 이는 최근 학교 내 머리 스카프 착용 금지를 정당화하는 등 이슬람주의에 맞서는 완충장치로 이용됐다. 하지만 이는 결과적으로 '프랑스로부터 모든 종교를 몰아내야 한다'는 '종파적 세속적 이데올로기'(sectarian secular ideology)에 이끌린 반달리즘의 최일선으로 가톨릭교회를 내모는 결과도 낳았다는 지적도 나오고 있다(연합뉴스, 2019년 4월 5일).

② 흥분형 방화

흥분형 방화는 다시 스릴을 위한 방화, 성적 흥분을 위한 방화, 인정받기 위한 방화, 관심받기 위한 방화 등으로 나눌 수 있다. 흥분형 방화의 일반적인 경우는 스릴을 위한 방화가 대부분이다. 다른 사람들로부터 인정받기를 원하는 방화범들은 주로 화재현장에 남아 있으면서 진압을 도와주기도 한다. 또한, 관심을 받기 위한 방화범들은 주변으로부터 관심을 얻거나 자신이 중요한 존재가 되고 싶어 불을 지르기도 한다(박형민 외, 2012). 이들은 주로 자신이 익숙한 지역에서 범행을 저지르는 경향이 있으며 다른 사람들을 해치는 데 관심이 없고, 범행의 목적은 사소한 피해를 일으키는 데 있다. 그러나 스릴을 위한 방화는 대형화재나 상업시설, 거주지 등을 대상으로 할 경우 피해의 정도가 상당하다. 이 유형의 연쇄방화범의 개인적 특성으로 위탁가정이나 소년원, 교도소 등의 시설에 머물렀던 기록이 있으며, 정신건강에 문제가 있고 과거에 정신보호시설에 머물렀던 이들은 자살미수 기록도 가지고 있다. 이 유형의 대표적 사례는 〈CASE 2〉와 같다.

CASE 2

차량이나 건물에 상습적으로 불을 지른 40대가 경찰에 붙잡혔다. 광주 동부경찰서는 차량이나 건물에 불을 지른 혐의(일반건조물방화 등)로 A(43)씨를 붙잡아 조사 중이라고 15일 밝혔다. A씨는 지난 12일 오후 10시 45분께 광주의 한 골목에서 승용차 뒷바퀴에 쓰레기 더미를 쌓아 불을 질러 1,800만원 상당의 피해를 낸 혐의를 받고 있다. 조사결과 A씨는 지난해 2월부터 최근까지 총 8차례에 걸쳐 대학병원 기숙사, 주택, 차량 등에 불을 질러 2억 2,000만원 이상의 재산피해를 낸 것으로 드러났다. A씨는 경찰 조사에서 "불을 지르면 주목받는 주인공이 된 듯한 쾌감을 느껴 욕구를 억제할 수 없다"고 범행동기를 진술했다. 현재 경찰은 A씨의 여죄를 수사해 구속영장을 신청할 방침이다(헤럴드경제, 2013년 1월 15일).

③ 복수형 방화

복수형 방화는 실제로 잘못이거나 잘못됐다고 인식하는 일을 보복하는 차원에서 불을 지르는 것을 의미한다. 이 유형의 방화는 보복의 목표에 따라 개인적 복수, 사회적 보복, 기관에 대한 보복, 단체에 대한 보복 등으로 구분된다(Douglas *et al.*, 1992). 연쇄방화범 가운데 가장 높은 비율을 나타내는 유형이 바로 복수형 방화이다. 이들은 단체나 개인보다는 기관이나 사회에 좀 더 직접적으로 보복하는 경향이 강하기 때문에 일회성에 그치지 않고 연쇄적으로 방화범죄를 저지르는 경향이 강하다. FBI

2019년 2월 프랑스 파리에서 발생한 방화사건으로 8명이 사망하고 30명이 부상당했다. 방화범은 40대 여성으로 정신질환 경력이 있었으며 이웃 간 갈등 때문에 방화를 저지른 것으로 밝혀졌다.
출처: https://www.newspim.com/news/view/20190205000099

의 방화와 폭력물범죄수사반(ABIS)의 연구에서 보복형 방화의 59%가 사회에 대한 것이고, 7명(20.6%)은 기관에 대한 복수, 5명(4.7%)은 개인에 대한 복수, 2명(5.9%)이 단체에 대한 것으로 나타났다. 범행장소는 주로 집이나 직장에서 걸어갈 수 있는 거리로 술이나 약물을 복용한 후 불을 지를 가능성이 높으며, 충동적이기 보다는 미리 예측하여 목표를 설정하는 경향이 강하다. 또한 이 유형은 단독으로 이루어질 가능성이 높고 자신의 범행을 누구에게도 털어놓지 않으며 현장에 걸어가서 불을 지르고 불이 나자마자 떠나 현장에 다시 돌아가지 않는 경향이 있다. 이들은 체포되면 저항하지 않고 불을 낸 것을 쉽게 자백하며 불을 내도록 만든 다른 사람(집단, 사회 등의 복수의 대상)을 비난하는 경향이 강하다(박형민 외, 2012). 복수형 연쇄방화범의 개인적 특성으로, 중산층가정에서 자랐지만 집안 분위기는 차갑고 냉담한 편이다. 또한, 보호시설경험이 많고 경범죄나 중죄로 인한 체포기록이 있고 소년원이나 감옥에 있었던 기록들도 있다. 한편 이들은 주로 정신질환기록이 있으며 한 번 이상 정신보호시설에 입원한 경험이 있는 것으로 나타났다(박형민 외, 2012). 이 유형의 대표적 사례는 〈CASE 3〉과 같다.

CASE 3

3명의 사상자가 난 전북 군산 유흥주점 방화사건은 외상 술값 시비로 빚어진 참사로 드러났다. 경찰은 방화치사 혐의로 이모(55)씨를 긴급 체포해 정확한 범행동기를 조사 중이며 혐의가 파악되는 데로 이씨에 대해 구속영장을 신청할 예정이다.

18일 군산경찰서에 따르면 이씨는 전날 오후 9시 53분쯤 군산시 장미동 한 라이브카페에 인화성 물질을 붓고 불을 지른 혐의를 받고 있다. 이씨의 방화로 사망자 3명, 부상자 30명 등 총 33명의 사상자가 발생했다. 피해자들은 군산 개야도 섬마을 주민인 것으로 알려졌으며 중상자가 다수 있어 사망자는 늘 것으로 소방당국은 보고 있다. 범행 직후 달아난 이씨는 범행 장소에서 500m가량 떨어진 군산시 중동 선배 집에 숨어 있다가 이날 오전 1시 30분쯤 경찰에 검거됐다. 범행 당시 이씨도 몸에 화상을 입은 것으로 알려졌다. 이씨는 경찰에서 "외상값이 10만원인데 주점 주인이 20만원을 요구했다. 화가 나서 불을 질렀다"고 진술한 것으로 알려졌다. 이씨는 경찰조사 뒤 병원 치료를 받을 예정이다(한국일보, 2018년 6월 18일).

④ 범죄은폐형 방화

2014년 12월에 발생한 〈CASE 4〉의 양양일가족 방화사건의 현장모습과 피의자 박모씨(38세)
출처: http:/ilyo.co.kr/?ac=article_view&entry_id=108395

범죄은폐형 방화는 2차적 범죄로 초기 범죄활동을 은폐하기 위해 불을 지르는 것을 의미한다. 이들은 가게나 가정집에서 물건을 훔친 후 증거를 없애기 위해 불을 지르거나, 심지어는 타인을 살해한 후 자살로 위장하기 위해 불을 지르기도 한다. 이 유형의 방화는 절도, 강도, 살인 등과 같은 1차 범죄를 은폐하기 위한 목적으로 방화를 하기 때문에 범죄자의 집에서 가까운 곳에서 발생하며 화재가 발생하기 전에 모든 증거물품을 현장에서 없애는 경향이 있다. 주로 공범이 있으며 공범을 제외하고 누구에게도 사건을 털어 놓지 않으며 범행 이후 행동에 특별한 변화는 없는 편이다. 체포된 후 자신의 책임을 부인하는 경향이 강하며 범행의 빈도는 일관되나 강도는 강해지는 경향이 강하게 나타난다(박형민 외, 2012). 범죄은폐형 연쇄방화범의 개인적 특성으로, 중산층 가정에서 경제적으로 안정적인 생활을 했지만, 방화를 저지르기 전에 이미 여러 가지 중죄를 지었고 경범죄 경력도 가지고 있는 편이었다. 또한 정신질환 기록을 가지고 있는 경우가 많았다. 이 유형의 대표적 사례는 양양 일가족 방화사건으로 알려진 〈CASE 4〉와 같다.

CASE 4

오후 9시 40분, 강원경찰청 광역과학수사팀(속초권) 홍종현 팀장과 최형준 경사에게 화재 발생 신고가 접수됐다. 현장은 암흑이었다. 당장 새까만 연기가 앞을 가려, 1m 앞이 겨우 보일까 말까였다. 매캐한 연기가 코를 찔렀고, 발목까지 가득찬 진화용 소방용수 때문에 발을 쉽게 디딜 수도 없었다. 설상가상 방진마스크 등 장비를 제대로 갖추지 못한 탓에 그 곳에서 버틸 수 있는 시간은 길어봐야 5분이었다. 최 경사는 손전등을 비추며 연신 카메라 셔터를 눌렀고, 홍 팀장은 시신이 발견된 모습과 위치를 소방관에게 물어 나갔다. 화재의 원인은 당장 알 수가 없었다. 창틀이 밖으로 튕겨나갈 정도였다는 점을 감안해 가스폭발을 의심했지만, 가스밸브와 가스 선에는 이상이 없었다. “박씨가 평소 생활고와 우울증에 시달렸다”는 주민 증언이 있어 자녀살해후자살의 가능성도 생각해봤지만, 뒷받침할 만한 근거가 없었다. 무엇 하나 확실하지 않았다....(중략) 단서는 의외의 곳에서 드러났다. 박씨의 친한 친구 가정주부 이모(41)씨의 경찰 진술에서였다. 둘은 초등학교 학부모 모임을 통해 친해진 사이. 이씨는 “죽은 박씨가 자신에게 1,400만원 상당의 빚을 질 정도로 생활고가 심했고, 남편과의 불화로 우울증에 시달렸다”고 진술했다. 그러던 이씨가 갑자기 묻지도 않은 ‘휘발유’에 대해 언급하며 사망원인을 자살로 몰아가려는 태도를 보였다.

"박씨를 구하려 다섯 번이나 집 안에 들어갔다"는 진술도 현장 소방관의 증언과 달랐다. 경찰의 의심은 짙어 가는데, 조사 내내 친구의 죽음에 대해 슬퍼하는 기색도 보이지 않았다. 느낌이 왔다. 물증도 나왔다. 2일 오후 국립과학수사연구원에서 "네 가족의 시신에서 수면제 성분인 졸피뎀이 검출됐다"는 결과를 보내왔다. 피해자 박씨는 평소 수면제를 처방 받은 적이 없었다. 반면 친구 이씨가 화재 당일 오후에 졸피뎀 성분이 포함된 수면제 28알을 구입한 기록을 경찰은 확보하고 있었다. 마침 화재 현장 현관과 계단에서 발견된 맥주병과 음료수병에서도 졸피뎀 성분이 검출됐다.

이씨의 방화는 처음이 아니었다. 사건 3일 전 강릉에 사는 내연남을 상대로 수면제를 먹이고 불을 질러 살해하려다 미수에 그친 사실이 경찰 조사에서 드러났다. 내연남의 보험금을 받기 위해 보험금 수령자를 본인으로 바꾼 지 3일 후였다. 당시 내연남이 화상을 심하게 입은 데다 수면제를 너무 많이 복용해 단기 기억상실에 빠진 탓에 이씨의 범행이 드러나지 않았을 뿐이었다. 게다가 이씨에게는 5년간 1년에 1, 2번은 화상진료를 받은 기록이 남아 있었다. 형사들은 "보통 사람이 평생 한 번 입을까 말까 한 화상을 매년 겪은 것이 과연 우연일까"라고 되물었다. 경찰은 이씨를 건조물방화치사 및 강도살인 혐의로 구속해 재판에 넘겼다. 1·2심 법원은 혐의를 모두 인정, 그에게 무기징역을 선고했다. 2,000만원이 안 되는 돈, '일가족이 처참히 죽어야 했던' 이유였다(한국일보, 2017년 5월 23일).

⑤ 이익추구형 방화

이익추구형 방화는 직·간접적인 경제적 이득을 얻기 위한 목적으로 방화를 저지르는 것을 의미한다. 방화범죄를 유발하는 동기 중에서 가장 상업적인 범행으로, 보험사기나 사업 파산을 위한 사기, 손실을 숨기기 위한 사기 등이 이 유형에 속한다. 이 유형은 〈표 9-2〉에 나타난 것처럼 전문방화범에 의해서 저질러지기도 한다. 즉, 경제적 이익을 얻거나 보험금을 타내기를 원하지만 스스로 방화할 용기가 없거나 두려운 가해자가 전문적으로 하는 방화범을 고용하여 방화를 저지르는 경우도 있고, 방화범 자신이 경제적 이익을 위해 방화하는 경우도 있다. 이 유형의 연쇄방화사건은 대개 공범이 있으며 불이 난 후에 방화범은 현장에 남아있지 않으며, 1~2일 이내에 현장으로 다시 돌아오는 경우도 있었다. 범행 후 사건에 대한 언론 보도를 지켜보기도 하지만 범행 이후의 행동방식에 변화는 없는 편이다. 개인적 특성으로, 집안형편이 좋지 않는 하층가정에서 자랐으며 경범죄와 중죄기록이 있으며 방화로 인한 중죄경력이 있을 가능성이 높다. 그러나 정신병력 기록은 없는 경우가 거의 대부분이다. 이 유형의 대표적 사례는 〈CASE 5〉와 같다.

CASE 5

광주지검 형사1부(박철웅 부장검사)는 자신이 운영하는 식당에 불을 지르고 보험금을 타내려 한 혐의(일반건조물 방화·사기 미수)로 윤모(45)씨를 구속했다고 27일 밝혔다. 윤씨는 지난해 10월 29일 오전 3시 19분께 광주 남구 모 식당 건물 주방에 침입해 휘발유를 이용해 불을 지르고 달아난 혐의를 받고 있다. 그는 식당 운영이 잘 안 되자 화재 발생 한 달 전 화재보험에 가입한 뒤 사건 당일 식당 안팎을 비추는 폐쇄회로(CC)TV를 끄고 범행을 저질렀다. 이 불로 660㎡ 규모의 윤씨 식당을 포함해 건물 3개 층이 대부분 불탔으며 윤씨는 보험사에 5억 4천만원을 지급해달라고 청구했다. 경찰은 현장 주변 CCTV에 찍힌 용의자 인상착의와 행적을 토대로 경남으로 달아난 윤씨를 검거했으나 그는 범행을 부인했다. 그러나 수사 과정에서 화재 발생 1개월 전 보험에 가입한 사실과 CCTV에 찍힌 피의자의 걸음걸이 감식 결과 등을 이유로 구속되자 방화 사실을 시인했다. 윤씨는 매월 1천만원 안팎의 적자가 발생하는 등 운영에 어려움을 겪어 범행했다고 주장했다(매일경제, 2019년 6월 27일).

⑥ 극단주의형 방화

극단주의형 방화는 사회적, 정치적, 종교적 이유로 방화를 하는 것을 의미하는데 낙태시술소, 동물실험실, 모피공장 등이 범행대상이 될 수 있다. 이 유형의 방화는 대개 여러 명이 함께 범행을 저지르며 범행 장소에 메시지를 남기고 언론을 통해 자신들의 폭력적 행동들에 대해 정당화하려는 경향이 있다. 또한, 이 유형의 방화는 차별대우나 특정계층, 또는 특정한 정치적 이슈에 대항하기 위한 수단으로 불을 저지르기도 한다. 이 유형의 대표적 사례는〈CASE 6〉과 같다.

case 6의 이탈리아 납치방화사건의 현장모습
출처: http:/mn.kbs.co.kr/news/view.do?ncd=4162391

CASE 6

이탈리아에서 정부의 반난민정책에 불만을 품은 스쿨버스 운전기사가 20일(현지시간) 학생 50여 명을 태운 버스에 불을 질렀다. 버스는 완전히 불탔지만 학생들의 기지로 탑승자 전원이 구조됐다. 이탈리아 경찰은 이날 오전 북부 크레마의 조반니 바일라티 중학교에서 2개반 학생 51명과 교사, 관리인 등 3명을 태운 스쿨버스를 납치한 뒤 버스에 불을 지른 혐의로 운전기사 우세이누 사이(47)를 체포했다고 ANSA통신이 보도했다. 사이는 아프리카 세네갈 출신으로 2004년 이탈리아 시민권을 취득했다. 40분가량 이어진 납치방화극은 학생들이 학교 인근 체육관에서 활동을 마치고 학교로 돌아가는 길에 일어났다. 경찰은 범인이 체포되면서 "지중해에서의 죽음을 멈춰야 한다"고 외쳤다고 밝혔다. 한 여학생은 "운전기사가 계속 아프리카 사람들이 죽어가고 있고, 이는 루이지 디마이오, 마테오 살비니 부총리의 잘못이라고 했다"고 ANSA통신에 말했다. 수사당국은 범인이 정부의 강경한 반난민 정책에 불만을 품고 학생들을 납치한 뒤 버스에 불을 질러 살해하려 한 것으로 보고 있다. 검찰 관계자는 "범인이 극단주의 무장단체와는 연관이 없으며 홀로 범행을 저지른 것으로 보인다"고 말했다. 범인은 음주운전과 성범죄 전과가 있는 것으로 확인됐다(경향신문, 2019년 3월 21일).

02 방화범죄의 실태

(1) 성별 방화범죄의 발생현황

방화범죄자의 심리적 특성을 설명하기 전에 방화범죄의 동향, 방화범죄자의 범행동기, 연령대 등을 살펴볼 필요가 있다. 〈그림 9-1〉은 지난 10년간 방화범죄자 수

그림 9-1 지난 10년간 방화범죄 동향 및 성별 (단위: 명)

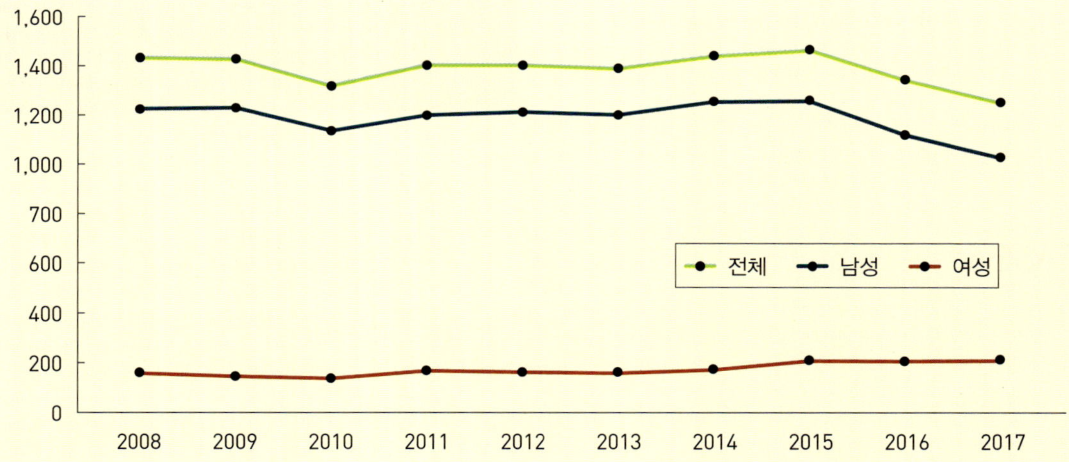

출처: 대검찰청 범죄분석, 2008~2017년

와 성별을 비교한 것이다. 이 그림에서 보듯이 2008년부터 2017년까지는 한 해 약 1,300여 명의 방화범죄자가 검찰에 검거되다가 2015년부터 하락세를 보였다. 여성 범죄자는 2008년부터 증감을 반복하며 2014년부터는 지속적인 증가추세를 보였다. 방화범죄의 대부분은 남성에 의해 저질러졌다. 즉, 2008년 이후 남성의 방화범죄비율은 여성에 비해 약 5배 정도 높은 것으로 드러났다. 이처럼 방화범죄자의 거의 대부분은 남성이며 연도별 증감 또한 남성범죄자의 패턴과 동일하게 움직이고 있다.

(2) 범행동기

〈그림 9-2〉에서 지난 10년간의 방화범죄의 범행동기로 우발적으로 저지르는 비율이 62.3%로 가장 높았다. 그 다음으로는 가정불화로 인해 14%가 범행을 저지르고, 13.2%는 현실불만으로 범행을 저질렀다. 방화범죄가 우리 사회에 심각한 피해를 주는 이유는 그 주된 동기가 우발적이라는 데 있다. 우발적인 이유에는 흥분형 등의 범죄동기가 내포되어 있는데 이런 유형의 방화는 주로 상습적으로 이루어지며 그 피해규모도 다른 유형의 방화보다 훨씬 더 크다. 즉, 방화의 동기가 계획적이거나, 보복, 이욕, 부주의 등은 일회성으로 그칠 가능성이 많지만, 상습적인 흥분을 위해 우

그림 9-2 범죄자 범행 동기

(단위: 명)

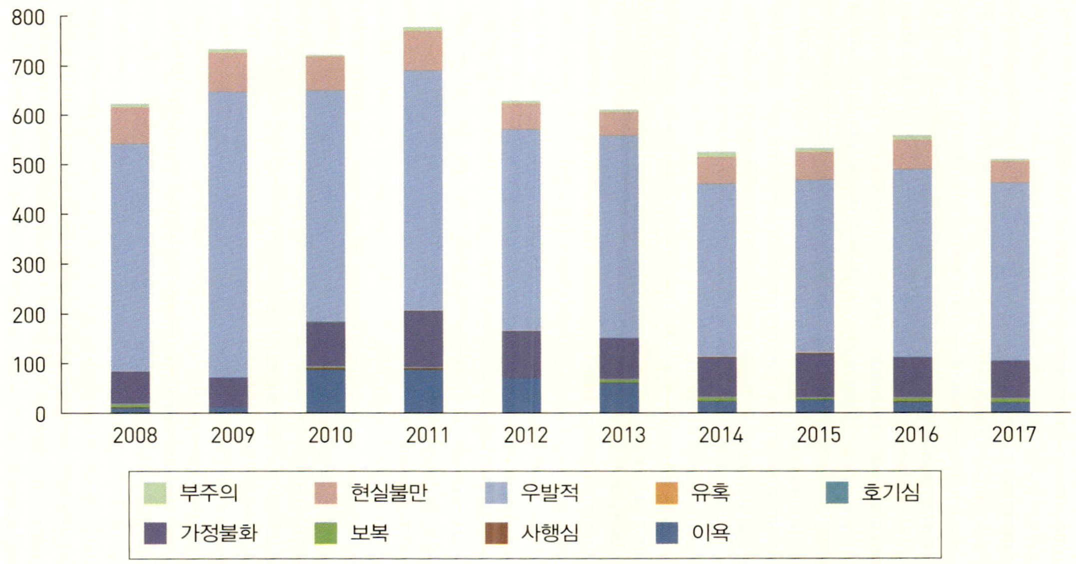

출처: 대검찰청 범죄분석, 2008~2017년

발적으로 저질러지거나 현실불만 등의 동기는 그 방화범의 정신적 문제를 해결하지 않는 이상 유사한 범죄가 반복될 가능성이 높다.

(3) 방화범죄자의 특징

〈그림 9-3〉은 방화범죄자의 연령대를 나타낸 표이다. 평균적으로 40대가 방화범죄를 가장 많이 저질렀으며 그 다음으로 50대>30대>20대>10대>60대 순으로 나타났다. 70대의 연령대별 비율은 가장 낮으나 2009년에 비해 2016년에 6배로 가장 높은 증가율을 보였다. 지난 10년 동안 연도별 방화연령비율 또한 위의 순서와 거의 동일하다. 하지만, 2011년 이후부터 50대의 방화비율이 전년 대비 상당히 높은 수준으로 증가했으며, 상대적으로 30대의 방화비율은 점차 감소하는 경향을 보이고 있다. 결론적으로 우리나라 방화범죄는 주로 40대와 50대가 전체 범죄의 50% 이상을 차지하고 있다. 또한 2008년과 2017년 비교 시, 전체 방화범죄자는 1395명에서 1263명으로 약 1.1배 감소하였으며, 범행 비율이 10대는 1.6배 감소, 20대는 1.2배 증가, 30대는 1.7배 감소, 40대는 1.5배 감소, 50대는 1.7배 증가, 60대는 2.4배 증가, 70대는 3배 증가하였다.

그림 9-3 **방화범죄 시 연령대** (단위: 명)

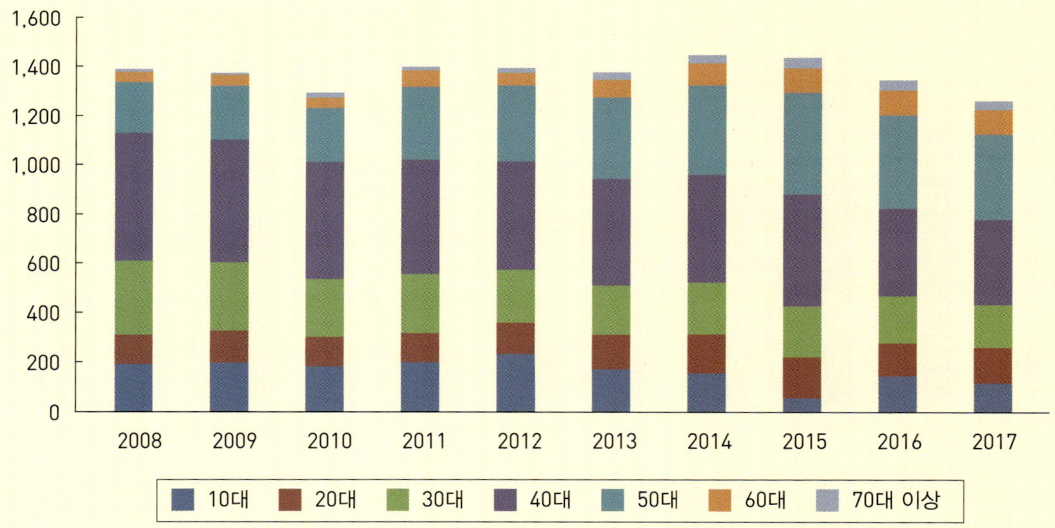

출처: 대검찰청 범죄분석, 2008~2017년

(4) 피해현황

〈그림 9-4〉는 우발적으로, 혹은 현실불만과 가정불화로 인해 저지른 방화사건으로 드러난 인명 피해를 나타낸 표이다. 〈그림 9-4〉에서 전체 방화피해자 1,440명 중 1,117명(77.6%)이 상해를 입고, 323명(22.4%)이 사망하였으며, 상해를 입은 남자는 45%, 여자는 32.6%, 사망한 남자는 12.7%, 여자는 9.7%로 나타났다. 전반적으로 방화로 인한 인명피해의 남녀 비율은 약 6:4 정도로 남성의 피해율이 여성에 비해 조금 높은 것으로 나타났다.

그림 9-4 방화로 인한 인명피해

(단위: 명)

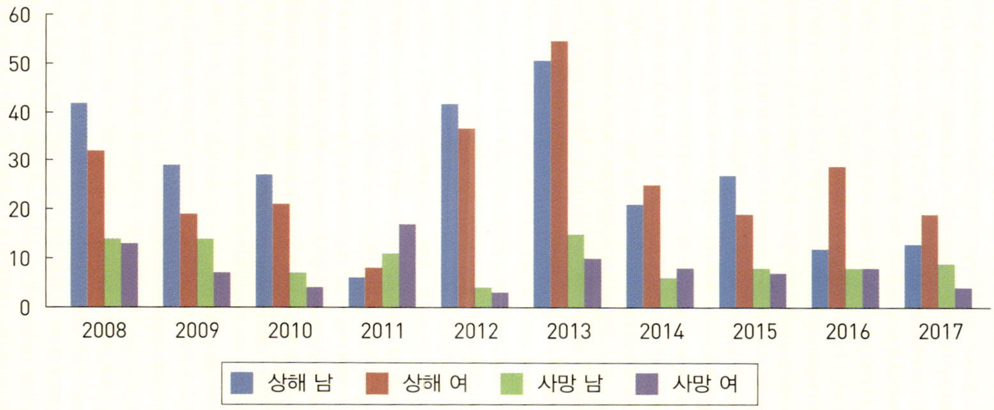

출처: 대검찰청 범죄분석, 2008~2017년

방화범의 심리적 특성

03

방화의 동기와 원인이 다양한 만큼 방화범들의 일반적, 행위적 특성과 심리적 특성 또한 다양하다. 방화범들의 심리적 특성을 파악하기 전에 우리는 그들이 방화사건에서 나타낸 일반적, 행위적 특성을 먼저 살펴봄으로써 심리적 특성을 어느 정도 추론할 수 있다. 방화범의 일반적, 행위적 특성을 명확하게 파악하기 위해서는 전국단위의 표본자료를 사용한 연구결과를 중심으로 살펴보는 것이 방화범들의 특성을 일반화(일반화는 제4장의 용어설명 참조)하는 데 용이하다. 이를 위해 본 절에서는 유완석과 황성현의 연구(2011)와 박형민 외의 연구(2012)를 중심으로 살펴보고자 한다. 유완석과 황성현의 연구자료는 경찰청에서 운영 중인 과학적 범죄분석시스템(Scientific Crime Analysis System : SCAS) 자료를 기본으로, 수사종합검색시스템(Criminal Filing Search System : CRIFISS), 범죄정보관리시스템(Crime Information Management System : CIMS) 보충적으로 사용하여 2000년 초부터 국립과학수사연구소 범죄분석실과 경찰청 범죄행동분석팀에서 합동으로 실시한 전국의 주요 방화사건 중 기소 전 경찰수사 단계에서의 피의자에 대한 면접자료 160을 중심으로 이루어진 자료이다(유완석·황성현, 2011). 박형민의 연구자료는 대검찰청의 협조로 지난 10년간 방화관련 사건 목록을 제공받아 그 가운데 연쇄적으로 발생한 사건을 확인하여 해당 지방검찰청에 사건기록을 조사한 것으로 총410명의 방화범들이 저지른 사건을 중심으로 진행되었다(박형민 외, 2012).

(1) 방화범의 일반적, 행위적 특성

단순방화범과 연쇄방화범의 일반적, 행위적 특성을 비교분석한 유완석과 황성현의 연구결과, 첫째, 연쇄방화범과 단순방화범의 전과경력 면에서는 차이점이 발견되지 않았다. 단지 최초범죄 변인에서 연쇄방화범들은 단순방화범에 비해 방화를 비롯한 강력범죄 비율이 월등하게 높게 나타남에 따라 그들의 범죄는 우리 사회에서 상당히 위험한 결과를 초래할 수 있는 것으로 드러났다. 즉 연쇄방화범의 방화동기가 다분히 심리적, 정신적 요인에 의해 작동되기 때문에 그 횟수나 심각성, 범죄피해자나 피해액수와 관련하여 훨씬 심각할 수 있다는 사실을 암시한다. 둘째, 사회인구학적 면에서 남성이 거의 대부분을 차지하고 있으며 여성은 단지 3.8%에 불과했다. 그러나 여성의 경우, 단순방화범보다 연쇄방화범의 비율이 약 2배 정도 높았다. 방화범들은 또한 범행 당시 직업이 없는 상태가 50% 정도였고, 약 15% 정도는 청소년인 것으로 나타났다. 연령은 20대가 26.9%, 30대는 23.8%, 40대는 21.9%로 거의 대부분이 20~40대 사이의 나이대에 속했다. 셋째, 연쇄방화범과 단순방화범의 범죄현장에서의 행위적 특성을 비교한 결과, 연쇄방화범들은 피해 장소나 피해 대상을 노상이나 무작위 장소의 쓰레기나 적치물을 이용하여 방화하는 경향이 높으며, 그런 장소에서 쉽게 구할 수 있는 종이류를 사용하며, 사전에 방화도구를 준비하지 않고, 현장에서 바로 입수 할 수 있는 것들을 사용하는 경향이 두드러졌다. 즉, 연쇄방화범들은 방화를 무작위, 무계획적, 우발적으로 저지르는 경향이 있는 반면, 단순방화범은 아는 지인들과의 만남이나 일상생활에서 피해대상을 선정할 가능성이 연쇄방화범들보다 10배 정도 높았다. 이 결과로 유추하건대, 단순방화범은 지인들과의 해결되지 못한 갈등이나 경제적 이익 등을 방화사건으로 해결하려는 경향이 강한 반면, 연쇄방화범들은 사회구성원들 간의 상호작용에서 나타나는 갈등을 해결하기 위해서라기보다는 오히려 무작위나 노상을 선택할 만큼 상당히 정신병리적이고 심리적 요인에 의해 방화하는 것으로 나타났다. 또한 범죄 후 사법기관에 검거될 수 있다는 두려움이 단순방화범에 비해 훨씬 약하기 때문에 방화 후 현장을 조작하지 않을 가능성 높고, 도보로 현장을 빠져 나오는 경향이 높으며, 방화 후 현장을 구경할 가능성은 낮은 것으로 나타났다. 마지막으로 연쇄방화범의 방화동기가 흥분이나 현실불만인 것으로 나타남에 따라 방화피해자와 비면식일 가능성이 높고, 흥분이나 현실불만을 고취시키기 위해 음주상태에서 방화사건을 저지를 가능성이 높은 것으로 드러났다. 결론적으로 유완석과 황성현의 연구에서, 단순방화범들은 경제적 이득을 얻기 위해 방화를 저지르는 경향이 있는 반면에 연쇄방화범들은 심리적, 정신적 요인에 의해서 범죄를 저지르는 것으로 드러났다. 즉, 연쇄방화범은 흥분이나 현실불만을 해소하기 위해 방화를 저지르는 경우가 많은 것으로 나타났다(유완석 · 황성현, 2011).

한편 박형민의 연구에서는 첫째, 사회인구학적 면에서 연쇄방화범의 절대다수는 남성이고, 30대 이하의 비율이 약 60% 이상이며 정규교육을 받지 않은 무학에서부터 중졸 이하의 비율이 40% 이상을 차지하여 교육수준이 낮은 편이었다. 또한, 정신질환 경력은 없는 정상인으로 미혼이거나 이혼한 상태로 일정한 주거지에서 부모와 함께 살며 단순노무직에 종사하는 경우가 많았다. 둘째, 연쇄방화범의 어릴 적 양육환경 측면에서, 친부모에 의해 양육된 비율이 50% 이상이기는 하지만 가족 간의 유대관계는 원만하지 않았으며 학대경험과 가출경험이 있는 비율이 약 10% 정도였다. 즉 그들은 어린 시절에 불우한 경험을 가진 경우가 많았으며 성장하면서 가출 등의 경험으로 인해 가족 내에서 정서적 지지를 받지 못하고 성장한 경우가 많았다. 셋째, 범죄현장에서의 행위적 특성으로, 연쇄방화범들은 (유완석과 황성현의 연구결과와 동일하게) 사전에 범행에 대한 계획 없이 술을 마시고 단독으로 새벽에 불을 지른 경우가 많았다. 범행동기로는 개인적 원한과 자신의 처지 비관, 사회적 열등감 등의 분노를 표출하는 경우가 절반 이상을 차지했으며 정신질환이나 정신장애로 인한 방화도 15.6%로 나타났다. 넷째, 성격특성으로 그들은 자신의 감정을 표현하는 능력이 다소 떨어지며 이것은 내성적인 성격으로 나타나기도 하고, 소심한 성격으로 나타나기도 했다. 그리고 다혈질적인 성격도 내성적인 측면과 결합하여 분노는 표출하지만 자신의 감정을 표현하지 못하는 경향이 강했다. 이런 내성적 성격 탓에 술을 마실 때도 혼자 마시는 경향이 강했으며 간혹 술을 마시면 폭력적인 성향을 띠기도 했다.

연쇄방화범은 방화를 무작위, 무계획적, 우발적으로 저지르는 경향이 있어 피해 규모는 단순방화범에 비해 훨씬 크다.
출처: https://www.fraud-magazine.com/article.aspx?id=4294980220

두 연구결과를 종합하면, 방화범들, 특히 연쇄방화범들의 대부분은 남성이며, 주로 20~30대가 50% 이상을 차지하고 있었다. 그들의 경제적 수준은 높지 않았으며, 미혼일 가능성이 많고, 결혼을 했다고 하더라도 범행 당시 이혼했을 비율이 상당히 높으며 일정한 직업이 없는 상태가 대부분이었다. 어릴 때 가정에서 부모와의 관계는 원만하지 않았으며, 성장하면서 가출과 학대경험이 높았고, 그로 인해 대인관계가 원만하지 않은 것으로 드러났다. 범행 현장에서 나타난 행위적 특성으로 주로 단독으로 범행을 저질렀고, 사전에 계획을 세운 방화보다는 무작위로 무계획적, 우발적인 방화가 더 많았다. 이런 무계획적인 방화는 범죄의 동기에서도 동일하게 드러나는데 주로 경제적 이익 때문에 일회성 방화로 끝나는 것이 아니라 원한, 복수, 사회에 대한 불만, 정서적, 정신적 문제로 불을 지르는 경향이 강했다. 성격특성으로는 내성적인 경향이 강하며, 자신의 분노나 불만을 잘 표현하지 못해 방화로 표출하는 경향이 두드러졌으며, 술을 마신 상태에서 방화를 저지르는 경향이 강했다. 예를 들면, 유완석과 황성현의 연구에서 단순 방화범은 술을 마시지 않은 상태에서 불을 지른 경우가 74%인 데 반해 연쇄방화범의 57.1%는 음주 상태에서 방화사건을 저지른 것으로 나타났다.

(2) 방화범의 심리적 특성

방화범죄는 다른 강력범죄와는 달리 심리적 요인에 의해 저질러진다는 주장이 강할 정도로 심리적 현상과 깊은 상관관계가 있다. 심리적으로 상처받은 범죄자들이 심리적, 성적, 정서적 보상을 받기 위해 저질러지므로 심리적으로 그들을 치료해야 한다는 주장도 있다. 특히 방화를 통해 심리적, 성적 흥분을 느끼는 방화광에 의한 방화는 정신질환의 일종으로 접근해야 한다. 방화범들은 편집증적인 성향이 있으며, 흥분이나 충동성향이 높은 편이다. 미래에 대한 고민 없이 자포자기적인 행동을 보이기도 하며, 내성적이므로 방화를 통해 자신들의 분노, 충동, 사회에 대한 원망 등을 표출하기도 한다. 예를 들면, 한국 방화사례의 안모씨처럼 사소한 문제에도 걱정과 두려움이 많은 편집증적인 성향이 있으며, 가까운 친구가 거의 없을 정도로 혼자서 주로 생활하는 경향이 있다. 또한 안모씨처럼 방화범들은 자신이 힘겹고 불공평

하게 살아왔다고 여기고 자신이 처한 어려움이 다른 사람 탓이라고 합리화함으로써 사회에 대한 원망이나 분노 등을 방화로 표출하는 경향이 있다. 방화범들에게 자주 나타나는 낮은 자존감, 충동성, 정서불안, 흥분이나 스릴을 즐기는 경향, 방화벽 또는 방화광에 대해 좀 더 구체적으로 살펴볼 필요가 있다.

1) 낮은 자존감

위의 두 가지 경험적 연구결과에서도 나타났듯이, 방화범들의 50% 정도는 일정한 직업이 없는 상태에서 범죄를 저지른다. 또한, 어릴 때 부모와의 유대감도 낮아 가정 학대나 방임, 성장 시에 내성적인 성격 탓에 집단따돌림을 당하기도 하고, 주로 혼자 생활하는 경향이 강하다. 즉 어릴 때의 가정에서의 부적절한 사회화와 성장 시의 따돌림으로 인해 낮은 자존감이 형성되기도 하며, 이런 낮은 자존감은 충동적인 성격과 연결된다. 낮은 자존감으로 인해 사소한 자극이나 실패에도 쉽게 흥분하고 충동적으로 극단적인 행동을 보이는 경향이 강하다. 어린 시절부터 방화를 시작한 성인 방화범은 자기주장이 부족하고, 대인관계기술이 낮고, 일정한 직업이 없으며, 상당히 붕괴된 가정환경하에서 자라기 때문에 자존감이 낮은 것으로 보고되고 있다 (Fritzon, 2001).

2) 충동성

방화범들은 일반인에 비해 월등하게 충동적인 성향이 강하다. 이는 〈그림 9-2〉의 방화 범행 동기에서 나타났듯이, 우리나라 방화범죄자의 59.4%는 우발적으로 방화범죄를 저지른다. 우발적인 동기는 일정한 목적이나 계획 없이 즉흥적으로 범죄를 저지르는 것으로써 그 심리적 기저에는 충동성이 자리 잡고 있다. 그들은 사소한 일에도 쉽게 흥분하며 극단적인 행동을 별다른 심사숙고 없이 충동적으로 실행하거나, 미래에 대한 고민 없이 자조자기적인 행동을 하는 경향을 보인다. 방화범들에게 나타나는 충동성은 일상생활에서의 각종 스트레스가 그 주된 원인이다. 일반적으로 사회경제적 수준이 낮은 방화범은 자신의 보잘것없는 처지로 인해 다양한 스트레스 상황에 노출된다. 스트레스는 빈곤, 실직 등의 경제적 문제로 발생할 수도 있고, 부모나 친구들로부터의 학대피해경험, 가정불화, 애정문제로 인한 이혼경험, 내성적인 성격 탓에 남들과 잘못 어울리는 대인관계 부족으로 인한 정서적 문제 등으로 발생하기도 한다. 이렇게 쌓인 스트레스는 음주로 증폭되고, 음주상황에서 충동적으로 방화사건을 저지르는 것이다. 위의 두 가지 경험적 연구결과(유완석·황성현, 2011; 박형민 외, 2012)에서 나타난 것처럼 연쇄방화범들은 술을 마신 상태에서 방화를 저지르는 경향이 50% 정도를 차지했다. 이런 충동적인 성향은 청소년 방화범들의 두드러진 특징인데, 청소년방화범들은 공격적이며, 튀고 싶고, 과잉행동이 강하게 나타난다(Bartol & Bartol, 2010). 그들은 다른 사람과 잘 지내기 위한 대인관계 기술이나 사회적 기술이 상당히 떨어지므로 사회적으로 고립될 가능성이 많으며, 이렇게 사회나 친구들로부터의 소외 등으로 발생되는 긴장이나 스트레스를 해소하기 위해 무작위로 불을 놓는 경향이 있다.

3) 정서불안

방화범들은 정서적인 문제가 발생했을 때 이를 합리적으로 해결할 만한 사회적인 자원이 부족한 편이다. 그래서 대인관계 능력 부족이나 타인과의 의사소통 능력 부족으로 인하여 분노나 충동을 조절하지 못하는 상습적인 정서불안 현상을 보이는 경향이 있다. 정서불안의 원인으로 방화범들은 어린 시절 가정에서 부모의 학대나 방임 등과 같은 가정폭력을 경험한 경우가 많으며 성장해서도 잦은 실패와 좌절을 심리적으로 극복하지 못하고, 이러한 경험들이 자신의 삶을 좌우했다고 인지하는 경우가 많다. 이런 정서불안형 방화범은 환상에 사로잡혀 불이 탈 때 볼 수 있는 화려한 불 색깔에 대한 환상을 가지고 있으며 이런 유형의 방화범은 방화범 중에서 가장 심각한 형태며, 사망이나 치명적 피해를 입힐 수 있는 연쇄방화범들에게서 자주 나타나는 심리적 특징 중 하나이다(Siegel, 2020). 레포(Repo)와 그의 동료들은 단순방화범과 상습방화범의 비교연구에서, 상습방화범들은 알코올 의존증이 높으며 정서불안과 같은 반사회적 성격장애가 일반적으로 나타나는 특징이라고 주장했다(Repo *et al.*, 1997).

2012년 5월 학교에서 집단따돌림으로 늘 소외되었던 한 청소년이 주택가 불을 놓고 도주하는 장면. 그는 서울 소재 빌라 등에서 3개월 동안 5번의 방화사건을 저질렀다.
출처: http:/d.kbs.co.kr/news/view.do?ncd=2475981

4) 흥분 및 스릴추구경향

정서적으로 불안한 방화범들은 불이 타는 것을 보면서 흥분하며, 대규모의 피해상황을 즐기는 경향이 있다. 그러나 대부분의 방화범들이 자신의 흥분과 스릴추구를 위해 방화하는 것은 아니다. 연쇄방화범 중에서 극히 일부는 정신병질적으로 방화를 저지르면서 자신만의 흥분과 희열을 느낀다. 그들은 불을 붙이기 전 높은 긴장감을 느끼고, 불이 발화한 이후 내면에서 격렬한 기쁨이나 해방감을 느낀다고 주장한다(Bartol & Bartol, 2010). 방화범 중에서 스릴이나 흥분을 위해 불을 지르는 범죄자들은 주로 청소년 방화범 중에서 다수 발견되는데 그들은 흥분이나 무료함을 달래기 위해서 개인보다는 집단적으로 불을 놓는 경향이 강하다. 대체적으로 사전 계획 없이 충동적으로 이루어지며 화재현장에 남아서 소방관들이 불을 진화하는 것을 보면서 흥분이나 스릴을 만끽하기도 한다. 유완석과 황성현의 연구(2011)에서 연쇄방화범들은 흥분을 위해 불을 지르는 비율이 전체 연쇄방화범 중에서 52.9%를 차지했다. 즉, 단순방화범들은 타인에 대한 보복(28.9%)이나 다른 범죄를 은폐하기 위해서(37.8%)가 50% 이상을 차지한 반면, 연쇄방화범들은 자신의 흥분을 고조시키거나 스릴을 추구하기 위해 불을 지르는 경향이 압도적으로 높았다. 이런 방화범들의 심리적 특성 때문에 방화사건을 이미 오래전부터 범죄가 아닌 정신 병리적 문제로 접근하자는 주장이 설득력을 가진다고 볼 수 있다(Webb *et al.*, 1990).

5) 방화광 또는 방화벽

DSM-5에 따르면, 병적 방화증은 성적 또는 다른 희열감을 얻기 위한 목적으로 상습적으로 불을 지르는 사람으로 정의하고 있다(American Psychiatric Association, 2013). 연쇄방화범 중에서 극히 일부는 방화에 대해 광적으로 집착하는 성향을 가진 사람들이 있으며 이런 방화범들을 방화광이라고 지칭한다. 물론 흥분이나 스릴을 즐기기 위해 방화를 하는 사람들이 방화광으로 발전할 가능성은 있지만 정신의학적으로 방화광이나 방화벽 진단을 받는 방화범들은 매우 드물고 흥분이나 스릴을 위한 방화범들은 반사회적 성격장애, 기질성 정신병 또는 기분장애 등으로 진단을 받는 경우가 대부분이다. 예를 들면, 캔트와 프리촌(Canter & Fritzon) 는 175명의 방화범들을 분석한 결과, 정신과 치료 경험이 있는 51명 중 대부분은 우울증이나 정신병 진단을 받은 것으로 나타났으며(Canter & Fritzon, 1998) 청소년 방화범을 대상으로 한 연구에서는 청소년 방화범에게서 행동장애뿐만 아니라 기분장애증상이 두드러지게 나타나는 것으로 밝혀졌다(Kosky & Solburn, 1984). 따라서 정신의학적으로 방화광 또는 방화벽을 가진 방화범은 전체 방화범 중에서 약 6%에 속하며 이들은 정서적 또는 심리적인 문제를 가지고 있는 사람들이 방화를 하는 경우를 말한다(박철현, 2004).

2010년에 발생한 화재현장 중 하나. 위 사진 속 30대 방화범은 스트레스를 풀기 위해 2년 동안 23차례 방화사건을 저질렀다. 이는 전형적인 충동조절장애에 의한 병적 방화에 속한다.
출처: http:/mn.kbs.co.kr/news/view.do?ncd=2150525

그러나 방화를 성적인 흥분을 위한 도구로 사용한다는 일부 주장은 논리적 근거가 희박하다. 방화범 중에서 불에 의해서 성적 흥분을 얻는 경우도 있지만, 그것이 방화광 중에서 다수를 차지한다는 경험적 증거는 희박하다(Bartol & Bartol, 2010). 예를 들면, 인시아르디(Inciardi)는 어떤 방화범이 불이 난 장면을 보고 성적 충동을 얻을 수 있다고는 하지만, 의미 있는 증거를 찾기는 어렵다고 주장했다(Inciardi, 1970). 왜냐하면 68건의 방화범에 대한 집중적 조사를 실시한 결과 다른 성적 이상을 찾기 어려웠기 때문이다(Wolford, 1972). 즉, 일부의 방화범들이 성적 흥분이나 성적인 만족을 위해 방화사건을 저지른다고 알려져 있지만, 대부분의 방화범들이 성심리적 문제로 불을 지른다는 경험적 증거는 희박하다고 볼 수 있다. 결론적으로 방화벽이나 방화에 대한 광적인 환상을 가진 연쇄방화범들이 일부 존재하기는 하지만, 그들은 성적인 흥분을 위해서라기보다는 성격장애나 기분장애 등으로 방화를 하는 경우가 많다고 볼 수 있다. 특히 방화범들의 50% 이상은 음주상태에서 방화사건을 저지르기 때문에 음주로 인한 정서적인, 정신적인 질환을 가지고 있는 사람들은 흥분이나 스릴을 즐기기 위해 방화사건을 저지르기도 한다. 즉, 상당수의 방화범들은 알코올중독 또는 심한 알코올의존 상태에서 범행을 저지르며, 이러한 알코올의존은 일상적 폭력과 깊은 상관관계가 있으므로 방화광에 대한 논의는 성적인 흥분이나 만족의 측면에서 접근하기보다는 알코올 중독이나 그로 인해 나타나는 정서장애, 기분장애, 반사회적 성격장애 등의 차원에서 접근하는 것이 바람직하다.

종합하면, 방화범들의 심리적 특성으로 불우한 어린 시절의 환경 탓에 낮은 자존감, 충동성, 사회에 대한 원망이나 분노, 다양한 스트레스로 인한 정서불안 등을 공통적으로 지적할 수 있다. 이런 심리적 특성은 방화범들의 어린 시절 가정 내에서 부모와의 부적절한 유대관계로 발생하는 경우가 많다. 그들은 어린 시절부터 경제적 어려움을 겪으며, 성장한 후에도 직업이 없거나 결혼생활에서 실패한 경우가 많아 사회적, 경제적으로 소외되어 여러 가지 심리적 문제를 가지고 있는 경우가 많았다. 하지만 방화광이나 광적으로 불에 집착하는 성향을 보이는 경우는 많지 않으며, 특히 성적인 흥분이나 만족을 위해 불을 저지른다는 경험적 연구결과는 희박하다. 그럼에도 불구하고 (다른 강력범과는 달리) 연쇄방화범은 심리적, 정신적인 문제를 가지고 있는 경우는 많은 편이다. 따라서 우리 사회에서 방화범죄를 줄이기 위해서는 방화범들을 엄격하게 처벌하기보다는 치료차원으로 접근해야 한다는 일부 학자들의 주장이 타당한 것처럼 보인다.

방화범죄의 대책

04

우리 사회에서 발생하는 방화범죄의 동기는 경제적 이익을 취득하기 위하여 치밀하게 계획된 범죄라기보다는 순간적인 충동이나 분노, 사회에 대한 불만, 개인의 정서적, 심리적 문제 때문에 발생한다. 특히 사회 빈곤층의 확대나 불평등이 심화될수록 사회에 대한 불만이나 개인의 심리적 스트레스를 방화로 해결하려는 경향이 많아질 수 있다. 따라서 방화범죄를 줄이기 위해 우리 사회가 반드시 해야 할 일이 무엇인지를 살펴볼 필요가 있다.

첫째, 다른 강력범죄와는 달리 방화범죄는 주로 단독범이 많으며, 사전에 치밀하게 계획된 범죄라기보다는 사회경제적으로 고립된 개인이 자신의 불에 대한 충동성을 이기지 못한 우발적 범죄의 성격이 강하다. 그러나 단 한 건의 방화사건으로 상당히 심각한 재산피해나 인명피해가 발생하기 때문에 어떤 다른 범죄보다 우리 사회에 위협적인 범죄유형이다. 예를 들면, 2003년 2월 대구지하철 방화사건처럼 단 한 건의 사건으로 192명의 사망자와 21명의 실종자, 151명의 부상자가 발생할 수 있으며, 2008년 2월의 숭례문 화재처럼 우리나라 국보 제1호가 전소될 수도 있다. 우리 사회에서 전체 화재로 인한 사망률이 화재 100건당 2명인 데 반해, 방화로 인한 사망률은 7.4명으로 치사율이 전체 화재보다 3.5배 정도 더 높다(최종태, 1997). 또한, 방화범죄의 속성상 방화범들이 단 한 건의 방화로 끝나는 것이 아니라 상습방화나 연쇄방화로 이어질 가능성이 높기 때문에 방화범죄의 위험성은 어떤 다른 범죄사건보다 크다고 할 수 있다. 따라서 방화범죄가 공공의 안전을 위협하는 심각한 범죄임을 우리 스스로 인식하는 것은 방화범죄를 감소시키는 데에 커다란 역할을 할 수 있을 것이다. 즉, 우리가 방화범죄를 심각하게 인식하는 자체만으로도 우리 사회에서 방화범죄율을 줄이는 데 상당한 역할을 할 것이다. 방화사건의 심각성에 대한 인식은 방화범죄에 대한 통계를 정확하게 파악하는 작업에서부터 출발해야 한다. 우리나라의 경우, 방화범죄에 대한 통계를 파악하는 명확하고 통일적인 기준이 없다. 예를 들면, 미국이나 일본의 경우, 방화화재의 통계관리를 위해 방화를 원인으로 하는 화재와 방화로 의심되는 화재를 통합하여 방화성의 화재로 취급하여 방화범죄의 발생추이 등 실태파악 및 대응에 정확한 자료를 삼고 있다(김성진, 2001). 그러나 우리나라의 경우, 방화로 명확하게 밝혀진 화재만 방화통계로 입력하기 때문에 방화사건이 축소, 왜곡될 수 있다. 그뿐만 아니라 방화통계 작성 시, 단순히 발생 건수 또는 검거 건수별로 입력되기 때문에 그 사건이 단순방화범에 의한 것인지 아니면 연쇄방화범이 저지른 사건인지 파악하기 힘들다. 따라서 범죄통계 입력 시, 범죄자의 범행횟수 및 기간에 대한 항목이 추가된다면 단순방화인지 연쇄방화인지 파악할 수 있을 뿐만 아니라 일정기간 동안의 추세분석도 가능해질 것이다(박형민 외, 2012).

둘째, (위에서 살펴본 것처럼) 방화범들의 공통적인 특징으로 낮은 자존감, 충동성, 정서불안, 흥분이나 스릴을 즐기는 경향 등을 지적하였다. 방화를 단순히 한 개인의 정서적, 심리적 일탈로 치부하기보다는 사회경제적으로 낮은 지위에 있는 방화범의 자아존중감을 높일 수 있는 대책을 마련하는 것이 무엇보다 중요하다. 방화범의 자아존중감을 높이기 위해서는 제대로 된 가정의 역할이 중요하다. 방화범들은 어린 시절 가정에서 부적절한 사회화나 심지어 부모의 학대를 당했을 가능성이 높다. 성장하면서도 또래집단으로부터 집단따돌림이나 학대, 폭력피해 등을 당했을 수도 있다. 이런 학대 경험이 한 개인에게 꾸준하게 쌓이면 긴장이나 스트레스 폭발의 결과로 방화사건이 발생할 수 있다. 따라서 가정이나 학교에서 발생하는 학대 및 폭력 피해자에 대한 적절한 사회적 보호와 지원이 필요하며, 폭력의 가해자는 물론 폭력의 피해자들도 건강한 사회구성원으로 성장할 수 있도록 우리 사회의 적극적 지원이 필요하다(박형민 외, 2012). 예를 들면, 방화범죄를 줄이기 위해 방화범을 엄격한 법의 잣대로 처벌하기보다는 정서적, 심리적 치료를 우선시하는 정책이 필요하다. 즉, 각 가정에서 방화범을 인지하고, 평가하고, 치료하는 데 초점을 맞출 필요가 있다. 이를 위해서는 미국의 로드아일랜드(Rhode Island)주에서 시행하고 있는 방화안전가족(Fire Safe Families) 프로그램 등의 한국적 정착화도 고려해 볼 필요가 있다. 이 프로그램은 방화를 저지를 가능성이 높은 청소년의 행위를 인지할 수 있는 지역 전문가에게 교육프로그램을 제공하고, 청소년 방화범이 될 위험성이 농후한 가정의 자녀와 가족을 치료할 인지행동치료(cognitive-behavioral therapy: CBT) 프로그램을 동시에 제공한 데 그 목적을 둔 프로그램이다(Siegel, 2020). 또한, 가정을 비롯한 다양한 사회공간 속에서 합리적인 의사소통을 위한 훈련과 교육이 필요하다. 이를 위해 방화범의 자아존중감을 향상시키는 것이 우선으로 필요한데 이에 도움을 줄 수 있는 사회기관을 더욱 확충하며 기존에 설치되어 있는 각종 상담기관을 자발적으로 이용하도록 유도하며 자아존중감을 높일 수 있도록 조력하는 사회적인 분위를 조성하는 데에 힘써야 한다. 특히, 방화전과를 가지고 있는 범죄자들에 대한 체계적인 치료가 필요하다. 방화범죄는 범죄자의 심리적, 정서적 요인에 의해 발생되는 경우가 많으므로, 사전에 이들에 대한 심리적, 정신적 치료의 접근이 필요하다. 이런 구체적인 심리적 치료와 함께 그들에 대한 사회적 관심과 지원이 필요하다. 방화범들은 낮은 사회경제적 지위로 인해 사회적으로 위축되어 있거나 정서적으로 누구에게도 자신의 감정을 표현할 수 없는 상황에 내몰려 있을 수 있다. 결국 우리가 이런 사회적 약자를 잘 파악하고 적당한 때에 특화된 프로그램을 통한 심리적, 정서적 치료와 더불어 꾸준하게 관심을 가진다면 우리 사회에서 방화사건을 상당 부분 줄일 수 있을 것이다.

셋째, 우리 사회에서 방화범죄를 근절시키기 위해서는 사회적 약자에 대한 관심을 기울일 필요가 있다. 방화범죄자의 사회인구학적 특징에서 살펴본 것처럼, 방화범은 대체적으로 학력이 낮으며, 일정한 직업이 없으며, 미혼이거나 결혼을 했더라도 이혼상태일 가능성이 높다. 그들은 이렇게 사회경제적으로 고립된 상태에서 극도의 스트레스와 사회에 대한 불만으로 불을 지르는 경우가 많다. 방화범죄자의 다수는 경제적으로 저소득층이거나 저학력자 등 이른바 사회적 약자로 지칭되는 사람들이다. 방화사건을 단순히 개인적 차원에서 한 개인의 정신적, 심리적 병리현상으로 취급한다면 방화사건에 효율적으로 대처할 수 없다. 비록 방화사건을 저지르는 것은 개인이지만 그 개인이 처한 사회경제적 상황을 잘 고려해야 한다. 즉, 방화범죄를 개인적 차원이 아닌 사회문화적, 사회구조적 요인으로 파악해야 한다. 왜냐하면, 방화범죄자의 사회인구학적 특징으로 그들은 우리 사회의 한 극단에 몰려 있는 사회적 약자로 파악됐기 때문이다. 따라서 그들에 대한 사회적 관심과 그들이 경제적 문제를 극복할 수 있도록 도울 수 있는 복지정책은 방화범죄를 예방하는 데 도움이 된다.

넷째, 방화범죄의 특성에 적합한 예방활동이 필요하다. 유완석과 황성현의 연구결과에 따르면, 방화범들은 피해 장소나 피해대상을 노상이나 무작위 장소의 쓰레기나 적치물을 이용하여 방화하는 경향이 높으며, 그런 장소에서 쉽게 구할 수 있는 종이류를 사용하며, 사전에 방화도구를 준비하지 않고, 현장에서 바로 입수할 수 있는 것들을 사용하는 경향이 있었다(유완석·황성현, 2011). 이런 연구결과를 토대로 공경비와 민간경비 차원에서의 감시와 통제가 필요하다. 방화범의 방화 계획을 감소시키기 위한 방법으로, 물리적 환경에 대한 기술적 감시, 공식적/비공식적 감시, 자연적 감시 등을 실행할 필요가 있다(Pease, 1999). 기술적 감시방법으로는 공경비차원에서 주거지역, 상가지역, 교통시설 및 건물에 다양한 종류의 감시 장치들, 예를 들면, CCTV 등을 설치하여 특정지역에의 접근을 통제할 필요가 있다. 연쇄성방화사건을 연구한 박형민 또한 CCTV 등의 기계적 감시를 제안했다. 박형민의 연구에 따르면, 연쇄성 방화사건은 사람들의 왕래가 적은 새벽 시간대에 많이 발생하기 때문에 사람들에게 발견될 가능성이 낮고, 잠을 자고 있는 시민들이 무방비상태에서 심각한 피해를 받을 가능성이 높다. 이런 점을 고려하여 인적 감시가 어려운 취약지점에 대해서는 CCTV의 설치를 방화범죄의 예방책으로 제시하고 있다(박형민 외, 2012). 이와 더불어 민간경비 차원에서 쓰레기나 적치물을 안전하게 관리하거나 불에 잘 타지 않는 철이나 벽돌로 된 쓰레기 함을 설치할 필요가 있다. 그 다음으로 공식적/비공식적 감시는 경찰과 민간경비 업체를 통한 지속적인 감시와 순찰로 잠재적 방화자를 억제하는 활동을 펼쳐 나가는 것이다. 마지막으로 이웃감시 활동, 가로조명의 개선 등을 통한 자연적 감시도 병행된다면 우리 사회에서 방화범죄를 좀 더 효율적으로 줄일 수 있을 것이다.

연습문제

1. 방화범죄가 다른 범죄와는 확연하게 구별되는 독특한 특징을 방화범죄자의 심리적 특성을 중심으로 설명해 보아라.
2. 우리나라 방화범죄의 동기는 주로 우발적 요인에 의해 저질러지는 것으로 나타났다. 여기서 우발적 요인이란 무엇이며, 방화범죄자의 어떤 심리적 특성 때문에 우발적 방화로 나타나는지를 설명해 보아라. 또한 우발적 방화가 다른 방화동기보다 훨씬 위험한 이유를 그렇지 않은 방화동기와 비교하여 설명해 보아라.
3. 최근에 발생한 방화사건을 예로 들고, 그 방화범죄자의 특징을 일반적, 행위적 특징과 심리적 특징으로 나누어서 구체적으로 유추해 보아라.
4. 단순방화범과 연쇄방화범의 특징을 피해규모, 가해자의 심리적 특징, 방화동기, 가해자의 사회 경제적 특징 등을 중심으로 설명해 보아라.
5. 최근에 발생한 방화사건 중에서 흥분형에 속하는 방화사건을 구체적으로 예로 들고, 그런 흥분형이 다른 유형의 방화사건보다 우리 사회에 더 심각한 피해를 주는 이유를 설명해 보아라.
6. 방화범죄자에 대한 재활을 위해서는 처벌보다는 치료적 접근이 우선되어야 한다는 데 동의하는지? 동의한다면 왜 그런지, 동의하지 못하면 왜 동의하지 못하는지 설명해 보아라.

참고문헌

김경옥·이수정. (2009). 범죄현장 행동에 근거한 방화범죄의 유형분류에 관한 연구, 한국심리학회지: 사회 및 성격, 23(4), 131-146.

김상균. (2008) 범죄심리학 (제2판). 서울: 청목출판사.

김성진. (2001). 범죄심리학. 서울: 도서출판 동인.

김수진. (2010). 방화범죄의 동기분석 및 대책에 관한 연구, 한국화재소방학회 2010년도 춘계학술대회 논문집, 207-230.

대검찰청. (2008-2017). 범죄분석. 대검찰청.

박철현. (2004). 지리적 프로파일링을 이용한 연쇄방화범의 거주지 추정, 형사정책, 16(2), 61-92.

박형민. (2004). 방화범죄의 실태에 관한 연구. 한국형사정책연구원 연구보고서.

박형민·최수형·김재운. (2012). 연쇄강력범죄 실태조사(1) - 연쇄방화. 한국형사정책연구원 연구보고서.

박형민 · 최수형. (2013). 방화범죄자의 성장기 경험, 한국공안행정학회보, 52, 143-178.
유완석 · 황성현. (2011). 방화범죄의 경비예방 전략에 관한 비교연구, 한국경호경비학회지, 29, 139-162.
이상현 · 장석헌 · 곽대경 · 이완희. (2012). 범죄심리학. 서울: 박영사.
이하섭. (2011). 방화범죄 실태와 해결방안에 관한 연구, 한국위기관리논집, 7(5), 109-128.
최종태. (1997). 방화범죄의 실태와 그 대책-관심도와 동기의 다양화에 대한 대응, 한국경호경비학회지, 1, 371-408.

American Psychiatric Association (APA). (2013). *Diagnostic and Statistical Manual of Mental Disorders* (5th ed.). Washington, DC: Author.
Bartol, C. R. & Bartol, A. M. (2010). *Criminal Behavior: A Psychological Approach*(7th Edition). Prentice Hall(장석헌 · 이창한 역. (2010). 범죄심리학. 서울: 청목출판사).
Boudreau, J., Kwan, Q., Faragher, W., & Denault, G. (1977). *Arson and arson investigation*. Washington, D. C.: Government Printing Office.
Canter, D., & Fritzon, K. (1998). Differentiating arsonists: A model of firesetting actions and characteristics, *Legal and Criminological Psychology*, 3(1), 73-96.
Doley, R. (2003). Making sense of arson through classification. *Psychiatry, Psychology and Law*, 10(2), 346-352.
Douglas, J. E., Burgess, A. W., & Ressler R. K. (1992). *Crime Classification Manual*. New York: Lexington Books.
Edward, M. J., & Grace, R. C. (2006). Analysing the offence locations and residential base of serial arsonists in New Zealand. *Australian Psychologist*, 41(3), 219-226.
Fritzon, K. (2001). An examination of the relationship between distance travelled and motivational aspects of firesetting behaviour. *Journal of Environmental Psychology*, 21, 45-60.
Inciardi, J. A. (1970). The adult fire setter: A typology, *Criminology*, 8(2), 146-151.
Kosky, R., & Silburn, S. (1984). Children who light fires: a comparison between firesetters and non-firesetters referred to a child psychiatric outpatient service, *Australian and New Zealand Journal of Psychiatry*, 18(3), 251-255.
Lewis, N. D. C., & Yarnell, H. (1951). Pathological Firesetting(Pyromania). Nervous & Mental Disease Monographs, No. 82/437. New York: Goolidge Foundation.
Lowenstein, L. F. (2003). Recent research into arson (1992-2000): Incidence, causes and associated features, predictions, comparative studies and prevention and treatment. *Psychiatry, psychology and law*, 10(1), 192-198.
Pease, K. (1999). A review of street lighting evaluations: Crime reduction effects. In K. Painter and N. Tilley (eds.), Surveillance of public space: CCTV, street lighting and crime prevention. Monsey, NY: Criminal Justice press.
Repo, E., Virkkuneu, M., Rawlings, R., & Linnoila, M. (1997). Criminal and psychiatric histories of Finnish arsonists, *Acta Psychiatrica Scandinavica*, 95(4), 318-323.
Siegel, Larry J. (2020). *Criminology: Theories, Patterns, and Typologies*(13th Edition). Belmont, CA: Wadsworth(이민식 · 김상원 · 박미랑 · 박정선 · 신동준 · 윤옥경 · 이창배 · 황성현 옮김. (2020). 범죄학: 이론과 유형 제13판. 서울: CENGAGE Learning).
Webb, N., Sakheim, G., Towns-Miranda, L., & Wagner, C. (1990). Collaborative treatment of juvenile firestarters: Assessment and outreach, *American Journal of Orthopsychiatry*, 60(2), 305-310.
White, E. E. (1996). Profiling arsonists and their motives, Fire Engineering, 149(3), 80-92.
Wolford, M. R. (1972). Some attitudinal, psychological and sociological characteristics of incarcerated arsonists, *Fire and Arson Investigator*, 22(4), 1-30.

경향신문. (2019). "이탈리아 '반난민정책' 불만…스쿨버스 납치 · 방화", 경향신문, 2019년 3월 21일자 사회면.
구글 검색사이트. (2020). www.google.com
연합뉴스. (2019). "방화 · 훼손에 절도까지…반달리즘에 무방비 佛가톨릭교회", 연합뉴스, 2019년 4월 5일자 사회면.
매일경제. (2019). "장사 잘 안돼서" 식당에 불 지른 40대 업주 구속 기소", 매일경제, 2019년 6월 27일자 사회면.
한국일보. (2017). "일가족 자살로 꾸미려 했지만…음료수병 수면제 성분 딱 걸려", 한국일보, 2017년 5월 23일자 사회면.
한국일보. (2018). "33명 사상 군산 방화사건…술값 시비가 부른 참사", 한국일보, 2018년 6월 18일자 사회면.
헤럴드경제. (2013). "불지르면 주인공 쾌감" 40대 연쇄방화범 검거", 헤럴드경제, 2013년 1월 15일자 사회면.

10

성범죄와 관련된 미투(me too) 운동은 2017년 10월 미국에서 시작되었다. 할리우드 유명 영화제작자인 하비 와인스틴의 성추문을 폭로하고 비난하기 위해 SNS에 해시태그(#Me Too)를 다는 것으로 대중화되었다. 한국의 미투 운동 또한 2018년 1월 현직 검사 서지현에 의해 대중의 관심을 받기 시작했다. 그녀는 JTBC 뉴스룸에 출연해 검찰 내의 안태근을 시작으로 성폭력 실상을 고발했다. 뒤따라 연극 연출가 이윤택의 성추행 사실이 SNS를 통해 폭로되면서 '위력에 의한 성폭력'에 대한 고발이 대한민국을 강타했다. 더불어 시인 고은, 극작가 오태석, 이윤택, 배우 조민기, 배우 조재현, 정계인사 안희정 등 20명에 달하는 인사들이 가해자로 지목되었다(위키백과, 2020년, https://ko.wikipedia.org/wiki). 2018년에 시작된 미투운동은 우리 사회에 만연한 성폭력과 위계에 의한 권력형 성범죄를 공론화하면서 그 피해의 심각성을 각성시켰다. 미투 운동에서 알 수 있듯이 최근 우리나라의 성관련 범죄는 지속적으로 증가하고 있다. 2018년 범죄통계 자료 중 살인, 강도 등 10년 동안 강력범죄는 감소했지만 성범죄는 증가했으며 특히 성폭력 범죄의 증가세가 두드러지게 높은 것으로 나타났다. 이와 같은 성범죄의 양적 증가 이외에도 최근 아동·청소년이나 장애인과 같은 사회적 약자를 대상으로 한 성폭력 사건이 증가하고 있으며, 대학 내에서 교수들의 권력형 성범죄 사건이 끊임없이 보도되고 있어 이에 대한 국민들의 비난 여론이 높아지고 있다. 특히 아동대상 성폭력 범죄가 큰 사회문제로 대두되면서 형벌 이외에 성범죄자 신상공개 및 우편고지, 전자감독, 약물치료 등 강력한 억제수단을 마련하여 적극적으로 대응해

Chapter 10

성범죄자의 범죄심리

오고 있지만 여전히 성폭력 범죄에 대한 심각성은 줄어들지 않고 있는 실정이다. 오히려 음란물과 같은 유해매체의 폭증과 확산, 스마트폰의 급속한 발전과 보급 등으로 인하여 앞으로 성폭력 범죄는 양적, 질적 측면에서 더욱더 심각한 수준으로 증가할 것으로 예상된다. 예를 들면, 2020년 언론에 보도된 n번방 사건은 2018년 하반기부터 2020년 3월까지 텔레그램, 디스코드, 라인, 위커, 와이어 등의 메신저 앱을 이용하여 "스폰 알바 모집" 같은 글을 게시하여 피해자들을 유인한 다음, 얼굴이 나오는 나체사진을 받아 이를 빌미로 협박해 성착취물을 찍게 하고 이를 유포한 디지털 성범죄, 성 착취 사건이 발생했다(위키백과, 2020년, https://ko.wikipedia.org/wiki). 피해자 숫자는 '박사방'의 경우 확인된 경우만 최소 74명, 그중 아동 청소년 등 미성년이 16명이었다. 이처럼 우리 사회에서 성범죄는 온오프 라인의 경계를 넘나들며 만연하고 있어 성폭력이 발생되는 원인에 대한 면밀한 검토를 통하여 실효성 있는 억제방안을 마련할 필요가 절실히 요구된다. 이 장에서는 성범죄의 정의에 대해서 알아보고, 성범죄 중 성폭력을 중심으로 발생 정도와 특징, 성범죄자의 특징, 성범죄 피해자의 특징을 성범죄 실태 부분에서 파악해볼 것이다. 그리고 성범죄의 유형을 강간과 성도착증으로 구분하여 살펴보고, 성범죄의 원인을 개인적 측면과 사회구조적 측면에서 고찰할 것이다. 다음으로 성범죄자의 심리적 특성을 파악해보고, 성범죄 피해를 정신적, 신체적, 행동적 측면에서 다루어 볼 것이다. 마지막으로 성범죄의 대책을 개인적 측면, 사회적 측면, 성범죄자 처우 측면으로 구분하여 제시해 보고자 한다.

01 성범죄의 정의

성범죄(Sexual Offence)는 성과 관련된 범죄를 의미하는 것으로, 성폭력범죄와 성풍속범죄로 구분된다. 성폭력범죄와 성풍속범죄 모두 성과 관련된 범죄라는 점에서는 동일하나 성폭력범죄는 개인적 법익과 관련된 성적 자기결정권 내지 성적 자유를 침해하는 것을 보호하기 위한 것이며, 성풍속범죄는 사회적 법익과 관련된 사회의 성도덕 또는 건전한 성적 풍속을 보호하기 위한 것이라는 점에서 차이가 있다(김태명, 2011). 성범죄는 일반법인 형법과 특별법인 「성폭력범죄의 처벌 등에 관한 특례법」, 「아동·청소년의 성보호에 관한 법률」 등에서 규정된 성과 관련된 범죄 모두를 의미한다. 하지만 성범죄는 강간, 성추행, 성폭력, 비정상적 성행위 등과 같은 다양한 용어들로 표현되기도 하고 법령에서도 용어들을 다양하게 규정하고 있기 때문에 성범죄를 명확하게 규정하는 것이 쉽지 않다. 하지만 최근에는 「성폭력범죄의 처벌 등에 관한 특례법」에서 정의하고 있는 성폭력 범죄라는 용어를 많이 사용하고 있다(김종오·유영현, 2007). 현행 「성폭력범죄의 처벌 등에 관한 특례법」 제2조에서는 성폭력범죄의 범주를 확장하여 음행매개, 음화반포등, 음화제조등, 공연음란, 공중 밀집 장소에서의 추행, 성적 목적을 위한 공공장소 침입행위, 통신매체를 이용한 음란행위, 카메라 등을 이용한 촬영, 강도강간미수 등 성풍속과 관련된 범죄도 성폭력범죄에 포함하고 있어 개념상의 혼란을 야기할 뿐 아니라 형사정책상으로도 폭력성에 초점을 둔 성폭력범죄에 대한 강력한 대응수단이 성풍속범죄에도 영향을 미치게 되는 등 적지 않은 혼란을 초래하고 있다(김태명, 2011).

2018년부터 시작된 우리나라의 미투운동은 성폭력과 위계에 의한 권력형 성범죄가 우리 사회에 얼마나 심각한지를 각성시키는 계기가 되었다.
출처: http:/www.jbnews.com/news/articleView.html?idxno=832415

이 장에서는 성범죄를 폭력성에 초점을 둔 성폭력 범죄를 중심으로 살펴볼 것이며, 성폭력 범죄의 개념이나 범위의 모호성으로 인해 성폭력 범죄 중 대표적 유형이라 할 수 있는 강간을 중심으로 성범죄에 대해 살펴보고자 한다. 강간과 성폭력이라는 용어는 흔히 혼용되어 사용되지만, 성폭력 유형 중 하나가 강간이라고 할 수 있다. 강간은 엄격한 법률적 정의인 것에 반하여 성폭력은 포괄적 의미에서 피해자 의사에 반하는 모든 성적 행위를 포함한다(Jerin & Moriarty, 1998; 노성호 외, 2012).

CASE in USA

존 사바리노 쉬라시(John Savarino Schillaci)는 2008년 6월 5일 멕시코에서 붙잡히기 전까지 연방수사국(FBI)의 도망자 수배명단 10위 안에 들 정도의 성범죄자였다. 그는 1989년 17살 무렵, 다른 친구 한 명과 함께 같은 아파트에 살았던 11살짜리 쌍둥이 형제 두 명을 성폭행하고 그들을 상대로 아동포르노를 찍어 판매하려고 한 혐의로 10년 형을 선고받았다. 다른 범죄자들과 다르게 존은 매우 명석했는데, 감옥에 들어가기 전 이미 스페인어에 능통했고, 감옥에 수감되어있는 10년 동안 프랑스어, 독일어를 공부했으며 휴스턴에 위치한 한 대학에서 인문학과 문학으로 석사학위까지 받았다. 석방 이후 그는 메사추세츠에 위치한 터프스 대학고에 박사과정에 등록했다. 1999년 10월 말, 그가 근무하던 음악예술센터에 다니던 5살짜리 남자어린이가 부모에게 존이 자신을 피아노레슨 중에 성적으로 학대했다는 '비밀'이 있다고 털어놓음으로써 수사는 착수되었다. 경찰이 존의 집을 압수수색하여 찾아낸 컴퓨터에는 300개가 넘는 아동 포르노그라피가 발견되었다. 경찰이 수사를 착수했다는 소식을 들은 존은 멕시코로 도주했고 9년간의 도망 생활 중에서드 머물던 도시의 어린이들과 부적절한 성관계를 맺었다. 막대한 아동 포르노그라피의 제작으로 존은 소아성애자들에게 존경받아왔으며 심지어 페이팔(PayPal)을 이용하여 재정적 빈곤을 모면해왔다. FBI는 존에 대한 제보에 최대 10만 달러의 보상을 내걸었다. 2007년 소아성애 범죄자에 대한 데이터베이스를 구축하던 Wikisposure 이용자들은 존의 행적을 추적하기 시작했다. 존은 딜런 토마스(Dylan Thomas)란 별칭으로 웹사이트에 프로필을 올려 피아노 수업을 진행한다는 공고를 올려 어린이들의 관심을 유도했다. 존의 행적을 발견한 Wikisposure은 FBI에 신고했고 존은 2008년 6월 5일 멕시코에서 체포되었다. 그는 2009년 12월 22일 1건의 성폭력 혐의, 23건의 아동포르노그라피 혐의에 대해 유죄를 인정해 50년 형을 선고받았다.

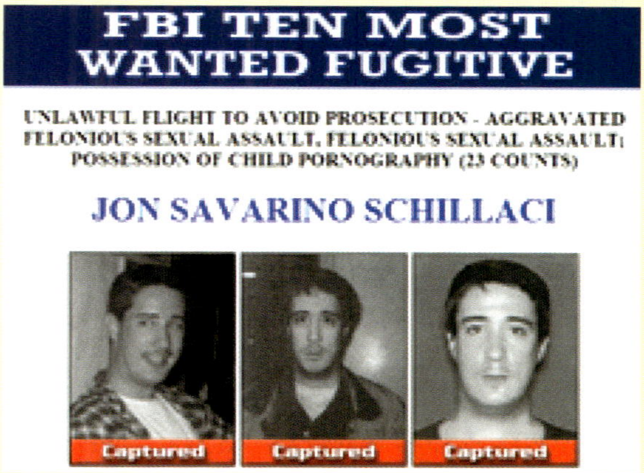

존 사바리노 쉬라시(John Savarino Schillaci)

성범죄(성폭력범을 포함한 강간) 실태 02

(1) 발생현황

〈그림 10-1〉에서 성폭력은 2008년 15,094건에서 2017년 32,824건으로 지난 10년간 약 2.2배 증가하였으며, 연도별로 보면 2012년, 2016년의 소폭 감소를 제외하고 지속적으로 증가했다. (표로 제시되지는 않았지만) 계절별 발생 비율은 봄(3~5월) 25.07%, 여름(6~8월) 31.72%, 가을(9월~11월) 24.61%, 겨울(12월~2월) 17.50%로, 성폭력은 겨울에 가장 낮았으며, 그에 비해 여름에는 약 1.8배 높은 비율로 발생했다.

CASE in Korea

1979년 서울에서 2남 1녀 중 장남으로 태어난 이○○은 아버지가 술을 마시고 상습적으로 폭력을 행사하였고, 생계유지에 급급하여 항상 바쁘고 힘들어 보였던 어머니 슬하에게 성장하였다. 이○○은 가족에게 일주일에 1~2회 주기로 심각한 폭력을 행사하는 아버지를 죽이고 싶을 정도의 분노를 느꼈고, 택시운전을 하는 아버지가 교통사고로 죽어버리는 상상을 하기도 했다. 아버지의 폭력을 견디다 못한 어머니는 2006년 아버지와 이혼하고 다른 남자와 재혼했다. 그는 어머니가 재혼하자 배신감을 느끼고 허허벌판에 혼자 남은 듯한 외로움을 느꼈다. 그는 술주정이 심했던 아버지에 대한 혐오감으로 평상시에는 술 마시는 것을 자제하다가 스트레스를 심하게 받으면 폭음을 하고, 만취상태에서 타인의 집을 엿보거나 타인의 주거에 침입, 피해자를 폭행하는 등의 행동을 반복해 왔다. 2008년 4월 20일 새벽 평소의 습관대로 불이 켜졌거나 열려있는 창문을 찾아 헤매던 중 창문 너머로 여자가 혼자 잠이 들어 있는 집을 발견하고 방으로 들어간 후, 그는 순간적인 성적 충동을 느껴 피해자를 강간했다.

그는 옷을 벗는 과정에 있거나 옷을 벗은 대상을 관찰하며 성적 흥분을 얻는 관음증적 특성을 보였다. 실제 성관계를 하는 것보다 다른 사람이 성관계를 하는 장면을 보면서 훨씬 더 흥분이 되었다고 말한다. 또한 성적인 욕망을 스스로 통제할 수 없어 강박적으로 무질서한 성생활을 하는 등 사회적 관습과 규범을 벗어난 성충동과다증이 의심되며, 2007년에는 지하철 안에서 모르는 여자를 성추행하는 등 과다한 성적 욕구를 보였다. 또한 관음증과 성도착증세로 타인의 집에 침입하여 2회의 실형을 선고 받았음에도 이러한 습관을 고치지 못하였고, 피해자의 카드를 이용하여 안마시술소에 들어가 성을 매수하려 했다는 점에서 성적 충동에 집착하는 특징을 보였다.

1994년 중학교 2학년 때, 그는 옆집 신혼부부의 성관계 장면을 우연히 목격하게 된 이후 밤늦은 시간이 되면 인근 주택가를 배회하며 몰래 창문을 엿보기 시작했는데, 그때를 이렇게 회상한다. "아버지가 술을 마시고 어머니를 때려서 머리와 가슴이 터질 것 같이 복잡하던 날 바람을 쐬려 밤에 밖에 나왔는데 우연히 반지하방 유리창 너머로 신혼부부의 성관계하는 장면을 보게 되었다. 너무 충격적인 경험이었다. 가슴이 뛰고 흥분되고, 아버지로 인해 받았던 스트레스를 일순간 잊어버렸다. 그 이후 스트레스를 받으면 성행위 장면이나 여자의 옷 벗은 모습을 보기 위해 밤거리를 헤매고 다녔다." 이후 옆집 누나의 속옷을 훔친 후 훔친 속옷의 냄새를 맡거나 입어보면서 자위행위를 하고, 인터넷에서 다운 받은 동영상(주로 몰래카메라 형식으로 제작된 포르노 파일)을 보면서 성적 욕구를 해소해왔다. 학창시절, 아버지처럼 살지 않기 위해 공부를 열심히 했으나 학업 성적은 향상되지 못하고 중위권을 유지하였다. 서울 소재 2년제 대학에 진학했고, 대학교 1학년 1학기를 마치고 군대에 입대한 후 만기 전역하였다. 군복무 기간 중 여자친구가 자신을 버리고 자신과 친한 선배와 사귀었다. 자신을 버린 여자친구에게 복수하고 싶은 마음으로 40여 명 가량의 여자와 교제하고 무분별한 성관계를 해왔다. 한번에 4명의 여자와 사귄 적도 있고, 성욕이 왕성하여 하루에 각기 다른 여자 3명과 아침, 점심, 저녁에 성관계를 가진 적도 있었다. 교제하는 여자친구 이외에 나이트클럽, 인터넷 동호회 활동 등을 통해서도 여성들과 성관계를 자주 하였고, 성매매 업소나 인터넷 채팅 등을 통해 성을 매수하기도 했다. 사건 당시에도 교제 중인 여자친구가 있었는데 여자친구는 그를 '착하고 수줍음 많고 요즘 보기 드물게 생각이 바르고 좋은 사람'으로 표현했다. 이○○은 대학시절 과대표로 활동할 정도로 외형적이고 어울리는 사람이 많았지만, 마음을 터놓고 지내는 친구는 거의 없었다. 직장에서의 인간관계가 나쁘지는 않았지만, 사소한 일에 폭발적으로 화내거나 말다툼하는 경우가 있었다. 직장 상사가 트집을 잡으면 화가 나고 수긍하기 어려워 이러한 갈등을 술을 마시는 것으로 해소해 왔다. 깊은 열등감과 불안정감에 빠져있고, 불안, 의기소침, 분노, 적대감, 피해의식, 소외감 등으로 감정의 굴곡이 심하여 주변사람뿐 아니라 스스로도 자신의 감정변화에 지쳐하는 모습을 보였다.

그림 10-1 최근 10년간 월별 발생빈도

(단위: 명)

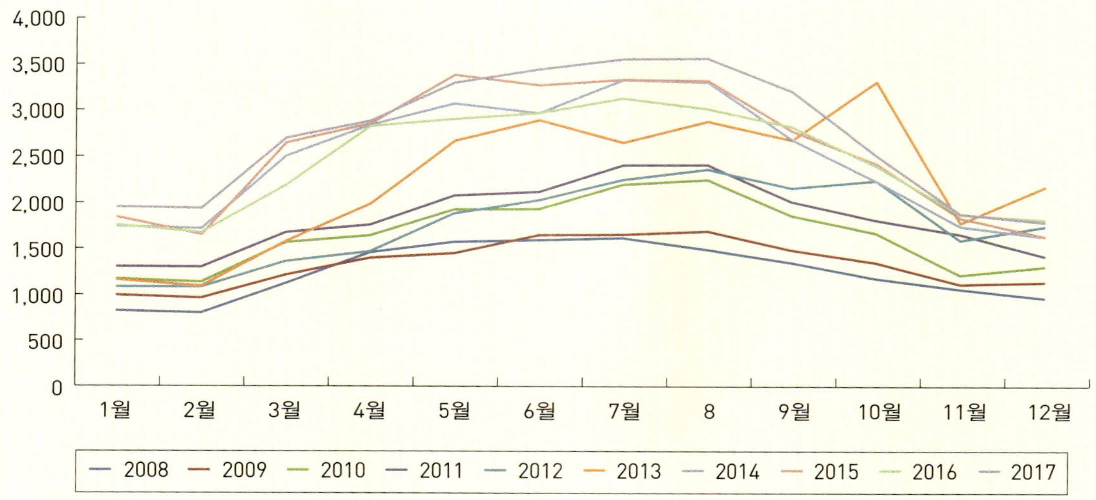

출처: 대검찰청 범죄분석, 2008~2017년

지난 10년 동안 평균적으로 성폭력 범죄가 하루에 67건, 한 시간에 2.8건이 발생하였으며, 2017년에는 평균적으로 하루에 89.9건, 한 시간에 3.7건으로 지난 10년간 평균대비 1.3배 높게 발생하였다.

(2) 범죄행위의 특징

1) 발생지역

〈그림 10-2〉에서 살펴보듯이, 성폭력 발생지역을 2017년 기준으로 살펴보면, 대도시에서 절반 이상이 발생하고, 다음으로 중·소도시, 도시 이외의 순으로 발생하는 것으로 나타났다. 상식적으로 성폭력은 인구가 밀집된 대도시에 50% 이상 발생하고 인구가 많지 않은 도시 이외의 지역에서 가장 적게 발생한다.

2) 발생시간대

〈그림 10-3〉에서 성폭력 발생 시간대 분포를 2017년 기준으로 살펴보면, 밤에 가장 많이 발생하고 다음으로 오후, 저녁, 새벽, 아침, 오전 순으로 나타난다.

그림 10-2 강간(성폭력범 포함) 발생지역(2017년)

(단위: 건/%)

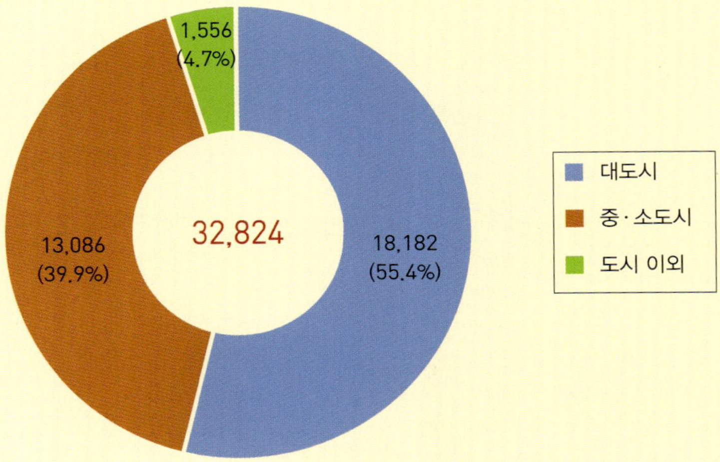

주: 대도시는 특별시 및 광역시

출처: 대검찰청 범죄분석, 2017

그림 10-3 성폭력 발생 시간대 분포(2017년)

(단위: 건/%)

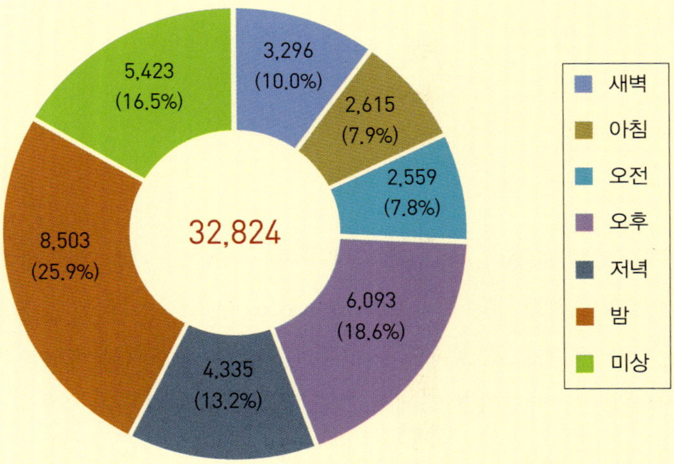

주: 새벽:03:00~05:59, 아침:06:00~08:59, 오전:09:00~11:59, 오후:12:00~17:59, 저녁:18:00~20:59, 밤:21:00~02:59

출처: 대검찰청 범죄분석, 2017

3) 검거단서 및 검거기간

〈그림 10-4〉에서 강간(성폭력범 포함)의 검거단서를 2017년 기준으로 살펴보면, 피해자 신고가 40%로 나타났으며, 다음으로 현행범 체포, 고소, 수사활동, 제3자 신고 등의 순으로 나타났다. 성폭력의 검거기간을 살펴보면, 1일 이내, 1개월 이내, 3개월 이내, 10일 이내 등의 순으로 검거 비율이 높은 것으로 나타났다. 이 전에는 피해자 신고로 인한 경찰의 수사착수가 많지 않았는 데 반해, 최근에는 피해자신고가 40% 이상을 차지할 정도이며, 피해자일 가능성이 높은 여성들이 적극적으로

그림 10-4 성폭력 발생시간대 분포(강간/성폭력범 포함, 2017년) (단위: 명)

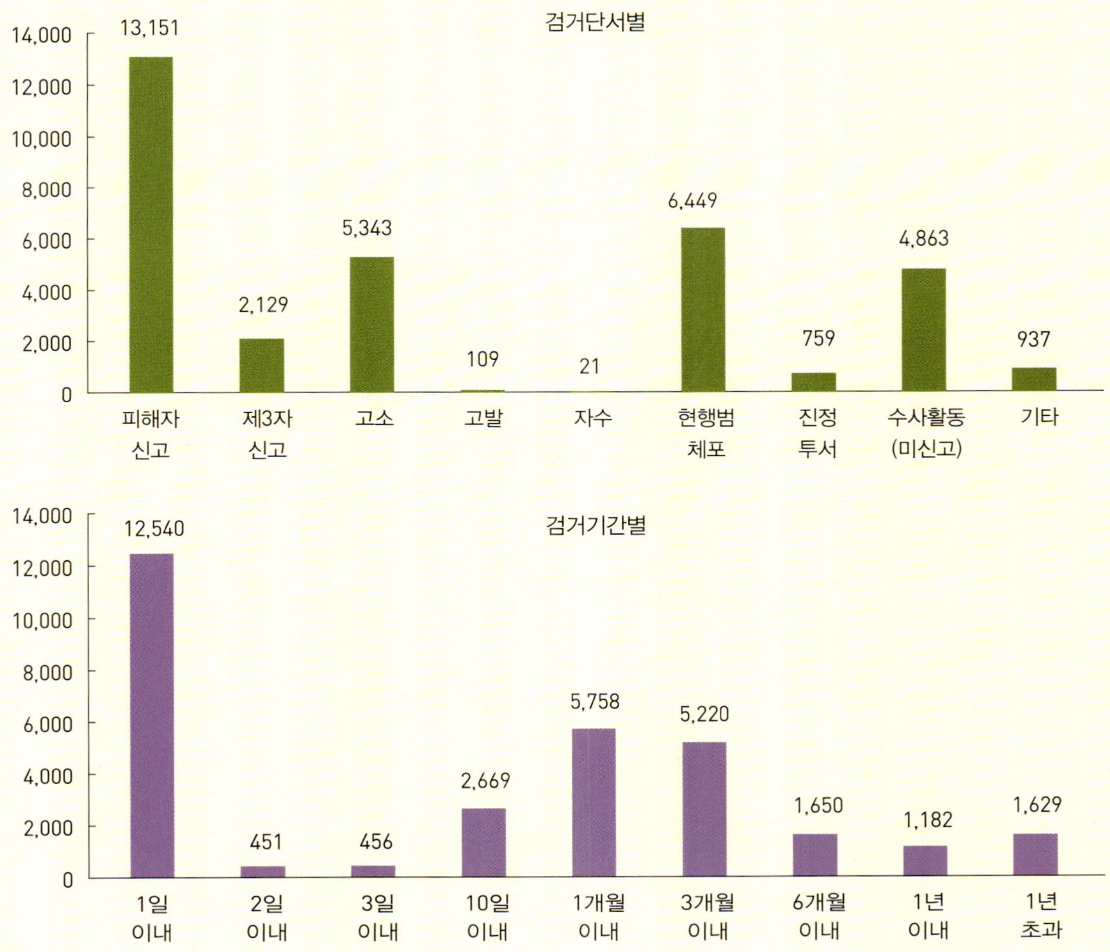

출처: 대검찰청 범죄분석, 2017

신고하는 추세이다. 범죄학에서 성폭력이나 약물남용 같은 범죄는 실제 사건이 발생했으나, 사회적 낙인을 두려워해 피해자들이 경찰에 잘 신고하지 않는 암수범죄(hidden crime) 성격이 강한 범죄유형이었다. 그러나 2018년 이후 미투운동 등과 같이 여성들의 사회적 참여와 인권이 신장됨에 따라 성폭력피해를 적극적으로 신고함으로써 성폭력범죄가 암수범죄 유형에서 조만간 제외될 수도 있는 바람직한 움직임이 감지된다.

4) 공범현황

〈그림 10-5〉에서 성범죄는 단독 범행일 비율이 월등이 높았다. 지난 10년간 발생한 221,854건(기타/미분류 제외) 중 공범 없이 단독으로 범행을 저지른 경우는 215,264

그림 10-5 성범죄 공범의 유무 및 공범 수 (단위: 명)

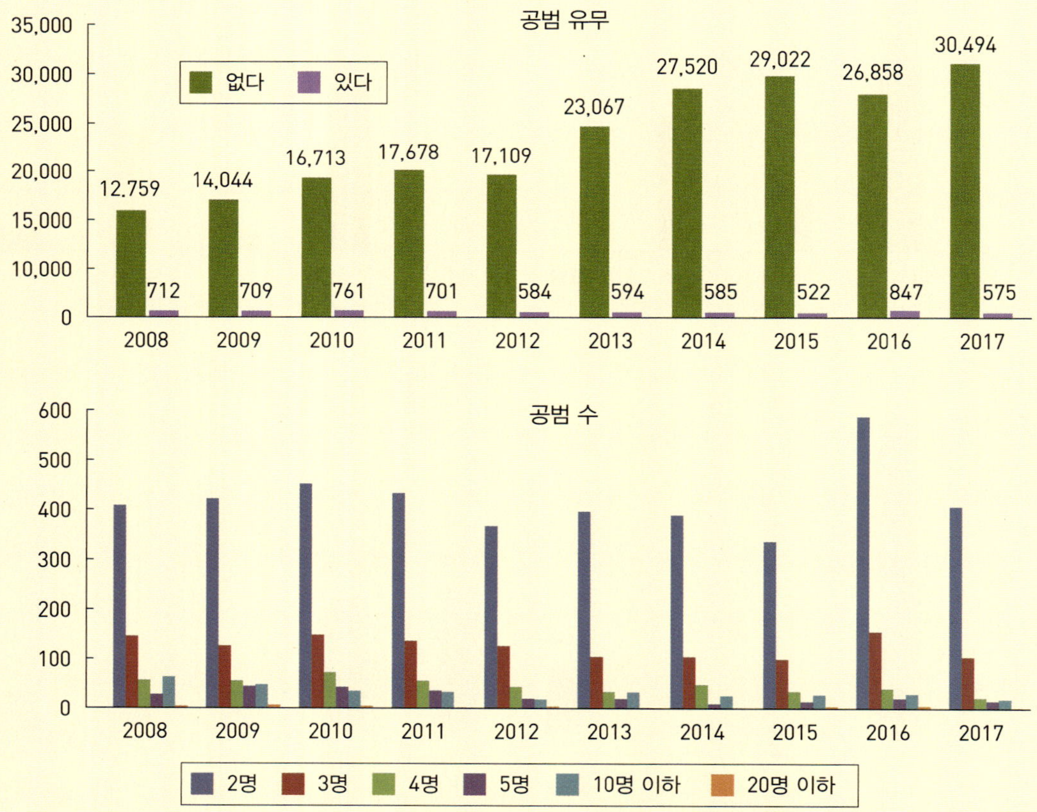

출처: 대검찰청 범죄분석, 2008~2017년

건 97.0%로 거의 대부분의 성범죄는 단독 범행이었으며, 공범이 있는 경우는 6,590건 2.97%에 불과하다. 공범이 있는 경우, 공범이 2명은 4,229건 64%로 높게 나타났으며, 공범 수가 많아질수록 저지르는 범죄빈도는 낮아지고 있음을 〈그림 10-5〉를 통해 알 수 있다. 결국 다른 범죄유형(절도, 강도, 사기, 협박 등)과는 달리 강간사건은 범죄자가 단독으로 범행하는 수치가 거의 전부라 해도 과언이 아닐 정도로 단독범이 압도적으로 많았다.

(3) 성범죄자의 특징

1) 연령대

〈그림 10-6〉과 같이 성인 성범죄 연령대를 보면 각 연령대별로 매년 범죄 건수는 증가하고 있다. 지난 10년간 전반적으로 20대가 저지르는 성범죄비율은 59,784건 30.74%로 가장 높으며, 그 다음으로 30대>40대>50대>60대>70대 이상 순으로 나타났다. 즉, 성범죄자는 20대가 가장 많으며 나이가 들어감에 따라 점차 성범죄율은 떨어지는 것으로 드러났다. 특히, 성범죄자의 연령이 20대에서 40대까지는 지난 10년간 약 5만여 명이었지만, 50대에 들어서면 약 1/2로 감소하고, 다시 60대 이후에는 50대 대비 1/3로 줄어드는 것으로 나타났다. 주목할 점은 2017년에는 2008년 대비 70대 이상의 성범죄 가해건수가 5.73% 증가, 60대는 4.3%, 50대는 3.72%, 20

그림 10-6 성인 성범죄자 연령대 범죄 건수 (단위: 명)

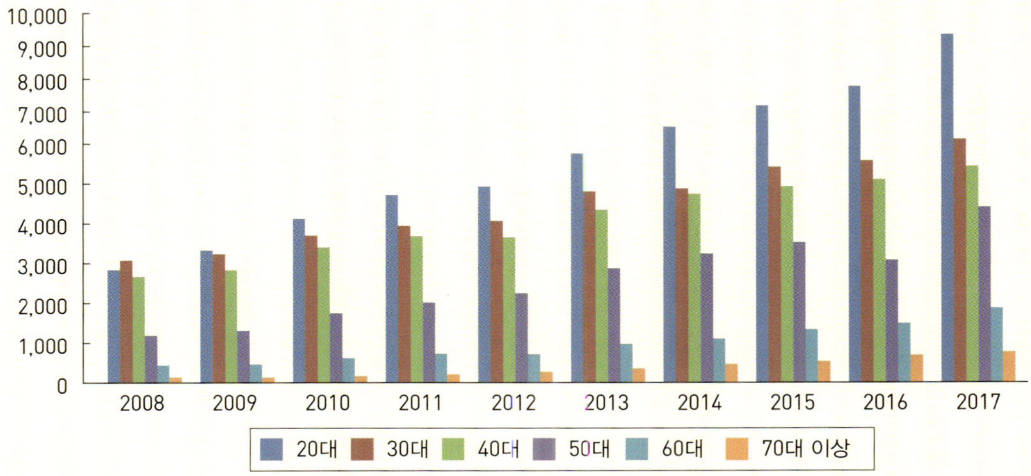

출처: 대검찰청 범죄분석, 2008~2017년

대는 3.08%, 40대는 2.04%, 30대는 1.98%의 증가율을 보여 지난 10년 동안 연령이 높아질수록 성범죄 가해건수는 전년 대비 점차 증가하는 것으로 나타났다.

2) 교육정도

〈그림 10-7〉에서 성폭력범죄자의 교육정도를 2017년 기준으로 살펴보면, 전문대학 이상 학력자, 고등학교 학력자, 중학교 학력자 등의 순으로 나타났다. 다른 범죄유형과 비교하여 성범죄자의 교육수준은 높은 편이며, 성범죄자의 약 60%는 고졸 이상의 학력을 가지고 있었다.

그림 10-7 성폭력범죄자 교육 정도 구성비(2012년) (단위: 명)

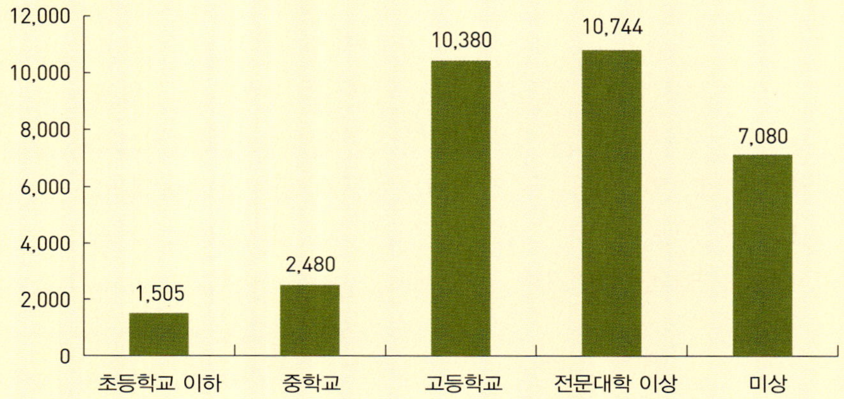

출처: 대검찰청 범죄분석, 2017

3) 전과비율

〈그림 10-8〉에서 지난 10년간 성폭력을 일으킨 범죄자의 전과 비율을 분석하였다. 2008년부터 2017년까지 성범죄자는 지속적으로 증가하고 있으며, 2008년과 2017년을 비교했을 때 전체 범죄자 수는 2008년 7,709명에서 2017년 18,878명으로 2.5배 증가하였다. 매년 발생하는 초범과 재범의 비율은 비슷하게 나타나지만, 10년 간격으로 비교했을 때, 전과가 없는 초범은 3.14배 증가했으며 1범~9범 이상의 재범은 2.18배 증가를 보여 재범에 의한 범죄보다 초범에 의해 발생하는 성범죄가 늘어나고 있음을 알 수 있다.

그림 10-8 **성범죄자 전과 비율** (단위: 명)

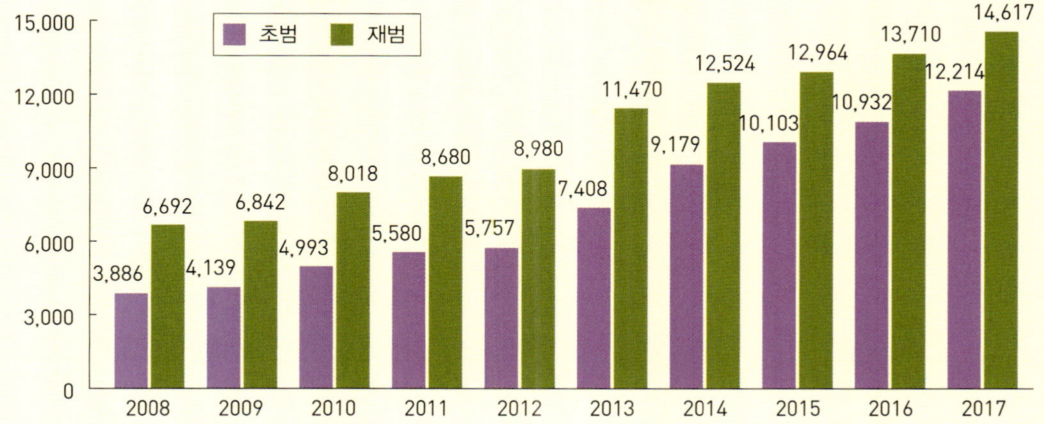

출처: 대검찰청 범죄분석, 2008~2017년

4) 범행 동기

〈그림 10-9〉와 〈그림 10-10〉은 성범죄자들의 범행동기를 나타낸 것이다. 〈그림 10-9〉에서 지난 10년 동안 성범죄자들의 범행동기는 우발적인 것이 59%로 가장

그림 10-9 **지난 10년간 범죄자의 범행동기** (단위: %)

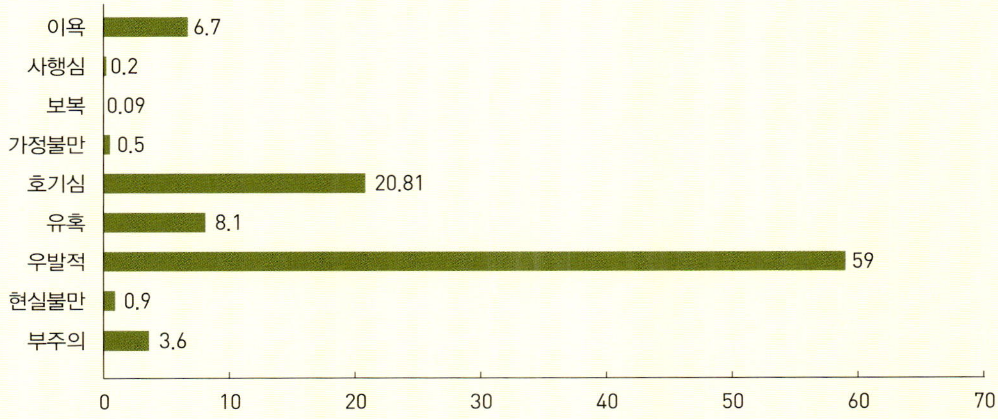

출처: 대검찰청 범죄분석, 2008~2017년

그림 10-10 성범죄자의 범행 동기 (단위: 명)

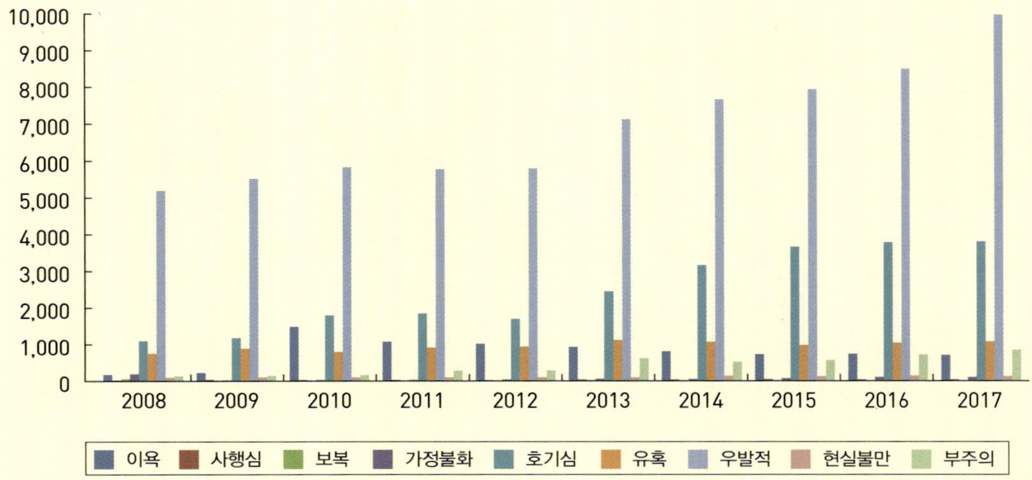

출처: 대검찰청 범죄분석, 2008~2017년

높았으며, 그 다음으로 호기심 20.81%>유혹 8.1%>이욕 6.7% 순으로 나타났다. 〈그림 10-10〉에서 성범죄자들이 범죄를 저지르는 범행동기를 살펴보면, 2017년에는 우발적 동기가 59.8%>호기심 22.8%>유혹 6.5% 순으로 범행이 이루어졌으며, 2008년과 비교했을 때 2017년에는 호기심에 의한 성범죄가 3.5배 증가하였으며, 우발적인 동기는 1.9배, 유혹은 1.4배 증가한 것으로 나타났다.

(4) 피해자의 특징

1) 성·연령

〈그림 10-11〉에서 성폭력 범죄피해자의 성별·연령별 현황을 2017년 기준으로 살펴보면, 남자피해자와 여자피해자 모두 30세 이하>20세 이하>40세 이하 등의 순으로 나타났다. 즉, 성폭력으로 상처를 입은 피해자들은 남녀 모두 20~30세 사이가 가장 높았다. 특히 여자의 경우, 피해자의 연령대에서 16~20세 사이가 두 번째로 높다는 사실로 추정하건대 여자 미성년자를 대상으로 한 성폭력 비율이 남자에 비해 훨씬 높다는 사실을 알 수 있다. 성폭력 피해자 남녀별 절대 비교에서도 여성은 남성에 비해 약 16.5배(29,272명: 1,778명) 더 높은 것으로 드러났다. 이 결과에서 보듯이, 성폭력범죄에서 여성이 절대적으로 피해를 당할 열악한 환경에 놓여 있다는 사

그림 10-11 성폭력 범죄피해자 성별 · 연령별 현황(2017년) (단위: 명)

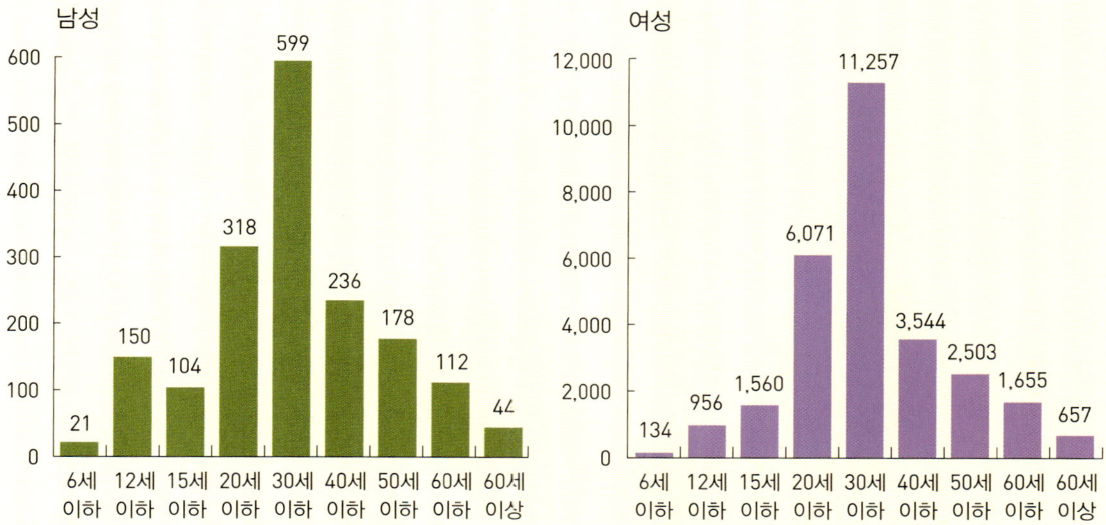

출처: 대검찰청 범죄백서, 2019

실을 알 수 있으며, 성범죄는 전적으로 여성을 대상으로 한 남성의 폭력범죄라는 사실을 알 수 있다.

2) 피해자와의 관계

〈그림 10-12〉에서 성폭력 범죄피해자와의 관계를 2017년 기준으로 살펴보면, 타인이 절반 이상을 차지하고 있으며, 그 다음으로 지인>친구>애인>직장동료>동거친족의 순으로 나타났다. 상기의 성범죄자의 범행동기와 연관시켜 설명하면, 성범죄자들은 평소에 잘 알고 지내는 사이보다는 잘 알지 못하는 타인을 우발적으로, 그들의 성적 욕구를 충족시키기 위해 성범죄를 저지르는 것으로 드러났다.

그림 10-12 성폭력 범죄피해자와의 관계별 현황(2017년)

(단위: 명(%))

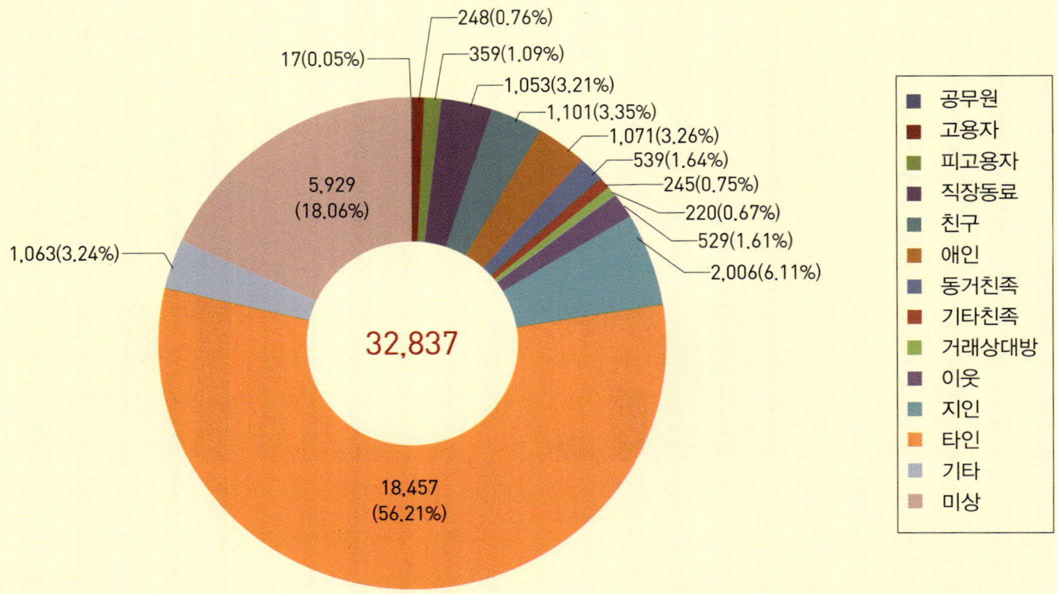

출처: 대검찰청 범죄백서, 2019

03 성범죄의 유형

성범죄의 유형화는 학자들의 접근방법에 따라 다양하게 제시되고 있다. 미국교정협회(National Institute of Corrections)는 구금된 수형자를 대상으로 성범죄자의 유형을 **소아성애자(Pedophilia)**와 강간범(rapists)의 두 가지로 구분하고 있으며, 이러한 유형 중 피해자를 어떻게 선택하느냐에 따라서 상황적 요인으로부터 피해자를 선택하는 성범죄자 유형과 범죄자의 개인적 기호로 피해자를 선택하는 성범죄자 유형으로 구분하고 있다. 하지만 이와 같은 유형론은 노출증(exhibitionism), **관음증(voyeurism)** 등 교정시설에서 쉽게 파악되지 않는 위험성이 낮은 성범죄자들을 포함하지 못한다는 한계를 가지고 있다(National Institute of Corrections, 1988). 이 장에서는 위의 분류를 기초로 대표적인 성범죄자 유형인 강간범뿐만 아니라 최근 우리 사회에서도 주요한 이슈가 되고 있는 **소아성애자**와 노출증(exhibitionism), **관음증(voyeurism)** 등 성도착증 유형에 대해서도 살펴보고자 한다.

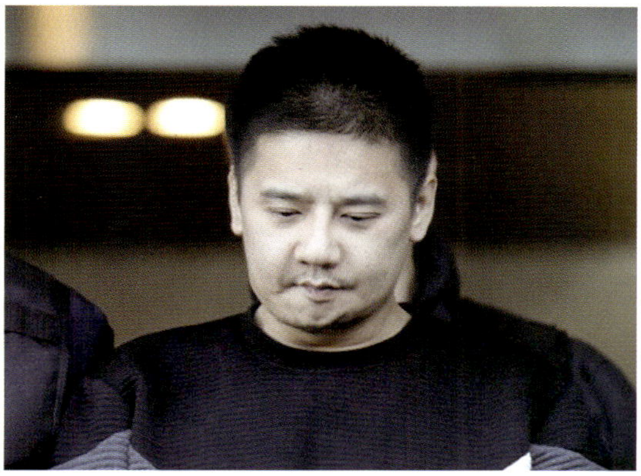

2017년 9월 자택에서 14세 딸의 친구 김 양에게 수면제를 먹인 다음 성폭행을 시도하다 깨어 저항하자 목 졸라 살해한 이영학. 일명 어금니 아빠로 알려진 그는 소아성애자로 알려져 있다.
출처: http:/news.kmib.co.kr/article/view.asp?arcid=0012880401

성도착증 중 하나인 관음증과 노출증(일명 바바리맨)은 성관련 범죄와 깊은 상관관계를 가진다.
출처: https://www.ytn.co.kr/_ln/0105_201810241759595478

(1) 강간

강간의 유형을 살펴보면, 그로스(Groth)는 유죄판결을 받은 강간범에 초점을 두어 세 가지 유형으로 분류하였다(Groth, 1979). 첫 번째 유형은 격정강간(Anger rapes)이다. 이 유형의 강간범은 신체적인 잔인성으로 특징지어질 수 있는데, 이 유형의 경우 성행위는 종종 격정과 화를 표현하기 위해 사용된다. 또한, 피해자를 지배하기 위하여 물리력이 과도하게 행사된다. 둘째 유형인 권력강간(Power rapes)은 피해자에게 해를 가하는 데 목적을 두지 않고 피해자를 성적으로 소유하기 위하여 강간이라는 수단을 사용하는 특징을 보여준다. 미투 운동의 가해자로 지목된 각계각층 유명인사들의 성범죄는 전형적인 권력형 강간 또는 유사강간이라 할 수 있다. 이 유형의 목표는 성적인 정복에 있고, 이러한 목표를 달성하기 위해서는 필요한 만큼의 물리력이 사용된다는 특징을 보여준다. 마지막 유형으로는 공격성 그 자체가 성애화되는 가학성 변태성욕적 강간(Sadistic rapes)으로 성적인 행동과 공격성이 합쳐진 유형이다. 2017년 이영학이 딸 친구에게 행한 강간살해 사건은 우리 사회에서 발생한 전형적인 변태성욕적 강간 사건이라 할 수 있다. 이 유형은 피해자의 성적인 만족감을 찾아내려고 하는 특징을 보여준다. 그로스의 연구에 따르면, 전체 사건 중 권력강간이 약 55%, 격정강간이 40%, 가학적 변태성욕적 강간이 5%에 해당하는 것으로 나타났다(Groth, 1979). 다만 그로스의 분류는 유죄판결을 받은 강간범만을 포함하고 있기 때문에 모든 강간범을 대상으로 적용하기에는 어느 정도 제한적 설명만이 가능하다는 연구의 한계를 가지고 있다(Groth, 1979; Belknap, 2007).

이에 따라 헤이즐우드(Hazelwood)는 강간범을 힘의 재확인형(power reassurance type), 힘의 과시형(power assertive type), 노여움-보복형(anger-retaliatory type), 가학형(sadistic type), 그리고 기회형(opportunistic type)의 다섯 가지 유형으로 구분하고 있다(Hazelwood, 1995). 첫 번째 유형인 힘의 재확인형은 여자를 강간하면서 자신의 힘을 확인하고, 가치를 인정받고 싶어 하는 유형의 강간범이다. 힘의 과시형은 강한 힘을 사용해서 자신의 가치 혹은 자신감을 구축하려는 의도를 갖는 강간범이다. 힘을 사용하는 방법에서 앞서 설명되어진 힘의 재확인형과 비교해 볼 때, 힘의 재확인형은 피해자에 대해 높은 배려심을 보여준다면, 힘의 과시형은 피해자를 고려하는 마음이 전혀 보이지 않는다는 차이를 나타낸다. 노여움-보복형은 강간을 통하여 자신의 노여움을 해소하고 보복하려는 심리를 보여주는 강간범을 의미한다. 가학형은 일반적으로 성관계를 갖기 위해서 요구되는 정상 수준을 훨씬 넘는 신체적 공격을 피해자에게 가하는 강간범이다. 다섯 번째 유형인 기회형은 물질적 혹은 개인적 이득을 강간을 통해서 얻으려는 강간범이다(홍성열, 2012).

한편, 코헨(Cohen)은 강간범을 대체적 공격 강간범, 보상적 공격 강간범, 성공격 동시수행 강간범, 충동 강간범 등 네 가지 유형으로 구분한다(Cohen *et al.*, 1969). 첫째, 대체적 공격 강간범은 배우자, 애인 등으로부터 자신이 요구한 성적인 행위에 대해 거절을 당했을 때, 그 불만을 해소하기 위해 자신을 좌절시킨 특정 여성에게 성적 공격을 통한 보복을 하는 것이 아닌, 임의로 선택된 낯선 여성에게 성적 공격을 하는 특징을 보여주는 유형이다. 우리나라에서 발생한 대표적인 대체적 공격 강간범으로 유영철을 들 수 있다. 그는 몇 번의 실연 후 좌절을 겪으면서 여성들에 대한 막연한 분노와 원한이 쌓여 과거 사귀었던 유사한 여성들을 무작위로 강간 후 살해했다. 그는 그의 강간살해를 정당화하기 위해 살해당한 여성들을 비난했으며, 몇 번의 실연에 대한 대체적 공격으로 아무런 일면식이 없는 여성들을 강간 후 살해했던 것이다. 특히, 이러한 유형은 강간을 범하면서 야만적인 폭력을 함께 사용하는 경우가 많다. 이들에 의한 강간은 대개 자동차 안이나 피해자의 가정, 유원지 또는 산 등에서 발생한다. 강간범은 성적 행위를 하는 순간에 공격적인 행동을 함께 사용하지만, 발기와 성적 흥분은 느끼지 못하는 것이 일반적이다. 둘째, 보상적 공격 강간범은 일반적으로 내성적인 성격을 가지고 있으며, 사회에 적응을 잘 하지 못하는 특징을 지닌다. 이러한 유형의 강간범은 특히 여자 친구를 찾으려고 노력하기에는 부적당한 유형에 속하는 강간범이다. 보상적 공격 강간범은 강간 피해자가 항복하여 그에게 순종하도록 요구하는 것에 만족을 느낀다. 그러한 이유로, 이 유형은 자신의 취향을 충족시켜줄 수 있는 유형의 피해자를 선택하게 되고, 공격을 행할 때에는 사람의 왕래가 드문 공원이나 한적한 거리 등과 같은 장소에서 나타나는 것이 일반적이다. 이들의 대부분은 사회경제적 수준이 뒤떨어지고 지능이 낮으며 미혼자가 대부분인 특징을 갖고 있다. 셋째, 성공격 동시수행 강간범은 성과 공격이 함께 이루어지는 성향을 보여준다. 만약 강간 피해자가 강간범을 향해 공격을 한다면, 강간범은 피해자의 반응에 더 많은 흥분을 하게 된다. 하지만 이 유형의 강간범이 강간을 시도할 때에는 닥치는 대로 야만적인 성행위를 하게 된다. 우리나라에서 발생한 강간사건 중 이 유형에 속하는 사건으로 화성연쇄살인사건의 이춘재를 들 수 있다. 이춘재는 여성들을 스타킹이나 옷 등으로 손발을 묶었으며 범죄가 거듭될수록 사체를 심하게 훼손하는 잔혹성을 보였다. 이 유형의 강간범이 느끼게 되는 감정은 성행위에 관한 것이지, 단순한 분노의 표출은 아니다. 전형적으로 이 유형은 데이트를 하고 결혼을 하기도 하나 모든 관계가 폭력과 관련되어 있다는 특징을 가지고 있다. 그러므로 결혼생활은 불안하며, 직장생활을 하는 경우에는 해고될 가능성이 높으며, 심하게는 폭력에 대한 전과를 가질 수도 있다. 넷째, 충동 강간범은 평소에는 아무 증상을 보여주지 않다가, 순간적으로 성적인 충동이 일어날 때 변덕적, 폭발적으로 강간을 하는 특징을 보여준다. 2010년 부산에서 예비 여중생을 강간 살해한 김길태가 충동적 강간범 유형에 속한다. 이 유형은 대개 정신병질적 특성을 가지고 있으며, 다른 유형의 범죄 기록을 가지고 있을 가능성이 높다(이상현 외, 2012). 대표적인 예로 김길태는 여중생 강간살해를 저지르기 전에도 성폭력 미수와 부녀자 감금 및 성폭행 등으로 8년 동안 교도소 생활을 했다. 수감 중에도 폭력적인 성향과 반항적인 기질이 두드러져 정신질환자로 분류되어 특별 치료시설이 있는 진주교도소에 이감되기도 했다.

(2) 성도착증

성도착증(paraphilias)이란 이상심리 현상의 하나로써 정상적인 범주를 벗어나 일반인과 다른 성적 욕구 또는 행태를 보이는 현상으로(함혜현, 2010), 사람이 아닌 물체나 아동, 동의하지 않은 성인을 대상으로 고통이나 수치심의 경험에 대한 반복적이고 강렬한 성적 충동, 환상 및 성적 행동을 특징으로 하는 장애를 의미한다. 한편, 성도착이 심각한 스트레스를 유발하며, 그들의 사회적 직업 활동에 방해되고, 자신이나 타인을 현재나 과거에 위험 상태로 몰아넣는 장애를 성도착 장애라고 한다. 미국정신의학회(American Psychiatric Association, 2013)의 DSM-5에 따르면, 성도착 장애는 최근 6개월 이상 일반적인 성적 기준 이외의 물체나 상황에서 반복적이고 강렬한 성적 각성을 경험했거나 판타지, 욕구, 행동에서의 심각한 고통이나 손상이 나타났을 때

성도착 장애는 소아성애 장애, 노출 장애, 관음 장애, 물품음란 장애, 복장도착 장애, 접촉마찰 장애, 성적 가학·피학 장애 등을 포함한다.
출처: http:/www.authorstream.com/Presentation/aSGuest50481-421937-Paraphilias-Entertainment-ppt-powerpoint

성도착 장애라고 진단을 한다고 규정하고 있다(Comer, 2014). 이러한 성도착 장애는 대부분 법적 재제의 대상이 될 수 있다. 성도착증으로 체포된 성범죄자의 대부분을 차지하는 유형으로는 관음 장애, 노출 장애, 접촉마찰 장애, 소아성애 장애, 아동에 대한 성적 가해 장애 등이다. 성도착증 중에서 성적 피학 장애는 다른 사람에게 해를 입히기보다는, 자신에 대한 피학적 상상이 현실화되어 자신을 손상시키는 결과를 초래하는 경우를 말한다. 성도착 장애의 유형을 종합하면, 소아성애 장애, 노

표 10-1 성도착 장애의 유형

장애 유형	장애 증상
소아성애 장애	신체적으로 성숙한 사람보다는 사춘기 이전이나 사춘기 초기의 아동에게서 일반인이 성인에게 느끼는 성적 흥분과 같거나 더 큰 성적 흥분을 경험하는 장애
노출 장애	일반인을 상대로 이상한 낌새를 못 채는 이들에게 자신의 음부를 노출하고 보여줌으로써 반복적이고 강렬한 성적 흥분, 즉 환상이나 충동, 행동에 의해 반영되는 흥분을 경험하는 장애. 일명 바바리맨으로 알려져 있는 남성이 대부분이다.
관음 장애	은밀히 타인이 벌거벗은 모습이나 옷을 벗는 모습, 또는 타인의 성관계를 지켜보고 싶은 충동을 느끼며, 이러한 행동을 통해 지속적이며 극심한 성적 흥분을 느끼는 장애
물품음란 장애	주로 무생물인 물체(예: 여성의 속옷, 신발, 부츠 등)와 관련하여 극심한 성적 충동, 성적 흥분을 일으키는 장애로 이외의 자극에는 성적 반응을 나타내지 못함
복장도착 장애	이성의 옷을 입음으로써 계속되는 강렬한 성적 흥분을 하는 장애로 크로스드레싱이라고도 불림
접촉마찰 장애	동의하지 않은 사람에 대해서 만지거나 접촉하거나 문지르는 데서 반복적이고 강렬한 성적 흥분을 경험하는 장애
성적 가학 장애	다른 사람에게 신체적 또는 심리적으로 고통을 느끼게 함으로써 지속적으로 또는 강렬하게 성적 흥분을 경험하는 장애
성적 피학 장애	다른 사람으로부터 신체적 또는 심리적으로 고통을 당함으로써 지속적으로 또는 강렬하게 성적 흥분을 경험하는 장애
기타 성도착 장애	동물애증 – 동물과의 성행위 또는 그와 같은 공상을 통하여 성적 흥분을 경험하는 장애 외설언어증 – 상대방에게 음란하고 외설적인 말을 들음으로 성적 흥분을 경험하는 장애 전화외설증 – 낯선 사람에게 전화를 통해 음란한 말을 함으로써 성적 흥분을 경험하는 장애 분변애증 – 대변을 상대방 성기에 문지름으로써 성적 흥분을 경험하는 장애 소변애증 – 성적쾌감을 소변을 통하여 얻는 장애 시체애증 – 죽은 사람과의 성관계를 하고자 하는 장애

출처: Comer, 2014; 권석만, 2013

출 장애, 관음 장애, 물품음란 장애, 복장도착 장애, 접촉마찰 장애, 성적 가학 장애, 성적 피학 장애, 기타의 성도착 장애 등으로 구분할 수 있으며, 그 내용은 다음 〈표 10-1〉과 같다.

성범죄의 원인 04

성범죄의 원인은 크게 개인적 원인과 사회구조적 원인으로 나눌 수 있는데, 개인적 원인은 진화론적·생물학적 측면과 심리학적 측면에서 그 원인을 찾고 있으며, 사회구조적 원인은 사회 내에서의 남성과 여성의 성역할, 포르노그래피, 폭력의 허용도 등의 측면에서 그 원인을 설명하고 있다.

(1) 개인적 측면

1) 진화론적·생물학적 관점

진화론적·생물학적 관점에서 성범죄의 원인을 살펴보면, 강간은 인간의 대를 잇기 위한 수단으로 정의되고 있으며, 이는 대를 이어가며 본능적으로 발달되었다는 것이다(Siegel, 2020). 일부 학자들은 원시사회에서 나타난 강압적인 성적 접촉은 대를 이어주는 수단이 되었으며, 이는 자손을 확장하는 데 도움이 됐다고 주장하고 있다. 또한, 남성은 본능적으로 가능한 한 많은 여성과 긴밀한 관계를 유지하고자 하는 본능적이고 자연적인 성욕을 가지고 있다고 주장한다. 진화론적 관점에서 바라 본 인간의 성충동은 자신의 종을 가능한 한 넓게 퍼뜨려감으로써 종족보존을 위한 인간의 무의식적인 욕구에 해당한다고 주장한다. 특히, 성적으로 공격적인 남성은 수동적인 남성보다 훨씬 더 종족보존과 번식을 위한 성욕이 강하게 되고, 그로 인한 생식력 또한 강하다고 볼 수 있다(Ellis & Walsh, 1997). 이와 반대로 진화론적 관점에서 바라본 여성은 남성을 찾을 때 자녀양육을 위해 오랫동안 헌신할 수 있을 것처럼 보이는 안정적인 남성을 바라보게 된다고 주장하고 있다. 남성과 여성의 이런 성적 관점의 차이는 남성의 성적 긴장을 유발시키며, 이로 인해 느끼는 남성의 성적 긴장은 강압적인 성교를 유도하고 있다는 것이다(Siegel, 2020).

2) 심리학적 관점

심리학적 관점에서는 정신병리학적인 견해를 바탕으로, 성범죄의 가해자는 정신적·심리적으로 장애가 있는 사람들이기 때문에 성범죄를 행하게 된다고 설명하고 있다(우리사회연구학회, 1998). 이 관점에서는 성폭력범을 일종의 성격이상이나 정신질환을 앓고 있는 사람으로 바라본다. 또한, 성폭력을 저지르는 선천적 기질은 자아도취적 성격이상(narcissistic personality disorder)과 밀접한 관련이 있는 것으로, 자아도취적 성격이상이란 타인에 대한 배려가 전혀 없고, 자기 자신에게만 심취되고 고착하게 되어 자신의 만족, 야망 등을 달성하기 위해 이기적 특성이나 행동을 하는 것을 의미한다(Siegel, 2020). 그리고 개인의 왜곡된 가치관과 인지과정 또한 성범죄의 원인으로 들 수 있는데, 대다수의 사람들은 사회가 금지하고 있는 법을 지키기 위해서 이를 어기는 범법행위를 억제할 수 있는 방법을 수용하고 있지만 성범죄 가해자들은 일탈적이고 위법적인 성 관련 활동을 긍정적으로 인식하는 경향이 있다는 것이다. 성범죄자들의 대부분은 왜곡된 성지식을 갖고 있으며, 그들의 행위로 인해 받게 되는 피해자들의 고통에 대해서는 공감도가 현저히 떨어진다고 연구들에서 제시되고 있다(성도경·이지영, 2012).

(2) 사회구조적 측면

성범죄의 원인을 사회구조적 측면에서 살펴보면 다음과 같다. 첫째, 사회에서 전통적으로 내려오는 남성과 여성의 성역할에 대한 정의 또는 관습이 성범죄를 초래한다는 것이다. 즉, 사회 내에서 여자의 역할과 남자의 역할이 규정되어져 왔고, 성의 역할에 있어서도 여자는 성에 관한 지식을 금기시되거나 수동적으로 대해야 한다고 규정지어 왔으며, 반대로 남자는 보다 공격적이고 거칠어야 한다는 사회적인 규범이 성역할에 영향을 미쳤다는 것이다. 둘째, 포르노그래피와 관련하여 포르노그래피는 사이버 공간에서 떠도는 노골적인 야한 동영상뿐만 아니라 넓게는 많은 술집에 붙어 있는 여성의 비키니 수영복 사진, 각종 대중 매체의 광고물까지 포함하는데, 이는 노골적인 성적 재현물을 의미한다. 이런 재현물을 통해 일반인들은 여성의 몸을 부위별로 나누어 자신의 성적인 쾌락을 위해 사용할 수 있다는 사고방식을 갖게 할 수도 있다는 것이다. 포르노에서 강한 자극과 흥분을 유발시키기 위해 사용하는 가장 극단적인 소재는 강간으로, 이를 통해 여성은 말로는 아니라고 하지만 실제로는 강간을 즐긴다고 하는 왜곡된 이미지를 생성해 왔다는 것이다.

셋째, 우리 사회 내에 다양한 형태의 폭력이 만연하게 되면, 그로 인해 성폭력 또한 더 쉽게 발생할 수도 있다는 것이다. 예를 들면, 학교의 체벌이나 정부의 폭력 사용, 가정 내에서의 폭력, 또는 위계적인 군사문화 등이 자연스럽게 자리 잡은 사회 속에서는 일반인이 받아들일 수 있는 폭력의 수위는 높아지게 되며, 이로 인해 성폭력에 대한 허용도 또한 자연스럽게 높아진다는 것이다. 마지막으로 기든스(Giddens) 같은 학자의 주장에 따르면, 전통적 지위를 상실한 남성들의 경우 그들이 누려오던 지위의 상실감을 보상받기 위하여 성폭력을 저지르기도 한다는 것이다(Giddens & Sutton, 2012). 다시 말하면, 남성들은 여성들이 남녀 간의 전통적인 역할 관계에서 벗어나려고 하자, 남성들은 이로 인한 갈등과 무력감을 표현하면서 성폭력을 저지른다는 것이다(한국성폭력상담소, 2011). 이외에도 성폭력의 주요한 원인으로 피해자 유발론이 제시되고 있다. 이는 성폭력 범죄피해자를 비난하는 측면에서 성폭력 범

표 10-2 강간에 대한 잘못된 통념

① 여성들은 자신의 목적을 위해 강간피해에 대해 거짓말을 한다.
미국 FBI 통계에 따르면, 강간 기소의 2%만이 사실이 아닌 것으로 나타났으며, 이는 다른 범죄에 비해 매우 낮은 수치이다.

② 부정한 여성들만 강간을 당한다.
강간의 피해 여성들은 모든 계층과 나이에 상관없이 발생한다.

③ 원하지 않는 여성을 강간할 수는 없다.
여성들은 무력과 무력의 위협, 생명의 위협 등에 의해 강간당한다.

④ 강간당한 여성은 남성을 유인하거나 선정적인 옷을 입는다.
이 생각은 여성을 비난하고 남성의 책임을 변명하는 구실을 한다. 강간은 여성의 행동이 아니라 남성의 행동이다.

⑤ 대부분의 여성들은 은근히 강간을 원하고 즐긴다.
일부 여성들이 강압에 의한 성행위에 대한 환상을 가지고 있을 수 있으나, 환상과 현실은 엄연히 구분되는 것이다.

⑥ 남성들은 성욕이 과잉되거나 파트너가 없기 때문에 강간한다.
강간은 성적 충동이나 성적 가능성과 관련된 것이 아니라 권력과 통제와 관련된다. 강간범은 결혼하거나 성적 파트너가 있는 경우가 흔하다.

⑦ 가해자가 무기를 소지하고 심한 신체적 상해를 가하는 모르는 사람일 경우에만 강간으로 볼 수 있다.
이런 잘못된 생각은 여성들이 자신의 경험을 강간으로 규정짓거나 여성의 성 희생화에 대해 남성에게 책임지우는 것을 어렵게 만든다.

⑧ 강간은 정신병자인 일부 남성들에 의해서만 행해진다.
대부분의 강간범들의 경우, 정신병리가 강간의 원인이 되지 않는다. 이들은 정상적인 남성들과 크게 다르지 않다. 우리가 (제6장과 7장에서 살펴보았듯이) 대부분의 정신질환자의 범죄율은 정상인에 비해 낮은 수준이다. 왜냐하면, 정신질환을 앓고 있는 사람은 일반인과의 접촉을 꺼려하거나 접촉할 기회가 낮기 때문에 정상적인 남성에 의한 강간사건이 비정상인에 의한 사건보다 월등하게 높다.

출처: Stout & McPhail, 1998; 조홍식 외, 2006

죄를 설명하고 있는데, 성폭력 피해자가 성적 충동이 일어나도록 유혹하였거나 적극적 저항을 하지 않아 성폭력이 유발되었다는 것이다(우리사회연구학회, 1998). 그 단적인 예로 강간의 사회구조적 원인을 잘 표현한 설명이 〈표 10-2〉에 잘 나타나 있다. 이런 강간에 대한 잘못된 통념이 우리 사회에 존재한다. 즉, 남성주도 사회에서 강간이 빈번하게 발생하는 사회구조적 원인 중 하나로 강간에 대한 남성들의 잘못된 인식이 우리 사회에서 강간율을 증가시키는 원인 중 하나로 지목된다.

05 성범죄자의 심리적 특성

성범죄자의 심리적 특성은 발달적 특성, 성격적 특성, 인지적 특성의 세 가지 측면으로 나누어 살펴볼 수 있다. 발달적 특성 측면에서 성범죄자는 성장과정에서 성적 학대나 다른 폭력피해 경험을 겪는 경향이 크고 가족관계, 특히 부모와의 관계를 제대로 형성하지 못하는 문제가 있다. 서두의 한국사례에서 나타난 성범죄자 이모씨처럼 어렸을 때부터 가정에서 아버지의 가정폭력을 상습적으로 경험할 경우, 성범죄자가 될 가능성이 높다. 특히 이모씨 경우처럼, 아버지의 폭력, 어머니의 재혼에 대한 배신감, 부모-자녀 간 냉혹한 애정관계 등으로 인한 스트레스를 그는 성관련 범죄로 해소하는 경향이 강했다. 그는 자신의 불우한 가정환경을 주로 관음증, 물품음란증(여성 속옷), 성매매, 문란한 성생활 등을 통해 잊고자 했던 것처럼 성범죄자는 발달과정에서 가정에서의 잘못된 사회화로 인해 성에 대한 왜곡된 사고방식을 형성할 가능성이 높을 수 있다. 둘째, 성격적 특성 측면에서, 성범죄자는 반사회적·병리학적 생활양식을 나타내며, 높은 수준의 반사회적 성향, 타인에 대한 감정이입과 자기행동에 대한 자책감 부족, 그리고 자신의 행위를 숨기고자 하는 성향을 나타낸다. 우리 사회에서 연쇄살인사건을 저질렀던 유영철, 강호순, 정남규, 이춘재 등에서도 성범죄자들의 성격 특성을 잘 읽을 수 있다. 그들은 경제적, 심리적 이득을 위해 여성들을 강간하고 그 강간 사건을 은폐하기 위해 불을 놓는가 하면, 때때로 목격자를 살해하고 암매장하고, 이춘재의 경

성범죄자들은 일반인들과 다른 발달적 특성, 성격적 특성, 인지적 특성 등을 가진다. 사진은 2019년 신림동에서 발생한 강간미수 사건의 CCTV 스틸 컷
출처: http:/news.kbs.co.kr/news/view.do?ncd=4304618

우, 성폭행 후 여성 사체를 심하게 훼손하는 등 높은 수준의 반사회성을 표출했다. 성범죄자들의 대표적인 성격적 특징을 경험적 연구를 통해 살펴보면 정서공감능력 결여와 고립이 가장 많이 설명되는 요인으로 제시되고 있다.

셋째, 인지적 특성 측면에서 성범죄자는 자신의 행동, 타인의 반응, 상황 등을 적절하게 인식하지 못하고 일탈적 범죄행위로 나아가는 데 있어서 성에 대한 왜곡된

표 10-3 성폭행 가해자의 반응

가해자 반응	구체적 내용
① 완전한 부인	• "경찰이 나를 잡으려고 덮어씌웠다거나 피해자가 나를 미워한다" 등 고소 자체가 잘못됐다고 주장 • "다른 사람이 한 짓"이라고 주장 • "기억이 나지 않는다"고 발뺌
② 부분적 부인	• 그건 성학대가 아니라고 주장("피해자가 동의했다", "피해자도 즐겼다", "사랑이었다", "나는 그냥 문지르기만 했다", "단지 놀이일 뿐이다", "교육적인 것 이었다" 등으로 변명) • 문제의 부정("그렇게 하기는 했지만 성폭력 가해자는 아니다", "다시는 그렇게 하지 않을 것이다", "나는 아이나 억지로 하는 성행위에 관심이 없다", "나는 일탈적 환상 따위는 없다" 등)
③ 공격행위의 축소	• "피해자의 증언보다 횟수가 적다" • "폭력이나 위협은 없었다" • "피해자가 말하는 만큼 침입적인 것은 아니었다" • "다른 피해자가 없다"
④ 책임의 축소	• "피해자가 유혹적이었고 성폭력을 유발했다" • "피해자의 부모가 무시한다" • "나는 취했다" • "나는 스트레스가 많았다/정서적으로 혼란돼 있었다" • "내 파트너는 성적으로 만족스럽지 못하다" • "나는 성충동이 높은 사람이다" • "피해자는 No라고 했지만 실제로는 Yes를 의미하고 있었다"
⑤ 위해의 부인과 축소	• "친구나 가족들이 피해자는 아무 해를 입지 않았다고 이야기해줬다" • "피해자의 현재 문제는 내가 유발한 것이 아니다" • "나는 사랑과 애정이 있었기 때문에 해를 유발할 수 없다" • "억지로 한 것이 아니기 때문에 해가 있을 수 없다"
⑥ 계획의 부인과 축소	• "나는 순간적으로 일을 저지른 것 같다" • "갑자기 일이 펼쳐졌다" • "피해자가 시작했다" • 환상의 부인과 축소 • "나는 일탈적인 환상을 가지고 있지 않다" • "나는 실제 범행을 저지르기 전에는 피해자를 범하려는 생각을 전혀 하지 않았다"

출처: 주간경향, '그들은 피해자의 고통을 모른다', 2020

인식, 올바른 의사소통 능력 부족 등이 원인으로 제시되고 있다. 성폭행 가해자들의 왜곡된 인지적 특성은 〈표 10-3〉에 잘 나타나 있다. 성범죄자들은 일반적으로 완전한 부인, 부분적 부인, 공격행위의 축소, 책임의 축소, 위해의 부인과 축소, 계획의 부인과 축소 중 적어도 한 가지 이상의 변명을 통해 자신의 범죄를 부인하거나 합리화하는 경향이 있다. 특히 미성년자나 아동을 대상으로 한 성범죄자들의 인지왜곡은 심각하다. 예를 들면, "놀이터에서 아동이 먼저 나에게 접근했다"거나 "여자아이가 먼저 나의 무릎에 앉았다" 등의 심한 인지왜곡을 가지고 있는 경우가 있다.

우리 사회에서 성범죄에 대해 남성들이 가지는 인식이 얼마나 왜곡되어 있는지에 대한 또 다른 예시는 〈표 10-2〉의 강간에 대한 잘못된 통념과 〈표 10-3〉의 성폭행 가해자의 반응에 잘 나타나 있다.

성범죄의 원인에 대한 경험적 연구로, 윤정숙 외(2012)의 연구에서는 성범죄자의 심리적 특성을 지난 수십 년간의 성범죄 관련 선행연구들을 바탕으로 크게 근원적 특성(distal factors)과 즉시적 특성(proximal factors)으로 구분하여 제시하고 있다. 근원적 특성은 성범죄자가 친사회적 방법을 통하여 욕구를 충족하는 것을 방해하는 만성화된 문제들을 의미한다. 이를 보통 범죄유발요인이라고 하며, 다양한 연구에서 성범죄 유발(또는 재범)과 관련이 있는 것으로 나타났다. 대표적인 성범죄 유발요인으로는 성범죄자의 대인관계 기술의 결함, 관점수용능력의 부족, 정서적 외로움, 성적 강박, 정서통제의 부족, 일탈적인 성적 관심, 부적절한 대처기술/스타일, 아동에 대한 정서적 일치, 비효율적인 문제해결기술, 여성에 대한 적대감의 열 가지 특성을 제시했다(윤정숙 외, 2012). 반면 즉시성 특성은 관계의 어려움, 애인과의 결별, 실직 등의 문제를 야기하는 사건 발생 시 범행을 계획하는 등 범죄의 시작을 촉발시키는 특성을 의미한다. 즉시성 특성으로는 과도한 스트레스, 기분의 불규칙적인 변화, 약물남용, 인지적 부조화 등이 있다(윤정숙 외, 2012). 성폭력 범죄로 보호관찰을 받는 사람과 교도소에 수용중인 사람들을 대상으로 한 설문조사를 통해 가해자·피해자 유형별 성폭력범죄자의 심리적 특성을 연구한 박형민은 성폭력 범죄자의 성역할 태도, 성폭력 인지, 아동에 대한 강간 통념, 공감도 수준, 애착 정도를 분석하였다(박형민, 2008). 연구결과, 청소년 범죄자들의 자기 통제력이 성인 범죄자들의 자기통제력보다 낮은 것으로 나타났다. 아동에 대한 강간통념에 대해서는, 아동 대상 성폭력 범죄자들이 다른 유형에 비해 아동대상강간에 대해 왜곡된 인지를 가지고 있었으며, 성인 대상 성폭력 범죄자는 아동대상강간에 대해 왜곡된 인지를 상대적으로 덜 하는 것으로 나타났다. 성폭력 범죄자의 애착 정도를 살펴보면, 성인 범죄자들이 청소년 범죄자들에 비해 의존적 애착의 정도가 높았으며, 친밀도 척도의 경우 성인 범죄자들이 더 높은 것으로 나타났다(박형민, 2008).

한편, 전국종합일간신문에 보도된 주요 아동 대상 성범죄 사건 기사를 분석하여 아동 대상 성범죄자의 범죄심리적 특성을 살펴본 정승민의 연구에서 아동 대상 성범죄자는 적어도 범행 당시에 성격장애 또는 심리병질이라고 부르는 비정상적 심리 상태에 빠져 있었다고 주장한다(정승민, 2010). 이는 아동기에 좋지 않은 경험들, 특히 가정폭력이나 성폭력 등의 경험에 노출되었기 때문에 심리상태가 병적 상태로 고착되었을 가능성이 높으며, 사건 조사결과에서도 어린 시절 성적 학대를 경험한 적이 있었던 가해자의 비율이 높았다. 이러한 과거 경험으로 인해 정상인에게는 짐승과도 같은 끔찍한 행동을 그들은 아무렇지 않게 느끼며, 어떤 죄의식 없이 성범죄를 저지른 것으로 판단된다. 그리고 발달의 미성숙과 부적절한 감정조절 등의 문제로 인해 성범죄를 저지르는 경향이 있으며, (위에서도 언급했듯이) 사회생활의 부적응 등에 직면하면서 이에 대한 불만을 나약한 아동에게 해소하는 성향을 보였다. 또한, 아동 성범죄자의 어린 시절의 가정환경, 결혼생활 등 가족 간의 유대 정도도 성범죄에 더욱 큰 영향을 미친 것으로 나타났다(정승민, 2010). 그 밖의 특성으로는 가해자가 피해아동의 주변에서 생활하는 인물이 많다는 것이며, 범행 또한 피해자 및 가해자의 주변지역에서 발생하고 있어 지역사회내의 감시·감독의 중요성을 인식할 수 있을 것이다. 그리고 범행을 미리 계획하고 실천하는 경우가 대부분이므로 알코올 섭취, 정신병질적 증상 등의 이유로 우발적인 범행을 주장하는 경우는 자기행위의 정당화를 위한 행동으로 보일 뿐이다(정승민, 2010). 성범죄로 보호관찰소와 교도소에 수감되어 있는 성범죄자, 성범죄가 아닌 다른 범죄로 교도소에 수감되어 있은 일반범죄자 그리고 일반 성인들을 대상으로 한 비교연구에서도 성범죄자의 우울, 자기존중감, 충동성, 충동성-인지 변인에서 집단 간 차이가 있는 것으로 나타났다(정민철·조영일, 2015). 즉, 성범죄자는 일반범죄자보다 우울, 충동성, 충동성-인지에 있어서 높은 것으로 나타났으며, 일반인보다는 우울이 높은 것으로 나타났다.

성범죄의 피해 06

성폭력 범죄피해자는 성폭력 범죄의 형태에 관계없이 일단 피해를 입게 되면 상당한 수준의 육체적·정신적 고통을 겪게 된다. 가장 흔하게 나타나는 신체적 피해는 골반 통증, 질 부위 손상과 출혈, 성병, 임신, 두통, 소화기 장애, 월경전증후군(PMS: Premenstrual Syndrome) 등을 들 수 있다. 그리고 신체적 피해보다 훨씬 오래 지속되고 심각하게 나타나는 피해가 심리적 피해이다. 심리적 피해는 성폭력 범죄 피해 직후 바로 나타나는 심리적 충격뿐 아니라 시간이 지날수록 두드러지게 나타나는 반응인 강간외상증후군(rape trauma syndrome)을 포함한다(전대양, 2006). 또한, 성폭력 범죄로 인하여 행동적 피해도 발생하게 된다. 성폭력 피해로 인하여 성관계 자체에 대한 심각한 거부감이 형성되어 성생활에 장애를 초래하며, 성폭력 피해에 대한 충격을 감내하지 못하고 본인 스스로 자책을 하거나 타인에 대해 공격적 성향을 표출하는 경향도 있다(노성호 외, 2012). 구체적인 성폭행의 피해는 아래 〈표 10-4〉와 같다.

한국성폭력상담소에 따르면, 우리나라 성폭력 피해 여성들이 심각한 정신적, 신체적 후유증으로 인하여 고통을 호소하고 있다고 보고하였다. 심리적 피해 증상으로 순결상실감, 우울증, 남성혐오, 죄의식, 분노, 불안, 두려움, 자존감 상실 등 다양한 후유증을 호소하였으며, 성폭력 피해의 충격으로 피해자들은 가출, 반복적 강간피

표 10-4 성폭행 피해 유형

피해 유형	증상
정서적 피해	• 두려움, 치욕감, 당황함, 걱정, 공포, 혼란, 정신적 충격 • 분노, 보복감, 증오 • 자존감의 훼손, 자기 비난(특히 아는 사람으로부터 강간당한 경우) • 우울 • 성폭행에 대한 기억으로 인한 방해 • 무감각 • 남성 불신 • 배신감(특히 부부 강간의 경우) • 또 다른 성폭행에 대한 두려움 • 외상성 장애
신체적 피해	• 다양한 신체적 상해 • 두통, 메스꺼움, 소화기장애 • 수면장애, 악몽 • 성병 감염 • 임신
행동적 피해	• 성행위에 대한 회피, 성적 문제의 야기 • 성폭행을 상기시키는 남성과 상황에 대한 회피 • 거주지와 전화번호 변경 • 자살행동 • 약물중독

출처: Stout & McPhail, 1998; 조흥식 외, 2006

해, 성관계 기피, 성관계 문란, 자해 행위, 자살 시도, 약물복용 등의 부적응 행동들도 나타냈다. 그리고 성폭력 피해로 인한 신체적 후유증으로 임신, 질파열, 성기 이상, 성병 등이 많은 것으로 나타났다(박종렬·노상욱, 2008).

2017년 하반기 할리우드를 뒤흔들었던 성범죄사건의 가해자인 하비 와인스틴과 그에게 성폭력을 당했다고 폭로한 여배우들
출처: https://star.mt.co.kr/stview.php?no=2017102015171868799

또한 최근 스마트폰의 보급 및 확산으로 인한 디지털성범죄피해자가 급속도로 증가하고 있다. 디지털성범죄피해는 2018년 유튜버 양예원이 '저는 성범죄 피해자입니다'라는 제목의 글과 동영상을 자신의 페이스북에 올리면서 세간의 주목을 받기 시작했다. 〈그림 10-13〉은 여성가족부가 2019년 디지털성범죄 피해자 지원보고서 발표자료이다(여성가족부, 2019). 여성들이 겪은 성범죄 피해를 유형별로 보면, 불법촬영물 유포가 1,001건(29.7%)으로 가장 많았고 불법촬영 피해는 875건(26%)이었다. 1,162명은 불법촬영 이후, 유포 협박을 당하거나 실제 유포 피해를 겪는 중첩적인 피해를 경험한 것으로 나타났다(한겨레, 2019년 12월 30일자). 디지털 성범죄는 가해자가 전·현 배우자 및 연인 등 친밀한 관계인 경우는 464

그림 10-13 디지털성범죄 피해유형별 현황 (단위: 건수)

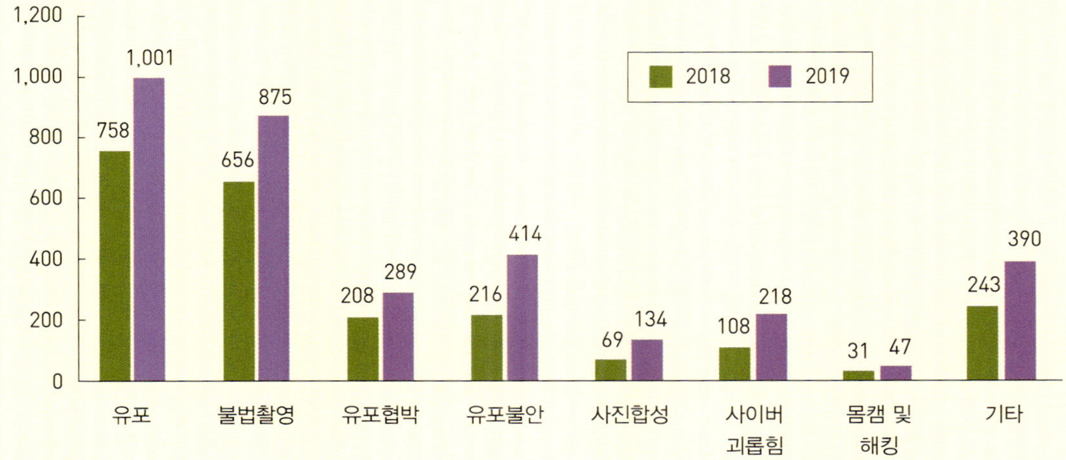

출처: 여성가족부, "디지털 성범죄 피해자 지원보고서", 2019

명(24%)이었다. 가해자 신원이 특정은 됐으나 피해자와 일면식도 없는 경우는 346명(17.9%)이었다. 211명(10.9%)은 학교·직장 등 사회생활에서 알게 된 사람으로부터 피해를 겪었다.

디지털 성범죄로 대표되는 리벤지 포르노와 사진 유포 등은 인터넷의 확산 속도가 엄청나기에 피해자의 피해가 상상을 초월한다. 실제 사진과 동영상 유포가 시작되면 삭제가 쉽지 않을뿐더러 피해 여성에게 감당하기 힘든 고통을 주게 된다. 피해자가 극단적인 선택을 하기까지 정신적으로 몰아넣는 경우도 상당하다.

07 성범죄의 대책

(1) 개인적 차원

개인적 차원에서의 성범죄 대책으로는 개인적 저항을 통해 성범죄를 회피하는 방법이 있다. 성범죄 상황에서 피해자 반응에 대한 연구 결과를 살펴보면, 적극적 저항을 하는 경우 육체적인 상해를 당할 위험성이 커지는 반면에, 소극적 저항을 하는 경우 가해자의 성욕과 폭력욕을 자극하는 것으로 알려져 있다(이창한 외, 2012). 따라서 심한 저항으로 살해 위협을 당할 정도가 아닌 이상 피해자는 최선을 다해 저항할 필요가 있다. 왜냐하면, 소극적 저항 시, 성범죄자의 인지왜곡으로 인해 오히려 그 상황을 상대 여성이 즐기고 있다고 판단하여 더 심한 신체적, 정신적 피해를 볼 수 있기 때문이다.

(2) 사회적 차원

성범죄에 대한 사회적 측면의 대책으로는 성범죄에 대한 인식의 변화를 위한 체계적인 노력이 요구된다. 그동안 한국사회에서 성 관련 문제들에 대한 심각성이 제대로 인식되고 못하고 있는 실정이다. 이는 성이라는 이슈 자체를 공개적으로 언급하는데 부정적 태도가 형성되었기 때문이다. 이와 더불어, 한국의 전통적 남성 중심의 성문화는 성범죄 문제의 본질을 왜곡하고 있다. 따라서 왜곡되고 그릇된 성문화와 성인식을 바꾸어 나가기 위해서는 학교 및 직장에서 성과 관련된 다양한 교육프로그램이 제공되어야 하며, 이를 통하여 성범죄를 포함한 성 관련 문제 행동 및 성에 대한 올바른 인식을 형성할 수 있도록 해야 한다. 특히, 성에 대한 정체성을 형성하는 중요한 시기에 있는 청소년을 대상으로 한 흥미롭고 효과적인 성교육 프로그램 개발이 요구된다. 이와 함께 지역사회 차원에서도 성범죄 및 성문화에 대한 다양한 교육프로그램 개발 및 활용이 적극적으로 이루어지는 것도 중요한 과제라고 할 수 있다. 또한, 방송 및 언론매체를 통하여 성폭력 문제에 대한 심각성이나 성에 대한 의식 변화를 도모하고, 성범죄에 대한 적절한 대응방안 및 피해 구제 등과 관련된 다양한 정보를 제공해야 할 것이다. 이러한 과정을 통하여 성범죄가 피해자 개인의 문제가 아니라 사회적 문제임을 인식하고 그런 차원에서 성폭력 문제를 해결해 나가야 할 것이다(박명숙 외, 2008).

(3) 성범죄자 처우

성범죄자에 대해 실시되고 있는 처우프로그램의 유형으로는 행동요법, 인지요법, 의료요법 등의 세 가지 처우프로그램이 일반적이다. 첫째, 행동요법(Behavioral Therapy)은 성범죄자의 성적 유형과 행동양식 변경을 위해 실시되는 요법이다. 둘째, 인지요법(Cognitive Therapy)은 다른 사람들과의 상호작용 속에서 성범죄자의 성생활 내지 성범죄자를 둘러싼 환경이 존재한다는 것을 성범죄자에게 이해하도록 하는 요법으로, 교육을 통하여 성범죄자가 사회생활을 위한 적절한 역할을 학습하게 된다. 셋째, 의료요법(Medical Treatment)은 성범죄자의 남성호르몬의 수치를 낮추기 위한 약물(주로 데포-프로베라(Depo-Provera))을 사용하는 요법을 말한다(강경래, 2012). 최근 새로운 성범죄자처우방법으로 심리학적 접근방법과 의학적 접근방법이 일반적으로 제시되고 있다. 심리학적 접근방법은 성범죄자의 사고방식과 행동양식 등의 변화와 성범죄를 저지르는 것을 회피할 수 있는 방법을 성범죄자에게 습득하게 하는 것에 초점을 두고 있다. 한편 의학적 접근방법은 성범죄자의 성적 충동과 본능의 감퇴시키기 위해 주로 외과적 거세와 화학적 거세의 방법을 통하여 고환의 적출 또는 약물치료 등으로 성범죄자의 재범을 억제시키는 것으로 말한다(박상열, 2009). 현재 우리나라 성범죄 대책에 있어서는 형벌과 치료감호 이외에 성범죄자 신상공개, 전자발찌, 화학적 거세 등 다양한 대응책을 마련하여 시행하고 있다.

1) 성범죄자 신상공개 및 우편고지

성범죄자 신상공개 및 우편고지 제도는 법원으로부터 신상공개 및 우편고지명령을 선고받은 성범죄자의 신상정보를 전용 웹사이트(성범죄자 알림e)에 공개하고, 성범죄자가 거주하고 있는 지역(읍·면·동)의 아동청소년 보호세대와 학교 등에 우편으로 정보를 제공하는 제도이다(성범죄자 알림e, 2015).

(4) 전자감독

전자발찌제도는 인공위성 등을 활용하여 24시간 위치추적과 보호관찰관의 밀착감독을 통해 재범을 방지하는 제도로, 성폭력사범의 높은 재범률 및 성폭력범죄에 대한 국민적 불안감 해소를 위한 특단의 대책으로 「특정 범죄자에 대한 위치추적 전자장치 부착 등에 관한 법률」을 제정하여 2008년 9월 1일부터 시행해 오고 있다. 이 제도 시행결과, 2011년 3월 30일까지 성폭력·살인 등 전자발찌 착용대상자 1,266명 중 재범자는 12명(재범률 0.97%)으로 재범률의 획기적 감소 효과를 나타내고 있으며, 높은 국민적 지지도와 만족도를 나타내고 있다(범죄예방정책국 홈페이지, 2015).

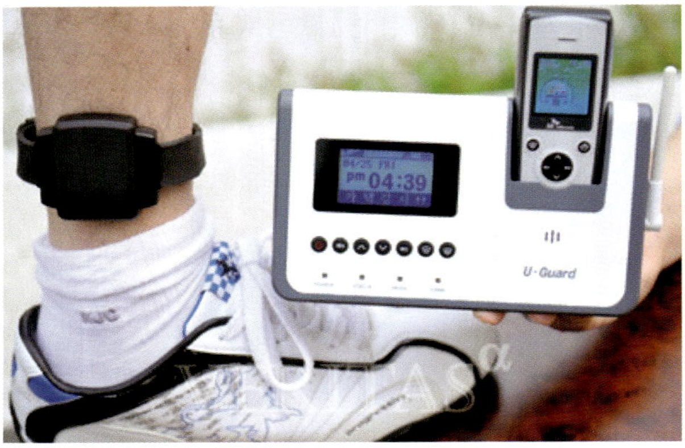

전자발찌와 추적장치
출처: https://www.donga.com/news/Society/article/all/20180407/89500214/1

(5) 성충동 약물치료

성충동 약물치료 제도는 성폭력범죄자 중 비정상적인 성적 충동이나 욕구로 자신의 행위를 스스로 통제할 수 없는 19세 이상의 성도착증 환자로서 성폭력범죄를 다시 범할 위험성이 있다고 인정되는 사람에 대하여 도착적인 성기능을 일정기간 약화 또는 정상화하는 성충동 약물치료를 실시하여 재범을 방지하고 안정적인 사회복귀를 촉진하는 제도이다(범죄예방정책국 홈페이지, 2015). 다른 나라의 성충동 약물치료제도

표 10-5 주요 국가의 성충동 약물치료제도

국가	도입연도	주요내용
미국 캘리포니아주	1996	13세 미만 아동을 대상으로 하는 성범죄 재범자에게 가석방 시 강제적 성충동 약물치료
덴마크	1973	치료 당사자의 동의 아래 시행, 1929년 유럽 최초로 외과적 거세를 합법화했으나 이후 성충동 약물치료로 전환
독일	1969	살인, 성폭행 등 중범죄자 중 비정상적 성적 충동이 있는 자, 25세 이상 범죄자에 대해 동의 아래 시행
스웨덴	1944	23세 이상 범죄자 중 본인 동의와 국가건강복지위원회의 승인 아래 시행
폴란드	2009	15세 미만의 아동을 대상으로 한 성범죄 및 친족 간의 성폭행에 강제적 성충동 약물치료

출처: 범죄예방정책국 홈페이지, 2015

는 〈표 10-5〉에 잘 나타나 있다.

비록 현재 우리나라에서 극히 제한적으로 시행하고 있는 성충동 약물치료가 성범죄자의 재범율을 줄이는 데 어느 정도 역할을 하는 것은 사실이지만 그 한계점도 분명 존재한다(김현우·임유석, 2011; 박상기, 2010; 박찬걸·송주영, 2011; 허경미, 2010). 예를 들면, 성범죄자들에게 약물치료를 중단할 경우, 성적 능력이 회복된다는 점, 성기능이 마비된 성폭력범죄자는 성기 말고 다른 것들을 사용하여 성폭력 범죄를 저지를 가능성이 있다는 점, 치료약물의 비용문제 등이 약물치료의 태생적 한계점으로 지적되어 왔다(김현우·임유석, 2011). 이런 태생적 문제점을 보완하기 위해 약물치료뿐만 아니라 (위에서 짧게 언급한) 심리치료나 인지행동치료(cognitive behavioral therapy)가 병행되어야 할 필요성이 있다. 인지행동치료에서 중요하게 다루는 성범죄자의 인지능력은 주로 인지왜곡, 감정관리, 대인관계기술, 공감능력, 재발방지 및 자아관리 등이다. 성충동 약물치료자의 인지행동치료를 연구한 본 저서 저자들의 연구결과를 요약하면 다음 〈표 10-6〉과 같다(이창한 외, 2012).

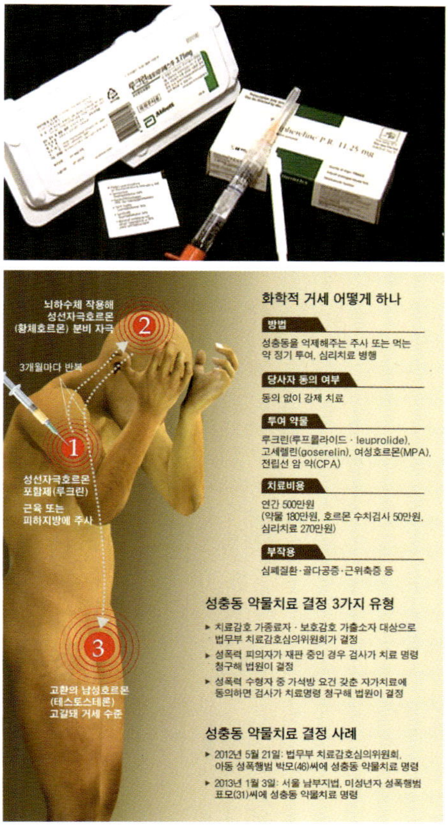

성충동 약물치료제, 치료효과, 치료과정, 결정과정
출처: https://news.joins.com/article/21521665

우리나라의 경우, 〈표 10-6〉과 같은 인지행동치료를 실행할 경우 성범죄의 재범률을 낮추는 데 효과가 있을 것으로 예상된다. 우리 사회에서 성범죄인구는 날로 증가하고 있지만 그들 대부분은 어떤 치료를 받음 없이 다시 지역사회로 환원되면서 다시 성범죄자가 발생하는 악순환을 되풀이해 왔다. 성범죄자의 재범은 결코 완전히 해결할 수 없는 문제이긴 하지만 사법기관과 지역사회가 꾸준하게 노력한다면 재범을 줄일 수 있는 좋은 방법은 분명 존재한다.

일반적으로 성범죄자 관리 및 재활에 대한 두 가지 접근방법으로, **위험성-욕구-반응성접근**(RNR)과 **좋은 삶 모델**(GLM)이 잘 알려져 있다. 비록 이론적으로는 이 두 가지 접근법이 상이하지만 두 가지 다 위의 〈표 10-6〉에서 제시된 인지행동치료(CBT) 기술을 사용하고 있다는 점에서는 서로 동일하다. 인지행동치료 기술은 성범죄자에게 성범죄를 부추기는 역동적인 위험요소를 잘 관리하도록 하는 기법을 말한다. 우리나라에서 인지행동치료법의 효과성 검증은 아직 미미하지만 그 가능성은 분명하므로 향후 정책적 함의는 다음과 같다. 첫째, 우리나라에서 성충동약물치

표 10-6 5가지 성범죄관련 요인과 인지행동 처우기법

성범죄 관련 요인	인지행동 처우기법
인지왜곡	• 성적 왜곡에 대한 매일의 생각을 기록하기 • 잘못된 성적 생각을 라벨링(labeling) 하기 • 집단토론을 통해 긍정적 사고를 갖기 • 왜곡된 성적 사고의 결과를 설명하기 • 왜곡된 사고를 교정하는 정보제공받기 • 왜곡된 사고를 부정하는 방법 찾기
감정관리	• 수용기반기술(명상, 자발적 승낙) 학습하기 • 행동사슬분석 하기 • 감정조절기술 학습하기
대인관계기술	• 연령에 맞는 친구를 사귀는 기술 배우기 • 대화의 기술을 발전시키는 방법 배우기 • 적당한 대상과 관심사항을 발전시키는 방법 배우기 • 적당한 이성에게 성관계 승낙을 받아내는 방법 배우기 • 사회기술훈련 배우기 • 타인과의 상호작용 훈련 • 적극성 훈련
공감능력	• 비디오 시청(성범죄관련 다큐멘터리, 토크쇼, 무비클립) • 피해자 충격 성명서 읽고 듣기 • 피해자에게 편지쓰기 • 피해자에게 받은 편지 읽기
재발방지 및 자아관리	• 재발로 이끄는 방아쇠역할을 깨닫기 • 재발주기를 깨닫기 • 과거 성적 공격을 재평가하기

출처: 이창한 외, 2012

료와 병행하는 심리치료는 어떤 이론과 모델에 기반을 둔 것을 사용하라는 의무사항은 없다. 그러나 외국의 경우, 어떤 심리치료 프로그램을 사용하든지 간에 '최상의 실천'이란 정책적 가이드라인을 유지하고 있으며 이 가이드라인에 따라 인지행동치료법을 상당히 많이 사용하고 있으며 그 효과성 또한 상당히 입증된 바 있다. 따라서 우리나라에서도 외국의 선행사례를 바탕으로 인지행동치료법이 '최상의 실천' 이란 정책적 가이드라인으로 고려되어져야 할 필요가 있다. 둘째, **좋은 삶 모델**은 교정프로그램에서 새로운 방식의 접근이나 시각을 제공했다. **좋은 삶 모델**에 따르면, 모든 사람은 삶을 살아가기 위해 내적, 외적인 덕목을 얻고자 노력하고 그것을 통해 만족과 기쁨을 누린다고 본다. 이 모델에서 관심을 갖는 덕목은 대인관계, 숙달 경험, 소속감, 목표의식과 같은 내적인 것들과 관련이 있는데 내적으로 필요한 기술이 부족하거나 외적인 자원이 부족한 경우, 성범죄자들은 범죄나 반사회적 방법을 통해 이러한 것들을 얻고자 노력한다고 본다. 따라서 이러한 것들을 좋은 방법을 통해 얻을 수 있도록 각 사람의 능력이나 환경, 선호하는 것을 좋은 방법을 통해 얻을 수 있도록 각 사람들의 삶에 개입하는 프로그램이 필요하다는 것이 이 모델의 궁극적 목표다. 그러나 우리의 현실에 비추어 볼 때, **좋은 삶 모델**을 성범죄자들에게 적용하기에는 아직 시민적 공감대가 부족하다. 즉, 아직까지 많은 사람들에게 교도소는 처벌이나 참회의 장소로 알려져 있다. 그러므로 성범죄자의 삶의 질을 향상시키고 그들의 개인적 삶의 목적을 성취하기 위한 교정프로그램의 개방은 일반인들에게는 많은 저항을 받을 개연성이 상당히 높다. 이런 의미에서도 **좋은 삶 모델**에 바탕을 둔 것이 아닌 **위험성 - 욕구 - 반응성 모델**에 바탕을 둔 인지행동치료법의 실행이 일반인들의 정서에 맞으므로 그 정당성을 확보할 수 있을 것이다.

연습문제

1. 강간이 일어나는 우리 사회의 사회, 구조적 특징에 대해 설명해 보아라.
2. 최근 발생한 성범죄의 예를 들어 성범죄자의 심리적 특성(발달적 특성, 성격적 특성, 인지적 특성)을 중심으로 설명해 보아라.
3. 최근에 발생한 성범죄사건을 구체적으로 예를 들어라. 그리고 그 사건이 성범죄 유형 중 어디에 속하는지 설명해 보아라. 왜 그 유형에 속한다고 생각하는지를 구체적으로 설명해 보아라.
4. 최근 발생한 강간사건을 구체적으로 예로 들어 코헨의 강간의 유형과 특징을 중심으로 설명해 보아라.
5. 우리 사회에서 강간을 포함한 성범죄를 줄이기 위한 여러 가지 방안에 대해 논하여 보아라.
6. 성충동 약물치료의 장점과 단점에 대해 설명해 보아라. 그리고 그 대안책에 대해 구체적으로 설명해 보아라.

용어설명

소아성애자(Pedophilia)

아이에게 어떤 성적 관심을 가지거나 아이들을 대상으로 성범죄를 저지르는 사람을 통칭해서 소아성애자(pedophilia)라고 한다. 소아성애자는 사춘기 이전의 아이들에게 유별난 성적 관심을 보이거나 성범죄를 저지른 사람에게 적용가능하기 때문에 아이들을 대상으로 성범죄를 저질렀다고 하더라도 모두 소아성애자라는 의학적 진단이 내려지지 않기 때문이다. 그리고 모든 소아성애자들이 성범죄를 저지르는 것 또한 아니다(위키피디아, 2020).

관음증

관음증(voyeurism)은 성도착증 중 하나로, 사람의 특정 신체 부위나 성적인 행동을 훔쳐보거나 촬영을 하여 성적 흥분을 느끼는 것을 말한다. 우리나라에서는 타인에게 이러한 행위로 피해를 준 경우, 법적으로 처벌받을 수 있다(위키피디아, 2020).

위험성-욕구-반응성접근(RNR)과 좋은 삶 모델(GLM)

지난 40여 년 동안 성범죄자관리 프로그램은 위험성-욕구-반응성(RNR)에 기초해왔다. 이 접근법하에서 범죄자의 위험수준, 범죄유발욕구, 그리고 반응성요인은 성범죄재발을 줄이는데 그 목적을 두고 있었다. 즉, 이 접근법에 기초한 성범죄자 관리 프로그램은 성범죄자의 위험수준에 맞게 시행된다. 예를 들면, 재발률이 낮은 성범죄자와 비교하여 재발률이 높은 성범죄자에게 이 프로그램을 더 엄격하게 적용했다. 그러나 성범죄프로그램의 효과성에 대한 다양한 논쟁들이 있다. 즉, 다양한 형태의 성범죄 프로그램의 효율성과 성범죄 재범률에 대한 연구결과, 다양한 논쟁들이 존재한다. 프로그램의 효율성을 평가할 때 위험성(risk), 욕구(need), 반응성(responsivity)은 반드시 고려되어져야 할 요소이다(Andrews *et al*., 1990). 이 위험성-욕구-반응성 모델은 교정적 개입 프로그램이 반드시 이 세 가지 핵심 재활 원칙에 의해 건설되어져야한다는 것을 의미한다. 구체적으로, 위험성원칙(risk principle)은 교정처우의 개입 강도와 기간은 개별적인 위험성 수준에 따라 차별적으로 적용되어야 함을 강조한다. 욕구원칙(need principle)에 따르면, 효율적인 성범죄치료는 성범죄자가 범죄를 야기하는 욕구를 해결(설명)해야 하며 성범죄자의 역동적인 위기요인을 수정하는 시도를 포함한다. 마지막으로 반응성원칙(responsivity principle)은 성범죄자의 학습스타일, 동기수준, 문화적 배경과 부합하는 성범죄치료가 포함되어야 한다는 것이다. 즉, 욕구원칙(need principle)하에서 관리는 행위결함과 성범죄를 범하는 역동적인 위험요인을 개선하는 데 초점을 맞추는 반면, 반응성원칙(responsivity principle)의 관리는 성범죄자의 학습스타일, 동기수준 그리고 문화적 배경에 초점을 맞춘다 (Hanson & Morton-Bourgon, 2005; Whitehead *et al*., 2007). 실질적으로 위험성-욕구-반응성(RNR) 모델에 기초한 재활프로그램은 경험적으로 재범과 관련이 되어왔던 위험요인들—예를 들면, 대인관계능력결핍, 인지왜곡, 희생자에 대한 공감능력부족 같은—를 해결하는 인지행동치료(CBT) 기술을 활용한다. 성범죄자의 삶의 질을 향상시키는 것은 이 관리모델의 주된 관심사가 아니다. 성범죄자들의 삶의 질을 높여주기 위한 성범죄관리 프로그램은 좋은 삶 모델(Good Lives Model)이 대표적이다. 좋은 삶 모델(GLM)은 긍정심리학에 기반을 두고 만들어진 치료방법으로 성범죄자들의 치료과정에서 개발된 프로그램이다. GLM의 기본 가정에 따르면, 모든 사람은 삶을 살아가기 위해 내적, 외적인 덕목을 얻고자 노력하고 그것을 통해 만족과 기쁨을 누리게 된다. 이러한 덕목을 얻기 위해 사람들은 나름대로의 방법을 마련하게 되는데, 내적으로 필요한 기술이 부족하거나 외적인 자원이 부족한 등의 특정한 상황에서는 범죄나 반사회적인 방법을 통해 이러한 것을 얻으려 한다. 따라서 좋은 삶 모델은 사람들이 좋은 방법을 통해 자신의 덕목을 얻을 수 있도록 각 사람의 능력이나 환경, 선호하는 것에 맞는 계획을 세워주는 것이 성범죄를 포함한 범죄예방의 지름길이라는 기본적 가설에 근거하고 있다.

1980년 이래로 위험성-욕구-반응성(RNR) 접근법을 포함한 대부분의 성범죄관리프로그램은 재발방지(RP)의 요소를 가지고 있었다. 재발방지(RP) 모델은 성범죄자들 사이에서 치료 후에 자기관리를 촉진하는 요소를 내포하고 있다. 즉, 재발방지모델에 기초한 치료는 성범죄행위를 유발하는 것으로 규정 지워진 위험요인을 변화시키는 것을 목표로 하지 않는다. 오히려 재발방지의 목적은 그들이 성범죄를 다시 저지를 것 같은 그런 상황을 깨닫도록 하고 그런 상황에 대응하는 전략을 사용하도록 성범죄자들에게 가르치는 것이다. 다른 말로 표현하면, 재발방지는 성범죄자들의 역동적인 위험요인을 인지하는데 그 본래의 초점을 맞추고 있다. 그러므로 이 접근법은 위험성-욕구-반응성(RNR)의 하부구조로 포함될 수 있다(Barnett & Wood, 2008). 비록 위험성-욕구-반응성(RNR) 접근법과 재발방지(RP) 모델의 경험적 연구결과, 성재범률을 낮추는 데 상당한 효과가 있었지만 또 다른 측면인 좋은 삶 모델(GLM)의 중요 요소를 등한시했다는 비판을 받아왔다(Lindsay *et al*., 2007; Ward & Gannon, 2006). 심지어 최근에는 위험성-욕구-반응성(RNR) 모델의 반작용으로 좋은 삶 모델이 성범죄자들의 재활을 위한 대안적인 모델로 평가되고 있다(Lindsay *et al*., 2007; Whitehead *et al*., 2007). 이에 따라 성범죄예방 실천가들은 성범죄를 야기하는 역동적인 위험요인을 고려할 뿐만 아니라 성범죄자들의 독특한 가치, 삶의 위치, 삶의 목표를 이해하는 쪽으로 성범죄예방프로그램을 수정하고 있다. 좋은 삶 모델에 따르면, 각 개인은 기본적인 또는 원초적인 욕구—예를 들면, 관계욕구, 능력, 자율성, 행복, 건강과 같은 욕구—를 가지고 있다는 사실을 이해하는 데에서 출발한다. 이런 기본적 욕구를 달성하기 위해 (물론 방법은 잘못되었지만) 범죄를 저지른다는 것이다. 이런 개념화로부터 출발해서, 좋은 삶 모델은 만약 범죄자의 유일한 욕구가 이해되어지고 만약 이런 기본 욕구를 달성하기 위한 더 대안적인 방법이 발견되어 진다면 성범죄는 줄어들 수 있다는 것이다 (Ward & Stewart, 2003). 다른 말로 표현하면, 위험성-욕구-반응성(RNR) 모델의 치료는 범죄를 유발하는 욕구나 역동적인 위험요인을 주장함으로써 성범죄자의 재범위험을 줄이는 것이 유일한 목적이다. 그러나 좋은 삶 모델(GLM)에 기초한 치료는 성범죄자 개인의 목적 또는 행위변화를 가능하게 하거나 동기화하는 수단으로서의 욕구를 고려한다는 것이다.

성범죄자 관리와 치료를 위한 RNR과 GLM 사이에는 어떤 유사점이 있는 반면에 둘 사이에는 두드러진 차이점이 있다. 좋은 삶 모델은 성범죄자의 재활을 도움으로써 성재범율을 줄이는 데 그 목적이 있는 반면, 위험성-욕구-반응성(RNR) 모델은 성범죄자의 위험요소를 제거함으로써 재범률을 줄이는 것이 유일한 목표다. 좋은 삶 모델이 위험성-욕구-반응성(RNR) 모델보다 더 좋은 평을 받거나 재범률을 줄이는 데 더 좋은 프로그램으로 알려져 있다. 그러나 정말 그럴까? 사실 단 하나의 연구결과에서만 GLM이 RP 프로그램에 기초한 치료와 비교하여 더 좋은 효과를 나타냈다는 연구결과가 존재할 뿐이다(Simons *et al.*, 2008). 비록 이 둘 중 어느 프로그램을 성범죄자 관리와 재활치료에 적용해야 하는가 하는 문제는 여전히 논쟁 중에 있지만 어떤 프로그램이 역동적인 위험요소를 변화시킬 수 있는지에 대한 일치된 의견은 존재한다(Thakkar *et al.*, 2006). 그것은 바로 인지행동치료(cognitive behavioral therapy) 방법에 있다(Losel & Schmucker, 2005). 인지행동치료 방법은 행위변화를 깨닫고 친사회적 행위를 하게끔 만들기 위한 효과적인 도구로 평가받고 있기 때문이다(Losel & Schmucker, 2005).

참고문헌

강경래. (2012). 소년성범죄자에 대한 처우프로그램: 우리나라와 미국·일본과의 비교검토를 중심으로. 소년보호연구, (18), 85-125.

권석만. (2013). 현대 이상심리학. 서울: 학지사.

김종오·유영현. (2007). 연쇄성범죄자의 심리분석에 관한 연구. 한국범죄심리연구, 3(1), 29-59.

김태명. (2011). 성폭력범죄의 실태와 대책에 대한 비판적 고찰. 형사정책연구, 22(3), 5-44.

김현우·임유석. (2011). 성폭력범죄자에 대한 성충동 약물치료의 문제점 및 개선방안. 사회과학연구, 18(2), 85-106.

노성호·권창국·김연수. (2012). 피해자학. 서울: 도서출판 그린.

대검찰청. (2008-2017). 범죄분석. 대검찰청.

대검찰청. (2019). 범죄백서. 대검찰청.

박명숙·한인영·유서구. (2008). 성폭력에 대한 인식에 관한 연구 -사회문화적 관점을 중심으로-. 피해자학연구, 16(2), 123-146.

박상기. (2010). 소위 화학적 거세와 성폭력범죄자의 성충동 약물치료에 관한 법률의 문제점. 형사정책연구, 21(3), 205-221.

박상열. (2009). 성범죄자처우의 새로운 동향과 그 과제. 성균관법학, 21(1), 149-168.

박종렬·노상욱. (2008). 데이트 강간의 여성 인식에 관한 문헌통계학적 접근. 한국 컴퓨터정보학회 논문지, 13(6), 287-294.

박찬걸·송주영. (2011). 성충동 약물치료제도 도입의 문제점과 개선방안. 형사정책, 23(1), 227-254.

박형민. (2008). 성폭력 범죄의 실태와 현황. 보호관찰, 8, 29-82.

성도경·이지영. (2012). 아동성폭력범죄 예방방안에 관한 연구. 한국정책과학학회보, 16(2), 239-267.

여성가족부. (2019). 디지털 성범죄 피해자 지원보고서. 여성가족부.

우리사회연구학회. (1998). 현대사회와 여성. 대구: 정림사.

이상현·장석현·곽대경·이완희. (2012). 범죄심리학. 서울: 박영사.

이창한·황성현·이완희·이강훈. (2012). 성충동 피치료명령자의 보호관찰 처우기법 개발. 법무부, 범죄예방정책국 정책연구과제.

윤정숙·Marshall, W. L., Sims-Knight, J·이수정·김일수. (2012). 성범죄자를 위한 치료프로그램 개발 및 제도화방안(I). 서울: 형사정책연구원.

전대양. (2006). 연쇄강간범의 범죄심리학적 특성. 한국범죄심리연구, 2(1), 21-49.

정민철·조영일. (2015). 한국 성인 성범죄자의 개인 수준 심리적 특성 연구. 한국콘텐츠학회논문지, 15(3), 88-100.

정승민. (2010). 아동 대상 성범죄자의 범죄심리학적 특성에 관한 고찰. 한국범죄심리연구, 6(3), 189-216.

조흥식 · 김혜련 · 신혜섭 · 김혜란. (2006). 여성복지학(제2판). 서울: 학지사.

한국성폭력상담소. (2011). 보통의 경험. 서울: 이매진.

함혜현. (2010). 이상성욕 범죄자의 심리적 특성과 처우방안, 한국범죄심리연구, 6(2), 263-286.

허경미. (2010). 성범죄자에 대한 약물치료명령에 관한 연구. 교정연구, 49, 157-191.

홍성열. (2012). 범죄자 프로파일링. 서울: 학지사.

American Psychiatric Association (APA). (2013). Diagnostic and Statistical Manual of Mental Disorders (5th ed.). Washington, DC: Author.

Andrews, K. A., Bonta, J., & Hoge, R. D. (1990). Classification for effective rehabilitation: Rediscovering psychology, *Criminal Justice and Behavior*, 17(1), 19-52.

Barnett, G., & Wood, J. (2008). Agency, relatedness, inner peace and problem-solving in sexual offending: How sexual offenders prioritise and operationalise their Good Lives conceptions, *Sexual Abuse: A Journal of Research and Treatment*, 20(4), 444-465.

Belknap, J. (2007). The Invisible Woman: Gender, Crime, and Justice (3rd Edition). Wadsworth(윤옥경 · 강은영 · 김지선 · 신연희 · 전영실 역. (2009). 여성범죄론. 서울: 박학사).

Cohen, M., Seghorn, T., & Calmas, W. (1969). Sociometric study of the sex offender, *Journal of Abnormal Psychology*, 74(2), 249-255.

Comer, R. J. (2014). Fundamentals of Abnormal Psychology(7th Edition). NY: Worth Publishers(오경자 · 정경미 · 송현주 역. (2014). 이상심리학. 서울: 시그마프레스).

Ellis, L., & Walsh, A. (1997). Gene-based evolutionary theories in criminology, *Criminology*, 35(2), 229-276.

Giddens, A., & Sutton, P. W. (2012). *Sociology* (7th Edition). Polity Press(김미숙 · 김용학 · 박길성 · 송호근 · 신광영 · 유홍준 · 정성호 옮김. (2014). 현대사회학. 서울: 을유문화사).

Groth, A. N. (1979). Men Who Rape: The Psychology of the Offender. NY: Plenum Press.

Hanson, R. K., & Morton-Bourgon, K. E. (2005). The characteristics of persistent sexual offenders: A meta-analysis of recidivism studies, *Journal of Consulting Clinical Psychology*, 73(6), 1154-1163.

Hazelwood, R. R. (1995). Analyzing the rape and profiling the offender. In A. Burgess & R. Hazelwood (Eds.), Practical aspects of rape investigations: A multidisciplijary approach (2nd ed.). NY: CRC Press.

Jerin, R., & Moriarty, L. J. (1998). Victims of Crime. Nelson-Hall Publishers.

Lindsay, W., Ward, T., Morgan, T., & Wilson, I. (2007). Self-regulation of sex offending, future pathways and the good lives model: Applications and problems, *Journal of Sexual Aggression*, 13(1), 37-50.

Losel, F., & Schmucker, M. (2005). The effectiveness of treatment for sexual offenders: A comprehensive meta-analysis, *Journal of Experimental Criminology*, 1(1), 117-146.

National Institute of Corrections. (1988). Questions and Answers on Issues Related to the Incarcerated Male Sex Offenders. Washington, DC: National Institute of Justice.

Siegel, Larry J. (2020). Criminology: Theories, Patterns, and Typologies(13th Edition). Belmont, CA: Wadsworth(이민식 · 김상원 · 박미랑 · 박정선 · 신동준 · 윤옥경 · 이창배 · 황성현 옮김. (2020). 범죄학: 이론과 유형 제13판. 서울: CENGAGE Learning).

Simons, D., McCullar, B., & Tyler, C. (2008). Evaluation of the good lives model approach to treatment planning, Presented at the 27th annual research and treatment conference of the Association for the Treatment of Sexual Abusers, Atlanta, GA.

Stout, K. D., & McPhail, B. (1998). Confronting Sexism and Violence against Women. New York: Longman.

Thakkar, J., Ward, T., & Tidmarsh, P. (2006). A reevaluation of relapse prevention with adolescents who sexually offend: A good live model. In H. E. Barbaree & W. L. Marshall (Eds.), The juvenile sex offender (2nd ed., pp. 313-335). New York: Guilford.

Ward, T., & Gannon, T. A. (2006). Rehabilitation, etiology, and self-regulation: The comprehensive good lives model of treatment for sexual offenders, *Aggression and violent behavior*, 11(1), 77-94.

Ward, T., & Stewart, C. A. (2003). Good lives and the rehabilitation of sexual offenders. In T. Ward, D. R. laws, & S. M. Hudson (Eds.), Sexual deviance: Issues and controversies (pp. 21-44). Thousand Oaks, CA: Sage.

Whitehead, P. R., Ward, T., & Collie, R. M. (2007). Applying the good lives model of rehabilitation to a high-risk violent offender, *International Journal of Offender Therapy and Comparative Criminology*, 51(5), 578-598.

구글 검색사이트. (2020). www.google.com

범죄예방정책국 홈페이지. http:/www.cppb.go.kr/ 검색일 2015년 3월 31일.

성범죄자 알림e. http:/www.sexoffender.go.kr/ 검색일 2015년 3월 31일.

위키백과. (2020). 위키피디아 홈페이지: http:/ko.wikipedia.org.

주간경향. (2020). "[특집] 그들은 피해자의 고통을 모른다", 주간경향, 2020년 1월 13일자.

한겨레신문. (2019) "디지털 성범죄 가해자 24%는 전 남편이나 연인", 한겨레신문, 2019년 12월 30일자 사회면.

11

우리는 흔히 범죄를 연상할 때 여성보다는 남성의 범죄를 떠올리며, 범죄를 남성의 전유물처럼 느끼는 경우가 많다. 왜냐하면 일반적으로 여성과 남성의 생물학적, 사회학적 성차로 인하여 여성은 남성에 비해 범죄와의 관련성이 적을 것으로 가정하기 때문이다. 일반적으로 여성 대 남성의 범죄비율은 1:9 내지 2:8로 남성의 비율이 압도적으로 높은 것은 부인할 수 없는 사실이다. 하지만 산업화 이후 여성의 사회참여율이 높아짐에 따라 여성의 범죄율 또한 점차 증가하고 있는 추세이다. 범죄는 지극히 사회적인 현상이며, 범죄의 대부분은 사회구성원들 간의 사회적 상호작용 과정에 발생되기 때문에 여성의 사회참여율과 범죄증가율은 깊은 인과관계를 가지고 있다. 즉, 도시화와 산업화가 진행되면서 남성과 여성 간의 차이가 사회적 기능면에서 점차 줄어들게 되었고 이러한 사회적 현상은 여성이 남성의 전통적 역할을 점진적으로 공유하게 되었다. 이런 사회적 변화는 사회경제적 전반에 걸쳐 남녀의 권리가 동등하다는 신념을 심어 놓으며, 성역할 고정관념의 벽을 무너뜨리고 있다. 하지만 여성의 사회참여율 증가는 여성들에게 여성정체성, 권리, 존엄성을 고취시킨 긍정적 측면도 있지만 여성범죄율이 증가하는 부정적인 면도 내포하고 있다. 범죄 유형에 있어서도 과거와 달리 폭력적이고 대담한 수법의 범죄가 증가하고 있는 실정이다.

Chapter 11

여성범죄자의 범죄심리

이런 추세가 이어질 것으로 예상되며, 여성이 범죄 환경에 노출될 가능성 또한 점점 더 증가할 것이다.

따라서 이에 대한 보다 효과적인 대책 마련이 시급한 실정에 있다. 하지만 그동안 여성범죄는 상대적으로 남성범죄에 비해 덜 심각한 범죄로 인식되어 이와 관련된 연구나 형사정책적 대응방안이 미흡한 실정이다. 따라서 여성범죄에서만 두드러지게 나타나는 범죄 특성, 원인, 심리 등에 대한 고찰을 통하여 여성범죄에 대한 적절한 대책을 마련하는 것이 중요한 과제라 할 수 있다. 이 장에서는 여성범죄에 대한 본격적 논의에 앞서 남성과 여성의 차이점에 대해서 먼저 살펴본 이후 여성범죄의 의의와 특징에 대해서 알아볼 것이다. 그리고 여성범죄의 발생 현황과 여성범죄자에 대한 특징 등을 여성범죄의 실태 부분에서 살펴볼 것이다. 다음으로 여성범죄의 원인을 개인적 차원과 사회학적 차원에서 파악하고, 여성범죄자에 대한 심리적 특성에 대해 살펴볼 것이다. 마지막으로 여성범죄의 대책을 여성범죄 관련 연구 활성화, 교정처우적 측면, 피해자적 측면에서 제시해 보고자 한다.

01 여성과 남성의 차이점

여성범죄에 대한 본격적인 논의를 하기 전에 남성과 여성의 성별에 따른 차이점과 유사점을 살펴볼 필요가 있다. 우선, 남성과 여성의 사회 내에서의 역할에서 차이를 보이는 것은 여러 가지 측면에서 설명될 수 있다. 이러한 차이점이 생기는 이유는 다음과 같이 생리적 이유, 내분비선(호르몬), 문화적 영향에 기인한다고 볼 수 있다(홍성열, 2012). 첫째, 생리적인 면에서 살펴보면, 여자는 임신과 출산, 자녀 양육이라는 역할을 담당해야 한다. 이와 반대로, 남자는 가족 구성원을 보호하고 경제적인 책임을 져야 한다. 둘째, 남성과 여성의 내분비선에 따른 호르몬의 차이가 남성과 여성의 행동에 영향을 미친다. 셋째, 과거부터 내려오는 문화적인 요인으로서, 대부분의 사회에서 남자에게는 보다 공격적인 활동이 요구되어져 왔으며 반대로 여자에게는 가사 노동이나 자녀 양육 등을 요구해 왔다. 이외에도 공격성, 감수성, 공간지각 능력 등에서 남녀의 뚜렷한 차이를 보인다. 즉, 보편적으로 남성의 공격성이 여성보다 더 높은 반면에 여성은 남성보다 다른 사람의 감정에 훨씬 쉽게 동감을 할 수 있다는 장점을 가지고 있다. 또한, 여성들은 남성에 비해 감수성이 발달되어 있다. 즉, 울고 있는 사람과 같이 울 수 있고, 화난 사람과 같이 화를 낼 수 있는 사람은 바로 여성이다. 이러한 성격 특성은 대인관계에서 남성보다 여성이 더 협조적이며 비공격적이다. 따라서 전통적으로 살인, 강간, 강도와 같은 강력범죄는 공격성이 강한 남성이 주로 범하는 범죄유형으로 알려져 있다. 이에 반해 여성은 감정이입의 강점을 가지기 때문에 타인과의 상호작용 과정에서 주로 발생하는 절도나 사기 같은 재산범죄를 주로 저지르는 경향이 있다.

하지만 고도의 산업화와 사회경제적 구조의 변화로 남성과 여성의 성별에 따른 성역할이 점차 불분명해지고 있으며, 성별 차이에 따른 역할이 좁혀지면서 유사점을 보여주는 추세로 변해가고 있다. 그 예로, 첫째, 남성화된 여성 또는 여성화된 남성이 점차 증가하면서 유니섹스(Unisex)라는 말이 보편화되었다. 이에 따라 최근 들어 성형수술은 여자만의 전유물이 아니며, 남성성의 상징으로 여겨져 왔던 군인이 신는 워커를 애용하는 여자가 증가하고 있다. 반대로 여성미의 전유물이었던 화장을 남성들이 하게 되고, 머리 염색을 하는 남성의 증가 등 성구별 없는 외모 가꾸기가 유행처럼 번지고 있다. 둘째, 남성성과 여성성 둘만으로 구별되지 않는 양성성(兩性性: Androgyne)이라는 신조어가 생겼다. 양성성의 남자는 가사와 사회활동을 병행하며 생활을 하고 있다. 예를 들면, 집에서 세탁기를 돌리고, 다림질을 하고, 아이를 업어 주면서도 밖에서 돈도 번다. 반대로 양성성의 여자는 가사 일에만 치중하지 않

CASE in USA

에일린 워노스(Aileen Wuornos)는 '미국 최초의 여성 연쇄 살인마'이다. 그녀의 가정환경은 매우 좋지 않았다. 에일린의 어머니 다이앤 워노스는 14세의 나이로 에일린의 아버지 레오 피트먼과 결혼하였는데 레오 피트먼은 정신분열증을 앓고 있었고 경범죄로 체포당한 뒤 군대에 차출되어 에일린이 태어나기 2달 전, 어머니와 아버지는 이혼했다. 이후 그녀의 아버지는 제대한 뒤에도 수시로 경범죄를 저질러 반복적으로 체포되었고 이후 8살 여자아이를 강간한 혐의로 체포되어 수감된 뒤 32세의 나이로 감옥에서 목을 매달아 자살했다. 그녀의 어머니는 자신의 아이들을 돌볼 자신이 없어 외할아버지와 외할머니에게 맡겼는데 외할아버지는 심각한 알코올중독자였으며 수시로 손자와 손녀를 폭행했다. 이러한 불우한 환경 가운데에서 이미 11살부터 에일린은 자신의 오빠와 근친상간 및 담배, 마약을 구하기 위하여 학교 남학생들과 거래목적으로 성적 행위를 일삼았다. 이후 14세에 임신을 하여 미혼모시설에서 출산했고 이 때문에 외할아버지에게 쫓겨나게 되어 유랑생활을 시작하게 되었다. 그녀는 잘 곳이 없어 고향 근처의 숲에서 성매매를 시작하였고 반복적인 체포 후에 플로리다로 이주한다.

1986년, 게이바 호텔 메이드로 일하던 타이라 무어(Tyria Moore)와 사귀기 시작한 이후 1990년까지 중년 남성 7명을 22구경 리볼버로 쏴 죽이는 연쇄살인을 저질렀으며 살인 이외에도 여러 번의 강도범죄를 저질렀다. 그녀는 같은 권총 기종으로 살인을 하여 살인 후에 시신과 차량을 버리는 범행 패턴을 가지고 있어 경찰의 수사 후에 1991년 1월 9일 술집에서 체포되었다. 그녀는 자신이 범인이 아니라고 잡아뗐으나 무어의 호소 끝에 하루 만에 자신의 범행을 모두 자백한다. 이후 재판에서 살인 피해자들이 자신을 강간하거나 자신의 물건을 훔치려하여 우발적 살인을 저질렀다고 주장했으나 받아들여지지 않았고 이후 2002년 10월 9일, 약물주사형으로 사형에 처해졌다. 그녀는 경계선 성격장애와 반사회적 성격장애를 앓고 있었고 사이코패스 체크리스트(PCL)에서 40점 만점에 32점을 받아 엄격한 감시를 받아야 하는 사이코패스로 진단이 내려졌다.

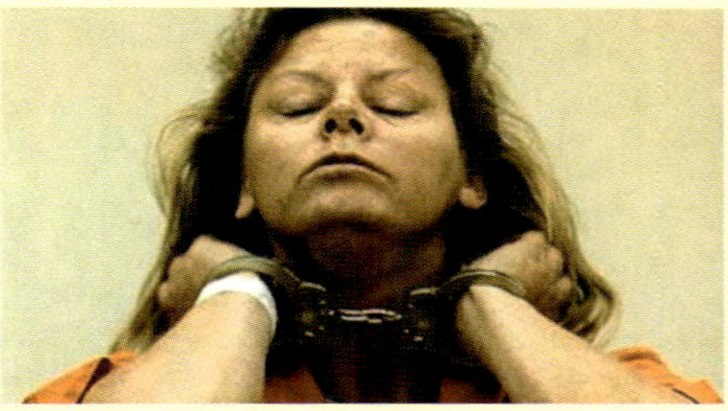

워노스, 그녀의 연인 무어

고 사회활동 또한 병행하는 생활 형태를 보인다. 예를 들면, 밖에 나가서 남자들과 함께 일하면서 돈도 벌어야 하며, 집안일도 해야 한다. 셋째, 남녀 간 성역할의 변화가 그들의 행동 격차를 좁혀 줬으며, 이로 인해 최근 들어 여성의 범죄도 함께 증가하는 추세를 보인다.

결론적으로 현대사회에서 여성의 범죄율은 점차 증가하고 있는데 이는 전통적인 성역할 변화 때문이다. 즉, 여성은 가정에서 자녀의 양육을 책임지는 주된 성역할에서 벗어나 남성들과 동등한 사회참여로 여성의 정체성을 형성해가고 있다. 이에 따라 여성의 범죄율은 점차 증가하는 현상을 보인다. 여성의 사회참여율과 범죄증가

CASE in Korea

김○○이 7살이 되던 해 모친이 연탄가스 중독으로 사망하였고, 이후 김○○이 12살 되었던 해에 부친마저 계속된 음주로 사망하였다. 이후 김○○의 언니는 이모에게 맡겨졌고, 김○○과 김○○의 남동생은 고모에게 맡겨져 자랐다. 김○○의 고모부는 고모에게 김○○을 "남의 집에 식모로라도 보내라"라는 말을 수시로 하였다. 고모는 차마 조카인 김○○을 남의 집에 보낼 수는 없었기에 김○○이 초등학교를 졸업하자 중학교에 보내지 않고, 대신 고모의 집에서 집안일을 시키겠다고 고모부에게 약속한 후, 김○○의 동생만 고등학교까지 학업을 이어가도록 도와주었다. 이후 김○○이 스무 살이 되던 해에 김○○과 김○○의 언니는 모두 아르바이트와 직장을 구하고, 남동생과 함께 월세 집을 얻어 함께 지냈다. 그리고 얼마 지나지 않아 김○○의 언니는 결혼했고, 김○○ 역시 24살에 혼인을 하였으며, 김○○의 남동생도 이후 건실한 직장을 구하고 가정을 꾸리며 잘 살아갔다. 김○○은 두 아이를 낳고 기르며 행복하게 지냈으나, 남편의 외도로 이혼을 하게 되었고, 경제력이 없다는 이유로 자녀마저 모두 김○○의 남편에게 양육권을 주고 집에서 나와야 했다. 이후 김○○의 삶은 형편없이 어려워졌고, 학력도 기술도 없던 김○○은 닥치는 대로 일하며 지냈으나 곤궁한 형편은 계속되었고, 언니와 남동생에게도 미안한 마음에 형제자매와도 멀리할 수밖에 없었다. 그러던 중 2009년 전부터 김○○은 고혈압과 심장병을 앓게 되었고, 2011년부터는 극도의 우울증과 조증에 시달리면서 여러 정신과를 전전하게 되었으며, 범행 당시 관절염과 디스크까지 겹치며 하루도 약 없이 지낼 수 없는 정도로 건강이 악화된 상태였다. 그 와중 김○○은 2014년에 동거인 백○○을 만나면서 조금씩 안정을 찾으며 살 수 있게 되었다. 그러던 김○○이 이 사건이 있던 날 당일에 먹어야 할 정신과 약을 먹지 않은 상황에서 김○○은 자신이 무슨 일을 하고 있는지조차 기억할 수 없는 심신미약의 상황에서 방화를 저질렀다. 김○○의 남동생과 언니는 김○○의 그동안의 불우한 처지와 형편에 대하여 간곡히 탄원하였으며, 김○○의 언니는 탄원서 작성 후 자살하였다.

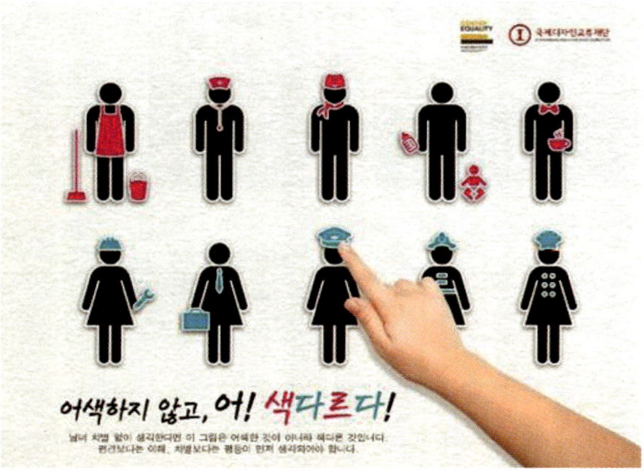

산업화와 사회경제적 구조의 변화로 성역할이 점차 불분명해지면서 여성과 남성의 양성평등이 대세로 자리잡기 시작했다.
출처: http://www.bokjinews.com/news/articleView.html?idxno=47966

율은 서로 깊은 상관관계를 가지는데 범죄의 속성상, 범죄는 사회구성원들과 사회적 상호작용을 통하여 발생하는 지극히 사회적 현상이기 때문에 여성의 범죄율은 증가하고 있으며 향후에도 계속해서 증가할 것으로 예상된다.

여성범죄의 의의와 특징 02

(1) 여성범죄의 의의

여성범죄는 단순히 여성을 대상으로 행해지는 범죄에 한정된 정의가 아닌 여성이 가해자의 입장에서 저지르는 범죄라 할 수 있다. 다시 말하면, 형법상 규정되어있는 범죄구성요건에서 범죄의 주체를 남성으로 한정해 두지 않은 이상 여성도 범죄행위의 주체가 될 수 있으므로 여성에 의한 범죄를 총칭해서 여성범죄라고 정의할 수 있다(장중식, 2004). 따라서 여성범죄는 여성을 범죄의 피해자적인 위치에 국한했던 한정적인 정의에서 그와 대립되는 가해자의 위치로 전환된 것을 의미하는 것이며, 최근 들어 형사정책상의 중요성이 대두되면서 새로 생겨난 개념이라고 할 수 있다. 여성범죄는 그간 범죄에 있어서 관심의 대부분을 차지하고 있었던 남성범죄와는 대립하는 개념이며, 여성이 피해자에 국한되어 있지 않고 가해자 또는 범죄자로서 범죄의 주체자로 참가하고 있다는 것을 의미한다(최준, 2010).

(2) 여성범죄의 특징

1) 여성범죄의 양적 특징

여성범죄란 일반적으로 특정 범죄행위에서 여성이 범죄의 주체자로 가담하는 행위를 총체적으로 칭하는 것이다. 범죄통계에서 전체범죄 중 여성범죄가 차지하는 비율을 살펴보면, 비록 각 나라와 문화에 따라 차이가 있지만, 일반적으로 남성범죄의 약 10~20%의 비중을 차지한다. 이는 남성에 비해 양적으로는 아직도 현저히 낮음을 보여주고 있다. 이와 같은 여성범죄와 남성범죄의 양적인 차이가 나타나는 것을 여러 가지 원인으로 설명할 수 있다. 첫째, 생물학적인 원인으로써, 여성은 남성과는 달리 젊은 시기에 임신, 출산, 양육 등의 부담을 안기 때문에 상대적으로 남성에 비해 범행의 기회가 적다고 볼 수 있다. 둘째, 사회학적 원인으로서, 사회 내에서 여성의 사회적 지위는 남성에 비해 상대적으로 낮다. 또한, 남성에 비해 상대적으로 수동적이며 사회적 경쟁과 향락 등을 직접 접하지 않고 사회적으로 보호받는 위치에 있기 때문에 범죄자로 전락하는 기회가 상대적으로 적다는 관점이다. 마지막으로, 여성은 양육의 의무와 본능이 있기 때문에 인내심과 헌신성이 강하여 범죄를 저지르지 않는다는 심리학적 요인 등을 들고 있다(서거석 외, 2002).

이와는 반대로 여성범죄가 공식통계보다 실제로 높을 것이며, 그로 인해 (공식통계에 나타난 바와는 다르게) 남녀의 범죄의 차이는 더 적을 수 있다고 하는 견해도 있다.

이러한 주장을 뒷받침하기 위해, 폴락(Pollak)은 여성이 가해자인 경우는 주로 가정 내에서나 사적인 장소에서 범죄를 저지를 기회가 많게 되며, 이로 인해 공식통계에 훨씬 낮은 수의 범죄가 보고되어지는 경향이 있다고 주장하였다(Pollak, 1950). 폴락은 또한 여성범죄자는 자신의 범죄를 감추고 속이는 기술을 자연스럽게 가지고 있으며, 이러한 현상은 남성범죄자에게서는 드물게 나타난다고 주장하였다(Pollak, 1950). 즉, 여성은 삶을 통하여 생리적인 현상인 월경의 고통과 불쾌감을 남성에게 숨기는 방법을 배워왔으며, 성관계에 대한 거짓 관심을 배워 온 여성은 남성보다 상대를 잘 속일 수 있다는 것이다. 이런 이유로 여성의 범죄율은 과소 집계될 수 있다는 것이다. 또한, 폴락은 경찰 활동에 있어서 남성 경찰은 여성 범죄자를 대면하였을 때에 더 관대하게 다루는 경향이 있어 여성범죄율이 과소평가되는 경향이 있다고 주장하였다(Pollak, 1950).

2) 여성범죄의 질적 특징

여성범죄의 비율을 죄명별로 살펴보면, 영아살인, 유기, 과실치사 등 아기의 출산이나 양육과 연관된 범죄에 여성의 비율이 높게 나타나는 경향이 있다. 이에 반하여 폭행, 상해 등과 같은 폭력적인 범죄는 남성에 비해 여성의 비율이 낮게 나타나는데, 이는 여성의 신체적, 심리적 특성에 기인한 것이라고 볼 수 있다(박영규, 2008). 즉, 남성은 일반적으로 외향성과 공격성이 높게 나타나며, 끊임없는 변화와 모험을 추구하는 성향을 보이는 반면, 여성은 남성보다 내향적이며, 변화를 추구하기보다는 기존의 상태를 유지하고자 하는 보수적인 성향이 강하다. 또한, 모험심이 적어 현실에 안주하며 사회의 규범과 질서에 순응하는 생활방식을 택하는 경향이 있다. 이러한 이유로 여성은 남성보다 범죄를 저지를 가능성이 낮게 나타나는데, 특히 범죄유형 중에서 사람을 대상으로 하는 공격적이고 폭력적인 범죄에서 이러한 특징이 두드러진다(박상기 외, 2010). 많은 폭력범죄 중 여성범죄의 비율이 비교적 높은 존속살인에서도 여성과 남성의 특징이 잘 나타난다. 예를 들면, 자녀를 살해한 여성은 대체로 살인 후에 자살을 시도하거나 심한 우울 증세를 보이는 것이 일반적이며, 살해대상 또한 지극히 제한적이다. 즉, 남성들은 살해대상자를 가리지 않는 반면 여성은 주로 가장 가깝게 지내는 배우자, 자녀, 연인 등을 그 대상으로 삼는다. 살해수법 또한 차이가 나는데, 남성은 흉기를 주로 사용하는 반면 여성은 희생자가 성인일 경우, 살인 성공률을 높이고 여성 자신이 공격당할 가능성을 줄이기 위해 희생자가 잠을 자거나, 술에 취해 있을 때 살인행위를 시도하는 경향이 있다. 결론적으로 상대적 약자인 여성은 원초집단구성원과의(원초집단은 제5장의 용어설명을 참조) 갈등이 발

표 11-1 여성의 범죄성향이 남성보다 약한 이유

① 여성의 정체성을 구성하는 가장 중요한 요인들은 가정, 사랑, 아이들, 가족, 친구, 건강 등 범죄로 충족될 수 없는 것들이다.
② 여성의 경우 남성보다 돈을 많이 벌고 싶은 야망과 과시욕이 낮아 범죄로 이끌릴 가능성 또한 상대적으로 낮다.
③ 적극적으로 사회활동을 하는 여성은 남성보다 남들의 시선에 민감한 반응을 보인다. 자신이 붙잡히면 아이, 가족, 친구 등 주변 사람들이 자신을 어떻게 생각할지를 먼저 걱정하기 때문에 범죄를 실행으로 옮기는 확률이 낮다.
④ 여성이 남성보다 실제적이고 현실적이다. 따라서 여성들은 범행의 성공 가능성이나 붙잡힐 위험을 계산할 때, 남성 범죄자들의 대표적인 특징이라고 말할 수 있는 지나친 낙관주의의 함정에 잘 빠지지 않는다.
⑤ 범행 가능성이 높은 반사회적 인격장애자의 비율은 통계적으로 남성보다 여성이 훨씬 낮다.

출처: Nars, 2009

생했을 때, 주도권을 가지고 있지 않으므로 그 상황을 해결할 방법이 제한되어 있다. 따라서 여성이 장기간의 물리적 폭력이나 협박, 학대를 당할 경우, 그 상황을 종결시키기 위해 극단적인 방법을 사용하여 상대방을 살해하는 경우가 많다. 여성의 범죄성향이 남성과 상이한 이유는 〈표 11-1〉에 잘 표현되어 있다.

여성범죄의 실태 03

(1) 발생현황

1) 여성범죄 건수

지난 10년간의 여성범죄 발생 현황은 〈그림 11-1〉에 잘 나타나 있다. 여성범죄는 2008년 한 해 동안 56,024건 발생했으나, 2017년에는 총 78,394건 발생하여 10년 동안 약 1.4배 정도 증가하였다. 구체적으로, 2008년과 2017년을 비교했을 때, 성폭력은 7.1배, 절도는 1.8배 증가하였으며, 증가와 감소를 반복적으로 보인 살인은 2008년에 비해 2017년에 1.2배, 방화 1.3배, 폭행 1.7배 증가하였고, 상해 1.5배, 강도 2.2배 감소하였다. 전반적으로 지난 10년 동안 여성범죄율은 상당히 증가하였는데, 이는 여성의 사회참여율이 증가했기 때문에 이와 함께 범죄율도 증가했을 것으로 판단된다.

〈그림 11-2〉는 지난 10년 동안 우리나라에서 발생한 전체 범죄 건수 중에서 여성

그림 11-1 지난 10년간 범죄유형별 여성범죄 (단위: 명)

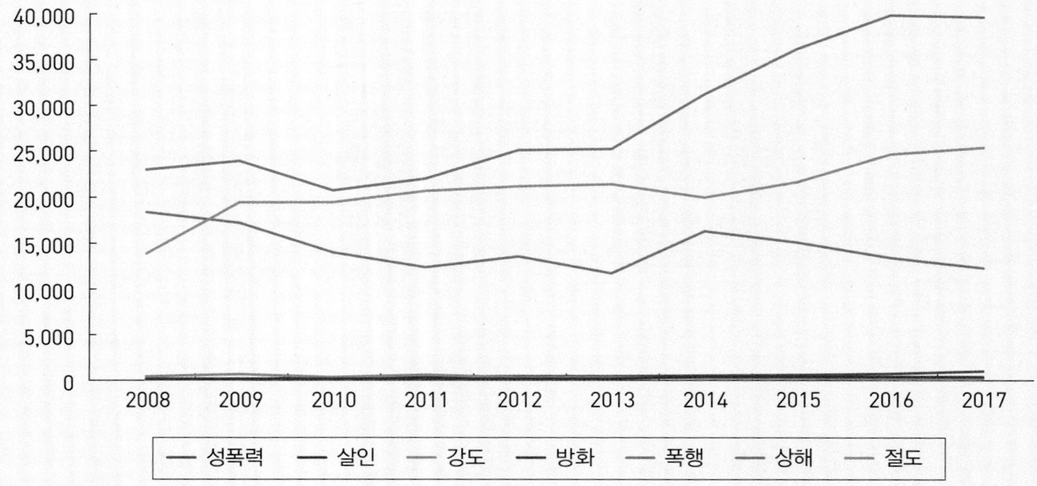

출처: 대검찰청 범죄분석, 2008~2017년

그림 11-2 지난 10년간 여성범죄 비율 (단위: %)

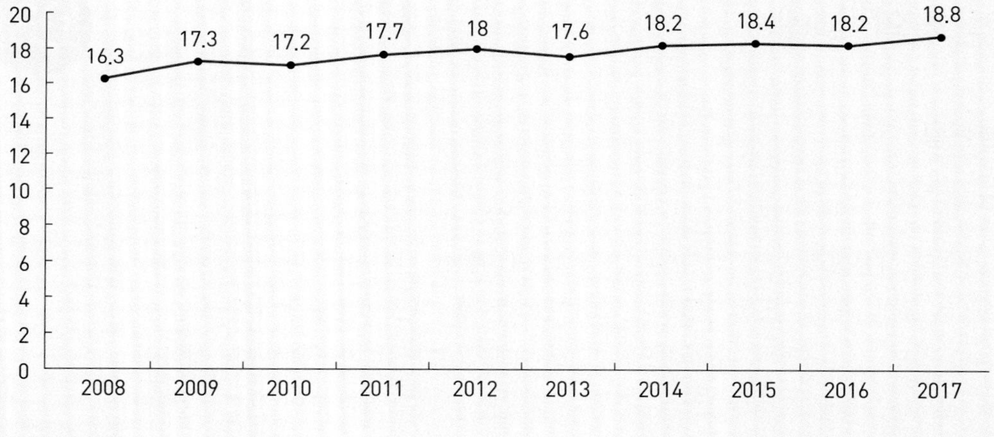

출처: 대검찰청 범죄분석, 2008~2017년

범죄의 증감비율을 나타낸 것이다. 전반적인 여성범죄 건수는 2008년부터 2017년까지 지속적인 증감 추세를 보인다. 이 그림에서 알 수 있듯이, 여성범죄 건수는 2008년에 전체 범죄건수 중 약 16% 정도를 차지하다가 2017년에는 19% 정도로 증가했다. 여성범죄건수만 고려했을 때 그 비율은 2008년에 비해 2017년도에는 1.2배 증가하였음을 알 수 있다. 전반적으로 우리나라에서 한 해 동안 발생하는 총 범죄 중 여성이 저지르는 범죄는 약 20% 내외로 이는 세계적인 여성범죄율과 비슷한 현상을 보인다. 전 세계적으로 여성의 범죄율은 사회적 환경이나 문화적 특성에 따라 미세한 차이가 있지만, 평균적으로 약 1:9 내지 2:8 정도로 발생하므로 우리나라 또한 세계적 추세와 비슷한 양상을 보인다.

지난 10년 동안 우리나라에서 여성범죄는 상당히 증가했다는 사실을 알 수 있었는데, 여성범죄자들은 주로 어떤 범죄를 저지르는지를 살펴볼 필요가 있다. 〈표 11-2〉는 여성범죄자의 주요 죄명별 발생현황을 나타낸 것이다. 이 표에서 형법범은 181,079명, 특별법범은 169,172명으로 거의 비슷한 비율로 나타났다. 형법범에서는 사기가 48,496건으로 가장 높았으며 그 다음으로 폭행 39,514건, 절도 25,269건으로 나타났다. 특별법범에서는 「교통사고처리 특례법」 위반이 가장 높았으며, 그 다음으

표 11-2 여성범죄자 주요 죄명별 발생 현황(2013년~2017년)

(단위: 명)

죄명	2013	2014	2015	2016	2017
형법범	**191,739**	**169,287**	**182,725**	**185,844**	**181,079**
절도	21,146	19,949	21,579	24,543	25,269
사기	60,915	49,147	53,354	51,405	48,496
폭행	25,172	31,288	36,156	39,733	39,514
상해	13,571	16,228	15,040	13,391	12,278
도박·복표	6,135	4,604	5,502	4,705	3,982
특별법범	**163,115**	**167,461**	**171,252**	**182,801**	**169,172**
교특법**	35,872	38,886	41,500	41,799	41,901
도교법***(음주)	21,058	22,783	22,348	21,404	19,450
성매매법****	6,518	10,686	8,464	13,253	8,339
식품위생법	8,381	7,582	6,620	7,107	6,437
청보법*****	5,821	6,027	5,983	5,674	6,134

주: 성매매법은 '08~'11까지 「검찰연감」 자료를 인용하였으나, '12. 통계부터 자료의 일관성 및 정확성을 위해 「대검찰청 범죄분석」 여성범죄자 성매매법위반사범을 그 기준으로 함

* 「폭력행위 등 처벌에 관한 법률」

** 「교통사고처리 특례법」

*** 「도로교통법」

**** 「성매매알선 등 행위의 처벌에 관한 법률」

***** 「청소년보호법」

출처: 대검찰청 범죄분석, 2013~2017년

로 「도로교통법(음주운전)」>「성매매알선 등 행위의 처벌에 관한 법률」>「식품위생법」 등의 순으로 나타났다. 이 표에서 알 수 있듯이, 여성들은 폭력범죄보다는 재산범죄를 주로 저지르는 것으로 드러났다. (위의 여성범죄의 양적, 질적 특성에서 설명했듯이) 여성들은 사람을 대상으로 하는 공격적이고 폭력적인 범죄보다는 사회구성원들과 상호작용에서 주로 발생하는 사기나 절도 같은 재산범죄를 저지르는 경향이 훨씬 높은 것으로 드러났다. 이는 여성이 남성에 비해 덜 공격적인 반면 주로 가정을 꾸려가기 위해 필요한 경제적인 이유로 범죄를 저지른 것으로 추정할 수 있다. 결론적으로 여성은 사회적, 문화적, 생리학적으로 남성과 상이한 범죄양상을 보인다는 사실을 〈표 11-2〉에서도 확인할 수 있다.

(2) 여성범죄자의 특징

1) 연령

〈그림 11-3〉은 여성범죄자의 연령대를 나타낸 것이다. 여성범죄자의 연령별 현황을 2016년을 기준으로 살펴보면, 40~50대가 총 185,785명으로 전체 368,645명 중에서 약 29.4%를 차지하는 것으로 나타났다. 그 다음으로 20~30대>61세 이상>10대 순이다. 40~50대 여성범죄자의 비율은 2007년부터 2016년까지 매년 가장 높았으며, 16만여 명의 40~50대 여성범죄자가 매년 각종 범죄를 저지르는 것으로 드러났다.

그림 11-3 여성범죄자 연령별 현황(2007년~2016년) (단위: 명)

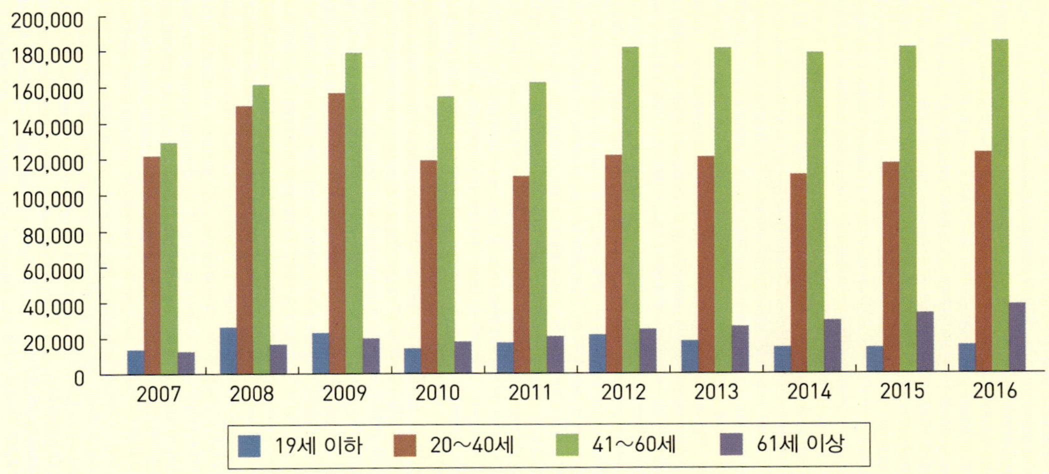

출처: 한국형사정책연구원, 2018

2) 생활환경

〈그림 11-4〉는 여성범죄자의 생활환경과 결혼상태를 나타낸 것이다. 2013년부터 2017년도까지 하류계층에 속하는 여성범죄자들이 약 40% 정도로 가장 높은 비율을 차지하고 있으며, 그 다음으로 계층을 파악할 수 없는 비율이 약 40% 정도를 차지하고 있다. 중류층은 약 24% 정도를 차지하며 상류층에 속하는 여성범죄자의 비율은 1% 미만인 것으로 나타났다. 여성범죄자의 결혼상태를 살펴보면, 기혼이 약 80% 이상으로 거의 대부분의 여성범죄는 기혼자들에 의해 발생한다는 사실을 알 수 있다.

그림 11-4 여성범죄자 생활환경별 인원 및 구성비(2013년~2017년)

(단위: %)

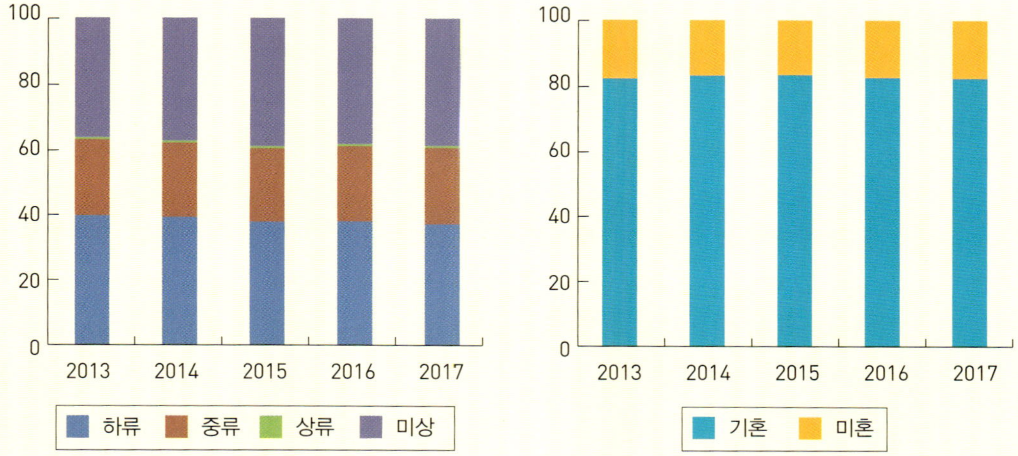

출처: 법무연수원, 2019

3) 범행동기

〈그림 11-5〉는 여성범죄자의 범죄동기를 나타낸 것이다. 여성범죄자의 주요 범행동기를 우발적 범행, 부주의로 인한 범행, 이욕으로 인한 범행(생활비 마련, 유흥비 마련, 도박비 마련, 허영·사치심, 치부, 기타), 사행심으로 인한 범행으로 나누어 살펴보았다. 지난 10년간 여성범죄자의 주요 범행동기는 대체로 우발성, 부주의, 이욕 순으로 나타났으며, 다만 2010년에는 예외적으로 이욕에 의한 범행비율이 17.1%로 우발성이나 부주의로 인한 범행보다 높게 나타났다. 각 범행동기의 연도별 추이를 살펴보면, 우발적 범행의 경우 2007년 여성범죄의 14.0%를 차지하였으며 이후 다소 증가하여 2008년에는 16.7%를 나타냈다. 2009년부터는 우발적 범행 비율이 점차 감소하여

그림 11-5 여성범죄자의 범행동기 (단위: 명)

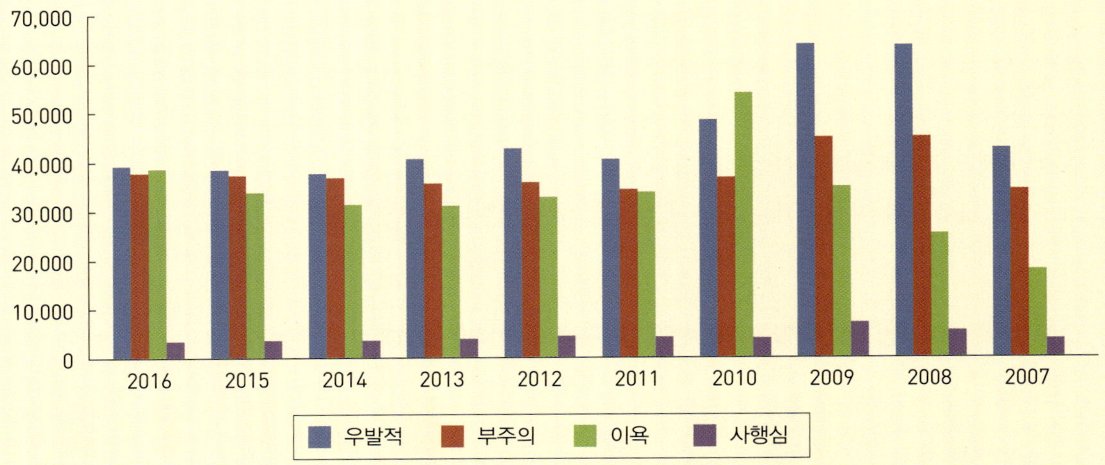

출처: 한국형사정책연구원, 2018

2016년에는 10.7%까지 떨어졌다. 다음으로 높은 비율을 차지하는 부주의로 인한 범행은 2007년부터 2016년까지 10%를 약간 웃도는 선에서 안정적인 추세를 유지하고 있다. 이와 달리 이욕에 의한 범행은 2007년 5.8%에 그쳤으나 위에서 언급한 대로 2010년 17.1%로 치솟았다가 다음 해인 2011년 10.9%로 감소하긴 했으나 이후에도 2010년 이전 수준인 9%대에 머물렀으며 2016년에는 10.5%로 다소 증가하였다. 마지막으로 사행심에 의한 범행은 소폭의 등락을 보이며 1%대에서 머무르고 있다.

여성범죄의 실태를 종합하면, 우리나라의 여성범죄자들이 저지르는 각종 범죄는 전체 범죄 중 약 10% 내외였지만 지난 10년 동안 여성범죄율은 약 20%로 꾸준하게 증가해왔다. 이는 여성의 사회참여율이 증가하면서 이와 함께 범죄율도 증가하는 세계적인 현상과 일치하는 결과이다. 여성들은 범죄유형 중에서 주로 재산범죄와 관련된 사기나 절도 등을 가장 많이 저지르며, 이는 여성들의 경제적 상황을 반영한 결과로 풀이된다. 즉, 경제적으로 하류층에 속하는 여성들이 경제적 이욕과 관련된 것으로 추정할 수 있는 사기와 절도를 가장 많이 범했다. 이런 결과로 유추하건대, 여성들은 여전히 가정의 주된 양육자로서 경제적 문제와 직결되어 있으며, 대인관계의 폭력보다는 대인관계의 상호작용에서 주로 발생하는 재산범죄(사기, 절도 등)와 깊은 상관관계가 있는 것으로 드러났다.

여성범죄의 원인

04

여성범죄의 원인을 살펴보면 크게 개인적 원인과 사회적 원인으로 나누어 설명할 수 있다. 개인적 원인에 의한 여성범죄의 설명은 근본적으로 여성은 남성과 다른 신체적 구조를 가지고 있으며, 이로 인하여 여성 생리작용의 특수성이 범죄의 원인으로 작용할 수 있다는 생물학적인 관점과, 여성은 남성에 비해 기만성, 자기현시성, 질투심이 강하며, 여성심리의 특이한 수동성이나 감수성이 범죄와 관련될 소지가 높을 수 있다는 심리학적 관점을 기반으로 한 원인적 설명을 할 수가 있다. 사회적 원인을 바탕으로 하는 여성범죄의 원인에 있어서는 여성이 받는 경제적 압력 및 사회적 불평등성과 역할 및 기회 측면에 초점을 두고 있다(박상주, 2009).

(1) 개인적 측면

1) 생물학적 측면

여성은 일반적으로 남성에 비해 범죄가담성이 낮게 나타나는데, 이러한 현상은 특히 공격적 행동이 수반되는 범죄에서 더욱 두드러지게 나타난다. 하지만, 여성의 생물학적 특성을 보여줄 수 있는 여성특유의 생리기(월경초기, 월경, 출산, 산욕, 수유, 폐경기 등)에는 그 반대의 현상이 두드러진다. 젤하임(Sellheim, 1930)에 따르면, 여성들은 특히 이러한 시기에 내분비의 평형장애가 나타나며, 이로 인하여 정동성의 부조화를 느끼게 될 수 있고, 이러한 시기에 여성은 비교적 범죄에 가담할 가능성이 높다고 주장한다(Sellheim, 1930; 신진규, 1990). 폴락도 기본적으로 여성의 범죄성을 생물학적, 생리학적 기초에서 찾아야 한다고 주장하면서, 호르몬의 영향과 생식 단계, 즉 생리, 임신, 폐경과 같은 생리기의 영향은 여성 범죄성에 특별히 중요하다고 설명하고 있다(Pollack, 1950; 김보환, 2004). 아래 〈CASE 1〉의 보기와 같이 여성들은 특히 출산 이후 발생할 수 있는 산후우울증으로 영아를 살해하는 경우가 종종 발생한다. 이런 영아살해는 출산이라는 여성의 생리적 현상과 직접적인 연관 관계를 가진다. 〈CASE 1〉의 여성이 만약 아이를 낳지 않았다면 발생하지 않았을 영아살해로 비추어 보건대, 여성의 살인범죄, 특히 영아살해의 원인을 생물학적 원인으로 설명하는 것은 어느 정도 설득력을 가진다.

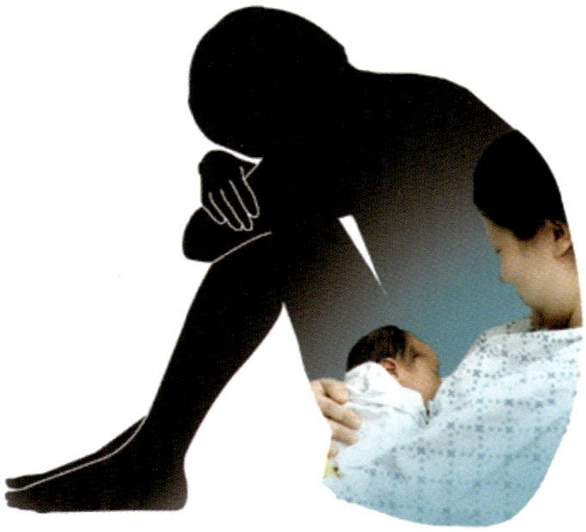

여성의 생리적 현상과 산후우울증은 여성범죄의 원인 중 하나로 지목된다.
출처: https://www.mimint.co.kr/bbs/view.asp?strBoardID=babyknow&bbstype=2&bidx=565

CASE 1

태어난 지 한 달밖에 되지 않은 딸이 울며 보챈다는 이유로 질식사시킨 20대 여성(어머니)에게 징역 4년의 실형이 선고됐다. 이 여성은 당시 산후우울증에 시달렸던 것으로 전해진다. 대전고등법원 제1형사부는 자신의 딸을 살해한 혐의로 기소된 A(25·여)씨의 항소를 기각, 원심판결을 유지한다고 18일 밝혔다. 재판부에 따르면 A씨는 지난해 8월 3시간가량을 울며 보채는 딸을 달래다가 분에 못 이겨 숨을 쉬지 못하게 하는 수법으로 영아를 살해한 혐의를 받는다. 이 사건과 관련해 A씨는 1심 재판부로부터 징역 4년을 선고받은 후 양형부당을 이유로 항소했지만 재판부는 A씨의 항소에 이유가 없다고 판단해 이를 기각했다. 재판부는 "피고인은 어린 나이에 출산해 심적으로 어려움(산후우울증)을 겪었고 이 과정에서 극도의 불안감으로 자제력을 잃은 상태에서 범행을 저지른 것으로 보인다"면서도 "하지만 가족의 탄원이나 산후우울증 등은 이미 원심에서 양형에 반영됐음으로 양형을 변경할 사유가 없다"고 판시했다(아시아경제, 2018년 5월 18일).

① 생리

생리 기간의 여성은 평소와는 다른 감정자극, 불화, 피로, 충동성 등이 나타나게 되며, 이로 인하여 평소에 예측이 불가능한 행위 등을 하는 경우가 많다는 것이 전통적인 견해이다. 즉, 생리기간 동안 여성들은 초조감, 우울감, 불안심리 등의 심리적 특성이 가족 간의 불화, 감정폭발, 반항심리의 형성, 음주행위 등으로 나타날 수 있다. 우리가 어렵지 않게 뉴스매체를 통해 접할 수 있는 여성범죄 중 절도사건의 경우, 여성범죄가 생리기간 동안에는 평소와는 다르게 도벽이 발동하여 백화점 등에서 범행을 저지르는 행위로 나타난다. 달튼(Dalton)은 이러한 여성의 행동과 관련하여 여성은 특히 생리기간동안에는 다른 범죄보다는 절도와 상관관계가 높다고 주장하였다(Dalton, 1964). 이를 뒷받침하는 근거로서 그는 연구를 통해 조사한 여성범죄자 156명 중 76명이 범행 시 생리 직전이거나 생리 중이었다고 언급했다(Dalton, 1964). 그러나 달튼의 주장과 달리, 일반적으로는 평상적인 생리현상 그 자체는 범죄와 무관하다는 비판도 제기된다(박상기 외, 2010). 생리도벽과 관련된 사건과 판례는 〈CASE 2〉에 잘 나타나 있다. 우리나라에서 생리도벽으로 인한 절도범죄는 무죄로 인정되는 경우가 많지만 경우에 따라서는 유죄로 판결나기도 한다.

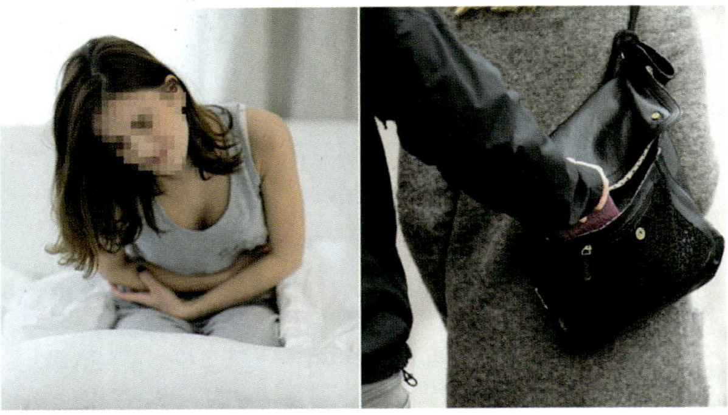

생리로 인한 도벽은 여성범죄의 원인 중 하나다.
출처: https://m.insight.co.kr/news/144469

CASE 2

지난 2015년 8월 부산 서면에 있는 한 백화점에서 40대 여성 A씨가 옷을 훔치다 적발됐다. 경찰 조사 결과 A씨는 3년 동안 무려 500여 벌의 옷을 상습적으로 훔친 것으로 밝혀졌다. 조사 과정에서 A씨는 '생리도벽증'에 시달리고 있다라며 "생리할 때가 되면 물건을 훔치고 싶은 충동이 든다"고 진술했다. 또한 지난 2002년 할리우드 배우 위노나 라이더(Winona Ryder) 역시 백화점에서 물건을 훔치다 경찰에 붙잡혔다. 그녀는 경찰에 "생리전 증후군으로 인한 충동적인 도벽이었다"고 밝혔다. 이처럼 적지 않은 여성들이 '생리 도벽' 혹은 '생리 전 증후군'으로 절도범죄를 하다 적발되고 있다. 정말 '생리 도벽'이라는 증상이 있는 것일까? 그렇다면 그 원인은 무엇일까? '생리 전 증후군(Premenstrual Syndrome)'은 일반적으로 생리를 하기 4~10일 전부터 일어나는 신체적, 심리적 증상이다. 즉 쉽게 말해 생리로 인한 부작용을 일컫는 것이다. 생리 전 증후군의 원인은 명확히 밝혀지지 않았다. 다만 전문가들은 호르몬과 신경전달물질 등의 급격한 변화 때문에 증상을 일으킨다고 추측한다. 구체적으로 생리 전 프로스타글란딘(Prostaglandin) 과잉분비와 호르몬 불균형, 세로토닌(Serotonin) 부족, 면역체계 이상 등으로 충동 조절에 영향을 미치기 때문이다. 증상이 개인마다 다르며 그 정도 역시 각기 다르지만 일반적으로 유방통, 두통, 변비, 우울감, 피로감, 신경과민 등 신체적, 심리적 증상들을 보인다. 폭력적인 성향을 보이기도 하며 극단적인 경우 일부 여성들에게서 도벽 충동 혹은 자살 충동이 나타난다. 물론 이는 극히 일부의 여성들에게 나타나는 증상이지만 한 번 증상을 보일 경우 그 상태가 매우 심각하다. 실제로 '생리 도벽증'을 앓아 상습적으로 절도 행각을 벌이거나 이를 극복하기 위해 자궁 적출술을 받은 사례도 알려진 바 있다. 이에 대법원은 '생리 도벽증'을 하나의 심신미약으로 인정, 전문가에게 피고인의 정신상태를 감정시키는 등의 방법으로 심신장애 여부를 심리한 판례가 있다(인사이트, 2018년 3월 12일).

결론적으로 생리현상으로 정동성의 부조화를 겪는 여성이 절도와 같은 재산범죄를 저지를 가능성이 있는 것은 사실이지만 전체 여성인구 중에서 심한 생리현상으로 절도범죄를 저지르는 비율은 높지 않은 것으로 풀이된다. 비록 심한 생리통을 겪는다고 하더라도 거의 대부분의 여성들은 그런 생리통을 절도범죄로 연결시키지 않는다. 즉, 자신의 자존감과 자기통제력을 발휘하여 절도의 유혹에 쉽게 빠지지 않는다고 볼 수 있다.

② 분만

영아살인을 저지르는 여성범죄자들은 주로 분만기에 범행을 저지르는데, 이 또한 여성의 특수한 생리·심리적 현상과 관련이 있다고 보고 있다. 대개 이전의 분만경험이 없는 젊은 여성이 타인의 도움 없이 분만을 할 경우에는, 분만의 고통이 정신상태의 이상으로 이어질 수 있다는 주장이 있다. 휘브너(Hübner)는 분만기 여성의 정신 상태를 조사하고 분류하였는데, 이는 생리적인 것과 병적인 것으로 나눠질 수 있다. 생리학적인 여성의 정신상태는 다시 실신상태와 흥분상태로 구분되며, 병적인 정신상태는 기억장애, 짧은 조상태(躁狀態), 몽롱상태, 그리고 그 밖의 모든 정신병상태로 구분된다고 한다. 이러한 분류에 따라 여성의 분만기에 나타날 수 있는 흥분상태나 병적 정신상태가 범죄와 깊은 연관관계가 나타날 수 있다(吉益脩夫, 1958; 신진규, 1990).

③ 갱년기 및 폐경기

여성이 갱년기에 접어들면, 심리나 생리에 큰 변화를 느끼게 되며, 이는 정서의 불안정, 활력의 감퇴, 초조와 불안, 지방질의 증가, 안면의 주름살, 사지 근육의 이완 등의 현상으로 표출된다. 또한, 성적 욕구가 감퇴하여 결혼의 행복감도 줄어들게 된다. 이러한 갱년기에 접어든 여성의 심리적 변화는 미혼여성보다는 기혼여성에게서 더욱 현저하게 나타나며, 이러한 변화는 여성의 범죄율에도 영향을 미치게 된다. 갱년기는 주로 40~50대에 나타나게 되는데, 이 연령대에 해당하는 기혼여성의 범죄율이 높게 나타나는 이유로는, 갱년기 여성들이 자신의 성적 매력상실을 인지하고 이는 인생의 위기라는 인식을 갖게 되며, 이러한 변화가 범죄로 표출될 수 있는 것으로 보고 있다(中谷瑾子, 1987; 장석헌, 1993). 또한, 여성의 폐경기에는 정서불안, 불면증, 불안감 등이 나타날 수 있다. 상기 〈그림 11-3〉의 범죄통계에서 나타났듯이, 우리나라의 40~50대 여성범죄자의 비율이 가장 높은 이유도 폐경기 여성의 심리상태가 어느 정도 작용한다고 볼 수 있다. 따라서 2007년부터 2016년까지 40~50대 여성범죄자의 비율이 가장 높게 나타나는 현상은 여성의 생물학적 특이성과 무관하지 않은 것으로 추정할 수 있다.

2) 심리학적 측면

프로이트(Freud)는 정신분석학적 입장에서 인간의 발달과정을 설명하였다. 특히 성심리 발달단계론(제3장 프로이트의 정신분석이론을 참조)에서 구순기 때 어머니나 사회환경 속에서 적절한 보호를 받지 못하게 되면, 사람들은 욕구불만이 누적이 되고, 이는 적대적이고 파괴적인 성격이 발달될 수 있다고 지적하였다(Freud, 1969). 이 이론에 따르면, 여성은 심리적 발달과정에서 남근에 대한 열등감과 남근숭배의 성향을 갖게 되는데, 이러한 성향을 극복하지 못한 여성의 경우에는 공격성과 파괴성이 발달하게 되고 이것이 여성범죄로 이어질 수 있다는 것이다. 즉, 여성은 남성에 비해 평균적으로 더 수동적이고 의존적인 성향을 보이는데, 의존할 만한 대상이 있는 경우에는 범죄가 억제되지만, 의존에 교란 또는 장애가 발생하면 정서를 통제할 수 없어 범죄행위를 할 수 있다는 것이다. 한편, 융(Jung)의 분석심리학적 성격이론에 따르면, 아니마(anima)라고 하는 인간의 무의식속에 잠재되어 있는 남성의 여성적 성격요소, 아니무스(animus)라고 하는 여성에 잠재되어져 있는 남성적 성격요소가 존재하고 있는데, 이러한 요소들은 사회화를 거치면서 잠재요소들이 약화되고 억압된다고 보았다(Jung, 1959). 이러한 주장에 의하면 본질적으로 여성 내면에도 남성적인 성격요소를 갖고 있기 때문에 정복 또는 영웅적인 행동을 통해서 남성과 동등한 범죄행위를 저지를 수도 있다고 보았다(황성철, 1997). 여성 중에 감정적으로 쉽게 격동하는 심리적 현상을 보여주는 경우에는 장래의 결과를 쉽게 예측하지 못하고 단지 원한이나 혐오 그리고 의심과 같은 감정에 의존하여 범행을 저지를 수가 있는데, 이는 잔인성 또는 잔혹성을 지닌 범죄로 이어질 가능성이 높다. 구체적으로, 여성의 히스테리는 범죄행위의 원인이 될 수 있다. 히스테리성 성격의 여성은 그 증세가 심할 경우, 욕설, 기물파괴, 폭행 등의 범죄를 저지르게 된다. 특히 긴장된 상황 하에서 의식의 혼탁과 함께 특이한 격정반응을 나타냄으로써 이성적 조정이 불가능하며, 이런 심리상태가 강력범죄로 이어지기도 한다. 결론적으로 이러한 심리적 불안상태를 보여주는 여성들은 지나친 흥분상태에 놓이게 되고 이는 중범죄로 이어질 가능성이 높은데, 애인을 빼앗긴 여성이 상대방을 살해하는 경우 등이 그 예가 될 수 있다. 여성의 이상심리적 특성을 잘 보여주는 살인사건이 〈CASE 3〉에 잘 나타나 있다. 이 여성의 살인심리를 프로이트의 정신분석학적 측면에서 설명하면, 자신의 의도와 기분대로 상황이나 일이 진행되지 않는 것을 겪게 될 경우 이러한 스트레스를 극복하지 못하고 히스테리적 행동을 반복한 끝에 자신의 전남편이었던 남성을 잔혹하게 토막살해한 것으로 추정할 수 있다.

여성의 히스테리성 인격장애는 여성살인범죄의 한 원인이 될 수 있다.
출처: http:/sbsfune.sbs.co.kr/news/news_content.jsp?article_id=E10005450270

CASE 3

전 남편 강모(36)씨를 살해한 혐의로 검찰에 구속 송치된 고모(36·여)씨가 결혼 직후부터 이상한 언행을 보였다는 증언이 나오고 있다. 고모씨와 강모씨를 잘 알고 있는 A씨는 15일 통화에서 "오랜 연애 끝에 결혼한 두 사람이지만 신혼여행 때부터 공항에서 크게 싸우는 일이 생겼다"고 말했다. A씨는 "신혼여행을 마치고 해외에서 귀국하는 날 고모씨 부부가 한국으로 돌아오는 비행기를 타기 위해 공항에 왔을 때 문제가 생겼다"며 당시 전해들은 상황을 설명했다. 그는 "비행기 탑승 시간이 얼마 남지 않았는데 고모씨가 '아직 못 산 게 있다'며 면세점에 갔다"면서 "이후 마지막 탑승 안내 방송이 나와 강씨가 '가야 한다'며 고○○을 재촉했지만 고모씨는 강모씨에게 고성을 지르며 화를 냈다"고 말했다. 이어 "실랑이 끝에 화가 난 강모씨가 먼저 비행기에 탑승했지만, 항공사 규정상 혼자만 비행기를 타고 돌아올 수 없어 다시 내려야 했다"며 "강모씨가 면세점으로 돌아오니 고모씨는 면세점에서 그대로 물건을 사고 있어 당황했다고 한다"고 말했다. 결국 두 사람은 예약한 비행기를 놓쳤다. 같은 대학을 나온 고모씨와 강모씨는 봉사활동을 함께하며 만났다고 한다. 이후 이들은 6년여간 연애를 이어오며 해외봉사를 가거나 함께 여행을 다니기도 했다. 연애시절 다정해 보였던 두 사람은 결혼 직후부터 불화가 시작됐다는 것이 주변 사람들의 이야기다. 강모씨는 평소 "신혼여행 때부터 나타난 고모씨의 폭력적인 성향이 결혼생활 내내 이어졌고, 갈수록 심해졌다"고 가까운 사람들에게 털어놨다고 한다. 고모씨는 화가 나거나 일이 본인의 뜻대로 되지 않으면 소리를 지르거나 물건을 던지고, 강모씨를 할퀴고 때리는 등의 폭력을 일삼았다는 것이다. 격분하면 흉기를 집어들 정도로 고모씨의 폭력 성향이 심해지자 강모씨는 2016년 말 고모씨에게 이혼을 요구한 것으로 알려졌다. 고모씨는 둘 사이에서 태어난 아이를 본인이 키우는 조건으로 이혼에 합의했지만, 고모씨가 강모씨에게 아이를 보여주는 일은 없었다. 지난달 25일 강모씨는 면접교섭권을 행사해 약 2년 만에 자신의 아들을 봤다. 이혼 후 처음이자 마지막이었다. 고모씨는 살인·사체손괴·사체유기·사체은닉 등의 혐의로 검찰에 구속 송치되어 조사를 받고 있다(중앙일보, 2019년 6월 16일).

하지만 이러한 여성의 범죄심리를 심리학적 측면으로 설명하기에는 논리적 결함이 많아 보인다. 왜냐하면 대부분의 여성들은 심리적으로 높은 윤리성이나 도덕성을 가지고 있기 때문에 여성의 범죄가 남성의 범죄에 비해 전반적으로 낮은 비율로 나타난다. 예를 들면, 치정살인의 경우, 가해자가 여성일 것으로 오해할 정도로 치정살인=여성가해자로 낙인되어 있다. 그러나 실상은 이와는 정반대다. 우리나라에서 발생하는 거의 대부분의 치정살인은 남성에 의해 저질러질 정도로 남성가해자가 절대다수를 차지한다. 이런 현상은 미국도 마찬가지다. 미국 FBI의 통계에 따르면, 아는 사람에 의해 피살당한 여성의 90% 정도가 집착적 성격을 가진 애인이나 남성 배우자에 의해 살해당한다(동아일보, 2014년 10월 6일). 우리나라 또한 지난 2017년 한 해 동안 여성 85명이 남편이나 애인에 의해 살해되었는데, 치정살인을 저지르는 남성은 주로 여성에 대한 강한 집착과 소유욕 등의 성격적 문제를 가지고 있는 것으로 나타났다(아시아경제, 2019년 8월 14일). 이처럼 여성범죄를 심리학적 측면으로 설명할 경우, 우리 사회에서 발생하는 강력범죄의 대부분을 설명하지 못한다는 단점이 있다. 여성의 범죄성향을 심리학적으로 설명하기보다는 오히려 남성의 충동성, 공격성, 여성에 대한 강한 소유욕 등을 심리학적으로 설명하는 것이 더 설득력이 있어 보인다.

(2) 사회학적 측면

사회학적 측면에서 바라보는 여성범죄에 대한 견해는 사회경제적 측면과 여성의 성역할 변화, 사회참여 기회확대라는 측면으로 구분될 수 있다. 사회경제적 관점에서 여성범죄의 원인을 주장하는 사람들은 남성뿐만 아니라 여성도 경제적인 동기에 의하여 범죄를 저지른다고 본다. 현대사회에서 여성의 경제활동 기회는 급격히 증가하였지만, 경제적인 측면에서 보면 임금이나 고용상태에 있어서 여성은 남성에 비해 저임금과 불안정한 고용상태 등에 놓여 있으며, 이로 인해 야기되는 경제적인 압력이 커지게 된다. 이에 따라 여성들은 생존이나 가족부양을 위해 범죄를 저지르게 된다(백창현, 2007). 체스니-린드(Chesney-Lind)가 여성범죄자들을 분석한 결과, 상당수의 여성범죄자들은 빈곤층의 소수집단 출신이며, 낮은 학력수준과 불안정한 고용상태 또는 실업상태에 처한 경우가 많다고 지적하면서, 이러한 이유로 여성범죄율의 증가는 여성들의 경제적 변화와 밀접한 관련이 있다고 주장하였다(Chesney-Lind, 1997; 서주연, 2013). 즉, 여성의 빈곤한 환경 또는 과도한 경제적 생활조건은 인내심의 한계로 작용하여 자포자기적인 체념을 가져오게 되고, 그 결과 범죄를 저지를 개연성이 높아진다는 것이다. 예컨대 남편의 무능력, 음주, 도박 등에 의한 경제적 빈곤 하에서는 여성이 가정경제에 대한 책임을 부담하게 되어 자칫 경제문제 해결을 위한 범죄에 휘말릴 수 있다.

한편, 여성의 사회화에 중점을 둔 성역할·기회이론의 관점에 따르면, 여성범죄의 증가는 사회의 변화에 따른 여성의 역할이 확대되어왔으며, 그에 따라 여성들도 범죄를 저지를 수 있는 기회 또한 많아지게 된다는 것이다. 다시 말하면, 도시화와 핵가족화로 인해 전통적인 대가족제도가 서서히 붕괴되었으며, 이로 인하여 여성들의 여가 시간이 많아지게 되었다. 하지만 이러한 과정에서 여성들은 잘못된 여가 시간의 활용을 하게 되고, 이는 여성범죄의 요인이 될 수 있다는 것이다(옥필훈, 2009). 또한, 오늘날 여성의 성역할은 과거 전통적인 여성의 역할기대인 가정에서의 어머니의 역할에서 벗어나 여성의 교육수준 향상, 여성의 권리 향상, 사회진출 확대 등으로 변화되어왔다. 이로 인해 사회조직 내에서 남성의 역할과 동등한 지위를 가지고 적극적이고 활동적인 여성이 많아지고 있다. 이런 여성의 성역할 변화는 남성들과 마찬가지로 비합법적 수단을 강조하는 범죄적 기회의 노출이 증가하게 되며, 이로

우리 사회에서 여성의 경제활동 참여율이 높아짐에 따라 여성범죄율도 점차 증가하는 추세에 있다.
출처: https://www.seattletimes.com/seattle-news/women-behind-bars-state-takes-a-new-approach

인한 범죄 가능성 또한 높아지고 있다는 관점에서 현대사회에서의 여성범죄를 설명하고자 하는 견해가 있다(이윤호, 2014).

결론적으로 성역할 변화의 관점에서 여성범죄의 원인을 주장하는 학자들에 따르면, 여성범죄가 증가하는 것은 여성의 성역할의 확대에 기인한 것으로 파악한다. 즉 여성의 사회적 역할확대는 점차 성차에 따른 범죄 유형화의 의미가 퇴색되어 여성이 남성범죄영역에 참여하는 과정에서 여성범죄가 증가한다는 시각이다. 또한, 여성의 사회참여기회는 사회적 성취욕구의 증가를 가져오게 된다. 이때, 여성의 사회적 성취 욕구가 좌절되거나 제약이 따르게 될 때 목표달성에 대한 좌절감이 여성 심리의 촉진 계기로 작용하여 범죄가 발생할 가능성이 높아진다는 것이다.

05 여성범죄자의 심리적 특성

최인섭(1993)은 여성재소자들을 대상으로 자아존중감, 공격성 그리고 가족과 관계된 특성과 여성범죄자의 심리적 특성을 분석하였는데, 이 연구결과를 중심으로 나타난 결과를 살펴보면 다음과 같다. 첫째, 여성재소자의 경우, 자신에 대한 평가가 자신을 둘러싸고 있는 모든 생활에까지 영향을 미침과 더불어 주위의 여러 상황에 의해서도 영향을 받고 있기 때문에, 낮은 자아존중감이 형성되게 된다. 이러한 현상은 여성재소자가 남성재소자나 일반여성에 비해 특히 낮은 것으로 나타났다. 특히 여성범죄자의 경우, 범행을 저지른 후에 자기비하를 하기 때문이라고 설명할 수도 있고, 반대로 처음부터 여성범죄자의 내면에서 발달되어 온 자기존중감이 범죄로 연결될 수도 있다. 특히 전자의 입장에서 바라볼 때에는, 여성재소자는 범죄자로서 받은 사회적인 낙인을 내면화시켜서 자신을 사회적 실패자로서 간주하게 된다는 것이다. 이러한 경우, 여성은 특히 의존적인 성향이 강하기 때문에 사회적 반응에 더욱 민감하고, 이로 인해 남성재소자에 비해 낮은 자아존중감을 발전시켜 왔다고 볼 수 있다. 둘째, 여성재소자들의 공격성은 다른 심리적인 특성과 달리 범죄행위와 관련될 수 있는데, 상대적으로 남성재소자와 비교하여 낮게 나타났다. 셋째, 가족과의 관계에 있어서 여성재소자의 경우, 일반여성과 비교했을 때 성장기에 부모, 형제, 자매와의 관계가 원만하지 못한 것으로 나타났다. 이러한 결과는 여성재소자들이 응답한 설문문항 중 성장기 및 현재에 미워하는 가족구성원의 유무를 묻는 질문의 답을 통해 밝혀졌는데, 남성재소자나 일반여성보다 성장기 및 현재에 미워하는 가족구성원이 있었다는 응답이 높은 것으로 나타났다. 이는 성장기의 원만하지 않은 가족관계가 여성범죄와 관련될 수 있음을 보여주고 있다(최인섭, 1993). 예를 들면, 서두의 한국사례에서 소개된 김모씨의 경우처럼 어린 시절에 가정이 해체된 환경 하에서 성장한 여성은 남성에 비해 범죄성향이 더 강하게 나타난다. 왜냐하면, 여성의 감수성과 민감성이 남성보다 높고, 인간 간의 관계를 중시하는 여성 특유의 심리적 특성 때문에 어린 시절 부모의 부재에서 발생한 부정적 감정을 비행친구들에게서 대리 충족시키려는 성향이 비행이나 범죄로 나타난다고 볼 수 있다.

민정희와 강혜자의 연구에서 교도소 수감 성인 남녀 기결수를 대상으로 수형자들의 성별에 따른 심리적 요인(분노, 자아존중감, 내적 통제성, 사회적 지지의 자각)의 차이를 살펴본 결과, 분노, 내적 통제성, 그리고 사회적 지지의 지각에 있어서 남녀 간 차이를 보였으나 자아존중감에 있어서는 차이를 보이지 않는 것으로 나타났다(민정희·강혜자, 2009). 즉, 분노 수준에 있어서는 남자수형자가 여자수형자보다 높은 수준을 나타냈으며, 내적 통제성과 사회적 지지의 지각은 여자수형자가 남자수형자보다 높은 것으로 나타났다(민정희·강혜자, 2009).

범죄유형별 여성범죄자의 심리적 특성은 강은영과 박형민의 연구에 잘 나타나 있다. 그들은 교도소 수용자들을 대상으로 한 설문조사를 통하여 여성범죄자들의 심리적 특성을 파악하였다(강은영·박형민, 2008). 첫째, MMPI(Minnesota Multiphasic Personality Inventory) 검사 결과를 바탕으로 살인범죄자 성별에 따른 심리적 특성을 파악한 결과, 남성살인범과 여성살인범의 MMPI 하위척도 점수에서 비슷한 점수를 나타내고 있으며, 남성살인범과 여성살인범의 간에 성차가 없는 것으로 나타났다. 둘째, 허위성향, 비행성향, 공격성향, 범죄성향, 포기성향, 자살성향, 망상성향을 포함하고 있는 교정심리 검사결과, 여성살인범들이 남성살인범보다 모든 성향에서 높은 점수를 보였으며, 특히 비행성향척도에서 남성살인범과 여성살인범은 통계학적으로 유의미한 차이를 보이는 것으로 나타났다. 이러한 결과는 남성살인범보다 여성살인범이 어린 시절 또는 학창 시절에 비행친구들이 더 많이 있었고, 비행 행동도 더 많이 했다는 것을 나타낸다. 셋째, 여성살인범의 정신적 특성과 관련해서 남성살인범과의 차이를 살펴본 결과, 정상인의 비율에 있어서 남성살인범(81.3%)에 비해 여성

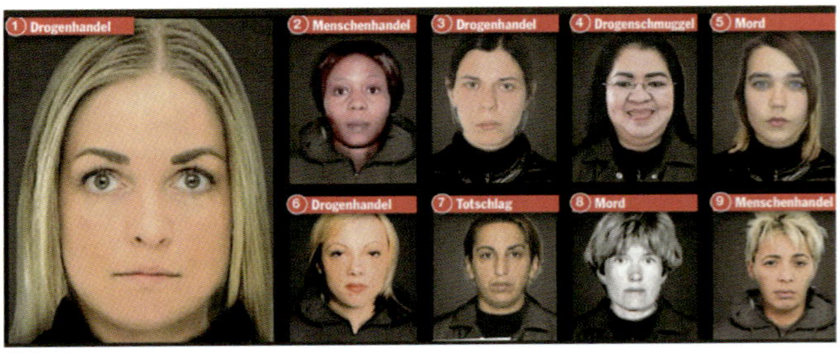

유로폴(europol)에 지명수배된 여성범죄자들
출처: https://www.tz.de/welt/europol-warnt-vor-gefaehrlichsten-frauen- europas-po lizei-fahndung-war-bereits-erfolgreich-zr-13138530.html

살인범(75.8%)의 비율이 다소 낮지만 큰 차이는 없는 것으로 나타났다. 그러나 정상인이 아닌 여성들의 대다수는 범행 이전에 우울증을 앓고 있었으며(12.6%), 이어서 정신지체(4.2%), 알코올 중독(3.2%)의 순으로 남성들에 비해 정신질환을 많이 가지고 있었다. 넷째, 자아통제, 자아존중감, 우울증의 사회심리적 측면에서 남성살인범과 여성살인범의 차이를 살펴본 결과, 자아통제에서는 여성살인범에 비해 남성살인범이 자아통제력이 낮은 것으로 나타났지만 자아존중감와 우울에 있어서는 남성살인범과 여성살인범 간에 차이를 나타내지 않았다. 다섯째, 여성살인범의 신체적 공격성, 언어적 공격성, 분노감 그리고 적대감에 있어서 남성살인범과의 차이를 살펴본 결과, 모든 영역에서 남성범죄자와 여성범죄자 간에 뚜렷한 차이를 나타내고 있었으며, 남성살인범이 여성살인범에 비해 공격적이고 분노감과 적대감을 많이 느끼는 것으로 나타났다(강은영·박형민, 2008: 176-479). 이 결과는 여성범죄 실태에서도 동일하게 나타난 바 있다. 즉, 남성은 살인, 강도, 강간 등과 같은 폭력범죄를 많이 저지르는 반면, 여성들은 사회구성원들과의 상호작용과정에서 주로 발생하는 사기, 절도 등과 같은 재산범죄를 많이 저지르는 것으로 드러났다. 여성살인범에 대한 강은영과 박형민의 연구결과를 종합하면, 여성살인범들은 남성살인범에 비해 사회관계적 측면의 척도가 높은 것으로 나타남에 따라 여성들은 학창시절 비행친구들이 더 많았고, 비행을 더 많이 저지른 것으로 드러났다. 또한, 남성들에 비해 정신질환 병력을 가지고 있는 경우도 더 많았다. 하지만 물리적 폭력으로 대표되는 공격성, 폭력성, 충동성 등은 약한 것으로 드러났다.

06 여성범죄의 대책

범죄행위는 사회구성원과 사회에 위해를 끼치는 행위이므로 범죄의 주체가 남성이냐 여성이냐에 상관없이, 그리고 범죄율이 높고 낮음에 상관없이 끊임없이 연구되어야 하며 거기에 따라서 효과적이고 체계적인 대응책 또한 마련되어져야 한다. 하지만, 범죄주체의 성별에 따른 행위의 차이점은 많은 연구에서 나타나고 있는바, 그에 따른 대책 또한, 성별의 차이에 맞게 수립되어야 하는 것이 바람직하다(장중식, 2004; 허경미, 2018). 즉 효과적인 여성범죄에 대한 올바른 대책 수립을 위해서는 여성범죄자의 성적 특성을 고려한 방안들이 모색되어야 한다는 것이다. 다음에서는 여성범죄 관련 연구들에서 제시하고 있는 대책방안을 여성범죄 연구 활성화 측면, 교정처우적 측면, 그리고 피해자적 측면이라는 세 가지 측면에서 제시하고자 한다.

(1) 여성범죄 연구의 활성화

여성들의 인권과 권익에 대한 사회적 관심이 확산되고 있음에도 불구하고 기존의 범죄학 연구는 남성범죄 중심의 연구에 집중해 온 것이 사실이다. 그러나 여성범죄를 보다 잘 설명하고 이해하기 위해서는 여성과 남성의 범인성과 범죄유형의 차이점을 간과해서는 안 된다. 따라서 효율적인 여성범죄의 예방 및 효과적인 대응책을 마련하기 위해서는 무엇보다도 여성의 범죄, 일탈, 비행 등에 관한 관심과 연구가 보다 활성화되어야 한다(이만종, 2006). 보다 많은 여성범죄와 관련된 연구가 수행되어지고, 여성범죄의 유형별 특성에 대한 연구가 축적되어 남성범죄와 여성범죄의 유사점과 차이점이 밝혀진다면, 여성범죄의 예방 및 여성범죄자의 처우에 관한 정책을 수립하는 데 필요한 요소들을 구체화할 수 있을 것이다(김지선 외, 2009). 결론적으로 여성범죄에 대한 심층적인 연구가 부족한 상태에서 여성범죄자들의 심리적 특성과 이에 맞는 제대로 된 교정정책 수립은 불가능하다. 우리 사회가 여성범죄율을 줄이는 데 주목하는 이유는 전통적으로 여성은 남성에 비해 경제적, 사회적, 문화적으로 동등한 위치에 있지 않았기 때문이다. 아직까지도 가부장적 분위기 남아 있는 우리 사회에서 여성의 권리와 인권이 남성과 동등한 수준으로 대우받지 못하기 때문에 한 번 범죄의 나락으로 떨어진 여성이 다시 새로운 삶을 영위하기가 쉽지 않다. 그러므로 사회적 약자에 속하는 여성에 대한 범죄나 여자청소년범죄에 대해 더 많은 연구와 지원이 필요한 것이다.

(2) 교정처우적 접근

현재 교정시설 내에서의 여성범죄자들에 대한 처우는 그들의 특성이 고려되지 않은 채 진행되고 있다. 그러므로 여성의 특성을 바탕으로 그들의 필요에 더 부응할 수 있는 처우방안들이 지속적으로 모색될 필요가 있으며, 결과적으로 이러한 올바른 처우는 여성범죄자의 재범을 막는 데 있어서도 큰 도움이 될 것이다(김지선 외, 2009; 천정환, 2017; 2018).

1) 여자전용교정시설의 확보

상대적으로 남성수형자의 수에 비해 여성수형자의 수가 적다 하더라도 여성은 신체적, 생리적으로 남성과는 확연하게 구별되는 특성을 가지고 있다. 하지만, 이러한 상황을 고려하지 않은 채 교정처우가 적용되고 있으며, 이는 여성재소자들의 갱생의지를 꺾게 할 수도 있다. 그러므로 여성재소자의 특성에 맞는 특별한 처우를 제공할 수 있는 여성전용 교정시설을 확충하는 것이 여성범죄자 교정처우의 급선무라고 할 수 있다(옥필훈, 2009; 이성진·백석기, 2012).

2) 전문적인 직업훈련의 강화

직업훈련은 여성재소자들의 형기·연령·학력 등을 고려하여 자립할 수 있는 기술을 습득할 수 있도록 전문적이고 유망한 과정을 개설하여 운영되어져야 하며 실질적으로 도움을 줄 수 있어야 한다. 이러한 직업훈련이 효율적으로 운영이 되어야 궁극적으로 여성범죄자의 재범률도 낮출 수 있을 것이다(박영규, 2008; 연성진, 2016).

3) 교정시설의 개방화

남성재소자와는 달리 여성재소자의 경우, 자녀의 교육과 양육문제 등이 그들의 재활에 큰 영향을 미치고 있다. 교정시설내의 구금으로 인한 여성재소자의 가족과의 유대문제가 발생해서는 안 된다. 하지만 현재 우리나라 교정 정책에서 시행중인 합동접견, 전화접견, 귀휴제도 등은 주로 모범수 중심으로 운영되고 있는 현실이다. 극히 제한적이지만, 이러한 정책은 여성재소자와 가족과의 유대강화를 장려하고, 이로 인해 여성재소자의 정서적인 안정을 찾게 해 주어 수용관리를 용이하게 해 준다는 장점이 있다. 또한 이러한 정책을 통해 어머니와 자녀의 관계 단절을 최소화함으로써 자녀들이 비행이나 범죄에 빠질 가능성을 낮추는 효과를 기대할 수 있다(옥필훈, 2009).

4) 사회 내 처우의 확대

사회 내 처우는 범죄자를 교정시설 내에 수용하지 않고 사회 내에서 정상적인 생활을 하도록 하면서 지도감독 등에 의해서 범죄자를 개선하여 후에 효과적인 사회복귀를 도모하기 위한 제도이다. 통계자료에 의하면, 남성범죄자에 비해서 여성범죄자가 사회 내 처우를 받을 가능성이 높게 나타난다. 이는 여성범죄자는 남성에 비해 강력범보다는 재산범을 저지르는 경우가 많고 또 여성의 재범위험성이 낮고 비폭력적인 본성을 반영했기 때문이다. 이러한 특성에 비추어 여성범죄자에게는 시설

내 수용보다는 보호관찰, 사회봉사명령, 수강명령과 같은 사회 내 처우가 적당하며 사회 내 처우는 교정시설의 개방화를 통한 여성수형자의 가족과의 유대단절을 최소화할 수 있는 가장 효과적인 방법이다(장중식, 2004). 효과적인 사회 내 처우를 운용하기 위해서는 지역사회 기관을 활용하는 방안을 검토해 볼 수도 있다. 이러한 정책을 효과적으로 적용시키기 위해서는 철저한 범죄원인 분석결과를 토대로 사전에 엄격한 분류과정을 거친 후에 지역사회의 봉사단체나 기관에서 일정기간 수형생활을 대신할 수 있는 대체형벌을 적용한다면 효과적인 교화를 꾀할 수도 있다(최준, 2010). 지역사회교정 정책을 효과적으로 확대할 수 있다면, 국가는 시설수용으로 인한 비용부담의 일부를 지역사회로 대체시킬 수 있고, 재소자의 입장에서는 구금으로 인한 가족 등 지역사회와의 유대관계가 단절되는 것을 피할 수 있다. 또한 지역사회의 측면에서는 사회에 대한 위험성이 적은 범죄자를 지역사회에서 처우하여 성공적인 사회복귀를 이룸으로써 사회보호를 확보할 수 있다는 장점이 있다(이보영, 2004).

사진은 여성 재소자들의 교화목적 생활상을 다룬 2009년 영화 '하모니'의 한 장면
출처: www.ijejutoday.com/news/articleView.html?dno=95593

5) 여성전문 의료서비스의 확충

여성은 남성과는 다른 신체적, 생리적 특성을 가지고 있고 남성에 비해 상대적으로 많은 의료서비스를 요구하기 때문에 여성재소자를 위한 의료서비스의 확보가 요구된다. 하지만 여성재소자는 수적인 열세와 이들에 대한 처우의 필요성이 충분히 인식되어지고 있지 못하며, 이로 인하여 여성수형자의 요구를 받아줄 만한 의료서비스 또한 교정시설 내에서 적절하게 이루어지지 않고 있는 실정이다(이보영, 2004). 또한 여성범죄자는 남성으로부터 받아온 장기적 폭력이나 학대를 견디다가 저항하는 과정에서 범죄자로 나온 경우도 많이 발견된다. 따라서 학대 혹은 폭력 피해의 경험으로 인한 심리적 혹은 정신적 고통을 겪고 있는 여성재소자에 대한 전문치료센터나 상담프로그램의 제공 등 전문처우 프로그램의 적용이 절실히 요구된다. 다시 말하면, 산부인과와 같은 여성전문 의료진과 의료장비의 확보와 함께 상담프로그램과 같은 교정시설 내의 여성전문 의료서비스 확충이 조속히 시행될 필요가 있다(장중식, 2004).

(3) 피해자학적 접근

가정폭력을 당한 여성은 추후 여성범죄를 저지를 가능성이 그렇지 않은 여성에 비해 높다.
출처: https://www.vanchosun.com/m/index.php?view=detailedNews&newsId=67143

여성의 학대피해를 예방하는 것은 결과적으로 여성범죄를 예방할 수도 있다. 기존의 많은 연구들에 의하면, 여성의 성학대 피해나 가정폭력에 의한 피해 경험이 추후 여성범죄와 깊은 상관관계가 있음을 보여주고 있다. 특히 심각한 여성범죄자의 경우 학대피해가 범죄와 깊이 관련될 수 있음을 보여주고 있으며, 여성의 학대피해가 장기적으로 부정적인 영향을 미친다는 것을 시사해 주고 있다. 따라서 여성의 학대피해, 특히 성장기의 학대피해를 예방하는 효과적이고 강력한 대책마련이 무엇보다 시급하다(김지선 외, 2009).

연습문제

1. 여성범죄행위가 남성범죄와 다른 가장 중요한 원인은 어디에 있다고 보는가? (생물학적, 심리학적, 사회적 요인 중에서 택하여 설명하여라). 위의 세 가지 요인 중에서 어떤 특정한 원인론을 주장한다면 그렇게 생각하는 이유를 설명하여라.
2. 최근 여성의 사회참여 확대로 인해 여성범죄율이 꾸준히 늘어나는 추세다. 여성의 사회참여가 증가할수록 여성범죄가 늘어나는 이유를 사회적, 문화적, 경제적 측면에서 설명해 보아라.
3. 여성은 남성과 다른 형태의 범죄를 저지르는 경향이 있다. 여성이 남성과 다른 형태로 범죄를 저지르는 현상을 범죄유형별(예를 들면, 폭력범죄, 재산범죄 등)로 나누어 구체적인 예를 들어 설명하여라.
4. 여성들이 주로 범하는 범죄유형에는 어떤 것이 있으며, 여성들은 왜 남성과 구별되는 특정한 범죄를 저지르게 되는지 여성범죄자의 심리적 특성을 중심으로 설명해 보아라.
5. 우리 사회에서 여성범죄율을 줄이기 위한 대책에는 어떤 것이 있는가? 그런 대책 중에서 지금 가장 시급하게 시행되어야 할 교정정책은 무엇이며, 왜 그 정책이 시급하게 시행되어야 한다고 생각하는가?
6. 최근 여성이 저지른 살인범죄의 예를 구체적으로 들고, 그 살인범죄에 나타난 여성범죄자의 사회적, 경제적 지위, 심리적 특성 등을 남성살인범과 비교하면서 설명해 보아라.

참고문헌

강은영·박형민. (2008). 살인범죄의 실태와 유형별 특성: 연쇄살인, 존속살인 및 여성살인 범죄자를 중심으로. 서울: 한국형사정책연구원.

김보환. (2004). 범죄생물학. 서울: 동국대학교 출판부.

김지선·강석구·강우예·권수진·김성언·김은경·김한균·박미숙·박학모·신의기·윤민우·윤해성·이승현·이원상·이정민·이천현·전영실·정완·정진수·최영신·탁희성·홍영오·황정인·황지태·황태정. (2009). 한국의 범죄현상과 형사정책(2009). 서울: 한국형사정책연구원.

대검찰청. (2008-2017). 범죄분석. 대검찰청.

민정희·강혜자. (2009). 교도소 수형자의 심리적 요인과 시설내 적응태도, 교정연구, (45), 253-277.

박상기·손동권·이순래. (2010). 형사정책. 서울: 형사정책연구원.

박상주. (2009). 여성범죄의 고전적 이론에 관한 고찰, 한국자치행정학회보, 23(2), 209-226.

박영규. (2008). 여성범죄자처우의 문제점과 과제, 교정연구, 39, 81-103.

백창현. (2007). 여성살인범의 통계적 특성에 관한 연구, 한국범죄심리연구, 3(1), 85-116.

법무연수원. (2019). 2018 범죄백서.

서거석·김대정·홍춘의. (2002). 여성과 법. 서울: 학우.

서주연. (2013). 여성의 재산범죄에 대한 다각적 접근. 서울법학, 21(1), 211-235.

신진규. (1990). 범죄학 겸 형사정책(형사사법정책론). 서울: 법문사.

연성진. (2016). 한국 여성 수형자의 처우 현황과 과제, 교정담론, 10(3), 1-42

옥필훈. (2009). 여성범죄의 실태와 효율적 대책에 관한 연구, 법학연구, 28, 3-23.

이만종. (2006). 한국의 여성범죄 증가원인 분석 및 대책, 교정연구, 32, 31-53.

이보영. (2004). 여성범죄의 현황과 특성, 교정처우 방안, 비교법학연구, 3, 207-229.

이성진·백석기. (2012). 여성 수용자 처우의 문제점과 개선방안 - 가족관계 증진방안을 중심으로, 자치경찰연구, 5(2), 32-63.

이윤호. (2014). 범죄, 그 진실과 오해. 서울: 박영사.

장석헌. (1993). 여성범죄에 관한 고찰, 한국공안행정학회보, 2, 199-227.

장중식. (2004). 여성범죄의 원인과 대책, 교정연구, 25, 133-160.

천정환. (2017). 여성수용자의 처우에 대한 개선방안, 교정복지연구, (46), 71-98.

천정환. (2018). 여성수용자의 대동유아처우에 관한 천정환 교수의 새로운 접근론, 교정연구, 28(4), 127-157.

최인섭. (1993). 여성범죄의 실태에 관한 연구, 형사정책연구, 4(1), 45-108.

최준. (2010). 여성범죄와 여성수형자 처우, 법학연구, 18(1), 385-414.

한국형사정책연구원. (2018). '한국의 범죄현상과 형사정책(2017)', 153-169

허경미. (2018). 성인지적 관점의 여성수용자 처우 관련 법령의 정비방향 연구, 교정연구, 28(2), 81-110.

홍성열. (2012) 범죄심리학. 서울: 학지사.

황성철. (1997). 여성의 사회적 일탈과 여성범죄의 변화양상, 부산여자대학교 여성연구, 8, 5-17.

吉益脩夫. (1958). 犯罪學概論. 有斐閣.

中谷瑾子. (1987). 女性犯罪. 立花書房.

Dalton, K. (1964). The Premenstrual Syndrome. Springfield, IL: Charles C Thomas.

Nars, K. (2009). Miten miljoonia huijataan. Tammi Publishers(김정혜 역. (2011). 화이트칼라의 범죄자들: 그들은 어떻게 세상을 속였는가?. 서울: 한빛비즈).

Chesney-Lind, M. (1997). The female offender: girls, women, and crime. Thousand Oaks: Sage Publications.

Freud, S. (1969). An Outline of Psycho-Analysis. NY: W.W. Norton.
Jung, D. G. (1959). Psychological Types, or The Psychology of Individuation. NY: Pantheon Books.
Pollack, O. (1950). The Criminality of Women. Philadelphia: Univ. of Pennsylvania Press.
Sellheim, H. (1930). Gemütsverstimmungen der Frau: Eine medizinischjuristische Studie. Enke.

구글 검색사이트. (2020). www.google.com.
동아일보. (2014). "표창원 "작년 한해 여성 123명이 집착욕 강한 남성에게 피살." 동아일보, 2014년 10월 6일자 사회면.
아시아경제, (2018). "'시끄럽게 왜 울어' 영아 질식사시킨 20대 母…징역 4년 '실형'", 아시아경제, 2018년 5월 18일자 사회면.
아시아경제. (2019). "데이트 폭력 끝, 살인" 피해자 30% '남편 · 애인'에 살해", 아시아경제, 2019년 8월 14일자 사회면.
인사이트. (2018). "생리만 하면 남의 물건을 훔치는 '생리도벽 앓는 여성들'", 인사이트, 2018년 3월 12일자 라이프면.
중앙일보. (2019). "6년 연애 후 결혼했지만…"고유정, 신혼여행부터 욕설 · 격분", 중앙일보, 2019년 6월 16일자 사회면.

12

스토커(Stalker)가 언론 및 대중으로부터 주목받기 시작한 것은 1981년 미국의 존 힝클리(J. Hinkley)가 유명 여배우 조디 포스터(J. Foster)에게 구애하기 위해 당시 대통령이었던 레이건(R.Reagan)을 저격했던 사건부터다. 그 후 1989년 여배우 셰퍼(R. Schaeffer)가 격렬 팬이었던 바르도(R. Bardo)에 의해 살해된 사건은 스토킹(Stalking)이라는 새로운 사회현상뿐만 아니라 스토커라는 범죄자에 대한 관심을 높이는 계기가 되었다(Meloy, 1998). 일련의 유사한 사건들을 계기로 스토킹 현상을 신종범죄로 규정하고, 스토커 처벌에 관한 내용을 입법화하려는 움직임이 미국에서 일어나기 시작했다. 최초로 1990년 캘리포니아州에서 '스토킹방지법'이 제정되었고, 1999년에 50개州 및 콜롬비아 특별구까지 입법화되었다(Natinal Institute of Justice, 1993; Kinkade *et al.*, 2005). 한국은 1999년과 2005년 스토킹범죄를 예방하고 그 피해자를 보호하기 위해 「스토킹 처벌에 관한특례법안」이 국회에 상정되었지만, 아쉽게도 회기종료로 자동폐기되었다. 2013년 3월에서야 스토킹과 관련된 행위 내용을 직접 규정한 법률이 시행되고 있다. 「경범죄 처벌법」 제3조 제40호에는 "(장난전화 등) 정당한 이유 없이 다른 사람에게 전화나 문자 메시지, 편지, 전자우편, 전자문서 등을 여러 차례 되풀이하며 괴롭힌 사람", 제41호에는 "상대방의 명시적 의사에 반하여 지속적으로 접근을 시도하여 면회 또는 교제를 요구하거나 지켜보기·따라다니기·잠복하여 기다리기 등의 행위를 반복하는 사람"에 대해 10만원 이하의 벌금, 구류 또는 과료의 형으로 처벌하도록 규정하고 있다. 또한 「정보통신망 이용촉진 및 정보보호 등에 관한 법률」 제44조의7에서는 2011년 9월 15일 개정된 후 "공포심이나 불안감을 유발하는 부호, 문언, 음향, 화상 또는 영상을 반복적으로 상대방에게 도달하도록 하는 내용의 정보등을 유통하여서는 아니 된다"를 명시하고 있으며 위반 시 1년 이하의 징역 또는 1천만원의 벌금형으로 처벌하도록 규정하고 있다. 한국과 유사한 사회분위기 및 법률체계를 가진 일본은 TV 쇼핑프로그램에 나온 한 여자 아나운서를 사랑한 스토커가 자신의 심리적 고통을 해결하기 위해 피해자를 살인한 사건이 발생한 직후인 2000년 「스토커행위규제 등에 관한 법률」을 제정하여 시행하고 있다(장석헌·이창한, 2001; 박영주, 2006).

스토커의 범죄심리

각국에서 이처럼 스토킹에 대하여 처벌규정을 둔 이유는 먼저, 스토킹범죄는 전통적인 법적 또는 윤리개념으로는 해결하기 어려운 신종범죄이기 때문이다. 스토킹은 외관상 심각한 폭력을 수반하기도 하지만 대부분 애정행위와 불법행위의 경계선상에 있는 경우가 많다. 스토커 자신도 스토킹 행위가 범죄라는 인식보다는 상대방에 대한 관심 및 애정의 표현이라는 감정이 더 강하다. 또한 스토킹은 전화, 팩스, 도청기, 전자메일 등과 같은 정보통신 수단을 이용하여 개인의 프라이버시를 침해하는 데 그치지 않고, 더 나아가 협박, 폭행, 상해, 납치, 강간 및 살인까지 발전할 가능성이 있다는 데 그 심각성이 있다. 즉 초기 스토커의 행동에 대해 경찰의 개입과 불개입의 한계상황에서 점차 심각한 강력사건으로 이어질 수 있기 때문이다(장규원, 2001). 마지막으로 스토커의 대상이 되는 피해자가 자신의 안전을 위협받게 되어 극도의 불안과 공포 속에서 생활하게 된다는 점이다. 스토킹 피해자의 정신의학적 충격에 관한 조사는 많지 않지만, 주요 연구결과를 통해 살펴보면 다음과 같은 특징들을 발견할 수 있다. 오스트레일리아의 스토킹 피해조사를 통해 스토킹 피해자들이 높은 분노, 사후외상 스트레스, 과도한 무기력증, 사회적 교류의 감소 및 자살충동을 호소하고 있음을 알 수 있다(Mullen & Pathe, 1997). 2002년 한국의 스토킹피해실태조사에서는 피해자가 불쾌감과 분노(72.3%), 전화응대의 두려움(47.7%), 일상생활의 지장(41.5%), 모욕감 또는 수치심(33.8%), 외출의 두려움(30.8%), 불면증(24.6%) 등을 겪고 있음을 보고하고 있다(박철현 외, 2000).

이와 같이 스토킹은 전통적으로 이해되는 범죄들과 여러 가지 측면에서 그 성격을 달리하고 있다. 이로 인해 스토커에 대한 형사사법기관의 개입과 불개입의 판단근거가 모호하고, 심각한 범죄로 발전한 이후에야 형법적 판단의 대상이 될 뿐만 아니라 그 피해 또한 매우 심각함을 알 수 있다. 따라서 이 장에서는 스토커의 스토킹 행위 이전에 그들의 행동을 예측하여 심각한 범죄로 나아가지 않도록 예방하고, 일반범죄자와 스토커를 구별하여 스토커에 맞는 형사 정책적 방안을 강구하기 위해 스토커의 심리적 특성들을 살펴보고자 한다.

01 스토커의 정의

(1) 스토커의 정의

한국형사정책연구원의 「스토킹의 실태와 대책에 관한 연구(2000)」에 따르면 '자신의 일방적인 호감만을 이유로 상대방의 거부의사를 무시하거나 오해하면서, 계속 쫓아다니거나 관심을 표명하거나 전화, 우편, 전자우편, 선물 등을 통해 상대방에 대한 접근을 시도함으로써 상대방에게 성가심이나 불쾌감, 또는 불안감이나 공포심을 불러일으키는 행위를 반복적으로 일삼는 사람'으로 스토커를 정의하고 있다. 하지만 '변태'라든가 '치한' 또는 '엿보는 사람' 등으로 불리어지던 사람들까지 스토커로 간주되는 등 통일된 명확한 개념이나 정의는 존재하지 않는다. 어의적 개념으로 'stalker'라는 용어는 영어의 stalk에서 유래되었는데, 영한사전에는 다음과 같이 정의되고 있다. '① 손을 당당하게 흔들며 걷는다. 느긋하게 걷는다. 잘한 척하며 걷는다. ② (병, 질명, 죽음, 재앙, 세균 등이) 퍼지다, 만연되다. ③ 먹이나 적 등에게 몰래 잠입해 다가간다. 몰래 뒤를 쫓는다. ④ 살금살금 걸어간다. 몰래 걸어간다.' 이 설명에서 ①③④는 모두 걷는다는 의미에서는 같지만, ①과 ③④는 의미적으로 동일하지 않고, 현재 스토커라고 사용하는 의미는 후자일 것이다. ②의 의미도 재앙이 만연, 침투, 확대된다는 의미에서 ③으로 이어진다고 할 수 있다. 즉 스토커라는 의미가 원래 사랑과 재앙이라는 두 가지 의미가 모두 존재하지만, 스토커에게 있어서 사랑의 대상이란 일방적으로 상대방에게 몰래 접근하는 대상, 즉 사냥에서의 먹이나 전쟁에서의 적으로 파악된다고 이해할 수 있다(福島章, 1997).

스토킹은 심한 경우, 살인으로 이어질 수 있는 심각한 범죄유형이다.
출처: http:/m.newspim.com/news/view/20190531000822

한국의 이시형(1998)은 '스토커는 상대에게 연애감정으로, 상대도 나를 좋아할 것이라는 환상을 갖고 이성에 접근해서 상대가 싫어하는 행위를 고의적, 계획적으로 함으로써 심각한 피해를 입히거나 폭행하는 사람'이라고 정의했다. 일본의 저명학자인 후쿠시마는 '자신이 점찍은 상대에게 일방적, 병적으로 집착해 따라다닌 끝에 최악의 경우에는 살인까지 이르는 망상범죄자'라고 정의하였다(福島章, 1997). 한편, 최초로 「스토킹방지법」이 입법화된 미국은 이전부터 스토커에 대한 과학적이고 임상적인 접근이 이루어

CASE in USA

2018년 10월 22일, 로렌 멕클러스키(Lauren McCluskey)는 유타대학교 캠퍼스에 주차되어 있던 승용차 뒷자리에서 총격으로 살해된 채 발견되었다. 그녀는 육상 유망주로 공공연히 알려진 스타였고 그녀의 죽음이 보도된 후 사람들은 큰 충격에 빠졌다. 그녀를 살해한 사람은 멜빈 로랜드(Melvin Rowland)였으며 그는 이미 2004년에 미성년자 강간미수로 수감된 전력이 있는 성범죄자였다. 2013년 출소한 이후 로렌과 사귀게 된 멜빈은 그녀에게 성범죄 전력을 숨겼고 이름, 나이 등 자신의 모든 신상정보를 거짓으로 속였다. 이를 알게 된 로렌은 이별을 고했고 이후 멜빈에게 끈질긴 스토킹을 당했다. 총격이 일어날 당시에도 로렌이 멜빈을 상대로 스토킹 혐의로 신고한 바 있어 경찰이 사건 접수 후 멜빈을 조사하던 중이었다. 로렌이 야간수업을 마치고 난 후 집으로 돌아가면서 그녀의 어머니와 통화 중이었는데 통화 도중 갑자기 '안돼, 안돼, 안돼'라는 말과 동시에 비명이 들리며 총격을 당했다. 총격이 일어날 당시 현장 인근에서 멜빈이 도망치는 모습이 포착되었고 경찰 추적 끝에 현지 교회에서 총으로 자살한 채 발견되었다.

로렌과 멜빈

졌다. 멜로이와 고다드(Meloy & Gothard)는 임상 병리적으로 스토커의 행위를 '관계망상(obsessional following)'이라는 결론에 도달했다(Meloy & Gothard, 1995). 그러나 이러한 연구결과들을 포함해서 스토킹방지법을 제정한 모든 州가 동일한 법제정 목적을 가지고 있지 않고, 스토커에 대한 접근방법 면에서도 통일성은 거의 없다(이창한, 1998). 굳이 정의 면에서 공통점을 찾자면 "의도적으로, 악의를 가지고, 타인에 대해 반복적으로 치근대거나 괴롭히는(willful, malicious, and repeated following and harassing of another person)" 특징 등이 대표적이었다(Meloy, 1998). 미국은 위의 개념에 기초해서 일반인과 스토커를 구분하기 위해, 스토커 행동 체크리스트(Stalker Behavior Checklist)를 개발하여 사용하고 있으며 그 구체적 내용은 〈표 12-1〉과 같다. 이 표에서 스토킹행위를 25항목으로 측정·평가하고 있는데, 여기에는 전화하기, 편지쓰기, 꽃 보내기 등 정상적인 데이트 행동에서부터 편지 훔치기, 위협적인 행동, 손괴 등과 같은 폭력적인 행동까지 포함된다(Lewis *et al.*, 2001).

정리해보면, 어떤 사람을 스토커라고 정의하기 위해서는 최소한 '통상의 판단능력을 가진 일반인이라면 누구나 가족의 생명, 신체의 안전에 대한 위협으로 느껴질 만한 일련의 행위를 의도적으로 계속하는 사람'이라는 요건을 충족해야 한다. 즉 스토커는 일정기간 동안 의도적이고 반복적으로 일정행위를 하여, 정상적인 판단능력이 있는 사람과 그 가족에게 정신적, 육체적 피해를 입히는 병적인 행동을 하는 사람'으로 정의할 수 있다(이창한, 1998).

CASE in Korea

서울 송파구 가락동에 살던 김모(32)씨도 이별 살인의 희생자다. 김모씨는 2016년 4월19일 아침 출근하려고 현관문을 나섰다가 기다리고 있던 전 남자친구 한모(32)씨에게 살해당했다. 한모씨는 흉기로 목, 심장, 옆구리 등 6곳을 찔렀다. 범행 후에는 흉기를 아파트 쓰리기통에 버리고 준비한 오토바이를 타고 황급히 도망갔다. 범행 현장에서는 한모씨가 남기고 간 회칼, 과도, 로프, 나일론 끈, 염산 등이 발견됐다. 범행을 철저히 준비한 것을 알 수 있다. 김모씨에게 한모씨와의 만남은 악몽의 연속이었다. 처음에는 다정다감하게 대하는 듯했지만 점점 집착하기 시작했다. 어디를 가면 간다고 꼭 알려줘야 했고, 일거수일투족을 보고하지 않으면 화를 냈다. 김모씨가 자신이 아닌 다른 사람을 만나는 것을 극도로 싫어했던 것이다. 두 사람은 점점 다툼이 잦아졌고, 급기야 사귄 지 8개월 정도 됐을 때 김모씨가 결별을 선언했다. 그러자 한모씨는 "함께 죽자" "죽여버리겠다"며 이별을 받아들이지 않으려고 했다. 그때부터 협박과 잔혹한 스토킹이 시작된다. 쉴 새 없이 문자와 협박전화를 했다. 매일 김모씨가 사는 아파트 앞에 나타났다. 보란 듯이 집 앞에 차를 세워두고 멀리서 지켜봤고, 아파트 맞은편 교회에 올라가 집 안을 수시로 들여다봤다. 그러다 결국 살인으로 막을 내렸다. 한모씨의 성장 과정을 보면 어릴 적부터 부모와 떨어져 살면서 사춘기 시절을 외톨이처럼 보냈다. 그는 범행 뒤에도 죄책감을 느끼거나 반성하는 모습을 찾아볼 수 없었다. '이별 살인'이 연인들에게만 해당되는 것은 아니다. 결혼생활을 하다가 이혼한 사람들도 예외는 아니다. 2018년 서울 강서구 등촌동의 한 아파트 지상주차장에서 이모(47)씨가 흉기에 찔려 숨진 채 발견됐다. 이모씨를 살해한 것은 전남편이었다. 이모씨는 결혼 후 남편 김모(48)씨의 상습폭행에 시달렸다. 두 사람은 2015년 아내 이모씨의 요구로 이혼했다. 세 딸들은 이모씨와 함께 지냈다. 하지만 김모씨의 폭행은 그치지 않았다. 그는 병적인 집착을 보이며 이모씨를 찾아가 폭행하며 괴롭혔다. 이모씨는 그를 피해 지금까지 6번이나 거처를 옮겼지만 벗어날 수가 없었다. 김모씨는 이모씨 차량 범퍼에 몰래 GPS(위성항법장치)를 붙여 위치를 추적했다. 심지어 범행 당시에는 이모씨가 자신을 알아보지 못하게 가발까지 쓴 것으로 드러났다. 지난해 2018년 서울 강남에서 살해된 A(22)씨는 이혼소송 중 남편에게 죽임을 당했다. A씨는 어린 나이에 부모의 반대를 무릅쓰고 조모(25)씨와 혼인신고를 하며 법적 부부가 됐다. 조모씨는 결혼 후 본색을 드러냈다. 조모씨는 아내를 억압하며 집과 직장만 오가도록 했다. 사사건건 간섭하고 집착하고 감시했다. 급기야 아내가 반발하자 폭력을 행사하기 시작했고, 강도는 점차 세졌다. A씨의 결혼생활은 하루하루가 지옥이었다. 언제 또 남편에게 폭행을 당할지 몰라 무섭고 두려웠다. 결국 그는 변호사를 선임해 이혼 절차에 들어갔다. A씨는 남편을 피해 거처를 다른 곳으로 옮겼다. 그렇다고 조모씨에게서 벗어날 수 없었다. 어린 딸을 보러 갔다가 성폭행을 당하기도 했다. 조모씨는 여기서 그치지 않고 A씨의 거처를 알아내 문 앞에서 기다리고 있다가 흉기로 수십 차례 찔러 살해했다. 왜곡된 집착과 분노가 범행으로 이어진 것이다.'이별 살인'의 예방에는 한계가 있다. 가해자 스스로 범행을 포기하지 않기 때문이다. 오히려 피해자가 피해 다닐수록 더욱 집착하는 경향을 보인다. 법원에서 '접근 금지' 조치를 내려도 살인으로 이어지면 무용지물이다. 그러다 보니 살인으로 이어진 다음에야 끝이 나게 되는 것이다(출처 : 시사저널, '이별 살인 그들은 왜 살인자 됐나', 2018년 11월 7일).

표 12-1 스토커 행동 체크리스트(SBC: Stalker Behavior Checklist)

지난 6개월 동안, 지금 또는 과거의 이성관계로부터 원하지 않는 접촉에 초점을 맞추어 아래의 설문에 답하시기 바랍니다. 지금 또는 과거의 이성관계가 얼마나 자주 아래의 문항에 해당하는 행위를 보였는지 응답하십시오.

1 = 전혀 그렇지 않음 2 = 한 달에 한 번 이하 3 = 한 달에 2~3회
4 = 1주에 1~2회 5 = 일주일에 3~6회 6 = 하루에 한 번 이상

1. 무단침입했다.	________
2. 보호명령을 어겼다.	________
3. 차를 부수려 시도했다.	________
4. 해치려 위협했다.	________
5. 애완동물을 해하거나 죽였다.	________
6. 차를 억지로 열려고 했다.	________
7. 해치기를 시도했다.	________
8. 육체적으로 피해를 주었다.	________
9. 무단침입을 시도했다.	________
10. 자해했다.	________
11. 메시지나 메일을 몰래 봤다.	________
12. 새로운 이성친구의 물건에 해를 입혔다.	________
13. 자해하겠다고 위협했다.	________
14. 가족 또는 지인에 해를 입힐 것이라 위협했다.	________
15. 가족 또는 지인을 위협했다.	________
16. 사이버 스토킹(컴퓨터, 전화기, 전자기기 등으로)	________
17. 집에서 원하지 않음에도 전화를 걸었다.	________
18. 원하지 않음에도 집을 찾아왔다.	________
19. 따라다닌다.	________
20. 전화를 끊게 했다.	________
21. 원하지 않음에도 선물을 보냈다.	________
22. 직장에서 전화를 원하지 않음에도 통화를 시도했다.	________
23. 지켜봤다.	________
24. 원하지 않음에도 직장 또는 학교에 찾아왔다.	________
25. 음성메시지를 남겼다.	________
26. 원하지 않음에도 사진을 보냈다.	________
27. 새로운 이성친구에게 위협을 가했다.	________
28. 실수를 이용하여 직장에서 해고 또는 곤란을 겪게 했다.	________
29. 원하지 않음에도 편지 또는 선물을 보냈다.	________
30. 새로운 이성친구를 해쳤다.	________
31. 잘못된 보고를 통해 아이를 나에게서 멀어지게 했다.	________
32. 가족 또는 친구를 통해 나와 만남을 시도하였다.	________

출처: Nebraska Domestic Violence Sexual Assault Coalition: http://ndvsac.org

※ 1~16번 문항은 피해자가 스토커로부터 폭력적인 상황에 마주칠 위험을 가늠하게 해준다.

※ 17~32번 문항은 피해자가 스토커로부터 괴롭힘이나 스토킹을 마주칠 위험을 가늠하게 해준다.

※ 각 문항에 대한 평균을 구하여 스토커 행동에 대한 위험을 판단하면 되고, 점수가 높을수록 위험하다는 것을 의미한다.

02 스토킹범죄 현황

우리나라에서 스토킹이 한 해 어느 정도 발생하는지 알 수 있는 공식통계는 존재하지 않는다. 스토킹에 관한 처벌법이 제정되지 않았기 때문에 정확한 공식통계는 없다. 그러나 정확한 수치는 아니지만 스토킹의 발생규모를 어느 정도 추정할 수 있는 통계자료는 존재하는데 그것은 경찰청에서 매년 집계하는 경범죄처벌법의 '지속적 괴롭힘' 처벌 조항이 있다. 2013년 3월 경범죄처벌법 '지속적 괴롭힘' 처벌 조항이 신설되고 시행됨에 따라 그 현황을 나타내는 시점이 2013년부터 집계되었다. 〈그림 12-1〉에 따르면 2013년부터 2018년 까지 스토킹 건수는 증감을 반복하고 있는 실정이다. 2013년 312건에서 2014년에는 297건으로 약간 줄어들었다가 2015년에 363건으로 전년대비 1.2배 증가했다. 2016년에는 555건으로 전년대비 1.5배 증가했으며 2017년에는 전년대비 1.3배 줄어들다가 2018년에는 2016년 수준인 544건이 발생했다.

스토킹 범죄는 다른 범죄유형에 비해 한 해 발생건수가 미미한 수준이다. 하지만 향후 스토킹 방지법이 제정된 후 그 법률에 따른 처벌건수가 집계되면 지금보다 훨씬 더 많은 스토킹처벌 규모가 드러날 것으로 추정된다.

그림 12-1 **스토킹 범죄(지속적 괴롭힘) 발생추이** (단위: 명)

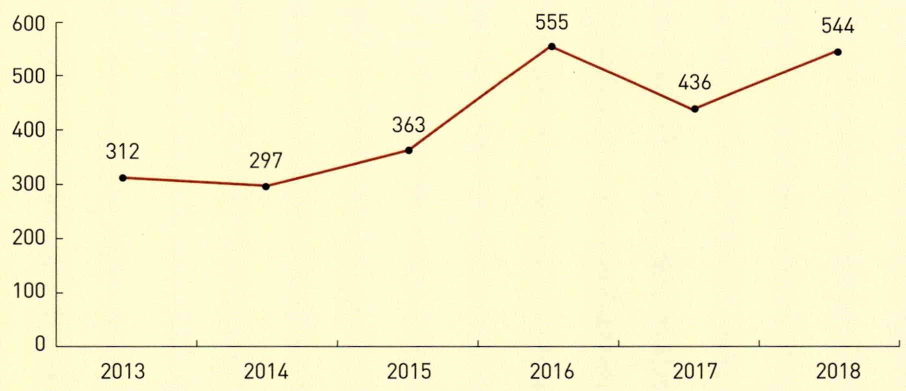

출처: 경찰청, 경찰통계연보 2013~2018년

스토커의 심리형성에 관한 이론

03

(1) 사회문화적 접근

스토커 범죄행동의 심리형성을 설명하기 위한 사회문화적 접근방법은 사회문화적 요인이 심리장애를 유발한다는 입장이다. 인간은 사회적 존재로서 한 문화 속에서 태어나 삶에 대한 태도, 신념, 생활방식 등을 형성하며 살아가는데, 이러한 과정에서 심리장애가 발생하는 것에 주목한다. 예를 들어, 빈민가에서 생활하는 사람은 중산층보다 더 억압되고 많은 좌절을 경험하면서 생활할 것이고, 이런 생활조건이 특정한 행동장애를 유발할 수 있다. 또한, 급격한 사회 변화나 사회해체 현상이 성격장애나 정신분열증 발생과 관련이 있다고 보고되고 있으며, 성차별 또는 사회의 불평등이 심한 사회나 도시화가 급격히 진행되는 현상 또한 심리장애에 영향을 준다고 설명한다(원호택, 1997). 같은 맥락에서 최근 스토킹의 원인으로 어릴 적에 폭력적 학습을 많이 경험하면서 성장한 사람일수록 스토커가 될 가능성이 높다는 연구결과가 있다. 모든 범죄행위는 학습의 결과라고 주장하는 사회학습이론(social learning theory)의 관점에서 '어릴 적에 가정에서 자주 폭력을 경험한 아동들이 성장하여 다양한 유형의 폭력에 연루될 것'이라는 가설을 수립하였다. 이들은 범죄가 학습의 결과에 의해서 발생한다는 에이커스(Akers)와 서덜랜드(Sutherland)의 주장을 기초로 하였다. 서덜랜드는 비행친구와의 차별적 접촉에 의해 범죄에 대한 긍정적 정의가 부정적 정의를 초과할 때 범죄가 발생한다고 주장했다. 한편, 에이커스는 여기에 강화의 개념을 도입하여, **조작적 조건화**(operant conditioning) 과정을 통해서 행동의 결과에 따라 나타나는 **긍정적/부정적 강화**(positive/negative reinforcement)에 의해, 향후에 발생 가능한 행동이 달라진다고 주장한다. 일반적으로 학습의 과정에서 중요하다고 지적되는 것은 유년시절의 사회화 과정에서 중요한 타자(중요한 타자는 제2장의 용어설명 참조)와의 상호작용을 통해서 경험하는 가정 내에서의 경험이라고 할 수 있다. 따라서 어릴 적에 가정에서 자주 폭력을 경험한 아동이 성장한 후 다양한 유형의 폭력에 연루될 것이라고 연구자들은 예측했다. 같은 맥락에서 스토킹이라는 성적이며 상징적인 폭력은 유년기 가정에서 경험한 폭력의 학습에 의한 결과물로 보았다. 특히 권위적인 가정에서 성장한 아동은 부모에 의한 폭력이 부모의 권위에 의해 정당화될 수 있다는 것을 학습함으로서, 폭력을 합리화할 수 있는 **중화 기제**를 가지는 경향이 높다. 그 외 여러 가지의 음란물 접촉경험이나 접촉의 시기 등도 이러한 사회학습이론의 틀 안에서 설명될 수 있는 요인으로 평가했다(박철현 외, 2000).

(2) 정신분석학적 접근

정신의학 또는 심리학에서는 스토커 행동의 원인으로 지나친 자기중심적 사고 및 공감능력 부족, 단절된 주위사람들과의 관계, 정신분열증이나 편집증, 경계성 인격장애가 있는 경우, 그리고 성적인 동기보다는 분노나 적대감 등을 지적한다. 아래에서는 위의 특징들을 설명할 수 있는 대표적인 정신분석학적 접근을 소개한다.

1) 대상관계이론(Object Relation Theory)

스토커에 대한 정신분석학적 접근방법으로 대상관계이론이 있다. 대상관계이론이란 프로이트의 **욕동구조모델**에 반대하는 대안적 이론으로, 관계구조모델에 의해서 특징지어진 대인관계의 정신분석학이 구체화되어, 한 개인이 실제로 사람들과 맺는 관계뿐만 아니라 개인이 맺는 내적 대상과의 관계 그리고 그 내적 대상들이 가지는 심리적인 기능을 밝히고자 하는 이론이다(Greenberg & Mitchell, 1983). 이 이론은 정신적 삶의 중심에 위치하고 있는 인간의 관계성을 분석하고 설명한다. 인간은 자신의 욕구를 충족시키기 위해서 외부 대상과 적극적인 관계를 추구한다. 이는 아동이 출생 때부터 자발적이고 적극적으로 관계를 맺을 수 있는 능력을 가지고 태어났음을 전제로 한다. 대상관계에서 중요한 것은 외부대상, 즉 어머니의 양육태도와 아동 자신의 타고난 성향이 결합하여 관계의 특징을 규정하는 것이며 이것은 후에 성격의 틀을 이루게 된다(한성심, 2001). 신프로이트학파의 대표적 이론가인 컨버어그(Kernberg)도 사람이 세상에 태어나면서 갖는 어머니 또는 어머니 대리자와의 관계를 중요시하는데 이 관계에서 자기와 대상에 대한 표상이 형성되며, 이 때 자기를 부정적으로 보거나 대상을 극히 악하고 위협적인 것으로 받아들이는 것이 경계성 장애의 특성이라고 주장했다(원호택, 1997). 위의 대상관계이론에 근거하여 멜로이(Meloy, 1998)는 스토커의 인성이 경계선상에 놓여 있다는 것을 개념화했다. 최초에 스토커는 피해자를 사랑의 대상으로 인식하지만, 일단 피해자로부터 거절당하면 분노하면서 격한 감정이 생겨난다고 설명한다. 이러한 이상장애에는 문제인식의 왜곡, 방어기제의 발동 및 가상과 현실의 불일치 등이 포함된다.

2) 애착이론(Attachment Theory)

애착이론은 스토커의 심리형성과 직접적으로 관련되어 있다. 애착은 어머니와 같이 대체될 수 없는 특정 인물과의 강한 정서적 유대로 정의된다. 어린 시절에 이 유대는 특정인물을 따르고, 매달리고, 울고, 화내는 행동들로 표현된다. 만약 보호자가 아이를 적절히 보호하고 지지해주는데 실패한다면, 아이는 타인과의 신뢰나 믿음

표 12-2 Bartholomew의 성인 애착유형

<table>
<tr><th>유 형</th><th>특 징</th><th>스토커의 심리적 특징과의 관계</th></tr>
<tr><td>안정적 유형</td><td>• 자기 및 타인에 대한 긍정적 애착
• 성인기에도 만족스러운 사회적 관계 유지</td><td rowspan="2">• 스토커의 심리적인 특징과는 거리가 있음</td></tr>
<tr><td>거부회피 애착유형</td><td>• 타인으로부터 가치 있는 평가는 아니지만, 과도한 지지를 갈망</td></tr>
<tr><td>불안저항 애착유형</td><td>• 거절에 직면한 긍정적 자아를 유지하기 위해, 정서적으로 실질적인 애착과는 거리를 둠
• 가상의 자기만족적인 애착</td><td rowspan="2">• 거절에 대한 불안감을 지속적으로 느낌
• 질투, 분노와 같은 불안전성
→ 거절, 무시로 인해 스토커의 동기유발 요인이 됨</td></tr>
<tr><td>불안혼란 애착유형</td><td>• 긴밀한 타인과의 관계형성을 갈망
• 거절과 같은 잠재적 손실을 줄이기 위한 방어적 불안 애착행동에 집착</td></tr>
</table>

없는 대인관계를 만들고, 심지어 스스로를 쓸모없는 존재로 간주한다(Tonin, 2004). 보울비(Bowlby)는 생의 초기 유아는 보호자와의 상호작용 경험 속에서 그의 가용성(availability)과 반응성(responsiveness)을 기초로, 자신과 타인에 대한 내적 실행 모델(internal working model)을 조직해 간다고 설명했다. 애착은 보호자와의 상호작용에 의해 안정되게 또는 불안정되게 형성되어, 유아의 인격형성에 큰 영향을 미치게 된다. 이렇게 형성된 애착의 질 또는 유형에 따라 이후 유아의 인지적·정서적·사회적인 정신적 표상(mental representation)을 결정하는 애착의 내적 실행모델이 구성된다(Lewis *et al.*, 2001 재인용). 보울비의 애착이론에 근거하여 바쏠로뮤(Bartholomew)는 성인의 애착유형을 4가지로 나누었다. 여기에는 긍정적 자기 및 긍정적 타인의 안정적(secure)유형, 부정적 자기 및 긍정적 타인의 거부회피형(preoccupied), 긍정적 자기 및 부정적 타인의 불안저항형(dismissing), 그리고 부정적 자기 및 부정적 타인의 불안혼란형(fearful avoidance) 등이 포함한다. 이러한 유형은 사회적 반응유형에 기초한다(Tonin, 2004). 바쏠로뮤의 성인 애착유형은 〈표 12-2〉에 잘 나타나 있다.

바쏠로뮤의 애착유형을 좀 더 구체적으로 설명하면, 안정적 유형은 자기 및 타인에 대해서도 긍정적인 애착을 지녀 성인이 되어서도 타인과 만족스러운 사회적 관계를 유지한다. 거부회피 애착유형은 타인으로부터 가치 있는 평가는 아니지만, 과도한 지지를 갈망한다. 그러나 두 유형 모두 스토커의 심리적 특징을 보이지는 않는다. 불안저항 애착유형은 유아기 보호자로부터 거부당했거나 정서적으로 학대당했을 때 발생한다. 거절에 직면한 긍정적 자아를 유지하기 위해, 정서적으로 실질적인 애착과는 거리를 둔 후, 가상의 자기만족적인 애착을 만든다. 따라서 애착체계를 뒤흔드는 부정적 감정까지 침투하지 못하게 만든다. 이 유형의 개인들은 타인과의 관계를 그리 중요하지 않게 보며, 자신의 고립감을 대체하는 데 더 관심을 보인다. 마지막 유형인 불안혼란 애착유형에 속하는 개인들은 긴밀한 타인과의 관계형성을 갈망하면서도 상대방으로부터 거절당하는 등 잠재적 손실을 없애기 위한 방어적 불안 애착행동에 집착한다. 세 번째와 네 번째의 성인 애착유형은 지속적으로 타인으로부터 거절당하는 불안감뿐만 아니라 질투, 분노와 불안전성을 가지게 된다. 분노와 적대감은 특히 피해자로부터 거절 또는 무시를 당했을 때 스토커의 동기유발이 된다(Lewis *et al.*, 2001 재인용). 키엔린(Kienlen)과 그의 동료들의 연구에서 스토커 모집단 중 55%가 정서적, 신체적, 성적학대로 인한 불안전 애착력을 가지고 있었음을 알 수 있다. 또한, 63%는 유년시절 이혼, 별거, 유기, 수감 또는 사망 등의 이유로 보호자가 중도에 바뀌는 경험을 했었다. 즉 스토커 중 절반 이상이 불안전한 애착력을 가지고 있었는데, 그들은 대부분 타인과의 애착형성 및 유지에 어려움을 겪고 있었고, 스토킹 피해자와도 역시 친밀한 관계를 맺고 있지 못했다(Kienlen *et al.*, 1997).

3) 정신분열이론

스토커의 심리형성에 있어 정신분석학적 접근법 중 정신분열이론이 있다. 정신분열증은 정신병으로 알려진 심리장애 중 가장 대표적인 증상이다. 이 이론은 인지, 동기, 정서 등 심리과정에 결함이 심각하고 비현실적 증상 때문에 사회적 기능의 손상이 있음을 설명한다. 이 장애는 비현실적 사고내용을 표현함으로써 조리에 맞지 않는 언어표현을 보이는 사고장애, 자신의 주의를 일정기간동안 고정시키는데 어려움을 겪는 **주의장애** 및 주위의 상황을 정상인과 다르게 지각하는 **지각장애** 등이 있다(이상현 외, 2012; 전대양, 2002). 심각하고 극단적인 사고, 지각, 그리고 행동의 붕괴를 특징으로 하는 정신분열증의 원인으로는 생물 의학적 접근 및 취약성과 스트레스 요인으로도 설명된다. 쥬빈(Zubin)은 정신분열증이 만성화 장애라기보다는 장애에 대한 취약성이 지속적이라고 가정하여, 유전적 요인, 생전·생후의 신체적, 심리적 요인 등에 의해 결정되고, 스트레스를 유발한 사고나 생활조건과 상호작용하는 것으로 보았다(원호택, 1997).

2018년 진주에서 발생한 방화·살인사건을 저지른 안인득은 정신분열형 스토커로 분류될 수 있다.
출처: https://news.sbs.co.kr/news/endPage.do?news_id=N1005238943

스토커의 심리적 특성

04

(1) 스토커의 일반적 특성

스토커에 관한 대부분의 연구들은 이들의 특성을 밝히는 데 집중해 왔다. 스토커의 사회인구학적 특성, 인성특성과 임상적인 특성들이 포함된다. 선행연구에 따르면, 통제집단인 정상인과 법원에 재판계류 중인 스토커와의 비교를 통해, 스토커는 정상인과는 다른 특성을 지니고 있었는데, 35~40세의 남성으로 결혼경력이 없거나 현재 이혼한 상태였으며, 상대적으로 고학력이었고, 부정기적으로 취업하는 등 노동유지의 안정성이 낮은 경우가 많았다(Lewis *et al.*, 2001 재인용). 그러나 몇 가지 유형으로 스토커의 공통적인 특성을 집약할 수는 없다. 따라서 여러 학자의 주장에 근거하여 공통적인 스토커의 특성들을 고찰해 볼 필요가 있다.

일본의 와다는 스토커의 특성을 크게 '정보수집형'과 '고학력 자존심형'으로 나누어 설명했다. 먼저 고학력 자존심형 스토커는 지능이 높고 고학력자이며 자존심이 강하고 자신감이 넘친다고 보았다. 단순 치한이나 이상한 사람은 자존심과 자부심이 높지 않아 스토커와는 다르다. 고학력 자존심형은 좋아한다는 자신의 심정을 고백할 수 있다면 문제가 없겠지만, 상대방이 거절할 경우 자신이 받을 정신적 충격을 회피하기 위해 스토커가 된다는 것이다. 이 유형의 스토커는 〈CASE 1〉과 같다.

CASE 1

한국과 독일을 세 번 왕복하고 이메일과 사회관계망서비스(SNS) 등을 통해서 짝사랑하는 여성을 3년 동안 스토킹해온 30대 남성에게 징역형이 선고됐다. 검찰에 따르면, 2011년 9월 독일 라이프치히에서 유학하던 김모(36)씨는 같은 건물에 살던 연상의 한국인 유학생 여성 A(38)씨를 보고 첫눈에 반해 사귀고픈 마음에 수차례 구애했지만 번번이 거절당하자 스토커로 변신했다. 1년 넘게 지속된 김모씨의 스토킹은 그의 유학 생활이 끝나면서 끝나는가 했지만 김모씨는 귀국 1주일도 안 돼 다시 A씨에게 이메일을 보내기 시작했다. 이메일 스토킹은 석 달 동안 무려 56통이나 이어졌다. 나중에는 A씨의 사회관계망서비스(SNS)를 뒤지기도 했다. 그는 이메일에서 '차단한 페이스북 계정을 풀고 친구를 맺어달라'고 요구했지만 응답이 없자 A씨의 페이스북 계정 비밀번호를 알아내 무단으로 접속하기도 했다. 김모씨는 A씨가 답장이 없자 그녀를 만나려고 2013년 1월과 4월, 이듬해 10월 등 세 차례에 걸쳐 독일로 건너가기도 했다. 거리로 따지던 무려 8,500여㎞에 달한다. 끈질긴 스토킹 행각으로 인해 독일 현지 경찰이 출동하는 해프닝이 벌어지기도 했다. 3년간의 스토킹을 참다못한 A씨는 결국 김모씨를 고소했고, 검찰은 정보통신망 이용촉진 및 정보보호 등에 관한 법률과 경범죄 처벌법 위반 혐의 등으로 김모씨를 기소해 재판에 넘겼다(에너지경제, 2015년 3월 14일).

위의 사례에서 보듯이 김모(36)씨는 독일 유학 중 같은 건물에 살던 한국인 유학생 A(38)씨를 보고 첫눈에 반해 구애를 했지만 번번이 거절당하자 스토커로 변신한 사례이다. 김모씨는 지능이 높고 고학력자이며 자존심이 강했지만 구애에 거절당하자 자신의 정신적 충격을 회피하기 위한 심리적 기제가 발동하여 스토커로 변한 것으로 추정할 수 있다. 정보수집형은 상대를 스토킹하면서 상대방의 정보를 수집하는 그 자신의 행위에 기쁨을 느끼는 자들이다. 스토커는 상대를 계속 따라다니는 행위를 통해, 상대방을 자신의 의지대로 통제하고 있다는 착각과 동시에 피해자를 통제하는 것에 강한 쾌감을 느끼는 특성을 지니고 있다(和田裕司, 1998).

이시형(1998)은 스토커의 특징으로, 외관상으로는 멀쩡하나, 보통사람과는 다른 특성을 제시했는데, 구체적 특성으로 옷차림도 깔끔하고 제법 멋도 부리며 자존심이 세고 자기중심적이어서 상대의 이야기를 듣지 않고 일방적으로 자기 자랑만 늘어놓는 점을 주요한 특징으로 지적했다. 또한, 1996년부터 1999년 6월까지 약 3년 6개월 동안 경찰, 검찰, 법원에서 정신감정을 의뢰한 사람 중 피해자의 명백한 거부의사가 있음에도 10회 이상 반복적으로 4주 이상 지속적으로 스토킹을 한 스토커를 조사한 이경숙·최상섭(2000)은 남자(78%), 평균연령 37.8세, 독신(70%), 고졸 이상(62%), 무직(74%)의 비율이 높았던 점을 주요 특징으로 보고했다. 이러한 통계치는 미국의 사례(Meloy, 1998)와 매우 유사하다. 사회인구학적 특성 이외에 스토커의 일반적 특성을 일본의 야마다(山田幸一, 1998)가 종합적으로 설명한 특성은 한 번 알게 되면 쉽게 떠나지 않고 잡으면 놓지 않는 집요함, 상대방의 상황은 전혀 고려하지 않는 행동, 자신의 행동이 정당하다고 믿고 자기주장만을 내세우는 행동, 타인의 개입을 허용하지 않고 상대방을 사물화하려는 경향, 상대방을 자신이 지배할 수 있다고 믿는 등 자신을 과잉하는 경향, 자신의 세계에 갇혀 있는 과대망상, 집착과 미련, 욕구불만, 강한 자기애 그 밖에 공격성과 잔학성, 통제상실, 권위적, 유아적, 계획적인 특성 등이 있다. 이런 스토커의 일반적 특징은 서두의 미국사례인 멜빈 로랜드(Melvin Rowland)에게서 대표적으로 나타난다. 멜빈은 사귀던 여자친구 로렌 멕클러스키(Lauren McCluskey)에게 이별을 당한 후 지속해서 그녀를 미행하고 다시 사귀자고 구애했으나 거절당하자 공격성을 표출했다. 그 결과 총으로 살해한 그의 잔학성과 통제력의 상실은 스토커들에게서 나타나는 일반적 특성이라 할 수 있다.

스토커의 일반적 특성으로 집요함, 상대방의 상황은 전혀 고려하지 않는 행동, 자기주장만을 내세우는 행동, 상대방을 사물화하려는 경향, 자신을 과잉하는 경향, 과대망상, 집착과 미련, 욕구불만, 강한 자기애, 공격성과 잔학성, 통제상실, 권위적, 유아적, 계획적인 특성 등을 들 수 있다.
출처: https://www.yna.co.kr/view/MYH20190113001600038

(2) 스토커의 심리적 특성

1) 스토커의 정신의학적 위치

스토커의 심리적 특성을 파악하는 데 앞서, 스토커의 정신의학적인 위치를 살펴보면 다음과 같다. 정신장애의 진단에 있어 가장 널리 사용되고 있는 미국 정신의학협회(American Psychiatric Association)의 정신장애의 진단 및 통계 편람(Diagnostic and Statistical Manual of Mental Disorders, DSM)을 통해 스토커의 정신의학적 위치를 살펴보면, 많은 연구자자들이 DSM-5 축 I 에 속하는 것을 증명해 왔다(Kienlen *et al*., 1997; Meloy & Gothard, 1995; Zona *et al*., 1993). 축 I 은 임상적인 관심의 초점이 되는 대부분의 정신장애들로 약물관련 장애들(substance abuse or dependency) 및 기분장애(mood disorder)와 정신병적 장애들(schizophrenia), 적응장애(adjustment disorder), 망상장애(delusion disorder), 기타 정신병적 장애(disorders with psychotic features) 등이 있다. 이 유형들 중 정신분열적 장애자와 망상장애자는 현실과 비현실을 구분하는 데 어려움을 많이 겪는다(Zona *et al*., 1993). 스토커들은 망상(visual hallucination), 비조직화된 사고(disorganized thought), 그리고 각종 환상들(delusions) 등 정신의학적 특성들을 가지고 있다. 망상을 가지고 있는 스토커들은 전형적인 청각망상자(auditory halluciantions)들이다. 즉 망상적 목소리(voice)가 개인의 행동을 지시하고, 잘못된 사고를 이끌어 결론적으로 스토킹 피해자를 미행하고 감시하게 되는 것이다(Boyd, 2002). 또한 망상장애(delusional disorder)를 가지고 있는 일부 스토커들은 성적인 망상을 지니고 있는 자(erotomania)들이 많다. 여성이 스토커인 경우가 많으며, 중년의 사회적 지위가 있는 남성과의 열정적인 사랑을 꿈꾼다. DSM-5도 이러한 스토커의 사랑은 성적인 매력에 이끌리기보다는 망상적 사랑으로 정의하고 있다. 따라서 스토커의 대상도 유명한 대중스타들인 운동선수, 정치인, 명망가 등이다(Zona *et al*., 1993).

정신이상형 스토커의 심리를 잘 표현한 2019년 영화 '왓칭(watching)' 포스터
출처: movie.daum.net/moviedb/main?movieId=119836

DSM-5는 인격장애(personality disorder)를 3개의 그룹으로 분류하고 있다. A군 성격장애(Cluster-A)는 다소 괴상하고 엉뚱한(odd and eccentric) 주요 특징들로 구성된다. B군 성격장애(Cluster-B)의 주요 특성은 극적이고 감정적인(dramatic and emotional) 것들이며, C군 성격장애(Cluster-C)는 불안과 두려운(anxious and fearful) 특징들이 주로 주목된다. 인격장애의 유형 중 스토커는 종종 B군에 포함된다. 여기에는 자기애성 인격장애, 히스테리성 인격장애, 경계선상 인격장애 등이 있

다(Meloy & Gothard, 1995). 대상관계이론에 근거하여 멜로이(Meloy, 1998)도 스토커의 인성(personality)이 경계선상에서 조직화되어 있다고 개념화했는데, 좋아할 대상을 선택한 스토커가 만약 상대방으로부터 거절당했을 때 격한 분노가 발생하여 결국 피해자에게 해악을 끼치게 되는 특징이 있다.

CASE 2

호주의 한 30대 여성이 헤어진 전 남자친구와 그의 새 여자친구를 스토킹하고 사기를 친 혐의로 재판을 받았다. 호주 브리즈번 최대 일간지인 쿠리어메일 등 현지 언론의 1일 보도에 따르면 퀸즐랜드에 사는 사라 앤 키엘리(38)는 2016년 9월부터 2017년 9월까지 1년간 헤어진 남자친구에게 집요한 집착을 보였다. 검찰에 따르면 그녀는 1년 동안 전 남자친구에게 총 4,270통의 전화를 걸었다. 하루 평균 약 12번의 전화를 매일 쉬지 않고 건 셈이다. 전 남자친구의 집이 내려다보이는 곳에서 그의 모습을 담은 사진을 전송하기도 했다.

뿐만 아니라 전 남자친구에게 생긴 새 애인에게는 협박이 담긴 메시지 약 700통을 보낸 사실도 확인했다. 그의 스토킹은 여기서 그치지 않았다. 전 남자친구에게 그의 아이를 가졌다고 주장한 뒤 자신이 가정폭력의 피해자라며 경찰에 신고하겠다는 협박을 수시로 했다. 전 남자친구의 집을 찾아가 자동차를 망가뜨리거나 차량 유리창을 깨는 등의 행위도 일삼았다. 키엘리의 스토킹에 두려움을 느낀 전 남자친구와 그의 애인은 집을 이사해 보기도 했지만 소용없었다. 결국 전 남자친구는 키엘리를 사생활 침해와 사기 등의 혐의로 고소했고, 최근 열린 재판에서 키엘리는 징역 3년형을 선고받았다(서울신문, 2019년 8월 2일).

〈CASE 2〉의 스토커는 전 남자친구를 대상으로 스토킹하면서 전 남자친구의 새로운 애인에게도 두려움을 주는 협박을 일삼은 것으로 드러났다. 또한 그녀는 거부의사를 밝힌 전 남자친구의 의사를 무시하고 그녀를 피해 이사까지 간 그에게 지속적으로 스토킹을 일삼았다. 이런 충동성은 기회만 주어진다면 상대방에 대해 공격성을 표출하는 방향(예를 들면, 살인, 강간, 폭행 등)으로 나타날 것이다. 멜로이(Meloy, 1998)의 주장에 따르면, 이런 유형의 스토커는 사실 자기애성 인격장애(narcissistic), 경계성 인격장애(borderline), 편집증 인격장애(paranoid), 그리고 반사회적 인격장애(antisocial)의 특징들이 단독 또는 복합적으로 나타난다고 설명했다. 다면적 인성검사(MMPI)를 이용하여 경죄, 중죄, 그리고 재범자 세 그룹에 대한 평가 결과, 통제집단에 비해 중죄와 재범 스토커집단의 경우 Pd(Scale4), Pa(Scale6), Sc(Scale8)의 항목에서 유의미하게 평가되어 심각한 병리를 가지고 있었다(Lewis *et al.*, 2001 재인용). 정리해보면, 스토커는 정신병학적으로 미국정신의학회의 진단편람에서 축 I의 17가지 심리장애 유형 중 약물관련 장애, 기분장애, 정신병적 장애, 적응장애, 망상장애 진단에 위치하고 있다. 인격장애 중에서는 극적이고 감정적인 특징을 가지는 B군 성격장애(Cluster-B)에 위치하고 있음을 알 수 있다. 또한, 다면적 인성검사에서는 Pd, Pa, Sc가 많았다. 그러나 현재 미국정신의학분류는 일반적으로 증상과 질병의 구별이 명확하지 않다는 결함이 있고 또한 정신의학지식조차 심리학자나 범죄학자들에게 정확히 이해되지 못한다는 점에서 스토커의 심리를 구분한다는 점은 매우 어려운 일이라는 지적도 있다(Whyte *et al.*, 2007).

2) 스토커 진단에 사용되는 주요 측정도구

이상 행동자들 중 스토커인지 여부를 판단하는 데 있어 사용되는 측정도구는 매우 다양하다. 스토커의 공격적 행동에 대한 측정도구 중 관련연구에서 많이 사용되고 있는 문제해결기술(problem solving skills), 공감능력(empathy), 애착(attachment), 그리고 경계성 인격특성(borderline personality features)등을 중심으로 살펴보면 아래와 같다(Lewis *et al.*, 2001).

문제해결기술은 친밀한 관계에서 피할 수 없는 다툼이나 어려운 문제를 해결하는 데 있어, 적절한 행동유형을 제공하는 매우 중요한 사회적 기술이다. 역으로 만약 필수적인 문제해결능력이 없다면 갈등상황에서 개개인은 더욱 위험하게 되며, 잠재적 폭력행위로 이어질 수 있다.스토커는 통제집단에 비해 인지유연성이 낮고, 문제해결기술이 덜 발달되었을 것이라는 가설을 세우는 데 도움이 된다(Robyn & Fremouw, 1996). 문제해결기술을 측정하는 도구로는 AUT(Alternate Uses Test)가 있다. 측정방법은 자동차, 신발, 버튼 등 6가지의 물건을 주고 2분 동안 가능한 한 많은 방법으로 사용할 것이 요구되는데, 높은 점수를 얻을수록 문제해결 능력이 높게 평가된다(Robyn & Fremouw, 1996).

공감능력은 타인의 생각이나 감정에 대한 이해 또는 반응으로 정의된다. 따라서 공격적 행동과는 반대의 개념으로 인식되어져 왔다. 예를 들어, 아동을 학대하는 부모는 그렇지 않은 부모에 비해 낮은 공감능력 점수를 보인다. 스토커는 통제집단에 비해 공감능력이 낮을 것이라는 가정을 수립하는 데 사용된다(Miller & Eigenberg, 1987). 측정도구로는 EEQ(Emotional Empathy Questionnaire)로 33개 자기보고식 항목으로 구성되어 있다. 응답자는 9점 척도를 가진 다양한 항목으로 측정되는데, 높은 점수를 획득할수록 공감능력이 높은 것으로 평가된다(Lewis *et al.*, 2001 재인용).

애착은 지속적인 강한 유대로 정의되는데, 유아기부터 시작되지만 이후 성인의 대인관계에까지 영향을 미친다. 스토커는 양가적이거나 회피적 또는 불안정 애착유형을 가지는 경향이 있다는 연구결과가 있다(Tonin, 2004; Lewis *et al*., 2001 재인용). 멜로이(Meloy, 1998)도 스토커에게서 관찰되는 근본적 결점은 불완전한 대인관계 애착에서 나온다고 주장했다. 스토커들은 통제집단에 비해 불안정 애착유형에 더 가까울 것이라는 가설수립에 도움이 된다. 측정도구는 ASI(Attachment Style Inventory)로 15개 자기보고식 항목으로 구성되어 있다. 응답자는 각 항목에 참(true)과 거짓(false)으로 응답하고, 합계된 점수에 따라 회피형(avoidant), 양가형(ambivalent), 그리고 안정형(secure) 등으로 애착유형이 나뉜다. 점수가 높을수록 특정유형의 특성을 더 많이 가지는 것으로 평가된다(Tonin, 2004).

경계선상 인격특성은 충동적, 불안정, 통제할 수 없는 분노, 대인관계의 불안 등을 포함한다. 경계선상 인격특성을 가지고 있는 자는 보다 더 공격적이고 교묘한 행동을 하며, 전반적으로 대인관계의 기능장애를 가지는 경향이 짙다. 스토커는 통제집단에 비해 경계성 인격특성 점수가 더 높을 것이란 가설수립이 가능하다(Lewis *et al*., 2001 재인용). 측정도구는 PAI-BOR(Borderline Scale-Personality Assessment Inventory)로서 24개 항목으로 구성되어 있다. PAI는 중요한 임상적 변인들에 대한 정보를 제공하려는 목적으로 제작된 성인의 성격을 평가하는 자기보고형이다. PAI는 중복되지 않는 22개의 척도, 5개의 치료척도, 2개의 대인관계척도로 이루어져 있다. 11개의 임상척도들 중의 하나인 PAI-BOR은 심각한 성격장애와 관련되는 많은 요소들을 평가한다. 4개의 하위척도로는 정서적 불안정성(BOR-A), 정체감 문제들(BOR-I), 부정적인 대인관계(BOR-N), 그리고 자해(BOR-S)로 구성되어 있으며, 60-69T 범위의 점수들은 변덕스럽고, 예민하고, 인생목표가 불확실하다고 해석되며, 개인들은 자주 분노하고 자신의 대인관계에 불만족하고 있다고 평가된다. 70T 이상의 점수를 받은 개인들은 충동적이고 정서적으로 불안하며 동시에 한편으로는 분노하고 의심하는 경향이 있다고 해석된다(Trull *et al*., 1997).

3) 동기에 따른 심리적 특성

피해자에 대한 스토커의 동기화는 다양하고 복잡하다(和田裕司, 1998). 퍼셀과 그의 동료들은 여성스토커의 대부분은 평소 업무상 접촉해 왔던 사람과의 친밀성을 갈망하는 데서 그 동기성을 찾았다(Lewis *et al*., 2001 재인용). 대부분의 경우 피해자들은 스토커에게 도움을 제공할 능력이 있는 의사, 변호사, 선생들이었다. 키엔렌과 그의 동료들은(Kienlen *et al*., 1999) 정신의학적 문제를 지닌 스토커들은 애초에 비조직화된 행동과 망상 등 정신질환 증상에 의해 스토커가 된다고 주장했다. 몇몇 스토커들은 피해자가 자신의 배우자나 이성친구라는 망상에 사로잡히기도 했다. 이와 같이,

표 12-3 Meloy의 스토커 심리적 특성 분류

분 류	특 징
단순망상형	• 스토커와 피해자가 구면인 사이 • 스토커의 동기는 피해자와의 관계 복원 또는 복수를 위한 단순 괴롭힘
애정망상형	• 스토커와 피해자가 초면인 사이 • 대중매체를 통하여 스토커에게 인지 • 정신분열증, 양극장애에 속하는 경우가 많음
성적 망상형	• 스토커 자신이 피해자의 사랑을 받고 있다는 환상을 가짐 • 피해자와 관계를 맺기를 위해 폭력적 성향 • 신체적 위해를 가하는 경우는 드뭄
왜곡된 피해자망상형	• 피해자 스스로 자신이 스토커의 피해를 받고 있다는 왜곡된 상황을 설정하고 발전시킴 • 히스테리성 인격장애나 B군성격장애에서 나타남

출처: Meloy, 1998

스토커와 피해자와의 상호관계의 역동성에서 스토커의 심리적 특성을 살펴볼 수 있다. 그리고 상호작용을 보다 잘 이해하기 위해 몇몇 학자들은 심리적 특징이나 피해자와의 관계를 근거로 해서 스토커의 유형화를 시도했다. 멜로이는 조나와 그의 동료들(Zona *et al.*, 1993)의 의해 시도된 기존의 분류를, 다음 〈표 12-3〉과 같은 4개의 범주로 스토커의 심리적 특성을 분류하였다(Meloy, 1998).

첫째, 단순망상형(Simple Obsessional)에서 스토커와 피해자는 이전에 서로 알고 있었던 경우가 가장 일반적이면서도 위험한 경우이다. 비록 단순망상형이 늘 친밀한 관계에서 생성되는 것은 아니지만, 상당수의 사례가 이러한 관계에서 발생하고 있다. 예를 들어, 전남편이나 아내 또는 데이트 상대가 스토커로 돌변하는 것인데 대부분 피해자가 관계를 단절하려 할 때 발생하며, 스토커의 과도한 집착으로 인해 재물을 파손하거나 신체적 위해를 가하기도 한다. 스토커의 동기는 피해자와의 관계 복원 또는 복수를 하기 위해 단순히 괴롭히고자 하는 데 있다. 또 다른 유형으로 친밀하지는 않았지만, 단순히 안면만 있는 사이에 생기는 경우로 대부분 직장에서 발생한다. 직장 내에서 스토킹 발생유형은 호감 있는 직장동료에게 친밀한 인간관계

스토커들이 스토킹을 하는 동기는 다양하다. 멜로이는 스토킹의 종류로 단순망상형, 애정망상형, 성적 망상형, 왜곡된 피해자망상형으로 나누었다.
출처: https://www.hankyung.com/society/article/2018022268857

2016년 가락동 이별살인 사건의 피해자(우)와 2018년 등촌동 스토킹 살인사건의 가해자인 김종선(좌)은 단순망상형 스토커의 피해자, 가해자로 분류할 수 있다.
출처: https://www.sisajournal.com/news/articleView.html?idxno=179438

를 만들려는 시도가 좌절되었을 때 발생한다(Melton, 2007; Jordan, 1995). 다음 〈CASE 3〉은 전형적인 단순망상형 스토커의 범죄행위로 분류할 수 있다.

CASE 3

짝사랑 상대가 만나주지 않는다는 이유로 살해한 30대 남성에게 법원이 1심과 마찬가지로 2심에서도 징역 20년을 선고했다. 김모(39)씨는 지난해 11월 6일 오전 5시쯤 서울 구로구의 한 공영주차장에서 출근하던 중인 중국동포 A(54)씨를 미리 준비한 흉기로 찔러 살해한 혐의로 기소됐다. 경찰 조사결과 같은 해 9월 공사현장에서 일하며 알게 된 A씨에게 호감을 품게 됐고, '스토킹'을 하다가 A씨가 만나주지 않고 전화 수신을 차단해버리자 이 같은 잔인한 범행을 저지른 것으로 밝혀졌다. 김씨는 A씨가 이성적 만남에 대한 거부 의사를 꾸준하게 표시했음에도 A씨 주거지 근처로 이사까지 가며 집요하게 만남을 요구했다(국민일보, 2018년 9월 20일).

둘째, 애정망상형(Love Obsessional)으로, 스토커와 피해자가 이전에 서로 안면이 없었다는 점에서 그 특징이 있다. 일반인이 이 유형의 피해자가 되는 사례도 있지만 대부분 TV 등 대중매체를 통하여 스토커에게 인지된다. 이런 유형의 스토커들은 대부분 정신분열증(Schizophrenia)과 양극장애(Bipolar Disorder)를 겪고 있으며, 정상적인 사회생활을 영위할 수 없다. 스토커들은 처음에 무례한 전화를 걸어 만남을 신청하다가 거절당하면 화를 내거나 위협적인 언행을 보이며, 편지나 전화를 이용하여 피해자의 관심을 이끌려고 한다(Jordan, 1995).

다음 〈CASE 4〉는 애정망상형에 속하는 케이스로 실제 그 스토커가 정신질환을 앓고 있었는지는 확인할 수 없지만, 이런 유형의 스토커는 주로 유명 인사나 연예인을 그 대상으로 삼는다는 점에서 애정망상형 스토커에 속한다.

CASE 4

방송인 김숙이 자신을 오랫동안 괴롭힌 스토커를 경찰에 고소하면서 장기간 연예인을 따라다니면서 비방을 일삼는 '스토커'의 존재에 새삼 관심이 집중되고 있다. 실제로 김숙은 온라인 게시판 등을 통한 비방을 넘어 최근 자신의 집까지 찾아온 스토커의 행동을 더는 참을 수 없었다고 밝히고 있다. 지난해부터 김숙을 향해 시작된 스토킹은 약 10개월 동안 줄기차게 지속된 것으로 알려졌다. 해당 스토커는 김숙과 관련한 악의적인 루머를 만들어 온라인에 유포하고, 김숙이 출연하고 있는 방송 프로그램 게시판에도 근거 없는 루머와 비방성 글을 게재해 소문을 만들어냈다. 단순히 악성 댓글 수준을 넘어서는 행동에 김숙은 상당한 고통을 당한 것으로 알려졌다. 사실 유명 스타를 줄기차게 따라다니면서 벌이는 스토킹 피해는 그간 연예계에서 빈번하게 일어났다. 연예계 관계자들에 따르면 때때로 단순히 팬으로 치부하기엔 도를 넘는 경우도 있었지만 대부분 연예인들은 이를 신고하는 대신 관심으로 받아들이고 인내하는 쪽을 택했다. 배우들이 여럿 소속된 한 매니지먼트 대표는 "스토킹 피해는 일반인이 생각하는 것보다 자주 일어나지만 얼굴이 널리 알려진 유명인의 처지에서 감내해야 할 일이라고 여겨왔다"며 "아무래도 이미지를 먼저 고려해야 하는 연예인의 숙명일 수도 있다"고 밝혔다(일요신문, 2019년 7월 18일).

셋째, 성적 망상형(Erotomanic)이다. 이 유형의 스토커는 자신이 피해자에 의해 사랑을 받고 있다는 환상을 가졌다는 점에서 애정망상형과 구별된다. 성적 망상형의 주요 특성은 대부분이 여성이며, 피해자는 사회적 지위를 지닌 중년남성을 주요 대상으로 삼는다는 점이다. 이 유형의 스토커는 피해자와 관계를 맺기 위해 매우 폭력적인 성향을 띠지만 신체적 위해를 가하는 경우는 드물다(Meloy, 1998). 아래 〈CASE 5〉의 여성스토커는 사회적으로 어느 정도 지위가 있는 판사들을 스토킹하면서 "집 앞에서 기다리겠다"는 이메일을 보낸 것으로 보아, 자신이 상대 판사에게 사랑을 받고 있다는 환상을 가졌던 것처럼 보인다.

CASE 5

수차례 판사를 스토킹한 여성이 구속 기소됐다. 검찰에 따르면 A씨는 지난 3월 13일~18일 15차례에 걸쳐 판사 B씨에게 '집 앞에서 기다리겠다'는 내용의 이메일을 전송한 혐의를 받고 있다. A씨는 해당 법원 청사 출입이 금지됐으나 지난달 20일에도 경비원들의 감시가 소홀한 틈을 타 B 판사의 동료 집무실에 침입했다. A씨는 이달 초 또다시 법원 청사 잠입을 시도하다 경비원에게 제지당하자 팔로 경비원 목을 조르고 발로 차는 등 폭행해 구속 기소됐다. A씨는 이전에도 판사들에게 불안감을 주는 문자메시지 등을 보내다가 기소돼 징역 1년에 치료감호를 선고받은 것으로 알려졌다(세계일보, 2013년 6월 24일).

마지막으로 왜곡된 피해자망상형(False Victimization Syndrome)이다. 왜곡된 피해자 망상형은 피해자 스스로 자신이 스토커의 피해를 받고 있다는 왜곡된 상황을 설정하여 발전시키는 유형이다. 이런 왜곡된 피해자들은 대부분 여성이며, 이전의 관계를 회복하고자 하는 바람에서 그 동기를 찾을 수 있다. 이런 유형의 특징은 종종 히스테리성 인격장애나 B군 성격장애(Cluster-B)에서 나타난다(Meloy, 1998).

4) 정신병리적 특성

정신장애를 일으키는 임상적 정신증세 또는 정신현상을 관찰하고 기술·분석하는 정신병리학(psychopathology)적 시각에서 스토커의 특성을 몇몇 학자의 주장을 통해 살펴보면 아래와 같다. 첫째, 분열병 발병이 계기가 된 경우다. 스토커는 연애망상, 관계망상, 환각 등의 심리적 특성들을 가지는 것으로 이해된다. 그러나 분열병질이란 용어는 정신의학의 공식 매뉴얼에 없고, 정신분열병은 영어로 Schizophrenia라고 한다. 여하튼 Schizophrenia는 정신분열병뿐만 아니라 분열병적 인격장애, 분열병질 인격장애, 망상형 인격장애 등 넓게 사용된다(福島章, 1998).

둘째, 과대 망상적 특성이 있다. 페러노이드(Paranoid)라는 정신상태는 '편집증 또는 과대망상'을 갖고 있지만, 망상 이외의 부분에서는 정상인의 능력을 보유한다. 스토커의 심리는 대개 '상대가 나를 사랑한다'라는 망상을 가지고 있는데, 그 신념은 피해자가 아무리 부인해도 스토커를 설득할 수 없다. 그러나 이런 상태의 스토커는 정신분열병 환자와는 달리 망상 이외 면에서는 정상인과 동일하여 학생의 경우 공부도 잘하고, 직장인의 경우 업무나 대인관계 모두 원만하다. 단 어떤 '주제'에 관해 믿고 있는 것만이 '망상'에 가까우며, 그런 망상을 가지고 특정 대상을 스토킹하는 것이 문제가 되는 것으로 정신분열증 환자보다 진단 및 처우도 어렵다(福島章, 1998; Jordan, 1995). 정신의학적으로 보면, 페러노이드는 정신분열병의 가벼운 증상이라고 할 수 있는 '편집광'과 특별한 성격의 사람에게 심리적, 환경적인 스트레스가 가해져 발생하는 '심인성 Paranoid'의 두 종류가 있다. 이 유형에 속하는 스토커는 일반적으로 연애망상을 갖는 점 이외에는 정신적 기능이 저하되어 있지 않으므로 행동 그 자체는 합리적이며 면밀하게 계획하여 수행될 수 있다. 그런 만큼 스토킹 행위도 치밀하고 교묘하게 이루어진다. 또한, 망상에 대한 열망이 강하여, 종종 이 유형의 스토커는 전 생애 동안 스토킹을 지속하기도 한다(福島章,1998).

셋째, 경계성 인격장애적 특성이다. 감정이 불안하고 행동예측이 곤란한 유형으로, 여기서 말하는 경계란 원래 정신병과 신경증 중간의 정신상태에 있는 스토커를 말한다. 1980년 미국정신의학회진단분류(DSM-Ⅲ)에서 '경계성 인격 장애(Border line

Personality Disorder)'라는 용어를 채택한 후 세계적으로 널리 사용되고 있다. 경계성 인격장애 스토커는 감정적으로 매우 불안하고 행동예측이 곤란한 심리적 특성을 가진다. 이 유형은 현대사회가 낳은 시대적 정신병리라는 점에서 주목받고 있다(Trull *et al.*, 1997; 福島章, 1998). 넷째, 자기애성 인격 장애적 특성이다. 자기애성 인격 장애자(Narcissist)란 자기중심적이고 자신에 대한 자부심이 강하며 자신의 유능성과 만능감에 빠져 살아가기 때문에 특정인에게 거절당하면 과격하게 공격하는 심리적 특성을 보인다. 이 유형의 스토커는 다른 사람의 감정에는 무관심하며 진정으로 타인을 사랑하는 것이 불가능하다. 또한, 항상 자신이 칭찬을 받고 많은 사람들 관심의 중심이어야 하며, 타인이 자신을 소중히 대하지 않으면 거절당한 것으로 오인하여 격한 분노와 공격성을 나타낸다. 이런 스토커는 좌절애 타입이 많고, 사귀고 있던 상대방으로부터 거절당한 경우에는 자존심에 큰 상처를 받아, 상대방에게 계속 간섭하고 괴롭히며 공격하는 유형이다.

마지막으로 반사회성 인격장애적 특성이다. 반사회성 인격 장애(Psychopath) 유형의 스토커는 여성관계 이외에도 범죄행동의 전과경력이 있으며, 직업은 무직이거나 조직폭력배가 많다. 반사회성 인격장애는 일찍이 '사회병질'이라고 불리어져 왔고, 과거 독일 정신의학계에서는 이들을 '정성 결여형 정신병질자', '배덕증후군' 등으로 칭했다. 이 유형은 연애망상을 갖는 경우가 드물고, 대부분 상대의 감정에는 오히려 무관심하며 자신의 욕망이나 감정을 일방적, 강제적으로 피해자에게 강요하는 심리적 특성을 가지는 것으로 알려져 있다(이상현 외, 2012; 福島章, 1998).

스토킹 피해자의 특징과 스토커와의 관계 05

(1) 스토킹 피해자의 특징

일반적으로 스토킹의 피해자는 대부분이 여성이며, 간혹 남성이 있는 정도이고, 그들에게는 유사한 공통점이 있다(山田幸一, 1998). 스토커들은 아무나 선택하여 스토킹을 시작하는 것은 아니고 자신의 대상이 될 만한지 아닌지를 시간을 두고 여러 가지 시행착오를 거치면서 살펴본 후 확신을 갖고 접근한다. 초기단계에서는 상대가 자기가 뜻하고 생각하는 대로 받아들여 주며 인정해 줄 만한 사람을 선호한다. 자신이 어떤 행동이나 요구를 해도 거부당할 일도 없고 무엇이든 독점할 수 있다는 심리

스토커는 아무나 스토킹을 시작하는 것은 아니라 스토킹 대상이 될 만한지 아닌지를 여러 가지 시행착오를 거친 후 확신을 가지고 접근한다. 사진은 2013년 영화 '스토커(stoker)의 한 장면
출처: http:/kor.theasian.asia/archives/227803

에서 상대를 추궁해 가는 사이에 상대를 약자의 입장으로 몰아가는 경향을 가진다. 이런 의미에서 다음과 같은 성향의 사람을 스토커의 대상이 되기 쉬운 사람으로 볼 수 있다. 즉, 순종적인 사람, 상냥한 듯한 사람, 마음이 약할 것 같은 사람, 느릿느릿한 사람, 사람이 좋아 보이는 사람, 화내지 않는 사람, 고집이 센 사람, 말이 많지 않은 사람, 동조를 잘하는 타입의 사람, 어른스러운 사람, 철저하게 거부하지 못하는 사람 등이다.

(2) 피해자와 스토커의 행동유형

피해자와 스토커의 행동유형에는 결백(Innocent)형, 좌절애형, 파혼형, Star형, Executive형으로 크게 구분할 수 있다.

1) 결백(Innocent)형

이 유형은 전혀 모르는 사람에게서 괴롭힘을 당하는 경우로 스토커는 일방적으로 상대방을 사랑하여 속을 태우고 있지만, 피해자와의 사이에는 실제로 아무런 교류도 없으며, 따라서 피해자는 스토커에 대해서는 실제로 아무런 애정도 갖고 있지도 않고, 일찍이 애정을 가졌던 적도 없다. 이 경우 "Innocent(순수, 무구, 죄가 없다)"란 피해자 측의 심리를 표현하는 말이다. 이 유형의 스토커는 나서는 경향이 많은데 몽상에 휩싸여 열정을 불태우는 것은 남성의 특징이며, 여성은 현실주의자가 많으므로 일방적인 애정에 그만큼 몰두하는 경우가 비교적 적기 때문인 것으로 볼 수 있다. 그러나 피해자가 스토커에게 어떠한 감정도 갖고 있지 않더라도 스토커는 자신의 짝사랑에 집착한다. 이런 유형의 스토킹 행위의 특징은 피해자 측은 완전히 무구하고 책임이 없다는 완전히 일방적인 피해자이다. 따라서 본래에는 대응할 의무도 책임도 없지만, 온갖 괴롭힘 행위에 피해자가 되어버리는 부조리에 처하게 된다.

2) 좌절애형

좌절애형 스토커와 피해자는 과거 한때 실제로 어떠한 형태로든 관계가 있었던 경우이다. 우리 사회에서 언론에 공개되는 상당수의 스토킹 사건 또는 스토킹 살인 사건은 좌절애형의 스토커에 의해 발생한다. 여기서 말하는 관계에는 학교나 직장에서 안면, 맞선, 데이트, 식사, 여행, 나아가서는 육체적 관계 등 여러 가지 단계가 있다. 펜팔상대나 전자메일 상대가 스토커의 대상이 되는 경우도 여기에 속한다. 즉, 그 관계에는 단순히 아는 관계, 친구관계에서 애인관계에 이르기까지 갖가지 단계가 있다. 서로에게 애정을 갖게 된 경우도 있고, 실제로 서로 사랑을 나눈 기간이 있는 경우도 있다. 스토커는 관계를 끝내고 싶다는 상대의 의사에도 불구하고, "두 사람의 관계의 지속"에 집착하며 자신을 찬 상대에게 구애하려 하며, 사랑의 지속을 위해 집요하게 따라 다닌다. 더욱이 이 유형에서 문제가 되는 것은 구애뿐만 아니라 공격이 가해지는 경우이다. 상대의 마음이 변한 것을 원망해서 괴롭히며 집요하게 따라 다니거나 공격하기도 한다. 심한 경우에는 상해, 강간, 살인에 이르는 경우도 있다. 사랑이라는 것은 본래 상호적인 것인데 이런 유형의 스토커는 그러한 현실감각을 가지고 있지 못하다. 이런 타입은 Innocent형에 비해 피해자의 관여가 다소는 인정된다. 물론, 그렇다고 해서 피해자 측에 책임이나 과실이 있다는 것은 아니다. 그러나 결백형에 비해 가해자-피해자 관계가 복잡한 양상을 나타내는 경우가 많으며, 어느 정도 스토커에게 동정이 가는 경우나 피해자의 행동이 문제시되는 경우도 있다.

3) 파혼형

정식결혼이든 내연관계이든 간에 실질적인 결혼생활을 했던 커플이 한쪽의 의사에 따라 그 혼인관계를 끝내려고 하는 경우에 발생하는 것이 이 경우에 속한다. 기본적으로는 좌절애 유형과 같은 구조를 가지고 있지만, 파혼 유형의 경우가 두 사람의 관계가 길며 밀접했던 만큼 애정의 갈등도 심각하며 살인사건 등 중대한 결과를 초래하는 경우가 많다(장규원, 1999). 2018년 강서구 등촌동에서 발생한 스토킹 살인사건이나 서울 강남에서 이혼소송 중 부인을 살해한 사건 등은 전형적인 파혼형에 속한다.

4) 스타(Star)형

스타 스토킹은 대중사회의 출현과 매스미디어의 발달과 함께 나타난 매우 현대적인 문제행동이다. 사람들은 연예인이나 인기인을 모방하기 좋아하고 만나서 이야기하고 싶어 하며 흔히 그와 동일시를 경험하고자 한다(전대양, 1998). 이 유형의 스토커의 표적이 되는 것은 보통 일반인은 아니다. 가수, 배우, 연기자, 아이돌 스타 등과 같은 연예인에서부터 정치가, 평론가에 이르기까지 대중에게 널리 이름과 얼굴

연예인 스토킹 사건의 피해자들
출처: https://www.youtube.com/watch?v=zFFCIuKkuYQ

이 알려져 있으며, 또 사랑받고 친숙한 유명인이다. 위의 〈CASE 4〉의 방송인 김숙 씨의 경우가 대표적인 스타형에 속한다. 스타 스토커들은 다른 타입의 스토커처럼 몰래 따라다니는 게 아니라 자신을 인식해 주기 바라기 때문에 공공연하게 접근한다. 또, 유명스타를 표적으로 함으로써 범인 자신이 매스컴에 보도되어 유명인이 되며 이처럼 자신이 유명인이 되는 것이 스타 스토킹의 목적이라 생각되는 경우도 많다.

5) Executive형

의사, 신부, 교수, 회사간부, 단체간부 등 사회적 지위가 높은 사람들이 스토킹 피해를 받는 경우이다. 위의 〈CASE 5〉가 대표적인 이 유형에 속한다. 이 유형은 계층이나 지위가 낮은 사람이 상대적으로 지위가 높은 상대방이 자신을 무시하는 행동을 했다든가 반대로 지나친 기대를 품음으로써 스토킹이 시작되고 사건화되는 경우이다(장규원, 1999). 그러나 Executive형의 스토킹 사건은 제3자의 입장에서 보면 어느 쪽이 가해자이고 어느 쪽이 피해자인지 판별하기 어려운 경우가 종종 있다. 그것은 Executive 스토커가 일단 스토킹에 실패하게 되면 허위 고발자로 변모하는 경우가 많으며 그렇게 되면 제3자 입장에서 보면 어느 쪽이 가해자이고 어느 쪽이 피해자인지 모르게 되기 때문이다.

연습문제

1. 바쏠로뮤(Bartholomew)의 4가지 성인 애착유형과 스토커의 심리적 특징과의 관계를 구체적인 예를 들어 설명해 보아라.
2. 에이커스(Akers)의 사회학습이론을 바탕으로 스토커의 심리 형성을 설명해 보아라.
3. 멜로이(Meloy)의 스토커 심리적 특성 분류를 설명해 보아라.
4. 최근에 발생한 스토킹범죄 중 단순망상형(Simple Obsessional)에 속하는 사건 하나를 구체적으로 예로 들어 그 범죄자의 일반적 특성과 심리적 특성을 유추해서 설명해 보아라.
5. 최근에 발생한 스토킹 범죄 중 좌절애형에 속하는 사건 하나를 구체적으로 예로 들어 그 범죄자의 일반적 특성과 심리적 특성을 유추해서 설명해 보아라.
6. 우리 사회에서 스토킹에 대한 처벌은 비교적 가볍다. 그러나 스토킹 자체로는 강력범죄가 되지 않지만, 스토킹과 연관되어 강력범죄(살인, 폭행, 강간)가 발생하기도 한다. 우리 사회에서 스토킹범죄가 위험한 이유를 범죄심리학적 측면에서 설명해 보아라.

용어설명

조작적 조건화

조작적 조건화(operant conditioning)에서 사람들은 강화(reinforcements)를 통해 혹은 보상(rewards)과 처벌(punishment)을 통해 행동을 학습한다. 즉 어떤 행동에 따른 보상이 증가하고 처벌이 감소된다면, 그 행동을 하는 빈도는 증가한다. 예를 들면, 절도범이 편의점을 털어 얻을 수 있는 경제적, 정신적 이득(성취감, 짜릿함)이 경찰에 발각될 확률보다 높다고 생각할 때 절도범죄를 저지르게 된다(차별적 강화). 그리고 실제로 절도에 성공했다면 조작적 조건화과정을 통해 다음에 또다시 그런 유형의 절도를 할 가능성이 높아진다. 이 때, 절도범은 절도에 대한 차별적 정의, 즉, "절도를 하는 것은 절대 나쁜 일이 아니다." "정치인들도 화이트칼라 범죄를 저지르는데 내가 절도를 한다고 해서 비난해서는 안 된다" 등의 합리화를 통해 절도에 대한 우호적인 생각을 갖게 된다(차별적 정의). 또한 절도로 인해 얻을 수 있는 경제적 이득이 경찰에 적발될 확률보다 훨씬 높기 때문에(차별적 강화) 절도를 반복하게 되는 것이다. 이런 일련의 과정에서 조작적 조건화과정이 작동하여 절도범죄를 저지르게 되는 것이다.

긍정적 강화/부정적 강화

에이커스의 사회학습이론에서 긍정적 강화(positive reinforcement)와 부정적 강화(negative reinforcement)는 차별적 강화(differential reinforcement)의 내용에 포함된다. 차별적 강화는 어떤 행위의 결과로 나타나는 예상되거나 실제적인 보상과 처벌 간의 균형이라고 할 수 있다. 비행행위가 저질러지고 반복될 가능성은 친한 동료로부터의 인정, 돈, 음식, 즐거운 감정 등의 보상이, 체포, 범죄자로 낙인, 발각될 가능성 등과 같은 처벌보다 더 클 경우에 일어난다. 이 때 보상이 처벌보다 더 클 경우를 긍정적 강화라 하고, 반대로 처벌이 보상보다 더 클 경우를 부정적 강화라고 한다. 따라서 개인의 행동에 대한 긍정적 강화가 클수록, 긍정적 강화가 빈번하게 일어날수록, 강화의 가능성이 클수록 그런 행동은 반복적이고 자주 일어날 가능성이 높다는 것이다.

욕동구조모델

프로이트의 욕동구조모델은 생물학적 본능에 기초한 관계들의 이론에서 기원한다. 프로이트의 욕동 개념의 의미는 정신과 신체 사이의 경계를 나타내는 말이다. 즉, 정신이 신체와 맺고 있는 관련성 때문에 전신에 영향을 미치는 내적 자극의 원천을 지칭한다. 그것은 정신 적용을 불러일으키는 요구이며 정신기구의 활성제이다. 프로이트는 때로 정신 안에서 기계적으로 힘을 발휘하는 생리적인 양적 개념을 욕동으로 파악했다. 프로이트의 욕동구조이론은 원초자아(id), 자아(ego), 초자아(superego)라는 기능들에 의해 갈등이 일어난다고 주장했다.

주의장애

주의장애는 일명 주의집중력장애라고도 한다. 즉, 주위에서 들어오는 여러 자극 중에서 일정한 자극을 선택하여 받아들여야 하는데 이에 대한 능력이 현저히 저하되어 있는 경우를 말한다. 주의장애 아동은 산만하고, 학습하는데 필요한 만큼 주의를 집중하지 못한다. 대개의 경우 과잉행동과 관련되어 주의 집중이 안 되는 아동이 많다. 주의장애가 과잉행동과 관련성을 가질 때 주의력결핍 과다행동장애로 나타난다. 주의력결핍 과다행동장애는 줄여서 ADHD(Attention Deficit Hyperactivity Disorder)로 표현하는데, 주의가 산만하고 과다활동, 충동성과 학습장애를 보이는 소아청소년기의 정신과적 장애이다. 1970년대까지 소아기에 발병해 청소년기까지 지속되는 것으로 알려졌지만, 연구에 의해 성인기까지 지속되는 경우도 많은 것으로 밝혀졌다. 그러나 조기에 발견하면 성인기까지의 증상지속을 막을 가능성이 높아진다. 특히 이 장애는 남자에게서 많이 발생된다. 또한 어릴 때 많이 발생하나, 성장하면서 많이 줄어들지만 성인이 되고 나서도 이 장애가 있는 사람도 많은 편이다.

지각장애

지각장애는 지각을 제대로 할 수 없게 되는 장애 증상을 말한다. 지각이 전혀 없는 지각 상실, 둔하여지는 지각 감퇴, 뒤늦게 감지되는 지각 전도 느림, 유달리 높아지는 지각 과민, 옳지 않은 감각을 일으키는 지각 이상 따위로 구분한다.

참고문헌

경찰청 (2019). 경찰통계연보, 2013~2018년.

국민일보 (2018). '잘못된 짝사랑' 스토킹하던 여성 살해한 30대 중국동포 남성. 국민일보, 2018년 9월 20일자 시사면.

박영주(2006). 스토킹 심리의 실태 및 규제정책에 관한 연구. 한국범죄심리연구, 2(1) : 89-118.

박철현 · 진수명 · 이상용(2000). 스토킹의 실태와 대책에 관한 연구. 서울 : 한국형사정책연구원.

서울신문 (2019). '스토킹에 사기까지'…1년간 전남친에게 전화 4270통 한 여성, 서울신문, 2019년 8월 2일자 국제면.

세계일보(2013). "집 앞에서 기다릴게"... 판사 스토킹한 여성 구속. 세계일보, 2013년 6월 24일자 사회면.

시사저널 (2018). "'이별 살인 그들은 왜 살인자 됐나", 시사저널, 2018년 11월 7일자).

에너지경제(2015). 한국-독일 세 번 왕복하며 3년 동안 스토킹 30대남 징역형. 에너지경제, 2015년 3월 14일자 종합면.

원호택(1997). 이상심리학. 서울 : 박문사.

이경숙 · 최상섭(2000). 스토킹 가해자에 대한 법정신의학적 연구. 대한법의학회지, 24(1) : 13-19.

이상현 · 장석현 · 곽대경 · 이완희(2012). 범죄심리학. 서울 : 박영사.

이시형(1998). 스토킹과 현대사회. 강북삼성병원 삼성연구소 정신건강연구소.

이창한(1998). 스토킹범죄의 실태와 그 대책에 관한 연구. 동국대학교 석사학위논문.

일요신문 (2019). '김숙 신변위협 느껴 결국…' 연예인 숙명이라기엔 너무 치명적인 스토커, 2019년 7월 18일자 연예종합면.

장규원(2001). 새로운 사회문제로서의 스토킹과 그에 대한 입법의 기본방향. 피해자학연구, 9(1) : 289-319.

장규원(1999). 새로운 사회문제 : 스토커와 그 대책. 형사정책연구소식, 49 : 10-13.

장석헌 · 이창한(2001). 스토킹의 대응방안에 관한 연구. 순천향대 사회과학연구, 7(1) : 199-218.

전대양(2002). 현대사회와 범죄. 서울 : 형설출판사.

전대양(1998). 성적일탈과 성범죄에 관한 범죄심리학적 고찰. 형사정책연구, 35 : 181-220.

한성심(2001). 대상관계이론에 기초한 부모교육프로그램 개발과 효과검증. 숙명여자대학교 박사학위논문.

和田裕司 (1998). 圖解ストーカ對策マニュアル. 東京 : 同文書院.

山田幸一 (1998). 完全ストーカ對策. 東京 : 同文書院.

福島章. (1997). ストーカの心理學. 東京: PHP新書.

Boyd, C. (2002). The characteristics of female stalking perpetrators: Behavior, psychology and violence risk. California School of Professional Psychology SanDiego: Doctoral Dissertation.

CNN, *College track star once dated her killer and had reported him to police, authorities say*, CNN News, October 25, 2018.

Greenberg, J. R., & Mitchell, S. A. (1983). Object Relations in Psychoanalytic Theory. Cambrige, MA: Harvard University Press.

Jordan, T. (1995). The efficacy of the California stalking law: Surveying its evolution, extracting insights from domestic violence cases. *Hastings Women's Law Journal*, 6(2): 363-384.

Kienlen, K, Birmingham, L, Solberg, B, Regan, T., & Meloy, R. (1997). Comparative study of psychotic and nonpsychotic stalking. *Journal of American Academy of Psychiatry Law*, 25(3): 317-335.

Kinkade, P., Burns, R., & Fuentes, A. H. (2005). Criminalizing attractions: perceptions of stalking and the stalker. *Crime and Delinquency*, 51(1): 3-25.

Kropp, P. R, Hart, S. D. & Lyon, D. R. (2002). Risk assessment of stalkers: Some problems and possible solutions. *Justice and Behavior*, 29(5): 590-616.

Lewis, S. F., Fremouw, W. J., Ben, K. D., & Farr, C. (2001). An investigation of the psychological characteristics of stalker: Empathy, problem solving, attachment and borderline personality features. *Journal of Forensic Sciences*, 46(1): 80-84.

Meloy, J. R. (1998). *The Psychology of Stalking: Clinical and Forensic Perspective*. SanDiego: Academic Press.

Meloy, J. R. & Gothard, S. (1995). Demographic and clinical comparisons of obsessional followers and offenders with mental disorders. *American Journal of Psychiatry*, 152: 259-263.

Melton, H. C. (2007). Predicting the occurrence of stalking in relationships characterized by domestic violence. *Journal of Interpersonal Violence*, 22(1): 3-25.

Miller, A. & Eisenberg, N. (1987). The relation of empathy to aggressive and externalizing/antisocial behavior. *Psychology Bulletin*, 103: 324-344.

Mullen, P. E. & Pathe, M. (1997). The impact of stalkers on their victims. *British Journal of Psychiatry*, 170: 12-17.

National Institute of Justice. (1993). Project to Develop Model Anti-Code for States. Washington DC: U.S. Department of Justice.

Nebraska Domestic Violence Sexual Assault Coalition Home Page. (2015). http:/ndvsac.org.

Robyn, S. & Fremouw, J. (1996). Cognitive and affective styles of parents who physically abuse their children. *American Journal of Psychology*, 14: 63-79.

Tonin, E. (2004). The attachment styles of stalkers. *The Journal of Forensic Psychiatry & Psychology*, 15(4): 584-590.

Trull, J., Useda, D., Conforti, K. & Doan, B. (1997). Borderline personality disorder features in nonclinical young adults. *Journal of Abnormal Psychiatry*, 106: 307-314.

Whyte, S., Petch, E., Penny, C., & Reiss, D. (2007). Factors associated with stalking behavior in patients admitted to a high security hospital. *The Journal of Forensic Psychiatry& Psychology*, 18(1): 16-22.

Zona, M., Sharma, K. & Lane, J. (1993). A comparative study of erotomanic and obsessional subjects in a forensic sample. *Journal of Forensic Science*, 38: 984-1003.

13

범죄학과 범죄심리학에서 약물남용은 대표적인 피해자없는 범죄(피해자없는 범죄는 제3장의 용어설명 참조)에 속한다. 피해자없는 범죄는 자신이 직·간접적으로 피해를 보지만, 타인에게는 직접적인 피해를 주지 않는 범죄를 말하는데 도박과 약물남용이 대표적이다. 2008~2013년까지 우리나라에서 검찰에 적발된 마약 사범수는 거의 만 명선을 유지하다가 2014년부터 점차 늘어나기 시작하면서 2017년에 전체 마약사범수는 14,123명으로 급증했다. 우리나라는 마약안전국 판별 기준이 되는 1만 명을 이미 넘어섰기 때문에 더 이상 마약안전국이 아니다. 특히 2018년 11월 서울 강남의 '버닝썬'에서 발생한 한 건의 폭행사건이 2019년 상반기까지 한국사회 전체를 흔들 정도로 그 사회적 파장은 상당했다. 버닝썬 사건은 2018년 겨울에 발생하여 2019년 상반기까지 경찰의 유착, 마약남용, 약물강간 알선, 불법 촬영물 공유, 성매매 알선 및 성접대 등을 포함한 성범죄, 조세회피 등의 사건으로 비화되면서 우리 사회 전체를 혼란 속으로 몰아넣었다. 이 사건의 중심에는 버닝썬을 자주 출입하는 이들이 소위 물뽕으로 지칭되는 GHB(Gamma-Hydroxybutyrate)의 상습적 남용과 이 물뽕을 악용한 약물강간 사건이 대중의 공분을 자아내기에 충분했다.

Chapter 13

약물남용자의 범죄심리

이 버닝썬 사건을 계기로 불법 약물남용에 관한 일반인들의 경각심과 폐해를 심각하게 받아들이는 계기가 되었다. 우리나라의 약물남용은 그 위험수위를 넘어서고 있다. 왜냐하면 사법기관에 적발된 약물남용자의 숫자가 매년 일만여 명이지만 적발되지 않는 숫자를 포함하면 매년 약물남용자의 숫자는 4~5만 명 선으로 추정되기 때문이다. 피해자없는 범죄의 속성상 약물남용은 직접적으로 타인에게 피해를 주지 않기 때문에 사법기관에 잘 노출되지 않는 암수범죄(hidden crime)의 성격을 가진다. 우리 사회에서 약물남용자들은 자신의 범죄행위를 노출시키지 않으며 약물남용 자체로 범법행위를 하기보다는 불법적인 약물을 복용한 상태에서 다른 강력범죄나 기타 범죄를 저지를 가능성이 많다. 이 장에서는 약물남용자의 심리적 특성을 중심으로 약물의 정의 및 종류, 약물남용의 실태, 약물남용의 원인에 대해 살펴보고, 약물남용자의 정서적, 심리적, 사회적 특성을 살펴본 후 우리 사회에서 약물남용 비율을 줄일 수 있는 방법(대책)에 대해 살펴볼 것이다.

01 약물의 정의와 종류

(1) 약물의 정의

우리 사회에서 약물남용(drug abuse)이라는 용어에 대한 개념정의는 명확하지 않아 다양한 의미로 사용된다. 일단 약물남용은 약물(drug)이란 단어와 남용(abuse)이란 용어의 합성어이다. 약물남용의 개념정의 전에 약물의 개념을 정리할 필요가 있다. 약물의 영어표현으로 'drug'과 'substance'가 혼용되어 사용되는데 우리나라에서도 약물은 형사사법적 용어인 '마약'이란 용어와 함께 사용되고 있다. 세계보건기구(WHO)의 정의에 따르면, 약물(drug)이란 "한번 사용하기 시작하면 자꾸 사용하고 싶은 충동을 느끼고(의존성), 사용할 때마다 양을 늘리지 않으면 효과가 없으며(내성), 사용을 중지하면 온 몸에 견디기 힘든 이상을 일으키고(금단증상), 개인에게 한정되지 않고 사회에도 해를 끼치는 물질"로 정의하고 있다(한국마약퇴치운동본부, 1998). 약물남용에 관한 수많은 연구를 한 에이커스(Akers)의 정의에 따르면, "약물이란 그것을 복용했을 때 우리 몸에서 화학적, 의학적, 정신활성적 작용을 하는 물질이지만 이 용어는 사회적으로 정의되어지는 물질"이라고 주장한다(Akers, 1992). 에이커스는 약물을 의학적, 약리적 효능보다는 사회적으로 규정되어진 물질이라는 것을 강조한다. 따라서 우리가 약물이라는 용어를 사용할 때는 사회적으로 남용이나 중독과 같은 의미를 함께 지니고 있다는 점을 유념해야 한다. 약물의 또 다른 정신과적 분류에 따르면, 향정신성 의약품이나 마약류뿐만 아니라 사실상 술과 담배를 비롯한 우리 주변의 여러 물질, 예를 들면, 본드, 신나, 부탄가스 등이 약물의 범주에 속한다. 왜냐하면 (향정신성 의약품이나 마약과 같이) 이러한 물질들도 남용하게 되면 거의 동일한 심리적, 신체적 의존 및 금단증상을 유발하기 때문이다. 위의 여러 논의들을 요약하면, 약물이란 술과 담배를 비롯해 그것을 남용했을 때 의존성, 내성, 금단증상을 지닌 사회적으로 정의되어진 물질이라 할 수 있다.

한편, 우리나라에서는 약물보다는 마약이란 용어를 더 많이 사용하고 있다. 마약이란 용어는 모르핀, 코카인, 아편 등과 그 유도체로서 미량으로 강력한 진통작용과 마취작용을 지니며 계속 사용하면 습관성과 탐닉성이 생기는 물질이며, 사용을 중단하면 격렬한 금단증세를 일으켜 마약을 사용하지 않고는 정상적인 생활을 할 수 없게 되는 물질이다. 이러한 물질이 의료 및 연구 이외의 목적에 남용되는 위험을 방지하기 위하여 규정한 법률상 용어가 마약이다. 마약이라는 용어는 좁은 의미에서 마약, 향정신성의약품, 대마를 총괄하는 의미로 혼용되어 왔으나 최근에는 이들

CASE in USA

1987년, 메이저리그에서 대단한 활약을 하며 에이스로 촉망받던 드와이트 유진 구든(Dwight Eugene Gooden)은 스프링캠프 훈련에서 마약을 복용한 것이 들통나 재활센터에 입소하게 된다. 그는 1986년 월드시리즈 직후부터 마약을 복용하기 시작했다고 자백했으며 이후 재활센터에 입소를 하게 된 까닭에 제대로 경기를 뛰지 못하게 된다. 재활센터 퇴소 이후 경기에서 그 이전보다 활약하지 못하면서 낙담을 하게 된 드와이트는 1994, 1995년 또다시 코카인 양성반응이 연속으로 나오게 되어 시즌에 출장불허라는 중징계를 받게 되었다. 재활을 반복하던 구든은 이전만큼 성적이 나오지 않게 되자 소속팀에서 방출당하기를 반복했고 결국 쓸쓸히 2001년 은퇴하게 되었다. 은퇴 후 2002년 음주운전이 적발되어 면허를 정지당했으며 2003년은 면허정지 상태에서 운전을 하다 발각되어 체포되었다. 또 2005년에는 음주 후 전처의 안면을 가격하여 폭행죄로 체포되었다. 2006년 보호관찰기간 도중 코카인을 복용하여 보호관찰 위반으로 투옥과 보호관찰기간 연장 중 한 가지를 선택하도록 권유받았는데 투옥이 자신을 마약중독으로부터 분리시켜 줄 것 같다고 언급, 7개월 구금을 선택했다. 하지만 2010년 3월 24일, 그는 당시에 아동이었던 자녀를 차에 태운 채 마약을 복용한 채로 운전하다가 교통사고를 일으켰고 아동복지법 위반으로 징역 5년형에 집행유예를 선고받았으며 마약에 대해서는 외래 마약중독치료명령을 선고받았다.

2019년 6월 7일, 그는 운전을 지나치게 느리게 하는 것을 이상하게 여긴 경찰관에게 적발되어 검문을 받았으며 이 때 코카인 소지와 복용을 한 것이 적발되어 5년형을 선고받았고 항소하였지만 2019년 7월 22일 음주운전과 코카인 소지 혐의가 적발되어 다시 한번 기소되었다. 한때 야구계의 전설로 불리던 드와이트는 마약중독에 대한 위험성과 치료의 어려움을 나타내는 대표적인 사례로 전락해버렸다.

전성기의 드와이트 구든과 2019년 코카인 복용 혐의의 드와이트 구든 머그샷

을 총칭하는 표현으로 '마약류'라는 용어를 사용하고 있다(대검찰청, 2019). 마약류는 좁은 의미의 마약을 포함하여 대마, 향정신성의약품을 일컫는 개념으로 마약보다는 광범위한 의미를 지닌 용어로 사용된다. 결론적으로, 형사사법적 용어로 사용되는 마약 또는 마약류라는 용어보다는 사회적으로 규정되어지는 약물이라는 용어를 사용하는 것이 학술적으로 더 넓은 의미를 포함한다. 왜냐하면, 우리나라 청소년들이 주로 사용하는 술, 담배, 본드, 신나, 부탄가스 같은 흡입제는 약물의 개념에는 포함되지만 마약에는 포함되지 않는 용어이기 때문이다. 따라서 본장에서는 마약, 물질, 약물 등의 의미를 모두 포함하는 '약물(drug)'이라는 단어를 사용할 것이다.

다음으로 남용(abuse)이란 단어에 대한 개념정의가 필요하다. 일반적으로 약물에 관한 논의를 할 때 남용이란 용어는 사용(use), 오용(misuse)과 함께 사용한다. 우리 사회에서 '사용'이란 단어는 약물을 의사의 처방하에 합법적으로 복용할 때 이 단어를 사용하지만, 학술적인 의미에서 '사용'이란 용어는 '남용'과 거의 비슷한 의미로 사용된다. 에이커스에 따르면, "약물사용이란 용어는 약물을 합법적으로든, 불법적으로든, 또는 단순복용자든, 상습복용자든 상관없이 약물을 사용하는 모든 사람들에게 적용되는 일반적인 용어이며, 약물남용은 합법적 약물이든, 불법적 약물이든 상관없이 약물을 잘못 사용(misuse)할 때를 지칭하는 용어"라고 주장한다(Akers, 1992). 애니스와 데이비스(Annis & Davis, 1991)의 주장에 따르면, "약물남용이란 합법적으로 약물을 사용하는 사람을 포함하여 그 약물을 사용하는 사람에게 여러 가지 문제를 일으키는 정신활동적 약물의 사용"을 의미한다. 두 가지 의견을 종합하면, 약물남용이란 합법적이든 불법적이든 간에 그것을 사용하는 사람들이 치료 목적이 아닌 환각이나 정신적 활동을 활성화시키는 것과 같이 그 원래의 목적과 취지에 맞지 않게 잘못 사용하는 것을 의미한다고 하겠다. 요약하면, 일반적으로 약물의 사용을 의미할 때 우리 사회에서 자주 사용되는 용어는 사용(use)이나 오용(misuse)보다는 남용(abuse)이란 용어이며, 약물남용이란 그것이 의사의 처방하에 합법적으로 사용하든, 아니면 불법적으로 사용하든 간에 치료 목적이 아닌 정신적, 육체적으로 흥분이나 쾌락추구를 위해 사용하는 제반 활동을 의미한다고 하겠다.

(2) 약물의 종류

약물은 어떻게 생산되느냐에 따라 천연약물, 합성약물, 대용약물로 나뉘고, 약물의 효능에 따라서는 환각제, 흥분제(각성제), 억제제(진정제), 신경안정제, 흡입제, 마약, 술, 담배 등으로 나눌 수 있다. 〈표 13-1〉은 생산방식에 따른 약물의 종류를 나타낸 표이다.

첫 번째, 생산방식에 따른 분류방법으로 천연약물은 자연에서 재배해서 얻어지는 것, 또는 이것을 원료로 해서 제조되는 약물을 의미하는 것으로, 아편계통의 약물(아편, 모르핀, 헤로인 등), 코카계통의 약물(코카인, 크랙 등), 대마계통의 약물(대마초, 해

표 13-1 생산방식에 따른 약물의 종류

천연약물	자연에서 재배해서 얻어지는 것 또는 이것을 원료로 해서 제조되는 약물
합성약물	자연원료를 사용하지 않고 화학적 합성과정을 통해 얻어지는 약물
대용약물	남용의 목적으로 만들어지지는 않았지만 다양한 방법으로 남용되는 약물

표 13-2 생산에 따른 약물의 종류와 효능

구 분	분 류	종 류	약리학적 분류	중독성	습관성
천연 약물	아편계통	아편, 모르핀, 헤로인	중추신경 억제제	○	○
	코카계통	코카인, 크랙	중추신경 흥분제	×	×
	대마계통	대마초, 해쉬쉬오일	중추신경 흥분제/억제제	×	○
합성 약물		메스암페타민	중추신경 흥분제	○	○
		LSD	중충신경 흥분제	×	○
		바르비튜레이트	중추신경 억제제	○	○
		MDMA(엑스터시)	중추신경 흥분제	○	○
		GHB(물뽕)	중추신경 억제제	○	○
대용 약물	유기용제류	본드, 아교, 에어로졸, 스프레이, 락카희석제, 매니큐어제거제, 라이터액, 드라이크리닝액	중추신경억제제	○	○
	알약류	각성제: 타이밍, 나이트, 에스나인, 레그린 진정제: 아티반, 바리움, 세코날, 바르비탈류, 러미라 진통제: 폰날, 세다핀, 날부핀(누바인), S정 항히스타민제: 프라콩, 페니라민	중추신경억제제	○	○
	술	포도주, 맥주, 양주	중추신경억제제	○	○
	담배	담배, 파이프담배, 씹는 담배	중추신경억제제	○	○

쉬쉬오일 등)이 있다. 합성약물은 자연원료를 사용하지 않고 화학적 합성과정을 통해 얻어지는 것으로, 상대적으로 많은 종류가 있지만(70종 이상), 많이 사용되는 약물은 몇 종류로 한정되어 있다. 대표적인 것으로 메스암페타민(속칭 필로폰 또는 히로뽕), LSD, 바르비튜레이트, 엑스터시(속칭 도리도리), GHB(감마 하이드록시 부티레이트, 속칭 물뽕), 합성대마 등이 있다. 마지막으로 남용의 목적으로 만들어지지는 않았지만 다양한 방법으로 남용되는 대용약물로, 크게 본드, 신나, 부탄가스 등의 유기용제류, 각성제나 수면제 등의 알약류, 술이나 담배류로 나눌 수 있다. 약물의 생산방법에 따른 분류를 좀 더 세분화하면 〈표 13-2〉와 같다.

둘째로, 약물의 효능에 따른 분류방법은 다양하다. 즉, 약물의 효과나 치료효과 등을 중심으로 나누는가 하면, 약물의 화학적 성분에 따라 나누기도 하고, 약물남용 후의 증상에 따라 구분하기도 한다. 일반적인 약물의 효과 및 효능에 따른 분류방법은 〈표 13-3〉과 같다. 본장에서는 약물의 생산방법에 따른 분류를 중심으로 약물의 종류와 효능에 대해 살펴볼 것이다.

표 13-3 일반분류에 따른 약물의 종류와 효능

구분	종류	약리학적 분류	의학적 용도	중독성 (육체적 의존)	습관성 (정신적 의존)
마약	아편, 헤로인, 모르핀, 코데인, 메사톤, 데메롤	중추신경 억제제	진통제 진해제 진정제	○	○
	코카인	중추신경 흥분제	국소 마취제	×	×
환각제	LSD, DMT, DET, STP, LBJ, XTACY, 메스카린, 펜실리딘	중추신경 흥분제/억제제	없음	×	○
	대마(마리화나) 해쉬쉬/해쉬쉬오일	중추신경 흥분제/억제제	없음	×	○
흥분제 (각성제)	메스암페타민(필로폰), 벤지드린, 덱스드린, 메테드린	중추신경 흥분제	기면증 비만증	○	○
억제제 (진정제, 수면제)	바르비튜레이트류, 페노바비탈, 아미탈, 세코날, 넴부탈	중추신경 억제제	진정제 향경련제 수면제	○	○
신경안정제	디아제팜(바리움), 클로로디아제폭사이드(리브리움), 로라제팜(아티반)	중추신경 억제제	안정제 근육이완제 수면제	○	○
흡입제 (본드, 신나, 부탄가스)	톨루엔, 헥산, 아세톤, 개솔론, 신나, 부탄가스	중추신경 억제제	없음	○	○
술	포도주, 맥주, 위스키	중추신경 억제제	없음	○	○
담배	Cigarette, Cigars, 파이프담배 씹는 담배, 코담배	중추신경 억제제	없음	○	○

출처: 김성이, 2002

1) 천연약물

천연약물에 속하는 것으로는 아편계통, 코카계통, 대마계통의 크게 세 가지로 나눌 수 있다.

가) 아편계통

아편계통의 약물로는 대표적으로 아편, 모르핀, 헤로인이 있다.

아편

출처: 대검찰청 마약류 범죄백서, 2019

① 아편, 양귀비

아편(opium)은 양귀비(papaver somniferum)의 체세포 및 물관(체관)으로부터 수집한 액체를 일정기간 건조한 것으로써 주로 인도, 터키, 유고슬라비아, 파키스탄 등에서 재배되며 우리나라에서는 법적으로 재배를 금지하고 있다. 아편은 중추신경을 마비시켜 진정제, 진통제 등 의학적 용도로 사용되지만 남용 시, 의존성이 상당히 높기 때문에 신체장기의 부작용을 유발하게 된다.

양귀비

출처: 대검찰청 마약류 범죄백서, 2019

② 모르핀

모르핀(morphine)은 아편으로부터 불순물을 제거하고 일정한 화학반응을 거쳐 추출한 진통성이 강한 알카로이드(alkaloid)로서 양질의 아편에는 모르핀이 9~14% 정도 함유되어 있다. 모르핀은 진통, 진정, 진해 효과가 뛰어나지만 구토, 발한, 발열, 설사 등과 함께 정신적·신체적 의존성을 유발하며, 사용을 중단하면 심각한 금단증상을 일으킨다(대검찰청, 2019). 모르핀은 의존성이 아편보다 크고 특히 호흡기능을 저하시키므로 다량 주입시키면 호흡이 억제되므로 사망에 이른다.

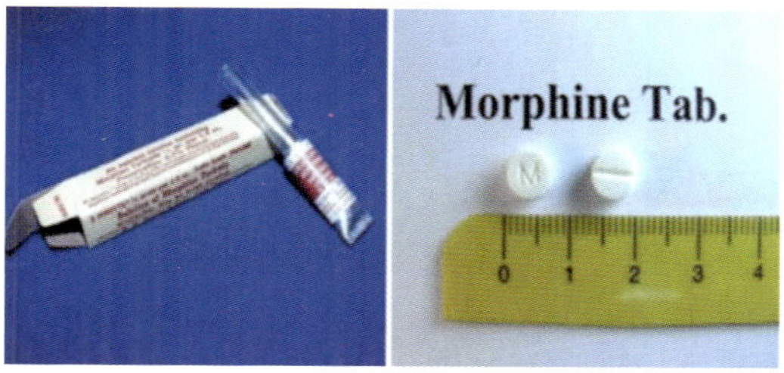

모르핀

출처: 대검찰청 마약류 범죄백서, 2019

③ 헤로인

헤로인(heroin)도 아편계통의 약물로서 모르핀으로부터 만들어진다. 아세틸화합물인 헤로인은 냄새가 없고 백색, 연갈색, 암갈색의 분말형태로 나타나며 긴장, 분노, 공포를 억제하여 행복감과 도취감을 주는 중추신경 억제제이다(대검찰청, 2019). 그러나 헤로인은 모르핀을 원료로 한 만큼 일반적인 약리작용은 모르핀과 유사하나, 그 중독성은 모르핀의 10배에 달하는 약물로써 주로 코로 흡입하거나 주사 또는 흡연방법으로 남용된다. 헤로인은 남용할 경우, 발양, 침울 등의 부작용이 발생된다.

헤로인

출처: 대검찰청 마약류 범죄백서, 2019

나) 코카계통

코카계통의 약물로는 코카인(cocaine)과 크랙(crack)이 있다.

① 코카인

코카인(cocaine)은 볼리비아, 페루, 콜롬비아 등지의 안데스산맥 고지대에서 자생하는 코카나무의 잎에서 추출한 알카로이드로 중추신경을 자극하여 쾌감을 일으키는 천연마약이다. 코카인은 약물중독자에게 상당히 널리 퍼져 있는 약물인데 사용방법이 다양할 뿐만 아니라 재배면적이 광범위하여 생산량이 상당하다. 남용 시 영양장애와 함께 우울증, 불안감, 수면장애, 만성피로, 정신장애 등이 뒤따른다. 특히 코카인은 약효가 빠르고 강력한 도취감을 일으키는 중추신경자극제(흥분제)로서 벌레들이 피부를 기어 다니는 느낌의 환각이 일어나고, 과다한 양을 흡입하면 맥박이 빨라지고 호흡이 불규칙하며 열과 함께 경련이 일어나고 심하면 호흡곤란으로 사망에 이른다(대검찰청, 2019).

코카나무와 코카인
출처: 대검찰청 마약류 범죄백서, 2019

② 크랙

크랙
출처: 대검찰청 마약류 범죄백서, 2019

크랙(crack)은 코카인과 탄산나트륨 등을 물에 희석하여 불로 가열한 다음 냉각시켜 추출하는 백색 결정체로서 코카인보다 몇 배나 약효가 강하고 중독성이 강하다. 크랙은 주로 유리관에 넣어 가열하여 연기를 흡입하는 방식으로 남용한다(대검찰청, 2019). 크랙은 코카인보다 더 강력한 효과가 있으며, 약효가 신속, 강렬하여 일반 코카인에 비해 남용과 중독, 폭력의 위험성이 크다. 특히 과다 남용 시 정신병적 증세를 보인다.

다) 대마계통

대마계통의 약물로는 대마초(마리화나, 카나비스), 해쉬쉬, 해쉬쉬오일이 있다.

① 대마초

대마재배와 대마 잎
출처: 대검찰청 마약류 범죄백서, 2019

대마초는 대마의 잎과 꽃대 윗부분을 건조하여 담배형태로 만든 것으로 그 학명이 카나비스 사티바 린네(Cannabis sativa Linne)이고 북남미에서는 마리화나(marihuana)로 부른다. 대마는 삼으로 불리는 한 새살이 풀로 줄기를 가늘게 꼬아서 삼베로 만들었기 때문에 우리에게 매우 친숙한 풀이었으나 우리나라에서는 대마관리법에 따라 허가 없이 재배할 수 없는 식물이다. 대마의 약리작용으로는 흥분과 억제작용을 동시에 지니고 있는데 일반적으로 환각제로 분류된다. 적은 양을 복용하였을 때는 초조감, 풍족감, 이완감을 수반한 꿈꾸는 것 같은 느낌을 준다. 공복감 등을 느끼며 사고의 형성 및 표현의 예민한 변화와 함께 후각, 시각, 촉각, 미각 등도 오묘하게 변화하는 반면, 다량 복용 시 공중에 뜨는 느낌과 함께 빠른 감정의 변화를 경험하며 집중력 상실, 자아상실, 환각, 환청 등이 나타난다(대검찰청, 2019).

② 해쉬쉬

해쉬쉬(hashish)는 대마초 잎에서 나온 진액을 건조시켜 만든 것으로 대마초보다 훨씬 더 강력한 효과가 있다. 해쉬쉬는 갈색, 연갈색, 암갈색, 흑색 등의 덩어리이며 약 10%의 THC를 함유하고 있어 대마초보다 8~10배가량 작용이 강하다(대검찰청, 2019). 보통 1kg의 해쉬쉬를 제조하기 위해 약 30kg의 대마초를 처리해야 하며, 해쉬쉬오일(hashish oil)은 대마로 증류공정 등 반복적인 과정을 거쳐 고도로 농축되어 추출되기 때문에 THC 함량이 약 20%에 이르는 약물이다(대검찰청, 2019). 특히 한두 방울의 해쉬쉬오일은 대마초 담배 한 개비의 효과가 있을 정도 강력한 효과를 가지고 있다. 해쉬쉬 및 해쉬쉬오일의 지속적인 남용은 정신운동 및 내분비 기능의 장애, 면역능력 감소를 초래할 뿐만 아니라 과다 복용 시 정신분열증과 같은 중독성 정신병을 초래하기도 한다.

여러 종류의 해쉬쉬와 해쉬쉬오일

출처: 대검찰청 마약류 범죄백서, 2019

2) 합성약물

합성약물은 천연에서 그 원료를 생산한 것이 아니라 화학적으로 합성시켜 만든 것으로 그 종류가 상당히 많아 이장에서는 약물남용자들에게 주로 사용되는 대표적인 약물만 논의하고자 한다.

① 메스암페타민

메스암페타민(methamphetamine)은 필로폰(philophone)으로 불리며 우리나라에서 가장 많이 남용되는 대표적인 합성약물 중 하나이다. 메스암페타민은 결정체, 가루, 액체 형태의 것이 있으며 우리나라에서는 히로뽕, 필로폰, 백색의 유혹, 백색가루로도 불린다. 불법사용자들 사이에서는 뽕, 가루, 술, 크리스탈, 물건, 총으로 불리기도 한다.

메스암페타민(필로폰)

출처: 대검찰청 마약류 범죄백서, 2019

미국에서 메스암페타민 결정체는 아이스(ice)로, 가루 및 액체형태는 스피드(speed)로 불리며, 일본에서는 각성제, 필리핀에서는 샤부(shabu)로 불리기도 한다(대검찰청, 2019). 필로폰은 대표적인 흥분제로 신체에 미치는 영향으로는 심장박동 증가, 혈압상승, 식욕저하, 호흡증가, 불면, 발한, 갈증, 근육수축, 경련, 발열, 흉통 등의 증상을 유발한다. 정신적으로는 피로감소, 자신감과 활동증가, 주의력과 민감성 증가, 불안, 걱정, 불신감, 환각 등이 나타난다. 장기간 복용 시 체내에서 암페타민이 축적되면서 암페타민 정신병이라 불리는 편집증이 나타나서 의심이 많고, 폭력적이고 충동적인 행동을 하게 되며, 과용하면 뇌손상과 함께 생명을 잃게 된다.

② 엘에스디

엘에스디(LSD: Lysergic acid diethylamide)는 1938년 스위스 화학자 앨버트 호프만(Albert Hofmann)에 의해 최초로 합성된 무미, 무취, 무색의 환각제로 종이 또는 정제에 LSD 용액을 흡착시켜 사용하는 것이 일반적이다(대검찰청, 2019). 엘에스디는 한 번의 사용에도 감각기능의 고양, 감정의 격변, 시공간 지각의 변화, 현실감각의 상실, 환시 등의 환각을 경험하게 된다. 환각은 사용한 뒤 30분 후부터 나타나며 10시간까지 지속된다. 환각상태에 빠지면 즐거운 상상으로 기분이 좋아질 수도 있으나 대개는 몸이 조각나는 공포감, 두려움, 불안 등을 느끼게 된다. 엘에스디는 극소량인 25mg만 투약해도 4~12시간 동안 환각증상을 보이며, 염색체 이상까지 초래할 수 있는 치명적인 약물이다(김학신, 2012). 또한 중독상태에서는 불안과 우울, 공포, 피해망상 등의 장애와 함께 다양한 신체적 부작용을 유발하며, 환각상태에서 치명적인 범죄행동을 할 수도 있다.

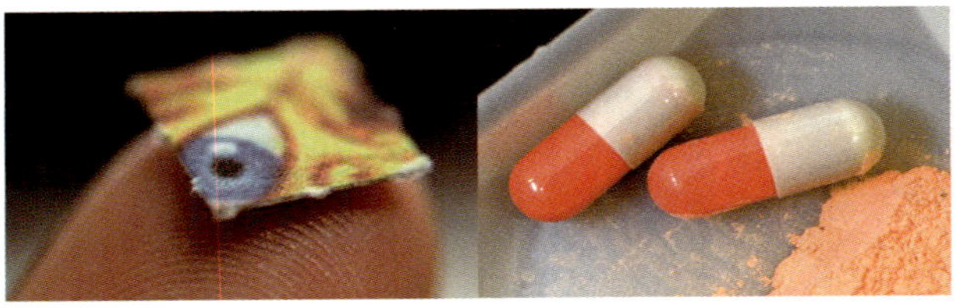

LSD 스티커형과 정제형

출처: 대검찰청 마약류 범죄백서, 2019

③ 엠디엠에이

엠디엠에이(MDMA)는 메틸렌디옥시 메탐페타민(Methylene dioxy Methamphetamine)의 약자로 우리 사회에서는 흔히 엑스터시로 알려져 있다. MDMA는 1914년 독일 의약품회사에서 식욕감퇴제로 최초 개발된 이래 강력한 환각성분으로 인한 뇌손상 유발 등 심각한 부작용을 초래한다. 시중유통이 금지되었음에도 불구하고 1980년대 이후 환각제로 둔갑하여 전 세계적으로 널리 남용되는 합성약물이다(대검찰청, 2019). 약물남용자들 사이에서는 일명 도리도리라는 별칭을 갖고 있는 MDMA는 복용하면 신체 접촉욕구가 강하게 일어나는 관계로 10대들 사이에서 주로 나이트클럽 등에서 자주 사용되었으며 기분이 좋아지는 약(feel good drug), 포옹마약(hug drug)으로 불리기도 한다. 약리적 작용으로 복용 후 20~60분 정도 경과하면 입이 마르고 동공이 확대되는 등 극적인 흥분감을 경험하며, 약효는 3~4시간을 지속하고, 과다 복용 시 불안, 초조, 환각, 환청, 구토, 혈압상승 등 부작용을 초래하는 한편 심할 경우에는 심장마비로 인한 사망에 이르기도 한다(김학신, 2012). 서두의 미국사례에서 소개된 타일러 하들리(Tyler Hardley)처럼 세 알의 엑스터시를 복용한 후, 망치로 부모의 머리를 때려 살해할 정도로 환각과 환청 등을 동반하므로 엠디엠에이는 각종 범죄사건을 유발할 가능성이 높은 약물이다.

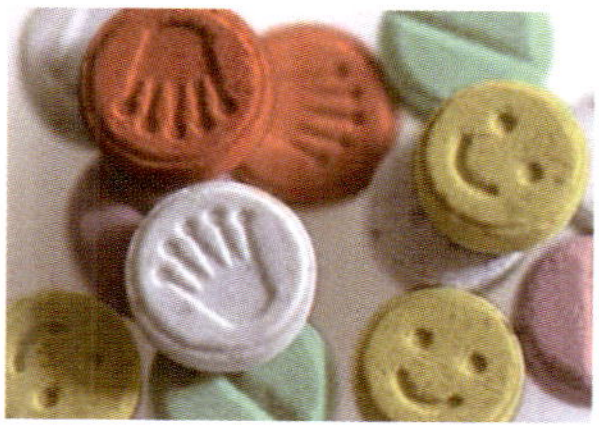
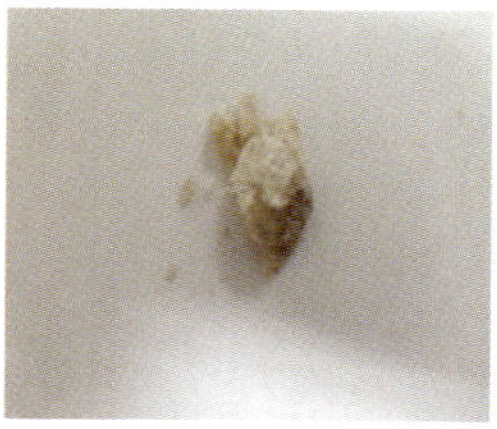
MDMA(속칭, 엑스터시 또는 도리도리)
출처: 대검찰청 마약류 범죄백서, 2019

④ 야바

야바(Yaba)는 '말처럼 힘이 솟는다', '미친 듯이 힘이 솟는다'는 의미를 가진 정제나 캡슐 형태로 개량한 신종 마약이다(박문각, 2009). 야바는 히로뽕에 카페인, 헤로인과 진해거담제 주재료인 코데인 등 각종 환각성분이 혼합된 것으로 각종 환각성분의 복합작용으로 필로폰 등 기존 마약을 단독 투약했을 때보다 훨씬 강력한 환각효과가 발생한다. 한번 복용하면 3일간 잠을 자지 않을 수 있고 공격적 성향, 피해망상증 등 심각한 정신장애를 야기하며 중독성도 상당한 약물로 알려져 있다.

야바(Yaba)
출처: 대검찰청 마약류 범죄백서, 2019

⑤ GHB

GHB는 감마-하이드록시부틸레이트(Gamma-Hydroxybutyrate)의 약자로 무색, 무취로 음료에 타서 복용하며, 물 같은 히로뽕, 일명 '물뽕'으로 알려져 있다. 특히 이 약물은 여성의 강간을 위한 성범죄용 도구로 이용되는 대표적인 환각물질이다. 이 약물은 소다수 등 음료에 몇 방울타서 마시게 되면 10~15분 내에 효과가 나타나기 시작하여 3~4시간 지속된다. 약물효과로는 기분이 좋아지고 취한 듯하면서도 몸이 처지는 듯한 느낌이 있으며 알코올류에 타서 마시면 그 효과가 걷잡을 수 없이 급속하게 나타나 의식을 잃을 수도 있다(김학신, 2012). 과다 복용 시에는 뇌사, 사망에 이를 수 있는 위험한 화학약품이다. 그러나 이 약물은 다른 환각물질과는 달리 인체에 축적되지 않고 24시간 내에 인체를 빠져 나가므로 사후 추적이 불가능하다. 따라서 이 약물복용자의 검거가 쉽지 않다. 특히 이 약물은 주로 클럽과 술자리 등에서 성폭력

GHB
출처: 대검찰청 마약류 범죄백서, 2019

을 목적으로 하는 남성들에 의해 악용되는 경향이 있기 때문에 많은 여성들이 피해를 당할 수 있는 대표적인 약물이다.

⑥ 바르비튜레이트

바르비튜레이트(barbiturate)는 바르비탈산으로 만들어지는 유사 합성물질로 신경, 위, 평활근, 골격근, 심장근육 활동을 억제시키는 작용이 있어 불안감, 긴장, 불면증 치료에 사용되는 대표적인 중추신경 억제제이다. 일반적으로 가벼운 불면증이나 긴장성 불안증 등에 주로 사용되는 유익한 약물이나 통상의 치료량을 초과하거나 장기적으로 사용할 경우 내성과 정신적, 육체적 의존성이 나타난다. 과다 복용 시에는 호흡억제 효과 때문에 사망할 수도 있다. 중독상태의 증상으로는 동작이 둔해지고 사고력과 기억력의 장애가 오며 이해력, 판단력, 집중력이 떨어진다. 금단증상으로는 불안, 심한 쇠약감, 불면증에서 간질발작, 섬망(譫妄, 외부세계에 대한 의식이 흐려지고 망상이나 착각이 일어나는 증세), 쇼크까지 다양하게 나타난다.

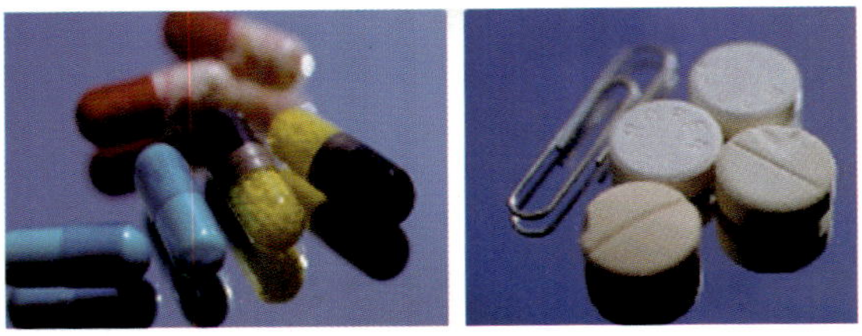

바르비튜레이트

출처: 대검찰청 마약류 범죄백서, 2019

3) 대용약물

대용약물은 천연적으로 생산하는 약물이 아니기 때문에 합성약물에 속하며 남용의 목적으로 만들어지지는 않았지만 다양한 방법으로 남용되는 약물이다. 특히 청소년들에게 일반적인 합성약물은 고가이기 때문에 구입하기 어려워 마약을 대신할 수 있는 대용약물로 복용하는 경향이 강한 약물이다. 대용약물은 크게 유기용제류, 각성제나 수면제 등의 알약류, 술이나 담배류로 나눌 수 있다.

① 유기용제류

청소년들이 합성약물 대용으로 사용하는 유기용제(organic solvent)류에는 본드, 부탄가스 외에 가솔린, 신나, 아교, 에어로졸, 스프레이, 락카 희석제, 매니큐어 제거제, 라이터액, 드라이크리닝액 등이 있다. 이런 유기용제류는 주로 냄새를 코로 흡입하는 방법을 취하므로 '흡입제(inhalants)'로 불리기도 한다. 유기용제류는 뇌조직에 빠르게 영향을 미치며 내성이 있으므로 한번 사용한 후에는 계속 같은 수준의 흥분을 느끼기 위해서는 사용량을 증가시켜야 한다. 유기용제류의 효과는 술취한 듯한 느낌, 어지러움증, 판단불가능, 조절 불가능한 상태, 무엇이든 해낼 수 있을 것 같은 느낌 등을 경험하게 된다. 사용량을 증가시키면 뇌조직 전체가 혼돈 및 정신병 상태로 들어가 흥분, 시공간에 대한 방향감각 상실, 흐릿한 의식에서의 환각, 부분적인 기억상실 등을 경험하기도 한다. 또한 의식이 혼미한 상태에서 계속적으로 용매를 흡입하면 질식에 의한 사망이나 기도결빙, 또는 용매흡입에 의한 비정상적인 행동으로 인한 사고사도 발생할 수 있다.

② 알약류

알약류는 알약형태로 국내에서 유통되는 다양한 향정신성의약품이 있으며, 이들은 그 용도에 따라서 각성제(흥분제: 타이밍, 나이트, 에스나인, 레그린 등), 진정제(안정제: 아티반, 바리움, 세코날, 바르비탈류, 러미라 등), 진통제(폰날, 세다핀, 누바인, S정, 날부핀 등), 그리고 항히스타민제(프라콩, 페니라민) 등 매우 다양한 약물로 구성된다. 이 장에서는 약물남용자들이 대체적으로 많이 사용하는 진정제인 러미라, 진통제인 날부핀, 그리고 살빼는 약으로 널리 알려진 펜플루라민을 대표적으로 살펴보고자 한다.

Ⓐ 러미라

러미라(Romilar)는 의사의 처방전이 있으면 쉽게 약국에서 구입할 수 있어 자금력이 부족한 청소년들에게 주로 남용되는 약물이다. 청소년들은 이 약을 보통 '정글쥬스'라고 지칭하는데, 약한 중추신경 억제작용이 있다. 도취감과 환각작용을 맛보기 위해 사용량의 수십 배에 해당되는 50~100정을 흔히 남용하는데, 이처럼 과다 복용 시 횡설수설, 정신장애, 호흡억제, 혼수, 사망 등에 이를 수 있어 2003년에 향정신성의약품으로 지정되었다.

러미라
출처: 대검찰청 마약류 범죄백서, 2019

Ⓑ 날부핀

날부핀(nalbuphine)은 응급용 강력 진통제로 사용되는 약물이나 환각성으로 한때 유흥업소 종사자들 사이에서 남용되었고 일명 '누바인'이라고도 불린다. 피하주사 시 모르핀의 2.3배, 코데인의 8.3배에 이르는 진통효과를 보이며 약효 지속시간은 3~6시간이다(김학신, 2012). 날부핀 3mg은 필로폰 6mg에 해당하는 강력한 환각효과가 있으며, 중독성이 강하고 신체 금단증상이 심하게 나타나며 우울증, 두통, 환각공상 등 정신불안 증세와 고혈압, 폐부종, 구토, 복통, 호흡곤란, 가려움증, 언어장애 등의 부작용이 있어 2001년 향정신성의약품으로 지정되었다.

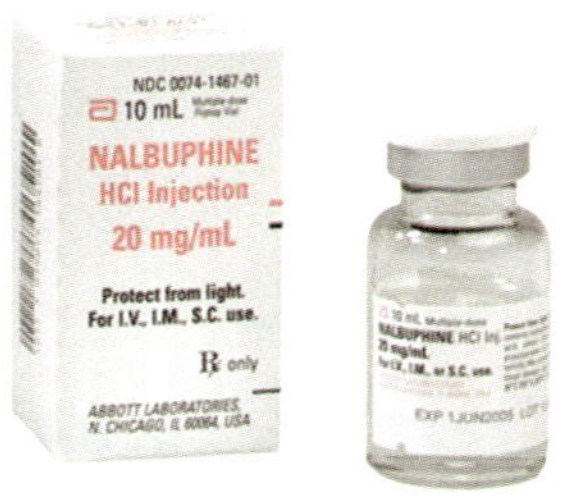

날부핀
출처: 대검찰청 마약류 범죄백서, 2019

Ⓒ 펜플루라민

펜플루라민(fenfluramine)은 중국, 태국 등지에서 중국교포 보따리장수, 관광객, 인터넷 사이트 등을 통해 밀반입되고 있는 향정신성의약품이다. 이 약물은 흥분제의 일종으로 비만, 우울증, 자폐증의 치료제로 사용되지만, 남용 시에는 망상·환각 유발

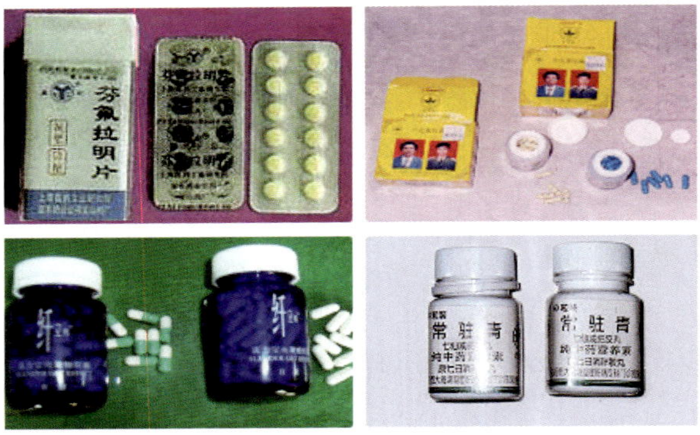

여러 종류의 펜플루라민
출처: 대검찰청 마약류 범죄백서, 2019

및 폭력성 증가와 같은 부작용을 일으킨다. 만성적으로 펜플루라민을 투약하면 정신증을 악화시키고 졸음, 설사, 구강건조, 어지러움, 혼미, 두통, 기분항상, 우울, 신경과민, 긴장, 피로, 초조 등을 유발한다. 우리나라에서는 살빼는 약으로 알려져 분불납명편, 안비납동편 등의 상품명으로 거래된다. 펜플루라민은 중국에서는 의약품으로 취급되나 우리나라에서는 마약류로 분류되어 있다.

③ 신종마약류

최근 신종마약류가 지속적으로 개발되어서 우리나라에 불법적으로 유통되고 있는데, 환각효과가 강력해서 ‘더블K’로 불리는 졸레틸, 미국, 영국 등에서 입욕제(bath salts), 비료(plant food) 등으로 위장, 판매되고 있는 신종 환각성분제인 MDPV(Methylene-dioxiy-pyrovalerone), 3~6시간 동안 지속적으로 환시, 환청이 강력하게 지속되는 환각제인 5-메오-딥트(5-Meo-Dipt), 태국, 말레이시아, 미얀마 등 동남아시아에서 자생하는 잎으로 각성 작용이 있는 크라톰(Kratom), 그리고 ‘합성대마’라고 불리는 신종마약인 ‘JWH-018’, 미국내 10대 청소년들에게 인기있는 치즈(cheese)마약, 캔디마약, 뽀빠르스(Poppers), bk-MBDB 등 너무 많은 신종마약류가 나타나고 있다(김학신, 2012). 이런 신종 마약 중에서 최근 우리 사회에서 큰 사회적 문제로 부각된 프로포폴(Propofol)에 대해서 간단하게 살펴보고자 한다.

프로포폴(propofol)은 영국에서 처음 개발하여 국내에서는 1992년부터 사용이 허가된 약물이다. 페놀계 화합물로 흔히 수면마취제라고 불리는 정맥마취제로서 수술 시 전신마취의 유도, 유지, 또는 인공호흡 중인 중환자의 진정을 위해 쓰이고 있으며, 일반적으로 수면내시경 등을 할 때도 마취제로 사용되는 약물이다(대검찰청, 2019). 프로포폴은 이미 2006년 팝의 황제 마이클 잭슨의 사망원인으로 지목되며 우리 사회에 본격적으로 알려진 후 2012년에 여러 명의 연예인이 이 약물을 투여한 혐의로 구속된 적이 있다. 이 약물은 뇌에서 ‘잠을 자라’는 신호를 주는 물질인 감마아미노뷰티르산(GABA) 수치를 높이기 때문에 뇌의 기능이 억제됨으로써 통증을 없애지만, 부작용으로 무호흡과 혈압저하 현상을 비롯하여 두통, 어지러움, 경련, 구토, 흥분, 착란증상 등을 일으킬 수 있는 것으로 알려져 있다. 일반적으로 이 약물은 불면증, 피로감, 불안감을 해소하고 기분이 좋아지는 환각을 일으키는

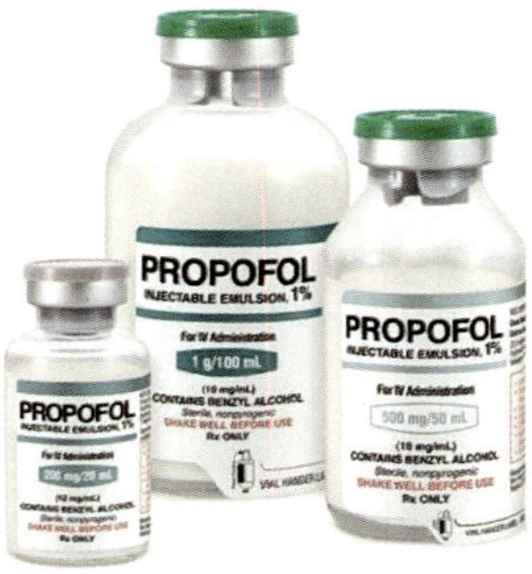

프로포폴
출처: 대검찰청 마약류 범죄백서, 2019

효과가 있어 국내 몇 몇 연예인과 유흥주점 종사자들을 중심으로 마약대용품으로 남용되어 사회적으로 문제가 됨에 따라 2011년 마약류로 지정되었다(대검찰청, 2019).

지금까지 우리는 생산방식에 따른 약물의 종류를 천연약물, 합성약물, 대용약물, 신종약물 순으로 살펴보았다. 이런 약물들은 대부분 육체적 의존성인 중독성과 정신적 의존성인 습관성을 동시에 가질 뿐만 아니라 내성을 지니고 있으므로 약물 복용량을 증가시키지 않으면 육체적으로 견디기 힘든 금단증상이 발생한다. 따라서 약물남용자들이 굳은 의지로 중독된 약물을 끊지 못하면 환각과 금단 증상에 시달리면서 마약류를 구하기 위해 각종 범죄의 유혹에 쉽게 노출된다. 약물남용의 위험성으로 첫째, 중독증상으로 인한 육체적, 정신적 결함이 발생하며, 둘째, 약물남용자는 사회질서에 반하는 성격의 소유자로 충동성과 욕구에 대한 심한 좌절감을 수반하게 되므로 범죄의 유혹에 쉽게 노출되며, 셋째, 약물남용의 원인이 다양하고 우리 사회의 전 계층에 걸쳐 광범위하게 번져 나가고 있으며, 넷째, 자신의 육체적 정신적 손실뿐만 아니라 타인의 재산이나 신체에 중대한 타격을 가함으로써 범죄발생의 개연성이 높아진다(이찬엽, 2006). 결론적으로 우리 사회에는 수많은 합법적, 불법적 약물이 존재하며, 시공간을 초월한 환경의 발달로 인해 지금 이 시간에도 다양한 신종마약이 유입되고 있는 실정이다. 식약청 및 사법기관은 이런 약물들을 통제할 인력과 기능을 충분히 발휘하지 못할 뿐만 아니라, 전혀 들어보지도 못한 신종약물이 사회적 문제를 일으킨 후에야 사후약방문 식의 향정신성의약품 관리대상 목록으로 규제하는 실정이다.

약물남용의 실태 02

약물남용관련 범죄의 원인 및 이론을 설명하기 전에 우리나라에서 한 해 동안 검찰에 적발된 마약사범수가 어느 정도인지, 그리고 마약과 관련된 각종 범죄현황들을 살펴볼 필요가 있다.

(1) 마약사범 현황

〈그림 13-1〉은 2017년 한 해 동안 검찰에 적발된 마약사범 현황을 나타낸 표이다. 〈그림 13-1〉에서 2017년 검찰에 적발된 전체 마약류사범은 14,123명으로 전년

그림 13-1 **2017년 마약사범 현황**

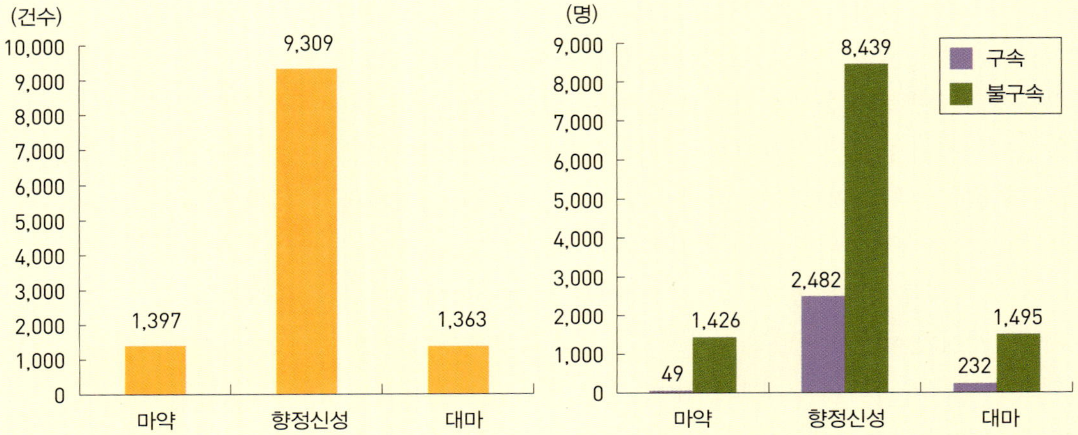

출처: 대검찰청 마약류 범죄백서, 2019

도 14,214명 대비 약 0.6% 감소했다. 구체적으로 마약사범은 1,475명으로 전년도 1,383명 대비 6.6% 증가했으며, 향정신성의품사범은 10,921명으로 전년도 11,396명 대비 4.3% 감소했다. 대마사범은 1,727명으로 전년도 1,435명 대비 20.3% 증가했다.

(2) 마약관련 범죄현황

〈그림 13-2〉는 각종 범죄를 저지른 범죄자들의 마약류 복용 여부를 나타낸 표이다. 마약복용 여부와 범죄와의 관계를 살펴보면, 방화가 0.23%로 가장 높으며, 그 다음으로 강도(0.13%)=절도(0.13%)>살인(0.10%)>성폭력(0.03%) 순이다. 즉, 방화는 마약과 가장 깊은 관련을 맺고 있는 범죄유형이며, 마약복용 여부와 가장 관계가 낮은 범죄유형은 절도로 나타났다.

〈그림 13-3〉은 지난 10년 동안 마약류 복용으로 발생한 범죄를 나타낸 것이다. 이 표에서 마약은 2008년, 2009년과 2010년에는 약 5%대를 유지하다가 2011년부터 서서히 감소하여 2017년에는 2010년도에 비해 5배 감소했다. 대마 남용으로 발생한 범죄는 2008년부터 2017년까지 감소하였다. 반면 향정신성의약품은 2009년 0.27%로 증가하였다가 2017년까지 지속적으로 감소하여 2008년 대비 지난 10년간 약 3.8배 감소한 것을 볼 수 있다.

그림 13-2 각 범죄에 따른 마약류 복용 여부 비율

(단위: %)

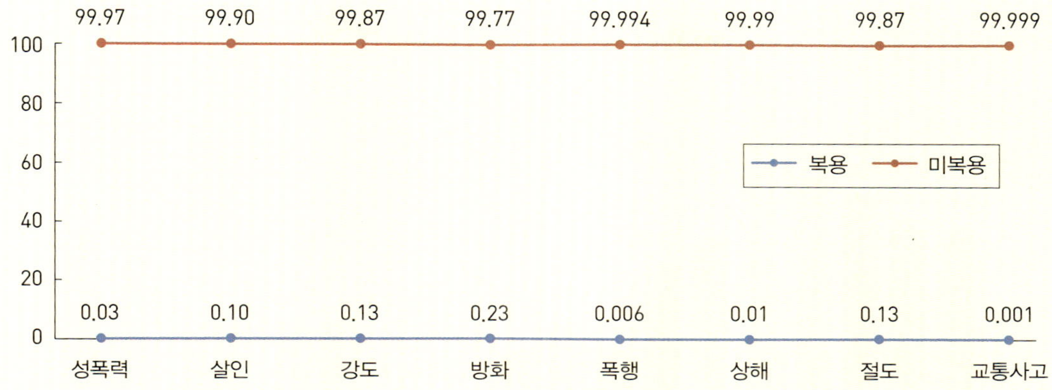

출처: 대검찰청 범죄분석, 2008~2017년

그림 13-3 마약류 복용으로 발생한 범죄율

(단위: %)

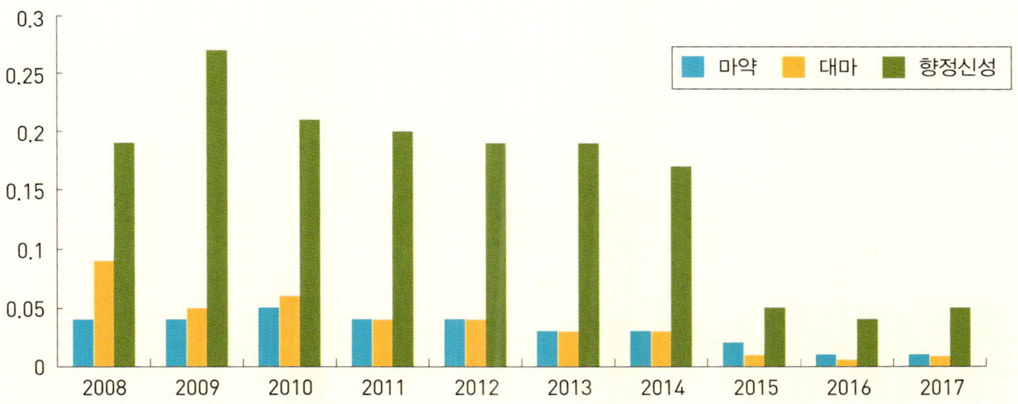

출처: 대검찰청 범죄분석, 2008~2017년

마약류 사범은 주로 마약류에 중독되기 전에, 구입이 쉬운 본드 또는 신나 등 유기용제를 남용하여 환각을 경험한 후, 더 자극적인 쾌락을 추구할 목적으로 각종 마약류를 남용하게 된다는 특징을 가지고 있다. 환각물질인 본드·신나 남용 시, 저지르게 되는 범죄를 〈그림 13-4〉에서 분석하였다. 본드·신나 남용으로 발생한 범죄는 2015년, 2017년 0.001%로 가장 낮았으며 2012년에는 0.01%로 가장 많이 발생하였다. 발생한 범죄로는 절도가 4건으로 가장 많은 비율을 차지하고 있으며, 그 다음

그림 13-4 **본드·신나 남용으로 인한 범죄율**

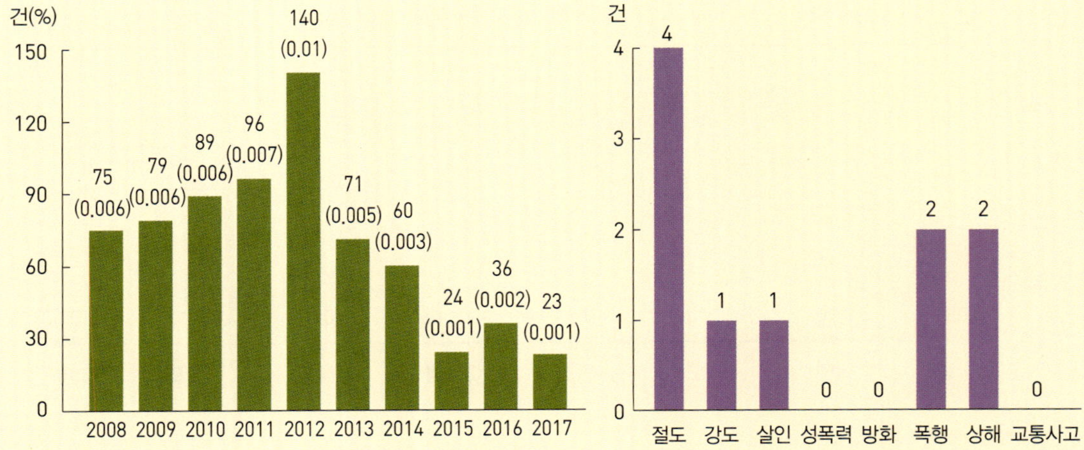

출처: 대검찰청 범죄분석, 2008~2017년

으로 폭행, 상해가 각각 2건, 강도, 살인이 각각 1건을 차지하였다.

〈그림 13-5〉는 알코올 남용으로 인한 범죄발생 비율을 나타낸 표이다. 지난 2017년에 발생한 각종 범죄와 알코올 및 마약류와의 관계에서 마약류는 12,069건 9.2%, 본드·신나는 23건 0.01%, 알코올은 118,054건 90.7%로 알코올 남용으로 인한 범죄

그림 13-5 **알코올 남용으로 인한 범죄 발생 비율** (단위: 건수(%))

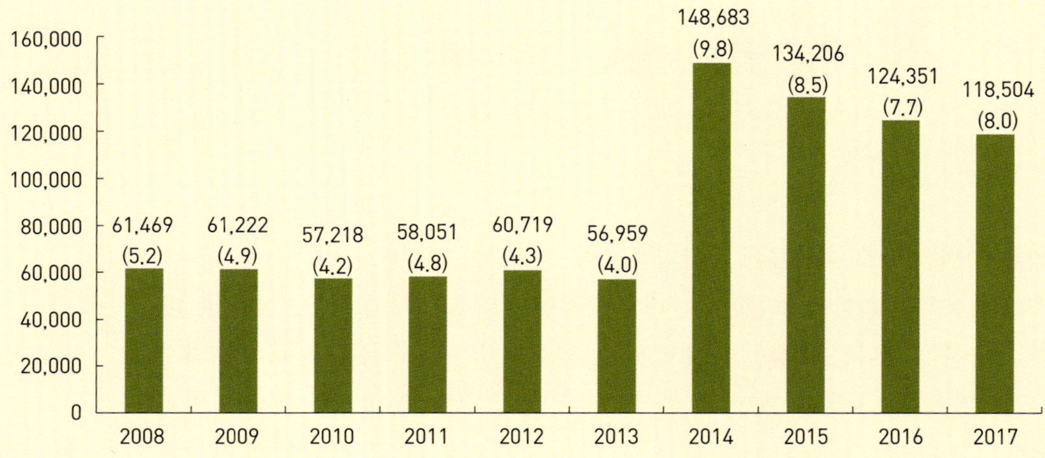

출처: 대검찰청 범죄분석, 2008~2017년

그림 13-6 알코올 남용으로 인한 범죄 양상

(단위: %)

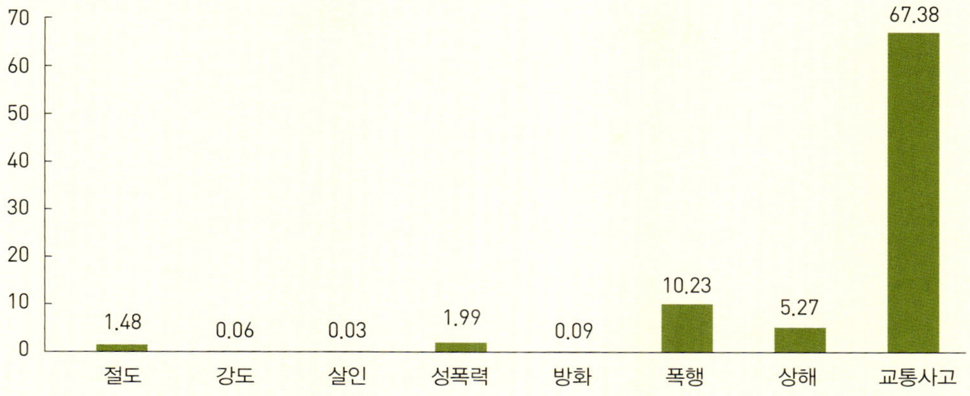

출처: 대검찰청 범죄분석, 2008~2017년

가 전부를 차지하고 있다고 해도 과언이 아니다. 즉, 범죄자들이 각종 범죄를 저질렀을 당시, 알코올을 포함한 불법 약물을 복용했을 경우, 그 약물의 90.7%는 술이라는 것이다. 〈그림 13-5〉에서 알코올 관련 범죄는 2008년부터 2012년까지 등락을 반복하다가 2014년도에 148,683건으로 전년대비 2.2배 이상 증가했으며 이후 지속적인 감소 추세를 보이고 있다.

〈그림 13-6〉은 알코올 남용 후 각종 범죄를 저지른 비율을 나타낸 것이다. 이 표에서 알코올 남용 후에 교통사고를 낸 비율이 67.38%로 가장 높게 나타났으며, 그 다음으로 폭행 10.23% > 상해 5.71% > 성폭력 1.99% > 절도 1.48% 순으로 나타났다. 즉, 술을 마신 후에 가장 많이 저지른 범죄는 교통사고이다. 결론적으로 술은 폭행, 상해, 교통사고와 가장 밀접한 관련을 맺고 있는 약물이며, 술을 마신 후에 발생하는 범죄의 약 83% 정도는 교통사고, 상해, 폭행임을 알 수 있다.

약물남용의 원인

03

왜 어떤 사람들은 동일한 환경에서 약물을 남용하고 또 다른 사람들은 그렇지 않은가? 약물남용의 원인을 설명하는 이론이나 관점은 다양하지만, 약물을 남용하게 되는 이유를 크게 개인적 요인과 환경적 요인으로 나눌 수 있다. 개인적 요인에는 심리학적 접근과 유전적 접근이 있고, 환경적 요인에는 개인환경적 요인과 사회환경적 요인 등이 있다.

(1) 개인적 요인

약물남용의 개인적 접근은 다시 심리학적 접근과 유전적 접근으로 나눌 수 있다. 유전적 접근의 기본 가정은 부모가 약물중독자일 경우, 자녀 또한 약물남용자가 될 가능성이 높다는 것이다. 예를 들면, 부모가 알코올 중독자거나 약물 중독자일 경우, 그렇지 않은 경우보다 약물중독의 문제를 보일 가능성이 높으며, 이것은 부모의 양육방법이나 부모-자녀 간의 관계의 질과 상관이 없다는 연구결과가 존재한다(Vungkhanching *et al.*, 2004). 또한 범죄의 유전적 요인을 설명할 때 가장 많이 적용하는 쌍생아연구에서, 일란성 쌍생아와 이란성 쌍생아의 알코올중독을 비교 분석한 결과, 일란성 쌍생아의 알코올중독 일치율이 이란성 쌍생아의 일치율보다 2배 더 높았다(Goodwin, 1984). 한편 심리학적 접근의 기본 가정에 따르면 약물남용자는 선천적으로 약물남용을 인지하는 기능에 장애가 생겼거나 인성형성시기에 심리적인 문제가 생겨 일반적인 사람에 비해 약물의 유혹에 취약하다는 입장을 취한다. 구체적으로 정신분석학의 가정에 따르면, 인간은 주위환경과의 끊임없는 사회적 상호작용 과정 속에서 일련의 발전단계를 통하여 인성을 조직하고 발전시킨다. 즉, 인간은 태어나면서부터 무의식적이고 비합리적인 충동에 노출되는데 이러한 무의식적 충동은 성장함에 따라 사회화된다. 그러나 각 단계별로 충족되거나 통제되어야 할 욕구가 왜곡된 방향으로 충족되거나, 또는 충분하게 충족되지 못할 때, 그런 욕구를 충족시키기 위해 약물을 남용하게 된다는 것이다. 이에 따라 약물은 무의식적인 욕구와 충동을 처리할 수 있도록 도와주고 의존심과 우울증을 약화시킬 수 있기 때문에 약물남용자들이 정서적 불안을 달래기 위해, 고통스러운 충동을 해결하기 위해, 충격적인 생애 경험을 완화시키기 위해 불법약물을 복용하게 되는 것이다(Siegel, 2020). 특히 인성 형성시기에 심리적인 문제가 발생할 경우에도 약물남용자가 될 가능성이 높아진다. 즉, 인성형성시기에 상당히 충격적인 사건을 당했을 경우, 그것을 잊기 위해 약물에 의존하는 경우가 발생한다. 예를 들면, 청소년기에 부모나 주위 사람들로부터 심한 신체적 학대와 폭력을

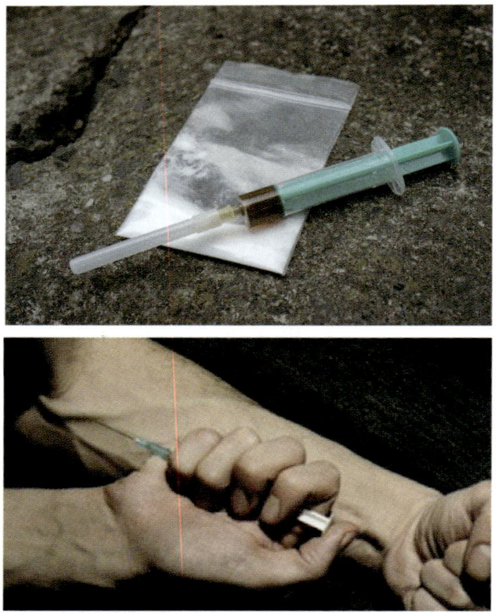

약물남용의 원인으로 심리학적 이상과 유전적 결함을 주장하는 학자들이 있다.
출처: https://pixabay.com/ko/photos/%EC%A3%BC%EC%82%AC%EA%B8%B0-%EB%A7%88%EC%95%BD-%ED%97%A4%EB%A1%9C%EC%9D%B8-%EC%A4%91%EB%8F%85-3322972

당했을 때 그것을 감당할 수 있는 인성이 제대로 형성되지 못한 청소년은 그 고통을 잊기 위해 약물에 빠져들 수 있다. 성폭력과 신체적 학대의 피해자들 또한 그 고통을 참아내기 위해 약물 접한다는 연구결과(Smith *et al.*, 2004)도 있으며, 우울증에 걸린 사람은 자살과 같은 보다 극단적인 방법의 대안으로서 약물의 의존한다는 연구결과도 존재한다(Kidd, 2004).

(2) 환경적 요인

약물남용의 유전적, 심리적 요인에 찬성하지 않는 학자들의 일치된 주장은 비록 유전적으로 약물남용에 취약한 유전 인자를 지니고 태어났다 하더라도 그들의 대부분이 약물남용자가 되는 것은 아니며, 인성형성기에 스스로 감당하기 힘든 충격적인 사건을 경험한 청소년들의 대부분이 약물에 의존한다는 것도 아니다. 환경적 요인을 주장하는 학자들은 약물남용의 원인을 유전적, 선천적 요인에 찾기보다는 후천적, 사회적 환경 때문에 발생한다고 주장한다. 환경적 요인은 다시 미시적으로 가정, 또래친구, 학교, 직장 등과 같은 개인환경적 요인과 사회구조나 주위환경 때문에 약물을 남용할 수밖에 없다는 사회구조적 환경으로 나누어 생각해 필요가 있다.

1) 개인환경적 요인

현재 우리가 사용하는 거의 대부분의 범죄이론은 1930년대 이후 미국에서 개발되고 발달된 이론들이다. 그중에서 범죄행위의 원인을 개인환경적 차원에서 설명하는 이론들의 상당수는 미국청소년의 약물남용을 경험적 검증대상으로 삼았다. 많은 개인환경적 이론들이 미국청소년 약물남용의 원인을 검증한 이유는 그만큼 미국사회에서 청소년약물남용은 사회적으로 심각한 문제를 야기하며, 약물을 남용하는 청소년이 성인이 된 이후에도 그들의 범죄성이 약화되지 않기 때문이다. 구체적으로 약물을 남용하는 청소년들은 그들이 남용하는 고가의 약물을 구입하기 위해 절도, 강도, 심지어 살인범죄를 저지르기도 하며, 미국 교도소에 수감되어 있는 범죄자의 50% 이상이 약물관련 범죄를 저지른 사람들로 가득 차 있는 실정이다. 미국 사회에서 약물남용의 폐해는 특별히 청소년들에게 가장 심각하게 나타나고 있다. 예를 들면, 성범죄, 침입절도, 살인, 학교폭력 등이 약물남용과 깊은 관련을 맺고 있다. 결론적으로 현재까지 약물남용의 원인을 가장 잘 설명하는 이론은 아래에 소개될 개인환경적 범죄이론들임에는 부인할 수 없는 사실이다(구체적 내용은 제5장의 범죄심리학이론 II를 참조하기 바람). 개인 환경적 요인은 약물의 유혹에 취약한 성향을 가지는 가정적 환경, 부모-자녀관계 및 훈육방법, 또래친구의 영향, 직장이나 학교의 영향 등을 들 수 있다. 첫째, 가정적 요인으로는 어릴 때 가정에서의 잘못된 사회화과정으로 인해 낮은 자기통제감(low self-control)이 형성되어 청소년기와 성인기에 약물남용자가 된다는 갓프레드슨과 허쉬(Gottfredson & Hirschi)의 자기통제이론(self-control theory)이 대표적이다. 즉, 낮은 자기통제감은 어린 시절 가정에서 부모가 자녀들의 행위를 잘 통제하지 못하고, 자녀의 비행이나 잘못된 행위를 인지하더라도 그에 대한 적당한 처벌을 내리지 않고 관대하게 대하거나, 또는 동일한 잘못된 행위를 어떤 때는 처벌하고 또 다른 때는 처벌하지 않는 일관되지 못한 훈육태도를 보일 때 형성된다는 것이다. 낮은 자아통제감을 가진 사람들이 만족감을 늦추기 힘들수록(impulsivity), 단순작업을 선호할수록(simple tasks), 위험추구를 좋아할수록(risk-seeking), 육체적 활동을 선호할수록(physical activities), 자아중심적일수록(self-centered), 인내심이 부족할수록(temper), 약물남용자가 될 가능성이 높으며, 이런 현상은 평생동안 진행된다는 것이다. 약물남용의 원인에 대한 자기통제이론의 경험적 연구결과물은 상당한 수준에 이른다. 예를 들면, 깁스와 기버(Gibbs & Giever, 1995)는 자기통제이론의 변인들이 알코올중독을 가장 잘 설명하는 예측변인이라고 주장했으며, 아네클리브(Arneklev)와 그의 동료들도 낮은 자기통제감과 흡연, 음주, 도박과 밀접한 관련이 있다고 주장했다(Arneklev *et al.*, 1993). 또한 한국청소년들을 대상으로 한 청소년의 술, 담배, 진정제, 흥분제 남용의 원인에 대한 황성현의 연구에서 6가지 낮은 자기통제감은 청소년의 약물남용을 잘 설명하는 것으로 나타났다(황성현, 2006). 특히 위험추구경향과 육체적 활동선호경향을 가진 청소년들의 경우, 그렇지 않은 청소년들보다 술과 담배를 더 많이 남용하는 경향이 있었으며, 자아중심적인 청소년들은 그렇지 않은 청소년들보다 흥분제를 더 많이 남용하는 것으로 드러났다.

둘째, 부모-자녀의 관계가 자녀의 약물남용에 상당한 영향을 미친다. 청소년의 약물남용을 연구하는 상당수의 학자들은 부모-자녀간의 관계가 청소년의 약물남용에 상당한 영향력을 미친다는 연구결과를 얻어 냈다. 호킨스(Hawkins)와 그의 동료들은 캐나다 청소년들을 대상으로 한 연구에서 청소년들의 약물남용을 포함한 비행행위를 시도하는 데 부정적 영향을 미치는 요인으로 가족 간의 유대가 중요하며, 학교와 동료집단의 영향력은 가족 간의 유대감보다는 훨씬 덜 중요한 역할을 한다고 주장했다(Hawkins *et al.*, 1992). 도리우스(Dorius)와 그의 동료들도 동료집단의 약물남용과 청소년들의 대마초흡연과의 관계를 완화시키는 역할을 하는 매개변인으로 아버지-자녀 간의 밀접한 유대감이라고 주장했으며, 자녀의 일탈행위를 부모가 인지하고 있는지 아닌지의 인식여부가 자녀의 대마초흡연에 상당한 영향력을 미친다고 주장했다(Dorius *et al.*, 2004). 브룩(Brook)과 그의 동료들도 부모-자녀 간에 낮은 친밀도와 자녀에 대한 부모의 높은 거부감은 자녀들이 상습 약물복용자가 되는 지름길이란 사실을 발견했다(Brook *et al.*, 1983). 그 외 다른 연구들도 청소년들의 약물남용에 중요한 영향을 미치는 요인으로 부모의 역할을 강조했다(Barman *et al.*, 2004; Ennett *et al.*, 2001).

약물남용의 원인을 개인적 환경으로 설명하는 또 다른 이론으로 애그뉴(Agnew)의 일반긴장이론(general strain theory)을 들 수 있다. 일반긴장이론에 따르면, 사람들은 일상생활에서 여러 가지 긴장요인으로 화, 우울감, 절망감 등의 부정적 감정을 경험하게 되며, 이런 부정적 감정을 해소하기 위한 일환으로 약물에 의존한다는 것이다. 예를 들면, 사람들은 일상생활에서 부모의 사망이나 친한 친구와의 이별, 부모로부터의 학대, 동료들의 폭언과 정신적 학대, 친구들로부터의 소외 등과 같은 긴장요인이 발생하면, 분노, 불안, 우울과 같은 부정적 감정이 발생하고 이런 부정적 감정을 잊기 위해 불법약물에 손을 댄다는 것이다. 우리 사회에서 청소년 약물남용의 원인을 일반긴장이론 설명한 연구결과물은 제법 존재한다. 송아영 등(2009)은 한국청소년패널조사를 활용한 청소년 지위비행에 관한 연구에서 학교긴장요인이 청소년 지위비행과 깊은 상관관계를 보인다고 주장했으며, 한국청소년정책연구원에서 조사한 '2010년 청소년 건강실태조사' 자료를 활용한 황성현의 연구에서 9,944명의 한국 초, 중, 고등학생들의 음주와 흡연행위의 원인으로 긴장과 스트레스를 지목하였다(황성현, 2012). 즉, 이 연구에서 우리나라 청소년들은 자신이 설정한 목표가 달성될 수 없을 것 같거나, 무엇을 때려 부수고 싶은 충동성이 강하거나, 부모의 이혼이나 가족의 해체를 경험하거나, 친구들로부터 학대를 받은 청소년들은 그렇지 않은 청소년들보다 음주와 흡연행위를 더 많이 하는 것으로 나타났다.

사회적 유대가 약화되거나 깨어졌을 때 사람들은 약물남용을 더 많이 하게 된다는 허쉬(Hirschi)의 사회유대적 측면에서 약물남용의 원인을 설명할 수도 있다. 사회유대이론은 약물남용의 원인을 네 가지 측면에서 설명하는데 그것은 애착(attachment), 관여(commitment), 참여(involvement), 신념(belief)이다. 즉, 사람들이 친구나 부모 등의 원초집단에 애착을 덜 느낄수록(애착), 교육이나 직업에 대한 열망이 약할수록(관여), 원초집단(가족, 친한 친구)과 여행이나 여가 등을 통해 보내는 시간이 적을수록(참여), 법 준수에 대한 신념이나 종교적 신념이 약할수록(신념) 약물남용을 할 가능성은 높아진다. 사회유대이론의 기본 가정은 '왜 사람들은 약물을 남용하지 않는가'에서 출발한다. 일반적으로 사람들은 약물남용을 포함한 범죄행위를 저지르고 싶지만 그런 행위를 하지 않는 이유는 사회적 유대가 강하기 때문으로 파악한다. 부모나 친구 등의 원초집단에 대한 유대가 강할수록 약물남용을 할 가능성은 낮아진다. 왜냐하면 그들의 기대에 부응하여 실망시키지 않는 삶을 살아가야 한다는 기대감을 가지고 있기 때문이다. 그러나 원초집단과에 대한 기대가 없거나 약할 경우, 약물남용을 하더라도 자신에 대한 원초집단의 평가를 신경 쓰지 않기 때문에, 즉 그들에 대한 유대가 약하기 때문에, 쉽게 약물남용을 하게 되는 것이다. 서구문화권에서 사회유대이론은 약물남용을 포함한 비행과 일탈행위의 원인을 잘 설명하는 이론으로 증명되었다 (Barman *et al.*, 2004; Dorius *et al.*, 2004; Ford, 2005; Wang, 2006). 서구권이 아닌 다른 언어와 문화를 가진 사회에서도 사회유대이론은 비행과 일탈행위를 설명하는 데 설득력 있는 이론으로 밝혀졌다 예를 들면, 중국에서(Zhang & Messner, 1995), 인도에서(Hartjen & Kethineni, 1999), 이스라엘에서(Cohen & Zeira, 1999), 일본에서(Tanioka & Glaser, 1991), 터키에서(Özbay & Özean, 2006), 그리고 한국에서(Hwang & Akers, 2003; 2006) 청소년들의 비행과 일탈행위를 잘 설명하는 이론으로 증명되었다. 음주 및 흡연행위를 포함한 청소년들의 비행을 허쉬의 사회유대이론으로 규명한 많은 국내의 경험적 연구들이 있다(심미영·정규석, 2007; 임은희·서현숙, 2007; 전영실, 2003). 청소년패널자료를 활용한 심미영·정규석(2007)의 연구에서 부모와의 애착이 강할수록 청소년들은 각종 비행을 덜 저지르는 것으로 드러났다. 또한, 부모와의 관계가 학교생활의 적응과 문제 및 비행과 관련성이 깊으며, 부모의 감독수준이 높을수록 청소년 비행을 줄일 수 있는 것으로 나타났다.

마지막으로 약물남용의 원인을 설명하는 이론으로 에이커스(Akers)의 사회학습이론(social learning theory)을 들 수 있다. 사회학습이론에서 약물남용은 친한 친구들과 차별적 접촉을 통해 학습하게 된다. 이 이론에서 약물남용의 원인은 4가지 차원에서 설명되는데 그것은 '차별적 접촉(differential association)', '정의(definitions)', '차별적 강화(differential reinforcement)', '모방(imitation)'이다. '차별적 접촉(differential association)'은 약물을 남용하는 개인이나 단체와의 상호작용이나 접촉에 얼마만큼 노출되어 있는지를 파악하는 개념이다. 즉, 차별적 접촉은 약물을 남용하는 사람과 직접, 간접적으로 접촉하는 것과 다른 규범과 가치에 노출되는 것을 모두 포함한다. 그러한 개인이나 단체 중에서 가장 중요한 요인은 가족과 친구집단의 영향력이다. 이러한 단체와의 접촉 시, 우선순위, 지속기간, 빈도와 강도 등이 개인이 약물남용에 빠지는 데 큰 영향을 미친다. 따라서 사람들이 약물을 남용하는 친구와의 접촉이 많을수록 자신도 약물을 남용할 가능성이 많아진다. '정의(definitions)'는 주어진 행위에 대해 개인이 부여하는 의미와 태도를 말한다. 정의는 약물남용에 대해 우호적일 수도 있고 비우호적일 수도 있다. 약물남용에 대해 우호적인 정의는 한 행동을 바람직하거나 허용할 만한 것으로 여기는 우호적인 정의와 약물남용을 정당화하거나 변명하는 중립(중화)적인 정의로 나뉜다. 따라서 사람들이 약물남용에 관해 우호적인 생각과 중립(중화)적인 생각이 많을수록 자신도 약물을 남용할 가능성이 많아진다. '차별적 강화(differential reinforcement)'는 행위의 결과로 나타나는 예상되거나 실제적인 보상과 처벌 간의 균형을 의미한다. 즉 약물남용을 통해 긍정적인 보상이 얻어지거나 부정적인 처벌이 회피될 때, 그 특정 행위는 강화된다. 반면에 그 행위의 결과 긍정적 처벌이라는 혐오스러운 자극을 받거나 (예를 들면, 약물을 사용했을 때 속이 불편하다든지, 토할 것 같은 느낌이 들든지, 부모나 친구들이 싫어한다든지 등) 보상의 상실이라는 부정적 처벌을 받게 될 때(예를 들면, 경찰이나 선생님들께 발각된다든지, 학교에서 징계를 받든지 등), 그 행위는 약화된다. 따라서 사람들이 약물남용을 통해 기분이 좋아지거나 친구들과의 관계가 더 돈독해지는 것과 같이 그런 행위를 통해 얻을 수 있는 보상이 처벌보다 강하다면 약물을 남용할 가능성이 높아진다. 마지막으로 '모방(imitation)'은 다른 사람의 행동을 관찰한 후에 그것과 유사하게 행동하는 것을 의미한다. 모방은 가족이나 친구집단과 같은 원초집단을 통해서뿐만 아니라 언론이나 미디어를 포함한 대중매체를 통해서도 발생된다. 따라서 사람들이 주위에서 가족, 친구, 대중매체를 통해 약물을 남용하는 것을 직접 보거나 관찰한 적이 많을수록 자신이 약물을 남용할 가능성이 많아진다.

에이커스의 사회학습이론에 따르면, 약물남용을 하는 비행친구들과의 잦은 만남을 통해 청소년 자신 또한 불법 약물을 사용할 가능성이 높아진다고 주장한다.
출처: https://www.youtube.com/watch?v=esltMz5eMhY

결론적으로 사회학습이론을 종합해보면, 약물남용은 사회 구성원들 간의 상호작용을 통해 학습되며 그중에서 특히 약물을 남용하는 친한 친구와의 차별적 접촉을 통해 약물남용에 대한 태도나 가치 등을 배우게 된다는 것이다. 비록 타인을 통해 약물남용을 직·간접적으로 관찰하거나 (모방), 약물남용에 대해 우호적인 생각이나 중립적인 생각이 강하거나(정의), 약물남용으로 인해 얻을 수 있는 보상이 처벌보다 강하다고(차별적 강화) 생각될지라도 약물남용에 가장 결정적 영향을 미치는 요인은 그런 약물을 남용하는 친구들과의 접촉(차별적 접촉)을 통해서 자신이 약물을 남용할 가능성이 높아진다는 것이다. 에이커스의 사회학습이론은 미국과 유럽국가에서 단독으로 사용될 뿐만 아니라 약물남용을 설명하는 다른 이론들과 함께 사용되어졌을 때도, 가장 설득력 있는 이론으로 평가받았다(Akers, 1998; Akers & Lee, 1999; Costello & Vowell, 1999). 또한, 한국을 포함한 아시아권 국가에서도 설명력이 뛰어난 이론으로 알려져 있다(Junger-Tas, 1992, Zhang & Messner, 1995, Hwang & Akers, 2003; 2006).

사회학습이론을 적용하여 우리나라 청소년들의 약물남용을 설명했던 최근의 연구 또한 상당하다(고순청·이승현·이창한, 2019; 고순청·이창한·이승현, 2019; 유순화·정규석, 2003; 이상균, 2002; 이승현·황성현, 2019; 황성현, 2006; 2008; 2009, 2010a, 2010b; 2012; 황성현·이강훈, 2013).

고순청·이승현·이창한(2019)은 한국아동·청소년패널의 6년치 종단자료를 분석한 결과, 청소년 약물남용 초기에 친구와의 차별적 접촉은 학년이 증가함에 따라 청소년 자신의 약물사용에 가장 큰 영향력을 미쳤다. 또한 청소년 각 개인 간 약물사용의 빈도와 강도 면에서 약물사용친구들과 자주 어울리는 청소년은 초기에 그렇지 않은 친구들보다 더 많은 약물을 사용하였으며 학년이 올라감에 따라 그 증가속도가 가파르게 나타났다. 따라서 청소년 약물사용에 가장 큰 영향을 미치는 변수는 약물을 사용하는 친구들과의 차별적 접촉이었으며, 이는 학년이 증가함에 따라 약물을 사용하는 친구의 영향력은 더 강하게 나타났다. 청소년 약물남용의 원인을 사회학습이론과 다른 범죄이론들, 예를 들면 사회유대이론, 자기통제이론, 일반긴장이론 등과의 비교연구를 한 연구로는 황성현과 그의 동료들의 연구가 대표적이다. 부산지역 1,035명의 남여고등학생을 대상으로 청소년의 술, 담배, 진정제, 흥분제 남용에 관한 황성현의 연구에서 청소년 자신의 낮은 자기통제감(자기통제이론)이나 부모와의 유대감(사회유대이론)보다 약물을 남용하는 친한 친구와의 차별적 접촉(사회학습이론)이 청소년 자신의 약물남용을 가장 잘 설명하는 것으로 나타났다(황성현, 2006). 그러나 황성현의 2006년 연구는 부산이라는 지역적 한계를 가지고 있어 전국 청소년 약물남용의 원인을 명확하게 밝히는 데 한계를 가지고 있었다. 이에 황성현은 2009년에 한국청소년정책연구원에서 5년 동안 전국 청소년을 대상으로 한 청소년패널자료를 이용한 종단연구(종단연구는 제2장의 용어설명 참조)를 실시하였다. 연구 결과, 사회유대이론과 자기통제이론은 한국 청소년의 음주 및 흡연행위를 잘 설명하지 못한 반면 사회학습변인은 청소년 음주행위의 9.7%, 흡연행위의 22.9% 변량을 설명하였다(황성현, 2009). 특히 3가지 이론을 한 회귀방정식에 투입하여 분석한 결과, 사회학습이론의 친구와의 차별적 접촉이 청소년의 음주 및 흡연행위를 가장 잘 설명하는 것으로 나타났다(황성현, 2009). 청소년 약물남용에 관한 황성현의 또 다른 연구로, 2010년 한국청소년정책연구원에서 수집한 '2010년 청소년 건강 실태조사'에서 총 9,844명의 한국 초·중·고등학생들의 음주 및 흡연행위를 분석한 결과, 에이커스의 사회학습변인들은 애그뉴의 일반긴장변인들보다 약 4배에서 7배 정도 더 청소년 음주 및 흡연행위를 잘 설명하는 것으로 드러났다(황성현, 2012). 또한, 한국아동·청소년패널의 1차와 2차년도 연구자료를 이용한 황성현과 이강훈의 연구에서 청소년 음주 및 흡연행위를 포함한 청소년비행의 원인은 사회유대이론과 일반긴장이론에서 추출된 변인들보다 사회학습변인들이 더 잘 설명하는 것으로 나타났다(황성현·이강훈, 2013).

한국아동청소년패널자료를 이용한 또 다른 연구로, 사회유대이론, 일반긴장이론, 사회학습이론을 비교분석한 연구에서, 청소년 약물사용에 사회유대요인, 일반긴장요인, 사회학습요인 모두 직접적인 영향을 미치는 것으로 나타났으며, 사회유대요인, 일반긴장요인이 사회학습요인을 매개하여 간접적으로 청소년 약물사용에 영향을 미치는 것으로 나타났다. 이는 사회유대요인과 일반긴장요인이 청소년 약물사용에 유의미한 영향력을 미치는 것은 사실이나, 사회학습요인을 매개하여 더 많은 영향을 미치고 있으므로 사회학습요인이 약물사용에 가장 큰 영향력을 미친다는 사실을 확인할 수 있었다(고순청·이창한·이승현, 2019). 선행연구결과들에 따르면, 친구와의 차별적 접촉이 청소년 약물사용에 지대한 영향력을 미친다는 사실을 알 수 있었지만, 이런 결과는 학창시절 학교에서의 제한된 생활이 때문에 친한 친구와의 차별적 접촉이 이루어진 것으로 추측할 수 있다. 한정된 친구사귐이 벗어나는 사회초년생들의 약물사용에 여전히 친구와의 차별적 접촉이 유의미한 영향을 미치는지를 확인하기 위해 이승현과 황성현은 고등학교 3학년과 사회초년생의 음주행위를 비교분석하였다(이승현·황성현, 2019). 분석결과, 사회학습 변수들이 고등학교 3학년과 사회초년생 양쪽 집단 모두에서 음주행위를 가장 잘 설명하였다. 그중에서 음주친구와의 차별적 접촉 변수가 두 집단의 음주행위에 가장 강력한 영향력을 미침에 따라, 학창시절의 마지막 학년인 고등학교 3학년뿐만 아니라 사회초년생들에게까지도 청소년 음주행위를 결정짓는 가장 강력한 요인은 친구와의 차별적 접촉요인이었다.

지금까지 약물남용의 개인환경적 측면인 가정, 또래친구, 학교 등을 자기통제이론, 일반긴장이론, 사회유대이론, 사회학습이론 등을 적용하여 살펴보았다. 가정적 측면에서 자기통제이론과 일반긴장이론의 변인들은 약물남용, 특히 청소년 약물남용을 잘 설명하였다. 어린 시절 가정에서의 잘못된 사회화로 인해 낮은 자기통제력이 형성되고, 이렇게 형성된 낮은 자기통제력은 청소년기와 성인기를 거치면서 약물을 남용하는 주된 원인이 된다. 또한, 여러 가지 원인으로 형성된 긴장과 스트레스 또한 약물남용의 주된 원인이 된다는 사실을 외국과 한국의 경험적 연구를 통해 확인할 수 있었다. 그러나 지금까지 청소년 약물남용을 포함한 성인들의 약물남용을 설명하는 데 가장 설득력 있는 이론으로는 사회유대이론과 사회학습이론이 지목되어왔다. 외국과 한국의 선행연구에서 이 이론들의 설명력은 상당히 뛰어났다. 즉,

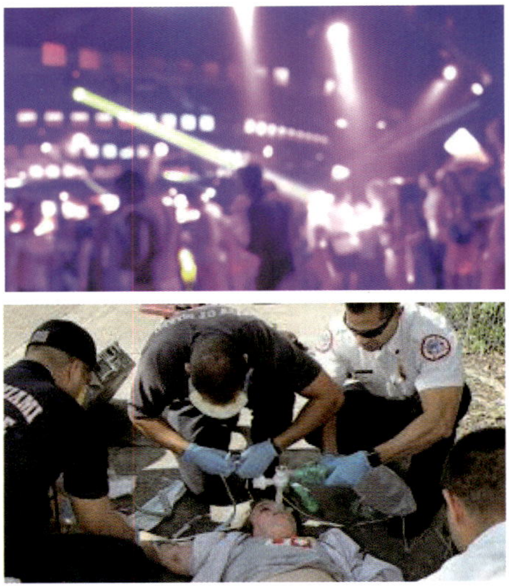

개인환경적 요인은 약물을 사용하는 친한 친구들과의 잦은 접촉을 통해 약물중독자가 될 가능성이 높다는 것이다.
출처: national geographic, 마약주식회사: 필로폰 다큐프로그램

가정과 사회에서 사회적 유대가 약한 사람들은 약물을 남용할 가능성이 높았으며, 친한 친구들이 약물을 남용할 경우, 자신도 약물을 사용할 가능성이 높은 것으로 드러났다. 약물남용의 개인환경적 요인을 설명하는 변인들을 비교분석한 연구에서는 사회학습이론에서 추출된 변인들이 자기통제이론, 일반긴장이론, 사회유대이론보다 설명력이 더 뛰어났다. 이는 외국과 한국에서 약물남용의 원인으로 친한 친구들의 영향력이 어떤 다른 요인보다 더 크다는 사실을 반증하는 셈이다. 또한, 약물을 사용한 후에 느끼는 육체적, 정신적 보상이 사법기관에 적발되어 처벌될 가능성보다 높다고 생각할 때 약물을 더 많이 사용하고, 약물에 대한 태도나 가치관이 우호적이거나 긍정적일 때 약물을 남용할 가능성이 더 높다는 사실을 알 수 있었다.

2) 사회환경적 요인

약물남용의 원인을 사회환경적 요인에서 찾는 이론은 하류계층 사람들이 주로 거주하는 지역의 약물남용비율이 중류층이나 상류층 밀집지역의 약물남용 비율보다 높다는 사실에서 출발한다. 하류계층 지역에 사는 사람들은 대체적으로 빈곤하며, 국가로부터 최소한의 사회적 인프라 혜택을 잘 받지 못해 사회해체가 급격하게 진전되는 곳이다. 각 가정에서도 배우자학대, 자녀학대, 이혼, 실직 등의 비율이 높다. 하류계층 밀집지역의 사람들은 사회적 편견, 평가절하된 자기정체감, 낮은 자아존중감, 낮은 사회경제적 지위, 낮은 사회적 인프라 속에서 살아가면서 겪는 스트레스 등을 불법 약물남용을 통해 위로받는다. 이처럼 해체된 지역의 사람들은 약물 사용의 기술을 배우고 약물습관에 대한 사회적 지지를 얻기 위해 약물을 자주 남용하는 또래 친구들과 어울리면서 하나의 하위문화를 형성해 가는 경향이 있다. 약물남용의 사회환경적 요인을 잘 설명하는 이론에는 하위문화이론이 대표적이다. 하위문화이론에 따르면, 약물남용을 포함한 범죄행위는 특별히 하위층이 밀접한 지역에서 자주 발생하는데 이는 약물남용을 선호하는 특유한 하위문화를 서로 공유하기 때문으로 알려져 있다. 하위문화이론에는 코헨(Cohen)의 지위박탈(status frustration)과 비행 하위문화(delinquent subculture), 클라워드(Cloward)와 올린(Ohlin)의 차별기회와 비행 하위문화(differential opportunity and the delinquent subculture), 밀러(Miller)의 하층계급문화이론, 울프강(Wolfgang)과 페라쿠티(Ferracuti)의 폭력하위문화이론 등이 있

다(이창한·황성현·김상원, 2012). 특히 약물남용과 관련된 하위문화이론으로 클라워드(Cloward)와 올린(Ohlin)이 제시한 비행하위문화이론(delinquent subculture theory)이 대표적이다.

최근 미국 센프란시스코의 동성애자들 사이에서 필로폰 남용으로 인한 사회문제가 빠르게 증가하고 있다.
출처: national geographic 마약주식회사: 필로폰 다큐프로그램

클라워드와 올린의 주장에 따르면, 비행하위문화에는 3가지 형태가 있는데, 그것은 범죄하위문화, 갈등하위문화, 도피하위문화 등이다. 범죄하위문화(criminal subculture)는 이미 불법적인 기회구조가 발달되어있는 노동계급 지역에서 나타나며, 이곳의 청소년들은 주로 절도, 공갈, 사기와 같은 재산범죄를 저지르는 소년갱단에서 주로 활동한다. 갈등하위문화(conflict subculture)는 합법적 기회구조와 불법적 기회구조가 모두 결핍되어있는 지역, 즉 사회적으로 해체된 지역에서 발달하는데, 비행활동은 폭력적인 갱들 간의 싸움을 중심으로 일어난다. 마지막으로 도피하위문화 또는 이중실패하위문화(retreatist or double-failure subculture)에 속한 청소년들은 일탈적 방식으로 문제를 해결하려 하지만, 억제가 내면화되어 있어 일탈행위를 하지도 못할 뿐만 아니라 다른 하위문화에도 들어가지 못하기 때문에 그들은 문제를 해결하기 위해 주로 약물을 남용하는 경향이 있다. 따라서 범죄하위문화나 갈등하위문화에 속해 있는 청소년들도 약물을 남용하는 데 거리낌이 없지만, 낮은 자기정체감과 자아존중감을 갖고 있는 청소년들은 주로 도피하위문화에 속하는 지역에서 사회에 대한 높은 불신감, 부정적 사고, 반항심 등을 약물남용으로 표출하는 경향이 강하게 나타난다.

우리 사회에서 약물남용의 원인을 사회환경적 차원에서 잘 설명할 수 있을까? 사회환경적 요인을 비판하는 학자들은 비행하위문화의 주장이 정당하다 하더라도 약물남용을 포함한 비행 및 범죄는 전체 비행 및 범죄의 10% 정도만 설명할 뿐이며, 이 모델은 탁상공론적인 이론화에 불과하여 경험적 조사에서 이 이론을 지지하는 결과는 많지 않다고 주장한다(이창한·황성현·김상원, 2012). 즉, 사회해체를 경험한 지역에 살고 있는 사람들이 약물을 남용할 가능성이 많다는 사실을 경험적으로 증명하기는 쉽지 않다. 그럼에도 불구하고, 강은영·이성식의 연구에서 일반인 2,500명, 교도소에 수감된 일반사범 807명, 약물사범 672명, 총 3,979명을 대상으로 조사하였는데, 약물사범들은 다른 집단에 비해 약물 친화적인 환경 속에서 생활한다고 주장했다(강은영·이성식, 2005). 즉 이들은 주변에 약물을 하는 친구나 가족, 애인이 많고,

이들로부터 약물을 권유받는 비율도 다른 사람들에 비해 훨씬 높은 것으로 나타났다. 따라서 약물남용의 원인을 단순히 개인적인 차원에서 심리적으로, 정서적으로 안정되지 못한 사람들의 일탈행위로 보거나, 낮은 자기통제감, 높은 스트레스나 긴장 때문이라기보다는 그들이 약물의 유혹에 쉽게 빠질 수 있는 환경하에서 생활하고 있다면 사회환경적 요인도 무시할 수 없는 부분이라 하겠다.

04 약물남용자들의 특성

성인 약물남용자들과 청소년 약물남용자들이 사용하는 약물의 종류와 동기 등이 다르긴 하지만 일반적으로 청소년기부터 약물을 남용한 사람이 성인기에도 계속 불법약물을 사용할 가능성이 높다. 이런 현상 때문에 성인에게는 합법적인 음주 및 흡연행위가 청소년들에게 허용되지 않으며, 청소년기의 음주 및 흡연행위를 성인기의 불법약물남용의 관문(gateway)으로 여기고 있다. 청소년의 경우, 술, 담배뿐만 아니라 본드, 신나, 부탄가스 등과 같은 흡입제 및 러미나, 아티반 등과 같은 신경안정제 등을 사용하는 반면, 성인의 경우, 알코올, 대마, 필로폰 등 그 종류가 다양하다. 일반적으로 성인의 경우, 10대 때는 본드로 시작하여 부탄가스나 신나를 주로 사용하고, 20대는 본드나 필로폰, 대마초를 사용하며, 30대는 필로폰을 사용하고, 40대 이상은 신경안정제와 필로폰을 사용하는 경향이 있다(이근후, 1992). 이런 약물발달의 전개과정이 모든 약물남용자들에게 공통적으로 적용되는 것은 아니다. 어떤 약물남용자들은 청소년기에 술과 담배 등을 남용한 경험 없이 강성약물인 헤로인, 코카인, 필로폰 등을 바로 사용하는 경우도 있다. 미국의 경우, 많은 미국 젊은이들이 대마초(마리화나)를 피워 본 경험이 있지만 그들 중 극히 일부만 크랙이나 헤로인 중독자가 된다(Golub & Johnson, 2001). 따라서 약물남용의 경로 및 시기가 다양한 만큼, 그 이유 또한 다양하다. 그것은 가정해체 때문일 수도 있고, 문화적 학습에 의한 것일 수도 있고, 부적응적인 성격이 원인이 되거나 중독에 걸리기 쉬운 성격 때문일 수도 있다(Inciardi, 2007). 약물남용의 경로, 시기, 이유 등이 다양하지만 약물남용자들은 일반인들과 어떤 측면에서 다른 점이 있는지를 살펴볼 필요가 있다. 여기서는 정서적, 심리적 특성과 사회적 특성으로 나누어서 설명하고자 한다.

(1) 정서적, 심리적 특성

약물남용자들이 비약물남용자들과 다른 특이점을 발견하는 작업은 약물남용의 원인과도 직접적인 관련성을 가지고 있다. 즉, 어떤 이유로 약물을 남용하게 됐는지를 파악하는 것은 비남용자들과는 상이한 정서적, 심리적 특성을 가지고 있다는 사실과 일맥상통한다. 약물남용자들의 개인적 특성 중 낮은 자기통제감과 자아존중감, 그리고 일상생활에서의 긴장요인이 약물남용의 원인으로 지목된다. 이처럼 약물남용자는 첫째, 비약물남용자에 비해 낮은 자기통제감과 자아존중감을 가진다. 2005년 한국 형사정책연원에서 수집한 약물사용관련 성인범죄자들의 자료를 사용한 연구에 따르면, 부정적인 자아감과 마약사용과의 관계에 깊은 상관관계가 존재하는 것으로 나타났다(윤민우, 2012). 즉 부정적인 자아감을 가지면 가질수록 마약을 사용하는 경향이 더 높은 것으로 드러났다. 이런 부정적인 자아감과 낮은 자기통제감 및 자아존중감은 약물에 대한 인식을 왜곡시키고 약물의 유혹을 거절할 수 있는 자기효능감을 저하시켜 결국 약물남용을 초래할 가능성이 높은 것이다. 또한, 청소년 약물남용자들의 경우, 약물남용과 낮은 자아존중감 간에는 유의한 상관관계가 나타난다. 선행연구에 따르면, 약물남용 청소년은 일반 청소년들에 비해 자아존중감이 유의미하게 낮았으며(김재희, 1995), 약물이나 알코올은 자존감과 우울 및 불안과 의미있게 관련되어 있으며, 약물을 남용하는 청소년은 자존감이 낮고 우울과 불안감이 높게 나타났다(Havey & Dodd, 1992).

둘째, 약물남용자들은 비약물남용자들(일반인)에 비해 불안감, 우울감 등이 상대적으로 높은 편이다. 약물남용자들은 외로움, 불안, 우울 등의 감정을 없애기 위해 약물에 의존하는 경향이 있으며, 청소년 약물남용자의 경우, 일반 청소년에 비해 자아존중감이 낮고, 충동적이며, 공격적이고 행동을 잘 억제하지 못하는 경향이 강하다. 또한, 반항심, 독립심, 동기저하, 심리적 부담감, 파괴적 행동, 범죄행위, 불안, 우울, 자기통제력 저하 등이 두드러진다(Bailey, 1989). 특히 약물남용 청소년들은 내적 불안이 높다. 그들에게서 낮은 자존감, 높은 자기 소외감, 대인관계에서의 의사소통의 부적절성, 자신의 정서를 조절하는 능력의 저하 등을 많이 볼 수 있으며 의존적이고 자기중심적이며 허영심이 강하고 쾌락적인 경향을 보이기도 한다. 우울 또한 약물남용자에게 나타나는 심리적 특성이다. 우울한 청소년은 갑자기 화를 내거나 가출, 무단결석 등의 비행행동을 하는 경향이 강한데 우울은 약물남용, 문란한 성관계, 자기소외, 자살과 같은 반사회적 행동으로 나타나기도 한다. 약물남용 청소년들의 성격특성을 파악하기 위해 약물남용 청소년 집단 179명과 통제집단 175명을 대상으로 비교 연구한 결과, 약물남용 청소년들은 일반 청소년에 비해 충동적이고 즉흥적이며 사회적 규범에 순응적인 행동을 하지 않으며, 자신의 문제를 솔직하게 잘 드러내지 않고 좋게 보이려는 태도를 지니는 것으로 나타났다(노명래, 2001). 또 다른 연구로, 소년분류심사원에 유해화학물질관리법 위반으로 위탁된 약물남용 청소년들과 사기를 저지른 청소년들을 비교분석한 결과, 흡입제 약물남용 청소년은 사기를 저지른 청소년보다 우울감을 느낄 때가 많고, 타인을 의심하고 믿지 못하고, 불안해하고, 미래에 대해서 비관적이고, 새로운 상황에서 마음이 편치 못하고, 자신감이 부족하여 쉽게 포기하고, 다른 사람들이 자신을 좋아하지 않는다고 생각하고, 자신이 아주 보잘것없다고 생각하고, 성공을 기대하지 않고, 대인관계에서 지나치게 민감하고, 학교생활에 문제가 있을 수 있으며, 현실과 공상을 구분하는 데 어려움을 겪을 수 있는 등의 심리적 특성을 보였다(박소은, 2010).

셋째, 약물남용자는 일상생활에서 겪는 긴장과 스트레스를 해소하기 위한 방법으로 약물을 남용하는 경향이 있다. 애그뉴의 일반긴장에서 밝힌 것처럼, 일상생활에서 긍정적 자극이 없어지거나, 부정적 자극이 발생하면 긴장이나 스트레스가 생기고 이를 해소하기 위해 약물을 남용하게 된다. 예를 들면, 청소년은 부모와의 갈등, 학업성적의 부진, 친구와의 다툼 등을 통해 긴장이 발생하고, 성인의 경우, 배우자와의 갈등, 실직, 직장동료들과의 불화 등을 통해 긴장이 발생하며 이를 해소하기 위해 약물을 남용하는 경향이 있다는 것이다. 이런 긴장이나 스트레스가 약물을 남용하는 사람들에게 적용된 경험적 연구가 많이 진행되었으며 상당한 설득력을 가진 것으로 나타났다(Agnew & White, 1992; Hoffman & Su, 1997; Horwitz *et al.*, 1996; Moisan *et al.*, 1999; Sinha *et al.*, 2000). 긴장은 과도한 음주나 약물남용과 밀접한 관련성 있으며(Sinha *et al.*, 2000), 특히 성인의 경우, 가정불화에서 비롯된 긴장과 직장생활에서 발생한 긴장은 약물남용의 주요 원인이 되는 것으로 나타났다(Horwitz *et al.*, 1996; Moisan *et al.*, 1999).

약물중독자의 약물중독 전과 후. 사진은 최근 미국의 약물 및 알코올 중독 치료센터인 '베터 어딕션 케어'(Better Addiction Care)가 마약 중독자의 전과 후 사진을 이미지로 만들어 공개했다
출처: https://nownews.seoul.co.kr/news/newsView.php?id=20170718601007

(2) 사회적 특성

약물남용자들은 사회인구학적으로 어떤 특징을 가지고 있으며, 약물남용에 대한 어떤 가치관이나 태도를 가지고 있을까? 이에 대한 대답으로 한국형사정책연구원에서 1993년 서울지역 약물남용자들을 표본으로 조사한 연구결과와 2004년 광역시 이상 7개 도시의 성인을 대상으로 한 두 가지 연구를 통해 살펴보고자 한다(문영호 외, 1993; 강은영·이성식, 2004). 이 두 가지 연구는 비록 11년간의 시간적 간격은 있지만, 1993년 서울과 2004년 전국 7개 도시의 성인을 대상으로 표본추출한 자료를 사용하였기 때문에 연구결과의 일반화(일반화는 제4장의 용어설명 참조)와 대표성을 확보할 수 있다는 점에서 한국 성인들의 약물남용에 대한 구체적인 특성을 명확하게 파악할 수 있다. 이 두 가지 연구결과의 요약은 다음과 같다(문영호 외, 1993; 강은영·이성식, 2004).

첫째, 어떤 부류의 사람이 약물을 사용하는지를 파악할 수 있는 사회인구학적 특징으로, 연령이 낮고, 직업이 없으며, 월평균 수입이 낮으며, 결혼상태가 불안정한 사람들로 나타났다. 즉, 약물남용은 일반적으로 젊은 계층과 사회경제적 수준이 낮은 사람이 주로 많이 하는 것으로 드러났다. 둘째, 1993년의 연구에서, 필로폰이나 대마초같은 강성약물을 사용한 경험이 있는 사람은 거의 없었던 반면, 2004년의 연구에서는 강성약물을 사용한 비율은 약 2.5%로 나타났고, 흡입제나 환각목적의 일반의약품을 사용한 비율은 4.6% 나타남에 따라, 대부분의 사람들은 약물을 단지 호기심이나 친구의 권유 등의 이유로 처음 접하는 경우가 많았다. 하지만 마약사범의 경우에는 스트레스 해소나 성적 쾌감 등의 이유로 약물을 사용하는 경우가 많음에 따라, 일반적으로 초보자는 호기심, 중독자는 좀 더 적극적으로 자신에게 신체적, 정신적 이득이 되기 때문에 약물을 사용하는 경향을 보였다. 셋째, 약물인지 경로로는 친구나 동료들로부터 알게 되었다는 응답이 가장 많았다. 특히 여성보다는 남성이 친구들로부터 약물을 알게 되는 경우가 많았으며, 연령과 학력이 낮을수록, 직업별로는 생산직, 기타, 또는 무직의 친구들로부터 약물정보를 입수하는 것으로 드러났다. 이런 결과는 사회학습이론에서 주장하는 것과 일맥상통한다. 즉, 친한 친구들과 차별적 접촉을 통해 약물에 대한 정보를 입수할 뿐만 아니라 그런 친구들과 더 친해지기 위해 약물을 사용하는 것으로 추측할 수 있다. 넷째, 약물을 사용하는 사람은 주로 주위 사람들이 약물사용에 대해 우호적인 생각을 갖고 있고, 그들로부터 약물을 권유받았으며 또한 본인 스스로 약물사용이 육체적, 정신적으로 자신에게 이득이 된다고 인지하고 있을 뿐만 아니라 손실과 중독성은 크게 인지하지 않는 경향이 있었다. 이 결과 또한 사회학습이론에 주장하는 약물남용의 원인과 정확하게

약물 주사위를 서로 돌려가며 사용하는 것은 다른 심각한 질병, 예를 들면, AIDS, 성관련 질병 등을 전파시키는 원인이 된다.
출처: national geographic 마약주식회사: 헤로인 다큐프로그램

일치한다. 즉, 정의(definition)에서 약물에 대해 부정적 생각보다는 우호적이거나 중화적인 생각을 가지고 있는 사람들일수록(definition), 약물이 본인에게 주는 손실보다 이득이 더 크다고 생각할수록(differential reinforcement), 친구로부터 약물사용을 권유받을수록(differential association), 자신 스스로 약물을 사용할 가능성이 높아진다는 사실과 일치하는 것이다. 특히 2004년의 연구에서, 가족이나 친척이 약물을 사용한 경험이 있는 비율은 전체의 2.0%에 불과한 반면, 친구가 사용한 경험이 있는 비율은 29.2%로 친구의 영향이 압도적으로 높았다. 또한, 응답자의 62.1%가 약물이 기분전환에 좋을 것이라고 응답했으며, 약물이 스트레스 해소에 좋을 것이라는 응답도 42.9%를 차지함에 따라 약물에 대한 우호적인 생각과 태도를 가지는 것이 비약물중독자들과 확연하게 다른 차이점으로 나타났다. 마지막으로 약물중독성에 대한 인지측면에서 응답자의 거의 대부분인 94.0%가 약물은 중독성이 있다고 응답했다. 1994년의 연구에서는, 신체적 중독성과 정신적 습관성으로 나누어서 좀 더 구체적으로 설명하였는데, 본드, 신나, 부탄가스 같은 유기용제, 대마초, 필로폰의 경우에는 정신적인 습관성보다는 신체적인 중독성이 더 강할 것으로 판단한 반면, 타이밍, S정 등과 같은 일반의약품을 불법적으로 사용하는 경우에는 정신적인 습관성이 더 강할 것이라고 인식하고 있었다.

종합하면, 약물남용자의 사회적 특징으로, 그들은 약물에 대한 인지도가 높고, 약물남용이 나쁘지 않다는 관대한 태도를 가지며, 주위의 친한 친구들이 약물을 사용한 경험이 높고, 그들로부터 권유를 받은 경험이 많은 것으로 나타났다. 또한, 그들은 약물로 기분전환이나 스트레스 해소가 클 것이라고 인식하고 있으며, 약물에 더 많은 호기심과 유혹을 느끼며, 약물의 부정적인 면에 대해서는 잘 알지 못하는 경향을 보였다.

약물남용의 대책

05

약물남용을 억제하는 방안에는 크게 공급적 측면과 수요적 측면으로 나눌 수 있다. 공급적 측면은 약물의 생산, 제조, 판매 등 약물의 국내 유입을 통제하는 전략이다. 반면에 수요적 측면은 약물남용자들의 약물사용을 줄이는 전략이다. 우리나라는 아직까지 약물청정국으로 지정되어 있는 만큼 약물남용을 억제하기 위해서는 공급적 측면보다는 수요적 측면에서 약물남용의 사용을 줄이는 것이 바람직한 정책이라 할 수 있다. 한편 공급적 측면을 억제하는 것은 한 나라의 노력으로는 부족한 부분이 있다. 예를 들면, 불법 약물은 국제적인 유통구조망을 가지고 있기 때문에 각 국의 공조수사가 필수적이지만, 공조수사가 원활하지 않을 경우에 우리 사회에서 약물사용을 줄이기가 쉽지 않다. 결론적으로 우리나라에서 약물남용의 비율을 줄이기 위해서는 수요적 측면에서 약물남용을 억제하는 것이 효과적이라 할 수 있다.

(1) 공급적 측면

공급적 측면의 약물남용 대책으로는 억제전략과 처벌전략이 있다. 억제전략은 대규모 약물공급책에 대한 체계적인 검거와 높은 금액의 벌금을 부과하는 엄격한 법 집행을 통해서 약물의 판매와 수입을 억제하는 것이고, 처벌전략은 검찰과 법원 차원에서 약물범죄자의 기소와 처벌에 가장 우선순위를 두는 전략이다. 그러나 우리나라 마약류 범죄의 특징을 살펴보면, 유통경로는 점조직으로 공급과 판매의 선이 노출되지 않는 음성적 형태를 띠며, 제조기술면에서는 각종 첨단장비를 동원하여 숙련된 기술을 사용하는 과학범의 특수성을 지닌다(박영수, 2014). 또한, 마약류 범죄는 제조원료와 완제품이 국경을 넘어 수입, 수출, 판매, 투약이 이루어지는 국제 범죄의 특성을 지니며, 국내 폭력조직과 국제범죄조직이 연계되는 복합범죄의 특성을 지니고 있다(박영수, 2014). 마약공급의 국제적 성격과 국내외 범죄조직의 연계성 때문에 우리나라의 약물남용을 줄이기 위한 정책으로 공급억제전략은 태생적으로 한계가 있을 수밖에 없다. 우리나라에서 약물남용비율을 줄이기 위해서는 국제적인 사

양귀비의 주 생산지인 아프카니스탄을 기점으로 헤로인이 전 세계적으로 공급되고 있다.
출처: national geographic 마약주식회사: 헤로인 다큐프로그램

법공조와 정보교환이 필수적인데 국제공조수사의 한계점 때문에 공급억제정책은 시스템적으로 상당한 인력과 재원이 투입되어야 효과를 볼 수 있는 단점이 있다. 따라서 우리나라 약물남용자들의 비율을 줄이기 위한 효율적인 정책으로는 수요를 억제하는 정책으로 전환되어야 한다.

(2) 수요적 측면

수요적 측면에서의 약물남용 억제전략으로는 청소년을 대상으로 한 예방프로그램과 이미 약물에 노출된 사람들을 치료하여 다시 사회로 환원시키는 치료프로그램이 병행되어야 한다. 이미 이 장에서 살펴본 바와 같이 약물남용의 주된 요인과 약물남용자의 특성으로 정서적, 심리적 문제와 사회환경적 측면을 강조하였다. 약물남용을 억제하기 위한 예방전략 또한 이러한 원인과 특성을 바탕으로 가정에서의 전략, 학교와 또래집단에서의 전략, 지역사회에서의 전략 등을 중심으로 살펴볼 필요가 있다.

1) 가정에서의 전략

약물남용의 원인으로 지목한 가정환경은 약물남용을 억제하기 위한 중요한 요소 중 하나이다. 어릴 때 가정에서의 부적절한 사회화로 발생하는 낮은 자기통제감과 자아존중감은 청소년 약물남용의 주요한 원인이다. 즉, 어릴 때부터 부모로부터 적절한 관심과 일관적인 훈육을 받지 못하거나 부모가 술과 담배같은 비교적 가벼운 약물에 대해 관용적인 태도를 보이거나 아니면 부모가 직접 이런 약물을 사용할 경우 자녀는 약물에 대한 순응적인 태도를 가져 가벼운 약물뿐만 아니라 성인이 되어 강성약물까지도 남용할 가능성 높다. 따라서 어려서부터 부모의 역할이 무엇보다도 중요하므로 자녀에 대한 꾸준한 관심, 약물에 대한 일관적인 훈육, 좋은 친구관계를 형성하고 학교와 친구관계에 잘 적응할 수 있게 지도해 주는 것이 필요하다. 이런 가정에서의 부모역할에 중점을 둔 약물남용 억제전략으로 미국의 오리건 사회학습센터(Oregon Social Learning Center)에서 시행하는 청소년변화 프로그램(Adolescent Transition Program)을 들 수 있다. 이 프로그램은 에이커스의 사회학습이론에 그 뿌리를 두고 있으며 부모/10대 집단에서의 가족관리 기술을 주로 가르친다. 구체적으로 부모집단에서는 치료사들과 함께 몇몇 모임이 이루어지는데, 이는 부모에 대한 교육, 토론, 역할수행을 통하여 감독, 훈육, 문제해결, 기타 효과적인 사회화와 훈육기술을 발전시키는 데 도움을 준다(Akers & Sellers, 2011). 10대에 초점을 둔 집단과 개별 모임은 10대 이전과 청소년 초기 약물남용의 위험청소년을 위해 운영된다. 이 모임의 목표는 의사소통기술, 자기통제, 친사회적 태도, 친사회적 또래교제를 발전시키고 향상시키도록 도와주는 것이다(Akers & Sellers, 2011). 따라서 이런 프로그램 등의 한국적 토착화를 통하여 부모에게 적절한 사회화기술을 가르치고, 일관적인 훈육, 감독, 문제해결 능력 등을 배울 수 있는 프로그램이 필요하다.

2) 또래집단과 학교에서의 전략

청소년의 약물남용에 가장 큰 영향을 미치는 요소는 약물을 사용하는 친구들과의 차별적 접촉에 있다. 이처럼 청소년 약물남용 여부는 그 친구들에 달려 있다고 해도 과언이 아니다. 특히 약물을 남용하는 친한 또래집단의 압력이나 그 집단에 소속되거나 인정받기 위해 약물을 사용할 가능성이 높으므로 학교, 가정, 지역사회에서 청소년들에게 또래집단의 압력에 대처하는 방법, 또래집단의 인정을 받기 위해서 약물 이외의 긍정적 대안을 사용하도록 하는 방법, 그리고 약물을 사용하는 친구들을 포함해서 긍정적인 사회적 관계망을 형성하는 방법을 가르쳐 주어야 한다. 또래친구들의 약물사용 압력에 저항하는 좋은 예로 미국의 데어(DARE: Drug Abuse Resistance Education) 프로그램을 들 수 있다. 데어 프로그램은 미국 젊은이의 마약 남용 예방과 폭력예방 교육 프로그램으로서 학생들이 친구들에 의한 마약, 폭력의 유혹을 뿌리칠 수 있도록 하고 술, 마리화나, 담배, 또는 다른 마약들로부터 욕구를 억제할 수 있게 하는 프로그램이다. 이 프로그램은 자기만족, 발언능력, 인간관계에 있어서의 의사소통능력, 의사결정 능력, 마약남용과 폭력조직 사이에 대한 자각을 확립하는데 초점을 맞추어져 있다. 이 프로그램에서 학생들은 먼저 담배와 알코올 그리고 약물에 대해서 정확한 정보를 제공받고, 또래 집단의 압력에 저항할 수 있는 기술을 배우고, 법과 법집행 경찰관에 대한 존경심을 가지는 훈련을 받고, 약물의 대체품에 대한 정보를 제공받고, 학생들이 스스로 자부심을 갖도록 하는 기술을 제공받는다. 우리나라에서도 많은 단체들이 주로 대중매체나 가두홍보, 이벤트 등을 통하여 약물예방 캠페인을 전개해 왔다. 대표적인 기관으로는 '한국마약퇴치운동본부(홈페이지: http:/www.drugfree.or.kr)'가 있다. 이 기관에서 정보배포 프로그램 다음으로 많이 시행되는 프로그램은 거부기술훈련인데, 이것은 문제 상황과 징후를 파악하는 방법, 동료압력에 대처하는 요령, 언론보도로 인한 압력을 파악하는 법, 유혹에 적절히 대처하는 법, 자기존중심과 과단성을 배양하는 법, 자기입장을 분명히 해야 할 순간과 장소를 구분하는 법 등 다양한 훈련내용으로 구성된다. 따라서 이런 프로그램 등을 통해 학교나 지역사회에서 청소년이 약물에 대한 정확한 정보와 친구들의 압력에 저항할 수 있는 구체적인 기술을 제공받는 것이 필요하다.

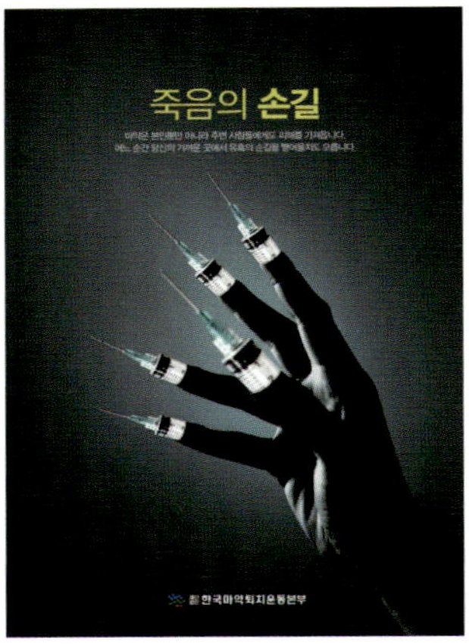

사진은 한국마약퇴치운동본부의 캠페인들
출처: www.cbci.co.kr/news/articleView.html?dxno=9386

다음으로 학교에서의 약물남용에 관한 정기적인 교육이 필요하다. 학교는 교육과정을 통해 청소년에게 약물에 대한 정확한 정보와 사회적 압력에 거부할 수 있는 구체적인 기술을 제공할 수 있고, 더 나아가 청소년의 일반적인 문제해결능력을 향상시킬 수 있다. 학교에서의 전통적인 약물중독예방의 방법은 비정규 수업시간에 약물이나 약물남용의 주제를 다루면서 약물관련 정보를 전달하는 것이다. 우리나라의 경우 학교에서 보건교사가 부정기적으로 약물예방 특강을 실시하고 있으며, 약물남용 예방효과를 높이기 위하여 각종 캠페인이나 전시회, 공모전, 콘서트, 테마캠프 등 약물남용 이벤트를 실시하고 있다. 약물예방교육의 주된 내용은 약물의 종류와 작용, 음주 및 흡연과 약물남용의 유해성에 대한 지식과 정보의 전달로 구성되어 있다(강은영·이성식, 2005). 그러나 약물남용예방 프로그램에 대한 내용을 분석해 보면 약물과 약물남용에 대한 청소년들의 지식과 정보의 부족이 여전하다. 특히 청소년의 약물남용은 약물에 대한 호기심으로 시작하는 경우도 많으며, 부작용이나 환각작용의 위험성에 대한 구체적인 정보가 부족한 실정이다. 또한, 학교교육은 약물남용의 극복기술, 거절기술, 의사결정 및 문제해결능력을 키워주는 능력 증진 방안은 아직 제한된 수준에 그치고 있다(강은영·이성식, 2005). 이의 해결을 위해 학교는 정규적인 학교수업시간을 통해 약물의 부작용이나 친구들의 약물에 대한 압력에 대처하는 기술, 문제를 해결하는 기술 등을 맨투맨(man to man) 실습을 통해 가르칠 필요가 있다.

마지막으로 약물은 일상생활에서의 긴장을 해소하거나 우울 등 정신적인 결함을 경험하는 사람들이 스트레스 해소나 긴장해소를 위해 남용된다는 점에서 긴장과 스트레스를 해소할 수 있는 학교차원의 방안이 강구되어야 한다. 청소년기에 가장 큰 긴장과 스트레스는 지나친 입시위주의 주입식 교육과정일 것이다. 지금까지의 학교교육은 교육목적, 교육내용, 교육방법 및 교사-학습자 간의 관계 및 역할 등을 중심으로 이루어져 왔다. 청소년들이 학교에서 주입식 위주의 교육과정에서 받는 긴장과 스트레스에서 해방되기 위해서는 청소년 삶의 세계에 있는 다양한 장소와 공간에서의 교육도 고려해야 할 필요가 있다. 예를 들면, 학교 밖 교육기관으로 청소년 시설을 활용한 청소년의 학습활동이 적극적으로 촉진될 필요가 있다. 이를 위해 학교와 교육당국은 청소년시설이 청소년교육을 위한 주요한 교육영역으로 자리매김할 수 있도록 보다 많은 노력과 실천이 있어야 한다.

3) 지역사회에서의 전략

지역사회전략으로, 각종 유해환경으로부터 청소년을 보호하기 위해 마련된 청소년보호법을 보다 철저하게 시행해야 할 필요성이 있다. 아직도 많은 청소년들이 자신의 주위 환경에서 술이나 담배와 같은 약물뿐만 아니라 본드, 신나, 부탄가스와 같은 흡입제를 마음만 먹으면 쉽게 구입할 수 있다. 청소년에게 약물을 공급하는 공급자에 대한 단속이나 처벌만으로는 청소년들이 약물에 대한 유혹에서 쉽게 벗어날 수 없다. 지역사회의 다양한 집단들이 주도하여 약물예방프로그램을 만들고 시행할 필요가 있는데, 약물공급자들을 신고하는 이웃감시프로그램이나 시민순찰활동 등을 시행할 필요가 있다. 이웃감시 프로그램은 약물공급자들, 예를 들면, 청소년들에게 술이나 담배를 파는 상점이나 의사의 처방전 없이 대용약물이나 진정제, 신경안정제를 파는 약국 등을 발견하면 즉시 신고할 수 있도록 하는 프로그램이다. 시민순찰활동은 약물 공급자들을 공공 주택단지에서 멀어지게 하는 정기적인 순찰활동을 말하는데 이런 활동을 통해 청소년이 약물남용의 유혹에 쉽게 빠지지 않도록 할 필요가 있다. 지역사회의 다양한 집단들, 예를 들면, 교육부, 식품의약품안정청, 경찰, 사회복지기관, 청소년단체, 한국마약퇴치운동본부 등에서 캠페인 및 홍보, 이벤트, 지역주민교육 등을 통하여 약물남용 예방프로그램을 정기적으로 실시할 필요가 있다.

또한, 언론매체나 인터넷, 또는 스마트폰 매체를 통한 약물반대 캠페인 등도 필수적이다. 청소년에게 약물남용의 원인으로 지목되는 중요한 매체는 부모나 또래집단 그리고 미디어이기 때문에 여러 가지 의사전달 매체를 통해 약물예방교육을 홍보할 필요가 있다. 대중매체에서의 약물남용 예방은 약물에 대한 지식과 정보의 전달을 통해 약물문제에 대한 의식을 일깨우고, 다양한 예방광고, 홍보프로그램을 소개하는 것이다. 특히 인터넷이나 스마트폰에 익숙한 청소년들에게 온라인을 통해 불법약물의 유혹이나 약물구입 사례가 늘고 있으므로 지역사회는 온라인에서의 예방활동이나 홍보활동을 강화할 필요가 있다. 예를 들면, 청소년이 인터넷이나 스마트폰 동영상을 통해 대마초 재배법을 쉽게 접할 수 있어 마음만 먹으면 누구나, 언제든지, 어디서나 마약류 등을 쉽게 접하고 사용할 수 있다. 따라서 지

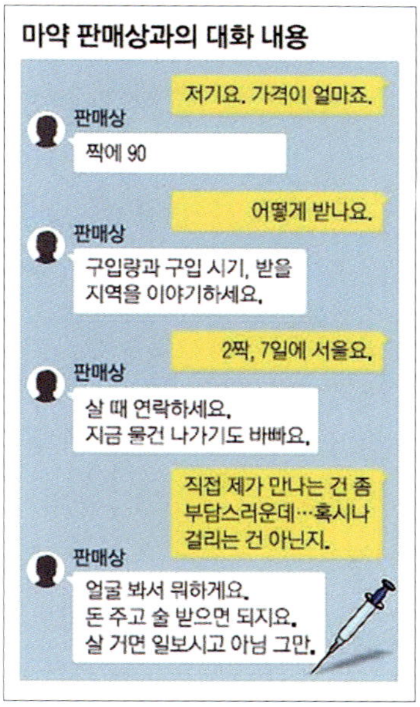

최근 SNS를 통해 마약이 손쉽게 거래되고 있다. 위 사진은 필로폰을 거래하는 판매자와 구매자와의 대화내용을 캡처한 사진
출처: www.seoul.co.kr/news/newsView.php?id=20151103001002

역사회와 국가기관들은 이러한 인터넷을 통한 불법약물을 판매하는 사이트의 모니터링을 이전보다 더 적극적으로 강화할 필요가 있다. 이와 더불어 불법약물을 판매, 홍보하는 사이트를 적극적으로 봉쇄하고, 인터넷에서 청소년이 마약류 관련 의약품을 접촉할 수 없도록 지역사회와 관련 시민단체의 지속적인 감시와 모니터링이 필요하다.

(3) 치료전략

우리나라는 약물남용자들을 모두 범죄자로 규정하므로 치료보다는 처벌을 중심으로 한 전략을 실행해왔다. 검찰이나 법원 모두 마약류사범에 대해 엄격한 태도를 견지하고 있지만 극히 일부의 마약류사범에 대해서만 치료보호처분이 내려질 뿐, 대부분 교정시설(교도소, 구치소 등)에서 처우받고 있는 실정이다(신의기 외, 2003). 교정시설은 치료 및 재활보다는 격리에 중점을 두고 있으며, 의정부교도소 등 일부에서만 마약류사범에 대한 차별화된 처우를 도입하고 있는 실정이다(신의기 외, 2003). 약물남용은 다른 범죄유형과는 달리 피해자 없는 범죄로 불릴 정도로 타인에게는 직접적인 피해를 주지 않는 범죄이므로 처벌보다는 치료에 중점을 둔 정책이 필요하다. 즉, 약물남용자는 범죄자라는 사회적 낙인보다는 집중적으로 치료를 받아야 하는 환자라는 차원의 접근이 필요하다. 다행히 최근에 우리나라는 약물남용자에 대해 처벌보다는 치료와 보호를 중시하는 방향으로 바뀌어가고 있다. 현재 약 22개의 약물남용자 치료보호지정병원을 통하여 이들을 무료로 치료하여 재활을 도모하고 있다. 그럼에도 불구하고 약물남용자들이 치료보호지정병원에서 치료를 받는 경우는 드물다. 따라서 이를 활성화하기 위해서는 적극적인 홍보를 통해 비밀보장하에 법적인 제재 없이 치료가 가능하다는 것을 널리 알리는 것이 필요하다(신의기 외, 2003). 또한, 치료적인 차원에서 무엇보다도 중요한 것은 낮은 자기통제감이나 존중감을 회복시킬 수 있도록 도와주는 것이 필요하다. 약물남용 원인의 이론적 고찰 중 애그뉴의 일반긴장이론과 갓프레드슨과 허쉬의 자기통제이론에서 살폈듯이, 약물남용자는 다른 일반인에 비해 자기통제감과 자아존중감이 낮으며, 일상생활에서 긴장이나 스트레스를 해소하는 방법으로 약물을 남용하는 경향이 있다. 상당히 낮은 자기통제감과 존중감을 높이기 위한 치료방법으로 여러 차원의 기법이 동원되지만 어떤 경우에는 다체계적 치료(MST: multi-systemic therapy)방법도 권장할 만하다. 이 치료기법은 심리학자 헨겔러(Henggeler)가 개발한 것으로, 문제해결과 의사소통 기술에 초점을 두면서 가족과 동료집단 그리고 심리적 문제 등에 직접적인 관심을 두는 방법이다. 헨겔러에 따르면, 다체계적 치료 프로그램을 거쳐 간 청소년 약물남용자들은 전통적인 상담서비스를 받은 청소년들보다 다시 약물로 빠질 확률이 더 적다고 주장했다(Henggeler, 1991). 따라서 다체계적 치료프로그램을 통하든 아니면 다른 인지치료 프로그램을 이용하든 간에 약물남용자에게는 현저하게 낮은 자기존중감과 통제감을 향상시키고, 의사결정이나 의사소통 방법을 학습시키며, 가치명료화 기술이나 문제해결 기술 등을 향상시켜 낮은 자기통제력과 긴장, 우울 등을 극복할 수 있도록 해야 한다. 또 다른 치료법으로 약물남용자들을 야외활동과 야생훈련 그리고 방과 후 프로그램 등을 통해 자립심과 성취감을 심어주는 방법도 있으며, 보다 심층적인 접근으로는 과거 약물 중독자였던 사람이 리더가 되는 집단치료(group therapy) 방법을 통해 약물사용을 강요하는 사회적 압력을 거절할 수 있는 기술과 지원을 얻는 방법도 있다(Siegel, 2020). 집단치료방법의 정신적 바탕은 약물남용자들이 집단상담을 통해 스스로 약물중단의 의지를 찾는 것이고, 약물경험을 함께 하는 집단으로부터 지원을 받는 것이 성공적으로 약물 없는 삶을 이루는 데 도움이 된다. 그 외 치료법으로는 약물남용의 심리적 측면을 다루는 것으로 최면과 혐오치료(약물을 구토나 욕지기와 같은 불쾌한 감각을 갖도록 하는 치료법), 상담요법, 생체 자기제어요법 등이 사용되기도 한다. 하지만 이런 요법이 약물남용을 효과적으로 차단할 수 있다는 경험적 증거는 충분하지 않다.

약물남용의 치료차원에서의 또 다른 접근으로 약물남용을 비범죄화하거나 합법화하자는 의견도 있다. 왜냐하면, 미국의 경우, 약물남용은 타인에게 직접적인 피해를 주지 않는 피해자 없는 범죄유형이므로 교도소 과밀화를 해소할 수 있는 방법이기도 하고, 실제적으로 위에서 언급한 약물치료 전략이 전반적으로 성공적이지 못한 결과 때문이다. 실제로 유럽의 여러 나라에서는 약물투약행위를 부도덕한 행동으로 간주하지만 처벌은 하지 않는(비범죄화한) 나라들이 제법 존재한다. 예를 들어, 네덜란드 등을 중심으로 한 유럽의 몇몇 국가에서는 약물투약을 비범죄화하고 있으며, 벨기에는 집단투약만 처벌하고 있다. 스칸디나비아 국가들은 음성적인 집단약물투약으로 인한 여러 가지 사회적 폐단(예를 들면, 약물중독자들이 주사기를 공동으로 사용함으로써 에이즈를 포함한 여러 가지 질병의 사회적 확산)을 막기 위해 공공장소에 투약공간을 마련함으로써 투약, 위생관리, 계도의 정책을 사용하고 있다. 이렇게 약물남용을 비범죄화하자는 주장은 약물투

약물남용을 비범죄화한 캐나다의 무료약물치료소
출처: national geographic 마약주식회사: 헤로인 다큐프로그램

약이 다른 사람에게 아무런 피해를 주지 않는데도 자신에게 위해하다는 이유로 처벌을 하는 것은 개인의 자유를 침해하는 것이라는 데 근거를 둔다. 약물투약을 처벌하는 것은 개인의 행복추구권에 대한 침해이며, 술이나 담배의 복용을 처벌하지 않는 점에서 평등권 조항에 저촉된다고 주장하는 견해도 있다. 약물남용 중에서 술과 담배로 인한 개인적, 사회적 비용은 어떤 다른 불법약물을 다 합친 것보다 많이 지불되는데도 불구하고 거의 대부분의 나라에서는 술과 담배를 허용하는 정책을 고수하는 것을 문제점으로 지적하는 것도 약물의 비범죄화를 주장하는 학자들의 주된 입장이다. 그러나 약물투약을 비범죄화하는 것은 약물로 인한 폭력 또는 재산범죄의 증가, 비위생적인 약물투약과 제도로 인한 전염병의 감염, 약물중독자를 폭발적으로 증가시킬 수 있는 개연성 등이 우려되기 때문에 아직까지는 우리나라의 형편상 맞지 않는 주장이다. 우리나라의 경우, 한 해 마약사범이 만 명 정도로 국제사회와 비교하면 낮은 수치므로 사회 전반적으로 우려할 만한 수준이 아니다. 따라서 (위에서 지적한) 약물의 비범죄화로 인한 여러 가지 사회적 폐해가 더 심각해질 가능성이 농후하기 때문에 비범죄화는 시기상조라 할 수 있다.

연습문제

1. 우리 사회에서 술을 포함한 천연약물, 합성약물, 대용약물 중에서 그 폐해가 가장 심각한 약물은 무엇이며, 그 약물로 인해 지불해야 할 사회적, 경제적 비용을 각 범죄유형과 관련하여 설명해 보아라.
2. 약물남용의 원인을 우리가 이전에 배운 사회학습이론과 사회유대이론을 중심으로 구체적으로 설명해 보아라.
3. 여러분 가까운 주위에 약물을 남용하는 청소년이 있다고 가정하고, 이 청소년이 약물을 사용하는 것을 치료하거나 예방할 수 있는 구체적인 전략을 설명해 보아라.
4. 만약 여러분의 자녀가 술과 담배를 남용한다고 가정했을 때, 술과 담배를 끊을 수 있는 구체적인 전략을 설명해 보고, 향후 술과 담배를 다시 사용하지 않도록 할 수 있는 방법에 대해 설명해 보아라.
5. 유럽 국가들 중 일부는 약물남용을 비범죄화한 경우가 있다. 우리나라도 약물남용을 술과 담배처럼 비범죄화했을 때 나타날 수 있는 장단점에 대해 설명하여라.
6. 성인 약물남용자들의 공통적인 정서적, 심리적, 사회 경제적 특징에 대해 설명해 보아라.

참고문헌

강은영·이성식. (2004). 약물남용 실태 및 의식에 관한 연구. 한국형사정책연구원.

강은영·이성식. (2005). 약물 남용과 수요 감소 전략에 관한 경험적 연구. 한국형사정책연구원.

고순청·이승현·이창한. (2019). 청소년 약물사용 발달궤적 분석: 잠재성장 모형을 중심으로. 한국공안행정학회보, 28(2), 215-238.

고순청·이창한·이승현. (2019). 청소년 약물사용에 관한 사회대이론, 일반긴장이론, 사회학습이론적 고찰. 한국경찰학회보, 21(3), 3-24.

김성이. (2002). 약물중독총론. 서울: 양서원.

김재희. (1995). 약물남용 비행 청소년의 성격 특성. 고려대학교 대학원 석사학위 청구논문.

김학신. (2012). 마약류 관리법상 청소년의 마약범죄 실태와 이에 대한 대처방안. 법학논총, 36(1), 469-505.

노명래. (2001). MMPI에 나타난 약물남용 청소년의 성격 특성. 미술치료연구, 8(2), 103-128.

대검찰청. (2019). 2018 마약류 범죄백서. 대검찰청.

대검찰청. (2008-2017). 범죄분석. 대검찰청.

문영호·류철원·여하은. (1993). 성인남녀의 약물남용실태 및 의식에 관한 연구 - 서울특별시에 거주하는 성인을 중심으로. 한국형사정책연구원.

박문각. (2009). 시사 상식 사전. 서울: 박문각.

박소은. (2010). 흡입제 약물남용 청소년의 심리적 특성에 관한 탐색적 연구. 한국경찰연구, 9(3), 37-66.

박영수. (2014). 마약 중독의 문제인식과 확산방지를 위한 정책적 연구. 한국경찰학회보, 16(1), 3-38.

송아영·박경나·정세정. (2009). 청소년지위비행에 대한 일반긴장이론의 부분적 검증: Ping의 2단계 방법을 중심으로. 한국청소년연구, 20(1), 309-337.

신의기·김혜정·강은영. (2003). 마약류중독자의 치료재활 효율화 방안 연구. 한국형사정책연구원.

심미영·정규석. (2007). 한국 청소년비행에 관한 Hirschi 이론의 검증. 한국사회복지학회, 12(3), 147-171.

유순화·정규석. (2003). 청소년 음주·흡연에 관한 사회학습이론적 분석. 청소년학연구, 10(2), 195-214.

윤민우. (2012). 부정적인 자아감, 자기 효능감이 마약 사용에 미치는 영향: Self-derogation이론을 바탕으로. 한국경찰연구, 11(1), 3-26.

이근후. (1992). 약물남용자의 치료상 문제점과 대책. 한국형사정책연구원.

이상균. (2002). 청소년 흡연행위의 결정요인. 사회복지리뷰, 6, 77-94.

이승현·황성현. (2019). 음주행위에 결정적 영향을 미치는 비행이론 연구: 고등학교 3학년과 사회초년생의 비교연구를 통해. 한국중독범죄학회보, 9(3), 117-138.

이찬엽. (2006). 약물남용으로 인한 범죄발생치유에 관한 고찰. 아·태공법연구, 14, 61-90.

이창한·황성현·김상원. (2012). 신) 범죄학 & 형사정책. 서울: 박영사.

임은희·서현숙. (2007). 성역할 정체감과 청소년 비행의 관계: 사회통제이론의 실증 분석. 청소년학연구, 14(3), 53-78.

전영실. (2003). 성, 사회유대, 비행에 대한 연구: 가족적 요인을 중심으로. 형사정책연구, 14(1), 313-347.

한국마약퇴치운동본부. (1998). 마약류 및 약물남용 예방교육 교재. 서울: 한국마약퇴치운동본부.

황성현. (2006). 낮은 자아통제감, 친구집단요인, 부모요인이 청소년 약물사용에 미치는 영향. 청소년학연구, 13(5-1), 129-154.

황성현. (2008). 한국과 미국 청소년들의 음주행위에 관한 비교 연구: 사회학습이론을 중심으로. 보건과 사회과학, 23(1), 5-29.

황성현. (2009). 청소년 음주·흡연행위에 관한 사회유대, 자아통제, 사회학습이론적 고찰. 한국청소년연구, 20(1), 113-139.

황성현. (2010a). 청소년 지위비행에 관한 비행이론 비교연구. 청소년학연구, 17(5), 49-68.

황성현. (2010b). 부모와 친구요인이 청소년 음주·흡연행위에 미치는 영향. 보건과 사회과학, 27(1), 81-103.

황성현. (2012). 청소년 흡연, 음주행위의 원인에 대한 비행이론적 접근: 일반긴장이론과 사회학습이론을 중심으로. 보건과 사회과학, 32(1), 23-42.

황성현·이강훈. (2013). 청소년비행의 원인에 관한 사회학습, 사회유대, 일반긴장이론적 접근, 한국청소년연구, 24(3), 127-145.

Akers, R. L. (1992). Drugs, Alcohol, and Society: Social Structure, Process, and Policy. Belmont, California: Wadsworth.

Agnew, R., & White, H. R. (1992). An empirical test of general strain theory. *Criminology*, 30(4), 475-500.

Akers, R. L. (1998). Social Learning and Social Structure: A General Theory of Crime and Deviance. Boston: Northeastern University Press.

Akers, R. L., & Lee, G. (1999). Age, social learning, and social bonding in adolescent substance use, *Deviant Behavior*, 19(1), 1-25.

Akers, R. L. & Sellers, C. S. (2011). *Criminological Theories: Introduction and Evaluation*. Second Edition. Oxford University Press, Inc(민수홍·박기석·박강우·기광도·전영실·최병각 역. (2011). 범죄학이론. 서울: 나남출판사).

Annis, H., & Davis, C. S. (1991). Drug use by adolescents: identification, assessment, and intervention. Health and Welfare Canada.

Arneklev, B. J., Grasmick, H. G., Tittle, C. R., & Bursik, R. J. (1993). Low self-control and imprudent behavior, *Journal of Quantitative Criminology*, 9(3), 225-247.

Bailey, G. W. (1989). Current perspectives on substance abuse in youth, *Journal of the American Academy of Child & Adolescent Psychiatry*, 28(2), 151-162.

Barman, S. K., Pulkkinen, L., Kaprio, J., & Rose, R. J. (2004). Inattentiveness, parental smoking and adolescent smoking initiation, *Addiction*, 99(8), 1049-1061.

Brook, J. S., Whiteman, M., & Gordon, A. S. (1983). Stages of drug use in adolescence: personality, peer, and family correlates, *Developmental Psychology*, 19(2), 269-277.

Cohen, B. Z., & Zeira, R. (1999). Social control, delinquency, and victimization among Kibbutz adolescents, International *Journal of Offender Therapy and Comparative Criminology*, 43(4), 503-513.

Costello, B. J., & Vowell, P. R. (1999). Testing control theory and differential association: A reanalysis of the Richmond Youth Project data, *Criminology*, 37(4), 815-842.

Dorius, C., Bahr, S. J., Hoffmann, J. P., & Harmon, E. L. (2004). Parenting practices as moderators of the relationship between peers and adolescent marijuana use, *Journal of Marriage and Family*, 66(1), 163-178.

Ennett, S. T., Bauman, K. E., Foshee, V. A., Pemberton, M., & Hicks, K. A. (2001). Parent-child communication about adolescent tobacco and alcohol use: What do parents say and does it affect youth behavior? *Journal of Marriage and Family*, 63(1), 48-62.

Ford, J. A. (2005). Substance use, the social bond, and delinquency. *Sociological inquiry*, 75(1), 109-128.

Gibbs, J. J., & Giever, D. (1995). Self-control and its manifestations among university students: An empirical test of Gottfredson and Hirschi's general theory, *Justice Quarterly*, 12(2), 231-255.

Goodwin, D. W. (1984). Alcoholism and genetics. *Archives of General Psychiatry*, 42, 171-174.

Golub, A., & Johnson, B. D. (2001). Variation in youthful risks of progression from alcohol and tobacco to marijuana and to hard drugs across generations, *American Journal of Public Health*, 91(2), 225-32.

Hawkins, J. D., Catalano, R. F., & Miller, J. Y. (1992). Risk and protective factors for alcohol and other drug problems in adolescence and early adulthood: implications for substance abuse prevention, *Psychological bulletin*, 112(1), 64-105.

Hartjen, A. C., & Kethineni, S. (1999). Exploring the etiology of delinquency across country and gender, *Journal of Crime & Justice*, 22(2), 55-90.

Havey, J. M., & Dodd, D. K. (1992). Environmental and personality differences between children of alcoholics and their peers, *Journal of Drug Education*, 22(3), 215-222.

Henggeler, S. W. (1991). Treating conduct problems in children and adolescents: An overview of the multisystemic approach with guidelines for intervention design and implementation. Columbia, SC: South Carolina Department of Mental Health.

Hoffmann, J. P., & Su, S. S. (1997). The conditional effects of stress on delinquency and drug use: A strain theory assessment of sex differences. *Journal of research in crime and delinquency*, 34(1), 46-78.

Horwitz, A. V., White, H. R., and Howell-White, S. (1996). The use of multiple outcomes in stress research: A case study of gender differences in responses to marital dissolution. *Journal of Health and Social Behavior*, 37(3), 278-291.

Hwang, S. H. & Akers, R. L. (2003). Substance use by Korean adolescents: A cross-cultural test of social learning, social bonding, and self-control theories in Ronald L. Akers and Gary F. Jensen. (eds.) Social Learning Theory and The Explanation of Crime: A Guide for the New Century, *Advances in Criminological Theory*, 11: 39-64.

Hwang, S. H. & Akers, R. L. (2006). Parental and peer influences on adolescent drug use in Korea, *Asian Journal of Criminology*, 1(1), 51-69.

Inciardi, J. A. (2007). War on Drugs IV: The Continuing Saga of the Mysteries and Miseries of Intoxication, Addition, Crime and Public Policy (4th Ed.). NJ: Prentice Hall.

Junger-Tas, J. (1992). An empirical test of social control theory. *Journal of Quantitative Criminology*, 8(1), 9-28.

Kidd, S. A. (2004). "The Walls Were Closing in, and We Were Trapped" A Qualitative Analysis of Street Youth Suicide. *Youth & Society*, 36(1), 30-55.

Moisan, J., Bourbonnais, R., Brisson, C., Gaudet, M., Vezina, M., Vinet, A., & Regoire, J. P. (1999). Job strain and psychotropic drug use among white-collar workers. *Work & Stress*, 13(4), 289-298.

Özbay, Ö., & Özcan, Y. Z. (2006). A test of Hirschi's social bonding theory: Juvenile delinquency in the high schools of Ankara, Turkey. *International Journal of Offender Therapy and Comparative Criminology*, 50(6), 711-726.

Siegel, Larry J. (2020). *Criminology: Theories, Patterns, and Typologies*(13th Edition). Belmont, CA: Wadsworth(이민식·김상원·박미랑·박정선·신동준·윤옥경·이창배·황성현 옮김. (2020). 범죄학: 이론과 유형 제13판. 서울: CENGAGE Learning).

Sinha, R., Fuse, T., Aubin, L. R., & O'Malley, S. S. (2000). Psychological stress, drug-related cues and cocaine craving. *Psychopharmacology*, 152(2), 140-148.

Smith, D. W., Davis, J. L., & Fricker-Elhai, A. E. (2004). How does trauma beget trauma? Cognitions about risk in women with abuse histories. *Child Maltreatment*, 9(3), 292-303.

Tanioka, I., & Glaser, D. (1991). School uniforms, routine activities, and the social control of delinquency in Japan. *Youth & Society*, 23(1), 50-75.

Vungkhanching, M., Sher, K. J., Jackson, K. M., and Parra, G. R. (2004). Relation of attachment style to family history of alcoholism and alcohol use disorders in early adulthood. *Drug Alcohol Depend*, 75(1), 47-53.

Wang, G. Z. (2006). Tobacco, alcohol, and marijuana/drug use among school children: testing Hirschi's social bonding theory. paper presented at the annual meeting of the American Sociological Association, Montreal, Quebec, Canada.

Zhang, L., & Messner, S. F. (1995). Family deviance and delinquency in China. *Criminology*, 33(3), 359-387.

한국마약퇴치운동본부. (2020). 홈페이지: http://www.drugfree.or.kr

National Geographic. (2010). 마약주식회사: 헤로인 다큐프로그램.

14

Chapter 14

절도범죄자의 범죄심리

절도범죄는 과거로부터 오늘날까지 지속적으로 발생해 오고 있는 전통적 범죄유형으로 우리 사회에서 빈번하게 발생하고 있는 일상화된 범죄라 할 수 있다. 하지만 그 해악이 눈에 쉽게 띄지 않아 심각한 문제로 여겨지는 경우가 많지 않고 살인, 강도, 강간 등 강력범죄에 가려 상대적으로 소홀히 다루어지고 있는 범죄라 할 수 있다. 절도범죄의 경우 숨겨진 범죄가 많고 범죄 발생이 일상적이고 광범위하게 발생한다는 점에서 그 피해 정도가 얼마인지 확인하기 어렵다. 또한, 그 피해의 심각성이 적지 않다는 점에서 주목해야 할 범죄유형이라 할 수 있다. 절도범죄는 범행을 저지르기 용이한 범죄 중의 하나라는 점, 청소년들이 저지르기 쉬운 범죄라는 점, 범행이 반복되면서 점점 대담해지고 다른 강력범죄로 발전해 갈 가능성이 높다는 점, 범죄발생 이후 검거가 쉽지 않다는 점 등 그 폐해도 적지 않다는 점에서 절도범죄의 중요성을 인식하고 사전 예방적 대응책을 마련하여 적극적으로 대응해 나가는 것이 요구된다. 이 장에서는 재산적 법익을 침해하는 재산범죄 중의 하나인 절도범죄의 의의, 범행장소, 범행대상, 범행수법 등의 분류기준에 따른 절도범죄의 유형, 절도범죄의 특성에 대해 알아볼 것이다. 절도범죄의 실태 부분에서는 절도범죄의 발생 현황, 수법, 범죄자, 피해 현황 등에 대해서 살펴볼 것이다. 다음으로 절도범죄자가 범행을 합리적으로 선택한다는 입장에서 절도범죄를 설명하는 이론들을 대해서 알아본 후 절도범죄자에 대한 심리적 특성과 관련된 선행연구와 사례를 알아볼 것이다. 마지막으로 상황적 범죄예방 측면에서 절도범죄를 예방할 수 있는 방안들에 살펴보고자 한다.

CASE in USA

일레인 뉴비(Ilaine T. Newby)는 2014년 11월부터 2018년 6월까지 회사자금 약 20만 6천 달러를 횡령했다. 그녀는 약 7년 동안 스미르나(Smyrna)회사에서 회계담당자로 근무했으며 회사의 재정문제를 담당하고 있었다. 그녀는 월별 재무재표, 손익계산서, 퀵북(QuickBooks : 회계장부를 정리해주는 프로그램의 일종), 미지급계좌, 매출 채권, 회사은행계좌, 회사신용카드 계좌 모두를 담당하고 있었다. 그녀는 자가용 구입 및 대학 등록금 등 자신의 개인적 지출에 회사자금을 사용했고 이를 은폐하기 위하여 손익계산서, 월별 재무재표를 허위로 기재하고 사장에게 조작된 재무기록 등을 제공했다. 그녀는 FBI로부터 징역 20년을 선고받았으며 25만 달러의 벌금형을 선고받았다.

일레인 뉴비(Ilaine T. Newby)

01 절도범죄의 의의와 유형

(1) 절도범죄의 의의

절도는 고대사회로부터 존재하는 가장 대표적인 전통적 범죄 중의 하나로 다른 사람의 재물을 절취하는 범죄를 의미한다. 절도범죄는 현시대에만 존재하는 범죄는 아니다. 개인 재산을 도둑질하는 행위는 유사 이래 계속 진행되어 온 범죄형태이다(Siegel, 2020). 이와 같이 절도는 다른 사람의 재물을 훔친다는 점에서 사유재산 제도에 대한 침해행위일 뿐 아니라 상대방의 의사에 의하지 않고 침해행위가 일어남으로써 합의에 기반 한 사회조직 구성 원리를 훼손한다는 점에서도 심각하게 고려해야 할 범죄유형이라 할 수 있다. 현행 형법상 절도죄는 타인의 재물을 그 의사에 반하여 절취함으로써 성립하는 범죄로, 형법 제38장 절도와 강도의 죄에서는 제329조(절도), 제330조(야간주거침입절도), 제331조(특수절도), 제332조(상습범)에 규정하고 있으며, 이 외에도 제342조(미수범)와 제344조(친족 간의 범행)의 규정을 두고 있다.

(2) 절도범죄의 유형

절도범죄 유형을 분류하는 데 있어서는 절도 범행 장소, 절도 범행대상, 절도 범행 수법, 절도 범행 시각 등 그 기준을 무엇으로 하느냐에 따라 절도범죄 유형이 상이하게 분류될 수 있으며, 그 구체적인 내용은 〈표 14-1〉과 같다(조병인, 2001).

표 14-1 절도범죄의 유형

분류기준	유형
절도 범행 장소	주택절도, 상점절도, 업소절도, 지하철절도, 노상절도, 공장절도, 학교절도 등
절도 범행 대상	현금절도, 귀금속절도, 골동품절도, 차량절도, 부품절도, 오토바이절도, 자전거절도, 의류절도, 농축산물절도, 해산물절도, 음식물절도, 기계류절도, 공구류절도 등
절도 범행 수법	침입절도, 속임수절도, 치기절도(소매치기, 날치기, 들치기), 차량이용절도 등
절도 범행 시각	새벽털이, 오전털이, 대낮털이, 한밤털이 등

출처: 조병인, 2001

표 14-2 치기절도의 유형

소매치기	사람이 많은 곳에서 예리한 면도칼 따위로 몰래 찢거나 호주머니의 금품을 감쪽같이 꺼내 가는 경우도 있고, 동전과 같은 물건을 떨어뜨려 시선을 돌리게 한 후 목걸이 등을 따는 수법 등을 말함
들치기	사람이 많은 곳에서 손님과 이야기하는 사이 또는 자신들끼리 싸움을 하여 시선을 집중시킨 후 감시가 소홀한 틈을 타 몰래 들고 가는 수법
날치기	핸드백·돈지갑 등을 들고 서 있거나 보행중일 때, 오토바이 등을 타고 뒤따라가 낚아채는 수법이 있고, 특히 금융기관에서 현금을 인출해갈 때 뒤따라가 골목길, 곡각지점 등 한적한 곳이나 횡단보도, 정류장 등 혼잡한 곳에서 핸드백 등을 낚아채어 인근에 대기하고 있던 오토바이나 승용차로 도주하는 2인조 수법 등을 말함

출처: 사이버경찰청 생활치안자료, 2015

절도범죄의 특징 02

절도범죄는 일상 속에서 자주 발생하는 범죄로 사람들은 다른 사람들의 절도범죄 피해 경험에 대해 어렵지 않게 듣거나 혹은 본인이 절도범죄의 피해자가 되기도 한다. 하지만 절도범죄의 특징은 사회와 시대에 따라 다르다. 절도는 물질적 부의 소유 때문에 발생하는 범죄이기 때문에 재산과 물질 등의 소유가 존재하지 않는 곳에서는 절도라는 개념이 성립되기 어렵다. 또한, 대부분 사람들의 삶의 방식, 태도 및 가치와 같은 문화에 의해 도난당하는 재물 유형, 절도 방법, 피해자 유형 등이 규정된다고 할 수 있다. 그리고 절도범죄의 또 다른 특징 중의 하나는 잦은 범죄발생에도 불구하고 심각하게 인식되지는 않는 범죄라는 것이다. 이는 대부분의 절도범죄가 눈

CASE in Korea

1987년 1월 서울에서 1남1녀 중 둘째로 태어난 김○○은 양복점을 하는 아버지와 미싱사로 일하는 어머니 밑에서 성장하였다. 학창시절 동안 학업성적이 부진하고 주의가 산만하기는 했지만 별다른 비행 없이 밝고 낙천적인 모습으로 생활하였다. 10여 년 전 아버지의 사업이 실패했고, 아버지는 건축일을 시작하였으나 사고로 손가락을 부상당한 후 직업이 없이 지내왔다. 어머니는 남편이 사업에 실패하자 봉제공으로 계속 일을 해왔지만 많지 않은 수입으로 가정형편은 계속 어려워졌다. 김○○은 고등학교 3학년 때부터 노래방 아르바이트를 시작하였고, 군대 제대 이후에도 백화점 판매사원, 일식집, 물류센터 등 열심히 일해 왔지만 경제적 어려움에서 벗어날 수는 없었다. 김○○의 누나는 집안의 장녀로 평소 김○○과도 사이가 좋고 대학 졸업 후 줄곧 일을 하여 부모님의 부채를 변제해왔고 생활비를 부담했다. 아버지가 사업에 실패하며 진 1억원의 부채도 차근차근 갚아 나가고 있었고, 몇 년간 밀린 건강보험료 1,000만원도 김○○의 누나가 한 달에 50여 만원씩 갚아나가는 등 집안의 가장역할을 하고 있었다.

김○○은 이러한 생활이 힘들고 지하방에서 벗어나고 싶어 2013년 9월 가장 친한 친구 이○○과 옷장사를 시작하였다. 하지만 사업자금을 마련하기 위해 대출을 받으려 했으나 신용 등급이 낮아 대출을 받지 못하던 중 신용이 좋지 않아도 대출을 받게 해주겠다는 대출업자에게 통장 및 체크카드 등을 주었다가 그의 명의의 통장이 인터넷 사기에 활용되면서 입건되어 기소유예 처분을 받기도 하였다. 옷 장사를 하기 위해 제2금융권에서 800만원을 대출받았지만 일이 생각보다 잘되지 않자 부모에게 지급해오던 생활비도 줄 수 없는 상황이었다. 그러자 각종 공과금이 체납되고 살고 있던 반지하방 월세도 밀리게 되었다. 대출 이자를 체납하자 대부업체 직원에게 채무 독촉을 받고 부모님과 함께 살고 있는 집까지 그들은 찾아왔다. 그는 가족들이 이 사실을 알게 될까 두려웠다. 그 와중에 친구 이○○은 그의 명의로 개통한 휴대전화의 요금을 납부하지도 않고 물건을 구매하여 200여 만원의 요금이 체납되었고 그가 물류회사에서 받은 퇴직금 100만원도 개인용도로 사용해 버렸다.

그러던 어느 날 인터넷 사이트 게시판에 '돈 때문에 어렵고 절망적이신 분, 돈 되는 거면 뭐든지 할 수 있다고 생각하시는 분, 팀원을 모집합니다. 착한 일 아님'이라는 내용의 글을 보고 이것이 자신의 상황을 벗어날 수 있는 유일한 방법이라는 느낌이 들었다. 공범들을 만나 강도 범행을 공모하게 된다. 2014년 5월 15일 그는 자신의 친구 이○○과 인터넷으로 만난 공범들과 서울 강남구 신사동 소재의 성형외과에 침입하였다. 그는 대합실에서 간호사와 사무직원들을 제압하고 감시하는 역할을 맡았다. 공범들이 원장실에 들어가 원장을 협박하는 과정에서 '강도야' 하는 소리가 들리자 겁을 먹고 도망쳤지만 그는 결국 4시간 만에 경찰에 체포되었다.

우리 사회에서 절도범죄는 신체적 상해를 동반하지 않기 때문에 심각한 범죄로 인식하지 않는 경향이 있지만, 상습범죄자의 최초 범죄유형이 절도라는 측면을 고려하면 절대 대수롭지 않는 범죄유형이다.
출처: https://dallasktn.com

에 드러나는 신체적 상해를 초래하지 않고, 많은 경우 그 피해가 피해자 자신만의 문제로 끝나기 때문이다. 일반적으로 신체적 상해를 초래하는 범죄의 경우 범죄가 크게 부각되지만 절도범죄의 경우 사람들의 관심을 얻기가 쉽지 않다. 하지만 절도범죄 피해자는 소중한 재물이 갑자기 사라진 충격으로 인해 일상생활에 영향을 받으며, 일정 기간이 지난 후 그러한 영향이 신체적 상해로 전이되기도 한다. 때때로 절도범죄는 그 자체로 끝나지 않고 살인, 강간과 같은 범죄를 수반한다는 점에서 결코 대수롭지 않게 생각할 범죄유형이 아니다(홍성열, 2012).

절도범죄의 실태

03

(1) 범죄행위의 특징

1) 발생 및 검거현황

〈그림 14-1〉은 지난 10년간의 절도범죄의 발생·검거현황 및 추이를 나타내고 있다. 절도범죄 발생건수는 2008년 223,207건에서 2013년 290,841건으로 지속적인 증가추세를 나타내다가 2017년까지 지속적으로 감소를 하고 있다. 절도범죄 검거율은 증감을 반복하고 있다. 2008년부터 2012년까지는 50.9%에서 36.5%로 계속 낮아지다가 2017년도에는 60.9%로 점차 증가하는 추세를 보이고 있으며 다른 범죄유형에 비해 절도범죄의 검거율은 상당히 낮다고 볼 수 있다.

그림 14-1 절도범죄 발생 및 검거현황(2008년~2017년)

(단위: 명/%)

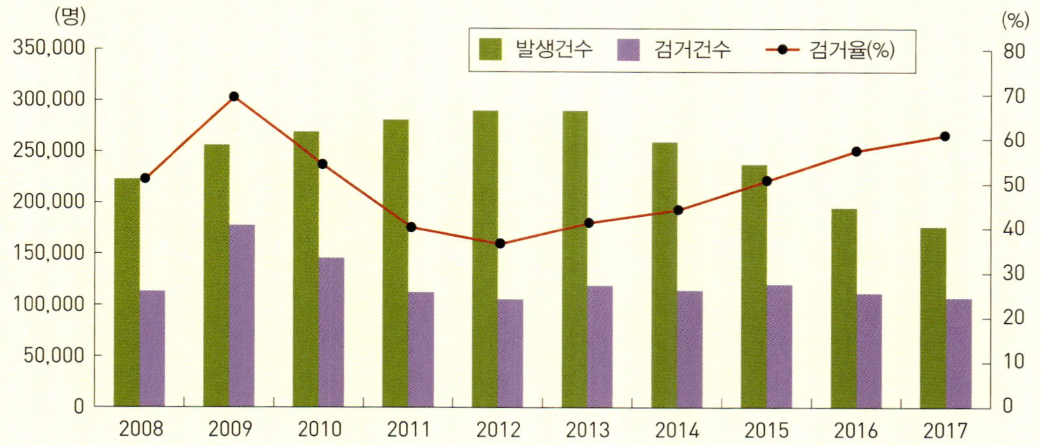

출처: 대검찰청 범죄분석, 2008~2017년

2) 절도 수법별 유형

〈그림 14-2〉는 최근 6년간(2012년~2017년)의 절도범죄 수법별 발생 건수를 나타낸 것이다. 전반적으로 침입절도(기타)가 가장 많이 발생하고 있으며, 그 다음으로 침입절도(빈집)>들치기>침입절도(상점) 순이다. 따라서 우리나라에서 발생하는 절도범죄는 빈집, 상점, 기타 등의 침입절도가 거의 대부분을 차지한다. 또한 2013년도에

그림 14-2 절도 수법별 발생건수(2012년~2017년) (단위: 명)

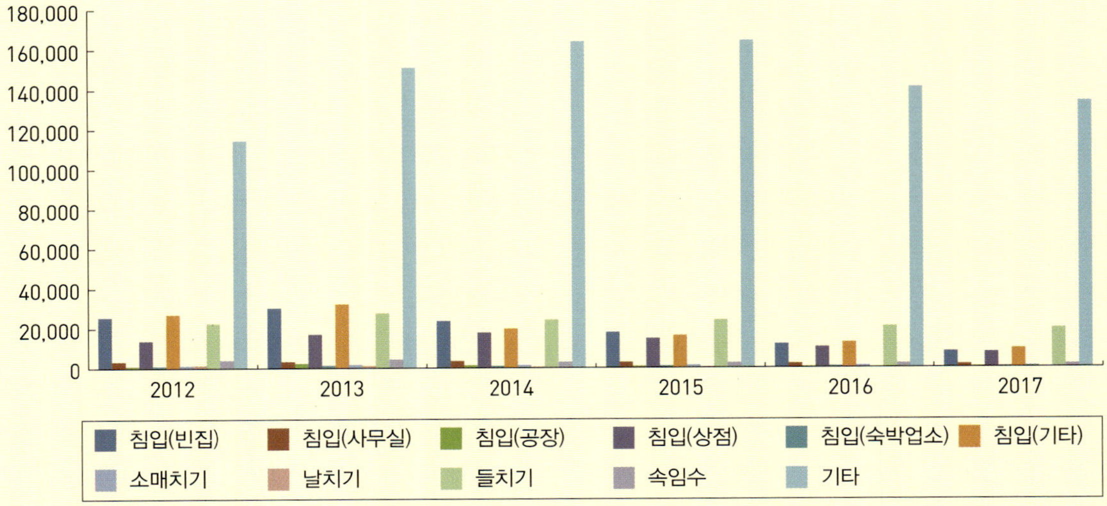

출처: 대검찰청 범죄분석, 2012~2017년

절도범죄가 감소하는 원인

절도범죄는 비교적 장기간 증가 추세가 이어지던 끝에 2012년 29,460건을 기록한 이후 감소하고 있으며, 수년 간 감소의 폭이 커지고 있는 상황이다. 2017년 9월 기준 138,164건으로 2016년 동기간 대비 7.8% 감소하여, 2018년에도 계속해서 감소 추세를 이어갈 것으로 보인다. 그러나 절도의 감소가 상당 수준으로 진행되었고 2016년 대폭 감소 후 2017년 9월까지는 2016년 동기 대비 감소폭이 줄어든 것으로 보아 감소세는 다소 둔화될 가능성이 있다. 경제적인 어려움에도 불구하고 절도가 감소하는 이유는 신용카드나 모바일 결제수단의 사용이 증가하면서 사람들이 평소에 현금 등을 소지하거나 큰 금액을 가지고 다니는 경우가 줄어들었기 때문에 범행으로 인한 비용에 비해서 기대 가능한 이익이 감소하였기 때문으로 풀이된다. 또한, 강·절도의 주요 대상 중 하나였던 전자제품의 교환가치가 감소한 것도 관련 범죄의 발생률을 감소시키는 이유가 되고 있다. 절도 범죄자의 많은 비중을 차지하는 10대 인구비율이 줄어드는 것도 한 가지 이유로 꼽을 수 있다. 연도별로 유형별 변화의 추세를 확인해보면 최근에 절도수법의 변화를 확인할 수 있는데, 침입절도는 발생건수에 있어서뿐만 아니라 발생비율에 있어서도 감소하고 있는 반면, 비침입 절도의 경우 특히 기타 유형의 비율이 증가하고 있는 것으로 나타났다. 이는 전통적인 소매치기, 날치기, 들치기 등의 수법에 비해서 신종 절도수법들이 증가하기 때문으로 추정된다. 또한, 차량이나 오토바이, 자전거 등에 대한 절도가 한때 성행하였으나 지금은 지속적인 감소세에 있다. 자전거의 경우 2014년과 2015년에 증가추세에 있었으나 2016과 2017년에도 큰 폭으로 감소하였다. 이동수단의 경우 주차시설 등에 CCTV 설치가 증가하고 경로 추적 기술 등이 발달하여 적발 가능성이 높고 자전거 절도에 대한 관리가 강화되면서 얻어진 결과로 추정된다.

(출처: 치안정책연구소, 2019)

거의 대부분의 절도범죄유형에서 발생건수는 최고치를 기록했지만 2017년을 기준으로 기타 절도범죄를 제외하고 모두 지속적인 감소추세를 나타내고 있다.

스마트폰 절도

그림 14-3 스마트폰 절도 피의자 전과 현황

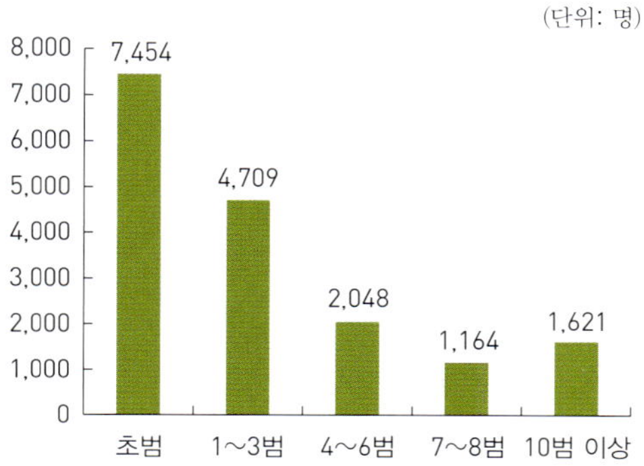

그림 14-4 스마트폰 절도 장소 분포

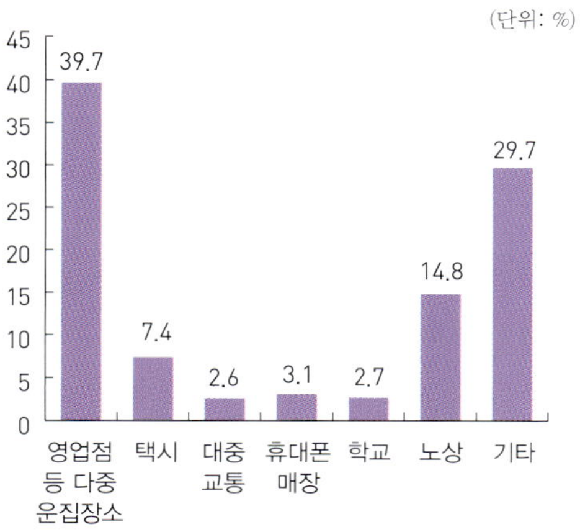

지난 5년간 절도범죄 변화의 특징은 장물처분이 수월한 피해품 중심으로 발생이 급증하고, 수법별로는 비침입절도가 크게 증가했다. 특히, 스마트폰 상용화 이후 절도 및 해외 밀반출 사례가 급증하였는데 2013년 한해 해

그림 14-5 스마트폰 유통장소 분포

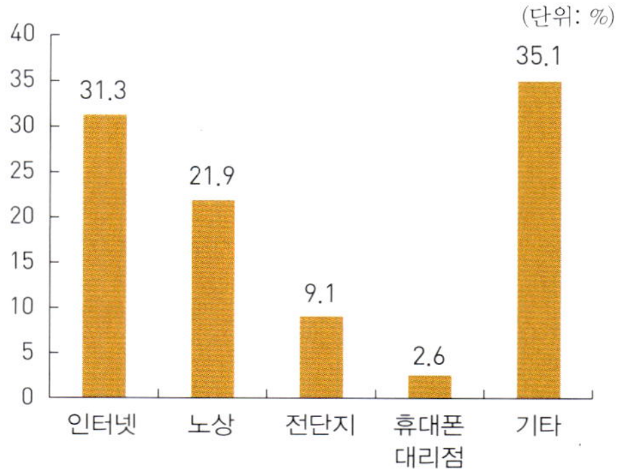

외로 밀반출한 스마트폰은 약 14만여 대, 금액으로는 약 1,100억원 상당에 이른다. 〈그림 14-3〉에서 스마트폰 절도 피의자 중 초범의 비중이 43.8%(7,454건)로 가장 높고, 그 다음이 1~3범으로 27.7%(4,709명)를 차지하고 있다. 스마트폰은 부피가 작아 절취·습득의 범행이 용이하고, 고액이면서도 장물처분 및 환금성이 높아 청소년, 택시기사, 영업점 종사자들과 같은 일반인들이 쉽게 범죄를 저지를 가능성이 높다.

스마트폰 절도범죄의 발생 장소는 〈그림 14-4〉에 잘 나타나 있다. 공공장소나 다중 운집장소에서 절취하는 경우가 39.7%로 가장 높고, 택시나 교통수단 등에서 발생하는 경우도 10%에 달한다. 〈그림 14-5〉는 절도한 스마트폰이 유통되는 경로를 나타낸 표이다. 유통사범의 경우, 중고거래 사이트 등 인터넷을 수단으로 하는 경우가 31.1%로 경찰의 단속과 추적이 어렵고, 중국(83%)과 동남아(8.6%) 등 해외 밀반출하는 경우 폭력조직이 개입하는 기업형 범죄가 많은 것도 특징이다.

(출처 : 치안정책연구소, 2014)

(2) 범죄자의 특징

1) 범행 동기

〈그림 14-6〉은 절도범죄의 동기를 나타낸 표이다. 2008년과 2017년을 비교하여 범행동기를 살펴본 결과, 우발적으로 저지른 경우가 2008년 27.5%, 2017년 27.7%로 가장 높았으며, 그 다음으로 생활비 마련으로 인한 경우로 2008년 11.2%, 2017년 9.0%로 나타났다.

그림 14-6 절도범죄자 범행 동기 (단위: %)

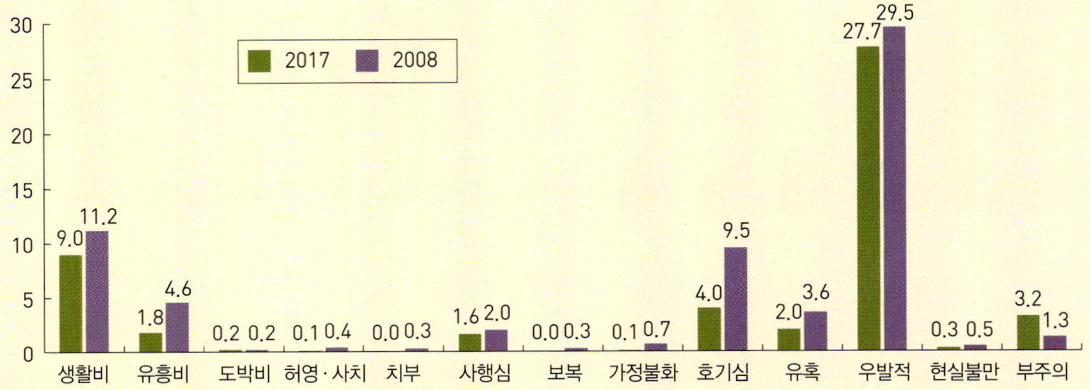

출처: 대검찰청 범죄분석, 2008~2017년

2) 절도 범행 시 연령대

〈그림 14-7〉을 보면 10대가 저지르는 범죄건수가 가장 높은 것으로 나타났다. 2008년과 2017년의 동향을 분석해보면, 10대와 20대의 비율이 50% 이상을 차지할 정도로 절도범죄는 다른 범죄유형과는 달리 20대 이전의 연령대가 압도적으로 많이 저지르는 범죄유형이다. 그러나 지난 10년간의 연령대별 범죄추이를 살펴보면, 10대 절도범죄는 1.5배 감소했지만 20대는 1.5배, 30대는 1.2배, 40대는 1.2배, 50대는 2.6배, 60대는 3.7배, 70대는 8.7배 증가함으로써 연령이 증가할수록 범죄비율이 늘어나고 있다. 즉, 최근의 절도범죄에서 노인층들의 범죄비율이 10년 대비 상당히 증가하고 있는 현상을 볼 수 있는데, 이는 경제적으로 빈곤에 처한 노인층들의 증가와 함께 그들의 범죄율 또한 함께 증가하고 있다는 사실을 알 수 있다.

그림 14-7 **절도범죄자 범행 시 연령대** (단위: 명)

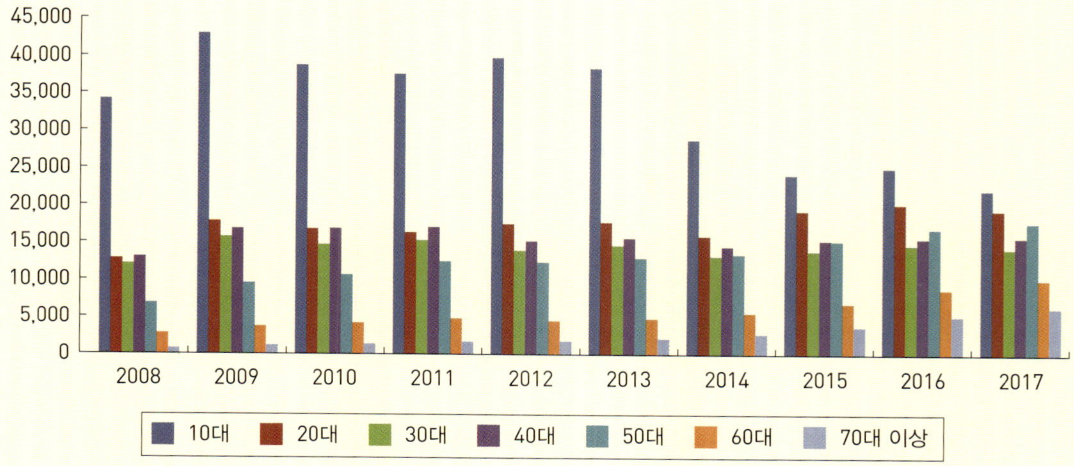

출처: 대검찰청 범죄분석, 2008~2017년

(3) 피해자의 특징

1) 절도 피해자 피해 시 상황

〈그림 14-8〉과 같이 절도 피해 시 상황을 살펴보면, 피해자가 부재중일 때가 49.8%로 가장 높았으며, 그 다음으로 일하는 중 10.9%, 딴 데 정신 6% 취침 중 5.1% 순으

그림 14-8 **절도 피해자 피해 시 상황** (단위: %)

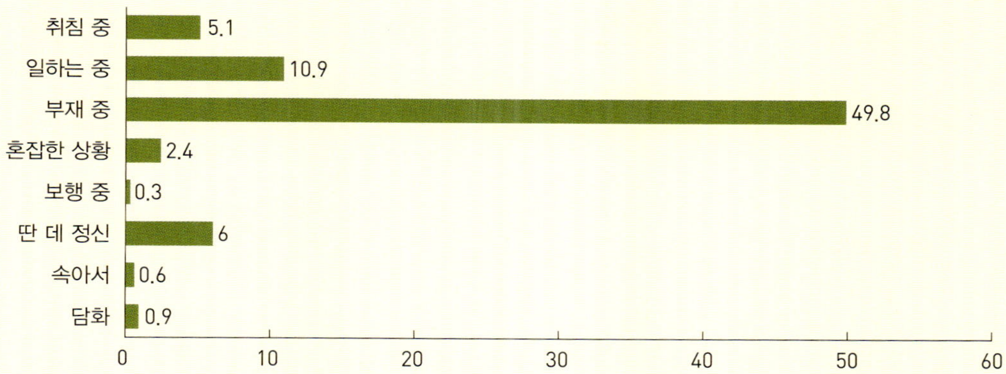

출처: 대검찰청 범죄분석, 2008~2017년

로 나타났다. 이 결과는 〈그림 14-2〉의 절도 수법과 깊은 연관성을 맺고 있는데 절도범 입장에서는 여러 유형의 침입절도를 가장 많이 저지르는 반면, 피해자 입장에서는 침입당한 빈집, 상점 등에서 부재 중일 때가 대부분을 차지한다. 절도범죄의 특성상, 절도범은 집이나 상점의 주인이 그 장소에 없을 때 절도를 하는 것이 가장 안전하기 때문에 그들의 부재 상황을 잘 파악하여 합리적인 선택에 의해 절도를 하는 것으로 파악된다.

2) 피해현황

〈그림 14-9〉는 2017년 기준으로 재산범죄 피해 정도를 죄명별로 나타낸 것이다. 재산피해정도가 100만원 이하가 가장 많은 189,549건으로 전체의 약 65%를 차지하는 것으로 나타났다. 일반적으로 횡령이나 배임의 경우, 범죄건수당 피해액의 규모가 상당히 큰데 반해, 절도범죄는 재산범죄 중에서 범죄건수당 피해액수가 가장 적은 범죄유형에 속한다.

그림 14-9 **죄명별 재산피해 정도(2017년)** (단위: 건)

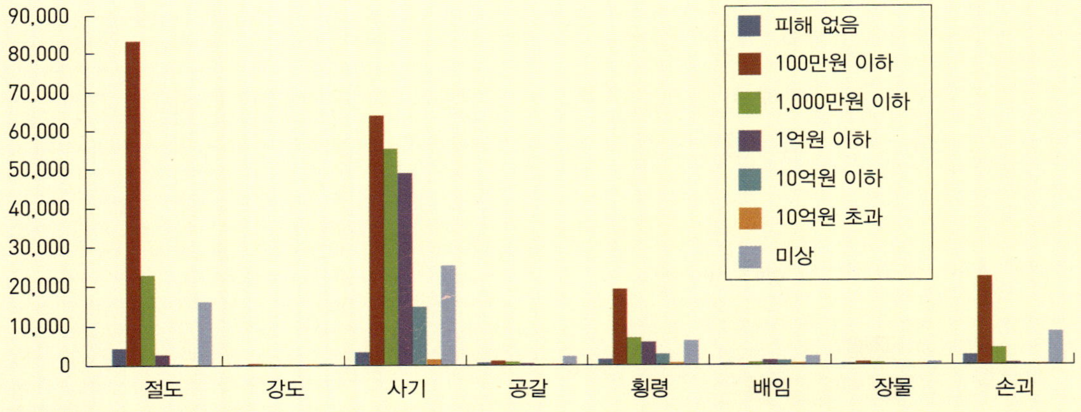

출처: 대검찰청 범죄분석, 2017

절도범죄의 원인

04

절도범죄를 저지르는 데 있어 범죄자들이 합리적으로 범죄를 선택한다는 것은 절도범죄를 설명하는 주된 설명 중의 하나라 할 수 있다. 합리적 선택이론에 따르면, 범죄자들이 자신의 행위를 선택하는 자유의지를 가지고 있다는 전제로 범죄행위를 합리적 사고의 결과로 이해하고 있다. 이와 같은 시각에서 범죄를 바라보는 이론들로는 합리적 선택이론(Cornish & Clark, 1986), 범죄기회이론(Garofalo, 1987), **생활양식이론**(Hindelang *et al*., 1978), **일상활동이론**(Cohen & Felson, 1979) 등이 제시되고 있다(박철현, 2002).

(1) 합리적 선택이론

경제학의 가정을 기초로 인간은 합리적이라는 가정에서 출발하는 합리적 선택이론(rational choice theory)은 일상생활의 많은 부분들이 인간의 합리적 선택의 결과라고 설명하고 있다. 인간이 어떠한 특정 행위를 선택하는 과정을 다음과 같이 제시하고 있다. 첫째, 인간이 어떤 행동을 하는 데 있어 가능한 모든 행동 대안을 설정하고 그 대안에 관한 정보를 수집한다는 것이다. 둘째, 그러한 행동 대안에 대한 순위를 정하고 각각의 가치를 부여한다는 것이다. 셋째, 특정 행동을 하게 되었을 때 발생할 이익과 손실에 대한 판단뿐 아니라 다른 여러 대안들의 선택 시 발생할 이익과 손실도 함께 고려한다는 것이다. 넷째, 이와 같은 합리적 계산 과정을 거쳐 자신의 이해에 맞고 효용의 극대화를 가져올 수 있는 특정 행위를 선택한다(김준호·이성식, 1995). 이와 같이 범죄행위를 선택하는 데 있어서도 잠재적 범죄자가 범죄행위를 실행하기 전에 범죄행위를 통해서 얻을 수 있는 이익과 잃을 수 있는 손실을 비교하여 합리적 판단을 한다. 이는 사회학습이론의 차별적 강화(differential reinforcement)에서처럼, 처벌보다 보상이 크다고 판단하면 그런 범죄행위를 계속할 가능성이 높아지는 것과 같은 이치다. 즉 범죄자는 범죄행위를 통하여 얻을 수 있는 이익(경제적, 심리적, 정신적 이익)이 손실(경찰에 발각될 확률, 원초집단의 부정적 평가, 사회적 낙인 등)보다 더 크다고 판단하면 범죄행위를 실행

절도범은 철저하게 손익을 계산하는 합리적 선택의 결과, 절도범죄를 저지르는 경향이 강하다.
출처: http://www.hanhodaily.com/news/articleView.html?idxno=61855

할 가능성이 높다는 것이다. 그리고 합리적 선택이론과 유사한 입장을 나타내고 있는 기회이론 역시 잠재적 범죄자가 나름대로 범죄의 성공기회(경비원의 유무, 도주 용이성, CCTV 설치 상태 등)에 대해 종합적으로 판단을 하고 그에 따라 범행을 한다고 설명하고 있다(전돈수, 2003).

(2) 생활양식이론

생활양식이론(Lifestyle-exposure theory)은 범죄 피해를 당할 확률이 왜 사람마다 차이가 있는지 즉, 범죄 피해자가 될 상이한 확률에 초점을 두고 있는 이론이다. 힌델랑(Hindelang)과 그의 동료들에 따르면, 사람들은 개인별로 상이한 생활양식을 가지고 있으며 이러한 일상활동의 양식이 범죄피해 차이의 원인이 된다(Hindelang *et al.*, 1978). 그들은 직업활동, 학교생활 그리고 여가활동 등을 포함한 일상적인 생활을 생활양식(lifestyles)이라는 개념으로 정의하였고, 이러한 생활양식은 범죄피해율에 영향을 준다고 주장하였다. 즉 **생활양식이론**은 상이한 개인의 특성이 생활양식의 차이를 만들고, 이러한 상이한 생활양식의 차이가 범죄피해의 차이를 만들어 낸다는 것이다(박철현, 2003; 윤우석 2018). 이러한 생활양식은 범죄 피해 위험이 높은 장소, 시간, 사람에 대한 노출 정도의 차이를 유발하기 때문에 개인의 범죄피해 여부에 중요한 역할을 하게 되며, 노출 가능성이 높은 경우 범죄피해 가능성이 높아진다. **생활양식이론**을 절도범죄에 적용하면, 문단속을 잘하지 않고 외출하는 습관, 밤 시간대에 집에 잘 있지 않는 생활양식, 평소 값비싼 고가품을 지인들에게 자랑하는 생활양식, 밤 시간대에 주로 활동하는 직업을 가진 경우, 인구밀도가 높은 지역에서 생활하는 경우 등은 그렇지 않은 경우에 비해 절도범죄의 피해를 당할 가능성이 높아진다(김흥식·곽대훈, 2016). 이러한 **생활양식이론**은 기본적으로 사회적 집단에 따라 차이를 나타내는 폭력범죄 피해를 설명하기 위해 제시되었을 뿐만 아니라 절도와 같은 재산범죄피해에 대해서도 적용되었고, 나아가 범죄대상 선택과정을 설명하기 위한 이론의 기초를 제공하기도 하였다(김흥식 외, 2017).

(3) 일상활동이론

코헨과 펠슨(Cohen & Felson)에 의해 주장된 **일상활동이론(routine activity theory)**은 동기화된 범죄자(motivated offender), 적절한 범죄대상(suitable targets), 범죄를 억제할 수 있는 보호 또는 감독의 부재(the absence of capable guardians)의 세 가지 요인이 시간적·공간적으로 수렴되는 경우, 약탈범죄의 발생 가능성이 높아진다고 제시하고 있다(Cohen & Felson, 1979). 이러한 근거로 미국에서 1960년에서 1971년까지의 범죄율 비교를 통해 원거리 출퇴근 증가(가구의 분리), 여성 가구주 경제활동 증가, 가전제품의 소량화·경량화, 여가활동 증가 등과 같은 일상생활의 변화(가구 중심활동 감소)가 범죄기회의 가능성을 높였다고 설명하고 있다(김준호 외, 2010). 그 당시 미국에서는 실업률, 경제적 불평등, 인종차별 등 범죄자를 자극하거나 동기를 부여하는 구조적 조건이 저하됨에도 불구하고 절도범죄율이 증가했다. 그 이유는 이전 세대에 비해 일반인들의 일상활동의 변화로 매력적이고 무방비 상태의 범죄 표적이 늘어났기 때문으로 **일상활동이론**가들은 파악했다. 특히 절도범들은 첫째, 절도할 의지를 가지고, 둘째, 절도에 적합한 빈집, 값비싼 고가품, 스마트폰 등과 같은 적절한 절도 대상이 존재하고, 셋째, 경찰순찰의 사각지대, 주민감시의 부재, CCTV의 부재 등과 같은 감독 및 보호의 부재가 맞아 떨어질 때, 절도범죄를 저지를 가능성은 높아진다는 것이다. 이는 범죄성을 유발하는 구조적 조건(예를 들면, 경제적 불평등, 실업률, 빈곤, 인종차별 등)이 변화되거나 증가하지 않더라도 범죄율의 지속적 증가를 설명하는데 있어 큰 기여를 한 것으로 평가받고 있다(이윤호, 2015).

일상활동이론과 **생활양식이론**은 인간의 합리적 사고의 결과로 범죄 행동을 이해한다는 점, 일상활동이나 생활양식과 같은 개인적인 활동 양상에 의해 범죄가 결정되는 과정을 중시하고 있다는 점, 그리고 두 이론의 주요 개념인 일상활동과 생활양식의 개념적 정의에서 유사한 점을 가지고 있다 할 수 있다. 하지만 **일상활동이론**이 사회 전체의 범죄발생률의 시간적 변화를 설명하기 위해 전개되었다는 측면에서 범죄피해에 있어서 사회적 집단 간의 차이를 설명하기 위해 전개된 **생활양식이론**과 차이가 있다고 할 수 있다. 따라서 두 이론은 분석의 대상이나 단위, 개인적 활동양상(일상활동, 생활양식)에 영향을 미치는 요인, 결과 그리고 매개과정 등에 있어서 차이를 나타낸다고 할 수 있다.

절도범죄자의 심리적 특성 05

절도범죄자의 심리적 특성 중 하나는 절도범죄가 가지고 있는 주요한 특징이라 할 수 있는 비인간화와 관련한 심리를 들 수 있다. 비인간화란 말 그대로 한 개인을 인간으로 보지 않고 물건으로 보거나 취급되는 것을 의미하는 것으로, 범죄자에게 피해자는 인간이 아닌 목표에 지나지 않으므로 범죄자는 자신의 행위가 피해자에게 어떠한 영향을 미치는가를 고려하지 않는다. 대부분의 절도범죄에 있어서 범죄자는 피해자와 직접적으로 대면을 피하기 때문에 피해자가 겪게 되는 사회적, 경제적, 심리적으로 비참한 상황을 직접 눈으로 볼 수도, 경험할 수도 없다는 특징을 가지고 있다. 예를 들면, 절도범죄의 실태에서 살펴본 것처럼, 절도범죄자의 대부분은 빈집을 범행대상으로 선택하고, 피해자가 부재중일 때 절도를 할 가장 적합한 상황으로 인식한다. 다른 범죄와는 달리, 절도범은 범행 당시 피해자들과 직접 대면하는 경우는 많지 않다. 따라서 절도범죄자는 피해자가 없는 상황에서 자신의 내적 가치(죄책감)와 사회적 구속(사회적 낙인, 원초집단의 비난)은 의미를 형성하지 못하고, 범죄자는 자신의 범죄행위를 부인하고 정당화하는 심리적 특성을 가진다(Bartol & Bartol, 2010). 이는 마치 사회학습이론의 합리화과정과 비슷하다. 예를 들어, 절도범죄가 발각되었을 때, 절도범은 피해자나 피해규모에 대해 "피해자에 대한 심리적, 경제적 보복차원에서 절도를 했다." "임금을 지불하지 않았기 때문에 임금 대용으로 절도를 했다." "다른 사람들도 절도를 하는데 왜 나에게만 비난을 하느냐." 서두의 한국 사례에서처럼 "경제적 궁핍을 탈피하기 위해 어쩔 수 없었다." "당신이 운이 없어 절도 피해를 당했다." "피해 액수나 규모가 크지 않으니 대수롭지 않다." "오늘 일진이 안 좋아 검거됐다." 등처럼 자신의 범죄행위에 대해 합리화를 하는 경향이 강하다. 특히 절도범은 피해자들이 당하는 경제적, 심리적 고통에 대해 잘 실감하지 못하는 심리적 특성을 가지는데 그 이유로 절도범죄는 우리 사회에 빈번하게 발생하는 대수롭지 않는 사건으로 인식하거나, 범행 당시 피해자와의 직접적 대면이 잘 일어나지 않기 때문에 피해자에 대한 죄책감을 잘 가지지 못하는 특성 때문이다.

교도소 재소자를 대상으로 한 설문조사를 통하여 절도범죄자의 심리를 분석한 박철현(2002)의 연구 결과를 살펴보면, 첫째, 자신이 (침입)절도를 했다고 응답한 사람들의 경우 다른 범죄를 주로 했다고 응답한 사람들에 비해 지역사회 내에서 절도범이라는 낙인을 더 강하게 경험한 것으로 나타났다. 둘째, (침입)절도의 동기와 관련해서는 가장 중요한 동기로 대부분 경제적인 동기를 들고 있으며, 범죄 자체에서 느끼는 흥분, 스릴, 쾌감 등도 (침입)절도의 동기로 작용한 것으로 나타났다. 셋째, 침입절도범은 돈이 있을 만한 집을 찾는다든지 하는 일반적 수준에서 범행을 계획하지 구체적이고 치밀한 계획을 세우는 침

최근 택배문화의 발달로 집 앞에 배달된 물건을 훔치는 택배절도가 증가하고 있다.
출처: http:/www.alltv.ca/top_news/38806

입절도범들은 그렇게 많지 않은 것으로 나타났다. 이런 현상은 절도범죄의 범행동기에서도 잘 나타나 있다. 〈그림 14-6〉에서 2017년도에 범죄자의 범행동기로 우발적인 경우가 27.7%를 차지한다. 이는 절도범죄가 계획적인 동기보다는 우발적인 동기로 인해 더 쉽게 발생한다고 볼 수 있다. 넷째, 침입절도의 목표물 선택과 관련해서는 합리적 선택이론의 설명과 유사하게 절도의 용이성, 예상되는 수익, 체포될 위험이라는 세 요소에 의해 결정되는 것으로 나타났다. 다섯째, (침입)절도 범죄의 경우 다른 범죄에 비해 범죄로부터의 수익이 매우 높았고, 과거 범죄의 효율성(경찰에 적발될 위험성보다 경제적, 심리적 보상이 더 크다는 사실)에 대한 평가에 있어서도 상대적으로 다른 범죄에 비해 효율적이었다고 평가하는 것으로 나타났다(박철현, 2002).

또한, 일반청소년과 절도청소년의 심리·사회적 특성을 자아존중감, 부모양육태도, 그리고 학교적응 유연성의 세 가지 측면에서 비교한 이진현·이동훈(2012)의 연구결과를 살펴보면, 첫째, 부모양육태도에 있어서는 절도청소년이 인식하는 부모의 양육태도가 하위요인인 긍정적 영역과 부정적 영역 모두에서 높은 것으로 나타났다. 즉, 부모의 긍정적 양육태도와 관련해서 절도청소년은 부모의 감독은 부족하고 애정은 많다고 인식했으며, 부모의 부정적 양육태도와 관련해서는 학대, 방치, 과잉간섭, 과잉기대, 비일관적 양육태도 등 모든 영역에서 높은 것으로 나타났다. 둘째, 학교적응 유연성과 관련해서 절도청소년은 학교적응 유연성의 하위요인인 학업흥미, 학업성취, 학교규범의 모든 영역에서 수준이 낮은 것으로 나타났다(이진현·이동훈, 2012). 그리고 상습절도범죄자의 심리적 특성과 관련해서 우리나라의 대표적인 상습절도자인 조세형의 사례를 바탕으로 범죄심리학자와 정신과 전문의가 심리적 특성을 분석한 결과는 다음 〈CASE 1〉과 같다.

CASE 1

1970~80년대 부유층 저택만을 골라 털어 '대도(大盜)'로 불리던 조세형(81) 씨가 또다시 교도소 신세를 지게 됐다. 전과 10범으로 1982년 체포된 이후 7번째 수감 생활이다. 22일 서울동부지법 형사합의12부(부장 민철기)는 절도 혐의로 재판에 넘겨진 조씨에게 징역 2년6개월을 선고했다. 조씨는 지난 6월 서울 광진구 한 다세대주택 1층에 침입해 몇만원 수준의 금품을 훔쳐 달아난 혐의로 경찰에 체포됐다. 조사 결과 조씨는 지난 3월부터 6월까지 6번에 걸쳐 총 1,000여 만원 상당의 금품을 훔치거나 미수에 그친 것으로 드러났다.

조씨가 유명해진 건 종합병원장, 전직 국회의원 등 유명인사의 집에서 '억' 소리 날 만한 물건을 훔쳤기 때문이다. 1982년 조씨가 검거된 후 경찰이 240여 점의 귀금속을 장물로 회수했다. 액수로 따지면 2억원이 넘었다. 통계청에서 물가상승률에 따른 화폐가치를 환산해보면 현재 72억5,000만원에 달하는 금액이다. 특히 전직 국회의원 집에서는 국내 한두 개 있을까 말까 한 5.75캐럿짜리 물방울 모양의 다이아몬드를 훔쳤는데, 이는 정확한 값을 매길 수가 없을 정도였다고 당시 신문은 전한다. 이에 대해 조씨는 "군사정부에 반감을 가진 언론이 부패를 드러내기 위해 나를 의적으로 만들었다"고 주장했다. 그는 지난달 열린 자신의 재판에서 "한 집에서 현금 7,000만원을 훔치거나 물방울 다이아몬드를 훔치며 화제가 됐다"며 "그 집들이 박정희 전 대통령의 친한 후배나 고관대작들이었다"고 말했다(중앙일보, 2019년 8월 22일 사회면).

〈CASE 1〉의 조세형의 경우, 행동을 제어하는 충동조절 중추인 전두엽의 미발달로 훔치고 싶은 욕구를 제어하지 못하는 상습적 도벽에 빠질 가능성이 높다고 평가할 수 있다. 즉, 필요 없는 물건을 충동적으로 훔치는 것 자체에 쾌감을 얻는 경우가 이에 해당한다고 할 수 있다. 하지만 조세형의 경우 돈이 필요해서 절도를 했기 때문에 절도광이라고 볼 수 없으며, 반사회적 성격에 가까운 것으로 보고 있다. 즉, 훔치는 것에 큰 죄의식을 느끼지 못하고 충동조절이 잘 안 되고 노력 없이 큰돈을 벌려고 했기 때문이라고 설명하고 있다. 뿐만 아니라 불우한 환경으로 인한 배고픔과 애정결핍, 고아원과 거리에서 경쟁적이고 야생적 생활이 성공에 대한 강한 욕구를 불러일으켰다고 볼 수 있다. 그는 강한 욕구를 충족할 수 있는 손쉬운 불법 수단이 눈앞에 다가오자 도덕, 윤리, 법과 같은 사회규범을 저버리고 절도를 하게 되었다는 것이다. 그리고 조세형의 절도 행각에서는 검거되지 않기 위해서 끊임없이 절도기술과 수법을 개발하는 등 침착하고 계획적인 절도 행위가 이루어졌다는 측면에서 순간적 충동이나 격정이 아닌 철저한 합리적 계산에 따른 것이라고 할 수 있다.

절도범죄의 대책

06

절도범죄에 대한 대책으로는 상황적 범죄예방에 근거한 범죄피해 대책이 유용한 것으로 제시되고 있다. 이는 절도범죄자들의 범행에 있어서 합리적 선택이 어느 정도 작용한다고 보기 때문이다. 상황적 범죄예방은 범죄행위가 구체적 상황이나 상황에 대한 인식에서 나타나는 즉각적 동기 때문에 나타난다고 가정한다. 또한 잠재적 범죄자에게 환경변화를 통하여 범죄가 덜 매력적인 것으로 만드는 것이 가능하다는 이념에 근거하고 있다. 이는 범죄자가 단순히 충동에 따라 범행을 저지르는 것으로 보지 않으며, 범행 장소, 범행 시간, 잠재적 피해자를 찾는 데 최소한의 위험을 고려한다는 것이다. 이와 같은 상황적 범죄예방 측면에서 절도범죄의 대책 방안을 제시하면 취약지역을 중심으로 잠재적 범죄자가 자신의 체포 위험이 높다고 인식하도록 경찰의 순찰 활동, 가로등이나 CCTV의 활용 등이 요구된다(전영실, 2007; 윤우석 외, 2017).

(1) 경찰의 순찰 활동 강화

경찰의 순찰활동은 관내 정황 파악과 범죄예방을 위해 관내 일정 지역의 순회시찰을 통하여 잠재적 범죄자에 대해 처벌 및 검거의 가능성을 높여 범죄동기를 억제하고, 경찰의 가시화를 통하여 범행의 기회를 미연에 차단하는 범죄예방 활동이라고 할 수 있다(이성식, 2001). 따라서 경찰은 절도범죄의 예방을 위해서 순찰활동을 강화할 필요가 있다. 현재 순찰차량 위주의 순찰활동 방식보다는 절도범죄 예방을 위해 좀 더 효과적인 순찰방식인 도보순찰을 강화할 필요가 있다. 경찰 순찰활동의 한계를 보완하기 위해 지역주민의 자치적 순찰활동의 병행과 활성화를 위한 노력도 필요하다. 마지막으로 절도범죄의 발생이 빈번하게 발생하는 취약한 시간과 장소(예: 야간이나 노상)를 고려한 순찰활동을 강화해 나가야 할 것이다(전영실, 2007).

절도범죄를 예방하기 위해서는 경찰의 순찰활동과 함께 지역주민의 자치적 순찰활동의 병행과 활성화를 위한 노력도 필요하다.
출처: http:/www.knnews.co.kr/news/articleView.php?idxno=1300396

사진은 서울 염리동 소금길의 가로등 개선작업 후 절도범죄가 상당히 줄어들었다.
출처: http:/www.teaminterface.com/portfolio-item/saltway-2

(2) 방범시설의 보완 및 개선

절도범죄가 발생하는 시간이나 장소를 고려할 때 가로등이나 방범등과 같은 야간 조명의 활용이나 CCTV를 통한 감시기능의 확대 등 방범시설의 보완이나 개선을 통하여 범죄 발생 위험은 줄이고, 잠재적인 범죄자에게는 위험을 증가시키는 방안도 범죄를 예방하는 데 도움이 될 것이다. 야간조명의 경우, 절도범죄에 취약한 주택이나 상가 지역에 어두운 지역을 줄이고 적절한 밝기가 제공되어 범죄에 안전한 환경이 조성될 수 있는 적절한 수의 가로등이나 방범등의 확보 및 유지·관리가 필요하다(구태연 외, 2016). CCTV의 경우에도 취약환경을 분석하여 부작용을 최소화하면서 범죄예방 및 범인검거의 목적을 효과적으로 달성할 수 있도록 설치·운용되어야 한다(허선영 외, 2018). 또한 최근 진화하는 절도수법에 효과적으로 대응해 나가기 위해 〈CASE 2〉의 섀도 캅스(Shadow Cops)와 〈CASE 3〉의 특수형광물질 도포 등 다양한 방안이 강구되고 있는데, 앞으로도 절도범죄와 관련된 적극적인 대응책의 개발 및 적용이 지속적으로 이루어져 나가야 할 것이다.

CASE 2

블랙박스 차량 '섀도 캅스' 활동 하세요

대구지방경찰청이 '범죄현장의 소리없는 목격자'를 의미하는 일명 '섀도 캅스(Shadow Cops)'를 모집하고 있다. 섀도 캅스는 각종 사건사고 발생시 개인차량 블랙박스에 기록된 영상정보를 가리키는 것으로, 경찰 내부에서는 신개념 치안협력 시스템으로도 통용된다. 엄밀히 말하면 경찰이 블랙박스를 장착한 차량 소유자 중 수사에 도움을 줄 수 있는 이들을 찾고 있는 것이다. 이들이 보유한 블랙박스에 찍힌 영상은 각종 강력사건이나 교통사고의 결정적인 단서가 될 수 있다. 민간인이 보유한 장비를 경찰 치안활동에 활용한다는 측면에선 부족한 사회안전망 구축에도 좋은 본보기가 될 것으로 보인다. 블랙박스가 장착된 차량 소유주는 누구나 섀도 캅스에 가입할 수 있다. 가입 희망자는 각 경찰서 생활안전계나 가까운 지구대를 방문하면 된다. 지난 4월부터 대구에 도입된 이 시스템은 현재 시민 1천300여 명이 가입, 암암리에 활동하고 있다. 제공한 영상이 범인검거에 결정적인 역할을 할 경우 보상금도 지급된다.

시스템 운영방법은 간단하다. 사건이 발생하면 경찰이 사건현장 주변의 거주자나 차량을 주차한 적이 있는 회원을 대상으로 영상기록 유무를 확인하도록 협조요청을 한다. 이후 용의자의 인상착의 등이 촬영된 영상유무가 확인되면 이 기록을 토대로 경찰이 용의자를 특정, 검거를 한다. 용의자의 도주로 파악 등에도 요긴하게 활용 가능하다. 사회 곳곳에 CC(폐쇄회로)TV가 설치돼 있다고는 하지만 날로 지능화되는 범죄 앞에서 사각지대가 속출할 수 있는 만큼 일종의 보완재 기능을 하는 셈이다. 현재 이 시스템을 가장 잘 활용하는 곳은 대구 동부경찰서다. 회원이 제공한 차량블랙박스 영상을 통해 지난 2월에 발생한 동구지역 5인조 특수절도 사건을 해결했다. 대구지방경찰청은 "섀도 캅스 운영은 별도 인력이나 예산이 없어도 치안 인프라 확충에 큰 도움이 된다"며 시민의 동참을 당부했다(영남일보 2013년 10월 14일).

CASE 3

구리경찰서, 전국최초 "특수형광물질" 활용 4대 사회악 대책 수립 및 시행

구리경찰서는 전국 최초로 4대 사회악 중 성폭력 범죄 및 침입 강·절도를 예방하기 위해 '특수형광물질'을 이용하여 범죄를 예방할 수 있는 시책을 시행한다고 3일 밝혔다. 특히, 이 시책은 아동, 여성 사회적 약자를 대상으로 한 반인륜적 성범죄 예방과 민생치안의 핵인 강·절도를 예방하는 데 주목적이 있다. 시책에 활용되는 특수형광물질(flourescent invisible detection paste)은 육안으로는 식별이 안 되고 자외선 특수장비를 통해 형광색으로 현출된다. 원룸 단지 등 가스배관을 통해 실내로 침입할 때 반드시 잡을 수밖에 없는 가스배관 및 창문 등에 도포할 경우 범죄흔적이 남게 된다는 것이다. 또 방수성과 다른 물체에 잘 묻어나는 특성이 있어 범죄흔적이 손실되지 않고 남아 범인 검거에 많은 도움이 될 것으로 보인다. 영국 에섹스(울산시와 유사, 인구 160만 명, 경찰관: 6,000명) 경찰청은 2009년 6월 1일부터 9월까지, 네덜란드 로테르담경찰청은 2010년 이 시책을 시행해 침입성 범죄가 각각 22%, 65%씩 감소되는 효과를 얻었다(아시아투데이, 2013년 6월 3일).

연습문제

1. 최근 발생하고 있는 새로운 절도 유형(예: 스마트폰 절도)이 급속히 증가하고 있는 실정이다. 새로운 유형의 절도범죄의 예를 들고 이를 줄이기 위한 방안들은 어떠한 것이 있는지 개인적 차원과 사회적 차원으로 구분하여 설명해 보시오.
2. 사회경제적 측면에서 절도범죄의 원인과 절도범죄자의 특징은 어떠한지를 설명해 보시오.
3. 청소년들에 의해 주로 저질러지는 절도범죄 사건의 예를 들고 그 사건이 절도범죄 유형 중 어디에 속하며, 그러한 범행을 저지르는 사람의 심리적 특성이 어떠한지를 설명해 보시오.
4. 절도범죄의 유형을 설명하고, 그 유형에 맞는 대책방안은 무엇인가?
5. 앞으로 우리 사회에서 절도범죄는 늘어날 것인지 줄어들 것인지를 예상해 보아라. 만약 늘어난다면 그 이유는 무엇이며, 줄어든다면 그 주된 이유는 무엇인지를 사회 경제적 측면에서 설명해 보아라.
6. 최근 발생한 절도범죄의 예를 하나 들어, 그 절도범죄자의 심리적 특성에 대해 구체적으로 설명해 보아라.

용어설명

생활양식이론

생활양식이론(Lifestyle-exposure theory)에 따르면, 사람들의 생활양식이 범죄자에 대한 노출을 증가시켜 범죄 피해자가 될 수 있다는 것이다(Siegel, 2020). 이 이론은 범죄피해자화에 대한 연구로부터 발전하였으며 특히 범죄의 기여요인으로 피해자의 행동에 관심을 집중한다(이창한 외, 2012). 예를 들면, 일반 사람들이 피해를 당할 위험은 젊은 남성과 교제하고, 늦은 밤 공공장소를 돌아다니고, 도시에 사는 것이, 집에서 밤을 보내고, 농촌에 거주하며, 공공장소를 피하고, 돈을 많이 벌고, 결혼을 하는 것에 비해 증가한다는 것이다(Siegel, 2020).

일상활동이론

일상활동이론(Routine activities theory)은 1960년대 미국의 경제성장이 범죄의 감소를 가져올 것이라는 일반적인 예상과는 달리 오히려 범죄의 발생이 증가한 데 대한 해석의 일환으로 발전한 이론이다. 코헨(Cohen)과 펠슨(Felson)이 주장한 이 이론은 범죄율의 차이를 일상의 생활유형과 개인의 일상생활, 그리고 사회적 조건의 상호작용에서 비롯되는 것으로 보았다. 그들은 일상활동을 '인간의 기본적인 생활욕구를 충족할 수 있는 반복적이고 매일 일어나는 활동으로 식사, 성적 행위, 여가생활, 자녀양육뿐만 아니라 공식적인 직업 활동도 포함한다'고 정의하였다. 이러한 일상활동은 집 안에서, 직장, 그리고 집 밖에서의 생활을 포함한다. 코헨과 펠슨은 범죄의 양과 분포가 전형적인 미국인의 생활양식을 반영하는 세 가지 요인들의 상호작용과 밀접한 관련이 있다는 데 주목했으며, 이 요인들이 범죄발생의 결정인자로 보았다. 즉 그것은 첫째, 동기화된 가해자의 존재(motivated offender), 둘째, 적절한 대상(suitable target), 그리고 보호의 부재(lack of guardianship)가 범죄발생의 세 가지 요건이며, 이것들이 시간적 그리고 공간적으로 일치해야 범죄가 발생될 수 있다고 하였다(Cohen & Felson, 1979). 따라서 범죄피해는 보호능력이 없는 적절한 표적(피해자)이 범죄의 동기를 가진 사람을 만났을 때 가장 빈번하게 발생하게 된다고 할 수 있다.

참고문헌

구태연·장경란·이명식·정성원. (2016). 가로의 가시성이 주거침입절도에 미치는 영향 분석, 대한건축학회 논문집-계획계, 32(7), 13-20.

김준호·이성식. (1995). 범죄에 대한 합리적 선택이론의 적용 및 평가, 형사정책, (7), 105-125.

김준호·박현수·박성훈. (2010). 한국의 범죄피해에 영향을 미치는 요인에 관한 연구, 형사정책연구, 21(3), 135-172.

김홍식·곽대훈. (2016). 생활양식과 범죄피해에 관한 실증연구, 과학수사학회지, 10(2), 139-145

김홍식·송영일·곽대훈. (2017). 일상생활양식의 변화와 범죄피해에 관한 연구: 거시적 접근, 한국범죄학, 11(2), 67-88.

대검찰청. (2008-2017). 범죄분석. 대검찰청.

박철현. (2002). 절도범의 심리에 관한 연구, 동의법정, 18, 279-308.

박철현. (2003). 캠퍼스 범죄피해의 원인: 생활양식이론의 검증, 형사정책, 15(1), 257-289.

윤우석·이창훈·심희섭. (2017). 범죄예방용 CCTV설치의 비용-편익분석: 절도와 폭력범죄를 중심으로, 한국경호경비학회지, (50), 207-238.

윤우석. (2018). 일탈적 생활양식과 범죄행동이 범죄피해경험에 미치는 영향, 한국공안행정학회보, 27(2), 153-191

이성식. (2001). 경찰순찰활동의 범죄예방효과에 관한 경험적 연구: 대구지역 조사를 중심으로, 형사정책, 13(1), 165-191.

이윤호. (2015). 범죄학. 서울: 박영사.

이진현·이동훈. (2012). 절도청소년의 자아존중감, 부모양육태도, 학교적응유연성, 상담학연구, 13(1), 231-253.

이창한·황성현·김상원. (2012). 신) 범죄학 & 형사정책. 서울: 박영사.

전돈수. (2003). 백화점과 대형 할인매장의 절도 예방대책: 미국 사례를 중심으로. 경찰학연구, 5, 123-155.

전영실. (2007). 여성의 강·절도 범죄피해와 대응책, 젠더리뷰, 7, 40-44.

조병인. (2001). 현대사회와 범죄. 서울: 법문사.

치안정책연구소. (2014). 치안전망 2014. 치안정책연구소.

치안정책연구소. (2019). 치안전망 2019. 치안정책연구소.

허선영·문태헌·김주영. (2018). 방범용 CCTV 설치로 인한 경제적·공간적 효과분석, 한국지리정보학회지, 21(3), 63-75.

홍성열. (2012) 범죄심리학. 서울: 학지사.

Bartol, C. R. & Bartol, A. M. (2010). *Criminal Behavior: A Psychological Approach*(7th Edition), Prentice Hall(장석헌·이창한 역. (2010). 범죄심리학. 서울: 청목출판사).

Cohen, L. E. & Felson, M. (1979). Social change and crime rate trends: A routine activity approach, *American Sociological Review*, 44(4), 588-608.

Cornish, D. B. & Clarke, R. V. (1986). The Reasoning Criminal: Rational Choice Perspectives on Offending. NY: Springer-Verlag.

Garofalo, J. (1987). Reassessing The Lifestyle Model Of Personal Victimization, in M. Gottfredson & T. Hirschi (Eds.). Positive criminology. Newbury Park, Calif.: Sage.

Hindelang, M. J., Gottfredson, M. R. & Garofalo, J. (1978). Victims of personal crime: an empirical foundation for a theory of personal victimization. Cambridge, Mass.: Ballinger Pub. Co.

Siegel, Larry J. (2020). Criminology: Theories, Patterns, and Typologies. Belmont, CA: Wadsworth(이민식·김상원·박미랑·박정선·신동준·윤옥경·이창배·황성현 옮김. (2020). 범죄학: 이론과 유형 제13판. 서울: CENGAGE Learning).

사이버경찰청 생활치안자료. (2015). http:/www.police.go.kr/portal/main/contents.do?menuNo=200185#aco02.

아시아투데이. (2013). "구리서, 전국최초 "특수형광물질" 활용 4대 사회악 대책수립 및 시행", 아시아투데이, 2013년 6월 3일자 사회면.

영남일보. (2013). "블랙박스 차량 '새도 캅스'활동 하세요.", 영남일보, 2013년 10월 14일자 사회면.

중앙일보. (2019). "대도 조세형, 팔순에 또 철창신세..", "범죄인생 마침표 찍을 것", 중앙일보, 2019년 8월 22일 사회면.

찾아보기

ㄱ

가설(hypothesis) 29
가용성(availability) 423
가장 적은 개념(parsimony) 102
가학성 변태성욕적 강간(Sadistic rapes) 361
가학형(sadistic type) 362
각성제 455
간결성(parsimony) 100
간접적 공격성 37
간헐성 폭발성장애(intermittent explosive disorder) 69
갈등주의이론(conflict theory) 103
갈등하위문화(conflict subculture) 471
갈튼(Galton) 227
감각추구 성향 234
감독의 부재(the absence of capable guardians) 500
감마-하이드록시부틸레이트(Gamma-Hydroxybutyr-ate) 453
감정관리 377, 378
감정조절 결여 289
갓프레드슨과 허쉬(Gottfredson & Hirschi) 23, 103
강간 361
강간범(rapists) 360
강간외상증후군(rape trauma syndrome) 87, 372
강간율 368
강도(intensity) 131, 147
강도강간미수 348
강박장애(obsessive compulsive disorder) 85, 86, 207
강박적 인격장애(obsessive-compulsive personality disorder) 213
강요(compulsion) 196
강화균형(reinforcement balance) 149
개념의 명확성(conceptual clarity) 100
개인살인 258
개인의 다양성(individual differences) 2
갱년기 400
거부기술훈련 479
거시(macro) 사회학 2
거짓말쟁이들과 사기꾼형(the liars and swindlers) 236
검증가능성(testability) 100
게임(game)단계 16, 21
격정강간(Anger rapes) 361
결백(Innocent) 형 436
경계성 인격장애(borderline personality disorder) 210
경험적 일반화(empirical generalization) 113
경험적 타당성(empirical validity) 100
계획된 살인 259
계획의 부인과 축소 369
고다드(Goddard) 125
고살(manslaughter) 256
고의성(premeditation) 256
고착(fixations) 104
고착현상 112
고학력 자존심형 425
공감(empathy) 130

공감능력(empathy) 377, 378, 429
공감능력부재 130
공감능력부족 245
공격 강간범 362
공격성 36, 199
공격행위의 축소 369
공식적 저지(formal deterrence) 149
공연음란 348
공중 밀집 장소에서의 추행 348
공포증(phobia) 85, 208
공황발작(panic attack) 209
공황장애(panic disorder) 85, 86, 207
과실치사 390
과학적 범죄분석시스템(SCAS) 334
관계의 결여 289
관계적 공격성 40
관습적 수준(conventional level) 122
관여(commitment) 156
관음 장애 364
관음증(voyeurism) 360
광장공포증(agoraphobia) 208
괴짜형(the eccentric) 236
구순기 111
구원요청형 322
구조기능주의(structural functionalism) 103
권력강간(Power rapes) 361
권력통제이론(power-control theory) 102
권력형(power-contro motive type) 290, 291
귀납적 방법 99
규칙성(regularity) 100
그로스(Groth) 361
극단주의형 320
극단주의형 방화(Extremist-Movivated Arson) 323
근원적 특성(distal factors) 370
급성스트레스장애(acute stress disorder) 207
긍정적/부정적 정의(positive/negative definitions) 148
긍정적 자극의 소멸 34, 178
긍정적 자기 및 긍정적 타인의 안정적(secure) 유형 423
긍정적 자기 및 부정적 타인의 불안저항형(dismissing) 423
기질(temperament) 224
기타 성도착 장애 364
기회적 범죄자(criminaloid) 235
기회형(opportunistic type) 362
긴장(strain) 32
긴장형(catatonic type) 202

ㄴ

낙인이론(labeling theory) 20, 162
날부핀(nalbuphine) 455
날치기 491
남근기 111
남성성(masculinity) 101
남성혐오 372
내적 실행 모델(internal working model) 423
냉담-무정서(callous-unemotional, CU) 230
노여움-보복형(anger-retaliatory type) 362
노출 장애 364
노출증(exhibitionism) 360
놀이(play)단계 16, 21
놀이형 322

ㄷ

다수살인(multicide or multiple murder) 261
다체계적 치료(MST: multi-systemic therapy) 482
단순망상형(Simple Obsessional) 431

단순작업선호(simple tasks) 30, 171
단일방화(single arson) 319
달가드(Dalgard) 228
달튼(Dalton) 398
닷지(Dodge) 127
대량방화(mass arson) 319
대량살인(mass killing) 261
대립가설(alternative hypothesis) 106
대마초 450
대상관계이론(Object Relation Theory) 422
대상적 자아(me) 16, 20
대용약물 446
대인관계기술 377, 378
대인기피증 193
대처기술의 결여 289
더글라스(Douglas) 316
데어(DARE; Drug Abuse Resistance Education) 479
데포-프로베라(Depo-Provera) 375
도구적 공격성 37
도구적 상대주의 단계 122
도덕발달 121
도덕적 불안(moral anxiety) 82
도리도리 452
도벽증(kleptomania) 69
도피하위문화 471
독립변인(independent variable) 66
독살 및 질식사형(custodial poisoner and asphyxiator) 293
동기 없는 살인 269
동기화된 범죄자(motivated offender) 500
동의어반복(tautology) 105
동일시(identification) 112
뒤르켐(Durkheim) 102
들치기 491
디지털 성범죄 373
디츠(Dietz) 293

ㄹ

랑게(Lange) 227
러미라(Romilar) 455
러켄빌(Luckenbill) 282
레머트(Lemert) 162, 164
로드레이지(road rage) 78
로버트 헤어(Robert Hare) 212
로젠버그(Rosenberg) 25
롬브로조(Lombroso) x, 235
리벤지 포르노 374
리비도(Libido) 23

ㅁ

마리화나(marihuana) 450
마약 446
마약류 445
만족감을 늦추기 힘듦(impulsivity) 30, 171
망상(visual hallucination) 427
망상장애(delusional disorder) 427
망상형(paranoid type) 202, 290
망상활성계(RAS) 229
매슬로우(Maslow) 25
머튼(Merton) 32
메스암페타민(methamphetamine) 451
멜로이(Meloy) 428
모르핀(morphine) 449
모방(imitation) 150
모살(murder) 256
모집단(population) 113
목표달성의 실패 33, 177
몸캠 및 해킹 373

무계획적 충동성 67
무관심 245
무동기 살인 269
무작위 살인 269
문제해결기술(problem solving skills) 429
문화적 목표 102
문화적 영향(cultural influences) 131
물뽕 453
물품음란 장애 364
미국정신의학회(the American psychiatric association) 236
미네소타 다면인성검사(Minnesota Multiphasic Personality Inventory) 115
미드(Mead) 16
미분화형(undifferentiated type) 202
미시(micro) 사회학 2
밀러(Miller) 470

ㅂ

바렛(Barratt) 67
바르비튜레이트(barbiturate) 454
바쏠로뮤(Bartholomew) 423
바톨 부부(Bartol & Bartol) 2
반달리즘 방화(Vandalism-Motivated Arson) 320, 323
반사회성 인격장애(antisocial personality disorder) 212
반사회적 공격성 37
반사회적 성격장애 114
반사회형(the antisocial) 236
반응결정과정 127
반응성(responsiveness) 423
반응적(reactive) 공격성 39
반응탐색과정 127
반증(falsification) 105
발달이론(development theory) 176
발모증(trichotillomania) 69
방임 43, 245
방화광 339
방화범죄 316
방화벽 339
방화안전가족(Fire Safe Families) 프로그램 342
방화와 폭력물범죄수사반(ABIS) 323
방화증(pyromania) 69
배우자살인 264
범불안장애(generalized anxiety disorder) 85
범위(scope) 100
범죄기회이론 499
범죄분류매뉴얼(CCM) 323
범죄심리 195
범죄심리학(criminal psychology) 2
범죄은폐형 방화(Crime Concealment-Movivated Arson) 320, 323
범죄일반이론(general theory of crime) 28, 103
범죄정보관리시스템(Crime Information Management System : CIMS) 334
범죄조직구성형(functionaries of organized crime operations) 293
범죄하위문화(criminal subculture) 471
범죄학(criminology) 3
법순응/위반 정의(law abiding/violation definition) 148
법의학적 심리학(forensic psychology) 2
법의학 진단척도 195
베커(Becker) 4, 163
병적 도박증(pathological gambling) 69
보상적 공격 강간범 362
보상－처벌(rewards-costs) 149
보울비(Bowlby) 423

보편적 윤리 단계 *123*
복수형 방화(Revenge-Motivated Arson) *320, 323*
복수형 살인자(revenge killers) *263*
복장도착 장애 *364*
부모감독 *41*
부모세대의 법준수에 대한 신념(belief in parental norms) *157*
부모애착(parental attachment) *41, 155*
부모의 감독(parental supervision) *155*
부모의 규범적 태도(parents' norm qualities) *148*
부모의 반응(parents' reaction) *149*
부모학대 *42*
부부갈등 *43*
부분적 부인 *369*
부정적 자극의 발생 *34, 178*
부정적 자기 및 긍정적 타인의 거부회피형(preoccupied) *423*
부정적 자기 및 부정적 타인의 불안혼란형(fearful avoidance) *423*
부호화과정단계 *127*
분노(anger) *66, 73*
분노경험 척도 *74*
분노억제 *74*
분노조절장애(Anger Control Disorder) *76*
분노통제 *74*
분노표출 *74*
분노표현 척도 *74*
불만 *66*
불법촬영 *373*
불안(anxiety) *82*
불안장애(anxiety disorder) *85, 207*
불안정형(the unstable) *236*
브레이스웨이트(Braithwaite) *169*
비범죄화 *484*
비자의적 고살(involuntary/negligent manslaughter) *256*
비정상 *193*
비조직적 살인(disorganized murdering) *258*
비조직화된 사고(disorganized thought) *427*
비합리성(irrationality) *196*
비행 하위문화(delinquent subculture) *470*
빈도(frequency) *147*
뽀빠르스(Poppers) *456*

ㅅ

사랑형 살인자(love killers) *263*
사명감형(missionary motive type) *290, 291*
사명형(mission) *290, 295*
사이버괴롭힘 *373*
사이코패스(psychopath) *199, 235*
사이코패시(psychopathy) *212*
사이코패시 체크리스트 – 수정본(Psychopathy Checklist-Revised, PCL-R) *240*
사진합성 *373*
사회경제적 지위(socio-economic status) *260*
사회공포증(social phobia) *208*
사회에 대한 반감 *289*
사회유대이론(social bonding theory) *107, 154*
사회적 계약 단계 *123*
사회적 자아(social self) *20*
사회통제(social control) *155*
사회학습이론(social learning theory) *104, 146*
사회해체론(social disorganization theory) *108*
사회화(socialization) *20*
산후우울증 *203*
살인촉발요인 *289*
삼중방화(triple arson) *319*
상징적 상호작용론(symbolic interactionism) *17*

상태분노 74
상태-불안척도 84
상태-특성불안 표현척도(STAI) 74, 83
상해범죄 64
생래적 범죄자(born crimanal) 235
생리 397, 398
생리기 397
생식기 112
생체 자기제어요법 483
생활양식이론(Lifestyle-exposure theory) 499, 500
샤부(shabu) 452
섀도 캅스(Shadow Cops) 506
서덜랜드(Sutherland) 3, 104, 142
성격이론(personality theory) 109, 114, 228
성격특질 66
성공격 동시수행 강간범 362
성관련 장애(psychosexual disorder) 215
성도착 장애 363
성도착증(paraphilias) 363
성범죄(Sexual Offence) 348
성범죄자 신상공개 375
성범죄자 알림e 375
성범죄자 처우 375
성역할·기회이론 403
성적 가학 장애 364
성적 망상형(Erotomanic) 433
성적 목적을 위한 공공장소 침입행위 348
성적 피학 장애 364
성충동 약물치료 376
성폭력범죄의 처벌 등에 관한 특례법 348
세로토닌 234
셸 쇼크(shell shock) 87
소매치기 491
소시오패스(sociopath) 235
소아기호증환자 120
소아성애자(Pedophilia) 360
소아성애 장애 364
수사종합검색시스템(Criminal Filing Search System : CRIFISS) 334
숙고(deliberation) 256
순결상실감 372
슈나이더(Schneider) 236
슈퍼에고(superego) 24
스릴추구형(thrill-oriented type) 292
스릴형(thrill killers) 290, 295
스마트폰 절도 495
스웡고(Swango) 294
스타(Star)형 437
스토커 416
스토커 행동 체크리스트(SBC : Stalker Behavior Checklist) 417, 419
스트레스 66
스피드(speed) 452
스필버거(Spielberger) 74, 82
습관적인 분노폭발형 76
시프먼(Shipman) 294
신경안정제 446
신경증 116, 207, 228
신경증적 불안(neurotic anxiety) 82
신념(belief) 157
신종마약류 456
신체적 공격성 40
신체적 피해 372
심각한 정서장애형 322
심리적 냉각기(cooling-off period) 262, 290
싸움형(quarrelsome) 236
쌍생아 연구 227

ㅇ

아노미(Anomie)이론 *32*
아니마(anima) *401*
아동에 대한 성적 가해 장애 *364*
아동·청소년의 성보호에 관한 법률 *348*
아이스(ice) *452*
아이젠크(Eysenck) *67, 116, 228*
아이젠크의 성격검사(Eysenck Personality Questionnaire; EPQ) *117*
아편(opium) *448*
악의 극화(dramatization of evil) *163*
암살 *264*
암수범죄(hidden crime) *443*
애그뉴(Agnew) *33, 176*
애정망상형(Love Obsessional) *432*
애착(attachment) *107, 155, 429*
애착이론(Attachment Theory) *422*
앤드류와 본타(Andrew & Bonta) *2*
야간주거침입절도 *490*
야바(Yaba) *453*
약물관련 장애(substance related disorder) *215*
약물남용(drug abuse) *444*
양성성(兩性性: Androgyne) *386*
양귀비(papaver somniferum) *448*
억제이론(deterrence theory) *106*
억제제(진정제) *446*
언어적 공격성 *40*
에고(ego) *23*
에이커스(Akers) *3, 20, 104, 146*
엘에스디(LSD: Lysergic acid diethylamide) *452*
엠디엠에이(MDMA) *452*
여성범죄 *389*
여성살인범 *300*
여성성(femininity) *101*
연속방화(spree arson) *319*
연속살인(spree killing) *261*
연쇄방화(serial arson) *319*
연쇄살인(serial killing) *261*
열등성이론 *105*
열반의 원리 *24*
영가설(null hypothesis) *106*
영상자아(looking-glass self)이론 *18*
영아살인 *390, 399*
예측가능성 *103*
오리건 사회학습센터(Oregon Social Learning Center) *478*
오이디푸스 콤플렉스(Oedipus Complex) *112*
올린(Ohlin) *470*
올베우스(Olweus) *36*
완전한 부인 *369*
외상후스트레스장애(post-traumatic stress disorder) *85, 87, 207*
외향성(extraversion) *116, 228*
욕구좌절 *280*
욕동구조모델 *422*
욕정형(lust-oriented type) *292*
우발적 살인 *259*
우선성(priority) *147*
우울증(depression) *203*
우울증상 *193*
운동적 충동성 *67*
울프강(Wolfgang) *470*
원초적 자아(id) *16, 23*
원초집단(primary group) *142*
월경전증후군(PMS: premenstrual syndrome) *304*
위안형(comfort-oriented type) *292*
위해의 부인과 축소 *369*

위험성 – 욕구 – 반응성접근(RNR) 377
위험추구경향(risk seeking) 30, 171
윌리엄 제임스(William James) 25
유기 390
유기용제(organic solvent) 454
유용성(usefulness) 100
유포 373
유포불안 373
유포협박 373
육체적 활동선호(physical activities) 30, 172
융(Jung) 401
음모성 199
음행매개 348
음화반포등 348
음화제조등 348
의료요법(Medical Treatment) 375
의학모델 192
이드(id) 23
이방인(outsiders) 165
이익추구형 방화(Profit-Movivated Arson) 320, 323
이익형 살인자(profit killers) 263
이인장애(depersonalization disorder) 206
이중방화(double arson) 319
이중실패하위문화(retreatist or double-failure subculture) 471
이차적 일탈(secondary deviance) 164
인간의 다양성(human diversity) 2
인격장애(personality disorder) 210
인과성 103
인내심결핍, 화를 참지 못함(temper) 30
인성(성격)이론 4
인지왜곡(cognitive distortions) 119, 289, 377, 378
인지요법(Cognitive Therapy) 375
인지이론(cognitive theory) 4, 109, 118
인지적 충동성 67
인지행동치료(cognitive-behavioral therapy : CBT) 342
일반긴장이론(general strain theory) 176
일반살인(homicide) 261
일반화된 타자(generalized others) 22
일상활동이론(routine activity theory) 499, 500
일차적 일탈(primary deviance) 164
일탈형 322
임신 397

ㅈ

자가진단척도(self-report questionnaire) 195
자기애성 인격장애(narcissistic personality disorder) 211
자기중심성(self-centered) 30, 172
자기통제력(self-control) 169
자기통제이론(self-control theory) 23
자아(ego) 16, 23
자아(self-concept) 16
자아도취적 성격이상(narcissistic personality disorder) 366
자아존중감(self-esteem) 25
자율신경계(ANS : autonomic nervous system) 229, 242
자의적 고살(nonnegligent manslaughter) 256
잔류형(residual type) 202
잠복기 112
재발방지 및 자아관리 377, 378
재통합적 수치이론(reintegrative shaming theory) 169
재확인형(power reassurance type) 362
적대적 공격성 37
적절한 범죄대상(suitable targets) 500

적합성(appropriateness) *131*
전관습적 수준(preconventional level) *122*
전두엽 *243*
전문방화범 *322*
전자감독 *376*
전자발찌 *375*
전쟁 노이로제 *87*
절도범죄 *490*
점수화하지 않는 면접척도(interview-based instrument without scoring) *195*
점수화한 면접척도(scored interview-based instrument) *195*
접촉마찰 장애 *364*
정동장애(mood disorders) *203*
정보수집형 *425*
정보처리능력 *126*
정상 *193*
정서결여 *245*
정서적 피해 *372*
정신감정 *196*
정신병적 경향성(psychoticism) *116, 228*
정신병질적 성적 가학자(psychopathic sexual sadist) *293*
정신분석이론 *4, 109*
정신분열성 인격장애(schizoid personality disorder) *210*
정신이상범죄자(insane criminal) *235*
정신이상의 진단과 통계 매뉴얼(DSM-5) *201*
정신장애 *192*
정신질환(psychosis) *196, 201*
정의(definition) *148*
정책적 함의(policy implications) *100*
정확성(accuracy) *100, 103*
제노사이드(genocide) *261*
제도적 수단 *102*
조울증(bipolar : manic-depressive) *203*
조작적 정의(operational definition) *26*
조작적 조건화(operant conditioning) *421*
조직살인(organized murdering) *258*
조현병(schizophrenia) *201*
존속살인 *264*
종교적 신념(belief in religious norms) *157*
종교적 애착(religious attachment) *155*
종단자료(longitudinal data) *31*
종단적 연구(longitudinal study) *31*
종선(The Bell Curve) *126*
종속변인(dependent variable) *66*
좋은 삶 모델(GLM) *377*
좋은 이론(good theory) *99*
좌절－공격이론(frustration-aggression theory) *280*
좌절애형 *436*
주도적(proactive) 공격성 *39*
주된 지위(master status) *166*
주의력결핍과다행동증후군(ADHD) *70*
주의장애 *424*
주체적 자아(I) *16, 20*
준비단계 *16, 21*
중비행 *35*
중요한 타자(significant others) *5, 20*
중추신경계(CNS) *229*
중추신경 억제제 *448*
중추신경 자극제 *450*
중추신경 흥분제 *448*
중화 기제 *421*
중화적 정의(neutralizing definitions) *148*
즉시적 특성(proximal factors) *370*
지각장애 *424*
지능(intellect) *124*

지능검사(Intelligent Test 194
지속성(duration) 147
지위박탈(status frustration) 470
지위비행 31
직접적 공격성 37
진단 및 통계 편람인 DSM(diagnostic and statistical manual) 236
진정제 455
진통제 455
집단살인 261
집단치료(group therapy) 483

ㅊ

차별기회와 비행 하위문화 470
차별적 강화(differential reinforcement) 20, 105, 149
차별적 접촉(differential association) 147
차별접촉이론(differential association theory) 104, 142
착한 소년/소녀 단계 122
참여(involvement) 156
책임의 축소 369
처벌과 복종의 단계 122
처우전환운동 168
천연약물 446
청각망상자(auditory halluciantions) 427
청소년방화범 322
청소년변화 프로그램(Adolescent Transition Program) 478
초남성 범죄자 278
초자아(superego) 16, 23
충동 강간범 362
충동성(impulsiveness) 66, 199
충동적인 분노폭발형 76
충동조절장애(impulse-control disorder) 68, 209
충동형(the impulsive) 236
측두엽 간질 69
치정살인 264, 402
치즈(cheese)마약 456
친구들에 대한 애착(peer attachment) 155
친구들의 규범적 태도(peer norm qualities) 148
친구들의 반응(peer reaction) 149
친구와의 차별적 접촉(differential peer association) 148
친사회적 공격성 37

ㅋ

카나비스 사티바 린네(Cannabis sativa Linne) 450
카메라 등을 이용한 촬영 348
캔디마약 456
캘리포니아 인성검사(California Personality Inventory) 116
코카인(cocaine) 449
코헨(Cohen) 362
코헨과 펠슨(Cohen & Felson) 500
콜버그(Kohlberg) 121
쾌락원칙 23
쾌락형(hedonistice motive type) 290, 291
쿠르트 슈나이더 박사(Kurt Schneider) 212
쿨리(Cooley) 16, 18
크라톰(Kratom) 456
크랙(crack) 449
크레펠린(Kraepelin) 235
크론바흐알파(cronbach α) 67
크링그렌(kringlen) 228
클라워드(Cloward) 470
클렉클리(Cleckley) 238

ㅌ

탄넨바움(Tannenbaum) *162*
테러형 살인자(terrorist killers) *263*
통신매체를 이용한 음란행위 *348*
특성(character) *224*
특성분노 *74*
특성-불안척도 *84*
특성이론 *228*
특수절도 *490*
특수형광물질 *507*
특정공포증(specific phobia) *208*
특정 범죄자에 대한 위치추적 전자장치 부착 등에 관한 법률 *376*
티오(Thio) *283*

ㅍ

파슨즈(Parsons) *103*
파혼형 *437*
퍼스낼리티(personality) *225*
페라쿠티(Ferracuti) *470*
페러노이드(Paranoid) *434*
페티시즘((fetishism) *216*
펜플루라민(fenfluramine) *455*
편의형(expedience) *290, 295*
편집증(paranoid psychosis) *205*
편집증적 인격장애(paranoid personality disorder) *210*
폐경 *397*
폐경기 *400*
포르노그래피 *365*
포옹마약(hug drug) *453*
폭력하위문화이론 *470*
폭스와 레빈(Fox & Levin) *262, 290*
폭행범죄 *60*
표상과 해석과정단계 *127*
표현(expression) *131*
품행장애(conduct disorder) *230*
프로이트(Freud) *4, 16, 23*
프로파일링(profiling) *5*
프로포폴(propofol) *456*
피아제(Piaget) *121*
피해망상 *201*
피해자망상형(False Victimization Syndrome) *434*
피해자 없는 범죄(victimless crime) *66, 71*
피해자 유발(victim precipitation) *282*
필로폰(philophone) *451*

ㅎ

하층계급문화이론 *470*
학대 *245*
한국마약퇴치운동본부 *479*
합리적 선택이론(rational choice theory) *119, 499*
합성대마 *456*
합성약물 *446*
항문기 *111*
항히스타민제 *455*
해리 기억상실증(dissociative amnesia) *206*
해리배회(dissociative fugue) *206*
해리장애(Dissociative disorders) *206*
해쉬쉬(hashish) *451*
해쉬쉬오일(hashish oil) *451*
해체형(disorganized type) *202*
행동수행과정 *128*
행동요법(Behavioral Therapy) *375*
행동장애(conduct disorder) *212*
행동적 피해 *372*
허쉬(Hirschi) *4*

허쉬와 힌델랑(Hirschi & Hindelang) *125*
헌스타인과 머레이(Herrnstein & Murray) *126*
헤로인(heroin) *449*
헤어(Hare) *237*
헤이건(Hagan) *102*
헤이즐우드(Hazelwood) *362*
현실불만 *289*
현실원칙 *23*
현실적 불안(realistic anxiety) *82*
혐오치료 *483*
홈즈와 드버거(Holmes & DeBurger) *290*
화를 잘 내는 성향(temper) *172*
화학적 거세 *375*
환각 *201*
환각제 *446*
환상들(delusions) *427*
환청 *201*
홧병 *302*
회복적 사법운동 *169*
후관습적 수준 *123*
후튼(Hooton) *105*
흡입제(inhalants) *446, 454*
흥분제(각성제) *446*
흥분형(the excitable) *236*
흥분형 방화(Excitement-Motivated Arson) *320, 323*
히스테리 *304*
힘의 과시형(power assertive type) *362*

기타

1급 살인(first-degree murder) *256*
2급 살인(second-degree murder) *256*
bk-MBDB *456*
Executive형 *438*
GHB *453*
IQ test) *194*
MacCAT-CD *197*
MAOA유전자 *244*
MDPV(Methylene-dioxiy-pyrovalerone) *456*
MMPI(Minnesota Multiphasic Personality Inventory) *115, 405*
PCL-R(Psychopathy Checklist-Revised) *199, 212*
Robert D. Hare *237*
XYY 이상염색체이론 *277*

【저자 약력】

황성현

- 부산대학교 사회과학대학 사회학과 학사 및 석사
- 플로리다대학교(University of Florida) 범죄사회학 박사
- 플로리다대학교 Center for Studies in Criminology and Law 박사후 연구원(Post-Doc.)
- (사) 한국공공안전연구원 이사
- 현 고려사이버대학교 경찰학과 교수

이창한

- 동국대학교 경찰행정학과 학사 및 석사
- 동국대학교 경찰학 박사
- 일본 게이오대학(慶應義塾) 대학원 법학연구과 객원연구원
- 제 41회 행정고등고시 합격
- 국무총리실 대테러센터 자문위원
- (사) 한국공공안전연구원 원장
- 현 동국대학교 경찰사법대학 경찰행정학부 교수, 미래융합대학 학장

이강훈

- 동국대학교 경영학과 학사
- 동국대학교 경찰행정학과 경찰학 석사 및 박사
- 동해지방해양안전심판원 비상임 심판관
- 해양경찰교육원 교육발전 자문위원
- (사) 한국공공안전연구원 이사
- 현 강원도립대학교 공공인재융합과 교수

이완희

- 미국 머레이주립대학(Murray State University) 언론학 학사
- 미국 테네시대학(The University of Tennessee at Martin) 법의학 수료
- 미국 샘휴스턴대학(Sam Houston State University) 범죄학 석사
- 미국 써던미시시피대학(The University of Southern Mississippi) 범죄학 박사
- 미국 테러리서치센터(The Institute for the Study of Violent Group/ISVG) 수석연구원
- (사) 한국공공안전연구원 이사
- 전) 가천대학교 경찰·안보학과 교수
- 현 동국대학교 미래융합대학 융합보안학과 교수

이승현

- 동국대학교 경찰행정학과 경찰학사
- 동국대학교 경찰행정학과 경찰학 석사 및 박사
- 전) 전주대학교 경찰학과 시간강사
- 전) 동국대 미래융합대학 성인학습디자인 센터 연구원
- 현) 한국공안행정학회 편집국장
- 현) 동국대학교 행정경찰공공학부 교수

– 제2판 –
한국 범죄심리학

초판 발행 2015년 8월 10일
제2판 인쇄 2020년 7월 20일
제2판 발행 2020년 7월 30일

지은이 황성현 · 이창한 · 이강훈 · 이완희 · 이승현
펴낸이 박노일

총괄기획 김중용 · 최준규
편 집 심성보

펴낸곳 pnc publishing and culture 피앤씨미디어
경기도 고양시 일산동구 강송로 153 310-1501
등록 제396-2012-000203호

전 화 070)7550-3758 팩 스 02)718-8554
홈페이지 www.pncmedia.co.kr 이메일 pnc@pncmedia.co.kr
ISBN 979-11-5730-751-7 93350

정 가 35,000원